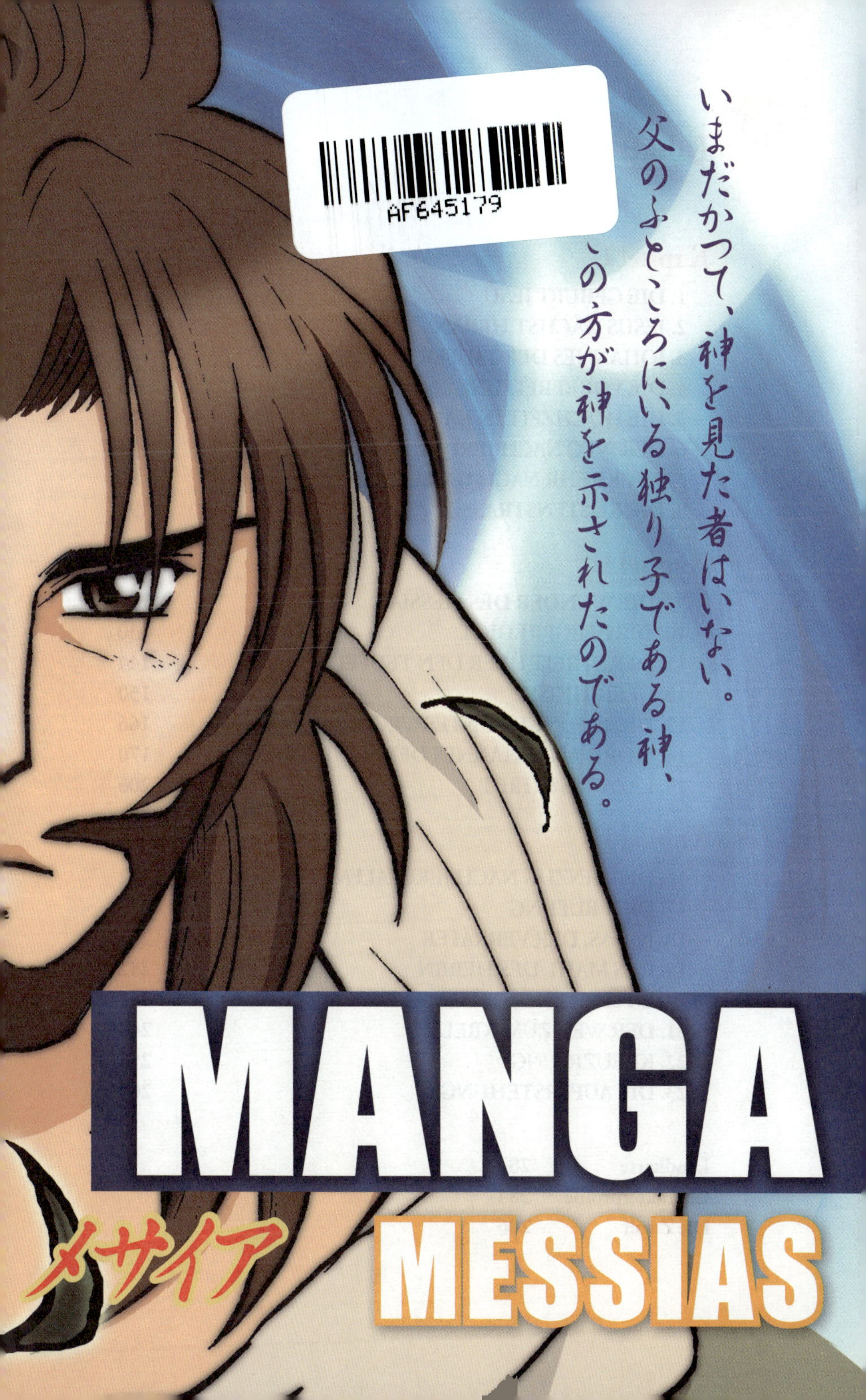
いまだかつて、神を見た者はいない。
父のふところにいる独り子である神、
この方が神を示されたのである。
MANGA
メサイア
MESSIAS

Inhalt

Kapitel I

Kapitel II

Kapitel III

Kapitel I

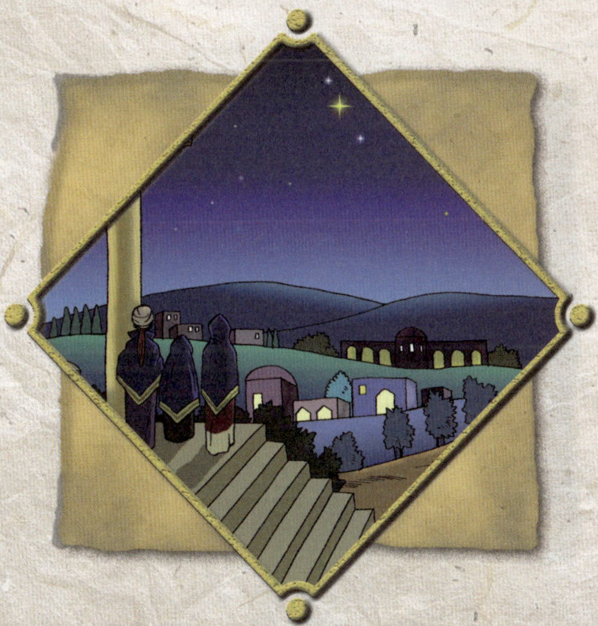

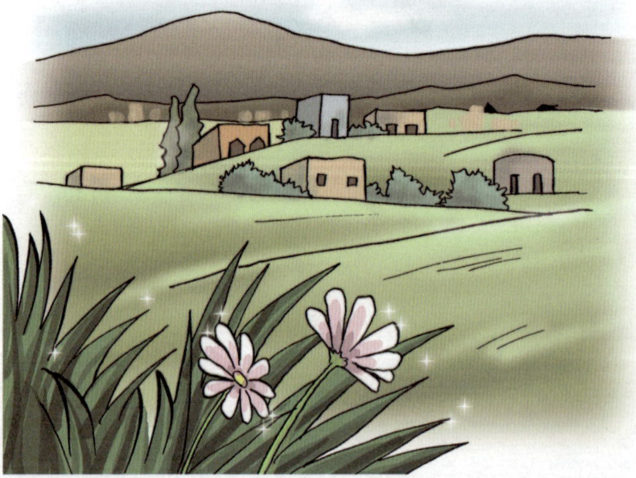

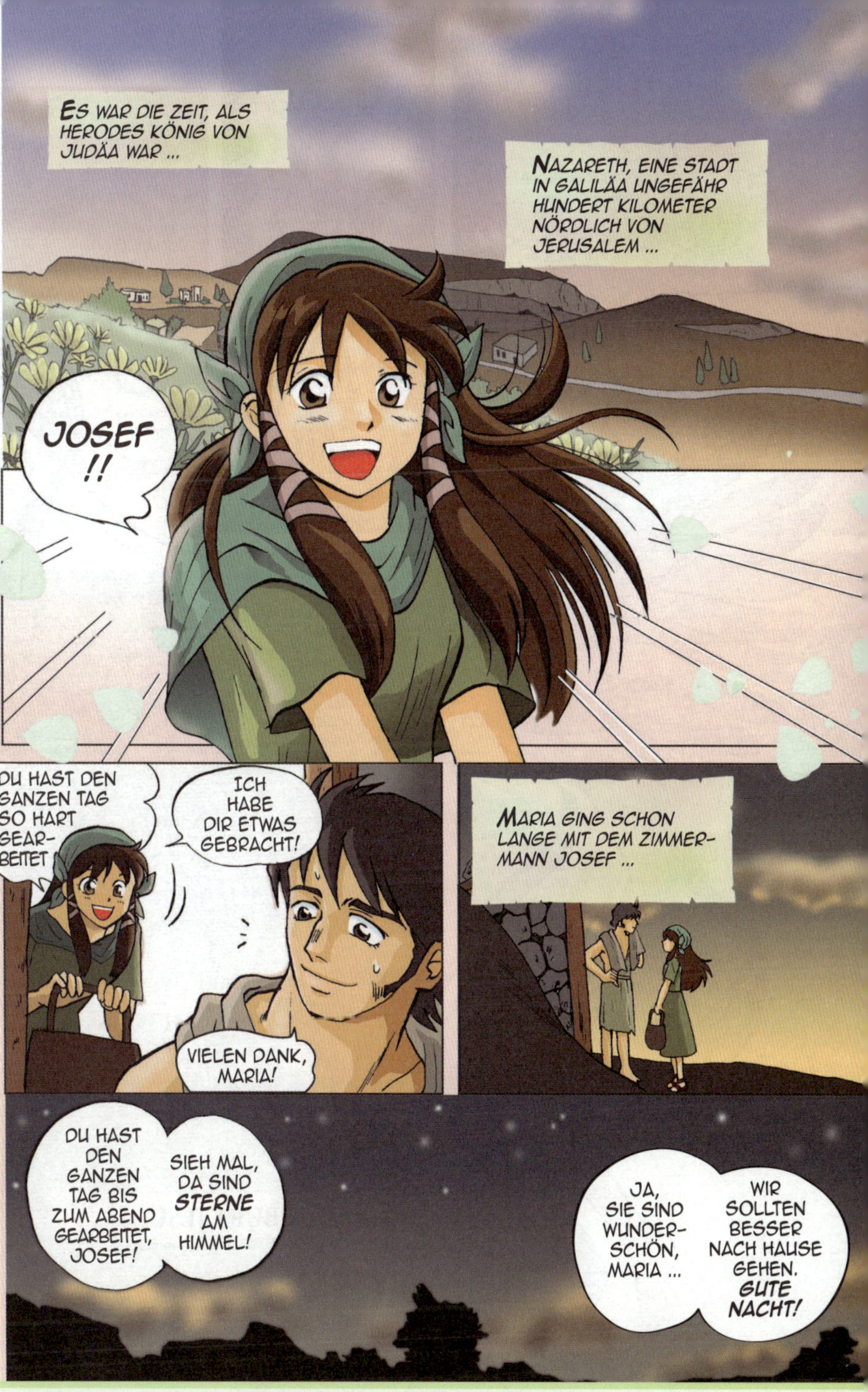
ES WAR DIE ZEIT, ALS HERODES KÖNIG VON JUDÄA WAR ...
NAZARETH, EINE STADT IN GALILÄA UNGEFÄHR HUNDERT KILOMETER NÖRDLICH VON JERUSALEM ...
JOSEF !!
DU HAST DEN GANZEN TAG SO HART GEAR-BEITET
ICH HABE DIR ETWAS GEBRACHT!
VIELEN DANK, MARIA!
MARIA GING SCHON LANGE MIT DEM ZIMMER-MANN JOSEF ...
DU HAST DEN GANZEN TAG BIS ZUM ABEND GEARBEITET, JOSEF!
SIEH MAL, DA SIND STERNE AM HIMMEL!
JA, SIE SIND WUNDER-SCHÖN, MARIA ...
WIR SOLLTEN BESSER NACH HAUSE GEHEN. GUTE NACHT!

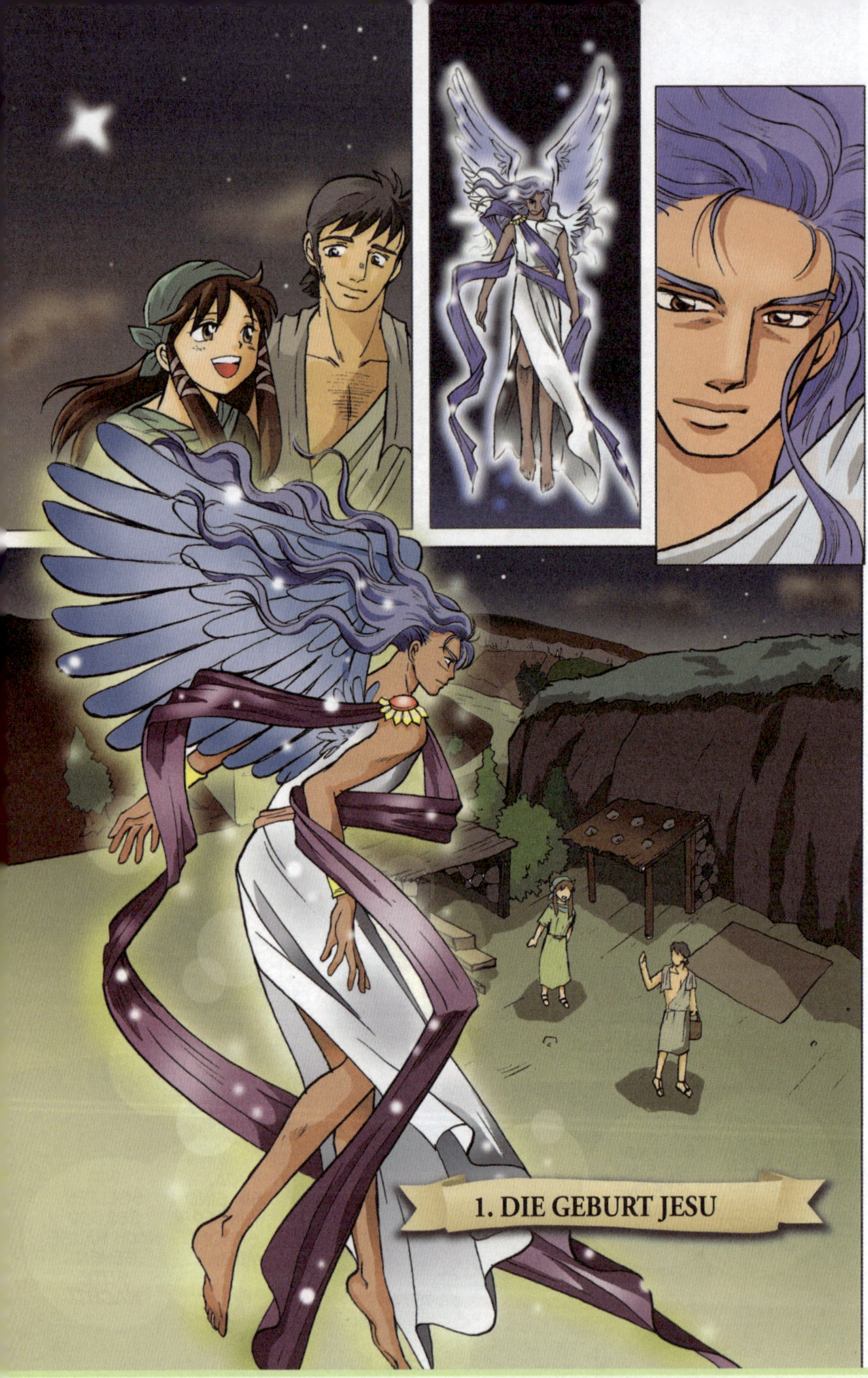
1. DIE GEBURT JESU

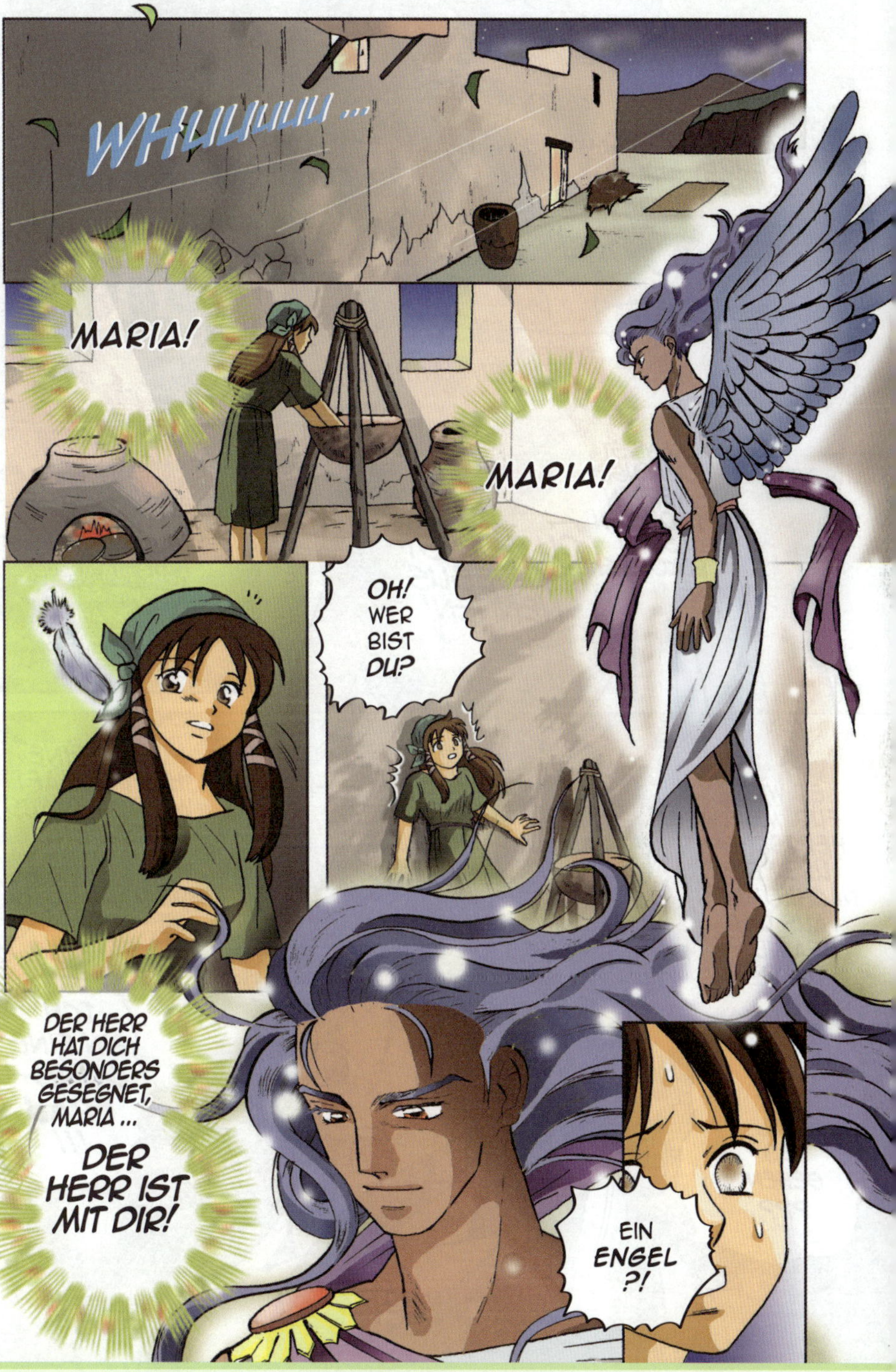
WHUUUUU ...
MARIA!
MARIA!
OH! WER BIST DU?
DER HERR HAT DICH BESONDERS GESEGNET, MARIA ...
DER HERR IST MIT DIR!
EIN ENGEL ?!

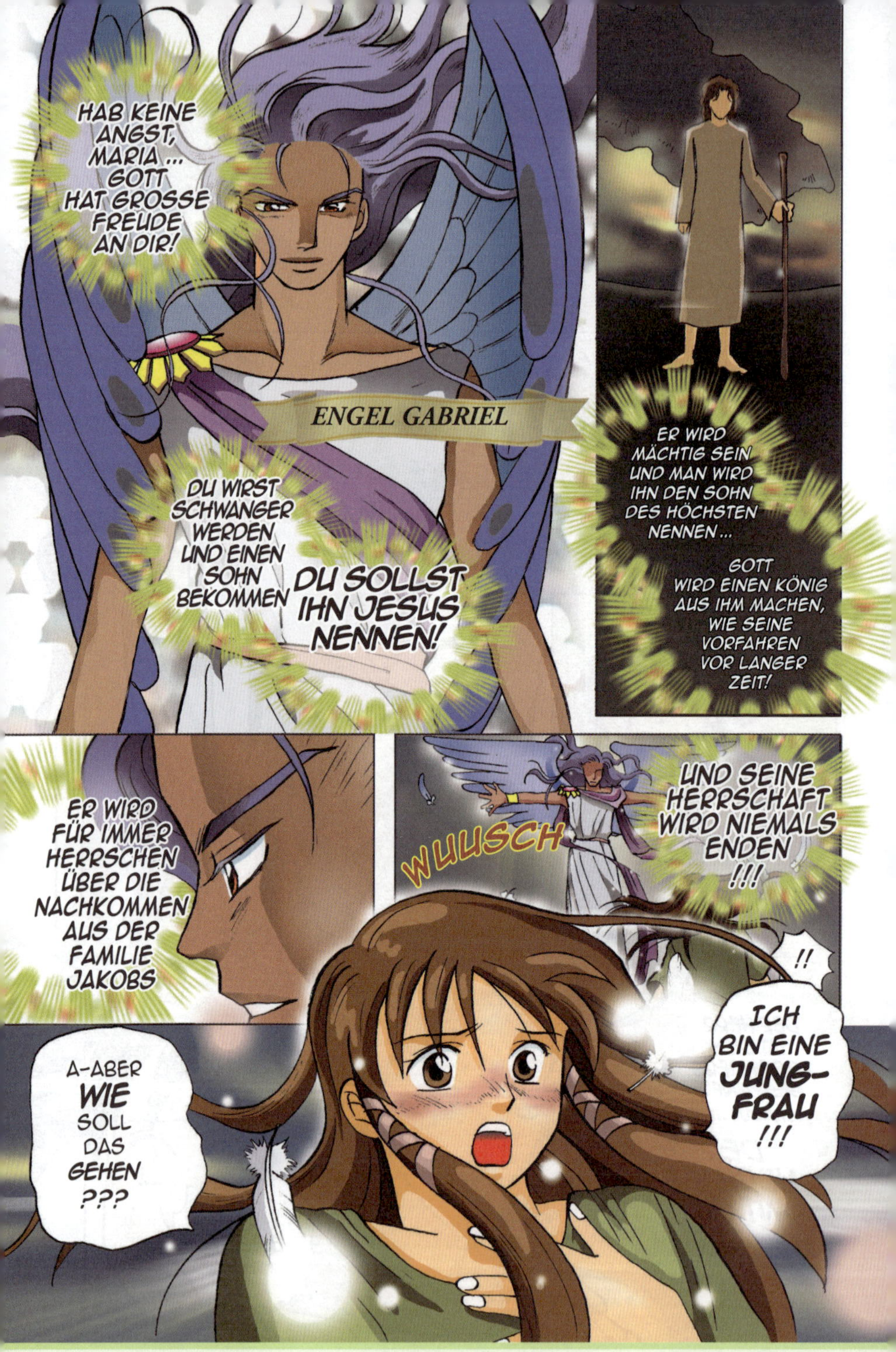
HAB KEINE ANGST, MARIA ... GOTT HAT GROSSE FREUDE AN DIR!
ENGEL GABRIEL
DU WIRST SCHWANGER WERDEN UND EINEN SOHN BEKOMMEN
DU SOLLST IHN JESUS NENNEN!
ER WIRD MÄCHTIG SEIN UND MAN WIRD IHN DEN SOHN DES HÖCHSTEN NENNEN ...
GOTT WIRD EINEN KÖNIG AUS IHM MACHEN, WIE SEINE VORFAHREN VOR LANGER ZEIT!
ER WIRD FÜR IMMER HERRSCHEN ÜBER DIE NACHKOMMEN AUS DER FAMILIE JAKOBS
UND SEINE HERRSCHAFT WIRD NIEMALS ENDEN !!!
WUUSCH
!!
ICH BIN EINE JUNGFRAU !!!
A-ABER WIE SOLL DAS GEHEN ???

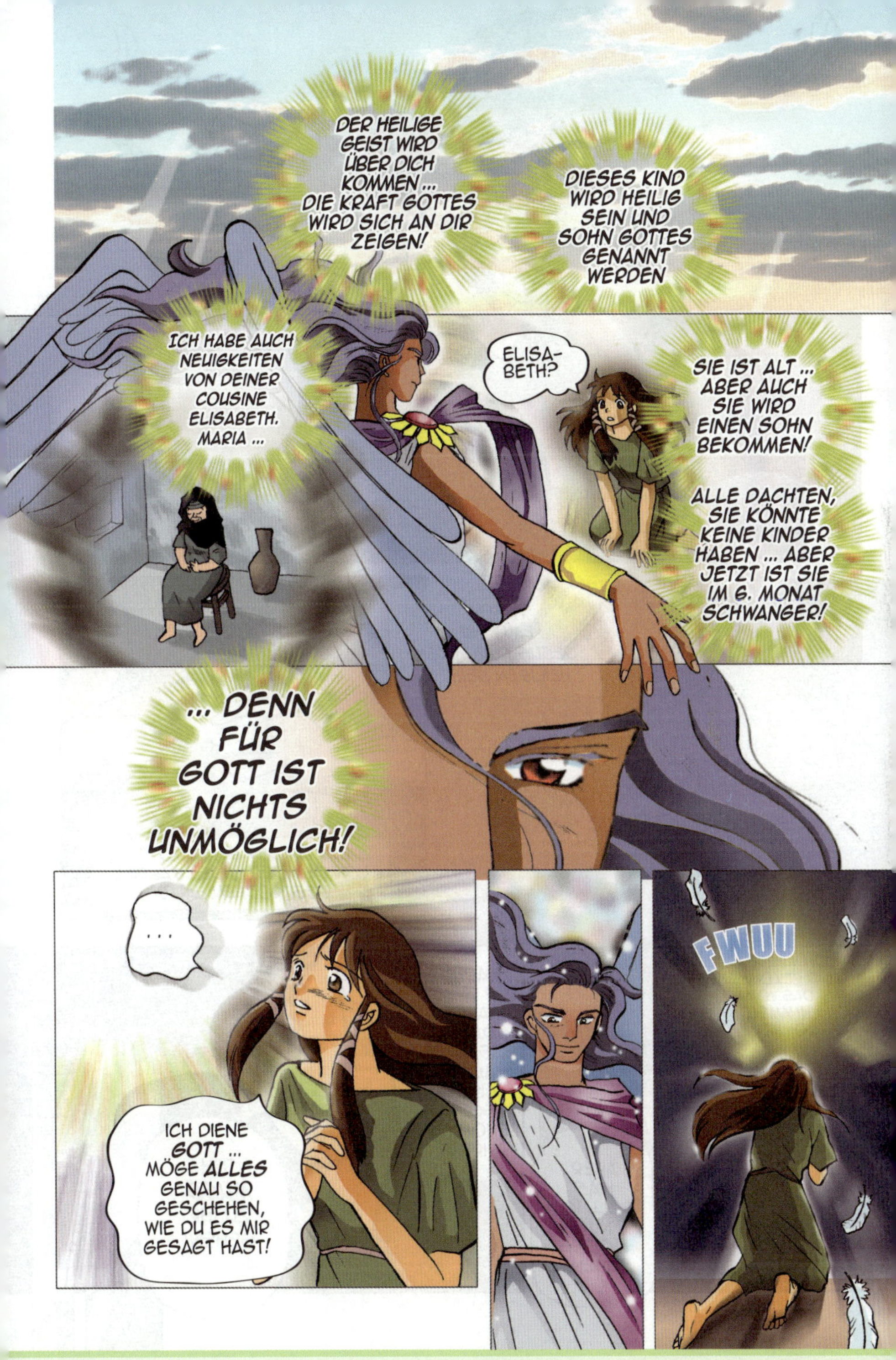
DER HEILIGE GEIST WIRD ÜBER DICH KOMMEN ... DIE KRAFT GOTTES WIRD SICH AN DIR ZEIGEN!
DIESES KIND WIRD HEILIG SEIN UND SOHN GOTTES GENANNT WERDEN
ICH HABE AUCH NEUIGKEITEN VON DEINER COUSINE ELISABETH. MARIA ...
ELISA-BETH?
SIE IST ALT ... ABER AUCH SIE WIRD EINEN SOHN BEKOMMEN!
ALLE DACHTEN, SIE KÖNNTE KEINE KINDER HABEN ... ABER JETZT IST SIE IM 6. MONAT SCHWANGER!
... DENN FÜR GOTT IST NICHTS UNMÖGLICH!
...
ICH DIENE GOTT ... MÖGE ALLES GENAU SO GESCHEHEN, WIE DU ES MIR GESAGT HAST!
FWUU

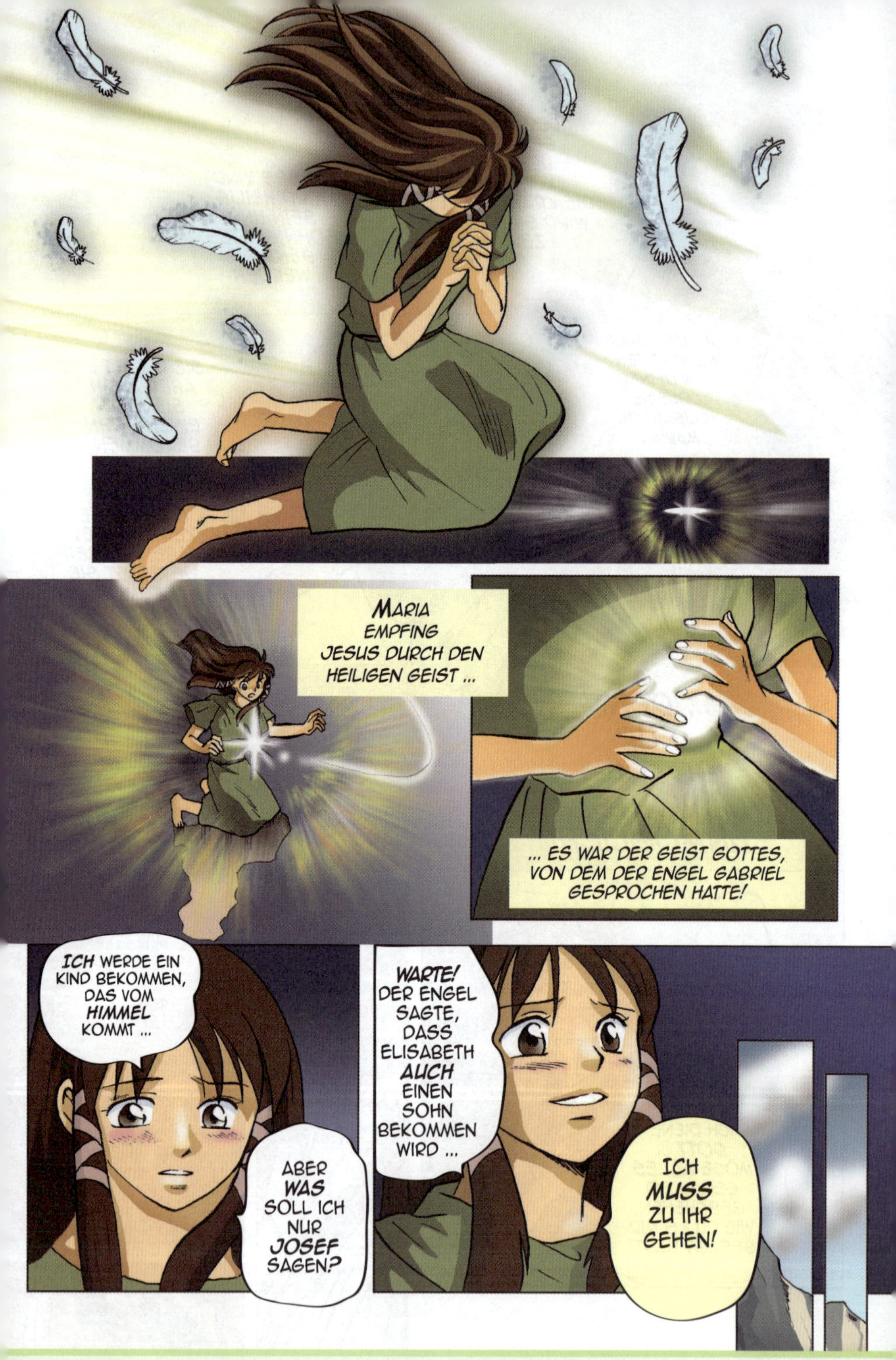
MARIA EMPFING JESUS DURCH DEN HEILIGEN GEIST ...
... ES WAR DER GEIST GOTTES, VON DEM DER ENGEL GABRIEL GESPROCHEN HATTE!
ICH WERDE EIN KIND BEKOMMEN, DAS VOM HIMMEL KOMMT ...
ABER WAS SOLL ICH NUR JOSEF SAGEN?
WARTE! DER ENGEL SAGTE, DASS ELISABETH AUCH EINEN SOHN BEKOMMEN WIRD ...
ICH MUSS ZU IHR GEHEN!

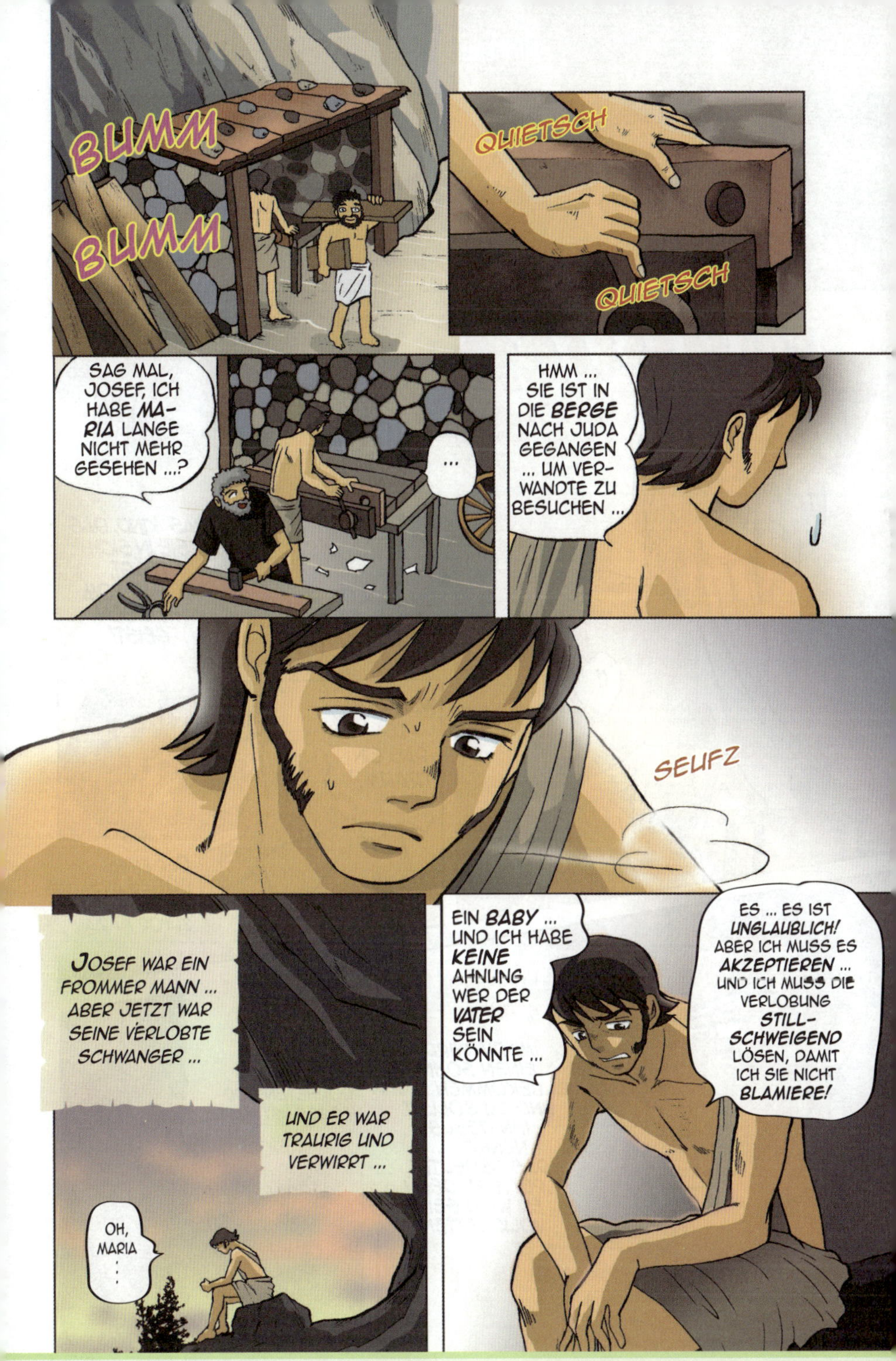
BUMM
BUMM
QUIETSCH
QUIETSCH
SAG MAL, JOSEF, ICH HABE MARIA LANGE NICHT MEHR GESEHEN ...?
...
HMM ... SIE IST IN DIE BERGE NACH JUDA GEGANGEN ... UM VERWANDTE ZU BESUCHEN ...
SEUFZ
JOSEF WAR EIN FROMMER MANN ... ABER JETZT WAR SEINE VERLOBTE SCHWANGER ...
UND ER WAR TRAURIG UND VERWIRRT ...
OH, MARIA ...
EIN BABY ... UND ICH HABE KEINE AHNUNG WER DER VATER SEIN KÖNNTE ...
ES ... ES IST UNGLAUBLICH! ABER ICH MUSS ES AKZEPTIEREN ... UND ICH MUSS DIE VERLOBUNG STILLSCHWEIGEND LÖSEN, DAMIT ICH SIE NICHT BLAMIERE!

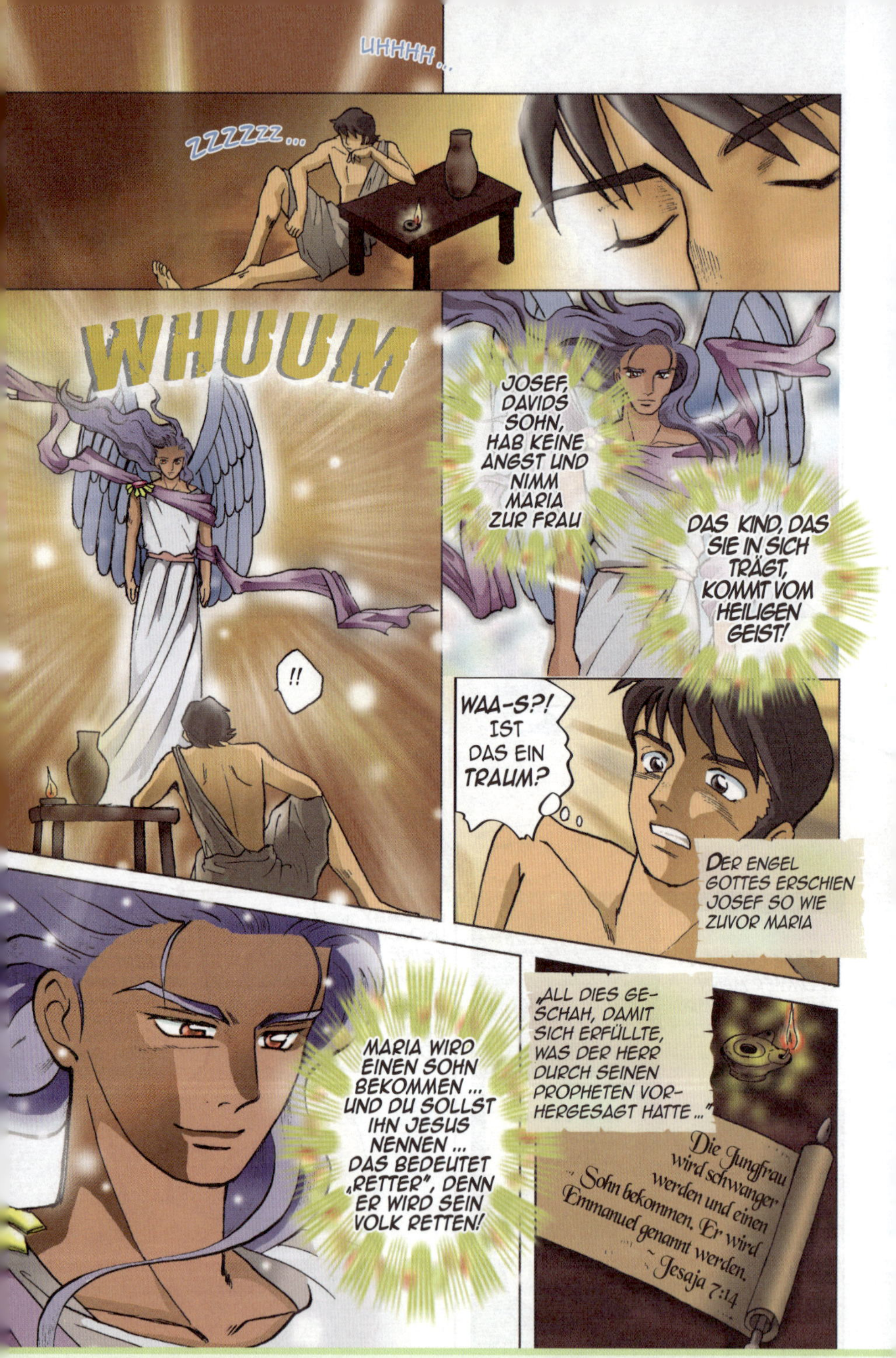
UHHHH ...
ZZZZZZ ...
WHUUM
!!
JOSEF, DAVIDS SOHN, HAB KEINE ANGST UND NIMM MARIA ZUR FRAU
DAS KIND, DAS SIE IN SICH TRÄGT, KOMMT VOM HEILIGEN GEIST!
WAA-S?! IST DAS EIN TRAUM?
DER ENGEL GOTTES ERSCHIEN JOSEF SO WIE ZUVOR MARIA
MARIA WIRD EINEN SOHN BEKOMMEN ... UND DU SOLLST IHN JESUS NENNEN ... DAS BEDEUTET „RETTER", DENN ER WIRD SEIN VOLK RETTEN!
„ALL DIES GESCHAH, DAMIT SICH ERFÜLLTE, WAS DER HERR DURCH SEINEN PROPHETEN VORHERGESAGT HATTE ..."
Die Jungfrau wird schwanger werden und einen Sohn bekommen. Er wird Emmanuel genannt werden.
~ Jesaja 7:14

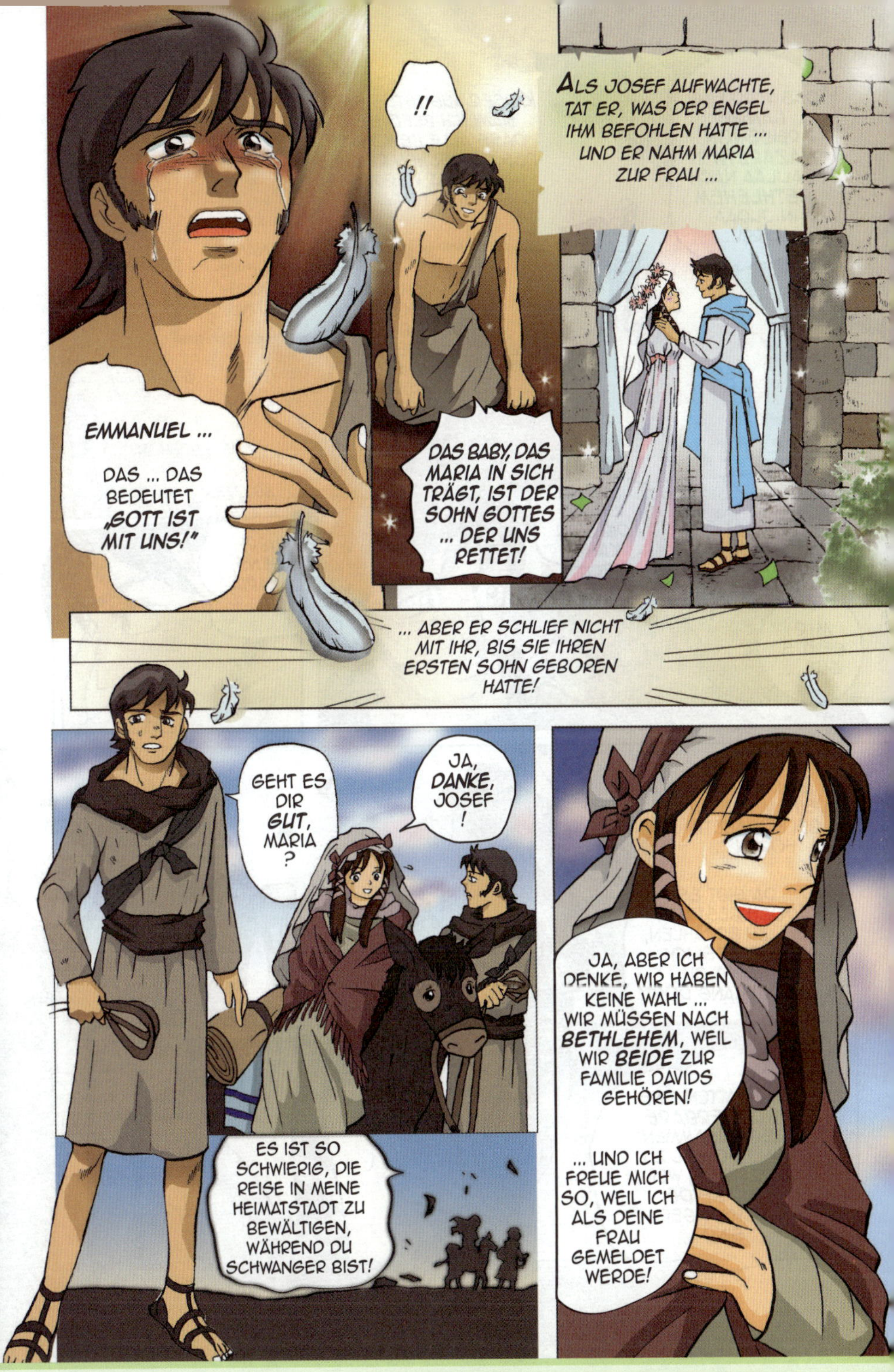
EMMANUEL ...
DAS ... DAS BEDEUTET „GOTT IST MIT UNS!"
!!
DAS BABY, DAS MARIA IN SICH TRÄGT, IST DER SOHN GOTTES ... DER UNS RETTET!
ALS JOSEF AUFWACHTE, TAT ER, WAS DER ENGEL IHM BEFOHLEN HATTE ... UND ER NAHM MARIA ZUR FRAU ...
... ABER ER SCHLIEF NICHT MIT IHR, BIS SIE IHREN ERSTEN SOHN GEBOREN HATTE!
GEHT ES DIR GUT, MARIA?
JA, DANKE, JOSEF!
ES IST SO SCHWIERIG, DIE REISE IN MEINE HEIMATSTADT ZU BEWÄLTIGEN, WÄHREND DU SCHWANGER BIST!
JA, ABER ICH DENKE, WIR HABEN KEINE WAHL ... WIR MÜSSEN NACH BETHLEHEM, WEIL WIR BEIDE ZUR FAMILIE DAVIDS GEHÖREN!
... UND ICH FREUE MICH SO, WEIL ICH ALS DEINE FRAU GEMELDET WERDE!

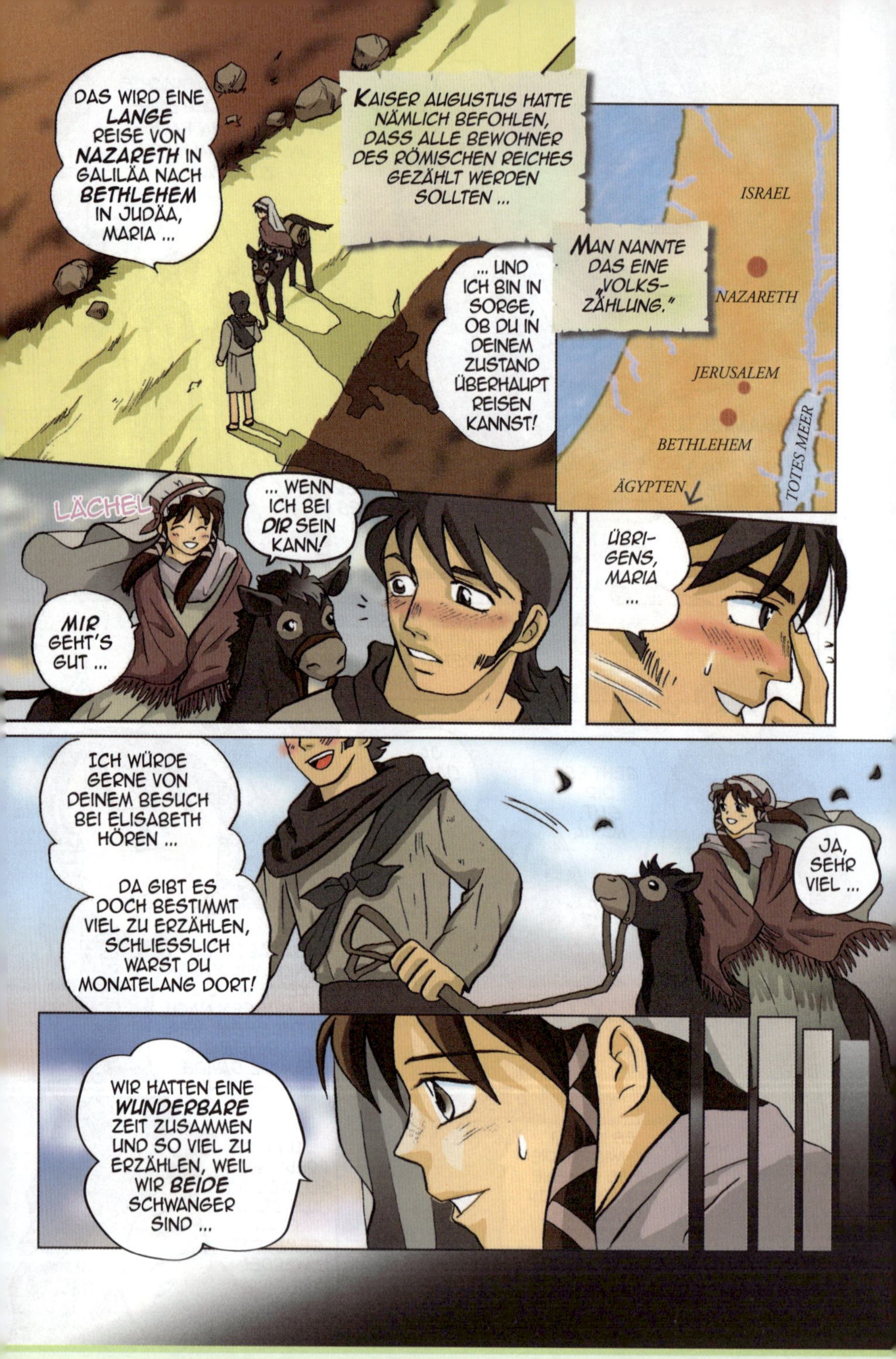
DAS WIRD EINE LANGE REISE VON NAZARETH IN GALILÄA NACH BETHLEHEM IN JUDÄA, MARIA ...
KAISER AUGUSTUS HATTE NÄMLICH BEFOHLEN, DASS ALLE BEWOHNER DES RÖMISCHEN REICHES GEZÄHLT WERDEN SOLLTEN ...
ISRAEL
MAN NANNTE DAS EINE „VOLKSZÄHLUNG."
NAZARETH
... UND ICH BIN IN SORGE, OB DU IN DEINEM ZUSTAND ÜBERHAUPT REISEN KANNST!
JERUSALEM
BETHLEHEM
TOTES MEER
ÄGYPTEN
LÄCHEL
MIR GEHT'S GUT ...
... WENN ICH BEI DIR SEIN KANN!
ÜBRIGENS, MARIA ...
ICH WÜRDE GERNE VON DEINEM BESUCH BEI ELISABETH HÖREN ...
DA GIBT ES DOCH BESTIMMT VIEL ZU ERZÄHLEN, SCHLIESSLICH WARST DU MONATELANG DORT!
JA, SEHR VIEL ...
WIR HATTEN EINE WUNDERBARE ZEIT ZUSAMMEN UND SO VIEL ZU ERZÄHLEN, WEIL WIR BEIDE SCHWANGER SIND ...

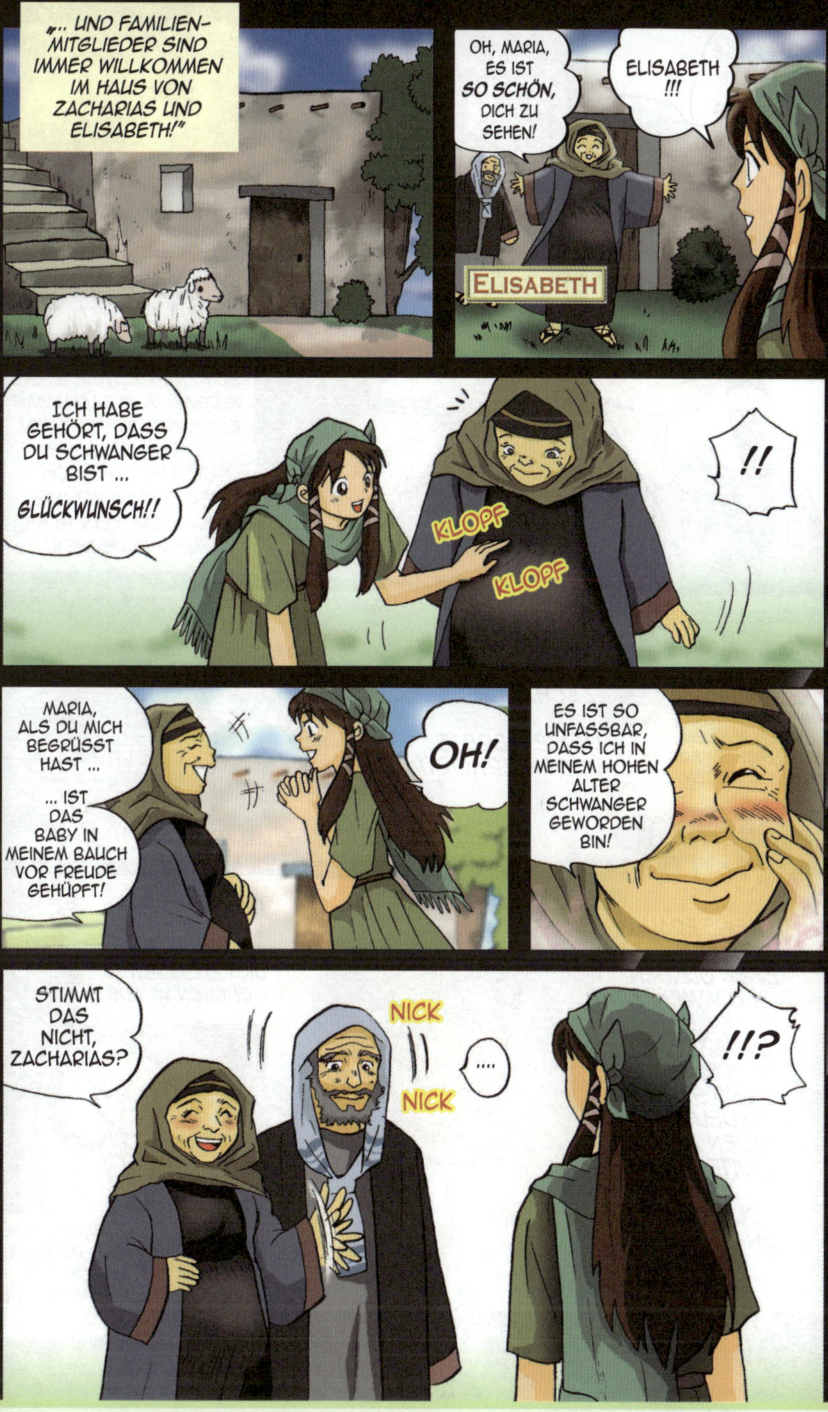
„... UND FAMILIEN-MITGLIEDER SIND IMMER WILLKOMMEN IM HAUS VON ZACHARIAS UND ELISABETH!"
OH, MARIA, ES IST SO SCHÖN, DICH ZU SEHEN!
ELISABETH !!!
ELISABETH
ICH HABE GEHÖRT, DASS DU SCHWANGER BIST ... GLÜCKWUNSCH!!
KLOPF
KLOPF
!!
MARIA, ALS DU MICH BEGRÜSST HAST ...
... IST DAS BABY IN MEINEM BAUCH VOR FREUDE GEHÜPFT!
OH!
ES IST SO UNFASSBAR, DASS ICH IN MEINEM HOHEN ALTER SCHWANGER GEWORDEN BIN!
STIMMT DAS NICHT, ZACHARIAS?
NICK
NICK
....
!!?

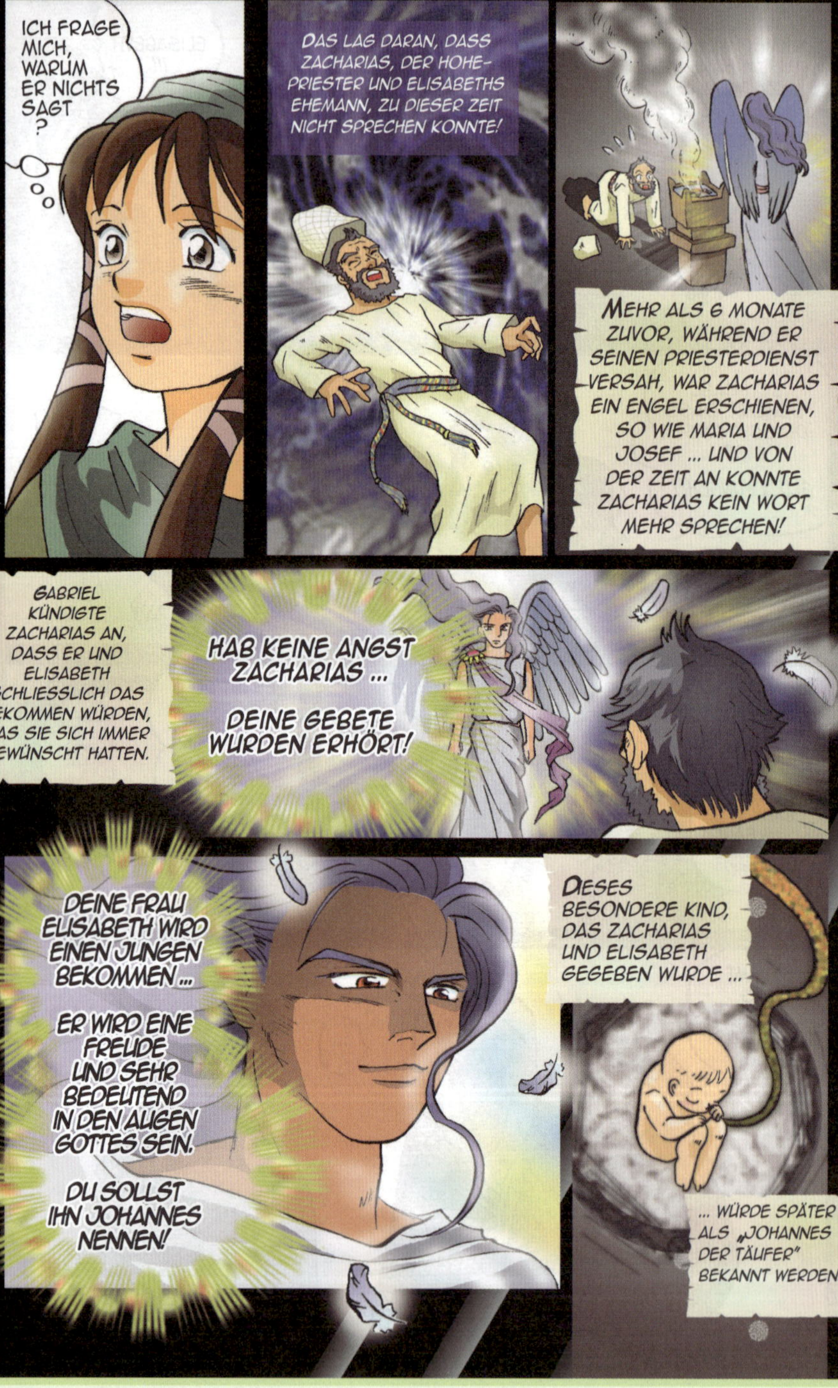
ICH FRAGE MICH, WARUM ER NICHTS SAGT?
DAS LAG DARAN, DASS ZACHARIAS, DER HOHEPRIESTER UND ELISABETHS EHEMANN, ZU DIESER ZEIT NICHT SPRECHEN KONNTE!
MEHR ALS 6 MONATE ZUVOR, WÄHREND ER SEINEN PRIESTERDIENST VERSAH, WAR ZACHARIAS EIN ENGEL ERSCHIENEN, SO WIE MARIA UND JOSEF ... UND VON DER ZEIT AN KONNTE ZACHARIAS KEIN WORT MEHR SPRECHEN!
GABRIEL KÜNDIGTE ZACHARIAS AN, DASS ER UND ELISABETH SCHLIESSLICH DAS BEKOMMEN WÜRDEN, WAS SIE SICH IMMER GEWÜNSCHT HATTEN.
HAB KEINE ANGST ZACHARIAS ...
DEINE GEBETE WURDEN ERHÖRT!
DEINE FRAU ELISABETH WIRD EINEN JUNGEN BEKOMMEN ...
ER WIRD EINE FREUDE UND SEHR BEDEUTEND IN DEN AUGEN GOTTES SEIN.
DU SOLLST IHN JOHANNES NENNEN!
DIESES BESONDERE KIND, DAS ZACHARIAS UND ELISABETH GEGEBEN WURDE ...
... WÜRDE SPÄTER ALS „JOHANNES DER TÄUFER" BEKANNT WERDEN!

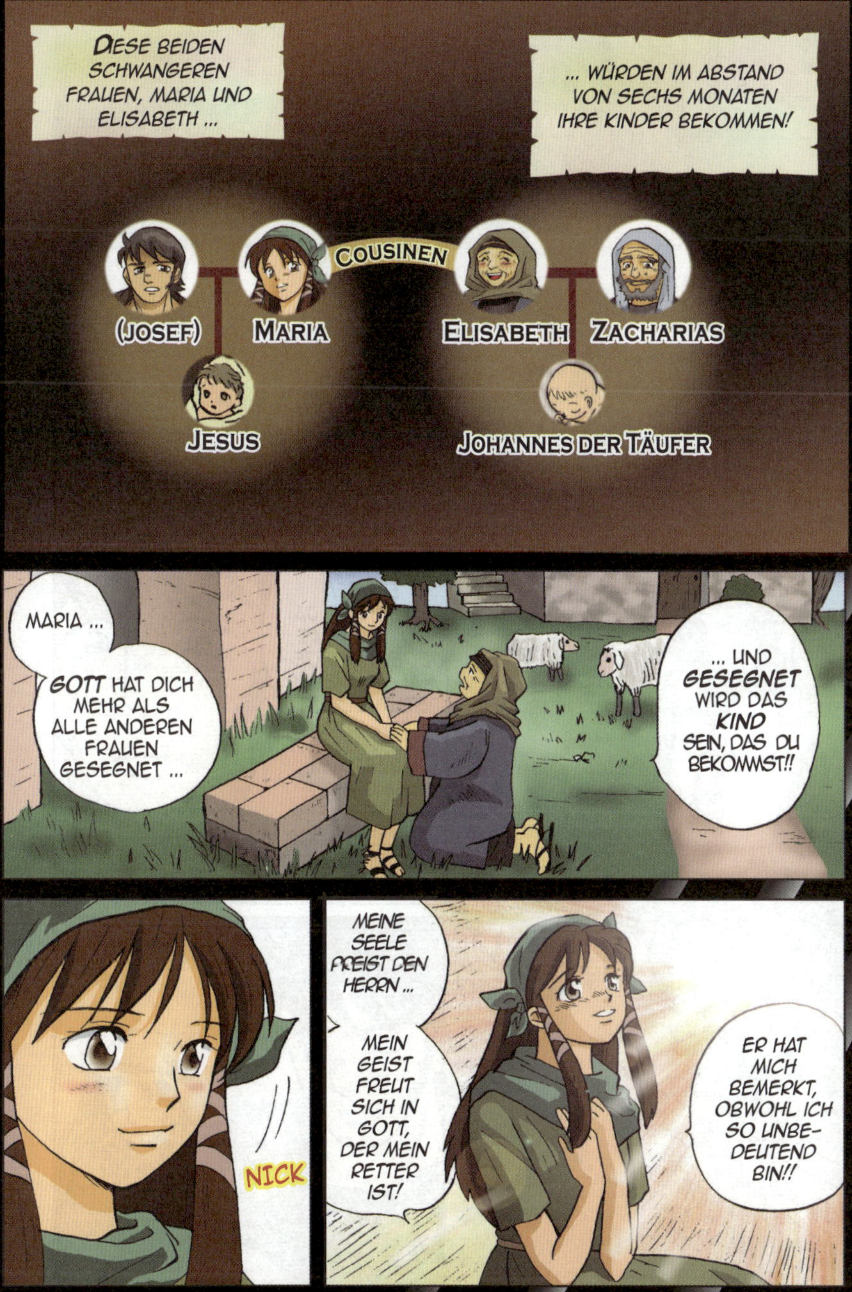
DIESE BEIDEN SCHWANGEREN FRAUEN, MARIA UND ELISABETH ...
... WÜRDEN IM ABSTAND VON SECHS MONATEN IHRE KINDER BEKOMMEN!
COUSINEN
(JOSEF)
MARIA
ELISABETH
ZACHARIAS
JESUS
JOHANNES DER TÄUFER
MARIA ...
GOTT HAT DICH MEHR ALS ALLE ANDEREN FRAUEN GESEGNET ...
... UND GESEGNET WIRD DAS KIND SEIN, DAS DU BEKOMMST!!
NICK
MEINE SEELE PREIST DEN HERRN ...
MEIN GEIST FREUT SICH IN GOTT, DER MEIN RETTER IST!
ER HAT MICH BEMERKT, OBWOHL ICH SO UNBE-DEUTEND BIN!!

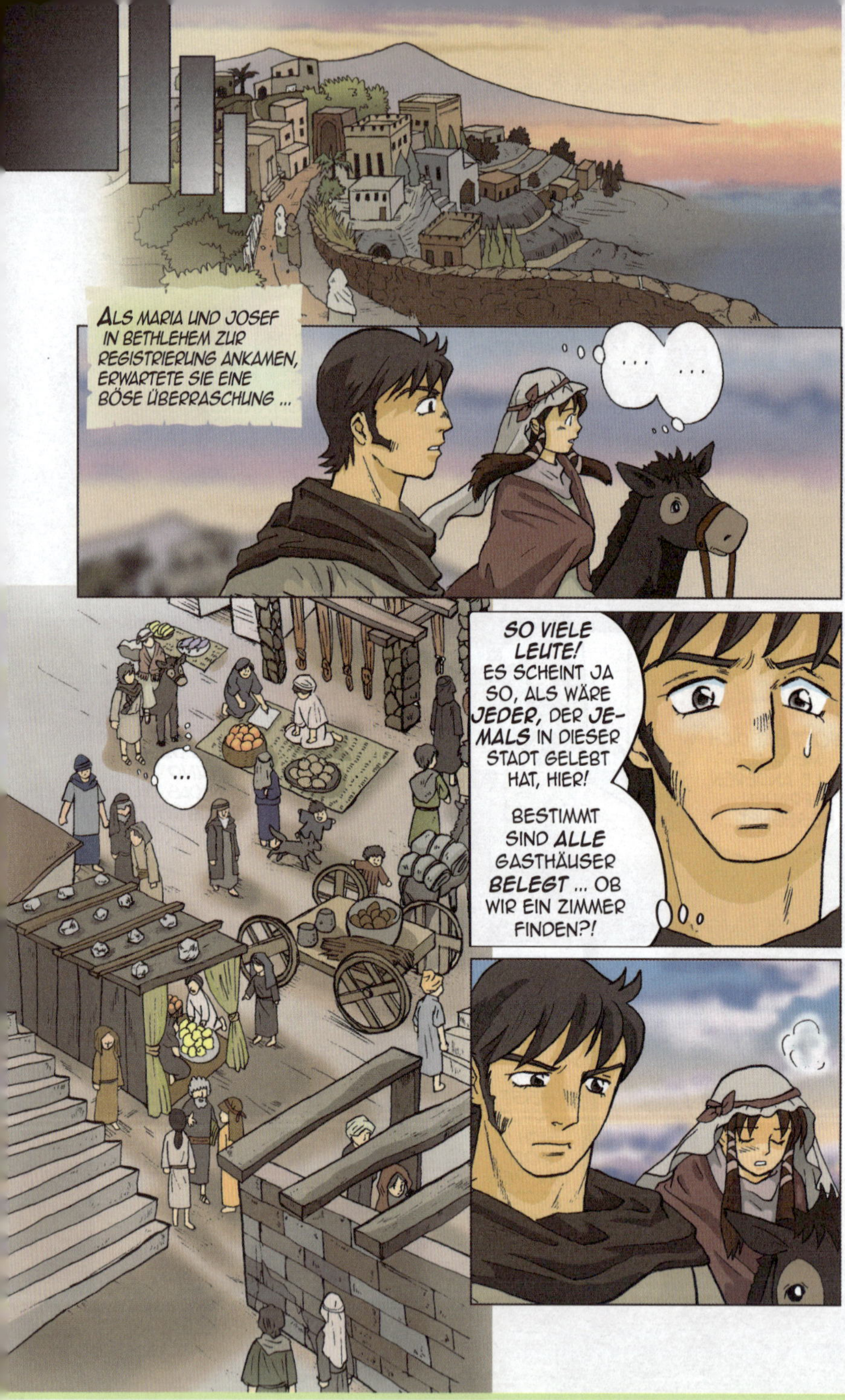
ALS MARIA UND JOSEF IN BETHLEHEM ZUR REGISTRIERUNG ANKAMEN, ERWARTETE SIE EINE BÖSE ÜBERRASCHUNG ...
... ...
...
SO VIELE LEUTE! ES SCHEINT JA SO, ALS WÄRE JEDER, DER JEMALS IN DIESER STADT GELEBT HAT, HIER!
BESTIMMT SIND ALLE GASTHÄUSER BELEGT ... OB WIR EIN ZIMMER FINDEN?!

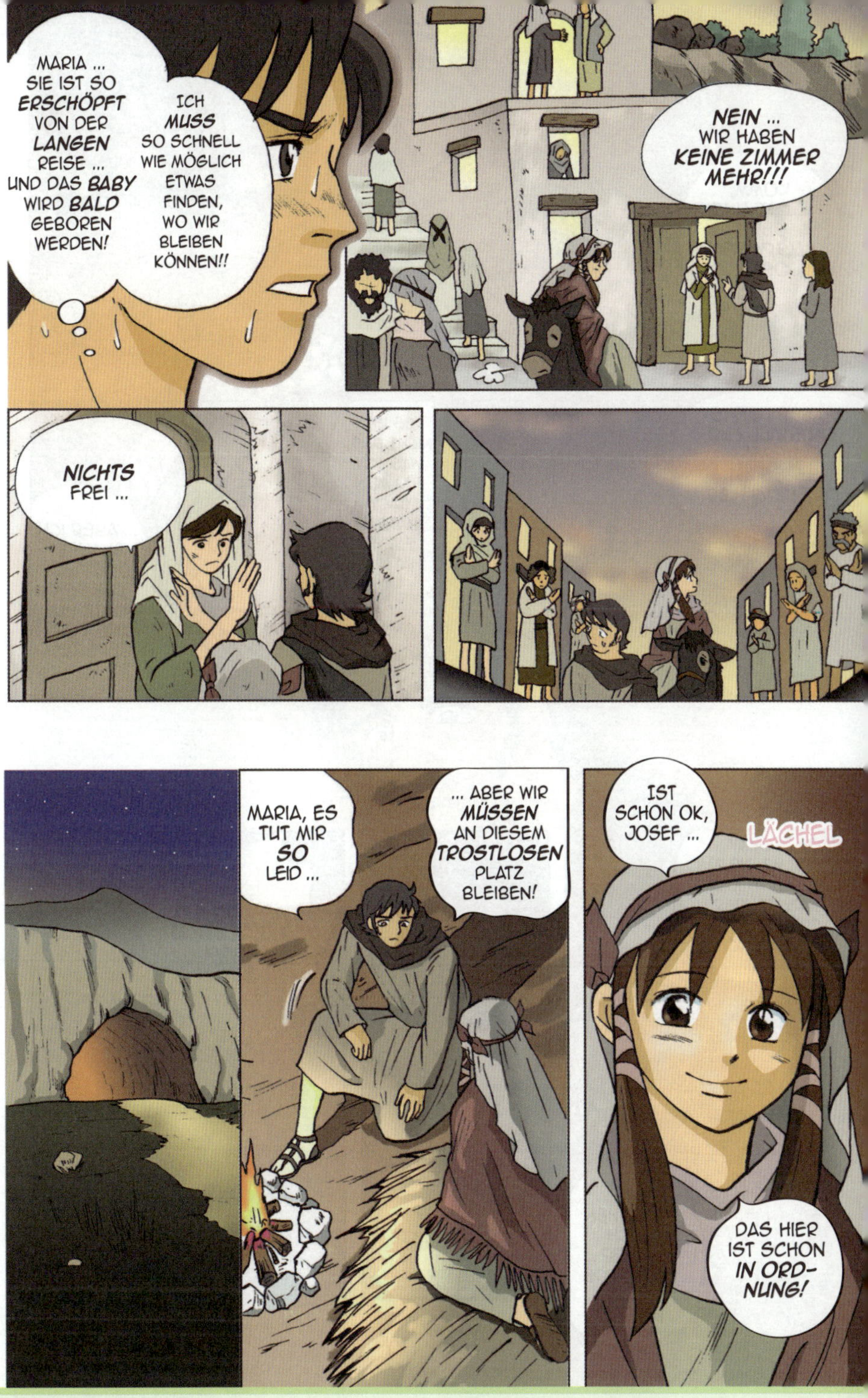
MARIA ... SIE IST SO ERSCHÖPFT VON DER LANGEN REISE ... UND DAS BABY WIRD BALD GEBOREN WERDEN!
ICH MUSS SO SCHNELL WIE MÖGLICH ETWAS FINDEN, WO WIR BLEIBEN KÖNNEN!!
NEIN ... WIR HABEN KEINE ZIMMER MEHR!!!
NICHTS FREI ...
MARIA, ES TUT MIR SO LEID ...
... ABER WIR MÜSSEN AN DIESEM TROSTLOSEN PLATZ BLEIBEN!
IST SCHON OK, JOSEF ...
LÄCHEL
DAS HIER IST SCHON IN ORD-NUNG!

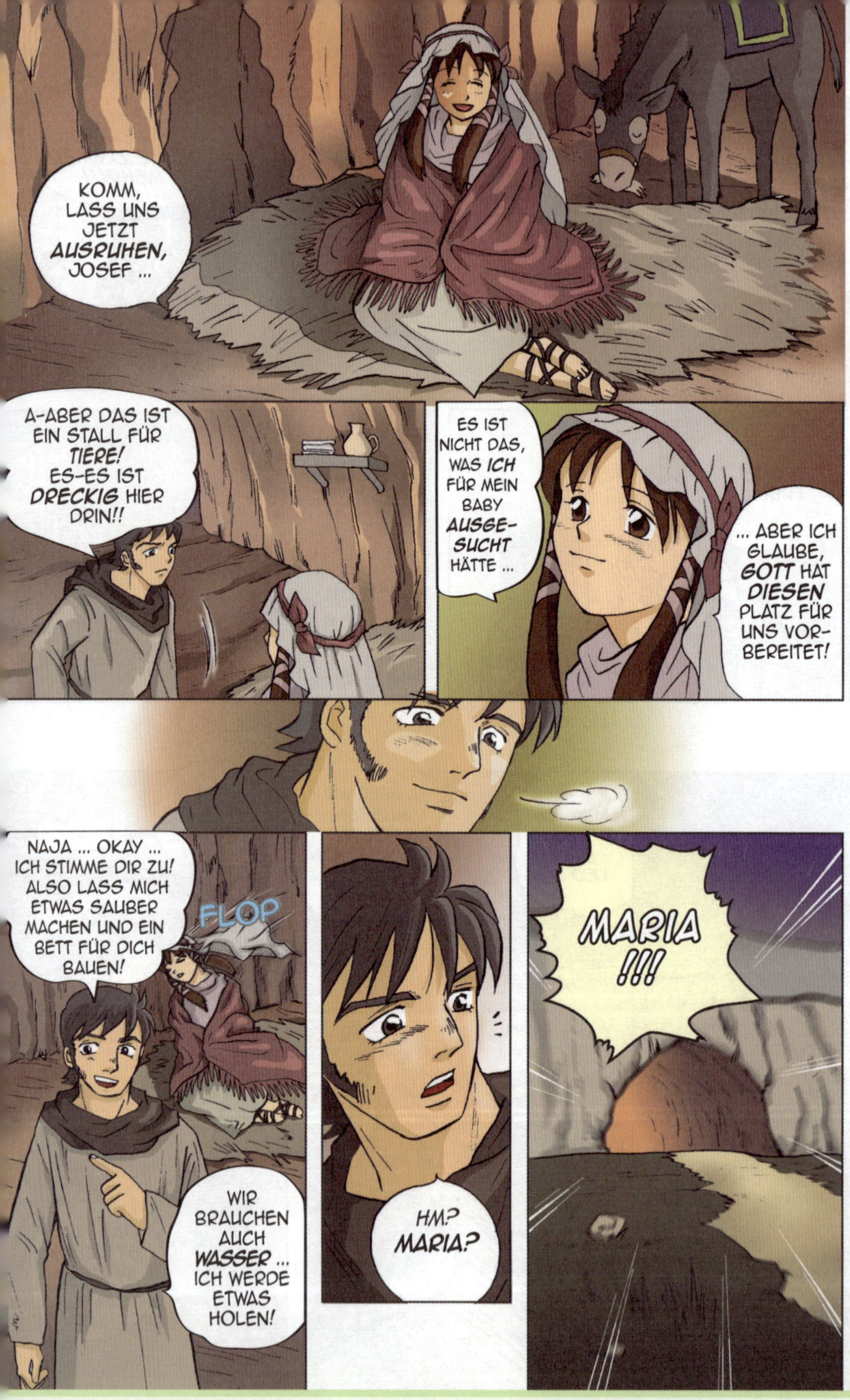

KOMM, LASS UNS JETZT AUSRUHEN, JOSEF ...
A-ABER DAS IST EIN STALL FÜR TIERE! ES-ES IST DRECKIG HIER DRIN!!
ES IST NICHT DAS, WAS ICH FÜR MEIN BABY AUSGESUCHT HÄTTE ...
... ABER ICH GLAUBE, GOTT HAT DIESEN PLATZ FÜR UNS VORBEREITET!
NAJA ... OKAY ... ICH STIMME DIR ZU! ALSO LASS MICH ETWAS SAUBER MACHEN UND EIN BETT FÜR DICH BAUEN!
FLOP
WIR BRAUCHEN AUCH WASSER ... ICH WERDE ETWAS HOLEN!
HM? MARIA?
MARIA !!!

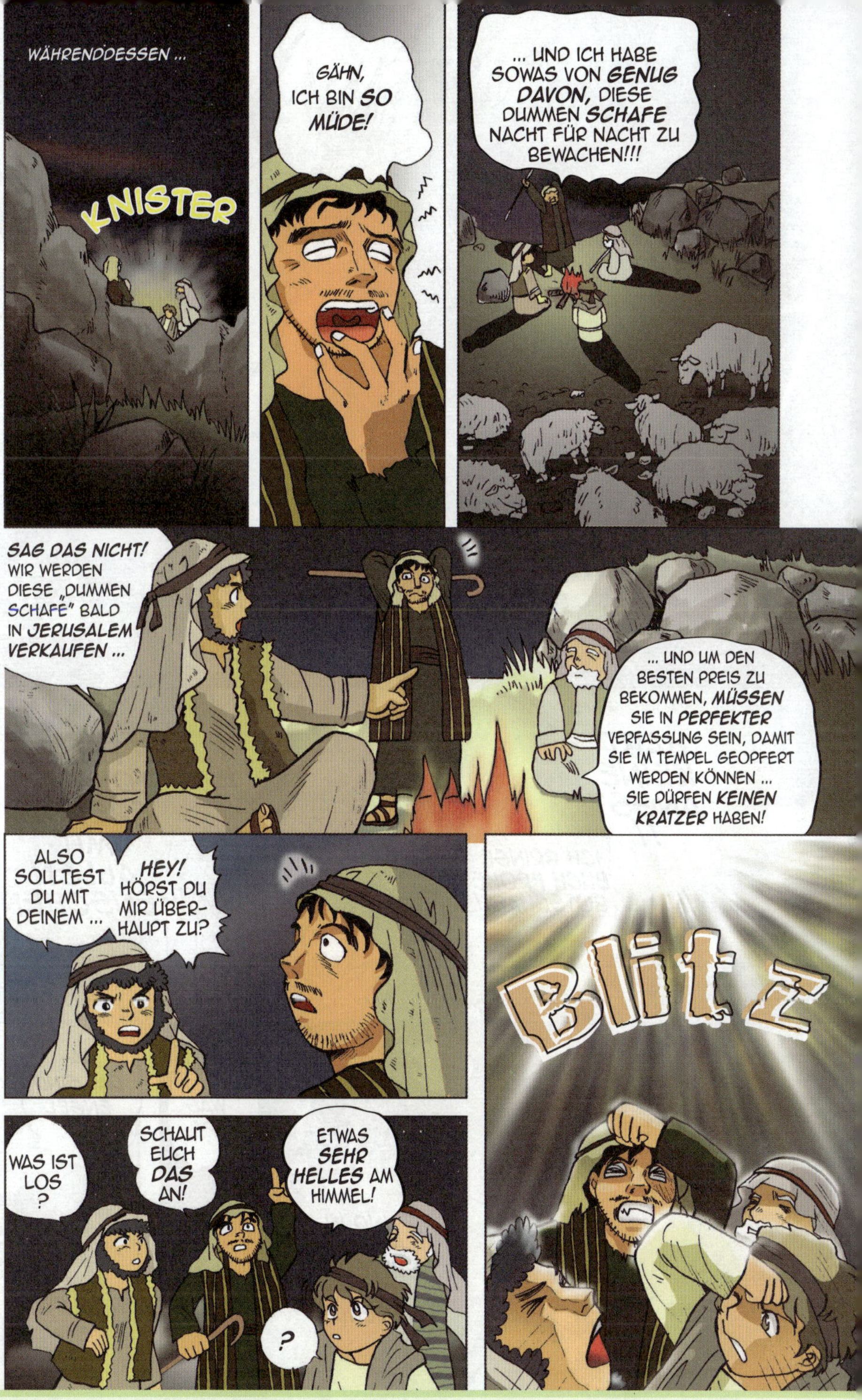

WÄHRENDDESSEN ...
KNISTER
GÄHN, ICH BIN SO MÜDE!
... UND ICH HABE SOWAS VON GENUG DAVON, DIESE DUMMEN SCHAFE NACHT FÜR NACHT ZU BEWACHEN!!!
SAG DAS NICHT! WIR WERDEN DIESE „DUMMEN SCHAFE" BALD IN JERUSALEM VERKAUFEN ...
... UND UM DEN BESTEN PREIS ZU BEKOMMEN, MÜSSEN SIE IN PERFEKTER VERFASSUNG SEIN, DAMIT SIE IM TEMPEL GEOPFERT WERDEN KÖNNEN ... SIE DÜRFEN KEINEN KRATZER HABEN!
ALSO SOLLTEST DU MIT DEINEM ...
HEY! HÖRST DU MIR ÜBERHAUPT ZU?
Blitz
WAS IST LOS ?
SCHAUT EUCH DAS AN!
ETWAS SEHR HELLES AM HIMMEL!
?

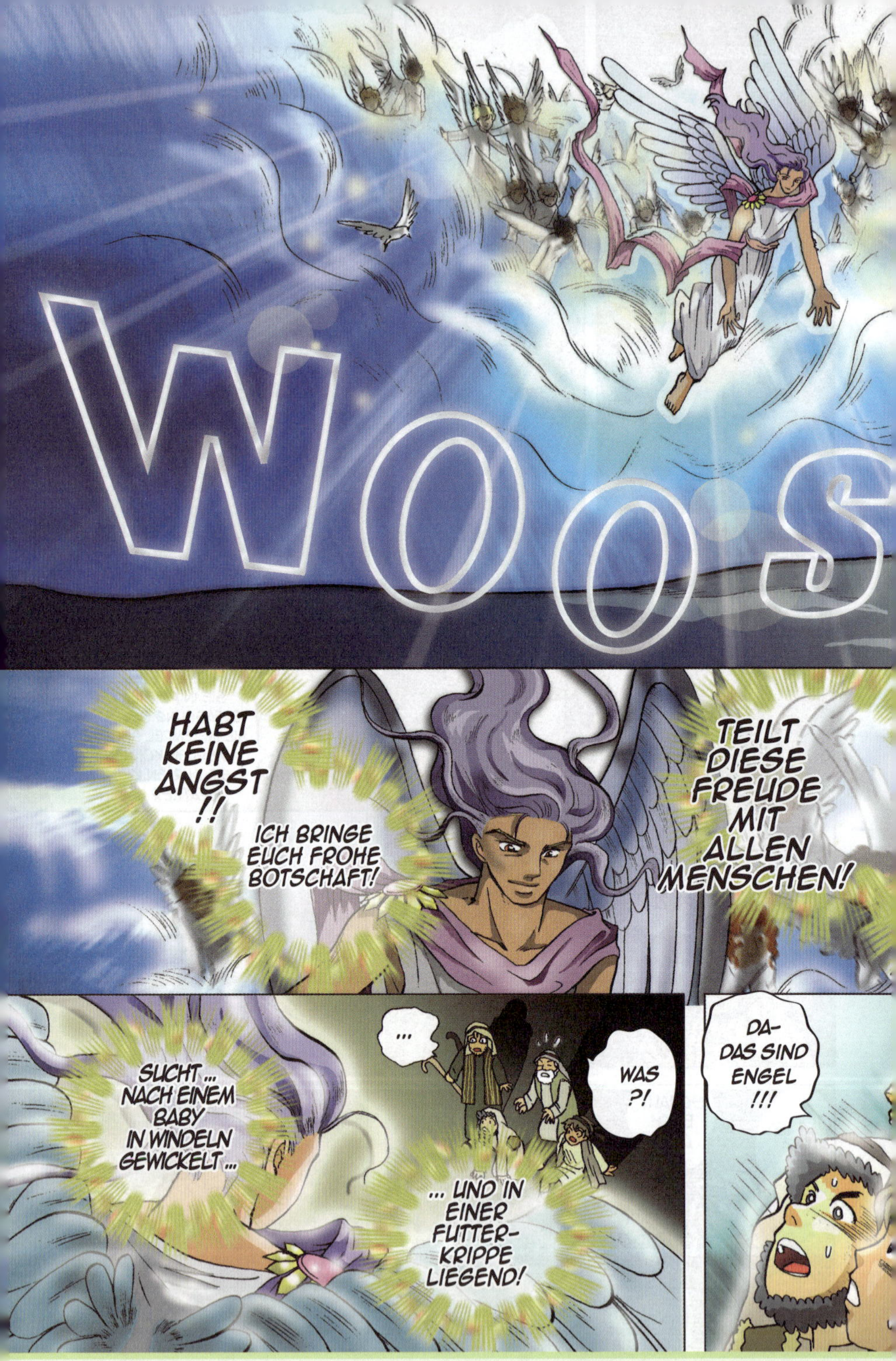
WOOS
HABT KEINE ANGST !!
ICH BRINGE EUCH FROHE BOTSCHAFT!
TEILT DIESE FREUDE MIT ALLEN MENSCHEN!
SUCHT ... NACH EINEM BABY IN WINDELN GEWICKELT ...
...
WAS ?!
DA- DAS SIND ENGEL !!!
... UND IN EINER FUTTER-KRIPPE LIEGEND!

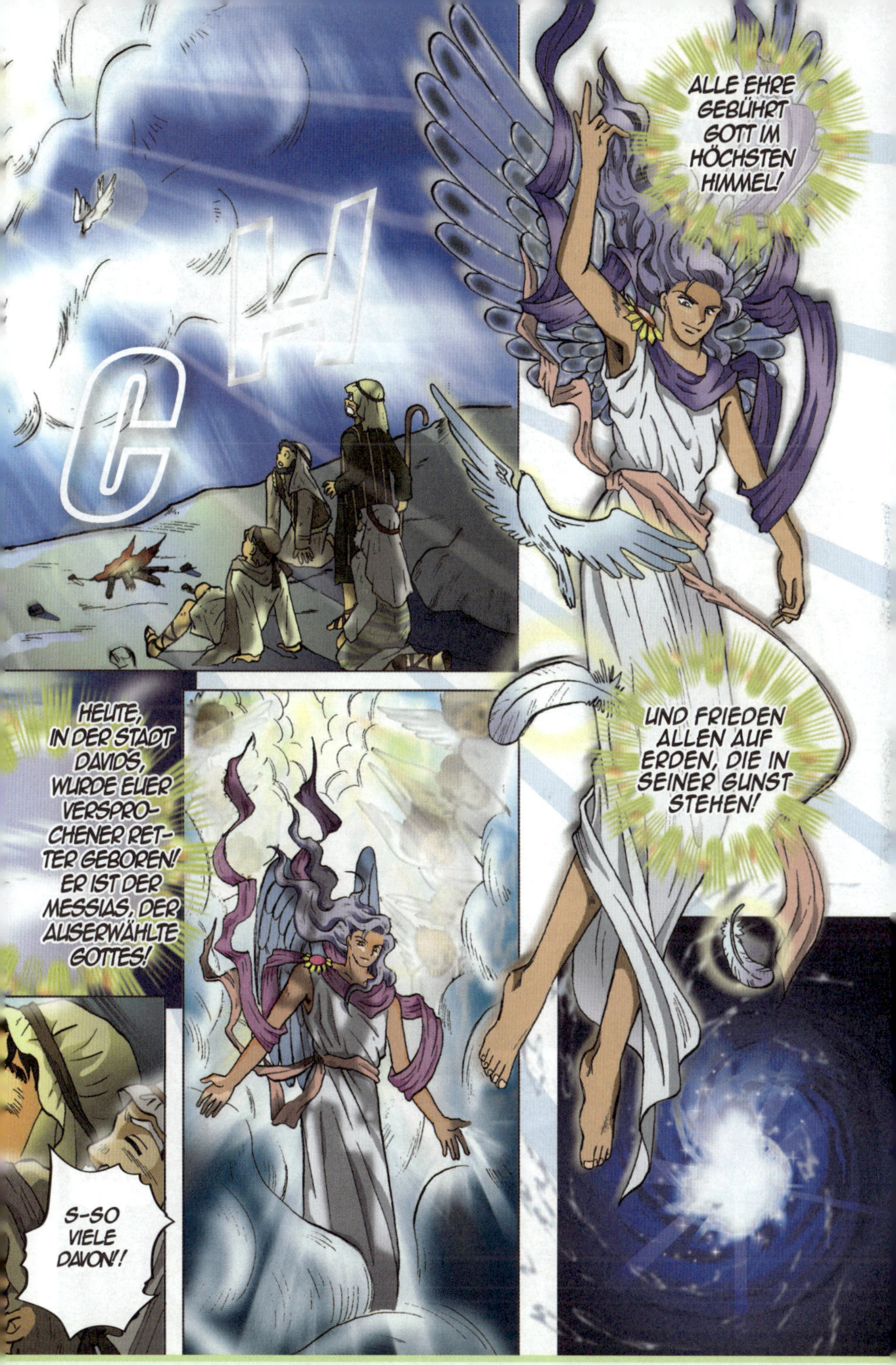
ALLE EHRE GEBÜHRT GOTT IM HÖCHSTEN HIMMEL!
HEUTE, IN DER STADT DAVIDS, WURDE EUER VERSPRO-CHENER RET-TER GEBOREN! ER IST DER MESSIAS, DER AUSERWÄHLTE GOTTES!
UND FRIEDEN ALLEN AUF ERDEN, DIE IN SEINER GUNST STEHEN!
S-SO VIELE DAVON!?

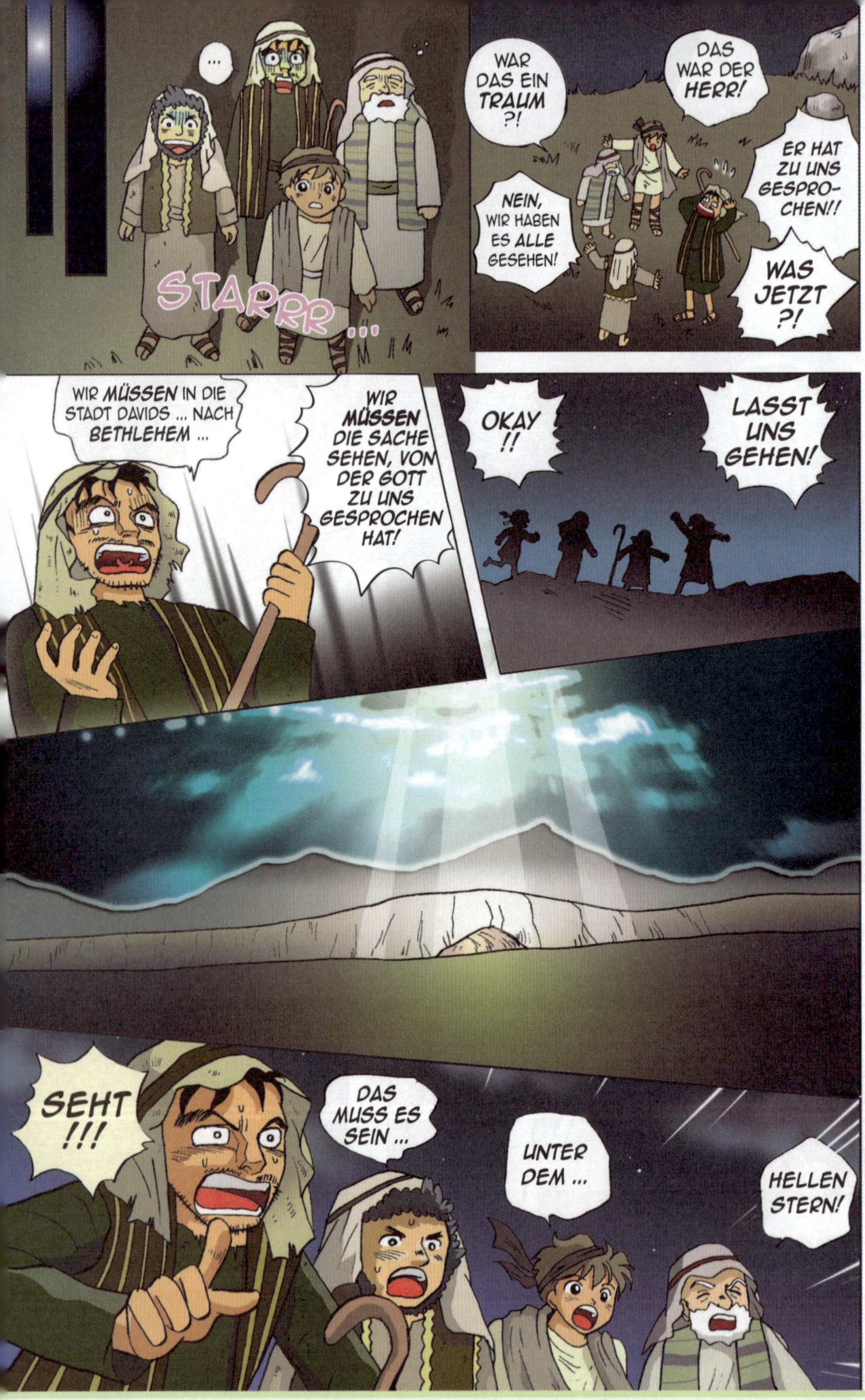
...
STARRR ...
WAR DAS EIN TRAUM ?!
DAS WAR DER HERR!
ER HAT ZU UNS GESPRO-CHEN!!
NEIN, WIR HABEN ES ALLE GESEHEN!
WAS JETZT ?!
WIR MÜSSEN IN DIE STADT DAVIDS ... NACH BETHLEHEM ...
WIR MÜSSEN DIE SACHE SEHEN, VON DER GOTT ZU UNS GESPROCHEN HAT!
OKAY !!
LASST UNS GEHEN!
SEHT !!!
DAS MUSS ES SEIN ...
UNTER DEM ...
HELLEN STERN!

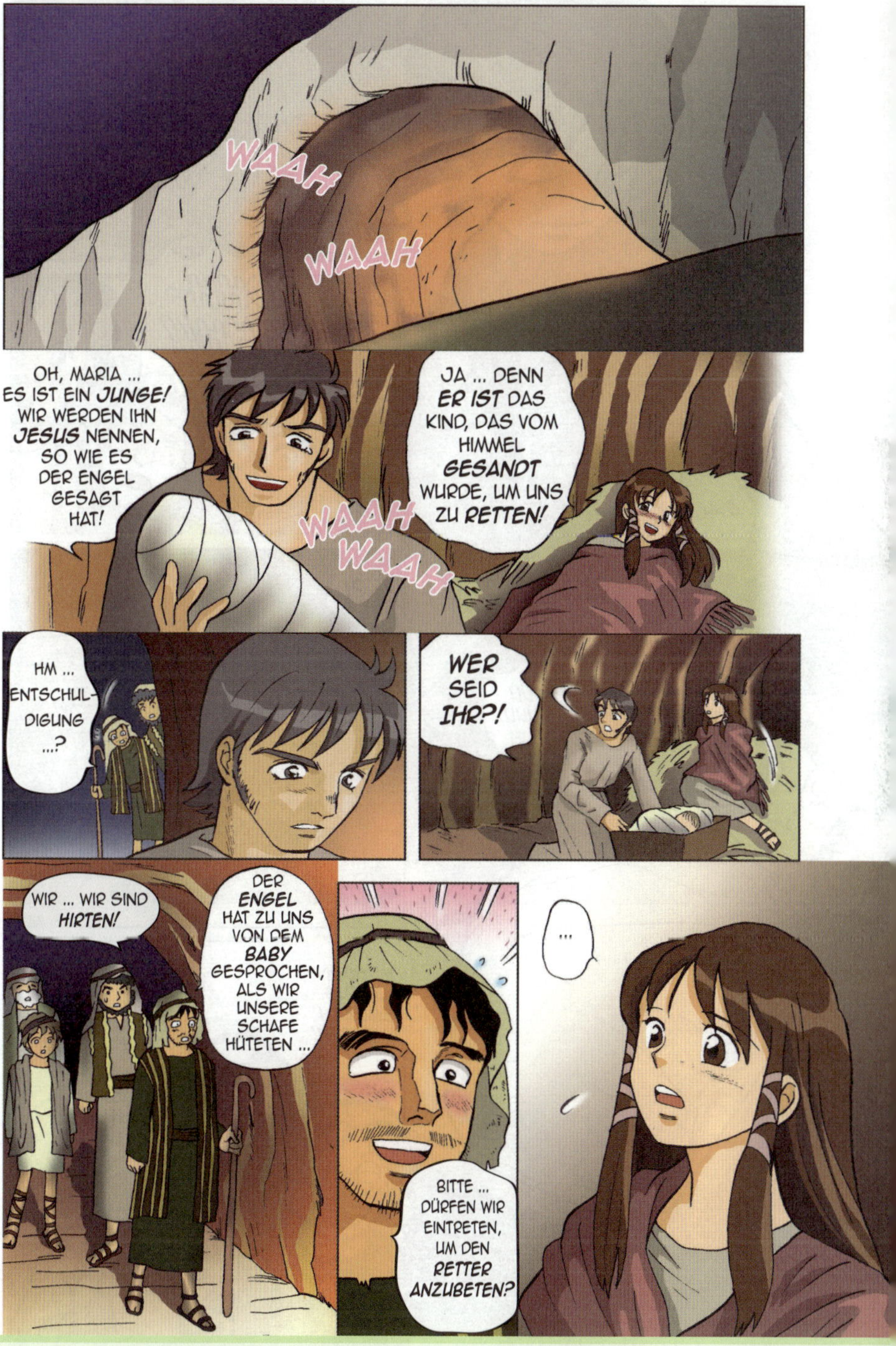
WAAH
WAAH
OH, MARIA ... ES IST EIN JUNGE! WIR WERDEN IHN JESUS NENNEN, SO WIE ES DER ENGEL GESAGT HAT!
WAAH
WAAH
JA ... DENN ER IST DAS KIND, DAS VOM HIMMEL GESANDT WURDE, UM UNS ZU RETTEN!
HM ... ENTSCHULDIGUNG ...?
WER SEID IHR?!
WIR ... WIR SIND HIRTEN!
DER ENGEL HAT ZU UNS VON DEM BABY GESPROCHEN, ALS WIR UNSERE SCHAFE HÜTETEN ...
BITTE ... DÜRFEN WIR EINTRETEN, UM DEN RETTER ANZUBETEN?
...

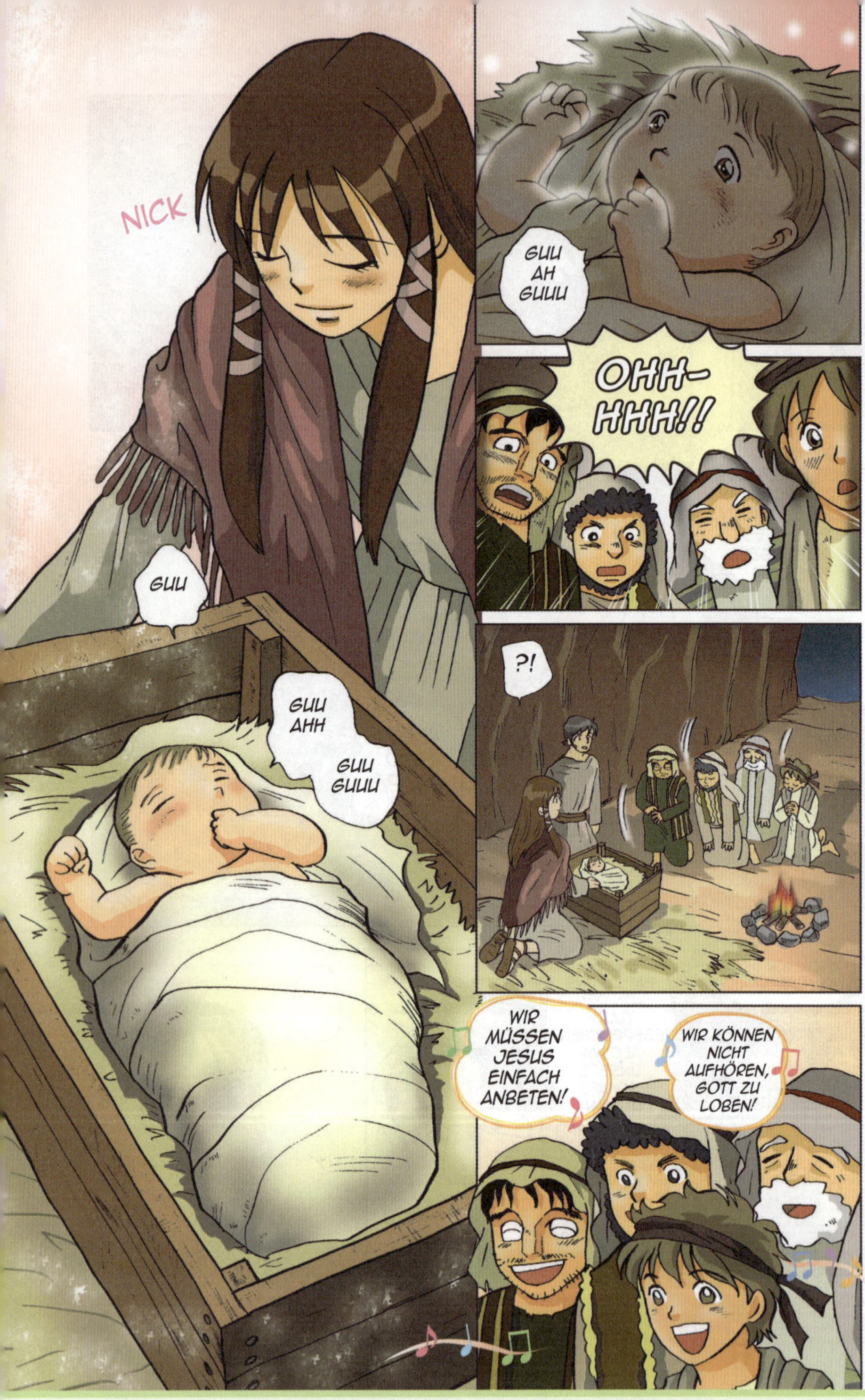
NICK
GUU
GUU AHH
GUU GUUU
GUU AH GUUU
OHH-HHH!!
?!
WIR MÜSSEN JESUS EINFACH ANBETEN!
WIR KÖNNEN NICHT AUFHÖREN, GOTT ZU LOBEN!

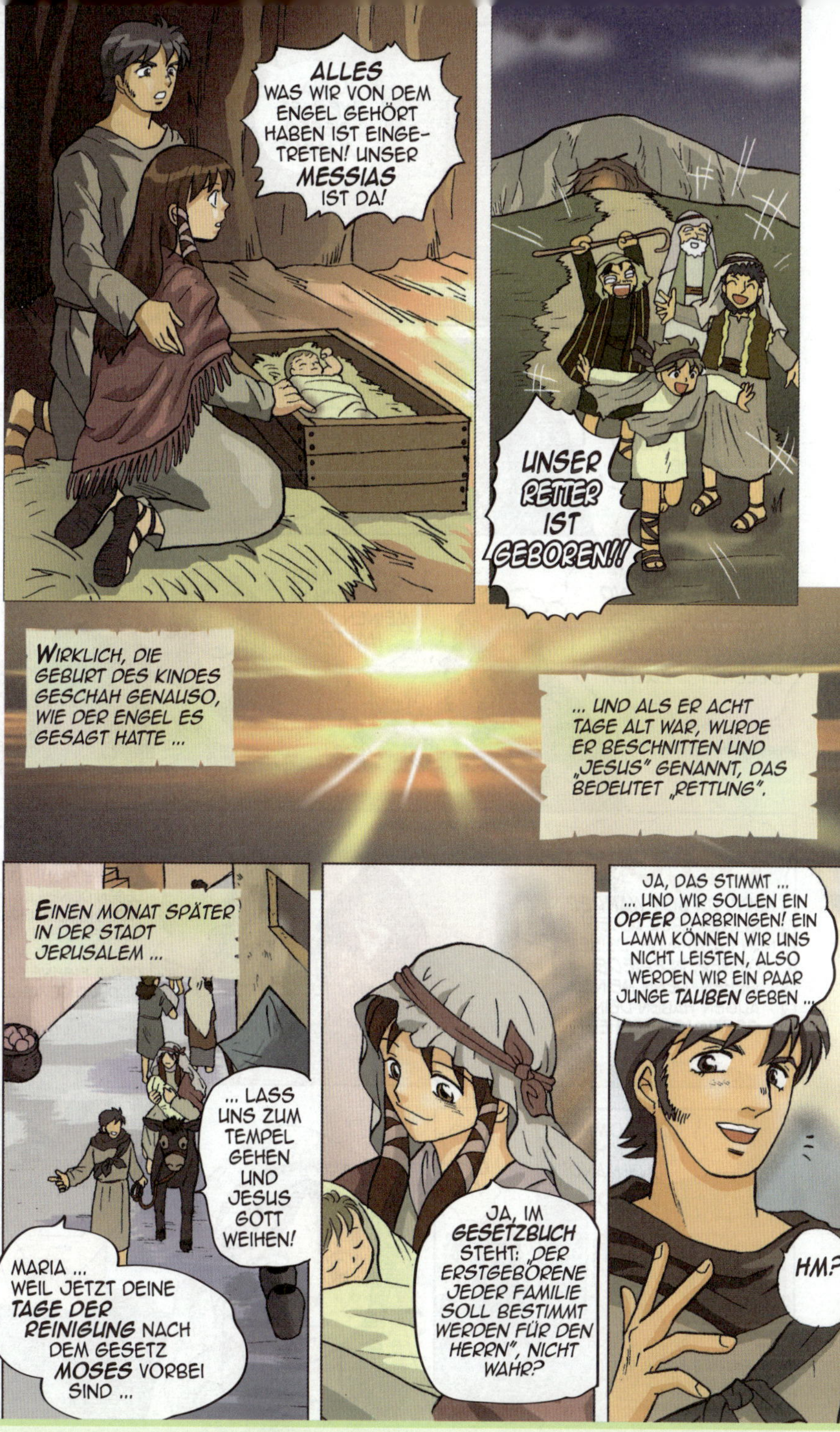
ALLES WAS WIR VON DEM ENGEL GEHÖRT HABEN IST EINGETRETEN! UNSER MESSIAS IST DA!
UNSER RETTER IST GEBOREN!!
WIRKLICH, DIE GEBURT DES KINDES GESCHAH GENAUSO, WIE DER ENGEL ES GESAGT HATTE ...
... UND ALS ER ACHT TAGE ALT WAR, WURDE ER BESCHNITTEN UND „JESUS" GENANNT, DAS BEDEUTET „RETTUNG".
EINEN MONAT SPÄTER IN DER STADT JERUSALEM ...
MARIA ... WEIL JETZT DEINE TAGE DER REINIGUNG NACH DEM GESETZ MOSES VORBEI SIND ...
... LASS UNS ZUM TEMPEL GEHEN UND JESUS GOTT WEIHEN!
JA, IM GESETZBUCH STEHT: „DER ERSTGEBORENE JEDER FAMILIE SOLL BESTIMMT WERDEN FÜR DEN HERRN", NICHT WAHR?
JA, DAS STIMMT ...
... UND WIR SOLLEN EIN OPFER DARBRINGEN! EIN LAMM KÖNNEN WIR UNS NICHT LEISTEN, ALSO WERDEN WIR EIN PAAR JUNGE TAUBEN GEBEN ...
HM?

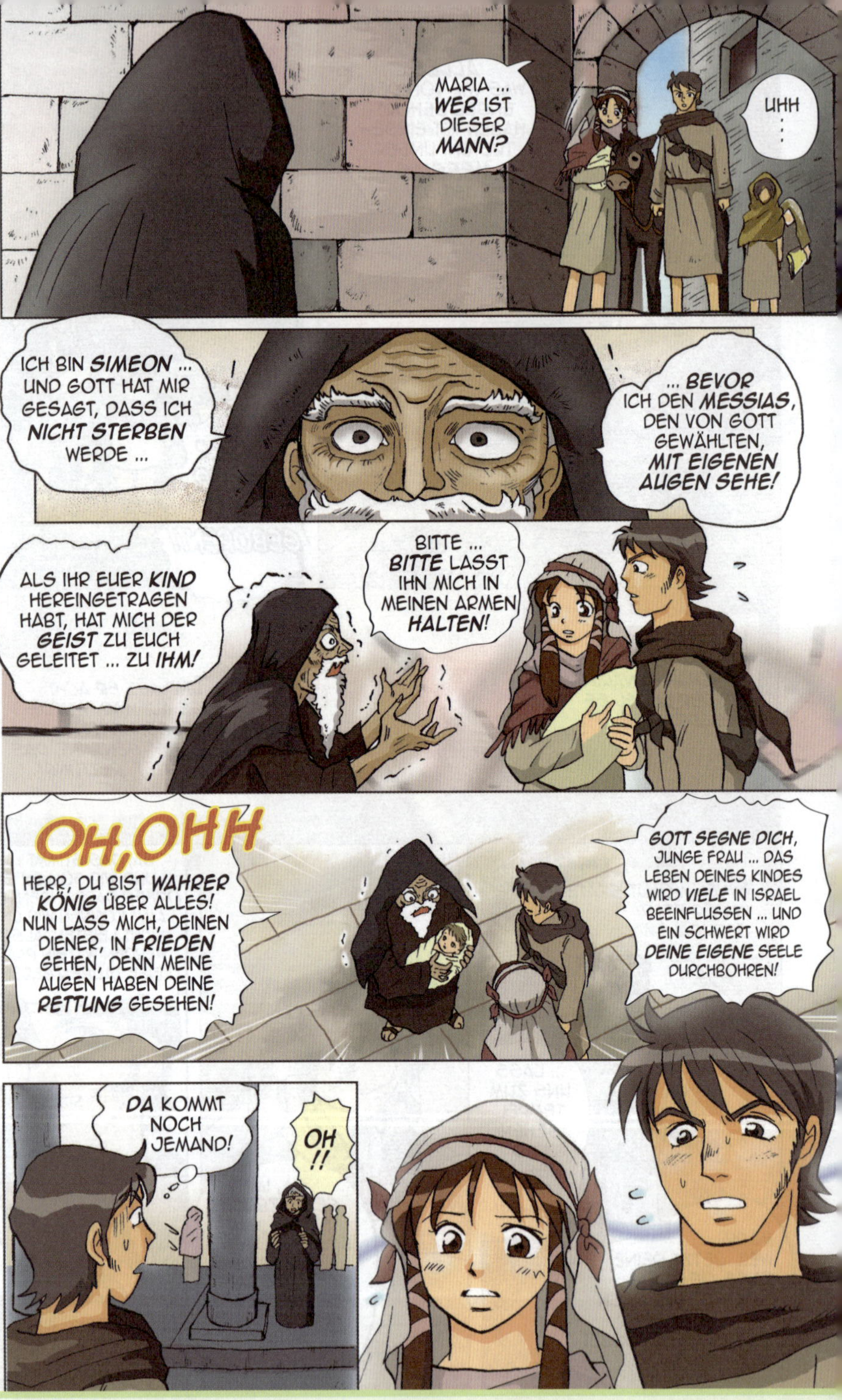
MARIA ... WER IST DIESER MANN?
UHH ...
ICH BIN SIMEON ... UND GOTT HAT MIR GESAGT, DASS ICH NICHT STERBEN WERDE ...
... BEVOR ICH DEN MESSIAS, DEN VON GOTT GEWÄHLTEN, MIT EIGENEN AUGEN SEHE!
ALS IHR EUER KIND HEREINGETRAGEN HABT, HAT MICH DER GEIST ZU EUCH GELEITET ... ZU IHM!
BITTE ... BITTE LASST IHN MICH IN MEINEN ARMEN HALTEN!
OH, OHH
HERR, DU BIST WAHRER KÖNIG ÜBER ALLES! NUN LASS MICH, DEINEN DIENER, IN FRIEDEN GEHEN, DENN MEINE AUGEN HABEN DEINE RETTUNG GESEHEN!
GOTT SEGNE DICH, JUNGE FRAU ... DAS LEBEN DEINES KINDES WIRD VIELE IN ISRAEL BEEINFLUSSEN ... UND EIN SCHWERT WIRD DEINE EIGENE SEELE DURCHBOHREN!
DA KOMMT NOCH JEMAND!
OH !!

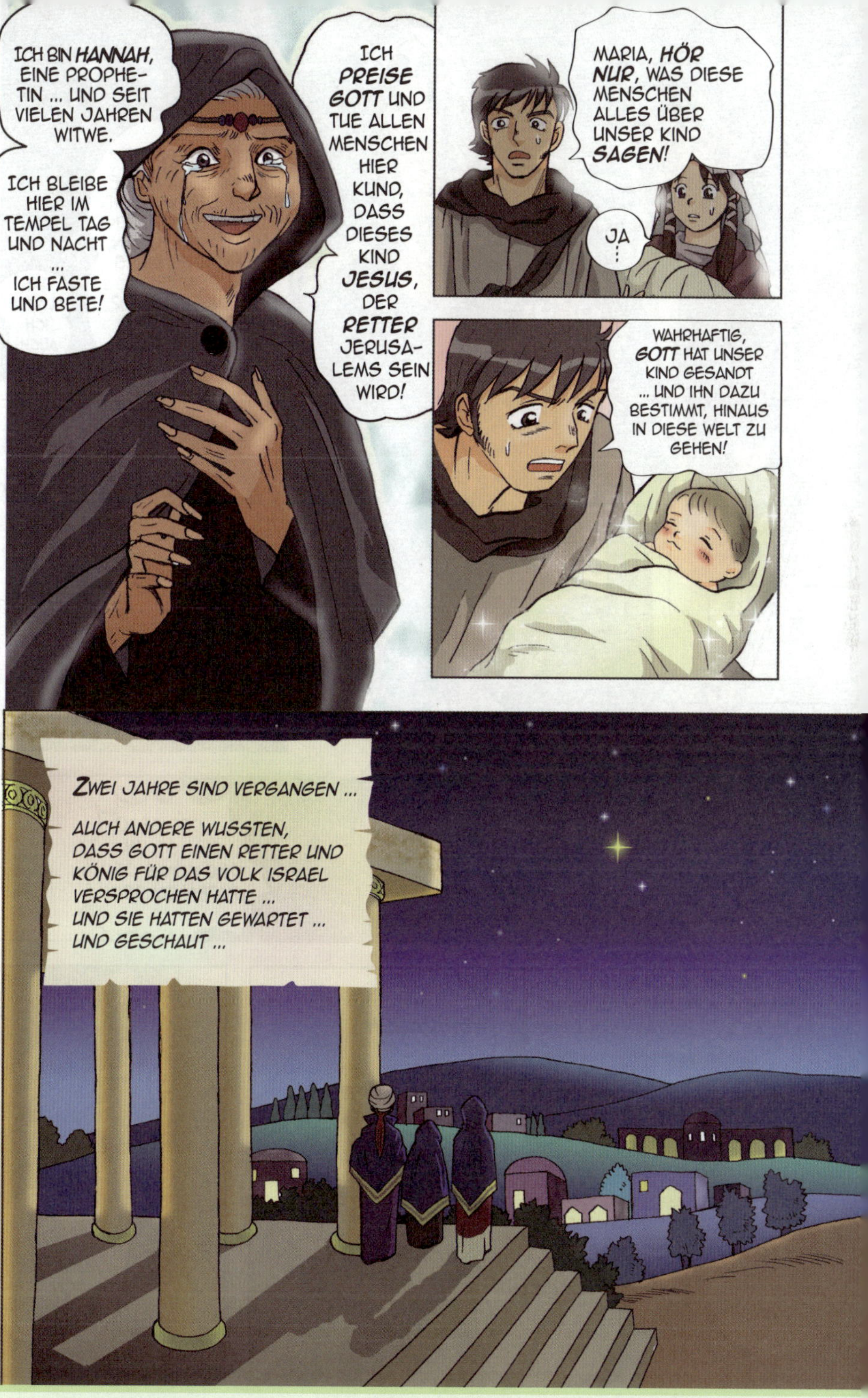
ICH BIN HANNAH, EINE PROPHETIN ... UND SEIT VIELEN JAHREN WITWE.
ICH BLEIBE HIER IM TEMPEL TAG UND NACHT ... ICH FASTE UND BETE!
ICH PREISE GOTT UND TUE ALLEN MENSCHEN HIER KUND, DASS DIESES KIND JESUS, DER RETTER JERUSALEMS SEIN WIRD!
MARIA, HÖR NUR, WAS DIESE MENSCHEN ALLES ÜBER UNSER KIND SAGEN!
JA ...
WAHRHAFTIG, GOTT HAT UNSER KIND GESANDT ... UND IHN DAZU BESTIMMT, HINAUS IN DIESE WELT ZU GEHEN!
ZWEI JAHRE SIND VERGANGEN ...
AUCH ANDERE WUSSTEN, DASS GOTT EINEN RETTER UND KÖNIG FÜR DAS VOLK ISRAEL VERSPROCHEN HATTE ... UND SIE HATTEN GEWARTET ... UND GESCHAUT ...

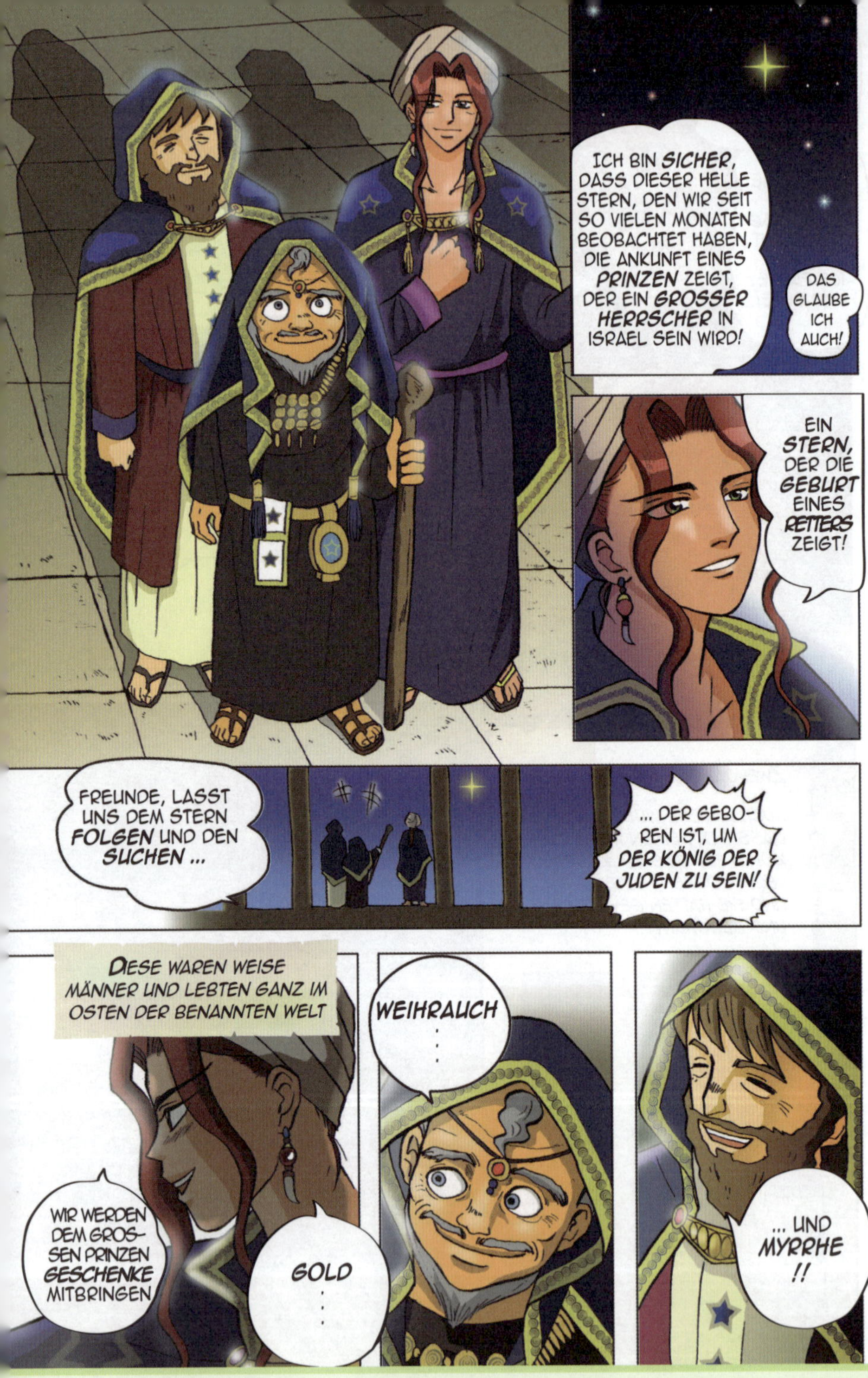
ICH BIN SICHER, DASS DIESER HELLE STERN, DEN WIR SEIT SO VIELEN MONATEN BEOBACHTET HABEN, DIE ANKUNFT EINES PRINZEN ZEIGT, DER EIN GROSSER HERRSCHER IN ISRAEL SEIN WIRD!
DAS GLAUBE ICH AUCH!
EIN STERN, DER DIE GEBURT EINES RETTERS ZEIGT!
FREUNDE, LASST UNS DEM STERN FOLGEN UND DEN SUCHEN ...
... DER GEBOREN IST, UM DER KÖNIG DER JUDEN ZU SEIN!
DIESE WAREN WEISE MÄNNER UND LEBTEN GANZ IM OSTEN DER BENANNTEN WELT
WIR WERDEN DEM GROSSEN PRINZEN GESCHENKE MITBRINGEN
GOLD ...
WEIHRAUCH ...
... UND MYRRHE !!

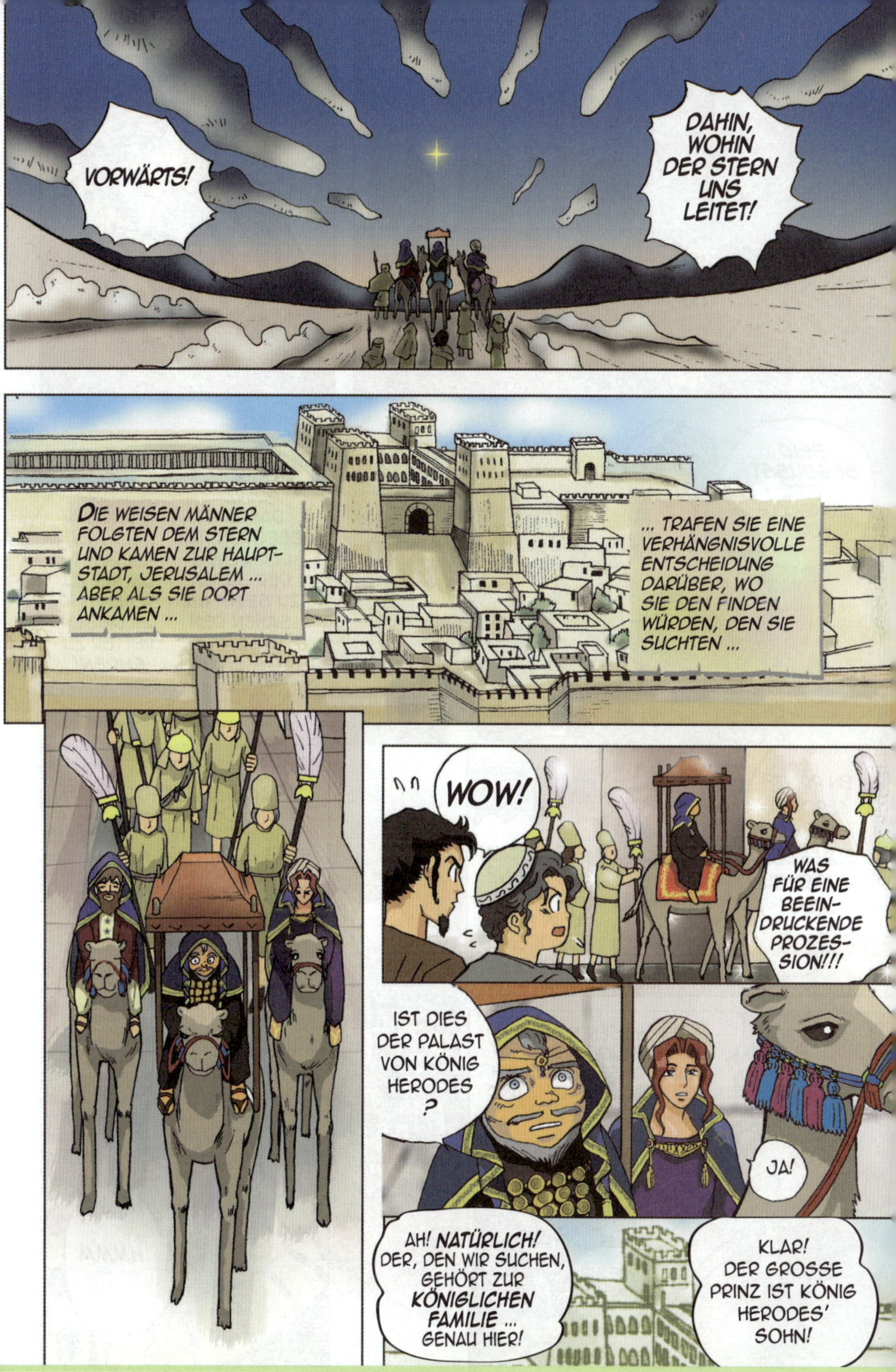
VORWÄRTS!
DAHIN, WOHIN DER STERN UNS LEITET!
DIE WEISEN MÄNNER FOLGTEN DEM STERN UND KAMEN ZUR HAUPT-STADT, JERUSALEM ... ABER ALS SIE DORT ANKAMEN ...
... TRAFEN SIE EINE VERHÄNGNISVOLLE ENTSCHEIDUNG DARÜBER, WO SIE DEN FINDEN WÜRDEN, DEN SIE SUCHTEN ...
WOW!
WAS FÜR EINE BEEIN-DRUCKENDE PROZES-SION!!!
IST DIES DER PALAST VON KÖNIG HERODES ?
JA!
AH! NATÜRLICH! DER, DEN WIR SUCHEN, GEHÖRT ZUR KÖNIGLICHEN FAMILIE ... GENAU HIER!
KLAR! DER GROSSE PRINZ IST KÖNIG HERODES' SOHN!

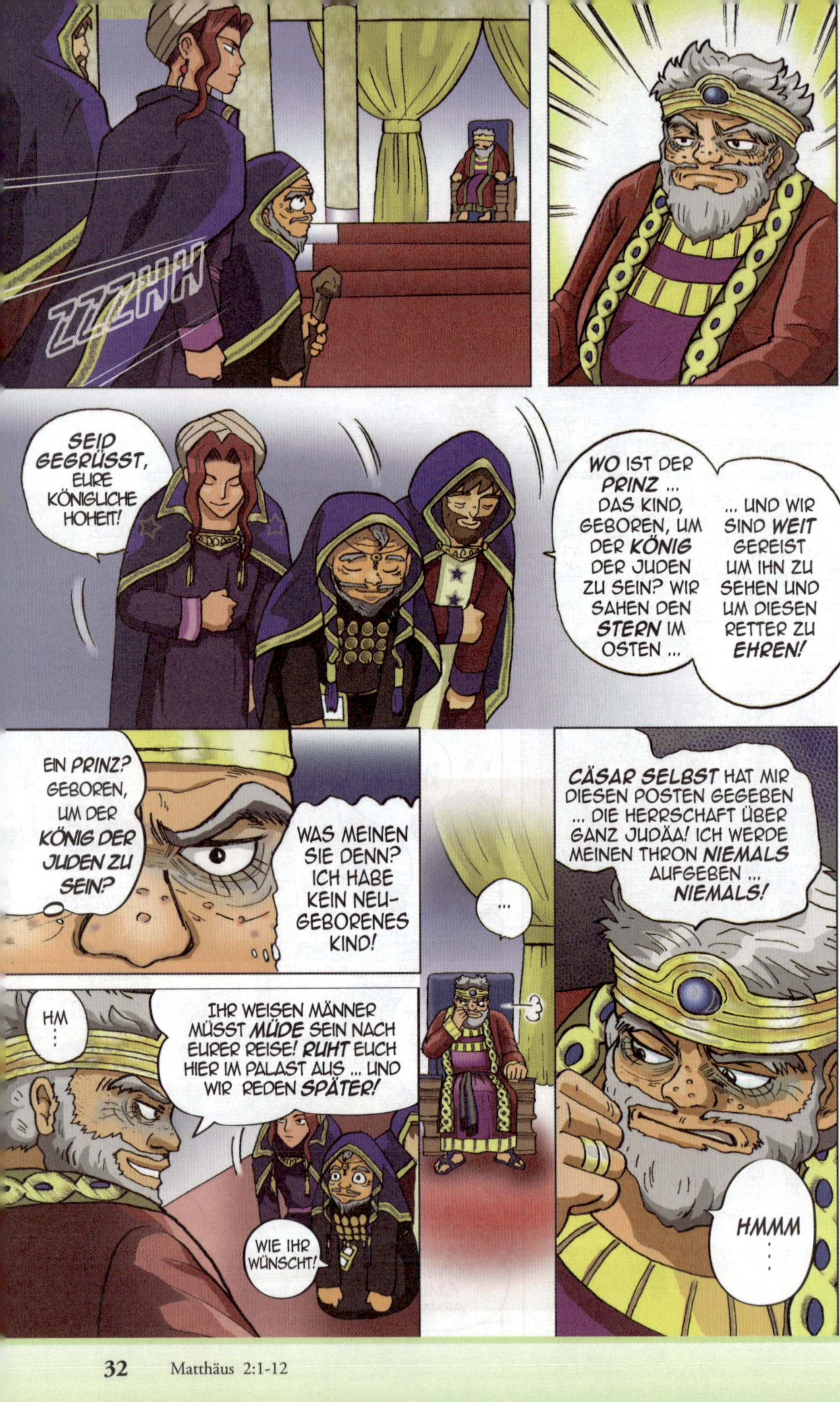
ZZZWHH
SEID GEGRÜSST, EURE KÖNIGLICHE HOHEIT!
WO IST DER PRINZ ... DAS KIND, GEBOREN, UM DER KÖNIG DER JUDEN ZU SEIN? WIR SAHEN DEN STERN IM OSTEN ...
... UND WIR SIND WEIT GEREIST UM IHN ZU SEHEN UND UM DIESEN RETTER ZU EHREN!
EIN PRINZ? GEBOREN, UM DER KÖNIG DER JUDEN ZU SEIN?
WAS MEINEN SIE DENN? ICH HABE KEIN NEUGEBORENES KIND!
...
CÄSAR SELBST HAT MIR DIESEN POSTEN GEGEBEN ... DIE HERRSCHAFT ÜBER GANZ JUDÄA! ICH WERDE MEINEN THRON NIEMALS AUFGEBEN ... NIEMALS!
HM ...
IHR WEISEN MÄNNER MÜSST MÜDE SEIN NACH EURER REISE! RUHT EUCH HIER IM PALAST AUS ... UND WIR REDEN SPÄTER!
WIE IHR WÜNSCHT!
HMMM ...

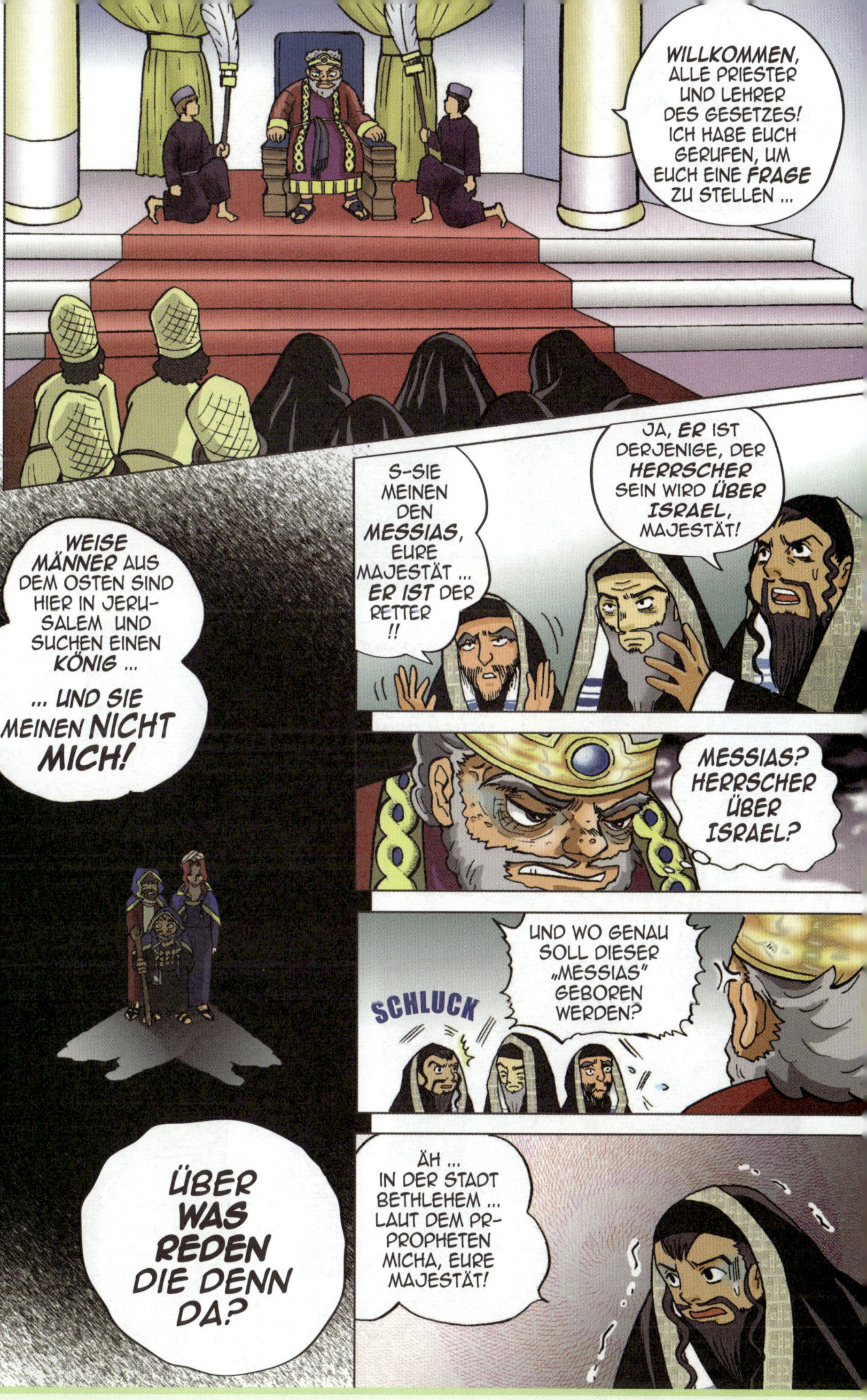
WILLKOMMEN, ALLE PRIESTER UND LEHRER DES GESETZES! ICH HABE EUCH GERUFEN, UM EUCH EINE FRAGE ZU STELLEN ...
WEISE MÄNNER AUS DEM OSTEN SIND HIER IN JERUSALEM UND SUCHEN EINEN KÖNIG ...
... UND SIE MEINEN NICHT MICH!
S-SIE MEINEN DEN MESSIAS, EURE MAJESTÄT ... ER IST DER RETTER !!
JA, ER IST DERJENIGE, DER HERRSCHER SEIN WIRD ÜBER ISRAEL, MAJESTÄT!
MESSIAS? HERRSCHER ÜBER ISRAEL?
UND WO GENAU SOLL DIESER „MESSIAS" GEBOREN WERDEN?
SCHLUCK
ÜBER WAS REDEN DIE DENN DA?
ÄH ... IN DER STADT BETHLEHEM ... LAUT DEM PROPHETEN MICHA, EURE MAJESTÄT!

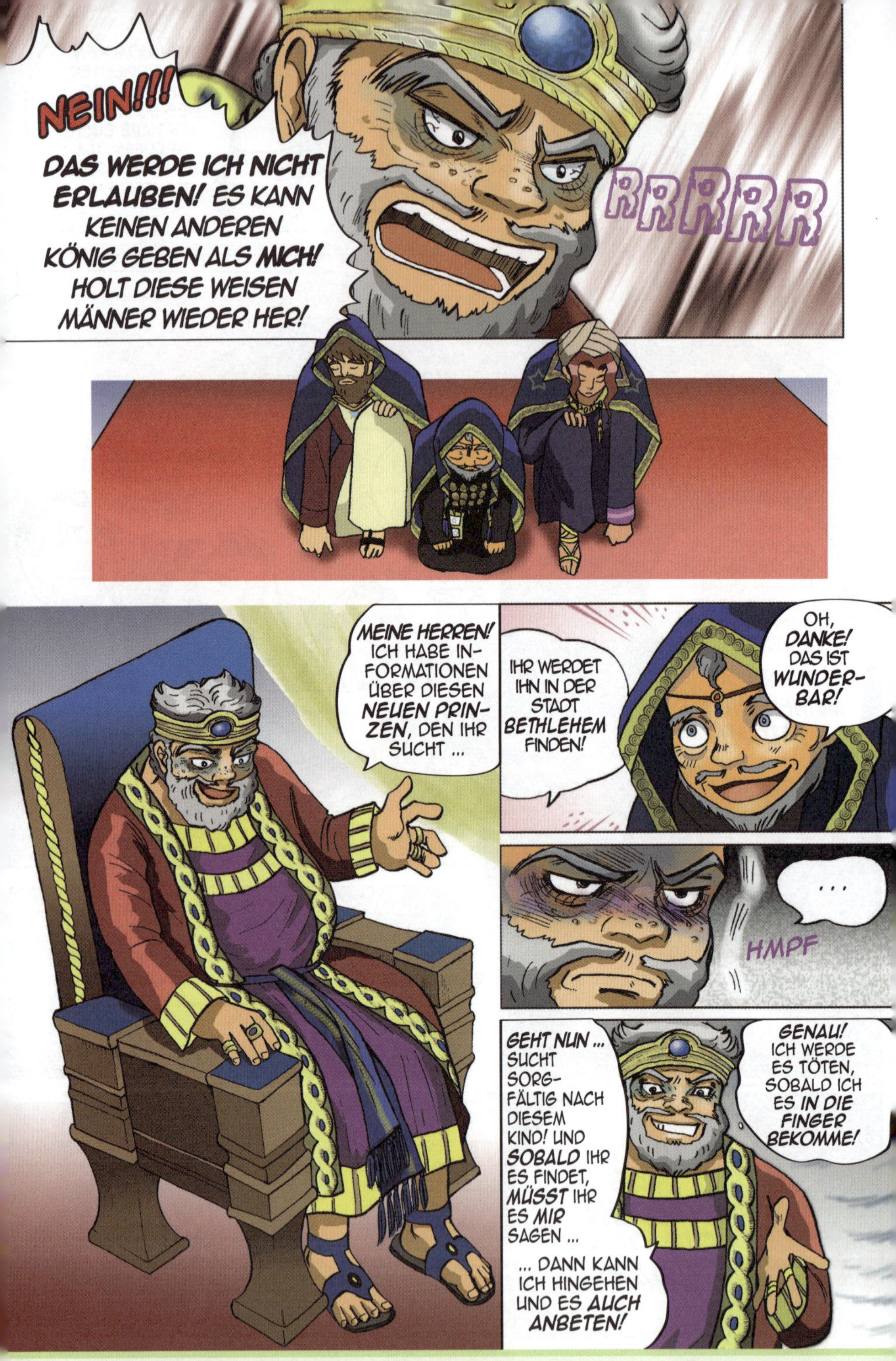
NEIN!!!
DAS WERDE ICH NICHT ERLAUBEN! ES KANN KEINEN ANDEREN KÖNIG GEBEN ALS MICH! HOLT DIESE WEISEN MÄNNER WIEDER HER!
RRRRR
MEINE HERREN! ICH HABE INFORMATIONEN ÜBER DIESEN NEUEN PRINZEN, DEN IHR SUCHT ...
IHR WERDET IHN IN DER STADT BETHLEHEM FINDEN!
OH, DANKE! DAS IST WUNDERBAR!
...
HMPF
GEHT NUN ... SUCHT SORGFÄLTIG NACH DIESEM KIND! UND SOBALD IHR ES FINDET, MÜSST IHR ES MIR SAGEN ...
... DANN KANN ICH HINGEHEN UND ES AUCH ANBETEN!
GENAU! ICH WERDE ES TÖTEN, SOBALD ICH ES IN DIE FINGER BEKOMME!

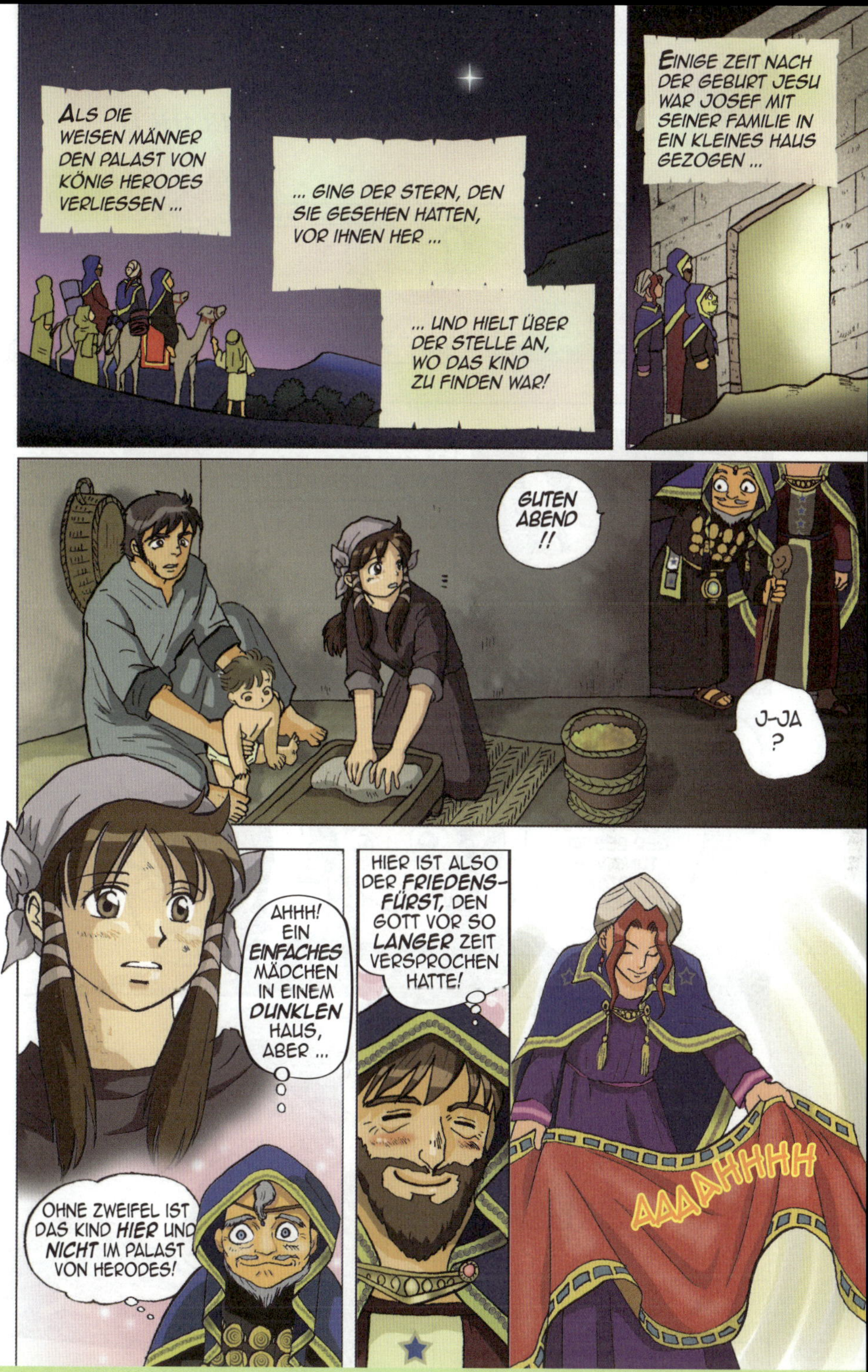

ALS DIE WEISEN MÄNNER DEN PALAST VON KÖNIG HERODES VERLIESSEN ...
... GING DER STERN, DEN SIE GESEHEN HATTEN, VOR IHNEN HER ...
... UND HIELT ÜBER DER STELLE AN, WO DAS KIND ZU FINDEN WAR!
EINIGE ZEIT NACH DER GEBURT JESU WAR JOSEF MIT SEINER FAMILIE IN EIN KLEINES HAUS GEZOGEN ...
GUTEN ABEND !!
J-JA ?
AHHH! EIN EINFACHES MÄDCHEN IN EINEM DUNKLEN HAUS, ABER ...
OHNE ZWEIFEL IST DAS KIND HIER UND NICHT IM PALAST VON HERODES!
HIER IST ALSO DER FRIEDENSFÜRST, DEN GOTT VOR SO LANGER ZEIT VERSPROCHEN HATTE!
AAAAHHHH

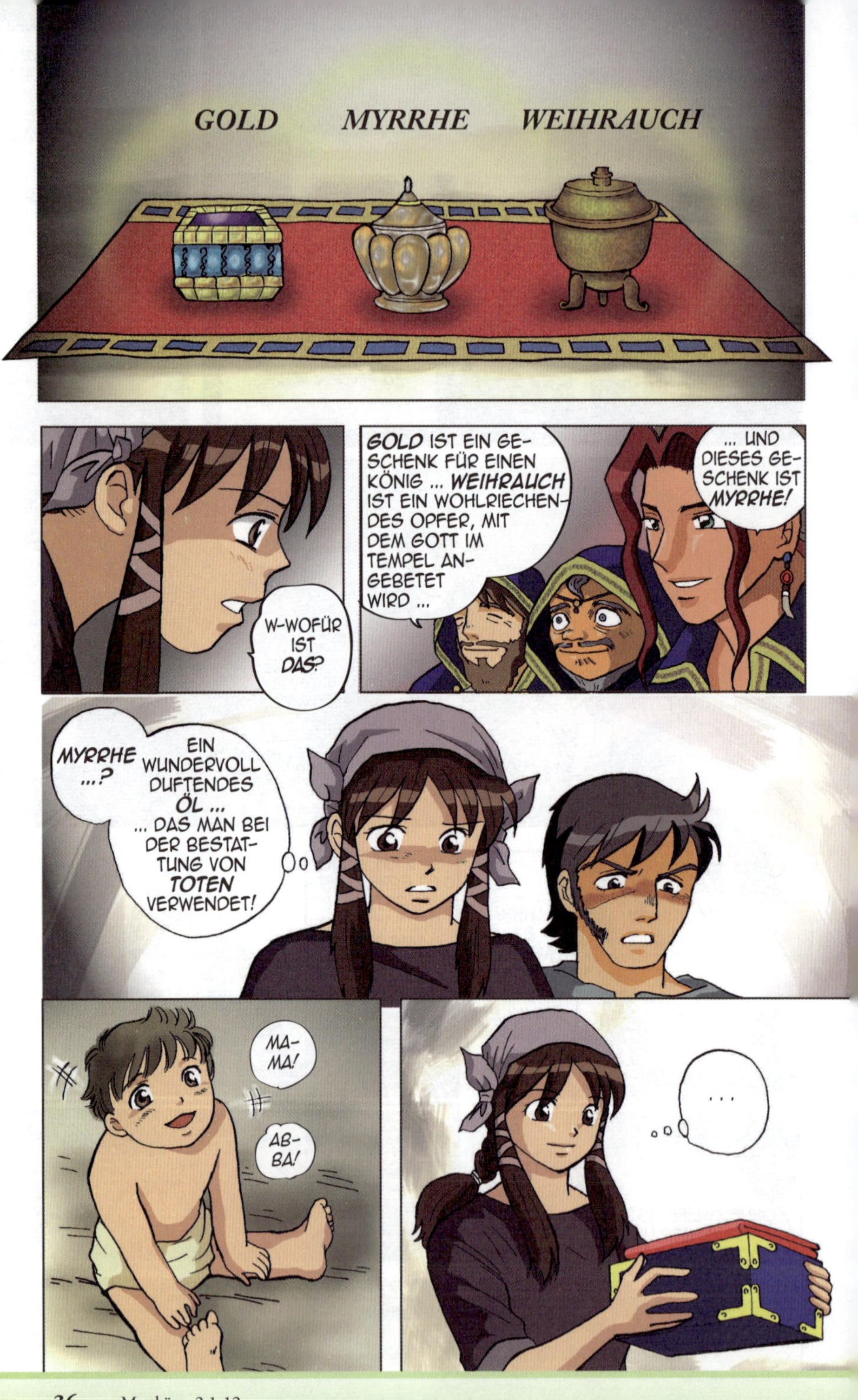
GOLD
MYRRHE
WEIHRAUCH
W-WOFÜR IST DAS?
GOLD IST EIN GESCHENK FÜR EINEN KÖNIG ... WEIHRAUCH IST EIN WOHLRIECHENDES OPFER, MIT DEM GOTT IM TEMPEL ANGEBETET WIRD ...
... UND DIESES GESCHENK IST MYRRHE!
MYRRHE ...?
EIN WUNDERVOLL DUFTENDES ÖL ...
... DAS MAN BEI DER BESTATTUNG VON TOTEN VERWENDET!
MAMA!
ABBA!
...

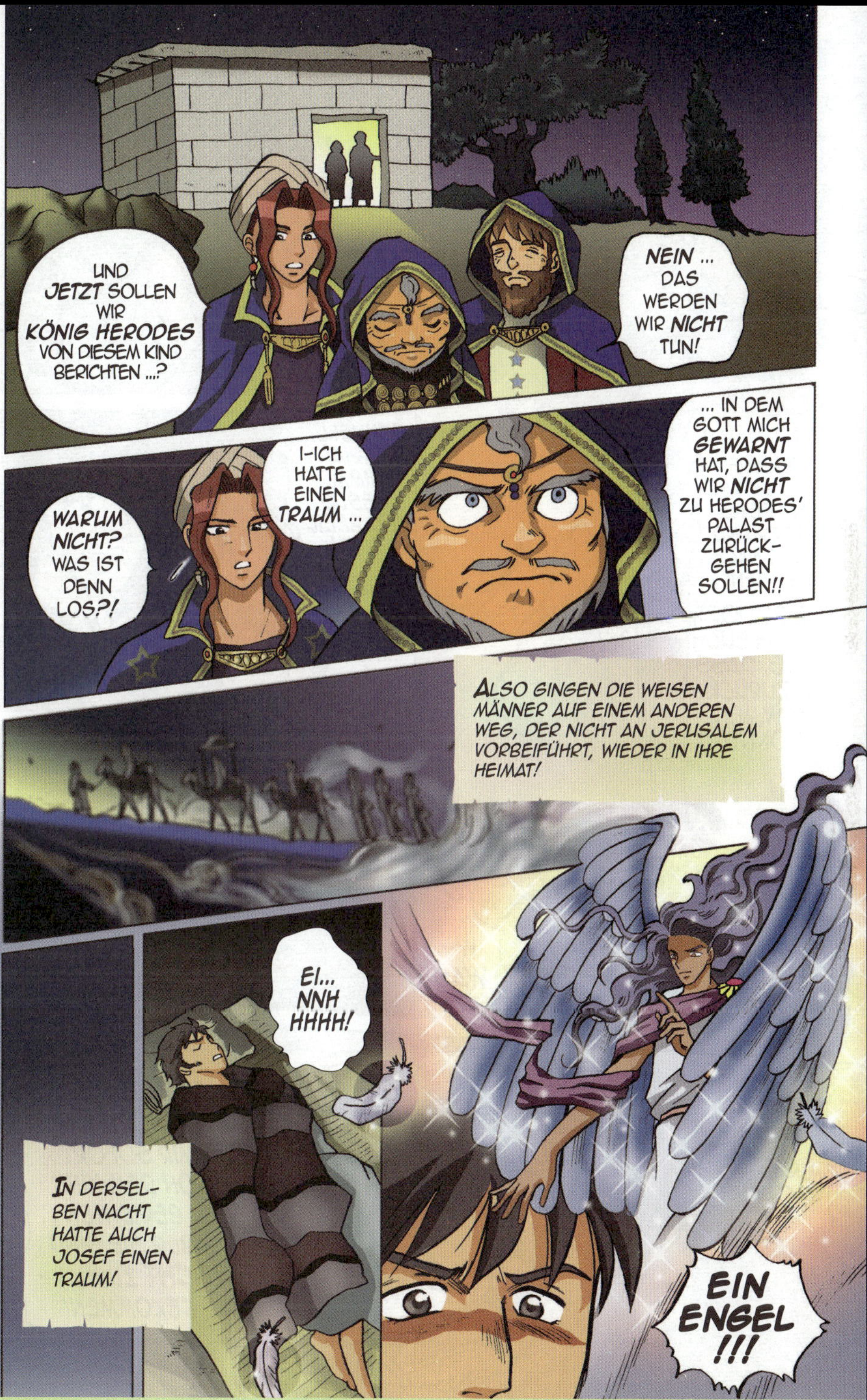

UND JETZT SOLLEN WIR KÖNIG HERODES VON DIESEM KIND BERICHTEN ...?
NEIN ... DAS WERDEN WIR NICHT TUN!
WARUM NICHT? WAS IST DENN LOS?!
I-ICH HATTE EINEN TRAUM ...
... IN DEM GOTT MICH GEWARNT HAT, DASS WIR NICHT ZU HERODES' PALAST ZURÜCK-GEHEN SOLLEN!!
ALSO GINGEN DIE WEISEN MÄNNER AUF EINEM ANDEREN WEG, DER NICHT AN JERUSALEM VORBEIFÜHRT, WIEDER IN IHRE HEIMAT!
IN DERSEL-BEN NACHT HATTE AUCH JOSEF EINEN TRAUM!
EI... NNH HHHH!
EIN ENGEL !!!

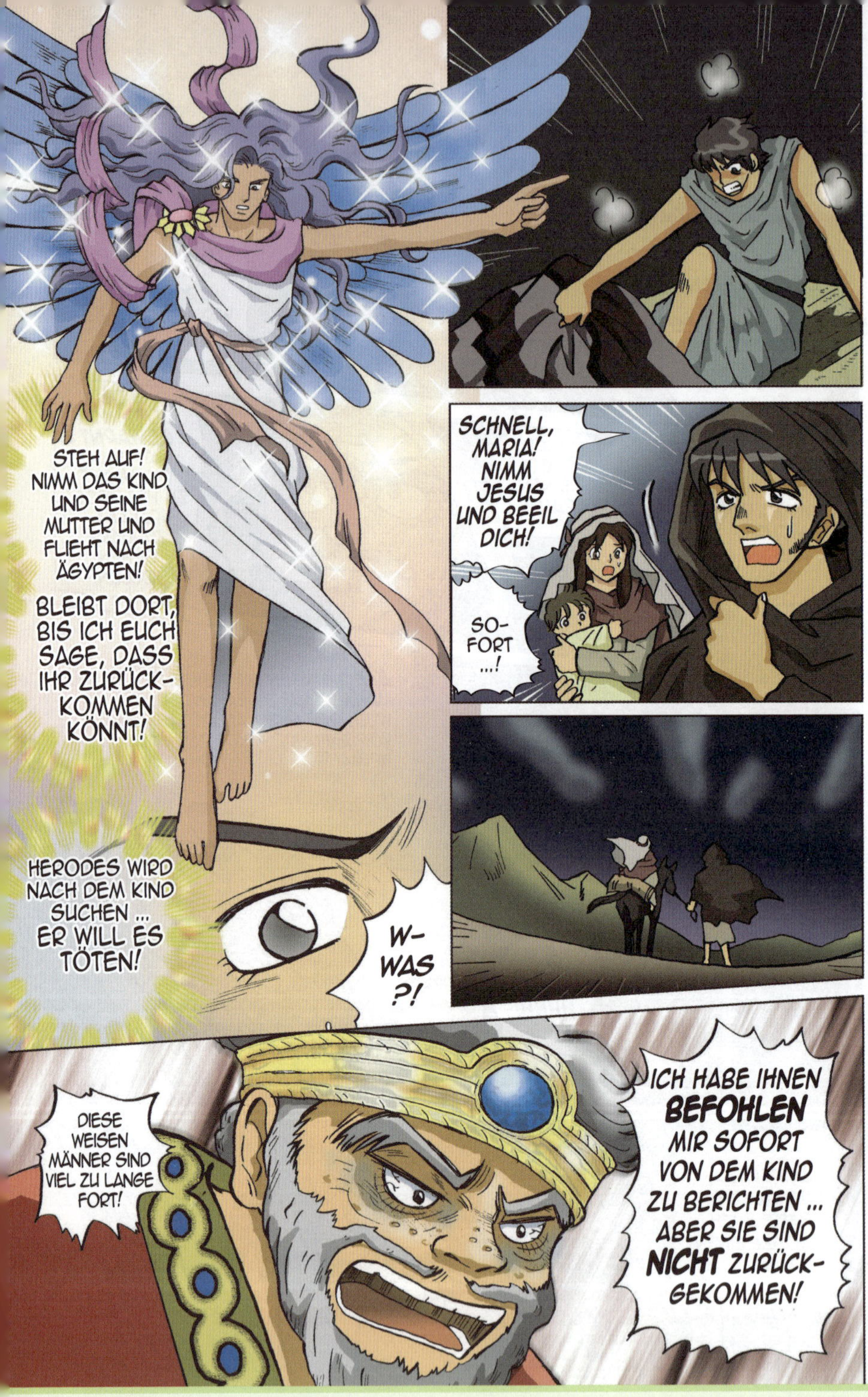
STEH AUF! NIMM DAS KIND UND SEINE MUTTER UND FLIEHT NACH ÄGYPTEN!
BLEIBT DORT, BIS ICH EUCH SAGE, DASS IHR ZURÜCK-KOMMEN KÖNNT!
HERODES WIRD NACH DEM KIND SUCHEN ... ER WILL ES TÖTEN!
W-WAS?!
SCHNELL, MARIA! NIMM JESUS UND BEEIL DICH!
SO-FORT ...!
DIESE WEISEN MÄNNER SIND VIEL ZU LANGE FORT!
ICH HABE IHNEN **BEFOHLEN** MIR SOFORT VON DEM KIND ZU BERICHTEN ... ABER SIE SIND **NICHT** ZURÜCK-GEKOMMEN!

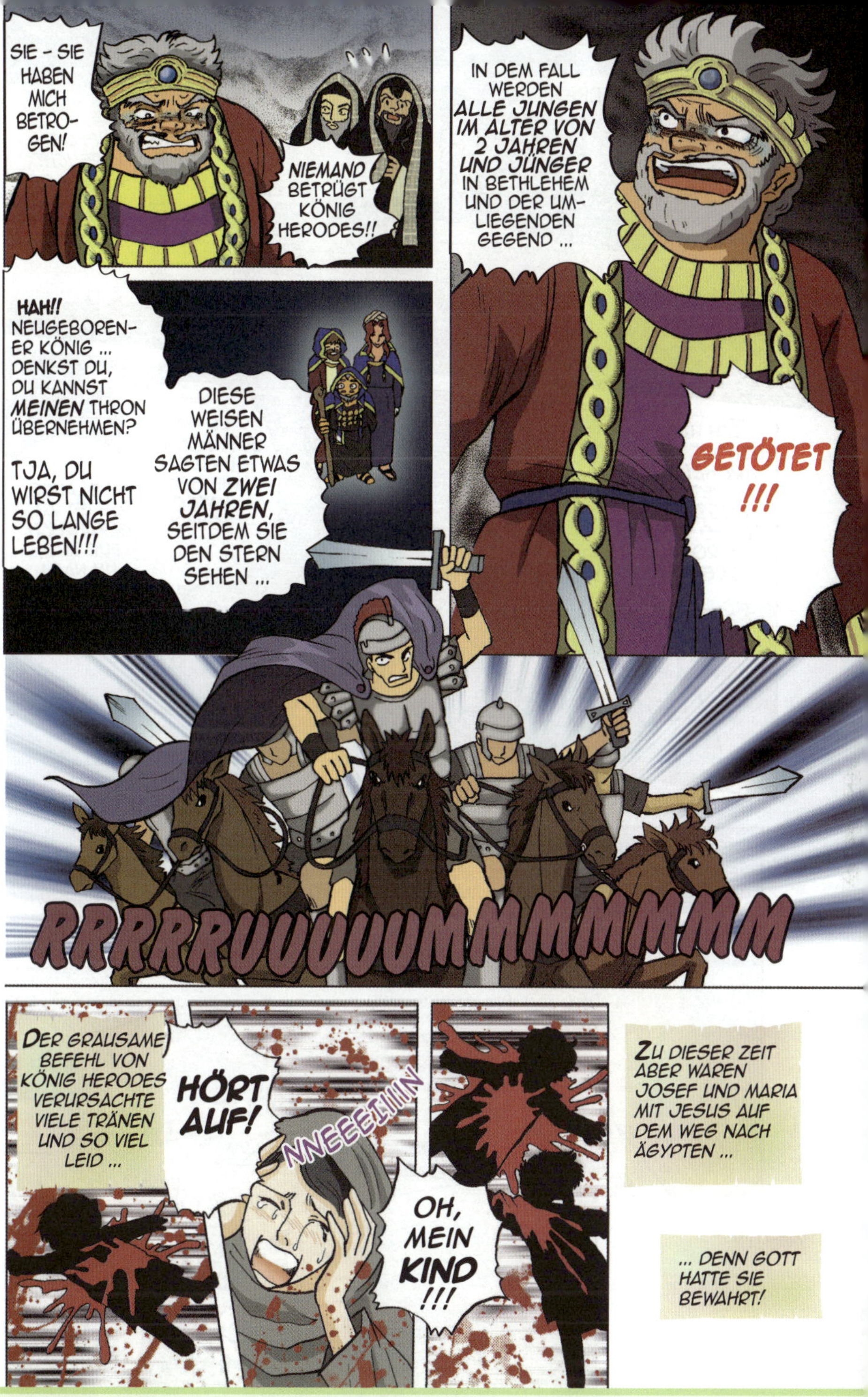
SIE - SIE HABEN MICH BETROGEN!
NIEMAND BETRÜGT KÖNIG HERODES!!
IN DEM FALL WERDEN ALLE JUNGEN IM ALTER VON 2 JAHREN UND JÜNGER IN BETHLEHEM UND DER UMLIEGENDEN GEGEND ...
HAH!! NEUGEBORENER KÖNIG ... DENKST DU, DU KANNST MEINEN THRON ÜBERNEHMEN?
TJA, DU WIRST NICHT SO LANGE LEBEN!!!
DIESE WEISEN MÄNNER SAGTEN ETWAS VON ZWEI JAHREN, SEITDEM SIE DEN STERN SEHEN ...
GETÖTET !!!
RRRRRUUUUUUMMMMMMM
DER GRAUSAME BEFEHL VON KÖNIG HERODES VERURSACHTE VIELE TRÄNEN UND SO VIEL LEID ...
HÖRT AUF!
NNEEEIIIIIN
OH, MEIN KIND !!!
ZU DIESER ZEIT ABER WAREN JOSEF UND MARIA MIT JESUS AUF DEM WEG NACH ÄGYPTEN ...
... DENN GOTT HATTE SIE BEWAHRT!

2. JESUS WÄCHST HERAN

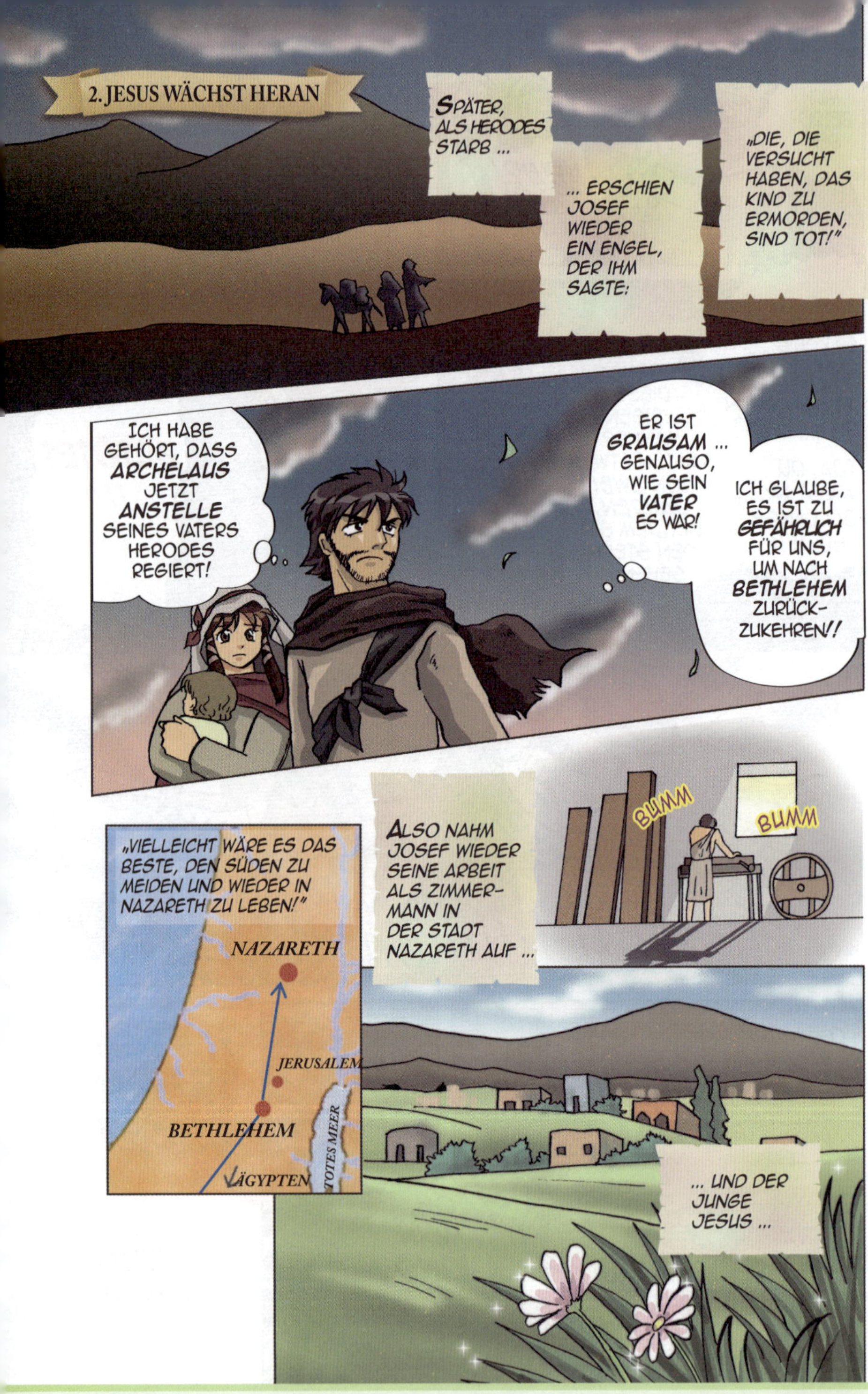

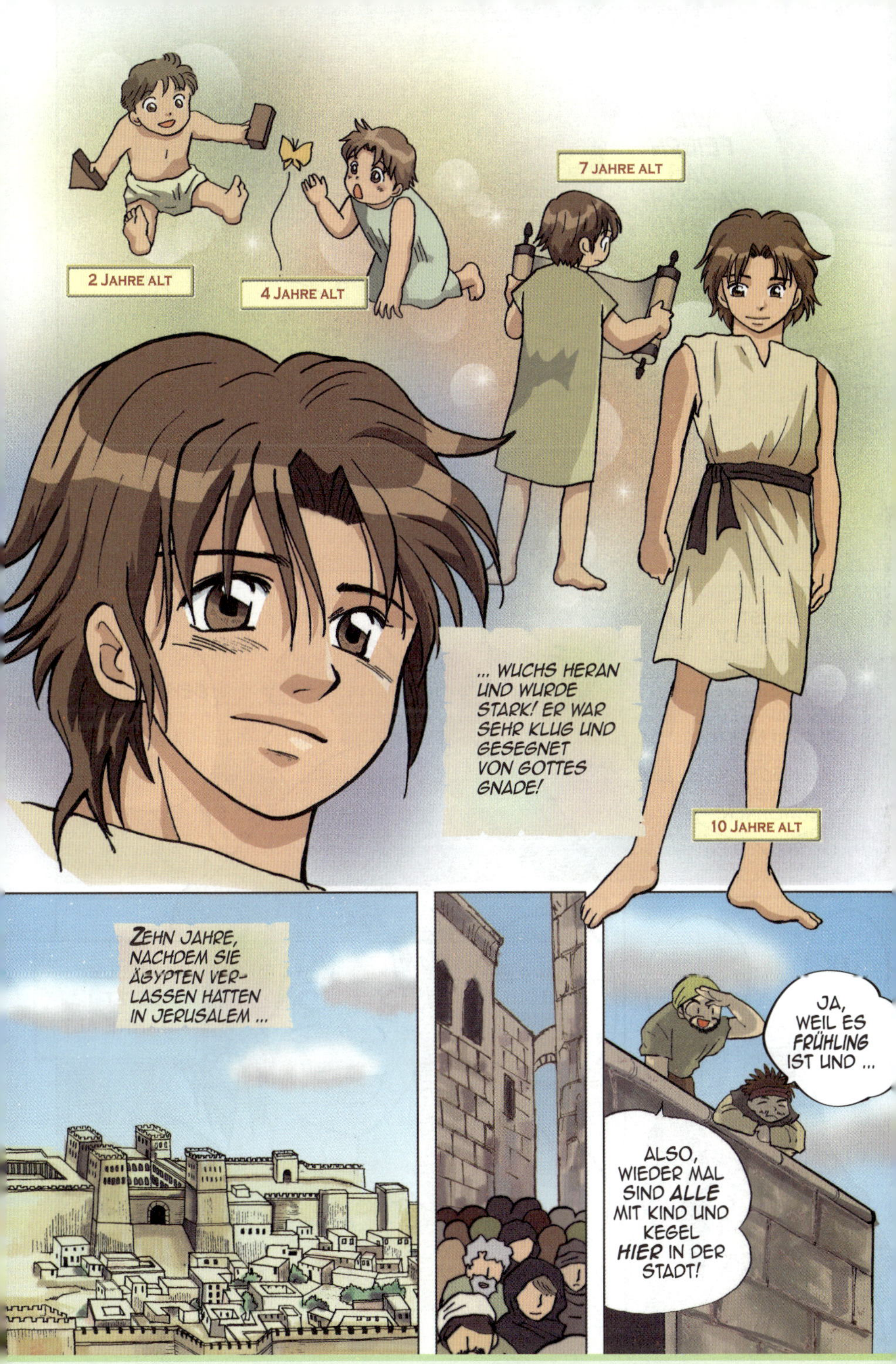

Matthäus 2:19-23 Lukas 2:39,40

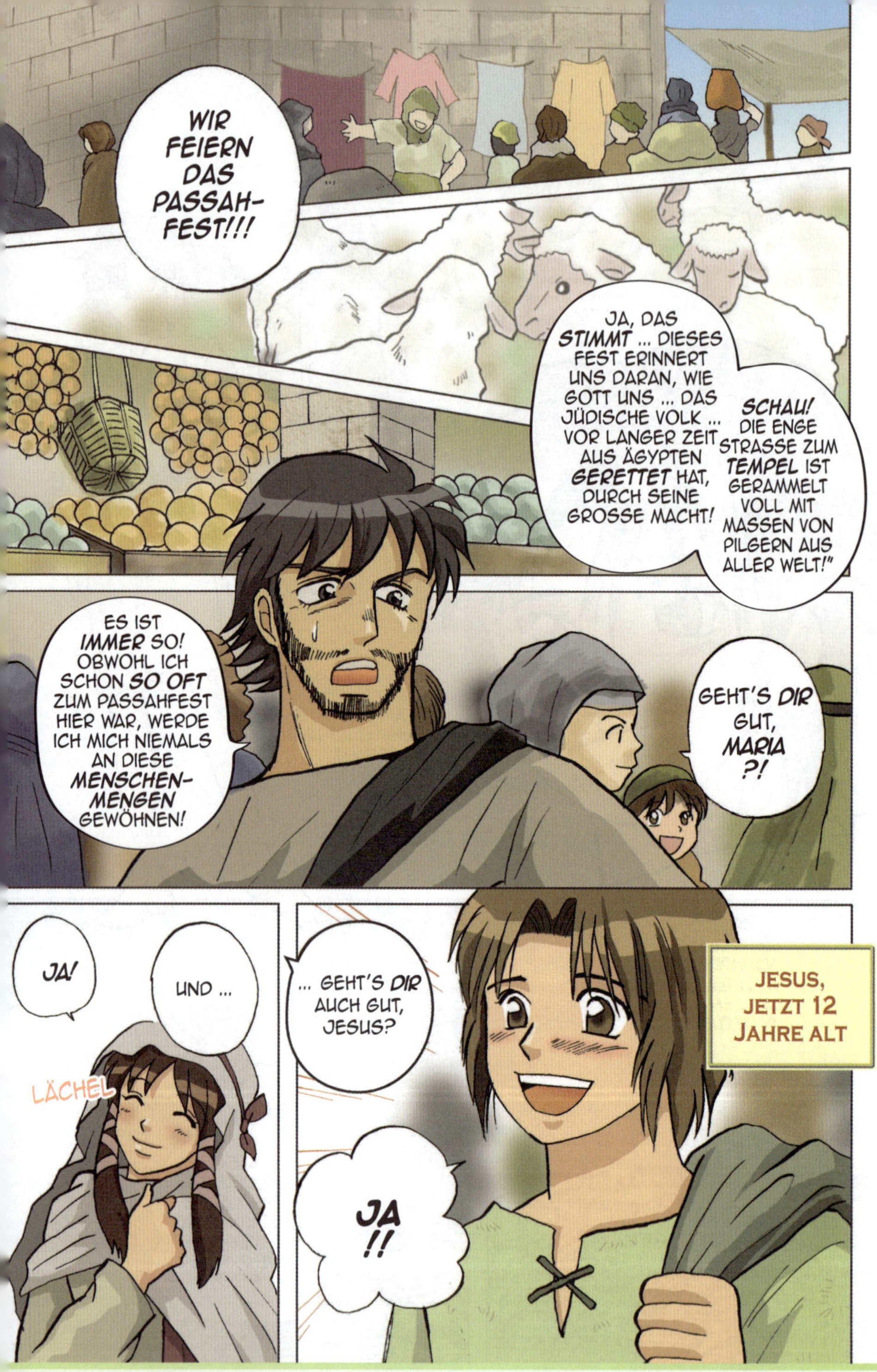
WIR FEIERN DAS PASSAH-FEST!!!
JA, DAS STIMMT ... DIESES FEST ERINNERT UNS DARAN, WIE GOTT UNS ... DAS JÜDISCHE VOLK ... VOR LANGER ZEIT AUS ÄGYPTEN GERETTET HAT, DURCH SEINE GROSSE MACHT!
SCHAU! DIE ENGE STRASSE ZUM TEMPEL IST GERAMMELT VOLL MIT MASSEN VON PILGERN AUS ALLER WELT!"
ES IST IMMER SO! OBWOHL ICH SCHON SO OFT ZUM PASSAHFEST HIER WAR, WERDE ICH MICH NIEMALS AN DIESE MENSCHEN-MENGEN GEWÖHNEN!
GEHT'S DIR GUT, MARIA ?!
JA!
UND ...
LÄCHEL
... GEHT'S DIR AUCH GUT, JESUS?
JESUS, JETZT 12 JAHRE ALT
JA !!

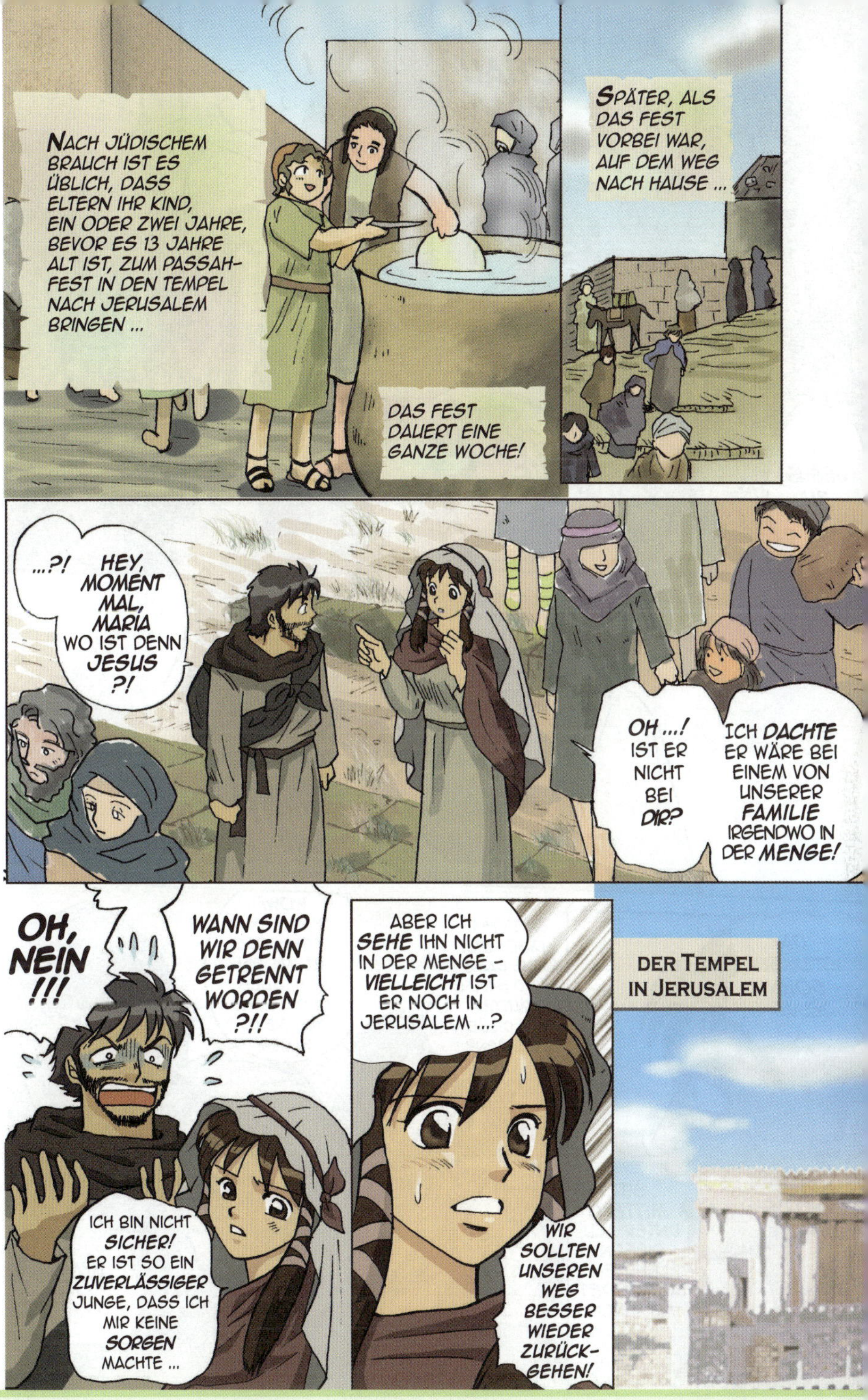
NACH JÜDISCHEM BRAUCH IST ES ÜBLICH, DASS ELTERN IHR KIND, EIN ODER ZWEI JAHRE, BEVOR ES 13 JAHRE ALT IST, ZUM PASSAHFEST IN DEN TEMPEL NACH JERUSALEM BRINGEN ...
DAS FEST DAUERT EINE GANZE WOCHE!
SPÄTER, ALS DAS FEST VORBEI WAR, AUF DEM WEG NACH HAUSE ...
...?! HEY, MOMENT MAL, MARIA WO IST DENN JESUS ?!
OH ...! IST ER NICHT BEI DIR?
ICH DACHTE ER WÄRE BEI EINEM VON UNSERER FAMILIE IRGENDWO IN DER MENGE!
OH, NEIN !!!
WANN SIND WIR DENN GETRENNT WORDEN ?!!
ICH BIN NICHT SICHER! ER IST SO EIN ZUVERLÄSSIGER JUNGE, DASS ICH MIR KEINE SORGEN MACHTE ...
ABER ICH SEHE IHN NICHT IN DER MENGE - VIELLEICHT IST ER NOCH IN JERUSALEM ...?
WIR SOLLTEN UNSEREN WEG BESSER WIEDER ZURÜCKGEHEN!
DER TEMPEL IN JERUSALEM

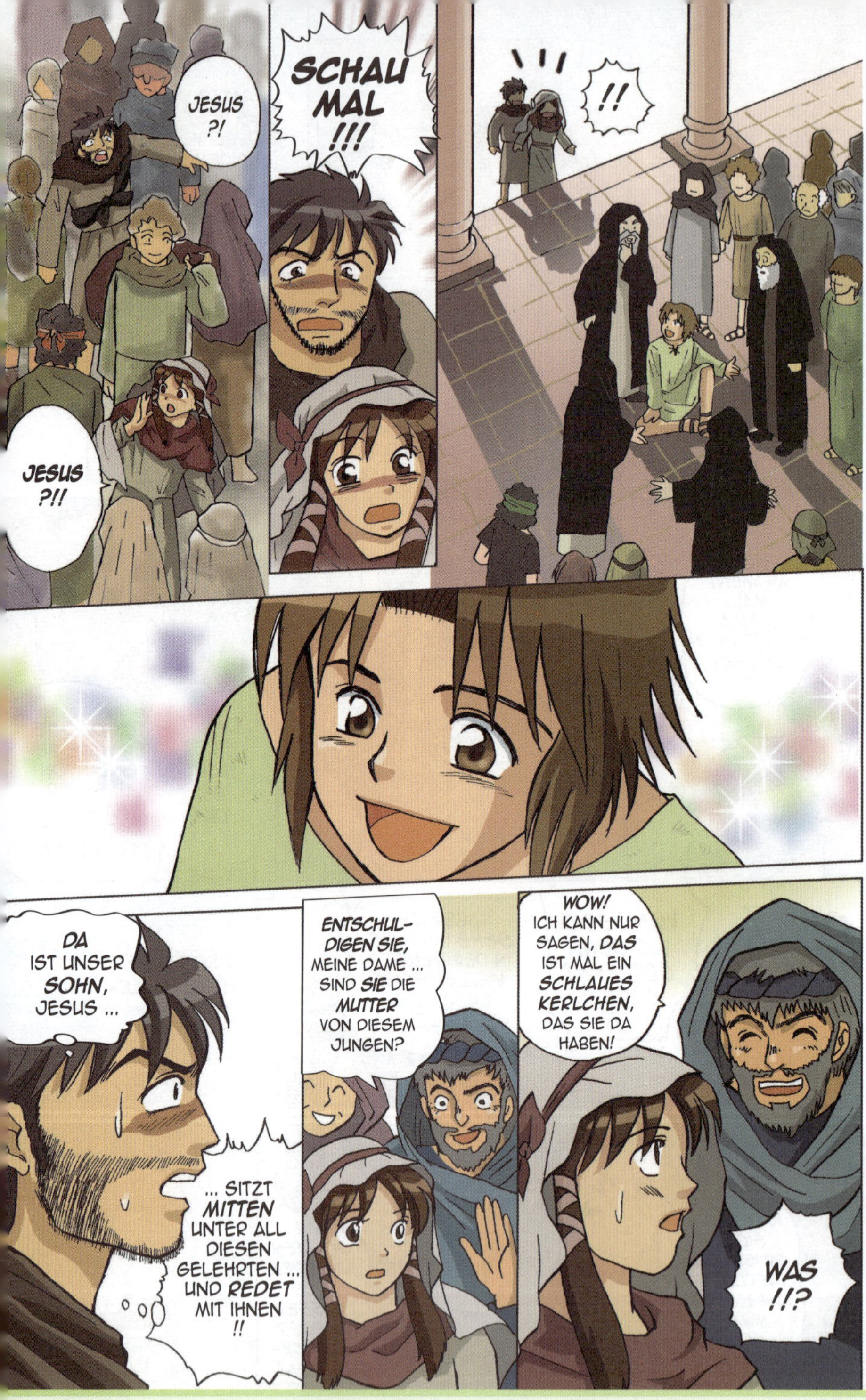
JESUS ?!
JESUS ?!!
SCHAU MAL !!!
!!
DA IST UNSER SOHN, JESUS ...
... SITZT MITTEN UNTER ALL DIESEN GELEHRTEN ... UND REDET MIT IHNEN !!
ENTSCHULDIGEN SIE, MEINE DAME ... SIND SIE DIE MUTTER VON DIESEM JUNGEN?
WOW! ICH KANN NUR SAGEN, DAS IST MAL EIN SCHLAUES KERLCHEN, DAS SIE DA HABEN!
WAS !!?

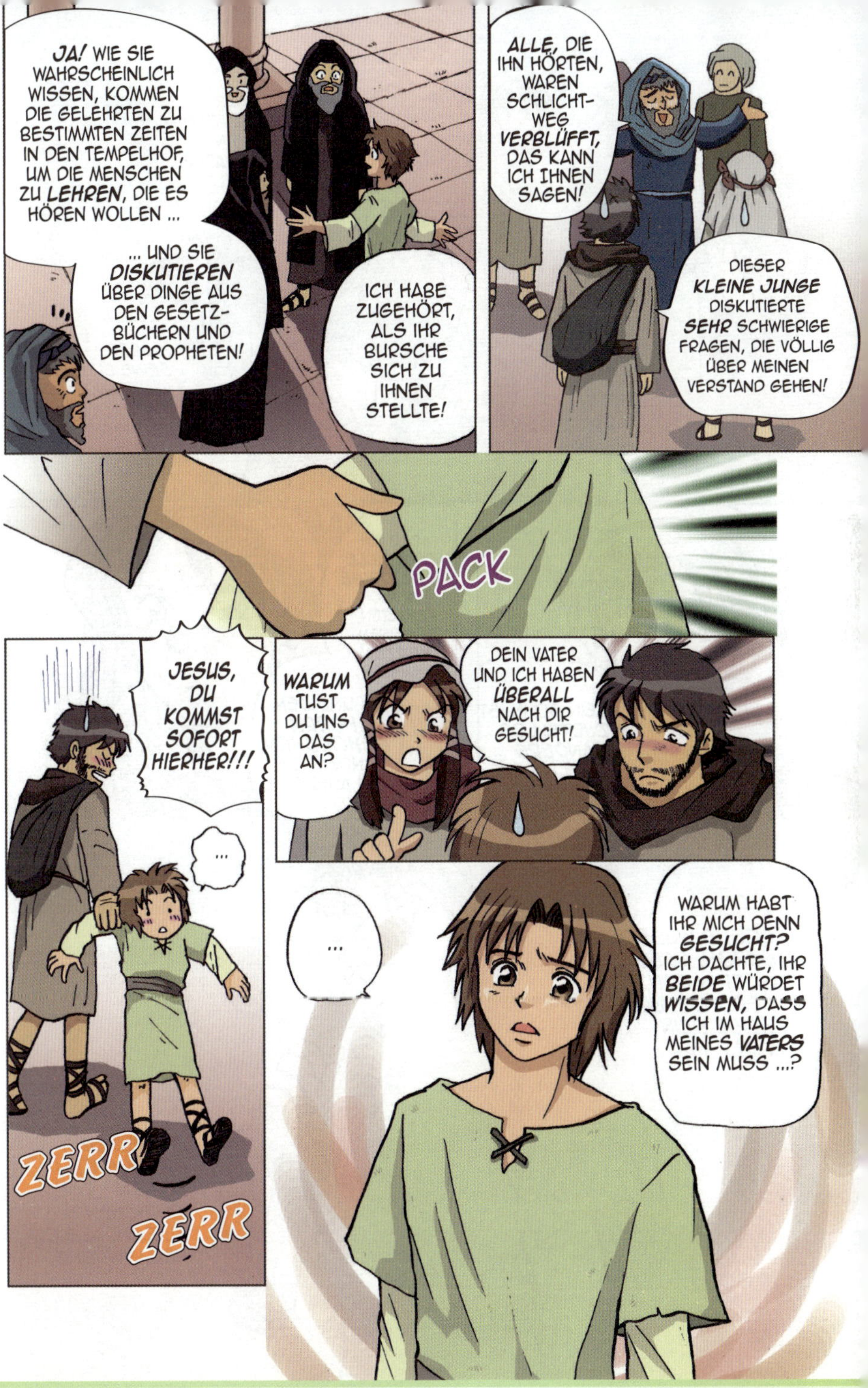
JA! WIE SIE WAHRSCHEINLICH WISSEN, KOMMEN DIE GELEHRTEN ZU BESTIMMTEN ZEITEN IN DEN TEMPELHOF, UM DIE MENSCHEN ZU LEHREN, DIE ES HÖREN WOLLEN ...
... UND SIE DISKUTIEREN ÜBER DINGE AUS DEN GESETZBÜCHERN UND DEN PROPHETEN!
ICH HABE ZUGEHÖRT, ALS IHR BURSCHE SICH ZU IHNEN STELLTE!
ALLE, DIE IHN HÖRTEN, WAREN SCHLICHTWEG VERBLÜFFT, DAS KANN ICH IHNEN SAGEN!
DIESER KLEINE JUNGE DISKUTIERTE SEHR SCHWIERIGE FRAGEN, DIE VÖLLIG ÜBER MEINEN VERSTAND GEHEN!
PACK
JESUS, DU KOMMST SOFORT HIERHER!!!
ZERR
ZERR
WARUM TUST DU UNS DAS AN?
DEIN VATER UND ICH HABEN ÜBERALL NACH DIR GESUCHT!
WARUM HABT IHR MICH DENN GESUCHT? ICH DACHTE, IHR BEIDE WÜRDET WISSEN, DASS ICH IM HAUS MEINES VATERS SEIN MUSS ...?

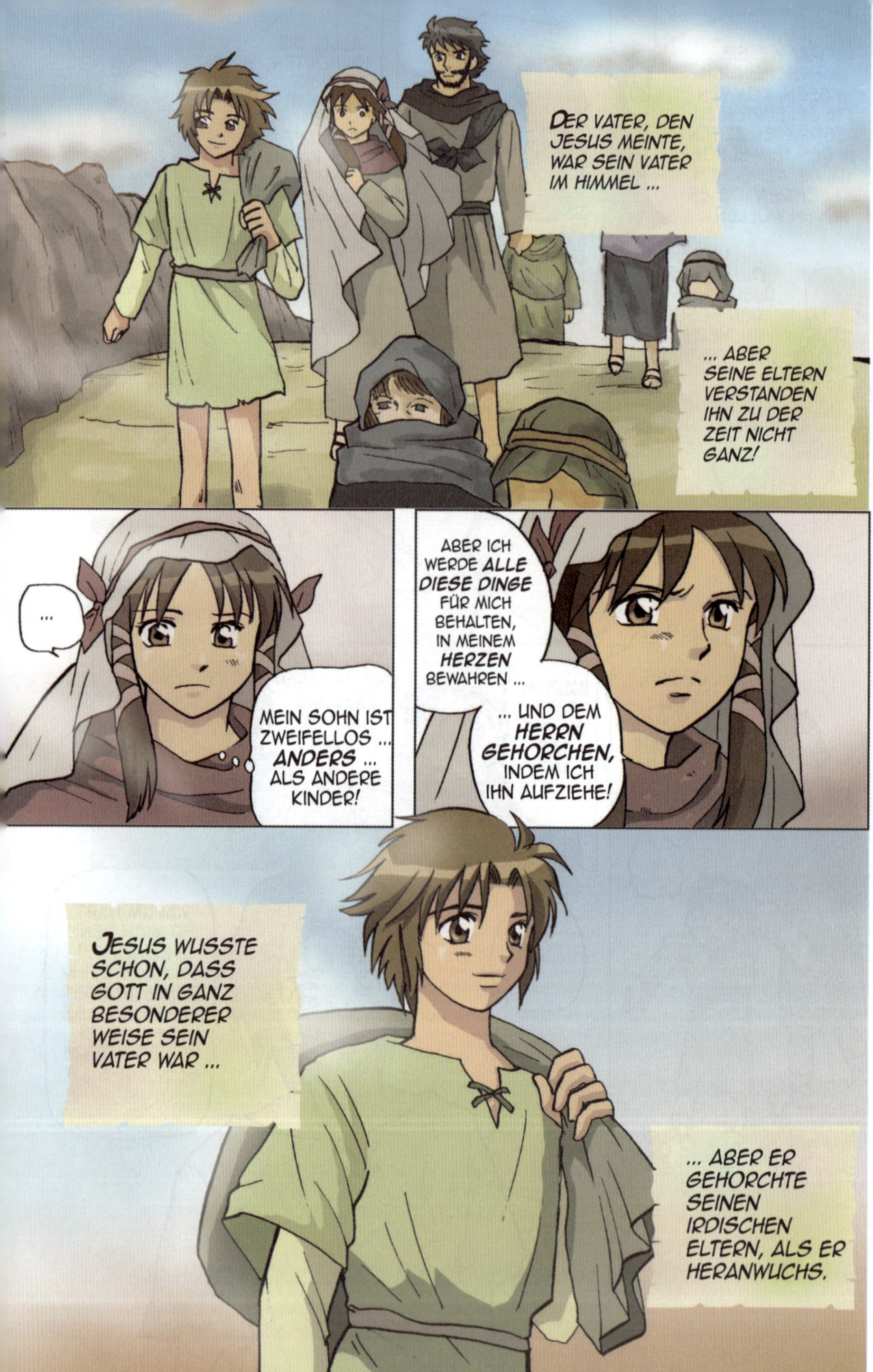
DER VATER, DEN JESUS MEINTE, WAR SEIN VATER IM HIMMEL ...
... ABER SEINE ELTERN VERSTANDEN IHN ZU DER ZEIT NICHT GANZ!
...
MEIN SOHN IST ZWEIFELLOS ... ANDERS ... ALS ANDERE KINDER!
ABER ICH WERDE ALLE DIESE DINGE FÜR MICH BEHALTEN, IN MEINEM HERZEN BEWAHREN ...
... UND DEM HERRN GEHORCHEN, INDEM ICH IHN AUFZIEHE!
JESUS WUSSTE SCHON, DASS GOTT IN GANZ BESONDERER WEISE SEIN VATER WAR ...
... ABER ER GEHORCHTE SEINEN IRDISCHEN ELTERN, ALS ER HERANWUCHS.

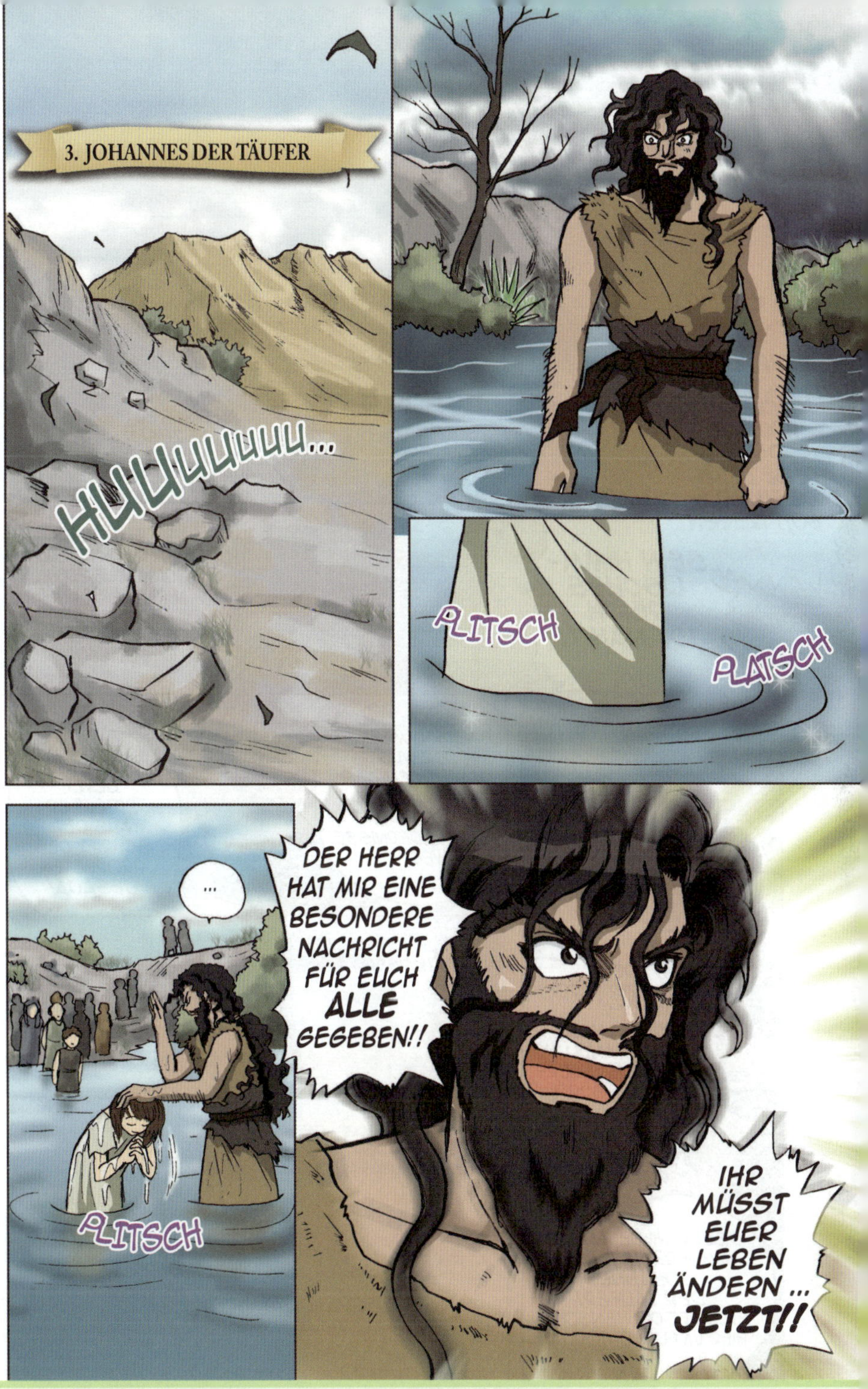
3. JOHANNES DER TÄUFER
HUUuuuuu...
PLITSCH
PLATSCH
...
PLITSCH
DER HERR HAT MIR EINE BESONDERE NACHRICHT FÜR EUCH ALLE GEGEBEN!!
IHR MÜSST EUER LEBEN ÄNDERN ... JETZT!!

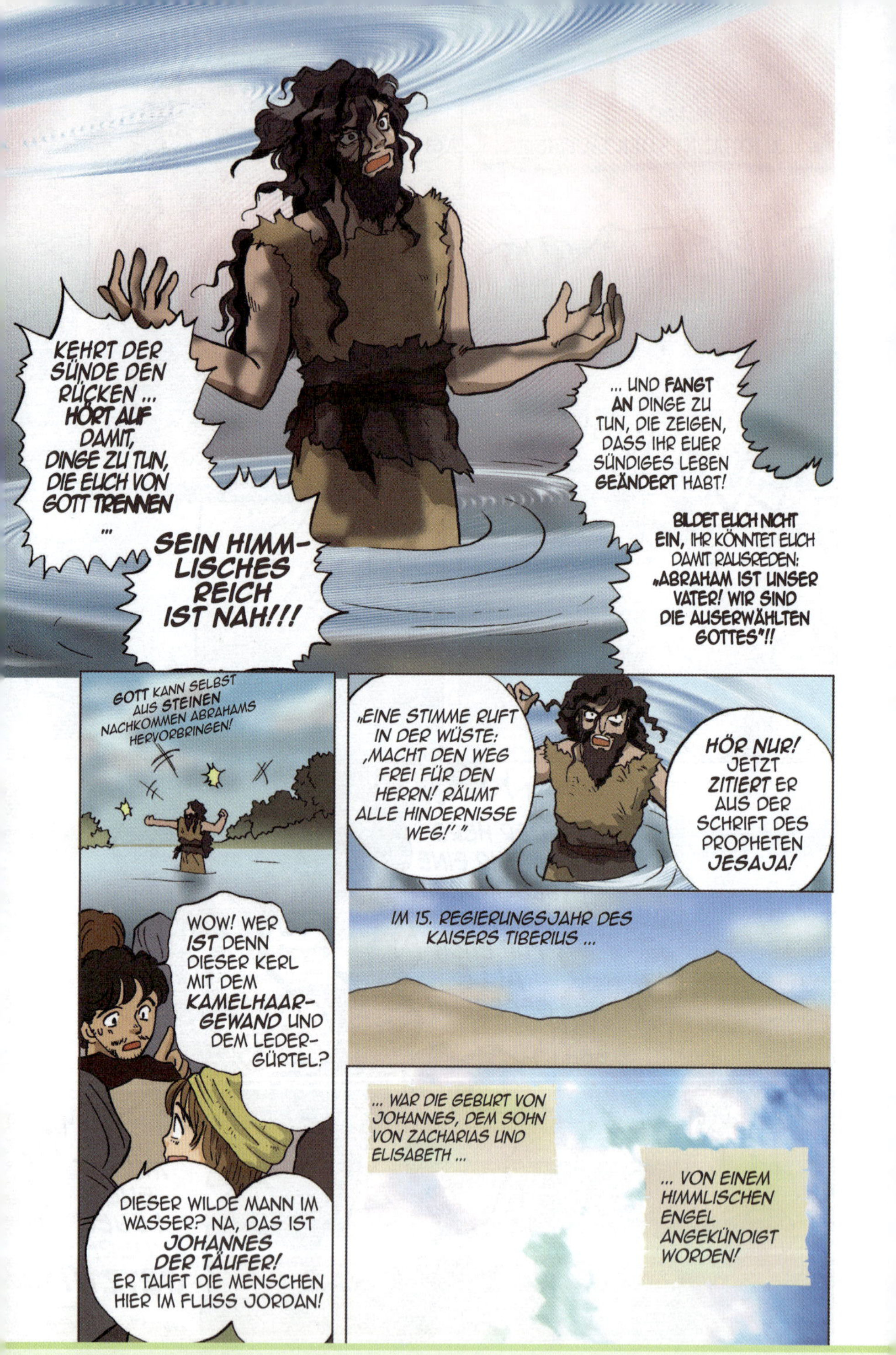
IM 15. REGIERUNGSJAHR DES KAISERS TIBERIUS ...
... WAR DIE GEBURT VON JOHANNES, DEM SOHN VON ZACHARIAS UND ELISABETH ...
... VON EINEM HIMMLISCHEN ENGEL ANGEKÜNDIGT WORDEN!
WOW! WER IST DENN DIESER KERL MIT DEM KAMELHAAR-GEWAND UND DEM LEDER-GÜRTEL?
DIESER WILDE MANN IM WASSER? NA, DAS IST JOHANNES DER TÄUFER! ER TAUFT DIE MENSCHEN HIER IM FLUSS JORDAN!
„EINE STIMME RUFT IN DER WÜSTE: ‚MACHT DEN WEG FREI FÜR DEN HERRN! RÄUMT ALLE HINDERNISSE WEG!‘ “
HÖR NUR! JETZT ZITIERT ER AUS DER SCHRIFT DES PROPHETEN JESAJA!
GOTT KANN SELBST AUS STEINEN NACHKOMMEN ABRAHAMS HERVORBRINGEN!
KEHRT DER SÜNDE DEN RÜCKEN ... HÖRT AUF DAMIT, DINGE ZU TUN, DIE EUCH VON GOTT TRENNEN ...
SEIN HIMMLISCHES REICH IST NAH!!!
... UND FANGT AN DINGE ZU TUN, DIE ZEIGEN, DASS IHR EUER SÜNDIGES LEBEN GEÄNDERT HABT!
BILDET EUCH NICHT EIN, IHR KÖNNTET EUCH DAMIT RAUSREDEN: „ABRAHAM IST UNSER VATER! WIR SIND DIE AUSERWÄHLTEN GOTTES“!!

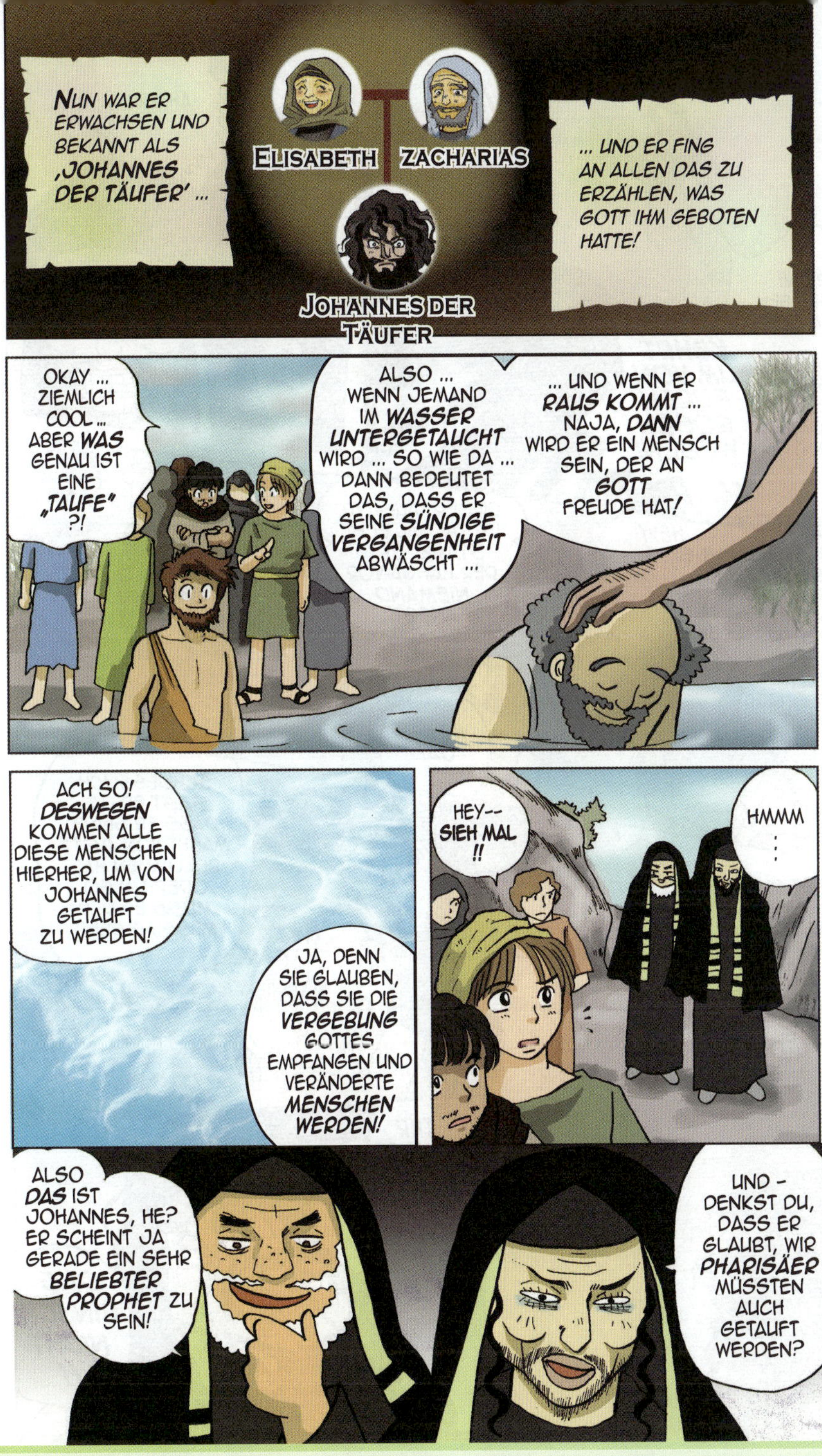

Matthäus 3:1-12 Markus 1:1-8 Lukas 3:1-18 Johannes 1:19-28

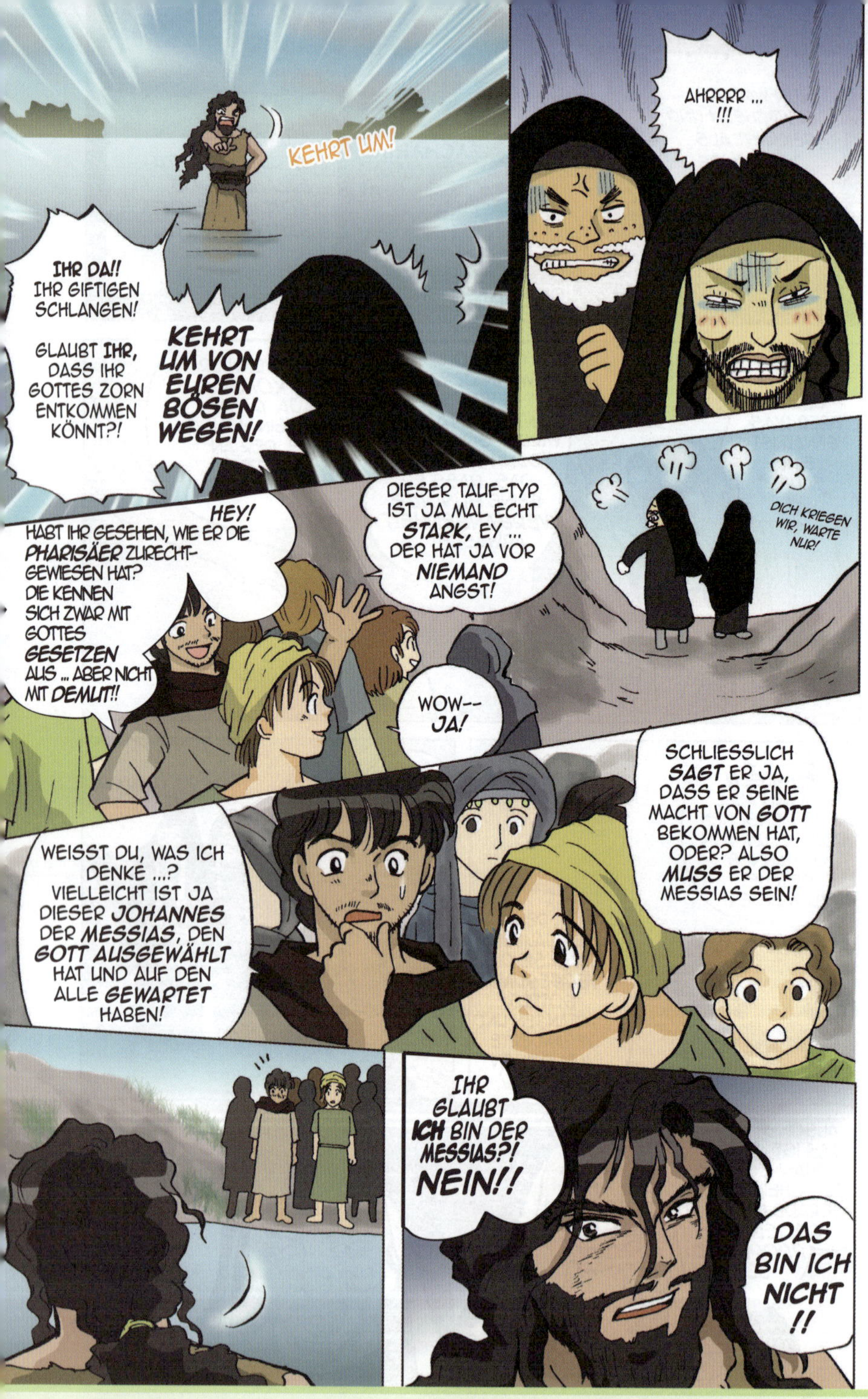

 Matthäus 3:1-12 Markus 1:1-8 Lukas 3:1-18 Johannes 1:19-28

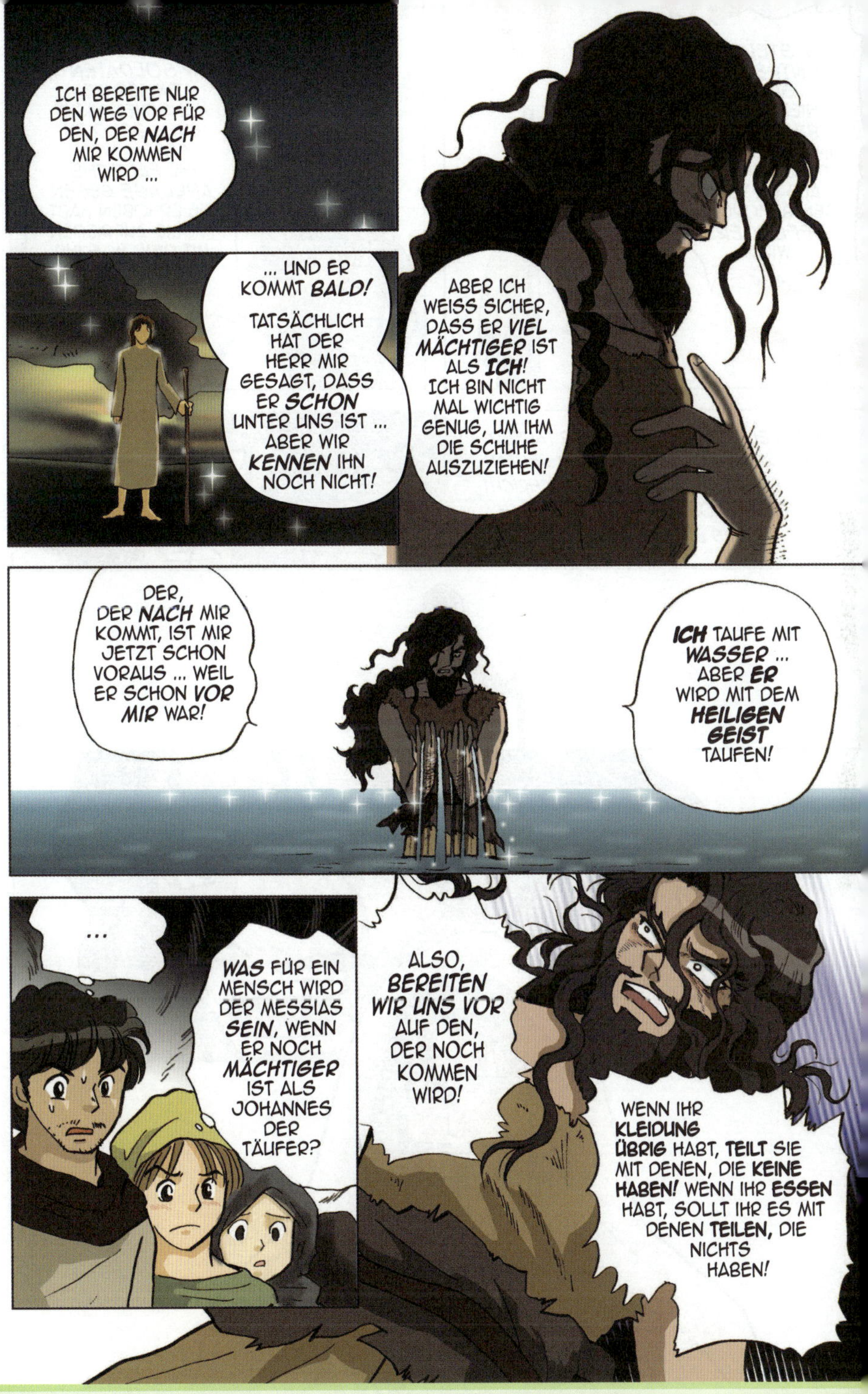

Matthäus 3:1-12 Markus 1:1-8 Lukas 3:1-18 Johannes 1:19-28

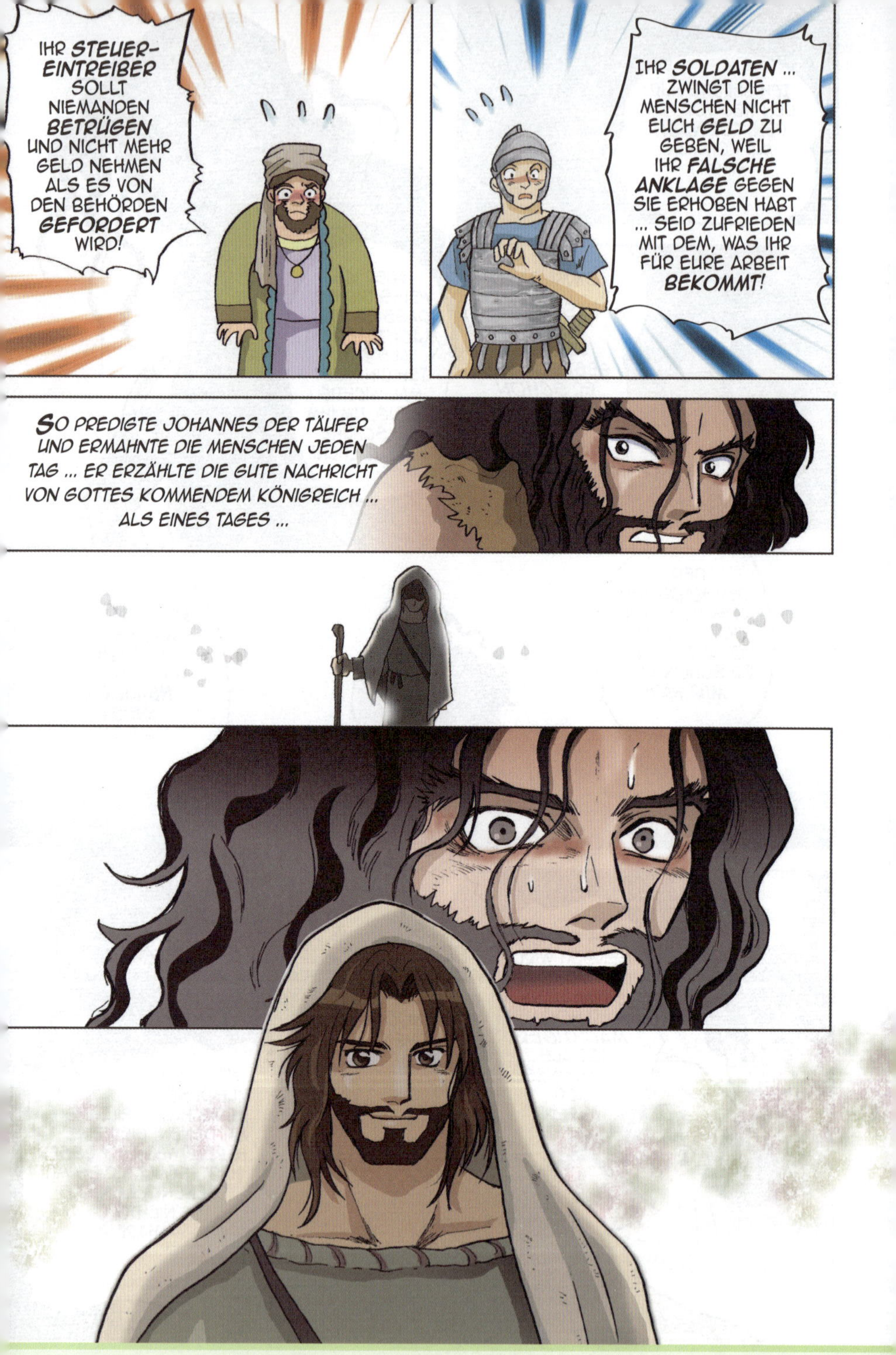

Matthäus 3:1-12 Markus 1:1-8 Lukas 3:1-18 Johannes 1:19-28

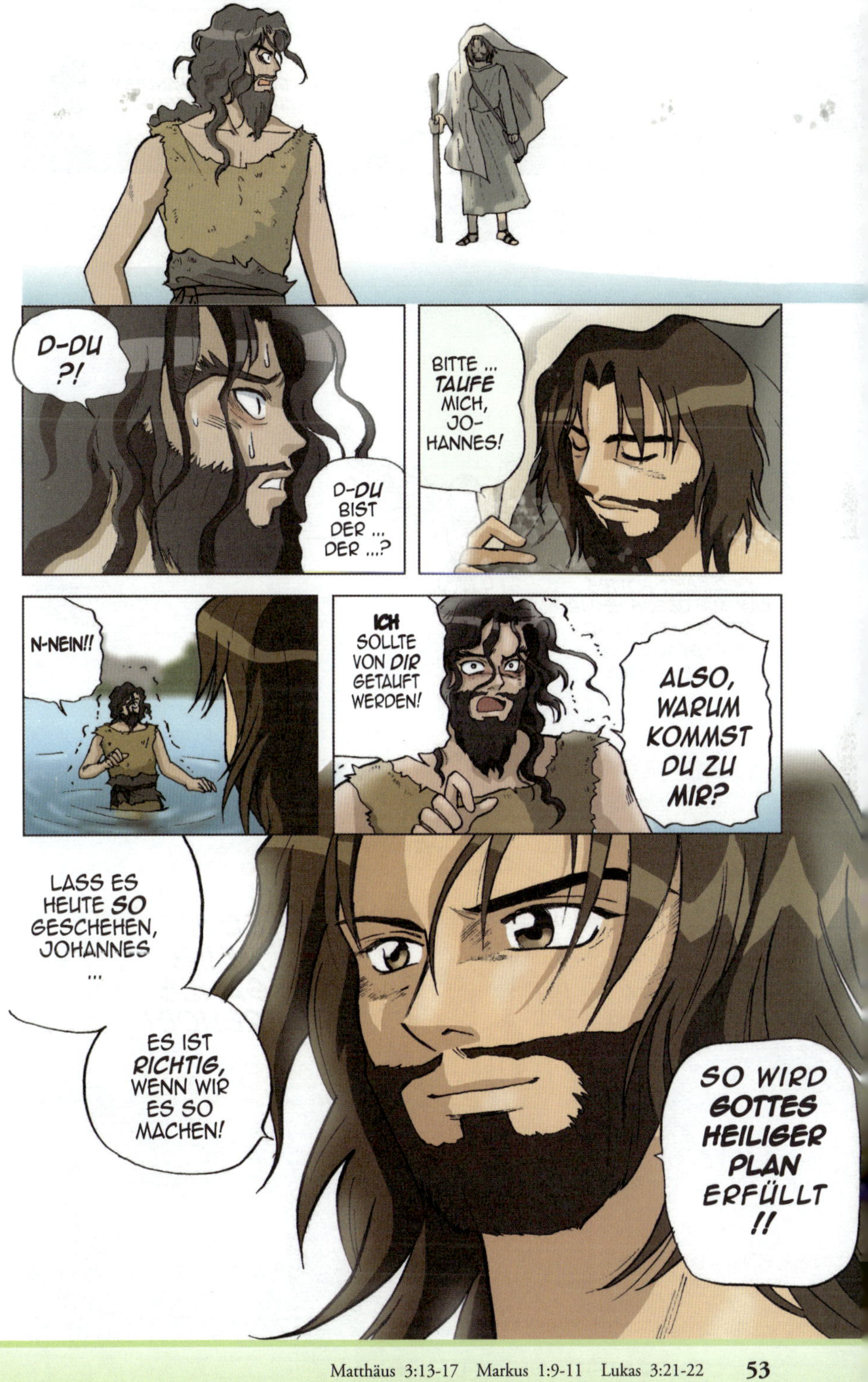

Matthäus 3:13-17 Markus 1:9-11 Lukas 3:21-22

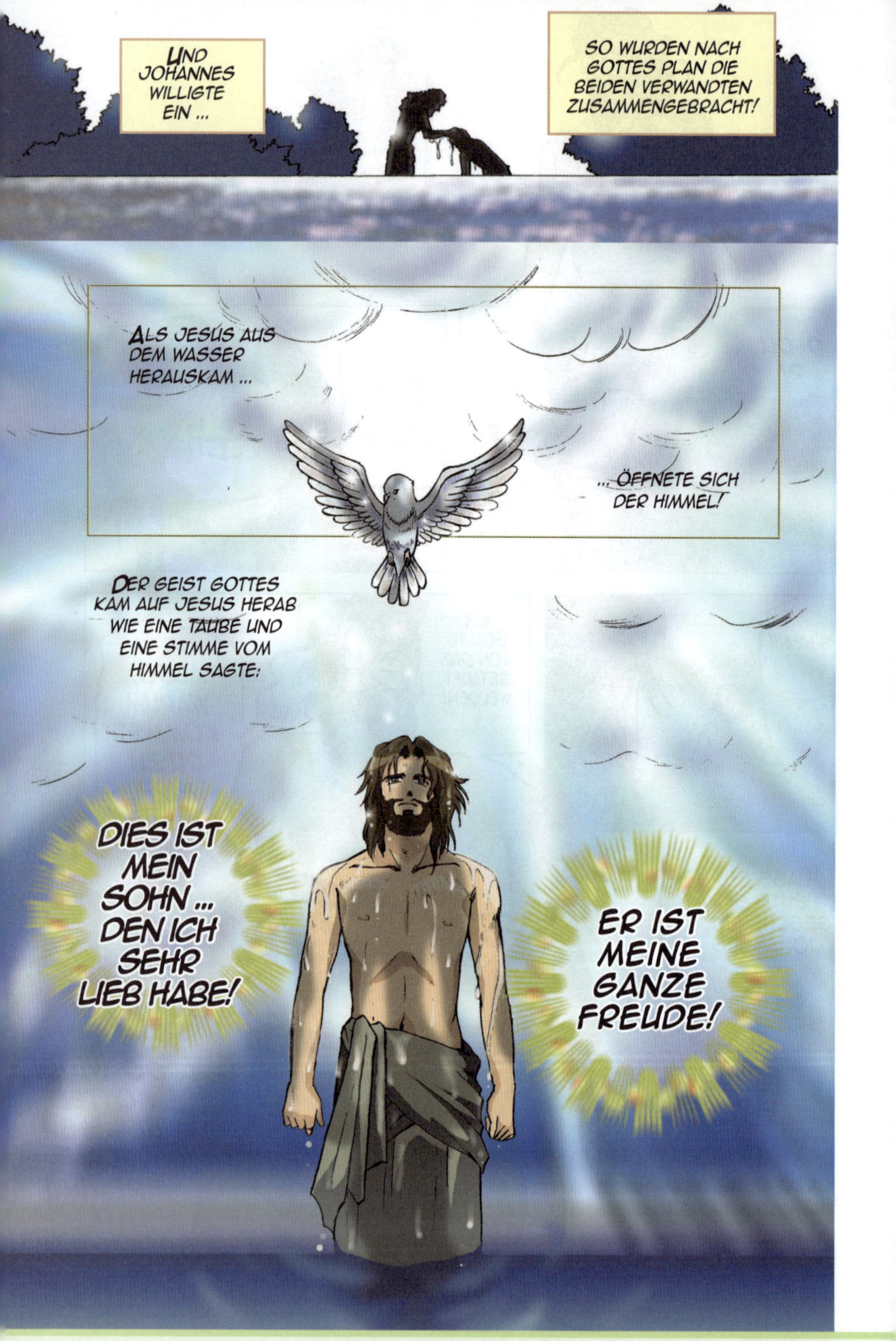
UND JOHANNES WILLIGTE EIN ...
SO WURDEN NACH GOTTES PLAN DIE BEIDEN VERWANDTEN ZUSAMMENGEBRACHT!
ALS JESUS AUS DEM WASSER HERAUSKAM ...
... ÖFFNETE SICH DER HIMMEL!
DER GEIST GOTTES KAM AUF JESUS HERAB WIE EINE TAUBE UND EINE STIMME VOM HIMMEL SAGTE:
DIES IST MEIN SOHN ... DEN ICH SEHR LIEB HABE!
ER IST MEINE GANZE FREUDE!

4. DIE VORBEREITUNG

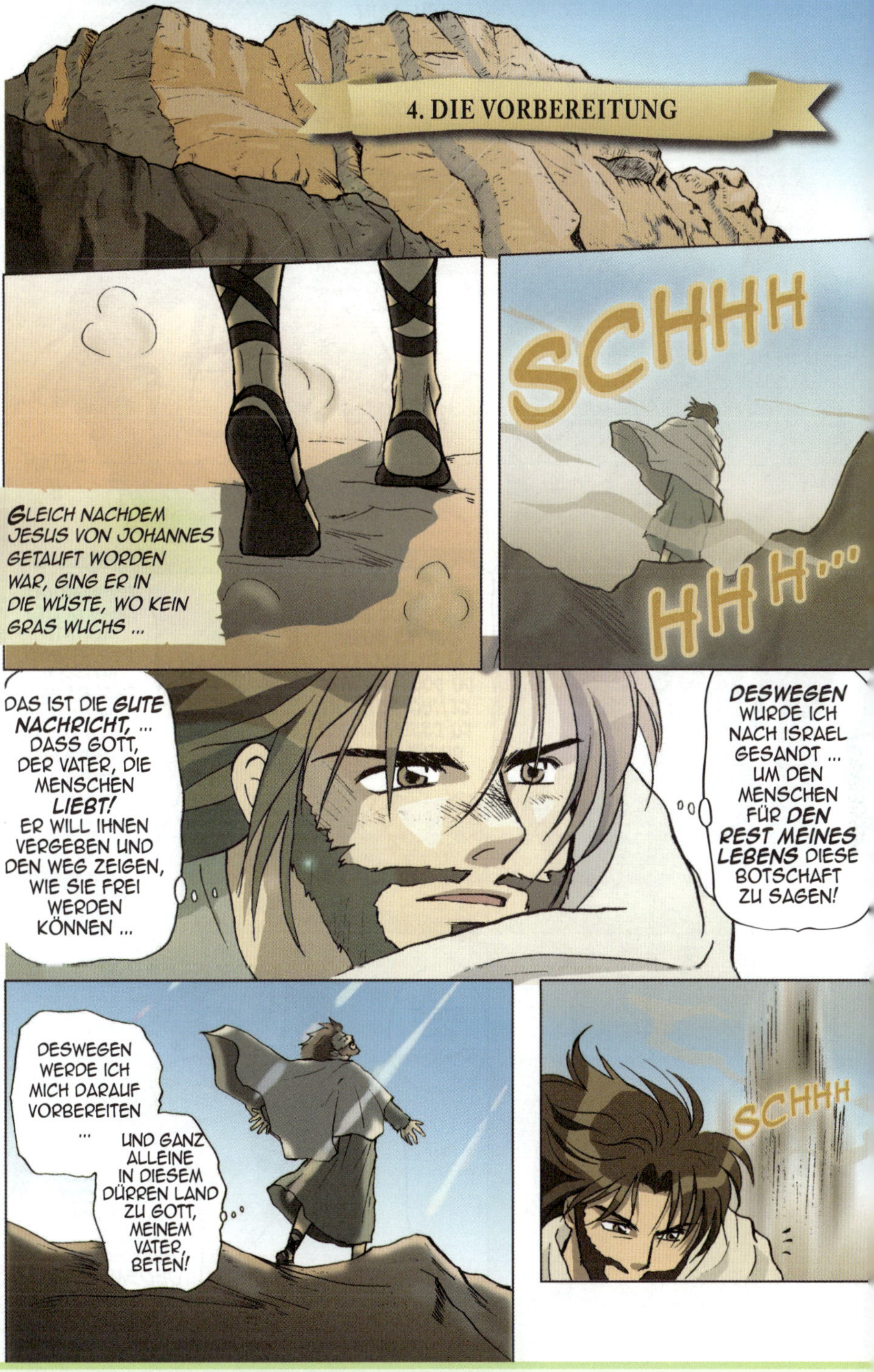

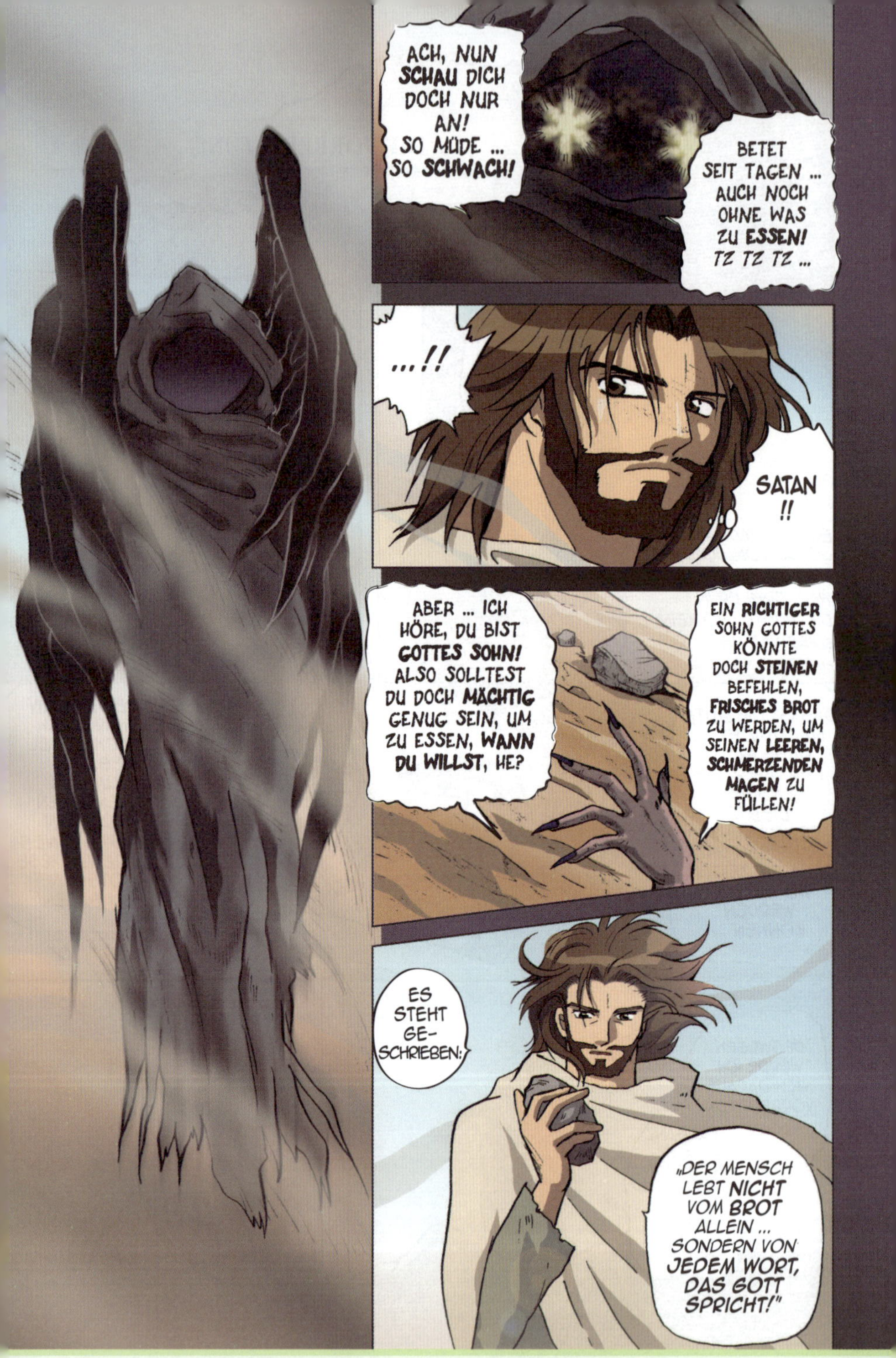

ACH, NUN SCHAU DICH DOCH NUR AN! SO MÜDE ... SO SCHWACH!
BETET SEIT TAGEN ... AUCH NOCH OHNE WAS ZU ESSEN! TZ TZ TZ ...
...!!
SATAN !!
ABER ... ICH HÖRE, DU BIST GOTTES SOHN! ALSO SOLLTEST DU DOCH MÄCHTIG GENUG SEIN, UM ZU ESSEN, WANN DU WILLST, HE?
EIN RICHTIGER SOHN GOTTES KÖNNTE DOCH STEINEN BEFEHLEN, FRISCHES BROT ZU WERDEN, UM SEINEN LEEREN, SCHMERZENDEN MAGEN ZU FÜLLEN!
ES STEHT GE-SCHRIEBEN:
„DER MENSCH LEBT NICHT VOM BROT ALLEIN ... SONDERN VON JEDEM WORT, DAS GOTT SPRICHT!"

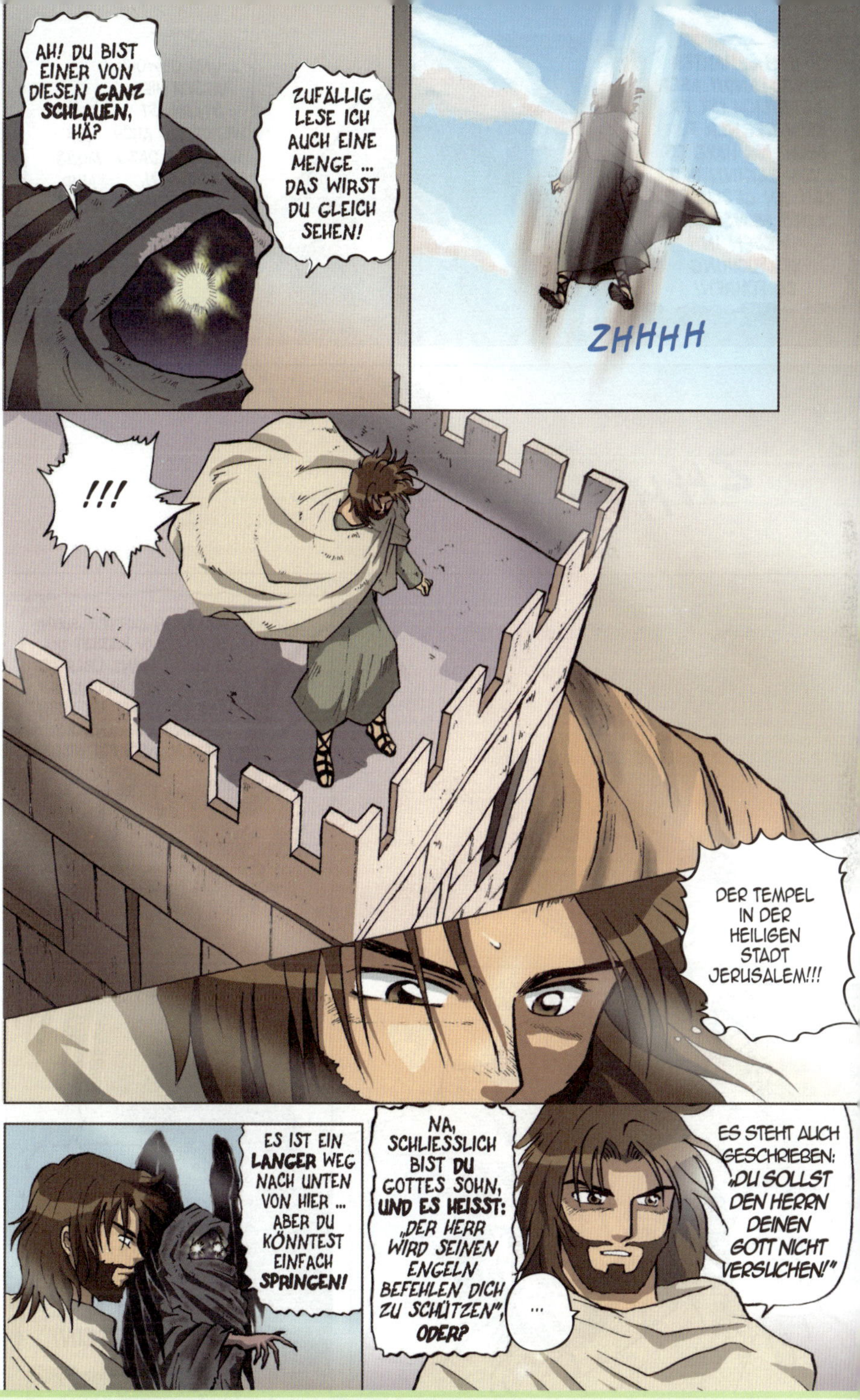
AH! DU BIST EINER VON DIESEN **GANZ SCHLAUEN,** HÄ?
ZUFÄLLIG LESE ICH AUCH EINE MENGE ... DAS WIRST DU GLEICH SEHEN!
ZHHHH
!!!
DER TEMPEL IN DER HEILIGEN STADT JERUSALEM!!!
ES IST EIN **LANGER** WEG NACH UNTEN VON HIER ... ABER DU KÖNNTEST EINFACH **SPRINGEN!**
NA, SCHLIESSLICH BIST **DU** GOTTES SOHN, **UND ES HEISST:** „DER HERR WIRD SEINEN ENGELN BEFEHLEN DICH ZU SCHÜTZEN", **ODER?**
...
ES STEHT AUCH GESCHRIEBEN: **„DU SOLLST DEN HERRN DEINEN GOTT NICHT VERSUCHEN!"**

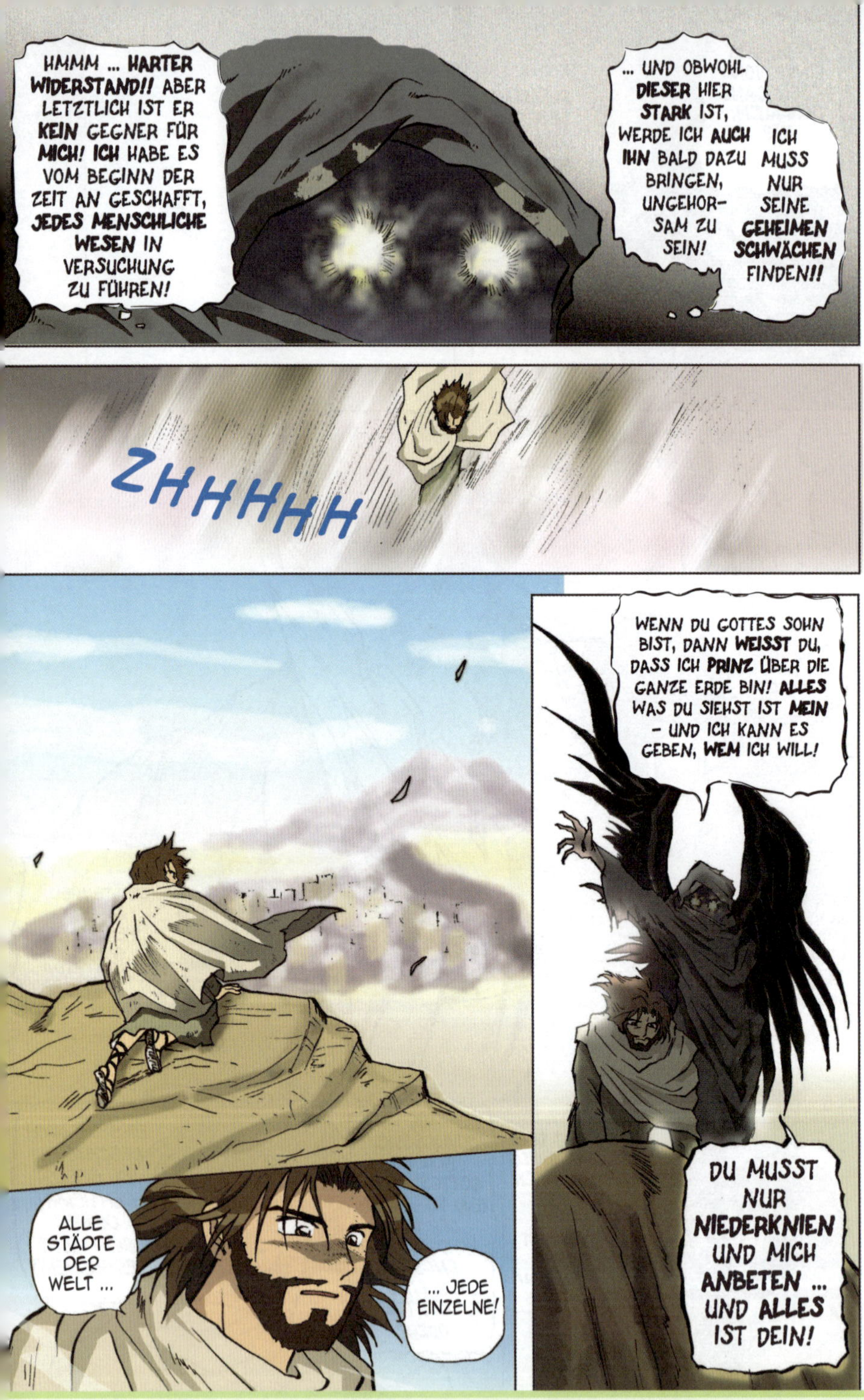
HMMM ... HARTER WIDERSTAND!! ABER LETZTLICH IST ER KEIN GEGNER FÜR MICH! ICH HABE ES VOM BEGINN DER ZEIT AN GESCHAFFT, JEDES MENSCHLICHE WESEN IN VERSUCHUNG ZU FÜHREN!
... UND OBWOHL DIESER HIER STARK IST, WERDE ICH AUCH IHN BALD DAZU BRINGEN, UNGEHORSAM ZU SEIN!
ICH MUSS NUR SEINE GEHEIMEN SCHWÄCHEN FINDEN!!
ZHHHHH
WENN DU GOTTES SOHN BIST, DANN WEISST DU, DASS ICH PRINZ ÜBER DIE GANZE ERDE BIN! ALLES WAS DU SIEHST IST MEIN – UND ICH KANN ES GEBEN, WEM ICH WILL!
ALLE STÄDTE DER WELT ...
... JEDE EINZELNE!
DU MUSST NUR NIEDERKNIEN UND MICH ANBETEN ... UND ALLES IST DEIN!

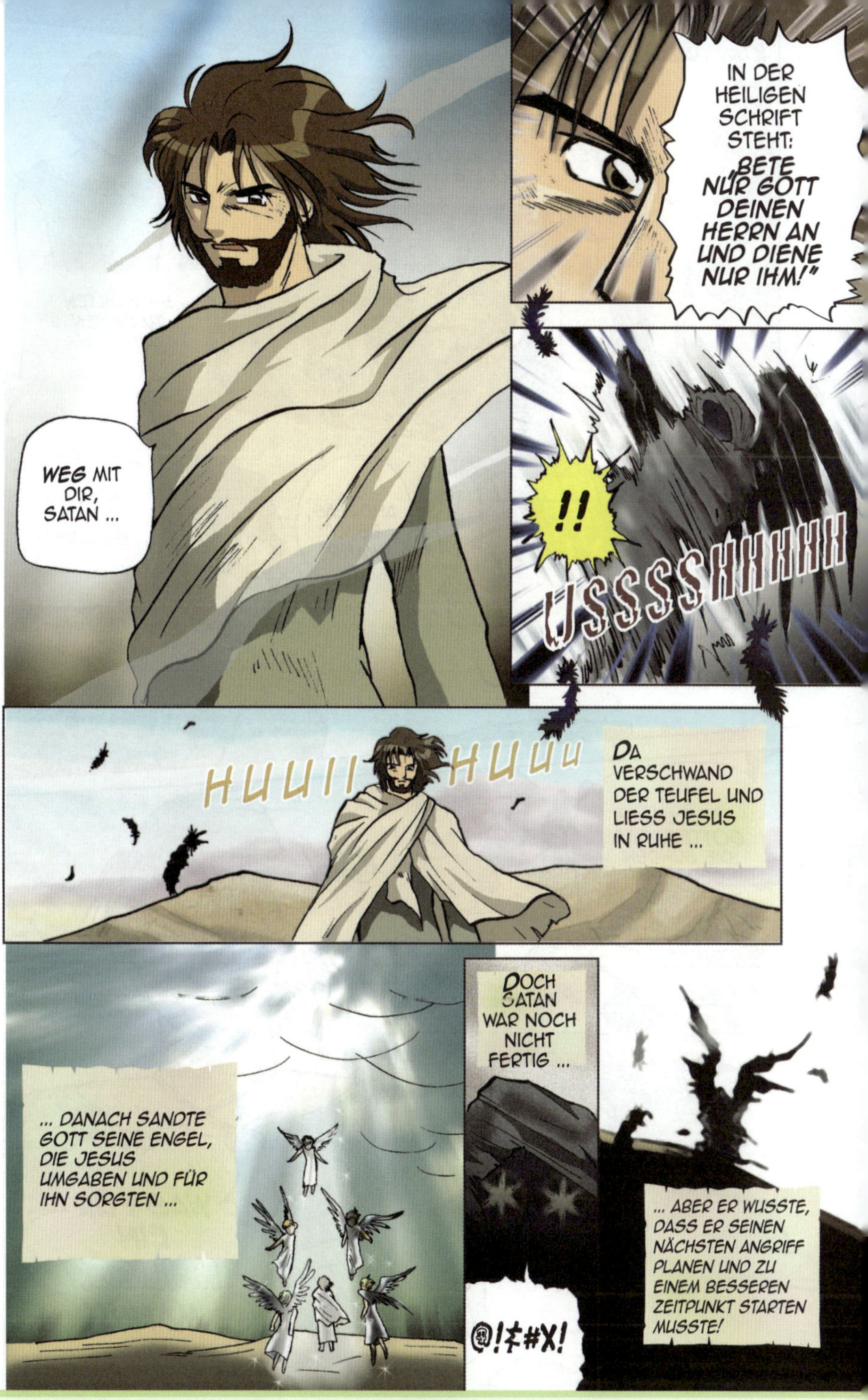
WEG MIT DIR, SATAN ...
IN DER HEILIGEN SCHRIFT STEHT: „BETE NUR GOTT DEINEN HERRN AN UND DIENE NUR IHM!"
!!
USSSSSHHHHHH
HUUII HUUU
DA VERSCHWAND DER TEUFEL UND LIESS JESUS IN RUHE ...
... DANACH SANDTE GOTT SEINE ENGEL, DIE JESUS UMGABEN UND FÜR IHN SORGTEN ...
DOCH SATAN WAR NOCH NICHT FERTIG ...
@!#X!
... ABER ER WUSSTE, DASS ER SEINEN NÄCHSTEN ANGRIFF PLANEN UND ZU EINEM BESSEREN ZEITPUNKT STARTEN MUSSTE!

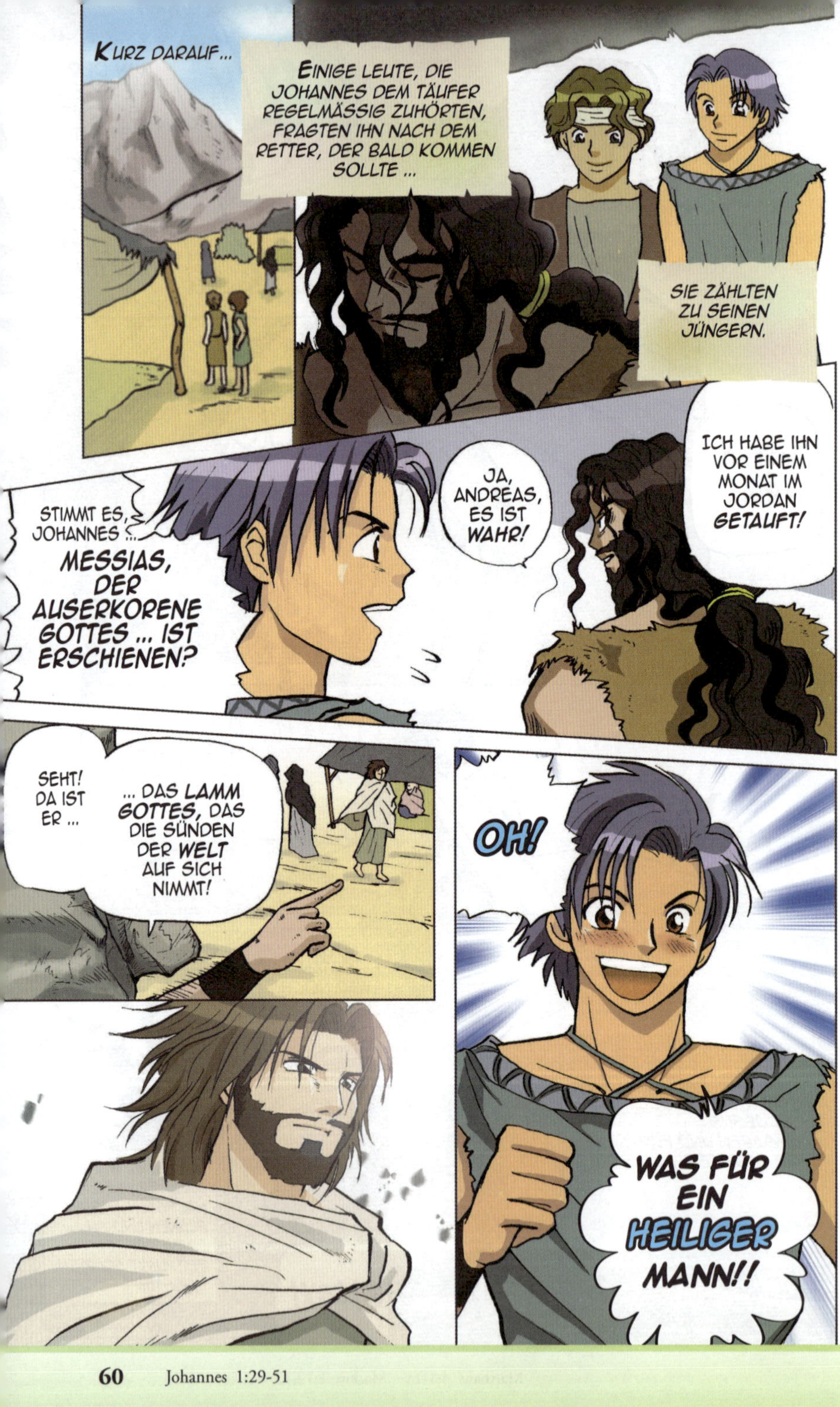
KURZ DARAUF ...
EINIGE LEUTE, DIE JOHANNES DEM TÄUFER REGELMÄSSIG ZUHÖRTEN, FRAGTEN IHN NACH DEM RETTER, DER BALD KOMMEN SOLLTE ...
SIE ZÄHLTEN ZU SEINEN JÜNGERN.
ICH HABE IHN VOR EINEM MONAT IM JORDAN GETAUFT!
JA, ANDREAS, ES IST WAHR!
STIMMT ES, JOHANNES ... MESSIAS, DER AUSERKORENE GOTTES ... IST ERSCHIENEN?
SEHT! DA IST ER ...
... DAS LAMM GOTTES, DAS DIE SÜNDEN DER WELT AUF SICH NIMMT!
OH!
WAS FÜR EIN HEILIGER MANN!!

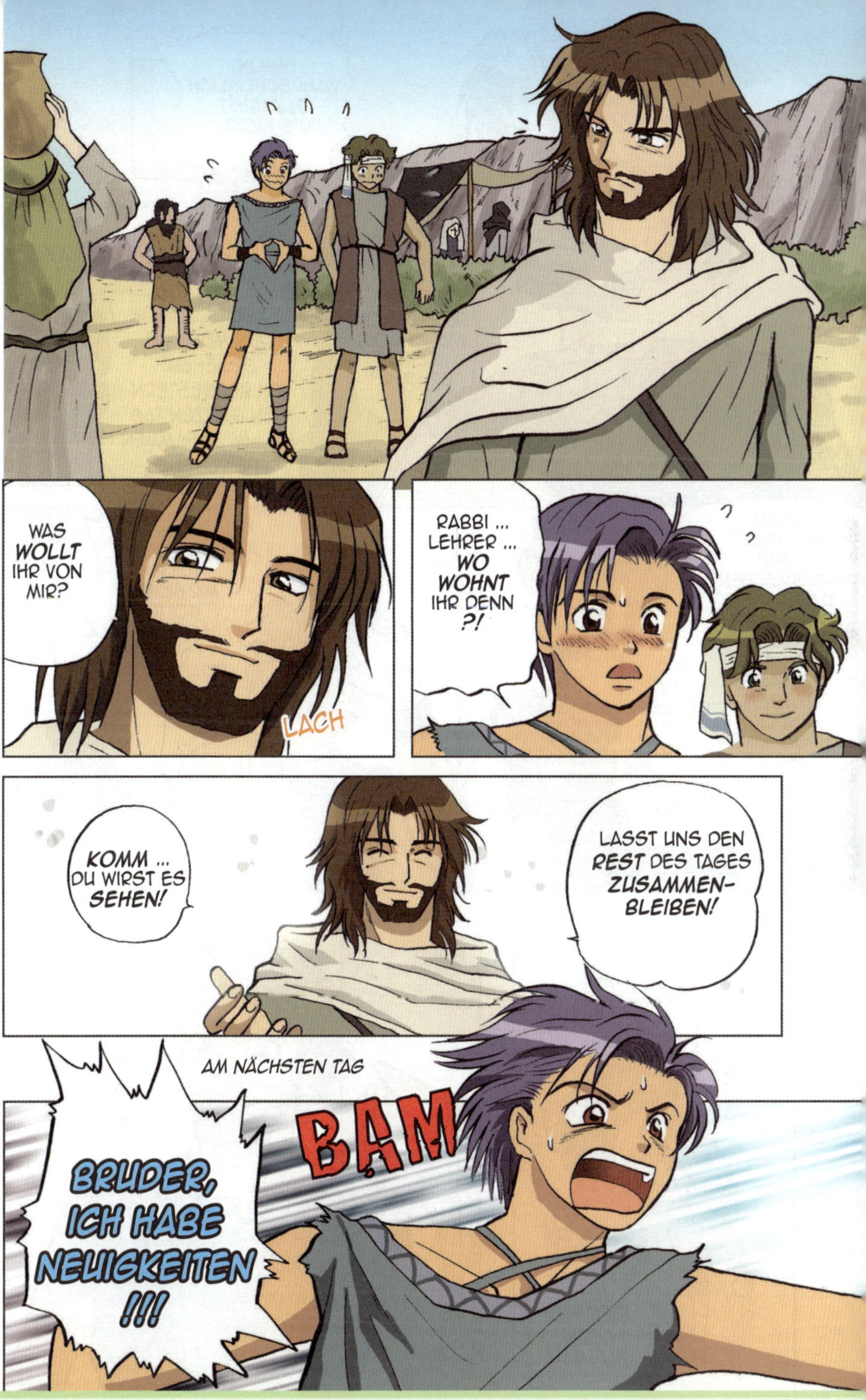
WAS WOLLT IHR VON MIR?
LACH
RABBI ... LEHRER ... WO WOHNT IHR DENN ?!
KOMM ... DU WIRST ES SEHEN!
LASST UNS DEN REST DES TAGES ZUSAMMEN-BLEIBEN!
AM NÄCHSTEN TAG
BAM
BRUDER, ICH HABE NEUIGKEITEN !!!

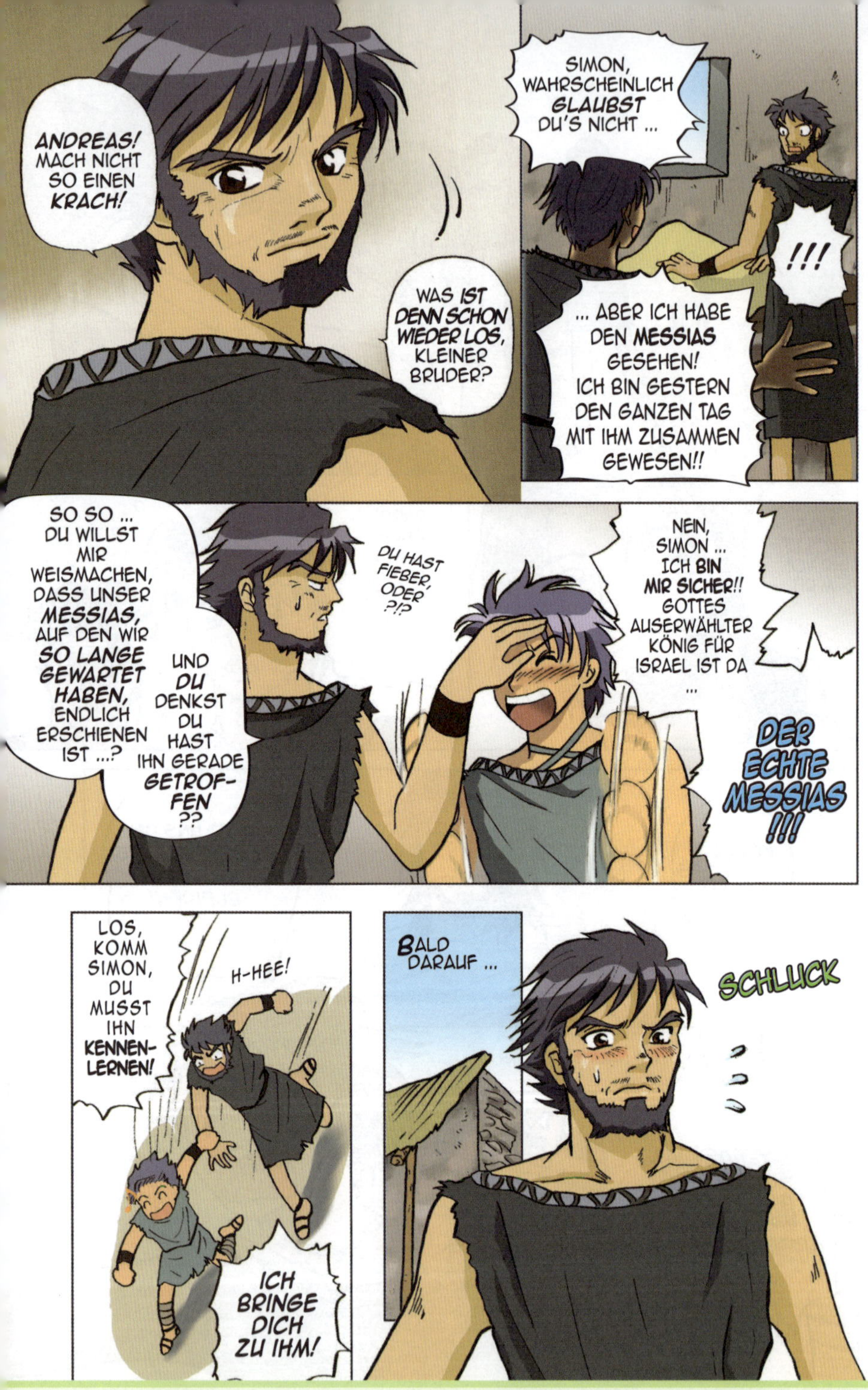
ANDREAS! MACH NICHT SO EINEN KRACH!
WAS IST DENN SCHON WIEDER LOS, KLEINER BRUDER?
SIMON, WAHRSCHEINLICH GLAUBST DU'S NICHT ...
!!!
... ABER ICH HABE DEN MESSIAS GESEHEN! ICH BIN GESTERN DEN GANZEN TAG MIT IHM ZUSAMMEN GEWESEN!!
SO SO ... DU WILLST MIR WEISMACHEN, DASS UNSER MESSIAS, AUF DEN WIR SO LANGE GEWARTET HABEN, ENDLICH ERSCHIENEN IST ...?
UND DU DENKST DU HAST IHN GERADE GETROFFEN ??
DU HAST FIEBER, ODER ?!?
NEIN, SIMON ... ICH BIN MIR SICHER!! GOTTES AUSERWÄHLTER KÖNIG FÜR ISRAEL IST DA ...
DER ECHTE MESSIAS !!!
LOS, KOMM SIMON, DU MUSST IHN KENNENLERNEN!
H-HEE!
ICH BRINGE DICH ZU IHM!
BALD DARAUF ...
SCHLUCK

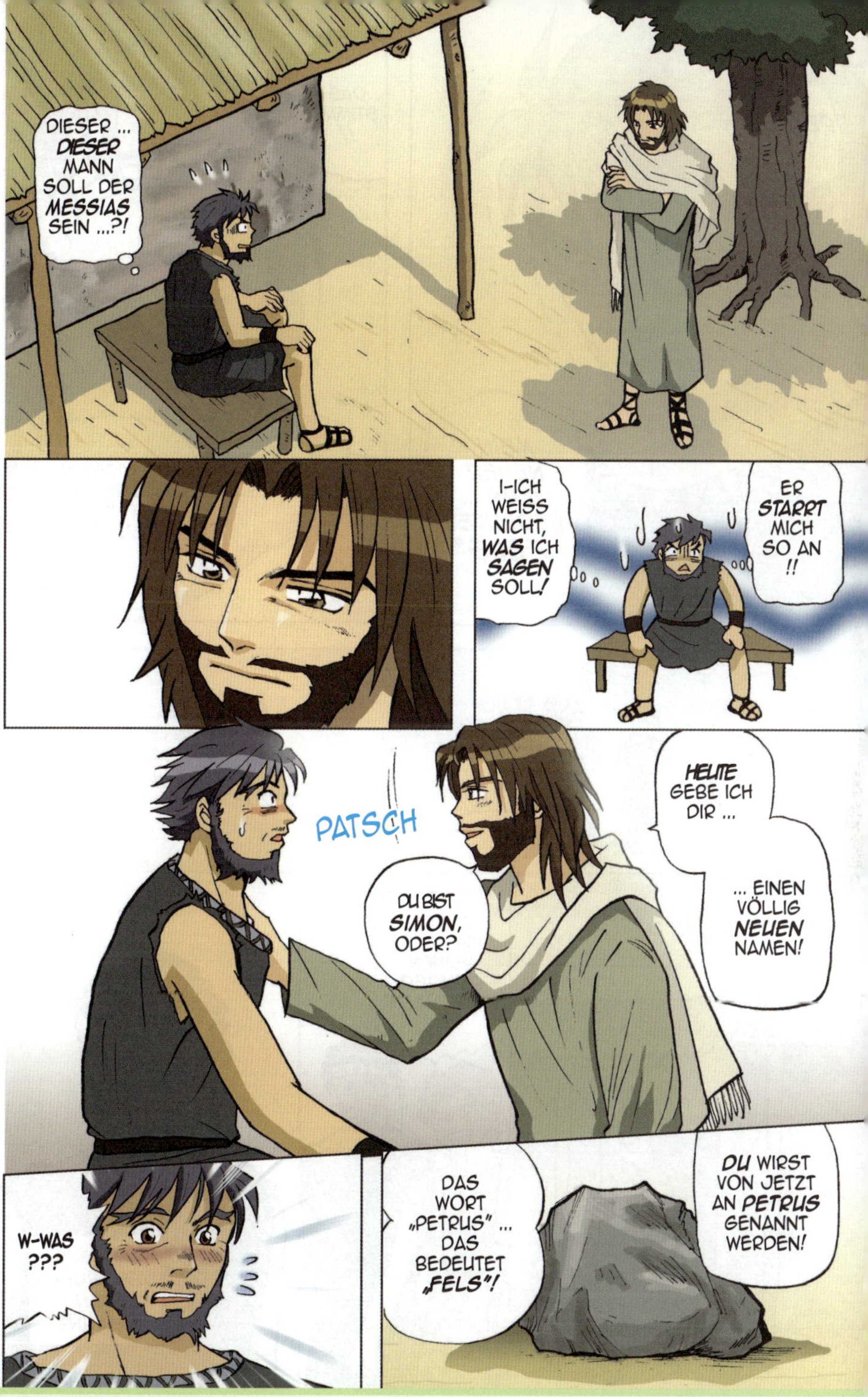
DIESER ... DIESER MANN SOLL DER MESSIAS SEIN ...?!
I-ICH WEISS NICHT, WAS ICH SAGEN SOLL!
ER STARRT MICH SO AN !!
PATSCH
DU BIST SIMON, ODER?
HEUTE GEBE ICH DIR ...
... EINEN VÖLLIG NEUEN NAMEN!
W-WAS ???
DU WIRST VON JETZT AN PETRUS GENANNT WERDEN!
DAS WORT „PETRUS" ... DAS BEDEUTET „FELS"!

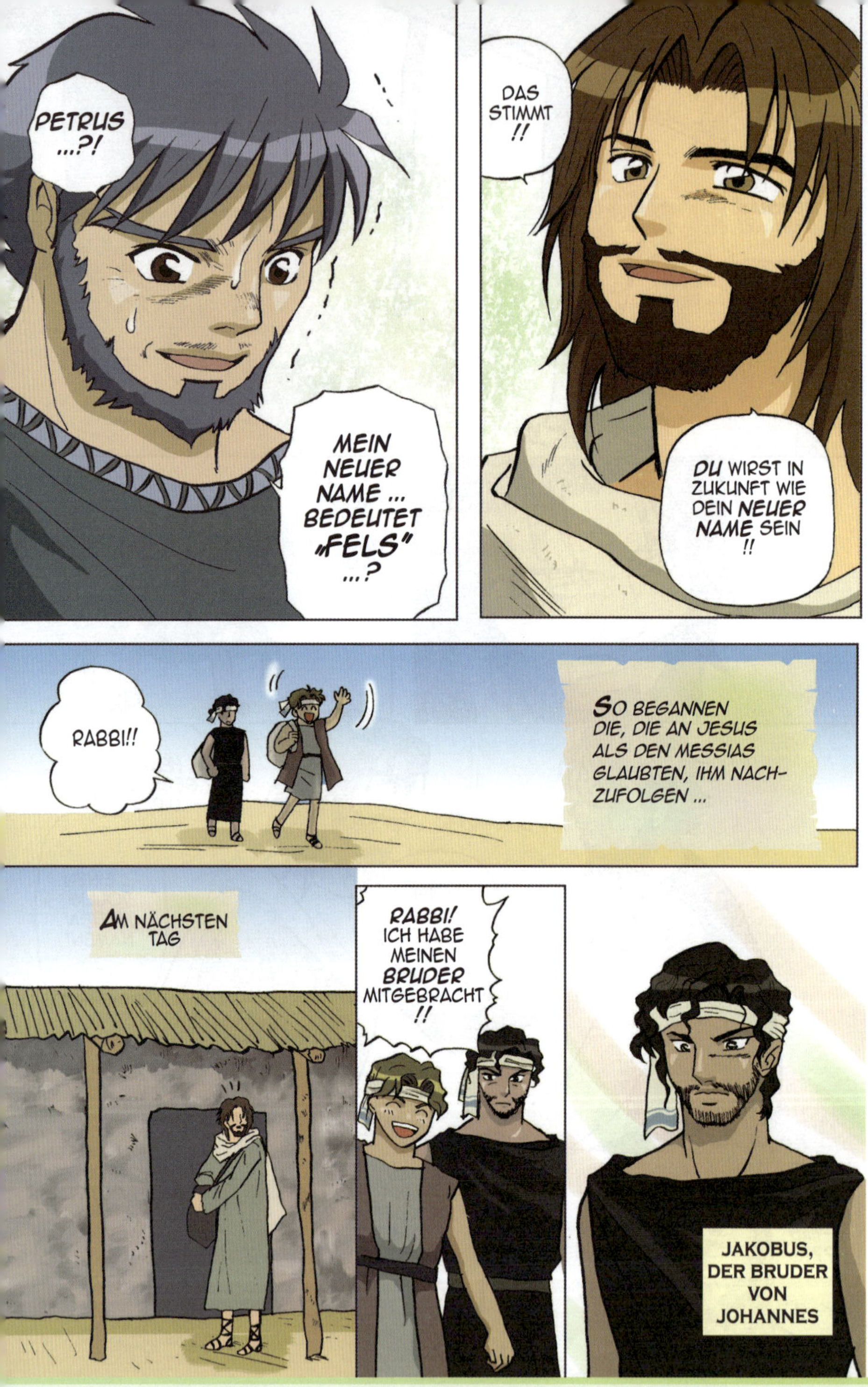
PETRUS ...?!
DAS STIMMT !!
MEIN NEUER NAME ... BEDEUTET „FELS" ...?
DU WIRST IN ZUKUNFT WIE DEIN NEUER NAME SEIN !!
RABBI!!
SO BEGANNEN DIE, DIE AN JESUS ALS DEN MESSIAS GLAUBTEN, IHM NACH-ZUFOLGEN ...
AM NÄCHSTEN TAG
RABBI! ICH HABE MEINEN BRUDER MITGEBRACHT !!
JAKOBUS, DER BRUDER VON JOHANNES

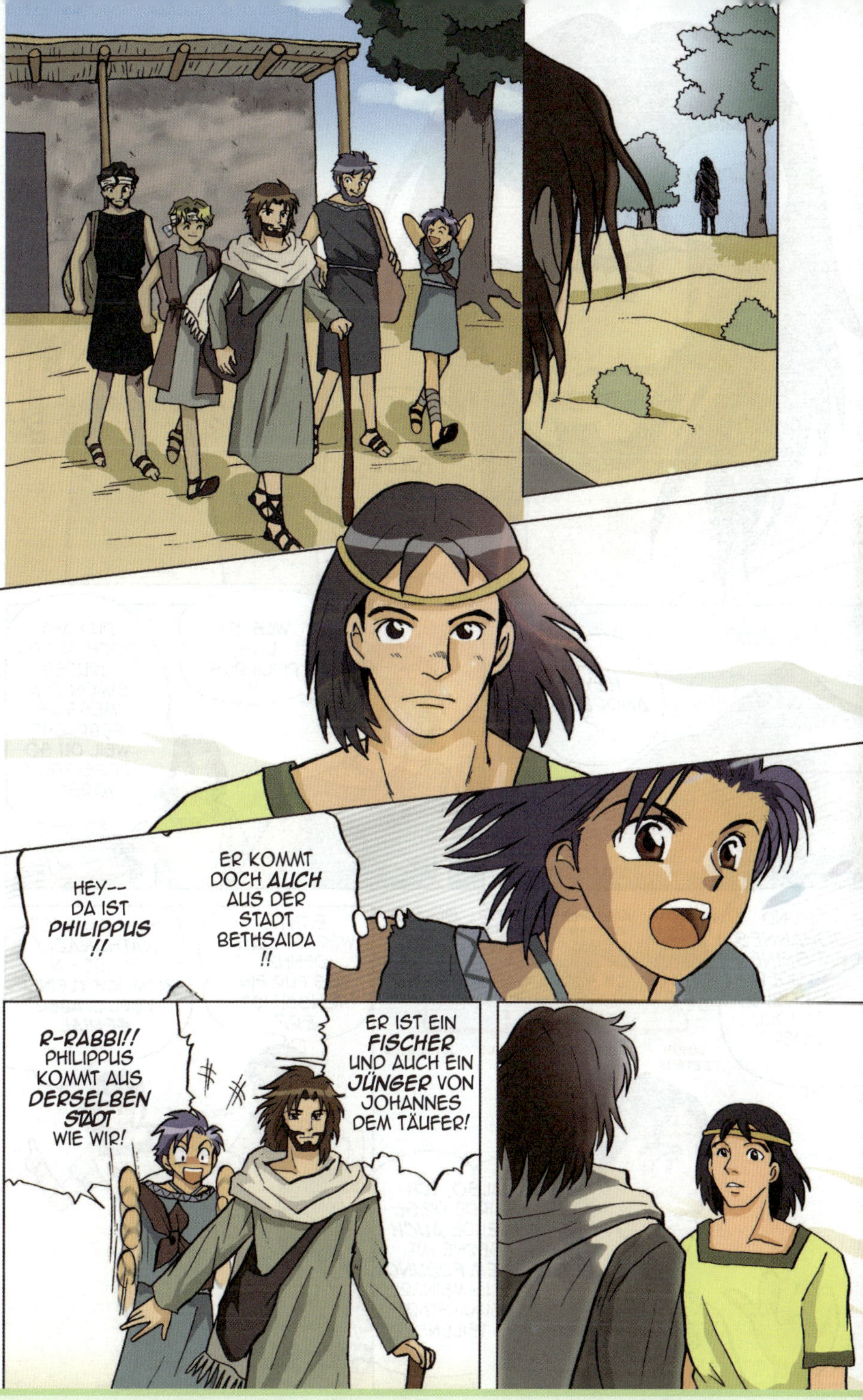
HEY--
DA IST
PHILIPPUS
!!
ER KOMMT
DOCH AUCH
AUS DER
STADT
BETHSAIDA
!!
R-RABBI!!
PHILIPPUS
KOMMT AUS
DERSELBEN
STADT
WIE WIR!
ER IST EIN
FISCHER
UND AUCH EIN
JÜNGER VON
JOHANNES
DEM TÄUFER!

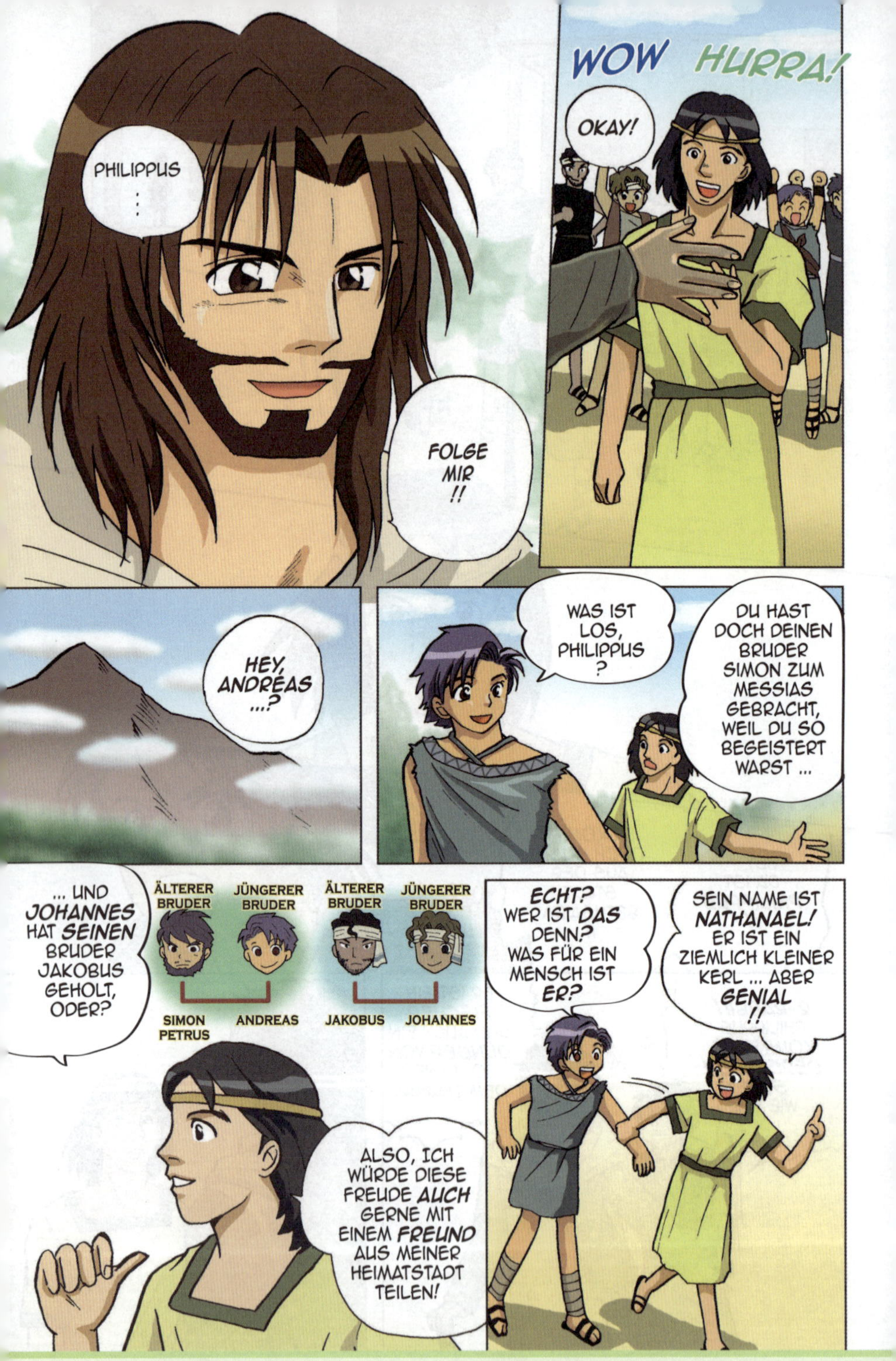
PHILIPPUS
...
FOLGE MIR !!
WOW
HURRA!
OKAY!
HEY, ANDREAS ...?
WAS IST LOS, PHILIPPUS ?
DU HAST DOCH DEINEN BRUDER SIMON ZUM MESSIAS GEBRACHT, WEIL DU SO BEGEISTERT WARST ...
... UND JOHANNES HAT SEINEN BRUDER JAKOBUS GEHOLT, ODER?
ÄLTERER BRUDER
JÜNGERER BRUDER
ÄLTERER BRUDER
JÜNGERER BRUDER
SIMON PETRUS
ANDREAS
JAKOBUS
JOHANNES
ALSO, ICH WÜRDE DIESE FREUDE AUCH GERNE MIT EINEM FREUND AUS MEINER HEIMATSTADT TEILEN!
ECHT? WER IST DAS DENN? WAS FÜR EIN MENSCH IST ER?
SEIN NAME IST NATHANAEL! ER IST EIN ZIEMLICH KLEINER KERL ... ABER GENIAL !!

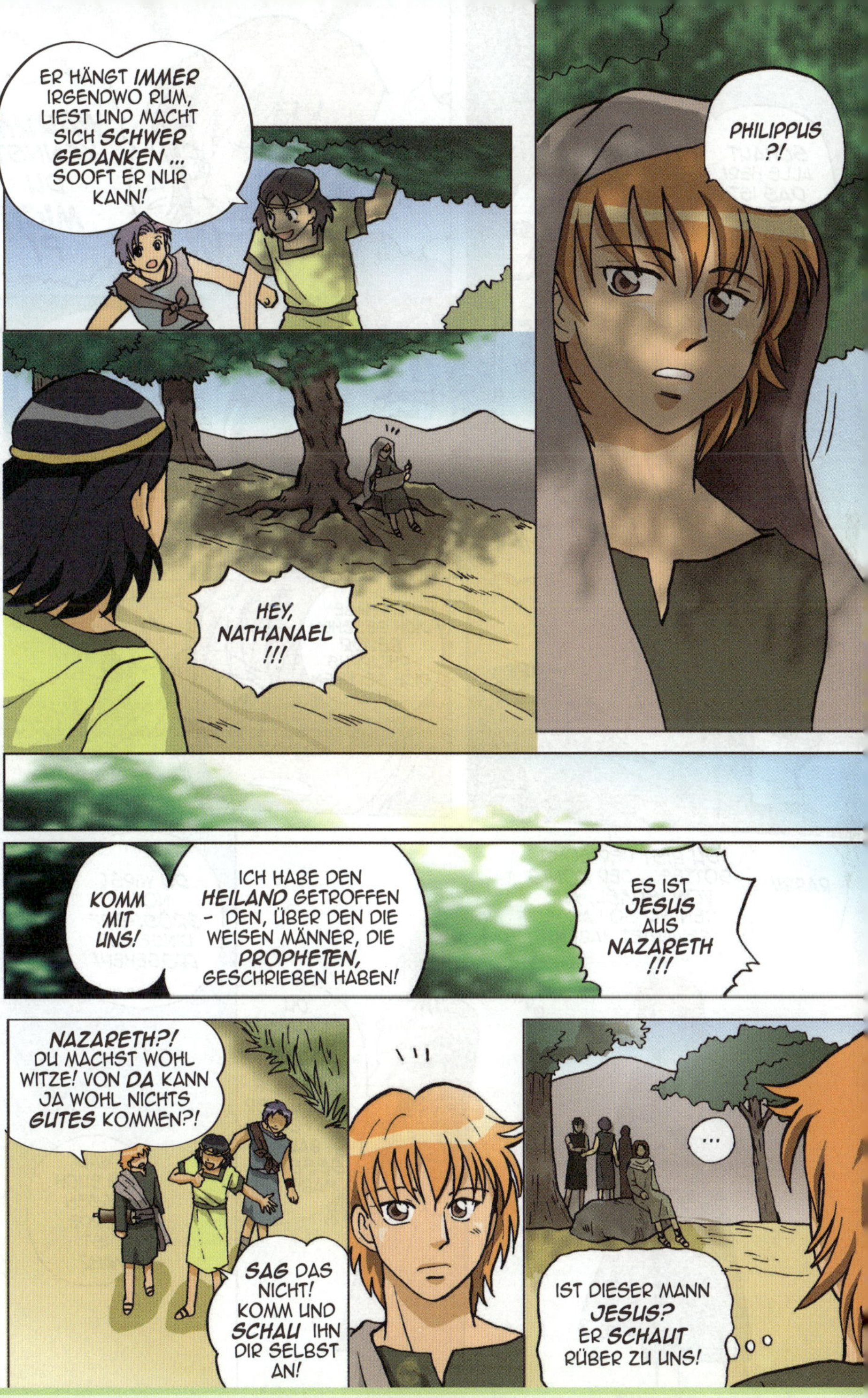
ER HÄNGT IMMER IRGENDWO RUM, LIEST UND MACHT SICH SCHWER GEDANKEN ... SOOFT ER NUR KANN!
PHILIPPUS ?!
HEY, NATHANAEL !!!
KOMM MIT UNS!
ICH HABE DEN HEILAND GETROFFEN – DEN, ÜBER DEN DIE WEISEN MÄNNER, DIE PROPHETEN, GESCHRIEBEN HABEN!
ES IST JESUS AUS NAZARETH !!!
NAZARETH?! DU MACHST WOHL WITZE! VON DA KANN JA WOHL NICHTS GUTES KOMMEN?!
SAG DAS NICHT! KOMM UND SCHAU IHN DIR SELBST AN!
...
IST DIESER MANN JESUS? ER SCHAUT RÜBER ZU UNS!

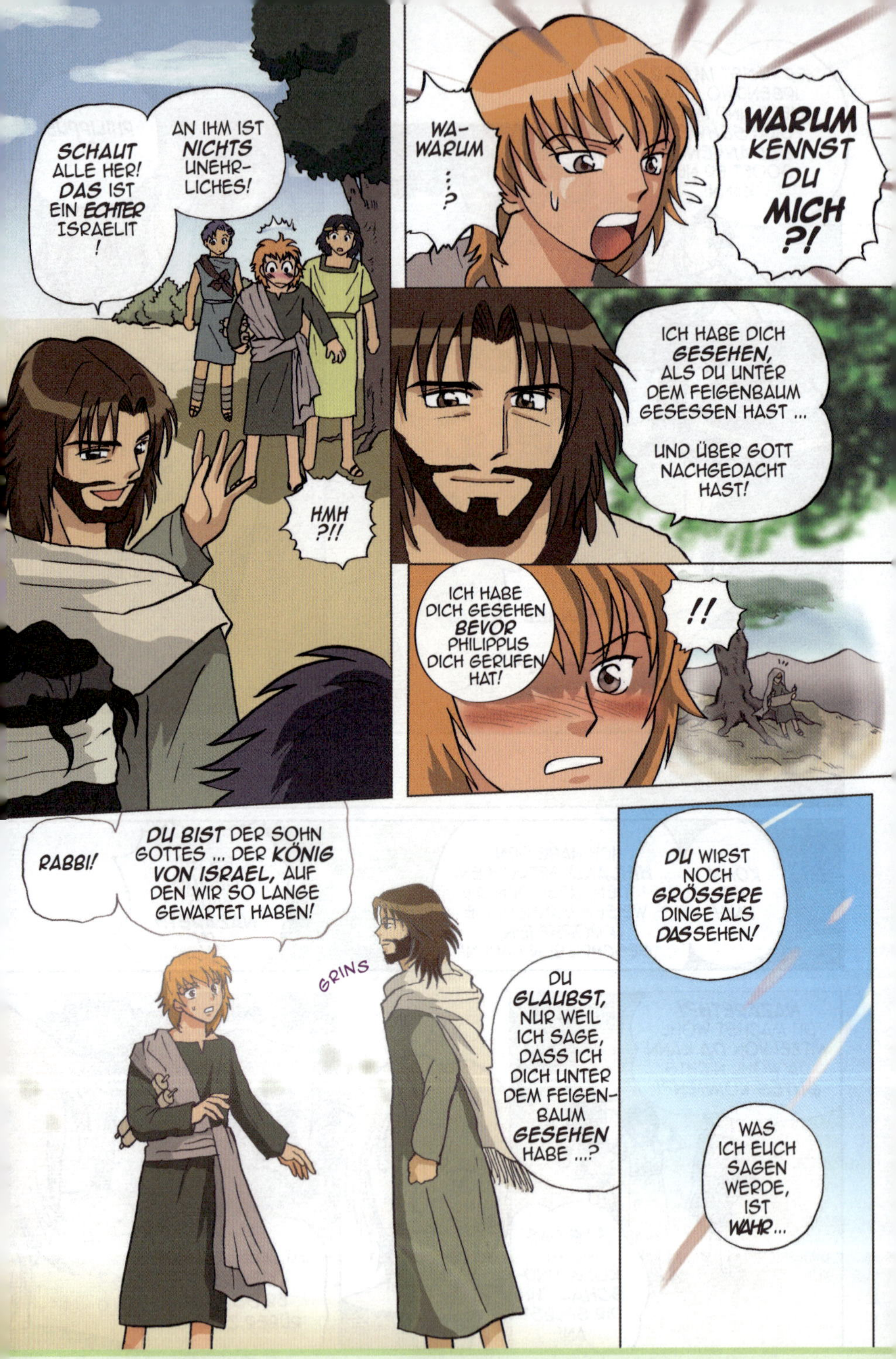
SCHAUT ALLE HER! DAS IST EIN ECHTER ISRAELIT!
AN IHM IST NICHTS UNEHRLICHES!
HMH ?!!
WA-WARUM ...?
WARUM KENNST DU MICH ?!
ICH HABE DICH GESEHEN, ALS DU UNTER DEM FEIGENBAUM GESESSEN HAST ...
UND ÜBER GOTT NACHGEDACHT HAST!
ICH HABE DICH GESEHEN BEVOR PHILIPPUS DICH GERUFEN HAT!
!!
RABBI!
DU BIST DER SOHN GOTTES ... DER KÖNIG VON ISRAEL, AUF DEN WIR SO LANGE GEWARTET HABEN!
GRINS
DU GLAUBST, NUR WEIL ICH SAGE, DASS ICH DICH UNTER DEM FEIGEN-BAUM GESEHEN HABE ...?
DU WIRST NOCH GRÖSSERE DINGE ALS DAS SEHEN!
WAS ICH EUCH SAGEN WERDE, IST WAHR...

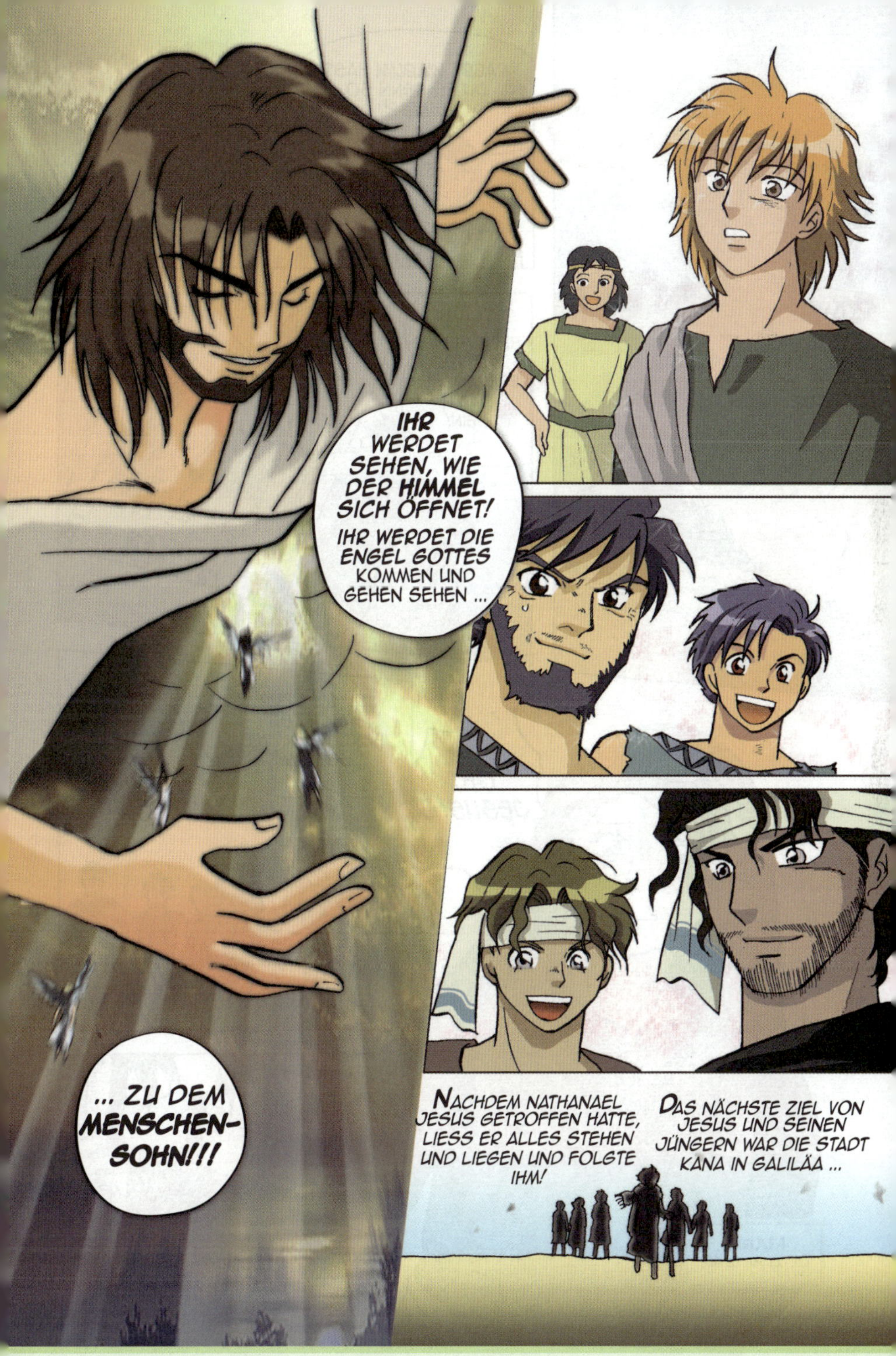

Johannes 1:29-51

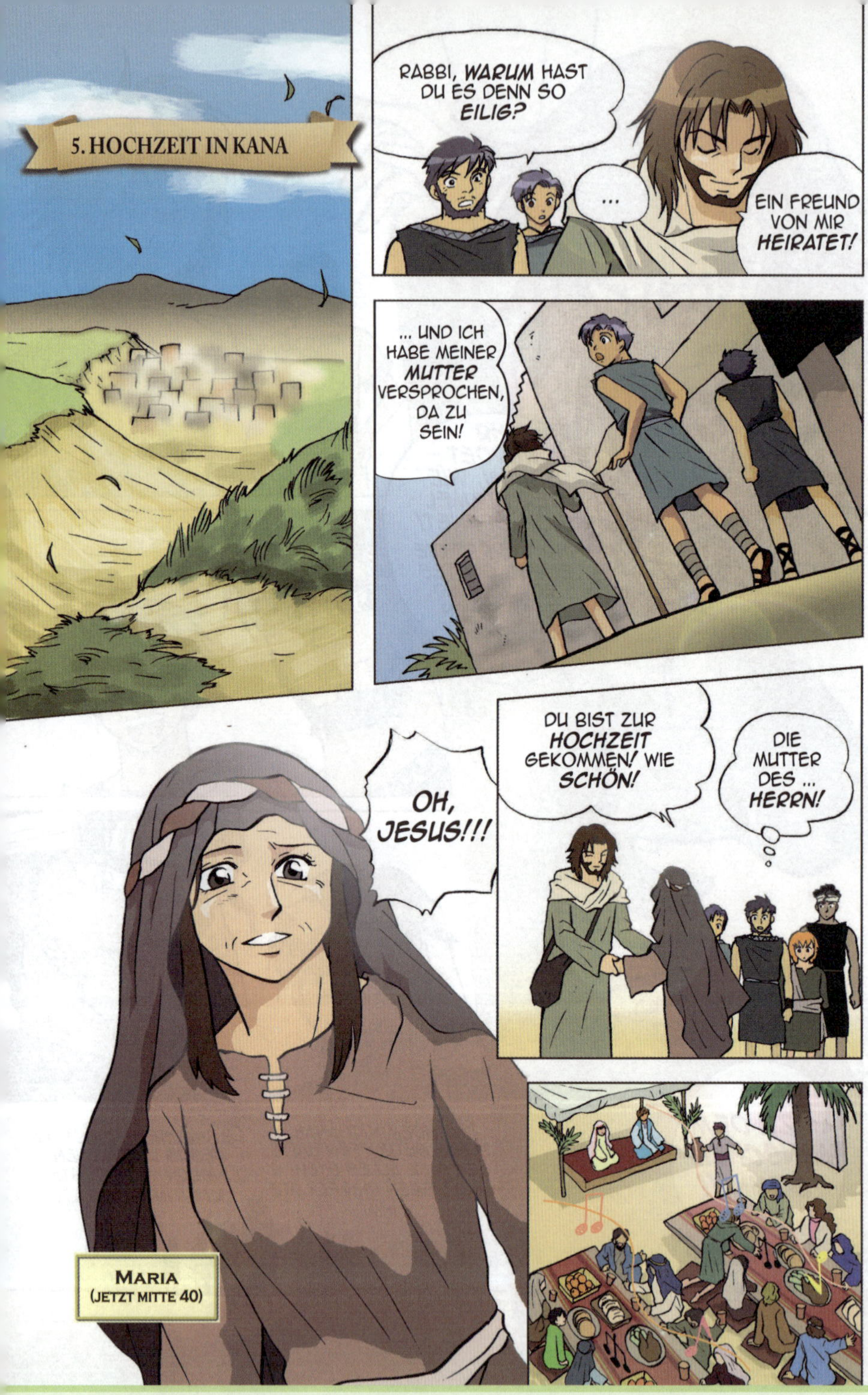
5. HOCHZEIT IN KANA
RABBI, WARUM HAST DU ES DENN SO EILIG?
...
EIN FREUND VON MIR HEIRATET!
... UND ICH HABE MEINER MUTTER VERSPROCHEN, DA ZU SEIN!
OH, JESUS!!!
DU BIST ZUR HOCHZEIT GEKOMMEN! WIE SCHÖN!
DIE MUTTER DES ... HERRN!
MARIA (JETZT MITTE 40)

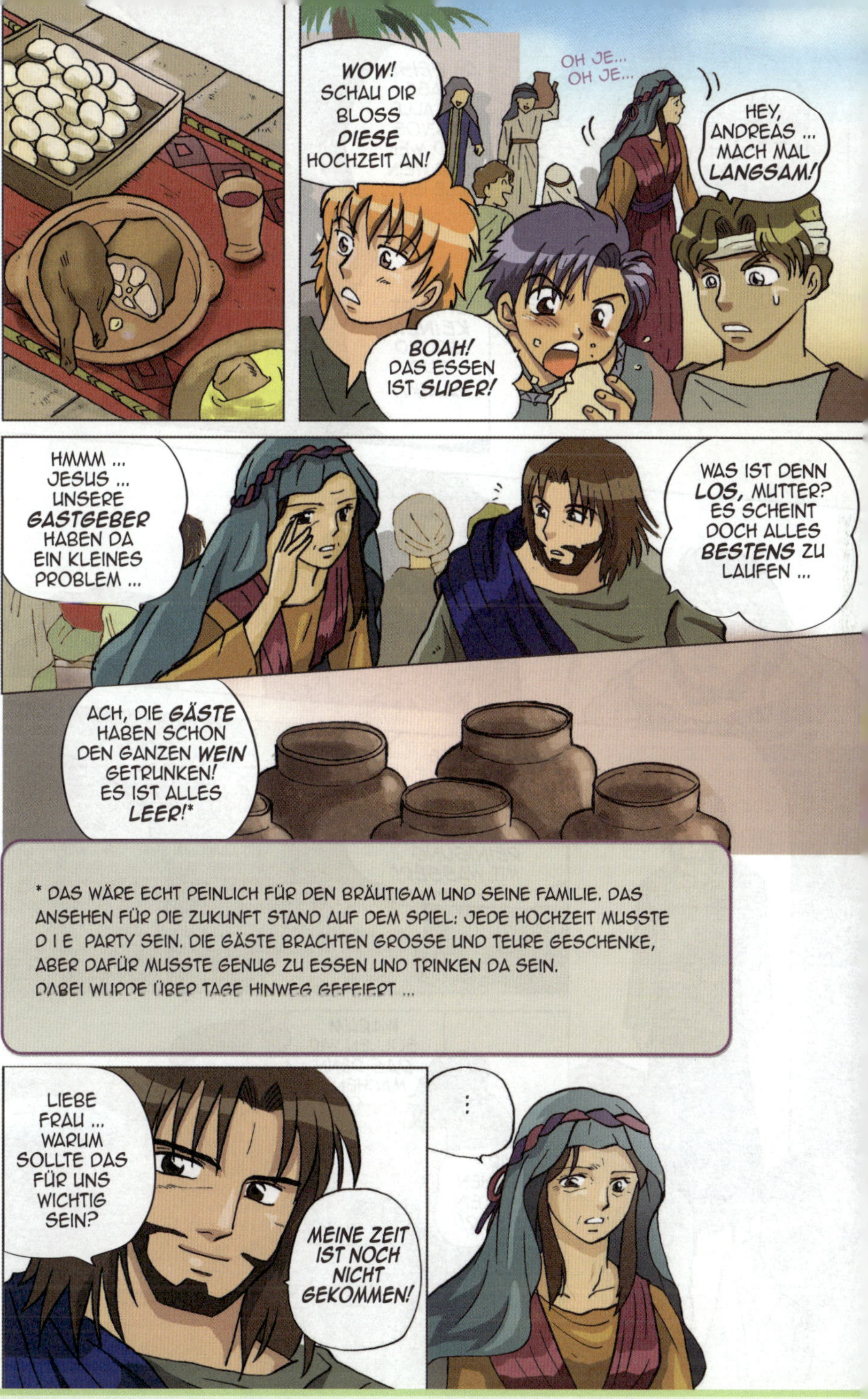
WOW! SCHAU DIR BLOSS DIESE HOCHZEIT AN!
OH JE... OH JE...
HEY, ANDREAS ... MACH MAL LANGSAM!
BOAH! DAS ESSEN IST SUPER!
HMMM ... JESUS ... UNSERE GASTGEBER HABEN DA EIN KLEINES PROBLEM ...
WAS IST DENN LOS, MUTTER? ES SCHEINT DOCH ALLES BESTENS ZU LAUFEN ...
ACH, DIE GÄSTE HABEN SCHON DEN GANZEN WEIN GETRUNKEN! ES IST ALLES LEER!*
* DAS WÄRE ECHT PEINLICH FÜR DEN BRÄUTIGAM UND SEINE FAMILIE. DAS ANSEHEN FÜR DIE ZUKUNFT STAND AUF DEM SPIEL: JEDE HOCHZEIT MUSSTE D I E PARTY SEIN. DIE GÄSTE BRACHTEN GROSSE UND TEURE GESCHENKE, ABER DAFÜR MUSSTE GENUG ZU ESSEN UND TRINKEN DA SEIN. DABEI WURDE ÜBER TAGE HINWEG GEFEIERT ...
LIEBE FRAU ... WARUM SOLLTE DAS FÜR UNS WICHTIG SEIN?
MEINE ZEIT IST NOCH NICHT GEKOMMEN!
...

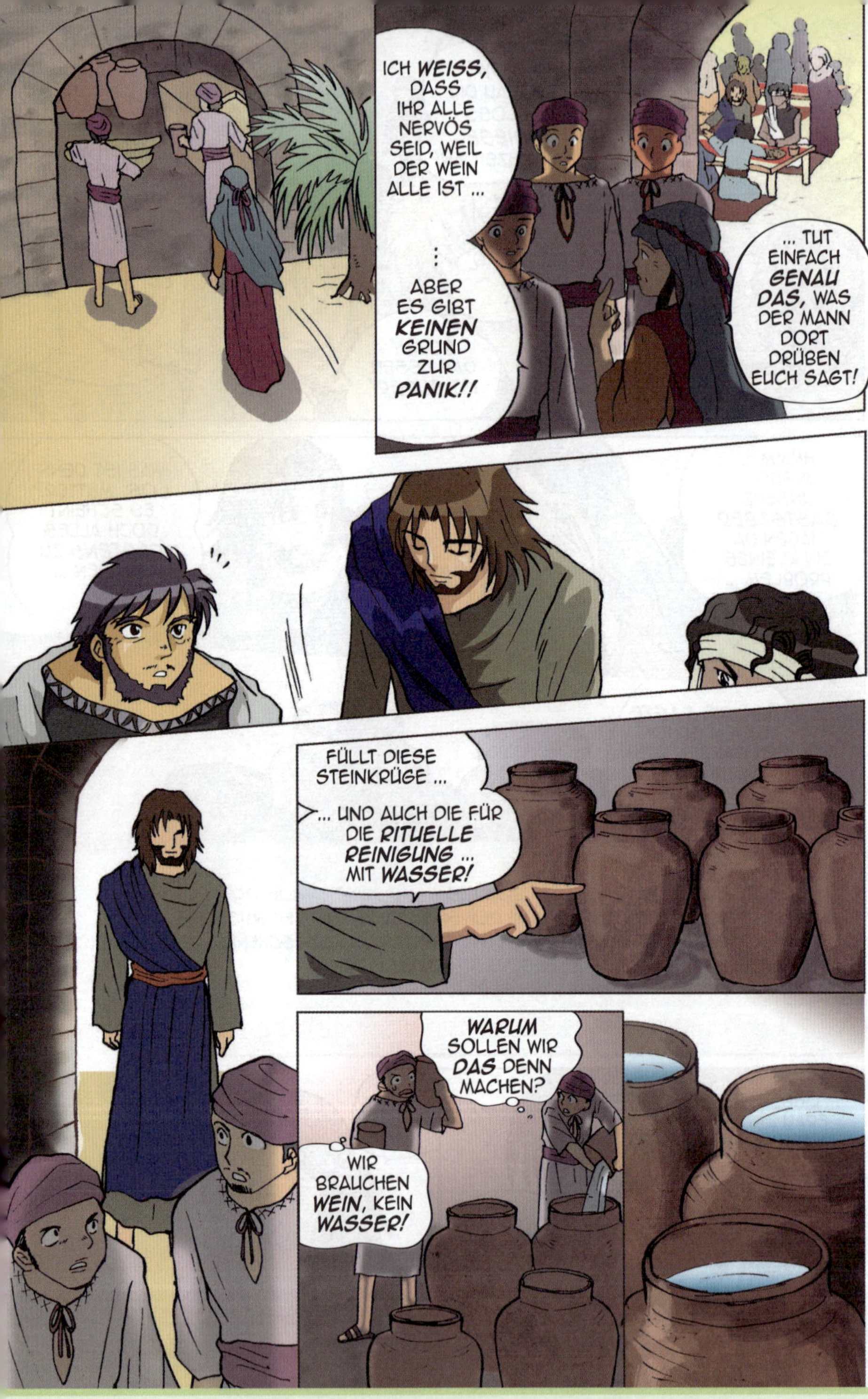
ICH WEISS, DASS IHR ALLE NERVÖS SEID, WEIL DER WEIN ALLE IST ...
... ABER ES GIBT KEINEN GRUND ZUR PANIK!!
... TUT EINFACH GENAU DAS, WAS DER MANN DORT DRÜBEN EUCH SAGT!
FÜLLT DIESE STEINKRÜGE ...
... UND AUCH DIE FÜR DIE RITUELLE REINIGUNG ... MIT WASSER!
WARUM SOLLEN WIR DAS DENN MACHEN?
WIR BRAUCHEN WEIN, KEIN WASSER!

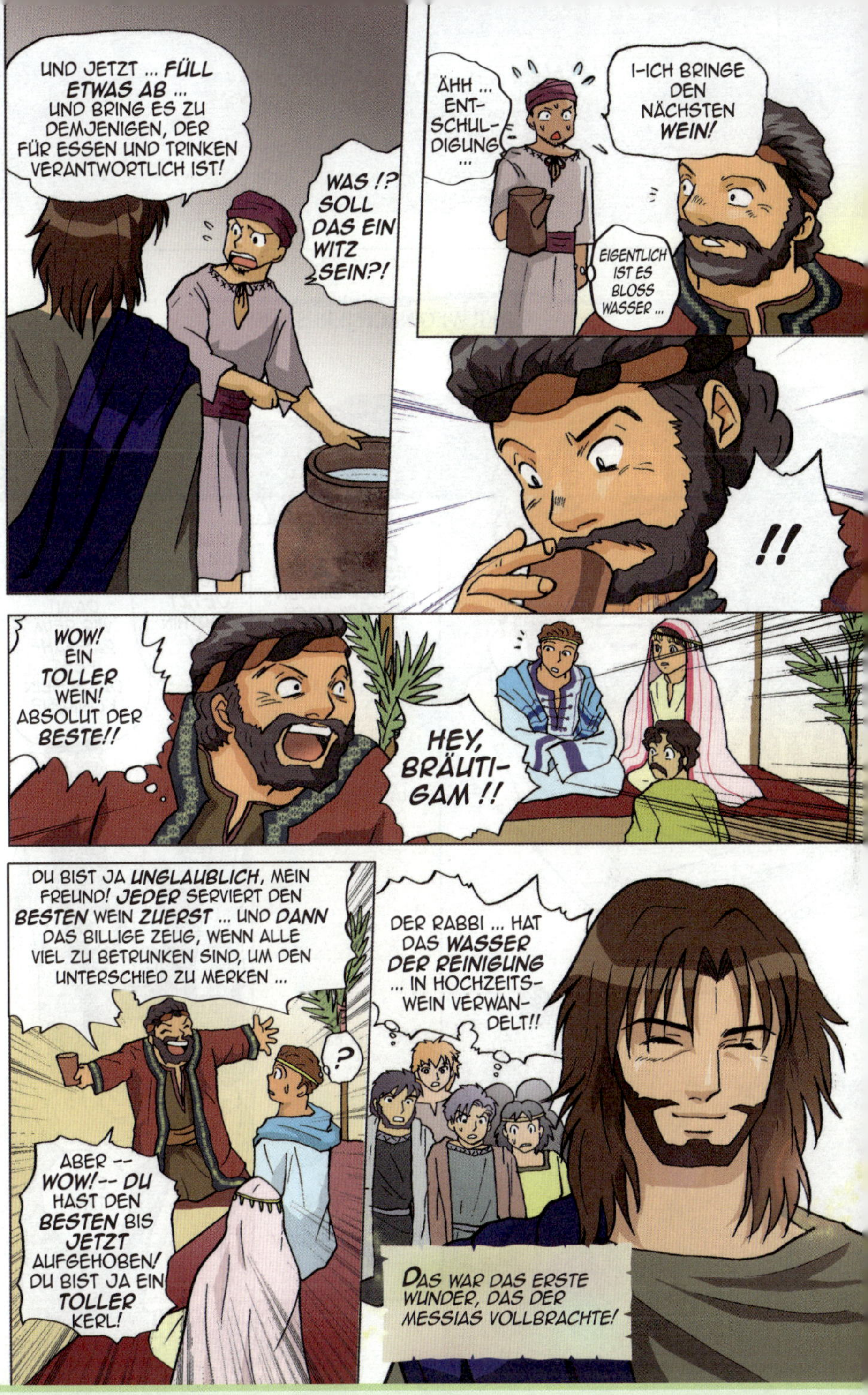
UND JETZT ... FÜLL ETWAS AB ... UND BRING ES ZU DEMJENIGEN, DER FÜR ESSEN UND TRINKEN VERANTWORTLICH IST!
WAS !? SOLL DAS EIN WITZ SEIN?!
ÄHH ... ENT-SCHUL-DIGUNG ...
I-ICH BRINGE DEN NÄCHSTEN WEIN!
EIGENTLICH IST ES BLOSS WASSER ...
!!
WOW! EIN TOLLER WEIN! ABSOLUT DER BESTE!!
HEY, BRÄUTI-GAM !!
DU BIST JA UNGLAUBLICH, MEIN FREUND! JEDER SERVIERT DEN BESTEN WEIN ZUERST ... UND DANN DAS BILLIGE ZEUG, WENN ALLE VIEL ZU BETRUNKEN SIND, UM DEN UNTERSCHIED ZU MERKEN ...
?
ABER -- WOW!-- DU HAST DEN BESTEN BIS JETZT AUFGEHOBEN! DU BIST JA EIN TOLLER KERL!
DER RABBI ... HAT DAS WASSER DER REINIGUNG ... IN HOCHZEITS-WEIN VERWAN-DELT!!
DAS WAR DAS ERSTE WUNDER, DAS DER MESSIAS VOLLBRACHTE!

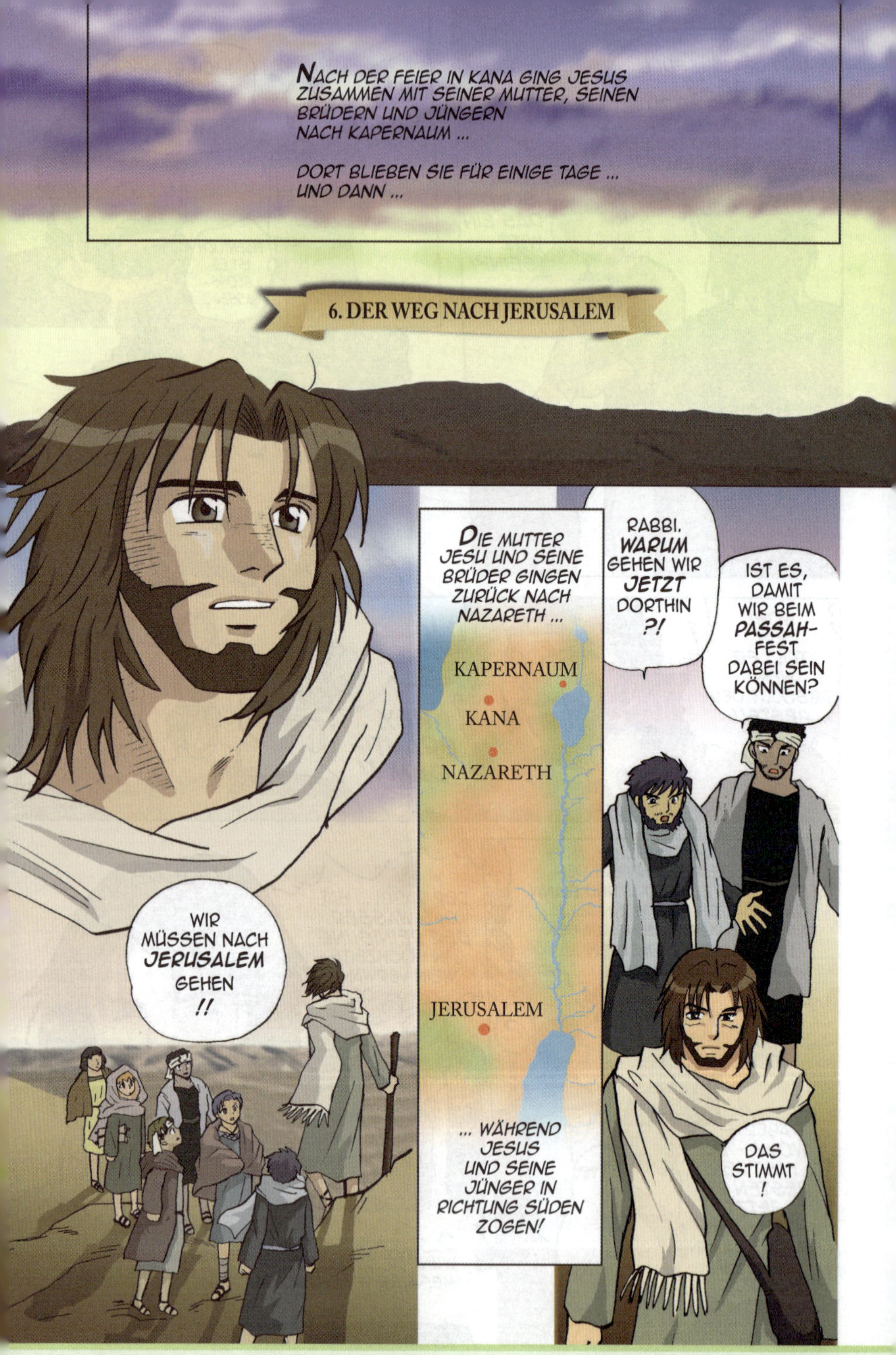
NACH DER FEIER IN KANA GING JESUS ZUSAMMEN MIT SEINER MUTTER, SEINEN BRÜDERN UND JÜNGERN NACH KAPERNAUM ...
DORT BLIEBEN SIE FÜR EINIGE TAGE ... UND DANN ...
6. DER WEG NACH JERUSALEM
WIR MÜSSEN NACH JERUSALEM GEHEN !!
DIE MUTTER JESU UND SEINE BRÜDER GINGEN ZURÜCK NACH NAZARETH ...
KAPERNAUM
KANA
NAZARETH
JERUSALEM
... WÄHREND JESUS UND SEINE JÜNGER IN RICHTUNG SÜDEN ZOGEN!
RABBI. WARUM GEHEN WIR JETZT DORTHIN ?!
IST ES, DAMIT WIR BEIM PASSAH-FEST DABEI SEIN KÖNNEN?
DAS STIMMT !

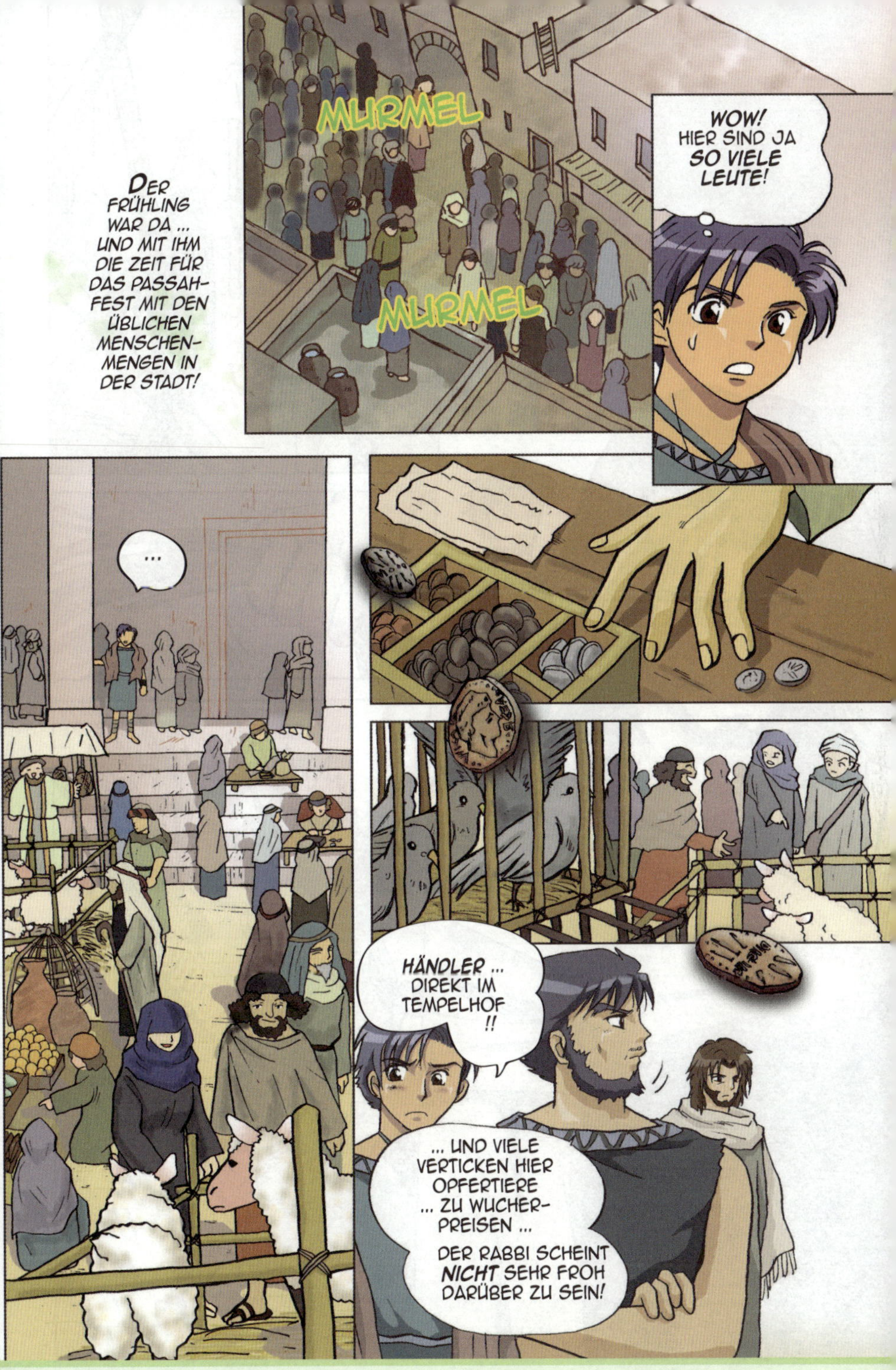

DER FRÜHLING WAR DA ... UND MIT IHM DIE ZEIT FÜR DAS PASSAH-FEST MIT DEN ÜBLICHEN MENSCHEN-MENGEN IN DER STADT!
MURMEL
MURMEL
WOW! HIER SIND JA SO VIELE LEUTE!
...
HÄNDLER ... DIREKT IM TEMPELHOF !!
... UND VIELE VERTICKEN HIER OPFERTIERE ... ZU WUCHER-PREISEN ...
DER RABBI SCHEINT NICHT SEHR FROH DARÜBER ZU SEIN!

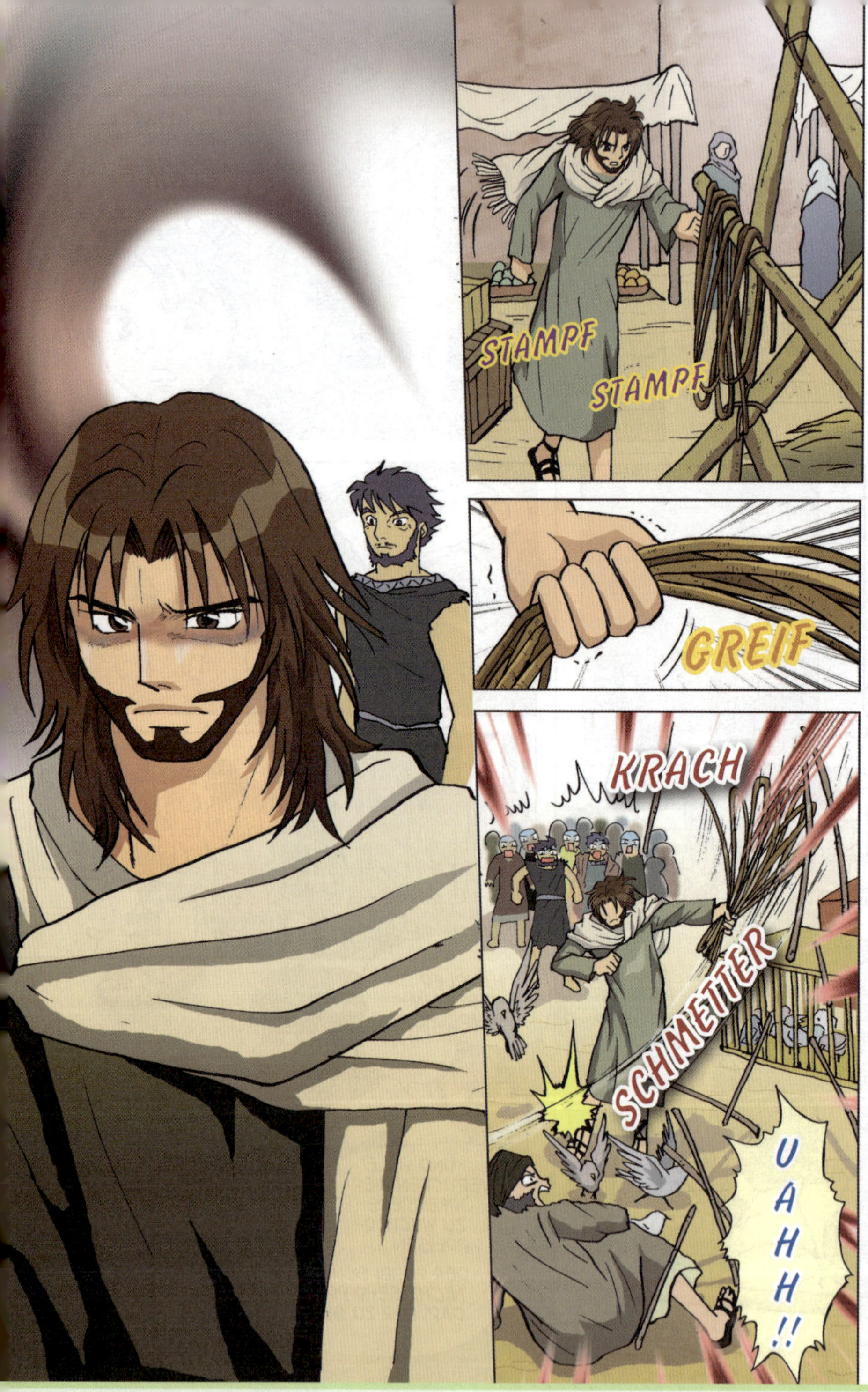
STAMPF
STAMPF
GREIF
KRACH
SCHMETTER
UAHH!!

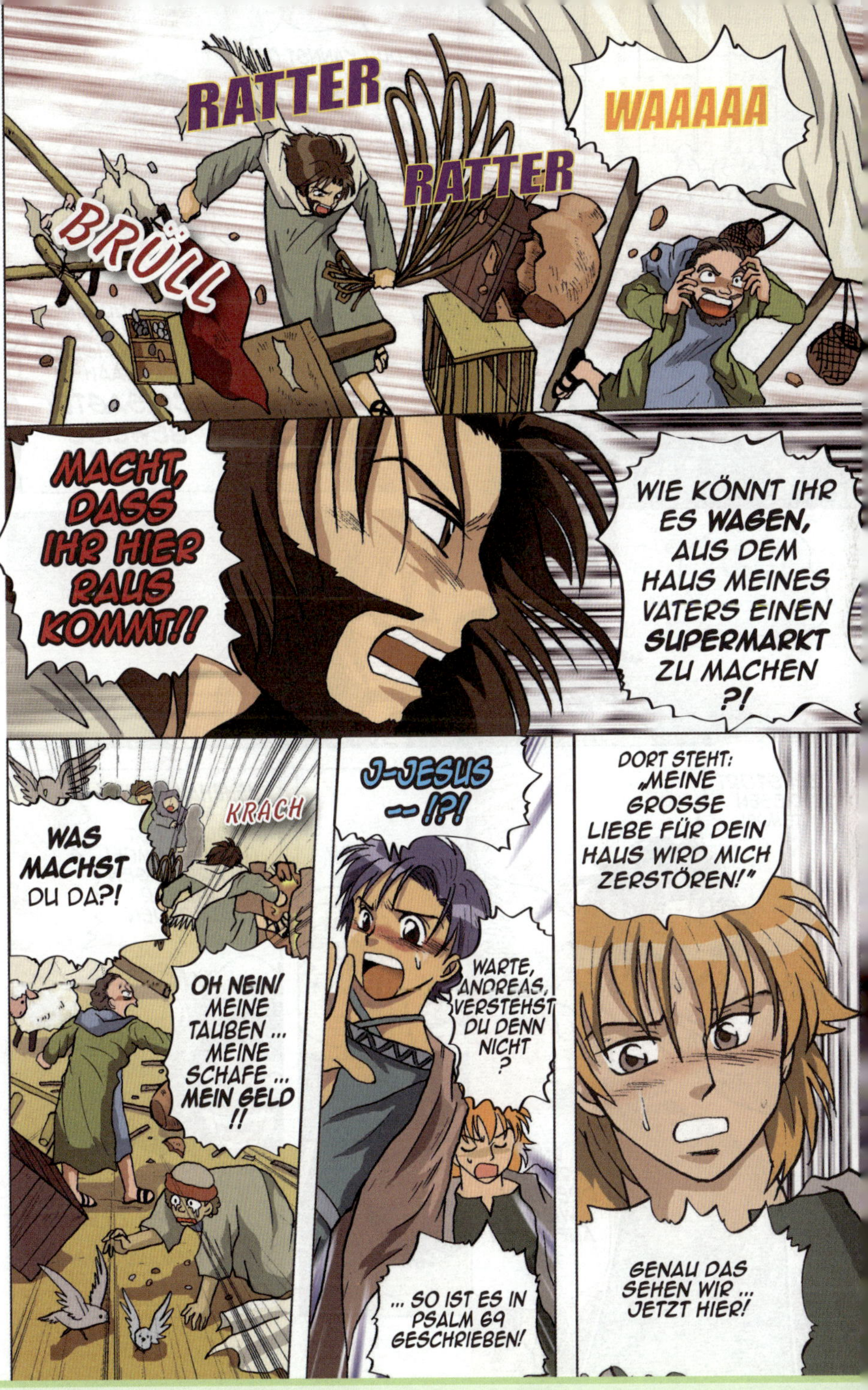
RATTER
RATTER
WAAAAA
BRÜLL
MACHT, DASS IHR HIER RAUS KOMMT!!
WIE KÖNNT IHR ES WAGEN, AUS DEM HAUS MEINES VATERS EINEN SUPERMARKT ZU MACHEN ?!
KRACH
WAS MACHST DU DA?!
OH NEIN! MEINE TAUBEN ... MEINE SCHAFE ... MEIN GELD !!
J-JESUS -- !?!
WARTE, ANDREAS, VERSTEHST DU DENN NICHT ?
... SO IST ES IN PSALM 69 GESCHRIEBEN!
DORT STEHT: „MEINE GROSSE LIEBE FÜR DEIN HAUS WIRD MICH ZERSTÖREN!"
GENAU DAS SEHEN WIR ... JETZT HIER!

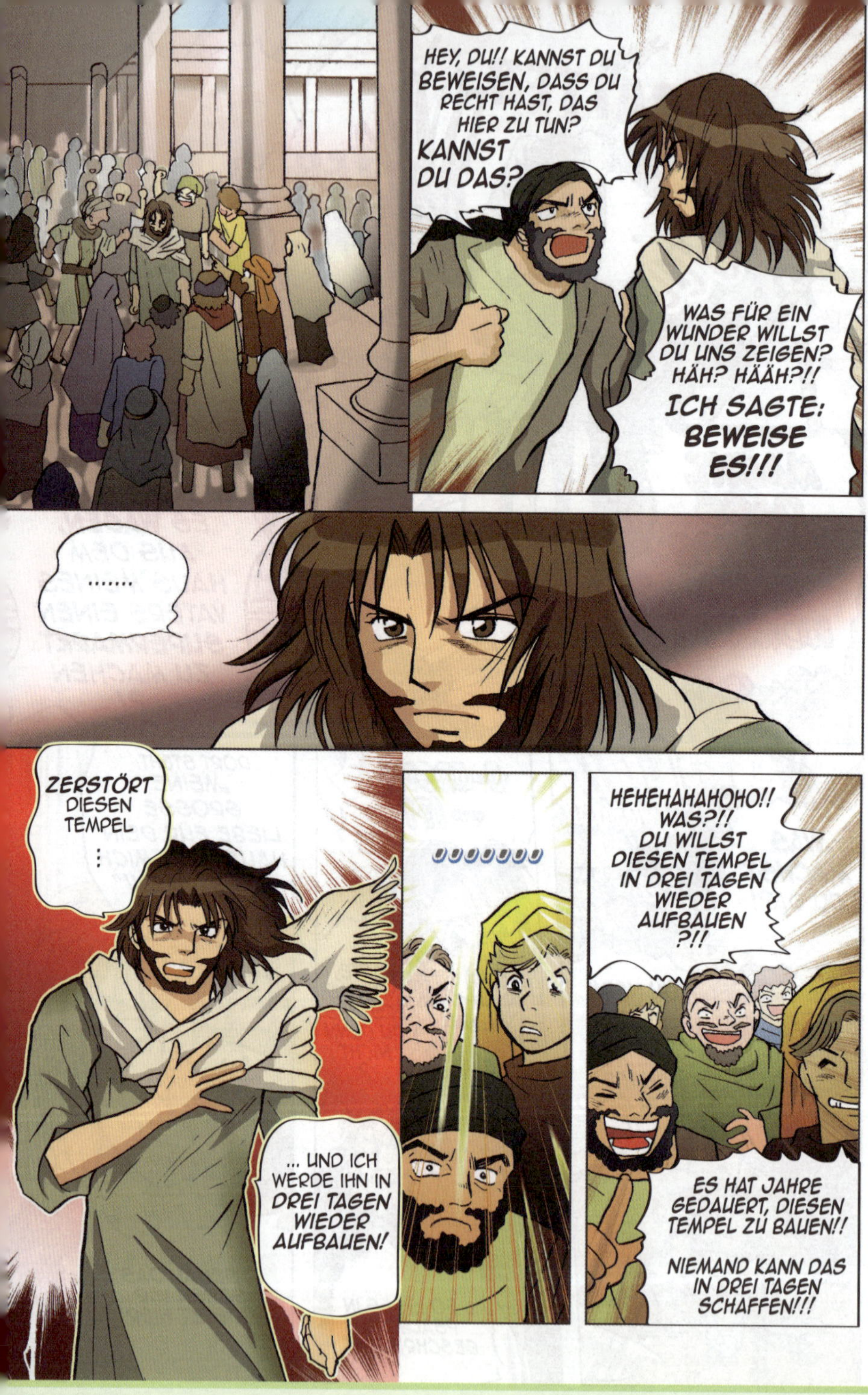
HEY, DU!! KANNST DU BEWEISEN, DASS DU RECHT HAST, DAS HIER ZU TUN?
KANNST DU DAS?
WAS FÜR EIN WUNDER WILLST DU UNS ZEIGEN? HÄH? HÄÄH?!!
ICH SAGTE: BEWEISE ES!!!
......
ZERSTÖRT DIESEN TEMPEL
...
... UND ICH WERDE IHN IN DREI TAGEN WIEDER AUFBAUEN!
HEHEHAHAHOHO!! WAS?!! DU WILLST DIESEN TEMPEL IN DREI TAGEN WIEDER AUFBAUEN ?!!
ES HAT JAHRE GEDAUERT, DIESEN TEMPEL ZU BAUEN!!
NIEMAND KANN DAS IN DREI TAGEN SCHAFFEN!!!

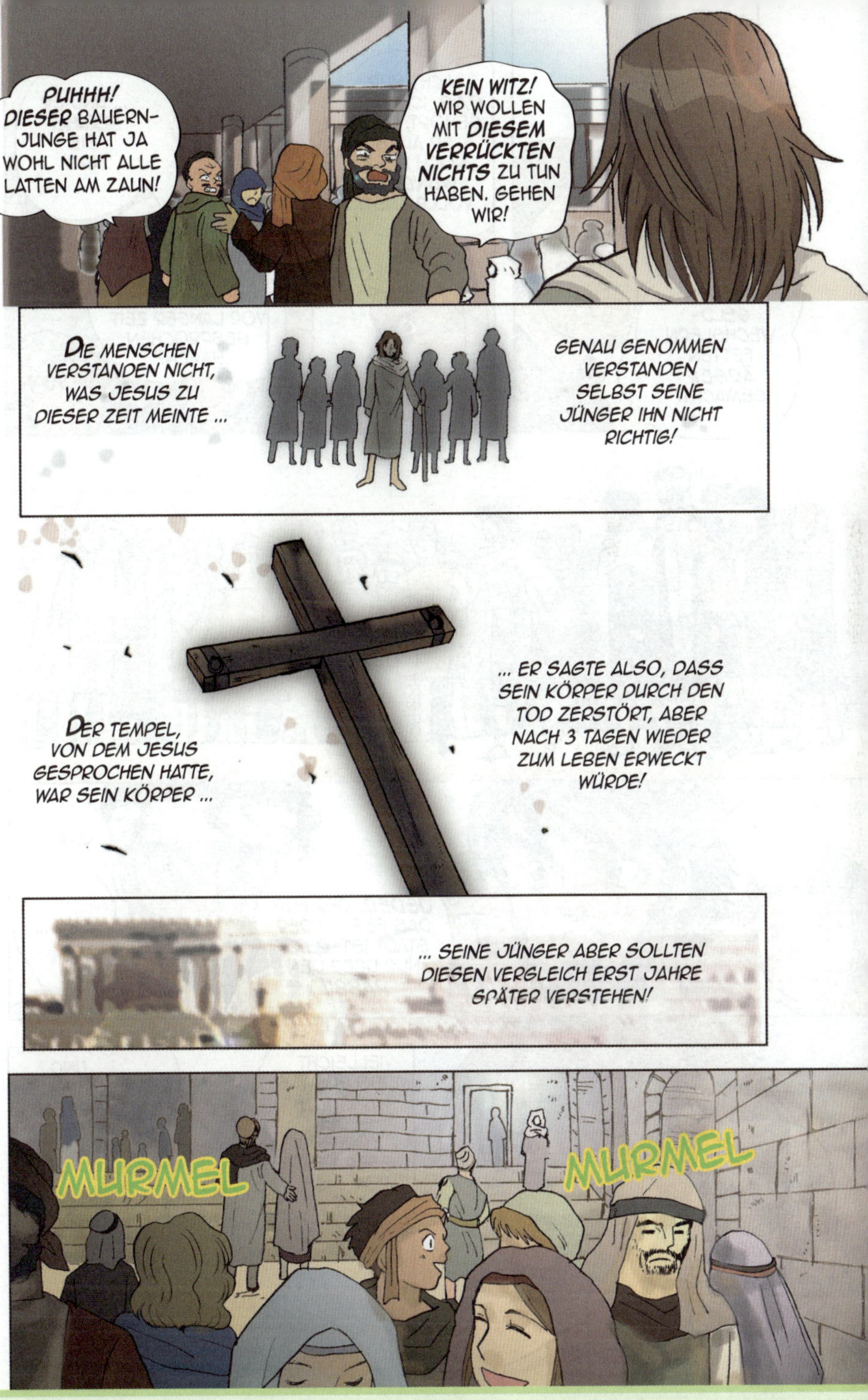
PUHHH! DIESER BAUERNJUNGE HAT JA WOHL NICHT ALLE LATTEN AM ZAUN!
KEIN WITZ! WIR WOLLEN MIT DIESEM VERRÜCKTEN NICHTS ZU TUN HABEN. GEHEN WIR!
DIE MENSCHEN VERSTANDEN NICHT, WAS JESUS ZU DIESER ZEIT MEINTE ...
GENAU GENOMMEN VERSTANDEN SELBST SEINE JÜNGER IHN NICHT RICHTIG!
DER TEMPEL, VON DEM JESUS GESPROCHEN HATTE, WAR SEIN KÖRPER ...
... ER SAGTE ALSO, DASS SEIN KÖRPER DURCH DEN TOD ZERSTÖRT, ABER NACH 3 TAGEN WIEDER ZUM LEBEN ERWECKT WÜRDE!
... SEINE JÜNGER ABER SOLLTEN DIESEN VERGLEICH ERST JAHRE SPÄTER VERSTEHEN!
MURMEL
MURMEL

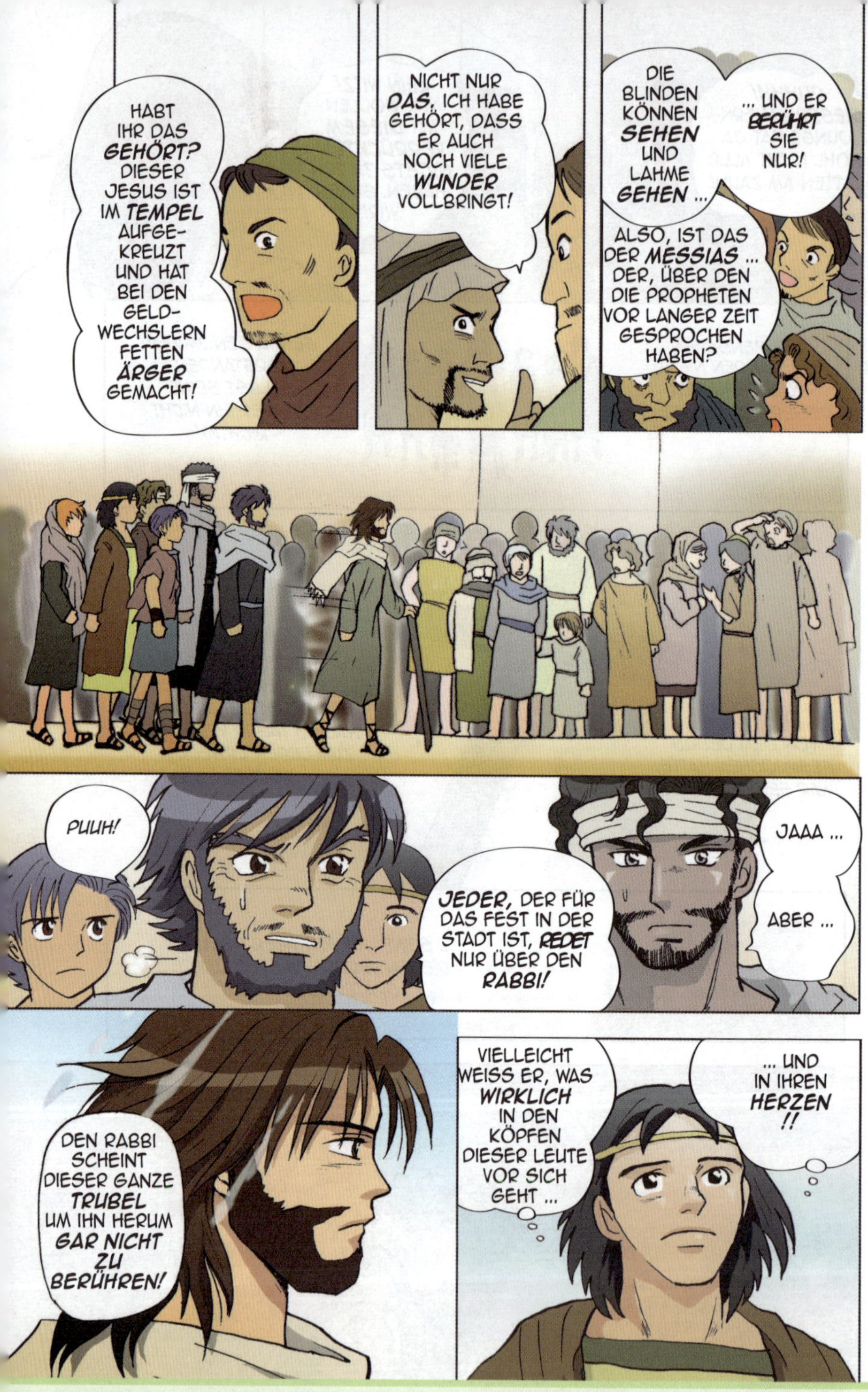
HABT IHR DAS GEHÖRT? DIESER JESUS IST IM TEMPEL AUFGEKREUZT UND HAT BEI DEN GELDWECHSLERN FETTEN ÄRGER GEMACHT!
NICHT NUR DAS, ICH HABE GEHÖRT, DASS ER AUCH NOCH VIELE WUNDER VOLLBRINGT!
DIE BLINDEN KÖNNEN SEHEN UND LAHME GEHEN …
… UND ER BERÜHRT SIE NUR!
ALSO, IST DAS DER MESSIAS … DER, ÜBER DEN DIE PROPHETEN VOR LANGER ZEIT GESPROCHEN HABEN?
PUUH!
JEDER, DER FÜR DAS FEST IN DER STADT IST, REDET NUR ÜBER DEN RABBI!
JAAA …
ABER …
DEN RABBI SCHEINT DIESER GANZE TRUBEL UM IHN HERUM GAR NICHT ZU BERÜHREN!
VIELLEICHT WEISS ER, WAS WIRKLICH IN DEN KÖPFEN DIESER LEUTE VOR SICH GEHT …
… UND IN IHREN HERZEN !!

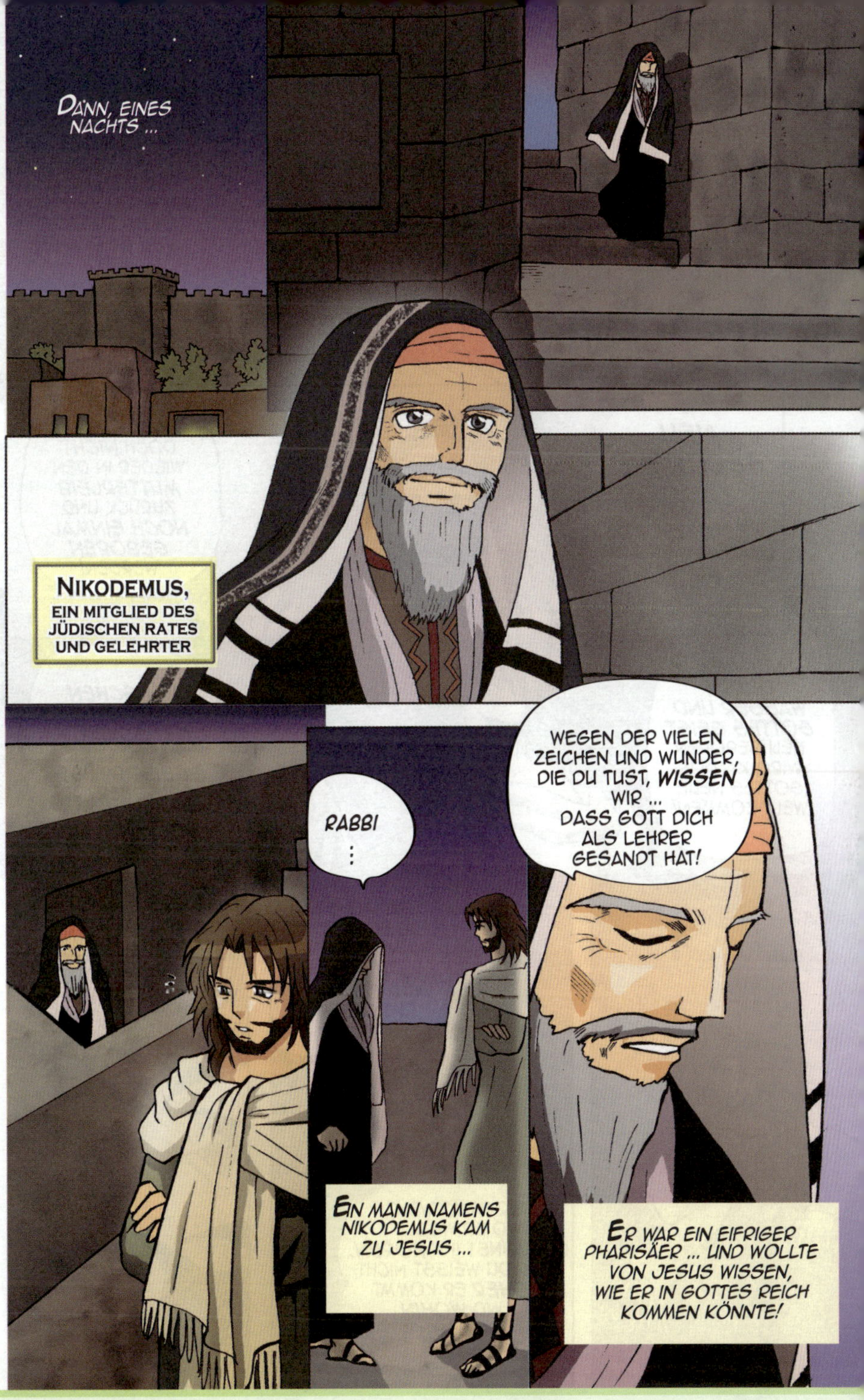
DANN, EINES NACHTS ...
NIKODEMUS, EIN MITGLIED DES JÜDISCHEN RATES UND GELEHRTER
RABBI ...
WEGEN DER VIELEN ZEICHEN UND WUNDER, DIE DU TUST, WISSEN WIR ... DASS GOTT DICH ALS LEHRER GESANDT HAT!
EIN MANN NAMENS NIKODEMUS KAM ZU JESUS ...
ER WAR EIN EIFRIGER PHARISÄER ... UND WOLLTE VON JESUS WISSEN, WIE ER IN GOTTES REICH KOMMEN KÖNNTE!

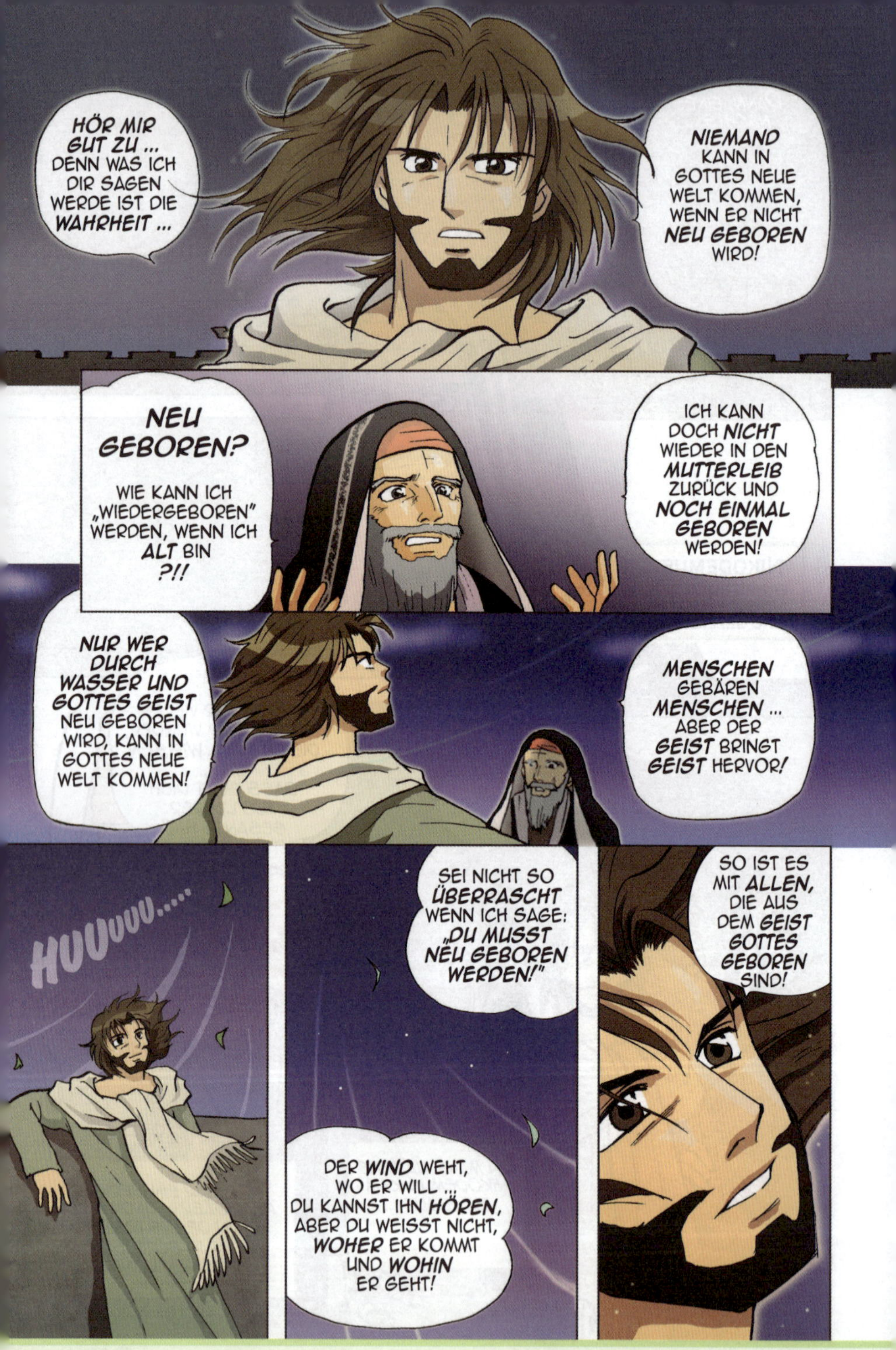
HÖR MIR GUT ZU ... DENN WAS ICH DIR SAGEN WERDE IST DIE WAHRHEIT ...
NIEMAND KANN IN GOTTES NEUE WELT KOMMEN, WENN ER NICHT NEU GEBOREN WIRD!
NEU GEBOREN?
WIE KANN ICH „WIEDERGEBOREN" WERDEN, WENN ICH ALT BIN ?!!
ICH KANN DOCH NICHT WIEDER IN DEN MUTTERLEIB ZURÜCK UND NOCH EINMAL GEBOREN WERDEN!
NUR WER DURCH WASSER UND GOTTES GEIST NEU GEBOREN WIRD, KANN IN GOTTES NEUE WELT KOMMEN!
MENSCHEN GEBÄREN MENSCHEN ... ABER DER GEIST BRINGT GEIST HERVOR!
HUUuuu....
SEI NICHT SO ÜBERRASCHT WENN ICH SAGE: „DU MUSST NEU GEBOREN WERDEN!"
DER WIND WEHT, WO ER WILL ... DU KANNST IHN HÖREN, ABER DU WEISST NICHT, WOHER ER KOMMT UND WOHIN ER GEHT!
SO IST ES MIT ALLEN, DIE AUS DEM GEIST GOTTES GEBOREN SIND!

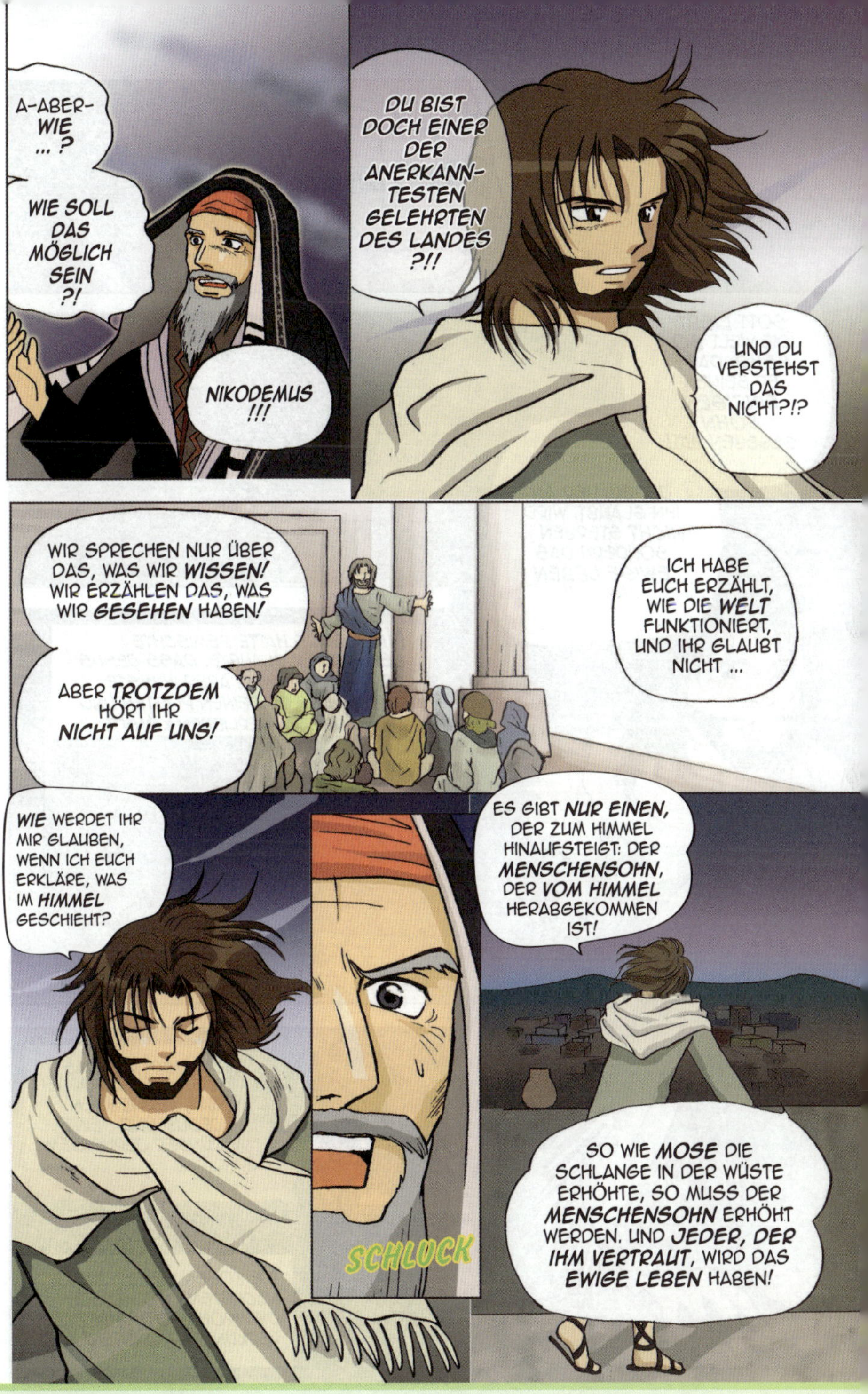
A-ABER-
WIE
... ?
WIE SOLL DAS MÖGLICH SEIN ?!
NIKODEMUS !!!
DU BIST DOCH EINER DER ANERKANNTESTEN GELEHRTEN DES LANDES ?!!
UND DU VERSTEHST DAS NICHT?!?
WIR SPRECHEN NUR ÜBER DAS, WAS WIR WISSEN! WIR ERZÄHLEN DAS, WAS WIR GESEHEN HABEN!
ABER TROTZDEM HÖRT IHR NICHT AUF UNS!
ICH HABE EUCH ERZÄHLT, WIE DIE WELT FUNKTIONIERT, UND IHR GLAUBT NICHT ...
WIE WERDET IHR MIR GLAUBEN, WENN ICH EUCH ERKLÄRE, WAS IM HIMMEL GESCHIEHT?
SCHLUCK
ES GIBT NUR EINEN, DER ZUM HIMMEL HINAUFSTEIGT: DER MENSCHENSOHN, DER VOM HIMMEL HERABGEKOMMEN IST!
SO WIE MOSE DIE SCHLANGE IN DER WÜSTE ERHÖHTE, SO MUSS DER MENSCHENSOHN ERHÖHT WERDEN. UND JEDER, DER IHM VERTRAUT, WIRD DAS EWIGE LEBEN HABEN!

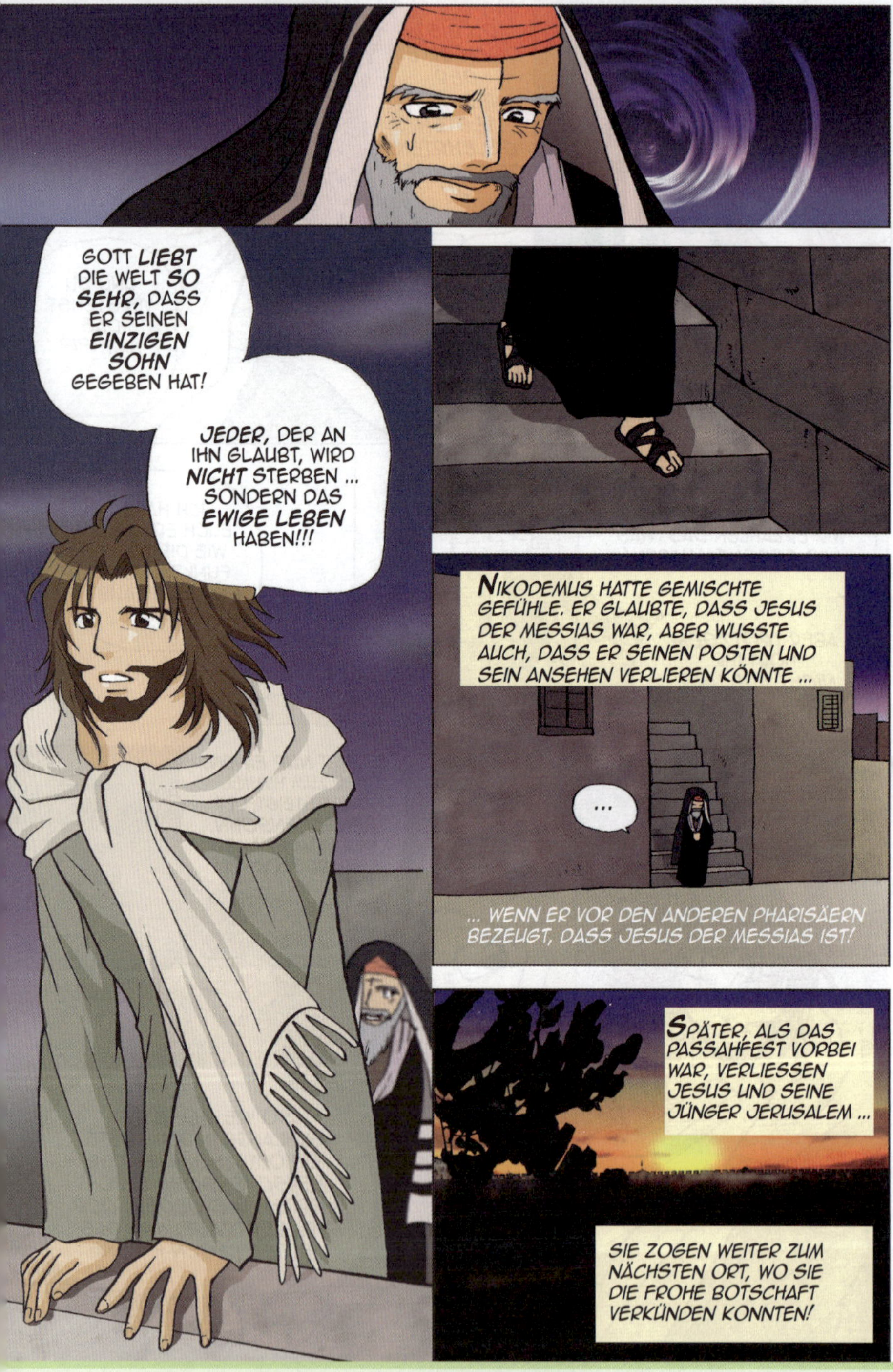
GOTT LIEBT DIE WELT SO SEHR, DASS ER SEINEN EINZIGEN SOHN GEGEBEN HAT!
JEDER, DER AN IHN GLAUBT, WIRD NICHT STERBEN ... SONDERN DAS EWIGE LEBEN HABEN!!!
NIKODEMUS HATTE GEMISCHTE GEFÜHLE. ER GLAUBTE, DASS JESUS DER MESSIAS WAR, ABER WUSSTE AUCH, DASS ER SEINEN POSTEN UND SEIN ANSEHEN VERLIEREN KÖNNTE ...
...
... WENN ER VOR DEN ANDEREN PHARISÄERN BEZEUGT, DASS JESUS DER MESSIAS IST!
SPÄTER, ALS DAS PASSAHFEST VORBEI WAR, VERLIESSEN JESUS UND SEINE JÜNGER JERUSALEM ...
SIE ZOGEN WEITER ZUM NÄCHSTEN ORT, WO SIE DIE FROHE BOTSCHAFT VERKÜNDEN KONNTEN!

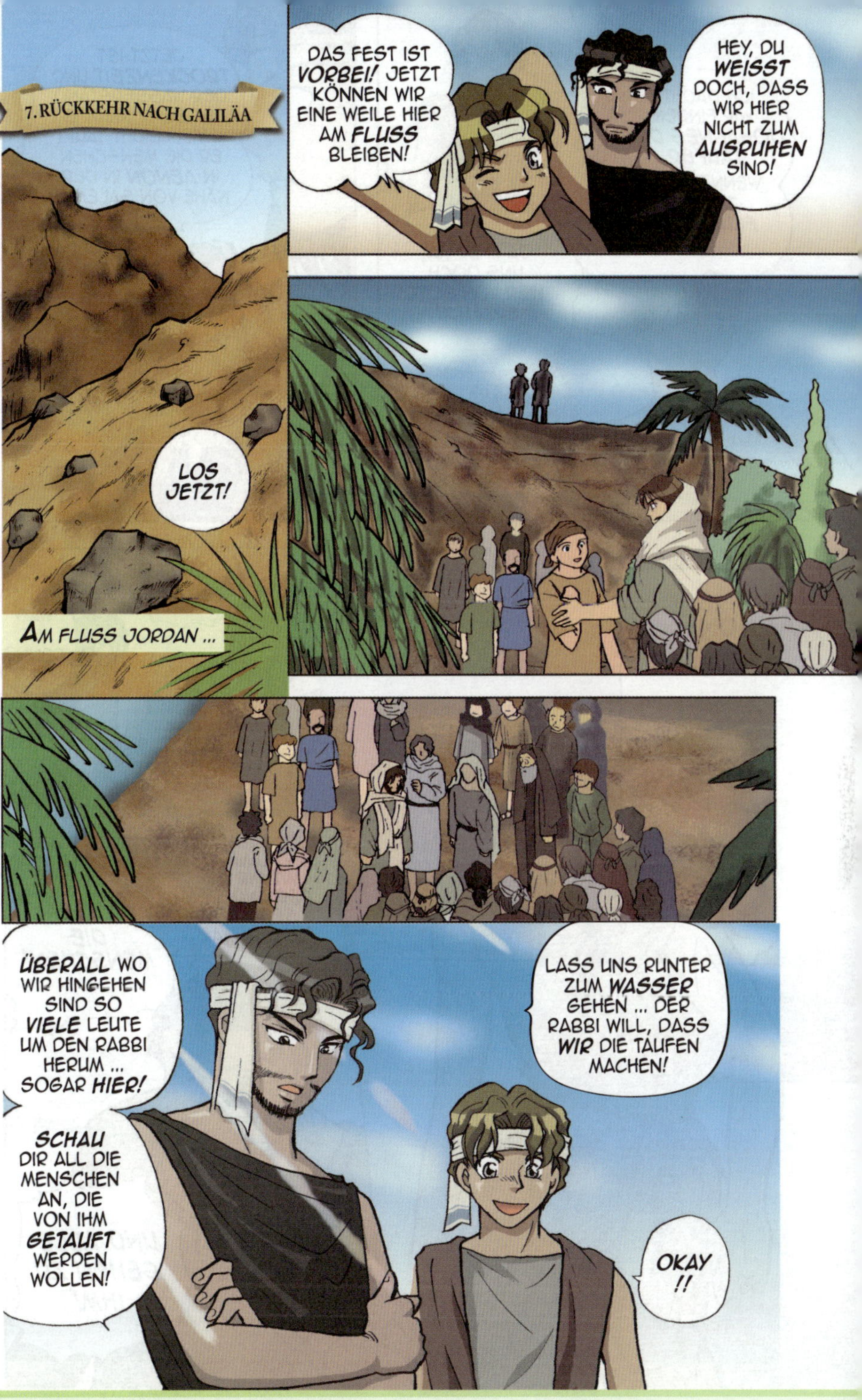
7. RÜCKKEHR NACH GALILÄA
DAS FEST IST VORBEI! JETZT KÖNNEN WIR EINE WEILE HIER AM FLUSS BLEIBEN!
HEY, DU WEISST DOCH, DASS WIR HIER NICHT ZUM AUSRUHEN SIND!
LOS JETZT!
AM FLUSS JORDAN ...
ÜBERALL WO WIR HINGEHEN SIND SO VIELE LEUTE UM DEN RABBI HERUM ... SOGAR HIER!
SCHAU DIR ALL DIE MENSCHEN AN, DIE VON IHM GETAUFT WERDEN WOLLEN!
LASS UNS RUNTER ZUM WASSER GEHEN ... DER RABBI WILL, DASS WIR DIE TAUFEN MACHEN!
OKAY !!

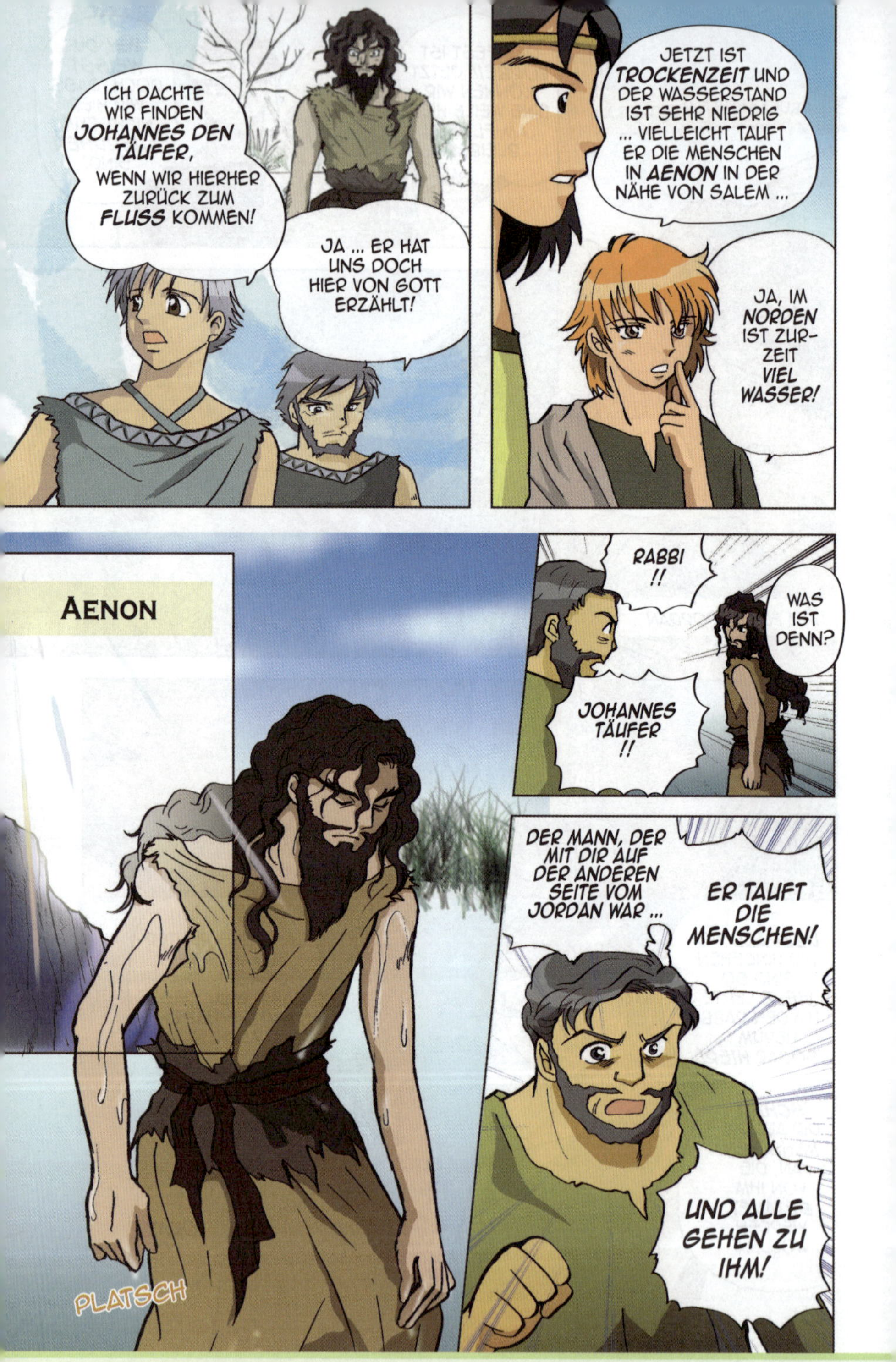
ICH DACHTE WIR FINDEN JOHANNES DEN TÄUFER, WENN WIR HIERHER ZURÜCK ZUM FLUSS KOMMEN!
JA ... ER HAT UNS DOCH HIER VON GOTT ERZÄHLT!
JETZT IST TROCKENZEIT UND DER WASSERSTAND IST SEHR NIEDRIG ... VIELLEICHT TAUFT ER DIE MENSCHEN IN AENON IN DER NÄHE VON SALEM ...
JA, IM NORDEN IST ZURZEIT VIEL WASSER!
AENON
PLATSCH
RABBI !!
WAS IST DENN?
JOHANNES TÄUFER !!
DER MANN, DER MIT DIR AUF DER ANDEREN SEITE VOM JORDAN WAR ...
ER TAUFT DIE MENSCHEN!
UND ALLE GEHEN ZU IHM!

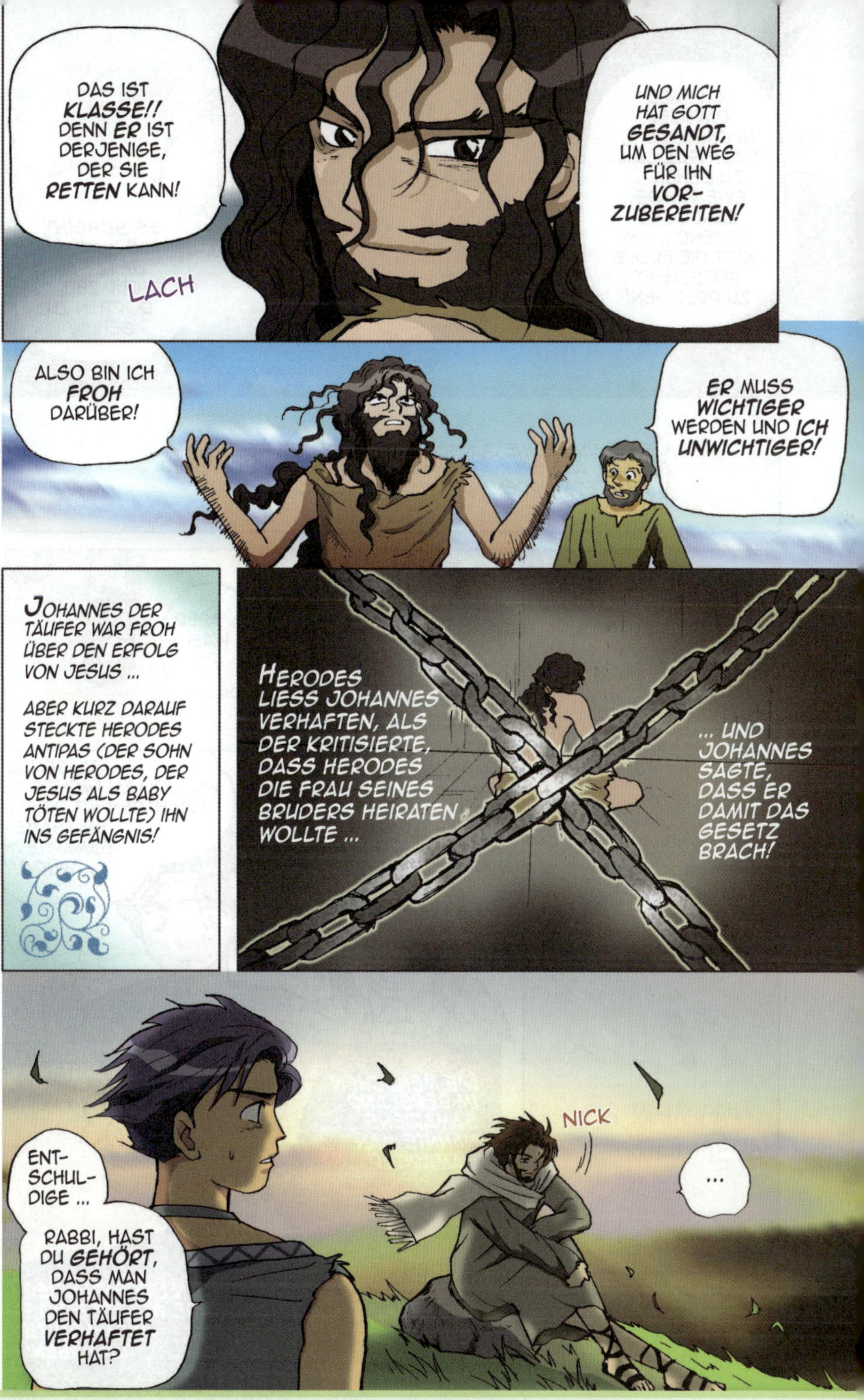
DAS IST KLASSE!! DENN ER IST DERJENIGE, DER SIE RETTEN KANN!
UND MICH HAT GOTT GESANDT, UM DEN WEG FÜR IHN VORZUBEREITEN!
LACH
ALSO BIN ICH FROH DARÜBER!
ER MUSS WICHTIGER WERDEN UND ICH UNWICHTIGER!
JOHANNES DER TÄUFER WAR FROH ÜBER DEN ERFOLG VON JESUS …
ABER KURZ DARAUF STECKTE HERODES ANTIPAS (DER SOHN VON HERODES, DER JESUS ALS BABY TÖTEN WOLLTE) IHN INS GEFÄNGNIS!
HERODES LIESS JOHANNES VERHAFTEN, ALS DER KRITISIERTE, DASS HERODES DIE FRAU SEINES BRUDERS HEIRATEN WOLLTE …
… UND JOHANNES SAGTE, DASS ER DAMIT DAS GESETZ BRACH!
ENT-SCHUL-DIGE …
RABBI, HAST DU GEHÖRT, DASS MAN JOHANNES DEN TÄUFER VERHAFTET HAT?
NICK
…

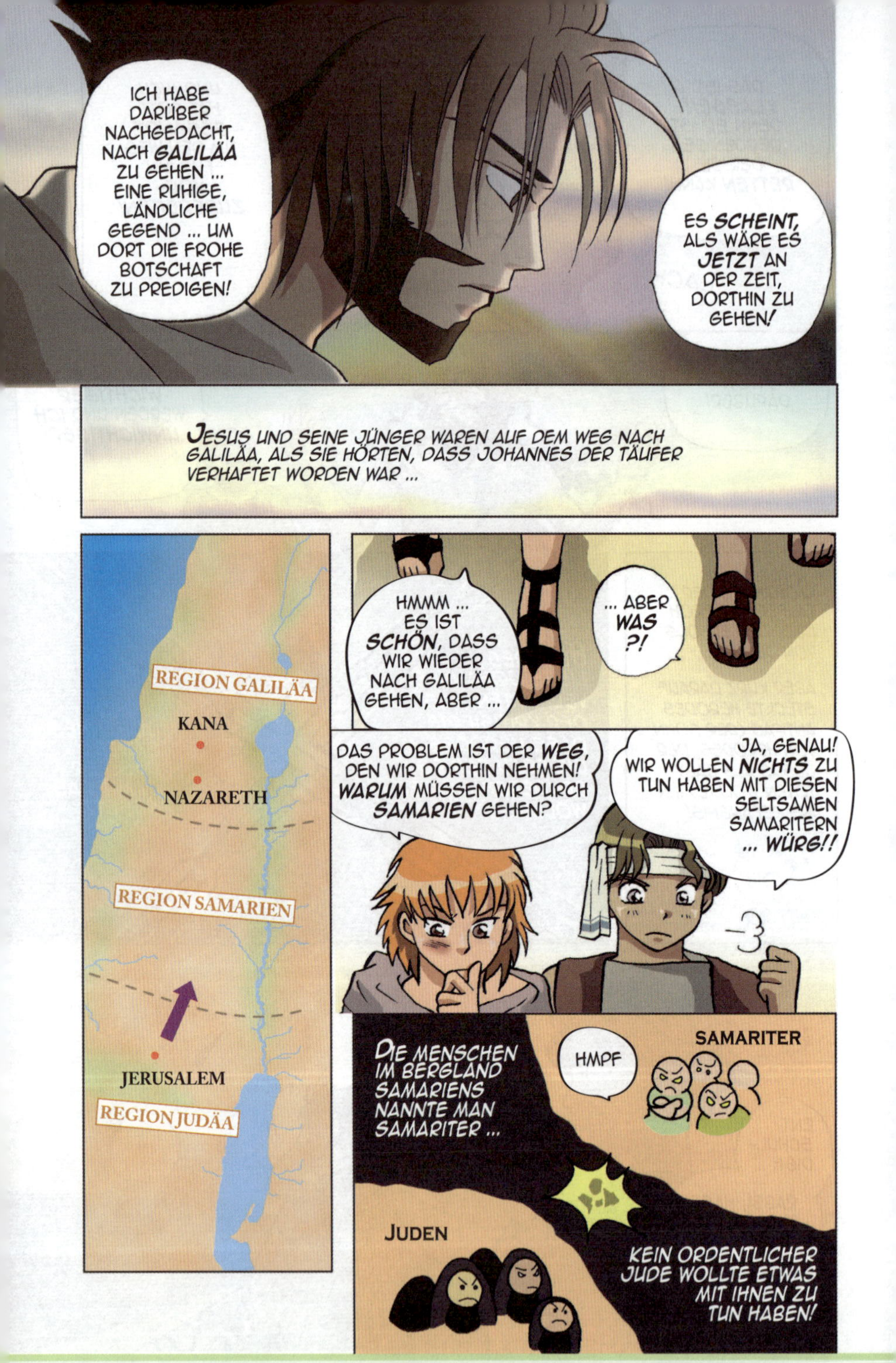

ICH HABE DARÜBER NACHGEDACHT, NACH GALILÄA ZU GEHEN ... EINE RUHIGE, LÄNDLICHE GEGEND ... UM DORT DIE FROHE BOTSCHAFT ZU PREDIGEN!
ES SCHEINT, ALS WÄRE ES JETZT AN DER ZEIT, DORTHIN ZU GEHEN!
JESUS UND SEINE JÜNGER WAREN AUF DEM WEG NACH GALILÄA, ALS SIE HÖRTEN, DASS JOHANNES DER TÄUFER VERHAFTET WORDEN WAR ...
REGION GALILÄA
KANA
NAZARETH
REGION SAMARIEN
JERUSALEM
REGION JUDÄA
HMMM ... ES IST SCHÖN, DASS WIR WIEDER NACH GALILÄA GEHEN, ABER ...
... ABER WAS ?!
DAS PROBLEM IST DER WEG, DEN WIR DORTHIN NEHMEN! WARUM MÜSSEN WIR DURCH SAMARIEN GEHEN?
JA, GENAU! WIR WOLLEN NICHTS ZU TUN HABEN MIT DIESEN SELTSAMEN SAMARITERN ... WÜRG!!
DIE MENSCHEN IM BERGLAND SAMARIENS NANNTE MAN SAMARITER ...
HMPF
SAMARITER
JUDEN
KEIN ORDENTLICHER JUDE WOLLTE ETWAS MIT IHNEN ZU TUN HABEN!

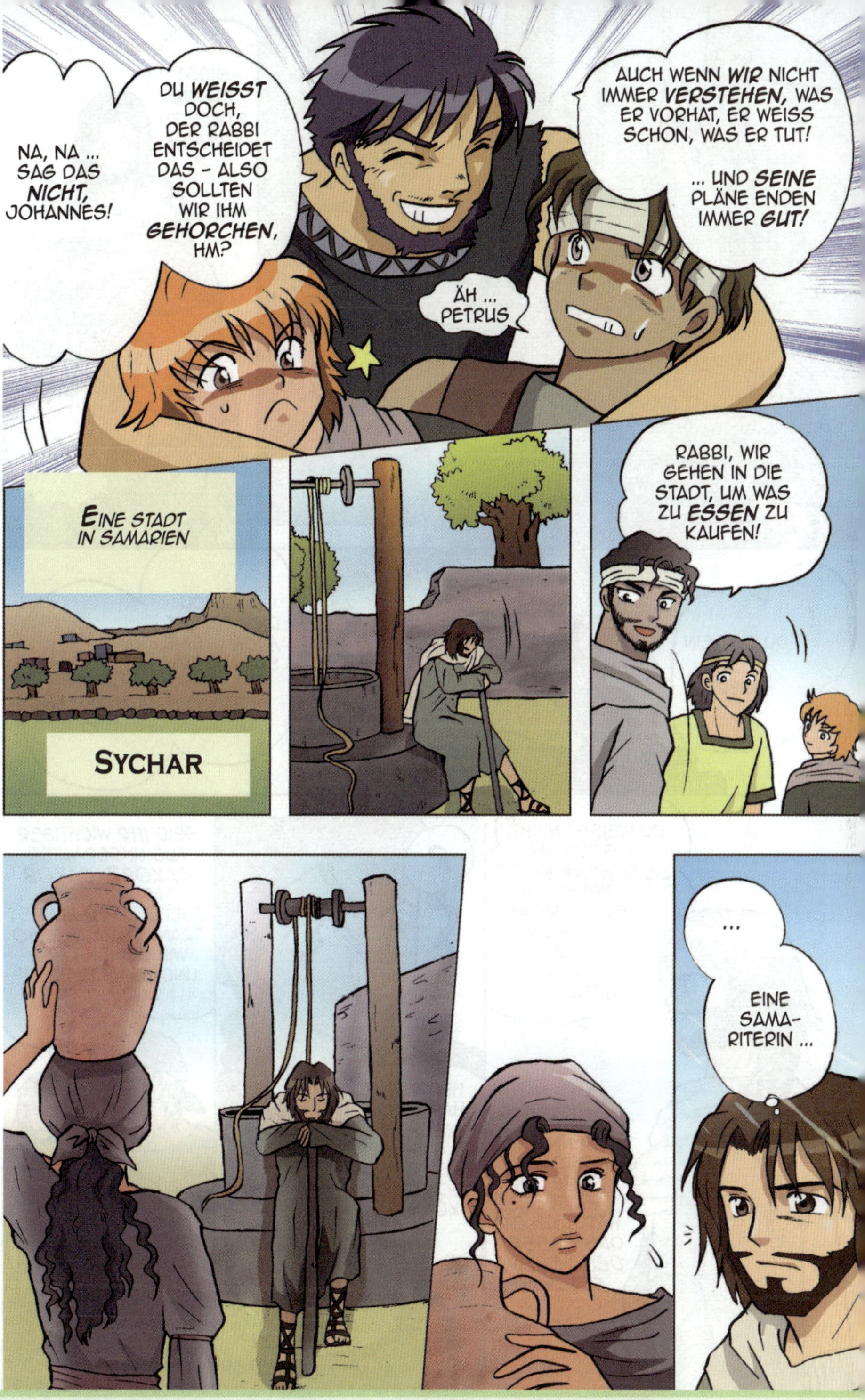
NA, NA ... SAG DAS NICHT, JOHANNES!
DU WEISST DOCH, DER RABBI ENTSCHEIDET DAS – ALSO SOLLTEN WIR IHM GEHORCHEN, HM?
AUCH WENN WIR NICHT IMMER VERSTEHEN, WAS ER VORHAT, ER WEISS SCHON, WAS ER TUT!
... UND SEINE PLÄNE ENDEN IMMER GUT!
ÄH ... PETRUS
EINE STADT IN SAMARIEN
SYCHAR
RABBI, WIR GEHEN IN DIE STADT, UM WAS ZU ESSEN ZU KAUFEN!
...
EINE SAMA-RITERIN ...

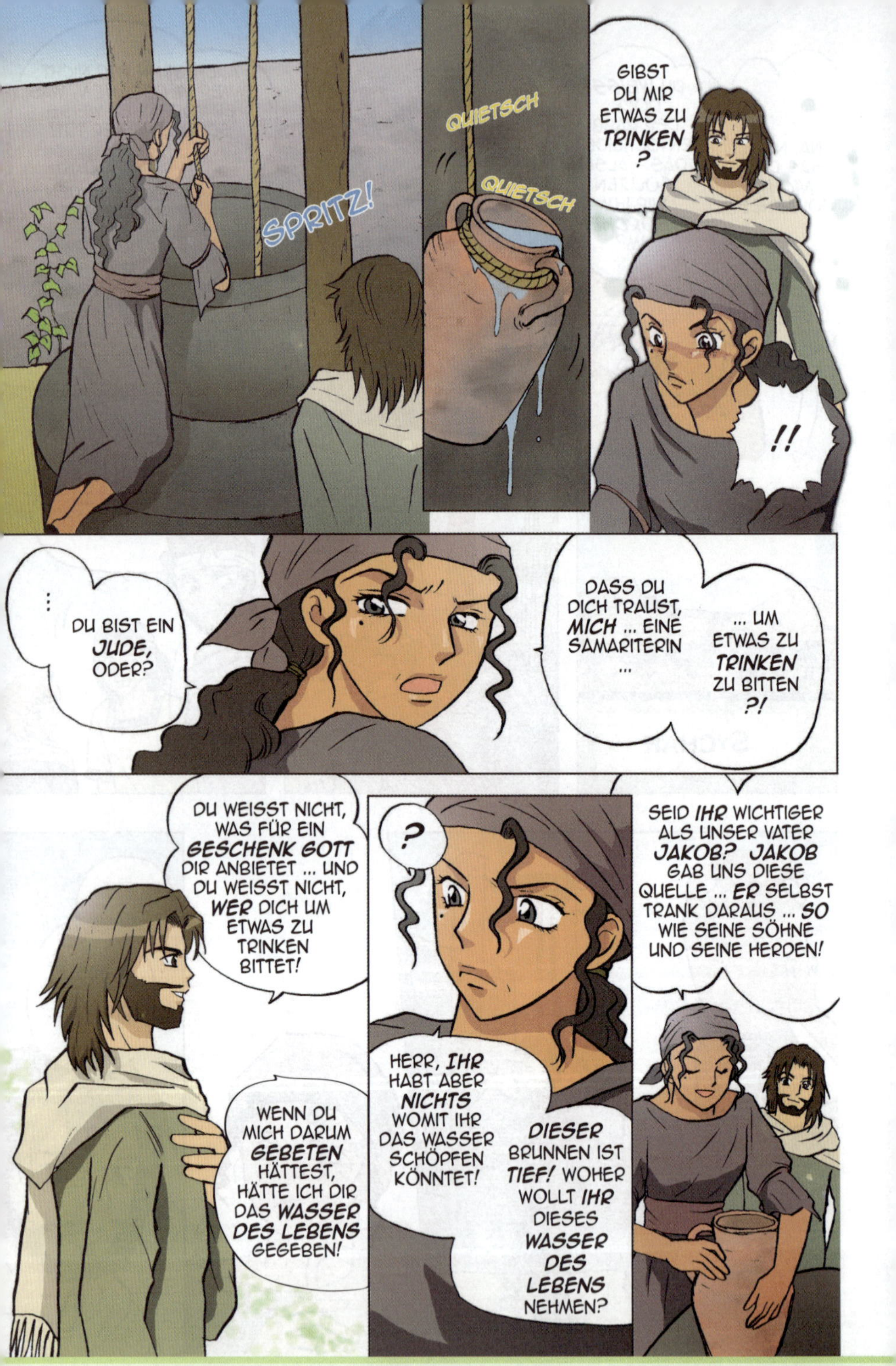
SPRITZ!
QUIETSCH
QUIETSCH
GIBST DU MIR ETWAS ZU TRINKEN ?
!!
:
DU BIST EIN JUDE, ODER?
DASS DU DICH TRAUST, MICH ... EINE SAMARITERIN ...
... UM ETWAS ZU TRINKEN ZU BITTEN ?!
DU WEISST NICHT, WAS FÜR EIN GESCHENK GOTT DIR ANBIETET ... UND DU WEISST NICHT, WER DICH UM ETWAS ZU TRINKEN BITTET!
WENN DU MICH DARUM GEBETEN HÄTTEST, HÄTTE ICH DIR DAS WASSER DES LEBENS GEGEBEN!
?
HERR, IHR HABT ABER NICHTS WOMIT IHR DAS WASSER SCHÖPFEN KÖNNTET!
DIESER BRUNNEN IST TIEF! WOHER WOLLT IHR DIESES WASSER DES LEBENS NEHMEN?
SEID IHR WICHTIGER ALS UNSER VATER JAKOB? JAKOB GAB UNS DIESE QUELLE ... ER SELBST TRANK DARAUS ... SO WIE SEINE SÖHNE UND SEINE HERDEN!

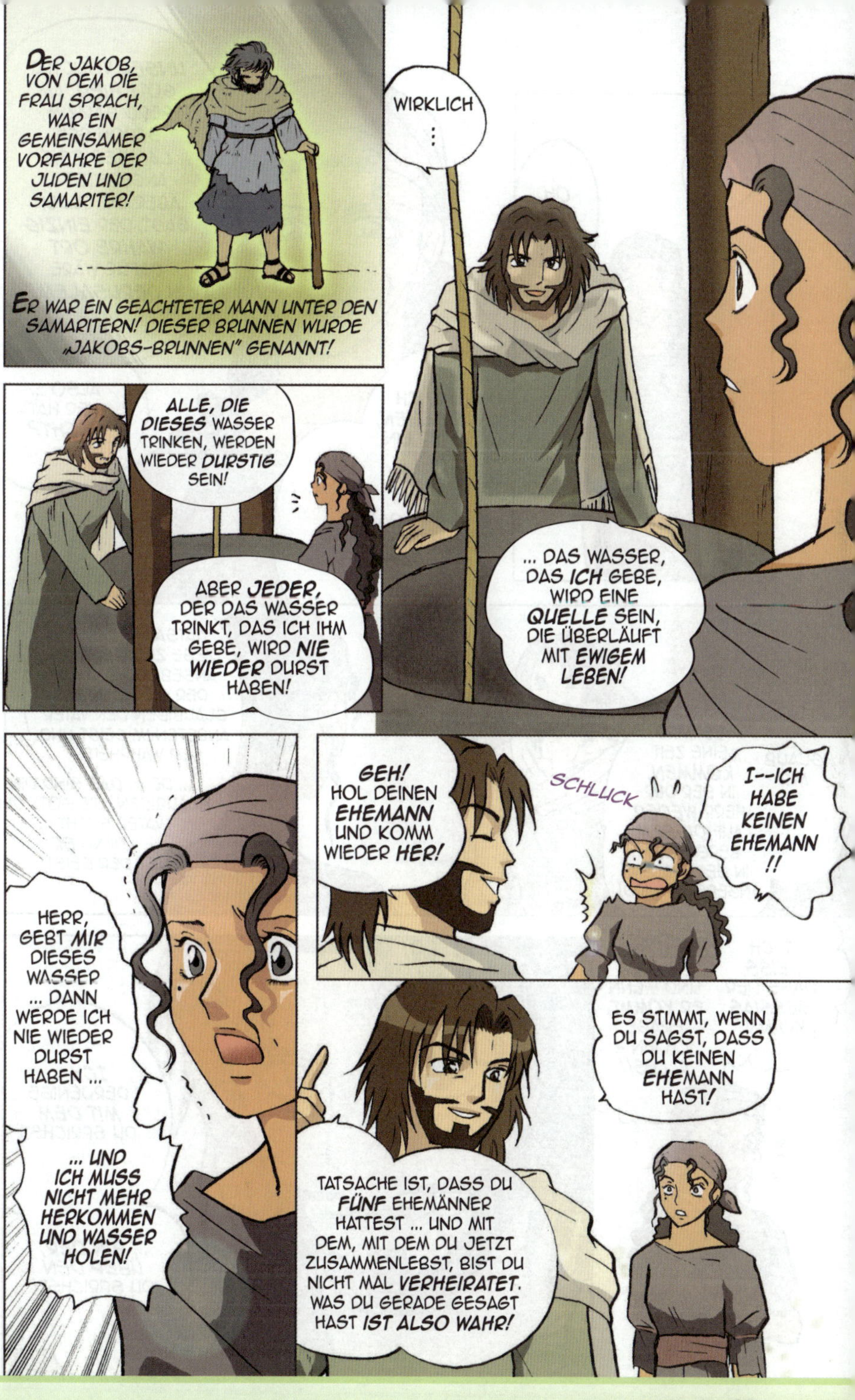
DER JAKOB, VON DEM DIE FRAU SPRACH, WAR EIN GEMEINSAMER VORFAHRE DER JUDEN UND SAMARITER!
ER WAR EIN GEACHTETER MANN UNTER DEN SAMARITERN! DIESER BRUNNEN WURDE „JAKOBS-BRUNNEN" GENANNT!
WIRKLICH ...
ALLE, DIE DIESES WASSER TRINKEN, WERDEN WIEDER DURSTIG SEIN!
ABER JEDER, DER DAS WASSER TRINKT, DAS ICH IHM GEBE, WIRD NIE WIEDER DURST HABEN!
... DAS WASSER, DAS ICH GEBE, WIRD EINE QUELLE SEIN, DIE ÜBERLÄUFT MIT EWIGEM LEBEN!
HERR, GEBT MIR DIESES WASSER ... DANN WERDE ICH NIE WIEDER DURST HABEN ...
... UND ICH MUSS NICHT MEHR HERKOMMEN UND WASSER HOLEN!
GEH! HOL DEINEN EHEMANN UND KOMM WIEDER HER!
SCHLUCK
I--ICH HABE KEINEN EHEMANN !!
ES STIMMT, WENN DU SAGST, DASS DU KEINEN EHEMANN HAST!
TATSACHE IST, DASS DU FÜNF EHEMÄNNER HATTEST ... UND MIT DEM, MIT DEM DU JETZT ZUSAMMENLEBST, BIST DU NICHT MAL VERHEIRATET. WAS DU GERADE GESAGT HAST IST ALSO WAHR!

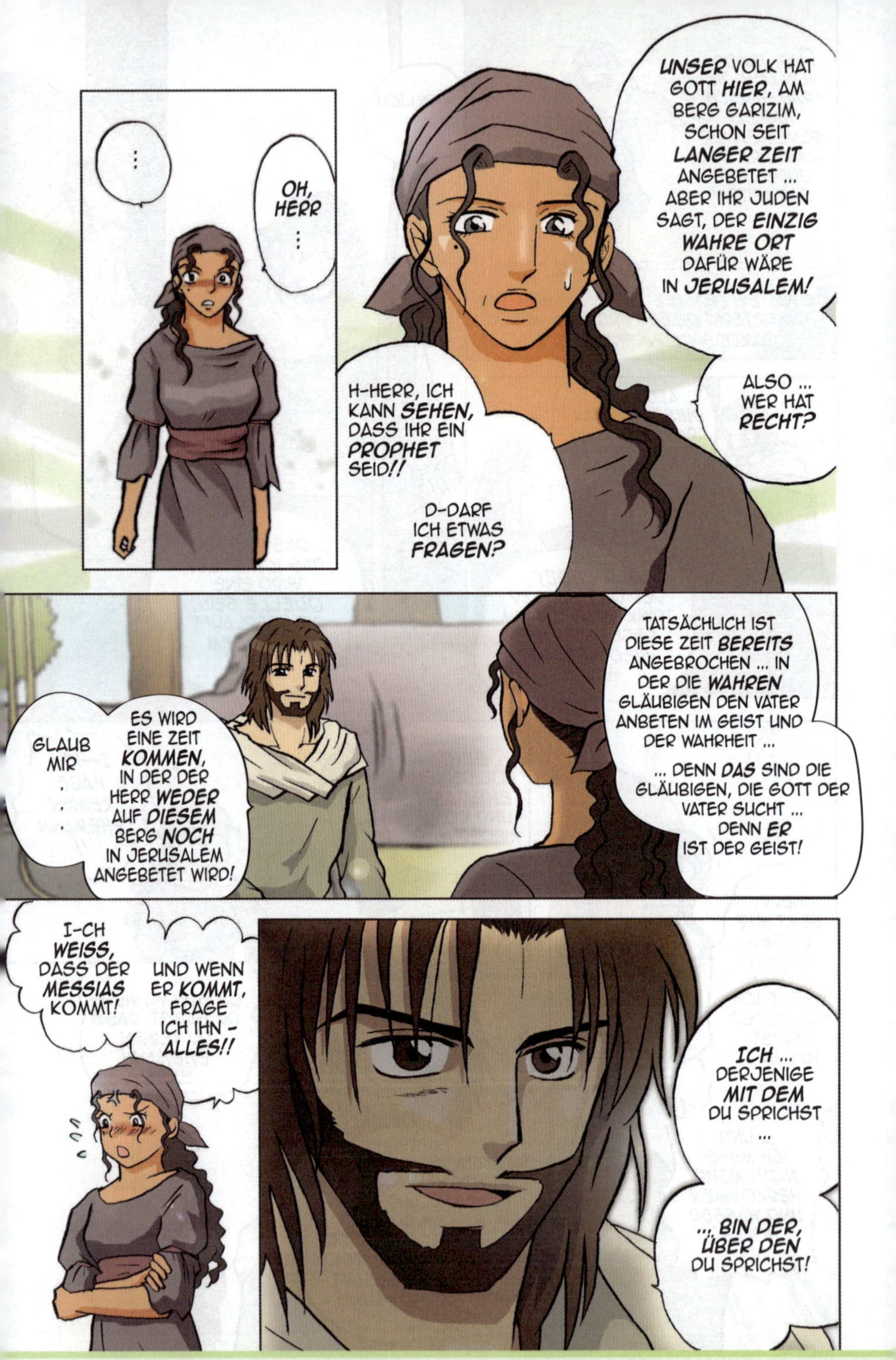
UNSER VOLK HAT GOTT HIER, AM BERG GARIZIM, SCHON SEIT LANGER ZEIT ANGEBETET ... ABER IHR JUDEN SAGT, DER EINZIG WAHRE ORT DAFÜR WÄRE IN JERUSALEM!
ALSO ... WER HAT RECHT?
H-HERR, ICH KANN SEHEN, DASS IHR EIN PROPHET SEID!!
D-DARF ICH ETWAS FRAGEN?
OH, HERR ...
...
TATSÄCHLICH IST DIESE ZEIT BEREITS ANGEBROCHEN ... IN DER DIE WAHREN GLÄUBIGEN DEN VATER ANBETEN IM GEIST UND DER WAHRHEIT ...
... DENN DAS SIND DIE GLÄUBIGEN, DIE GOTT DER VATER SUCHT ... DENN ER IST DER GEIST!
ES WIRD EINE ZEIT KOMMEN, IN DER DER HERR WEDER AUF DIESEM BERG NOCH IN JERUSALEM ANGEBETET WIRD!
GLAUB MIR ...
ICH ... DERJENIGE MIT DEM DU SPRICHST ...
..., BIN DER, ÜBER DEN DU SPRICHST!
UND WENN ER KOMMT, FRAGE ICH IHN - ALLES!!
I-CH WEISS, DASS DER MESSIAS KOMMT!

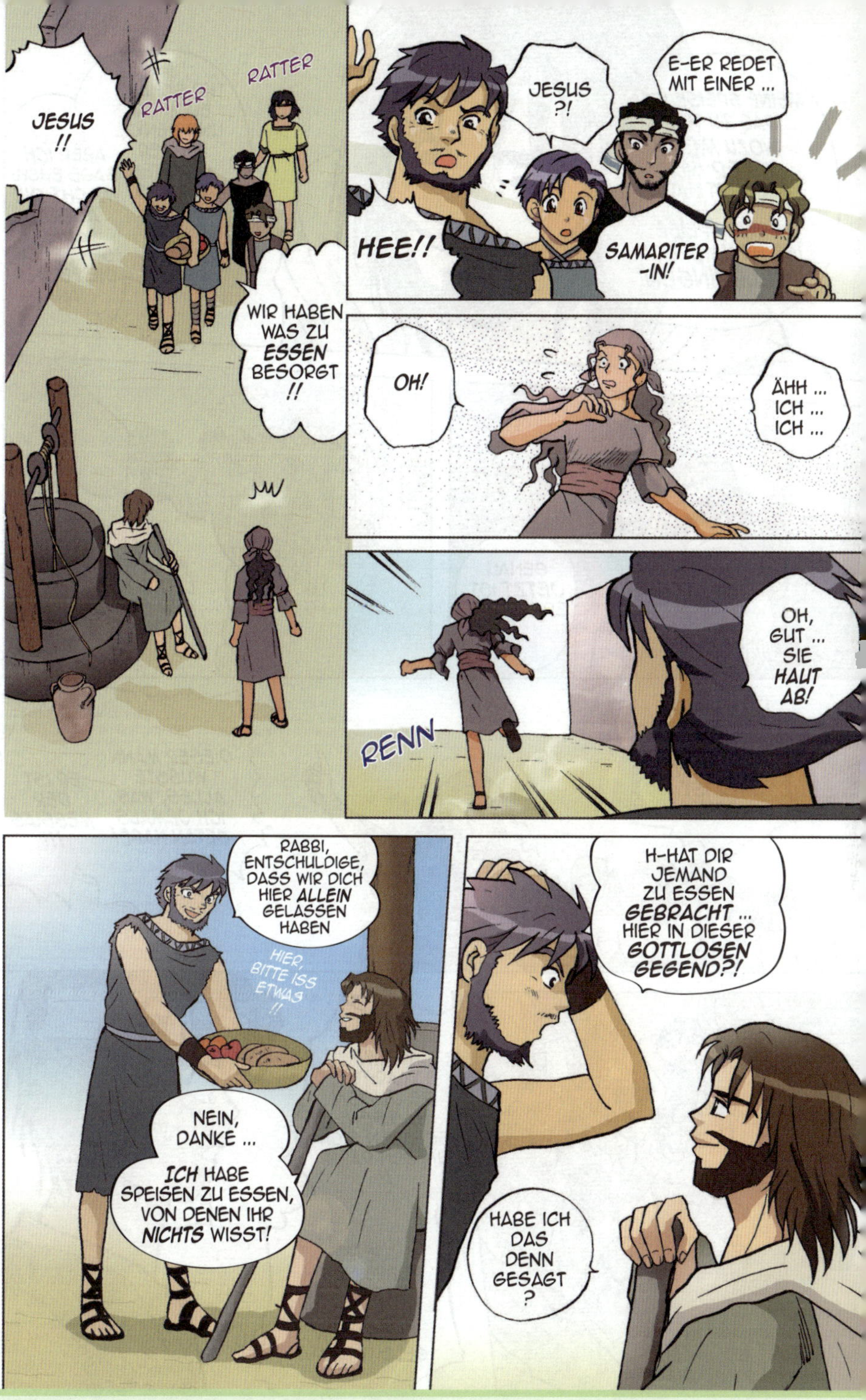
RATTER
RATTER
JESUS !!
WIR HABEN WAS ZU ESSEN BESORGT !!
JESUS ?!
E-ER REDET MIT EINER ...
HEE!!
SAMARITER -IN!
OH!
ÄHH ... ICH ... ICH ...
RENN
OH, GUT ... SIE HAUT AB!
RABBI, ENTSCHULDIGE, DASS WIR DICH HIER ALLEIN GELASSEN HABEN
HIER, BITTE ISS ETWAS !!
NEIN, DANKE ...
ICH HABE SPEISEN ZU ESSEN, VON DENEN IHR NICHTS WISST!
H-HAT DIR JEMAND ZU ESSEN GEBRACHT ... HIER IN DIESER GOTTLOSEN GEGEND?!
HABE ICH DAS DENN GESAGT ?

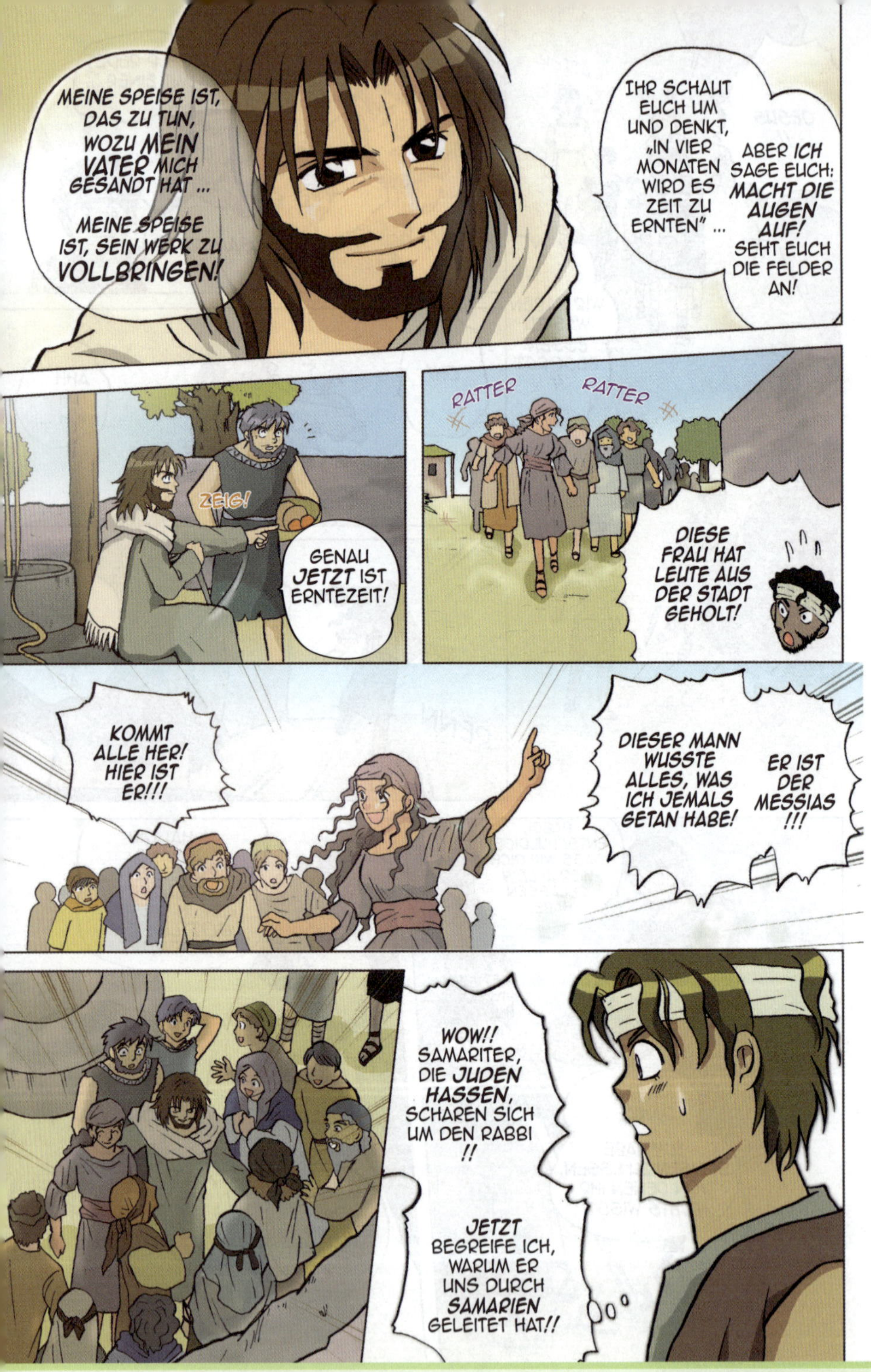
MEINE SPEISE IST, DAS ZU TUN, WOZU MEIN VATER MICH GESANDT HAT ...
MEINE SPEISE IST, SEIN WERK ZU VOLLBRINGEN!
IHR SCHAUT EUCH UM UND DENKT, „IN VIER MONATEN WIRD ES ZEIT ZU ERNTEN" ...
ABER ICH SAGE EUCH: MACHT DIE AUGEN AUF! SEHT EUCH DIE FELDER AN!
ZEIG!
GENAU JETZT IST ERNTEZEIT!
RATTER
RATTER
DIESE FRAU HAT LEUTE AUS DER STADT GEHOLT!
KOMMT ALLE HER! HIER IST ER!!!
DIESER MANN WUSSTE ALLES, WAS ICH JEMALS GETAN HABE!
ER IST DER MESSIAS !!!
WOW!! SAMARITER, DIE JUDEN HASSEN, SCHAREN SICH UM DEN RABBI !!
JETZT BEGREIFE ICH, WARUM ER UNS DURCH SAMARIEN GELEITET HAT!!

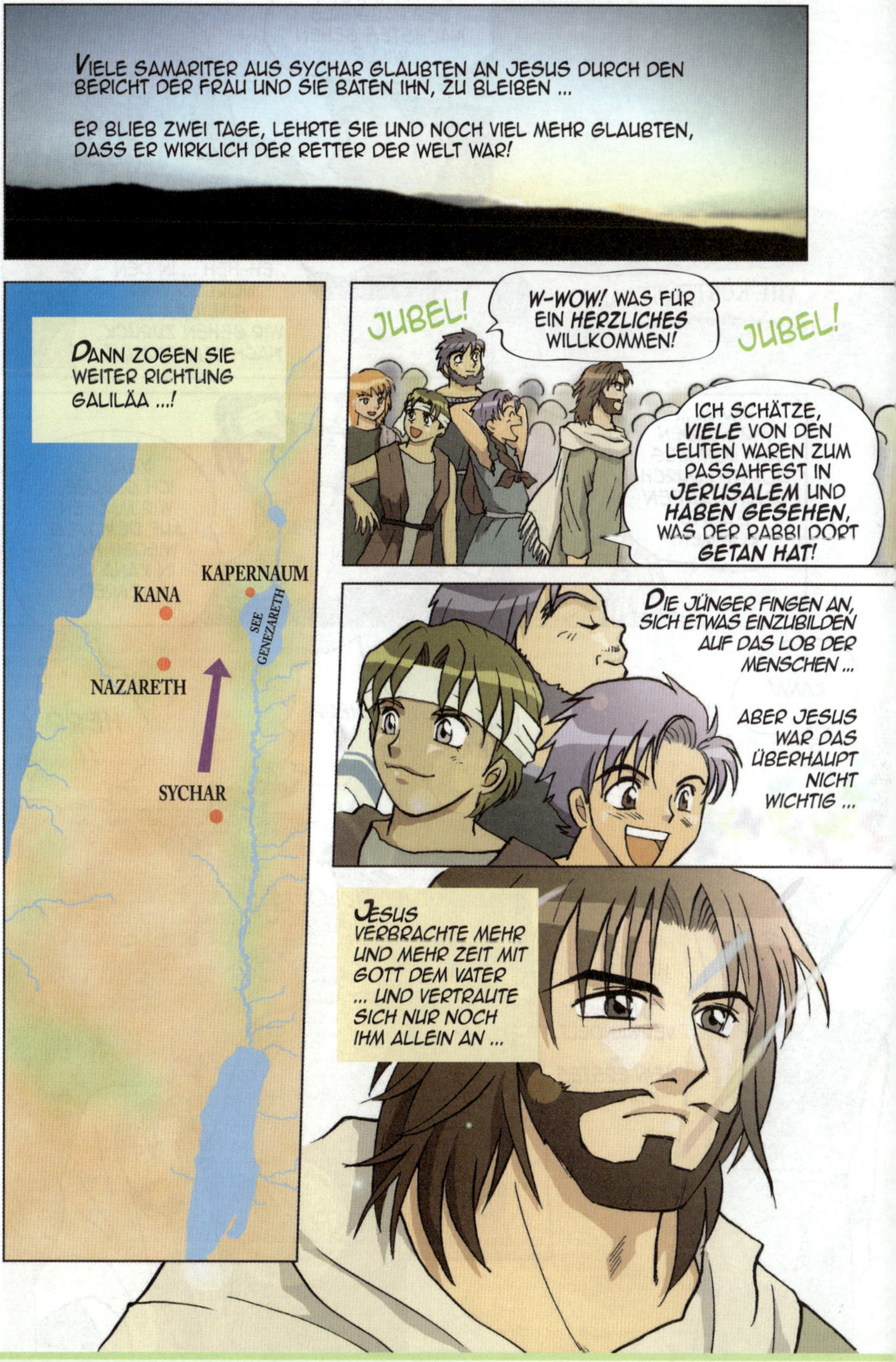
VIELE SAMARITER AUS SYCHAR GLAUBTEN AN JESUS DURCH DEN BERICHT DER FRAU UND SIE BATEN IHN, ZU BLEIBEN ...
ER BLIEB ZWEI TAGE, LEHRTE SIE UND NOCH VIEL MEHR GLAUBTEN, DASS ER WIRKLICH DER RETTER DER WELT WAR!
DANN ZOGEN SIE WEITER RICHTUNG GALILÄA ...!
KAPERNAUM
KANA
SEE GENEZARETH
NAZARETH
SYCHAR
JUBEL!
W-WOW! WAS FÜR EIN HERZLICHES WILLKOMMEN!
JUBEL!
ICH SCHÄTZE, VIELE VON DEN LEUTEN WAREN ZUM PASSAHFEST IN JERUSALEM UND HABEN GESEHEN, WAS DER RABBI DORT GETAN HAT!
DIE JÜNGER FINGEN AN, SICH ETWAS EINZUBILDEN AUF DAS LOB DER MENSCHEN ...
ABER JESUS WAR DAS ÜBERHAUPT NICHT WICHTIG ...
JESUS VERBRACHTE MEHR UND MEHR ZEIT MIT GOTT DEM VATER ... UND VERTRAUTE SICH NUR NOCH IHM ALLEIN AN ...

8. DIE KÜSTENSTRASSE

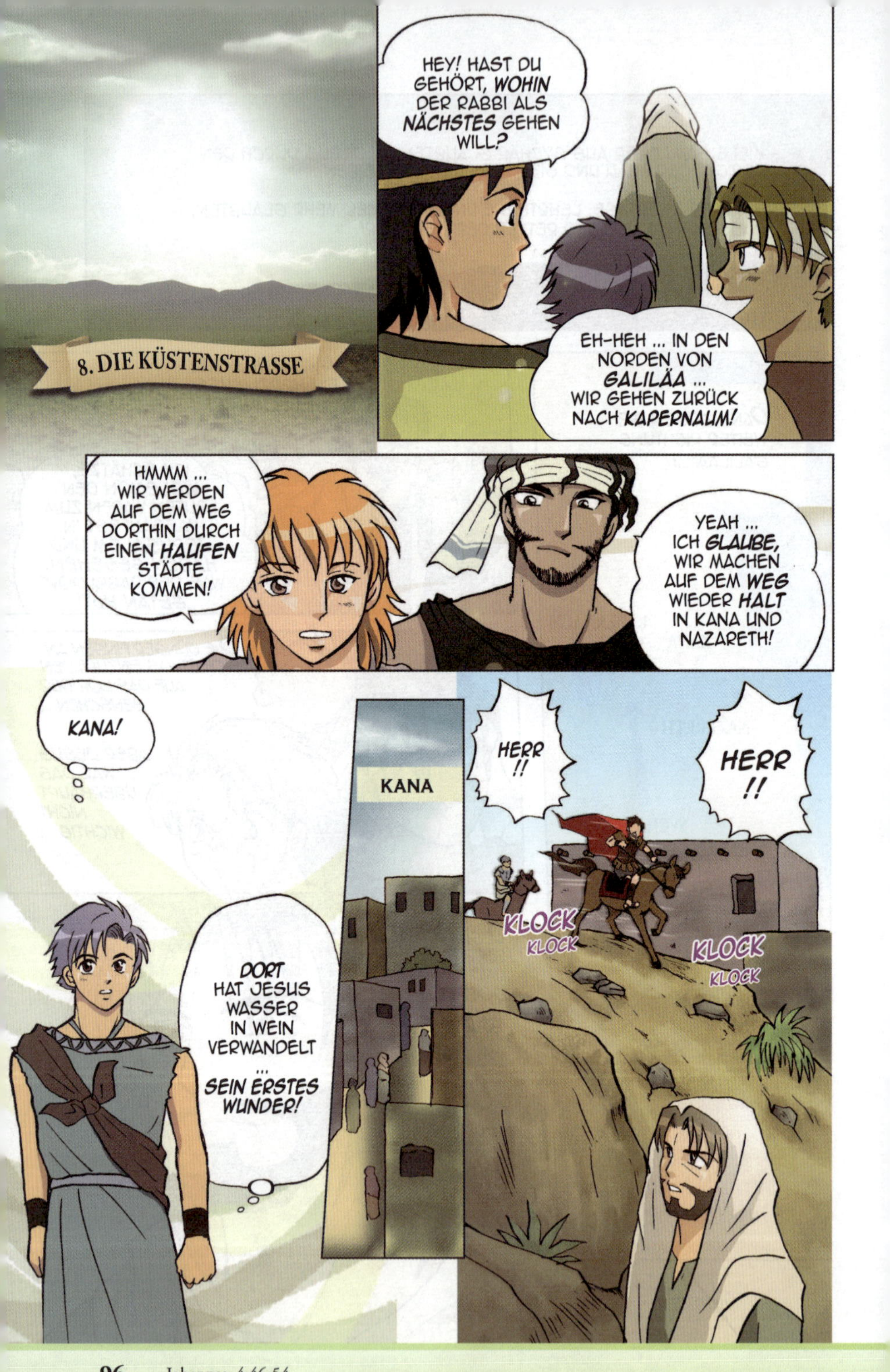

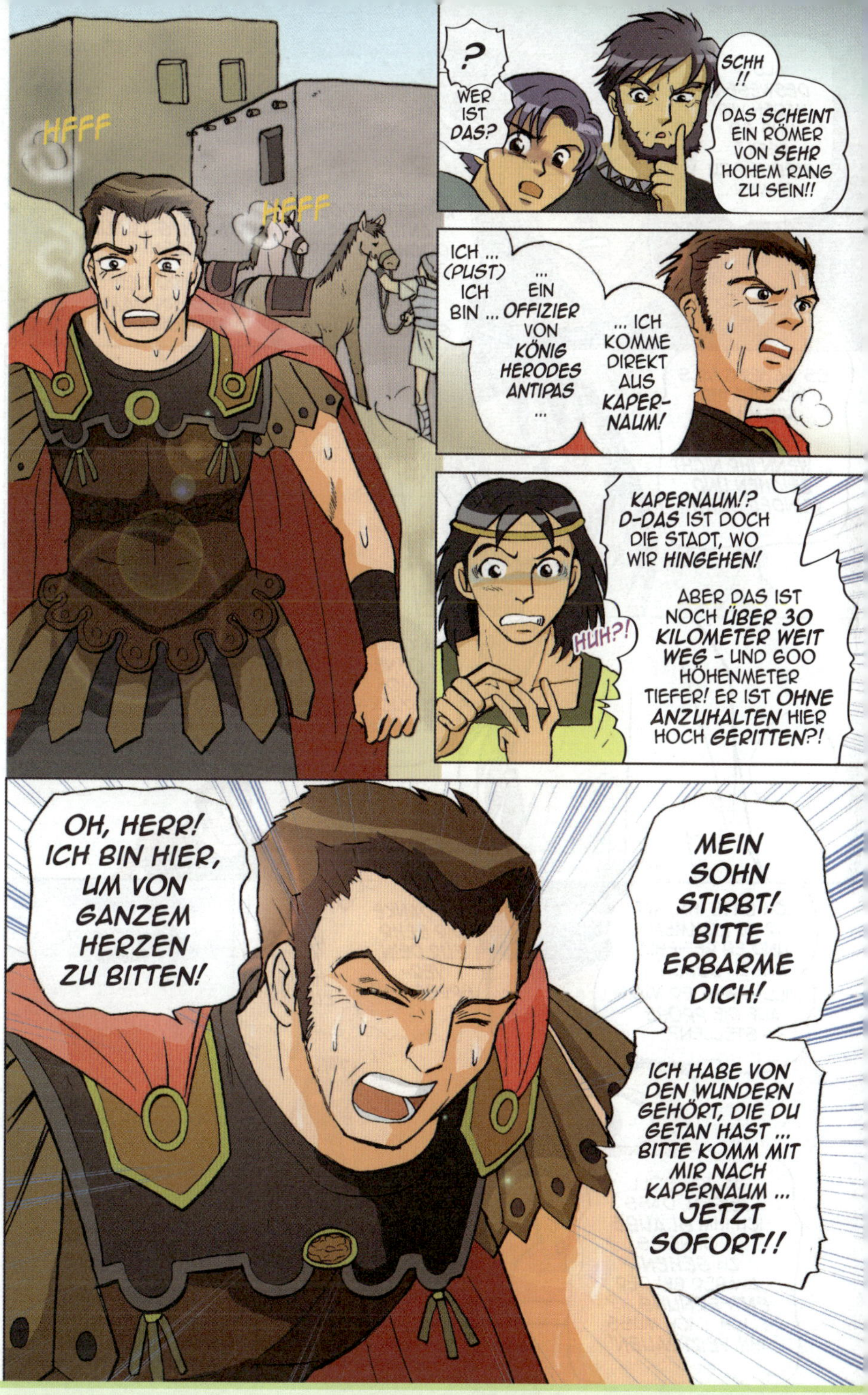
HFFF
HFFF
?
WER IST DAS?
SCHH !!
DAS SCHEINT EIN RÖMER VON SEHR HOHEM RANG ZU SEIN!!
ICH ... (PUST) ICH BIN ...
... EIN OFFIZIER VON KÖNIG HERODES ANTIPAS ...
... ICH KOMME DIREKT AUS KAPERNAUM!
KAPERNAUM!? D-DAS IST DOCH DIE STADT, WO WIR HINGEHEN!
HUH?!
ABER DAS IST NOCH ÜBER 30 KILOMETER WEIT WEG - UND 600 HÖHENMETER TIEFER! ER IST OHNE ANZUHALTEN HIER HOCH GERITTEN?!
OH, HERR! ICH BIN HIER, UM VON GANZEM HERZEN ZU BITTEN!
MEIN SOHN STIRBT! BITTE ERBARME DICH!
ICH HABE VON DEN WUNDERN GEHÖRT, DIE DU GETAN HAST ... BITTE KOMM MIT MIR NACH KAPERNAUM ... JETZT SOFORT!!

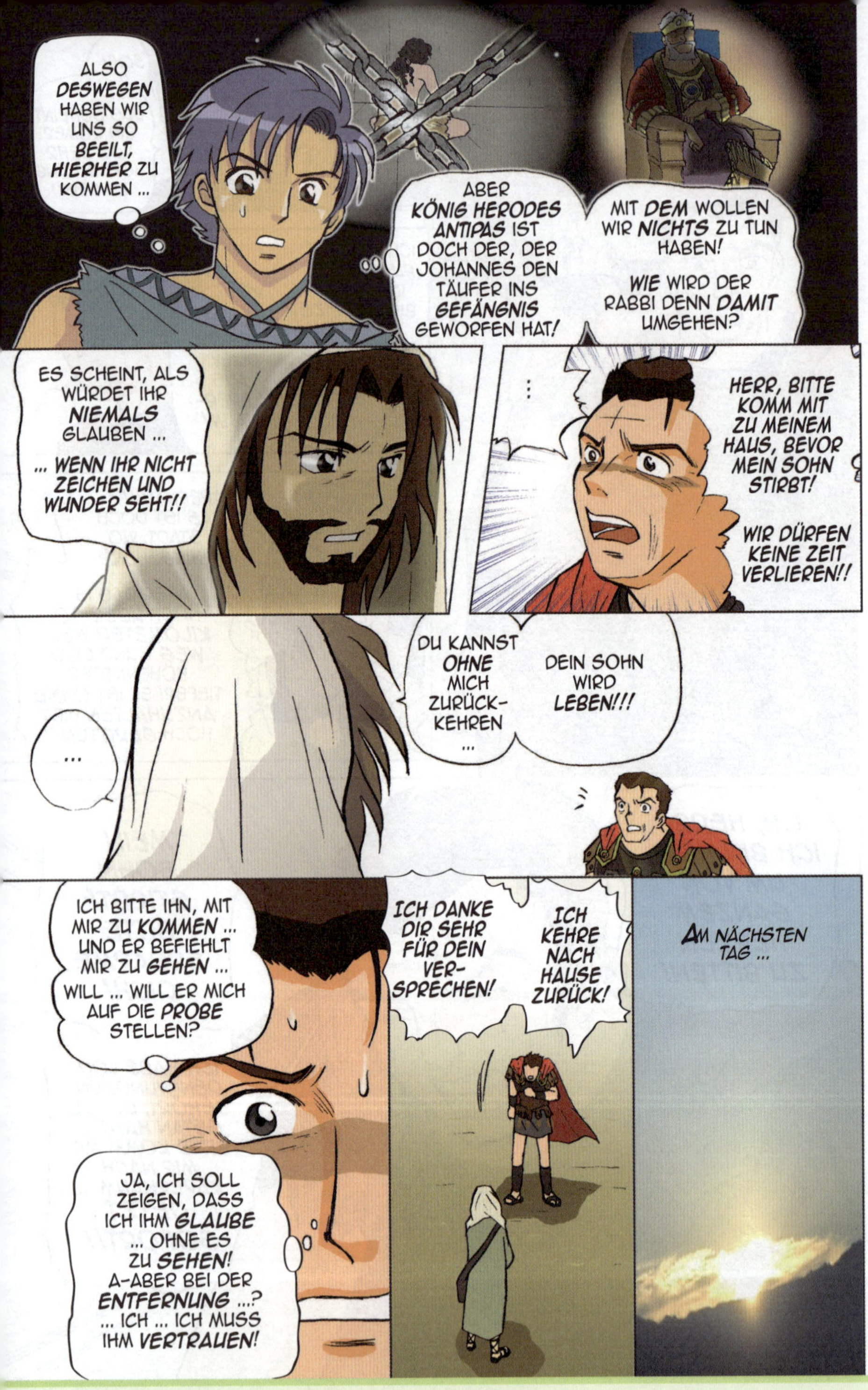
ALSO DESWEGEN HABEN WIR UNS SO BEEILT, HIERHER ZU KOMMEN ...
ABER KÖNIG HERODES ANTIPAS IST DOCH DER, DER JOHANNES DEN TÄUFER INS GEFÄNGNIS GEWORFEN HAT!
MIT DEM WOLLEN WIR NICHTS ZU TUN HABEN!
WIE WIRD DER RABBI DENN DAMIT UMGEHEN?
ES SCHEINT, ALS WÜRDET IHR NIEMALS GLAUBEN ...
... WENN IHR NICHT ZEICHEN UND WUNDER SEHT!!
...
HERR, BITTE KOMM MIT ZU MEINEM HAUS, BEVOR MEIN SOHN STIRBT!
WIR DÜRFEN KEINE ZEIT VERLIEREN!!
DU KANNST OHNE MICH ZURÜCKKEHREN ...
DEIN SOHN WIRD LEBEN!!!
...
ICH BITTE IHN, MIT MIR ZU KOMMEN ... UND ER BEFIEHLT MIR ZU GEHEN ...
WILL ... WILL ER MICH AUF DIE PROBE STELLEN?
JA, ICH SOLL ZEIGEN, DASS ICH IHM GLAUBE ... OHNE ES ZU SEHEN!
A-ABER BEI DER ENTFERNUNG ...? ... ICH ... ICH MUSS IHM VERTRAUEN!
ICH DANKE DIR SEHR FÜR DEIN VERSPRECHEN!
ICH KEHRE NACH HAUSE ZURÜCK!
AM NÄCHSTEN TAG ...

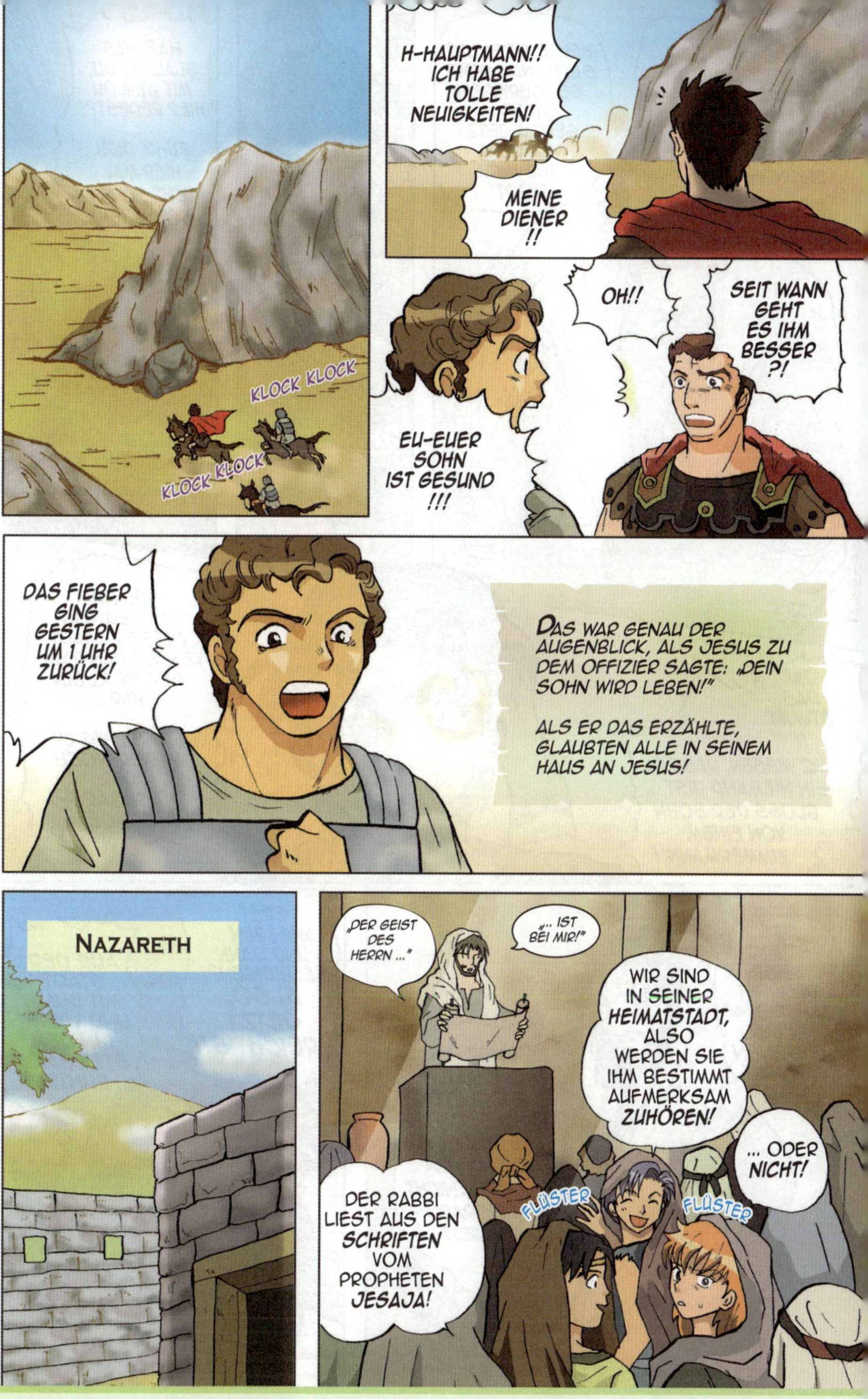

Matthäus 13:53-58 Markus 6:1-6 Lukas 4:16-30 Johannes 4:46-54

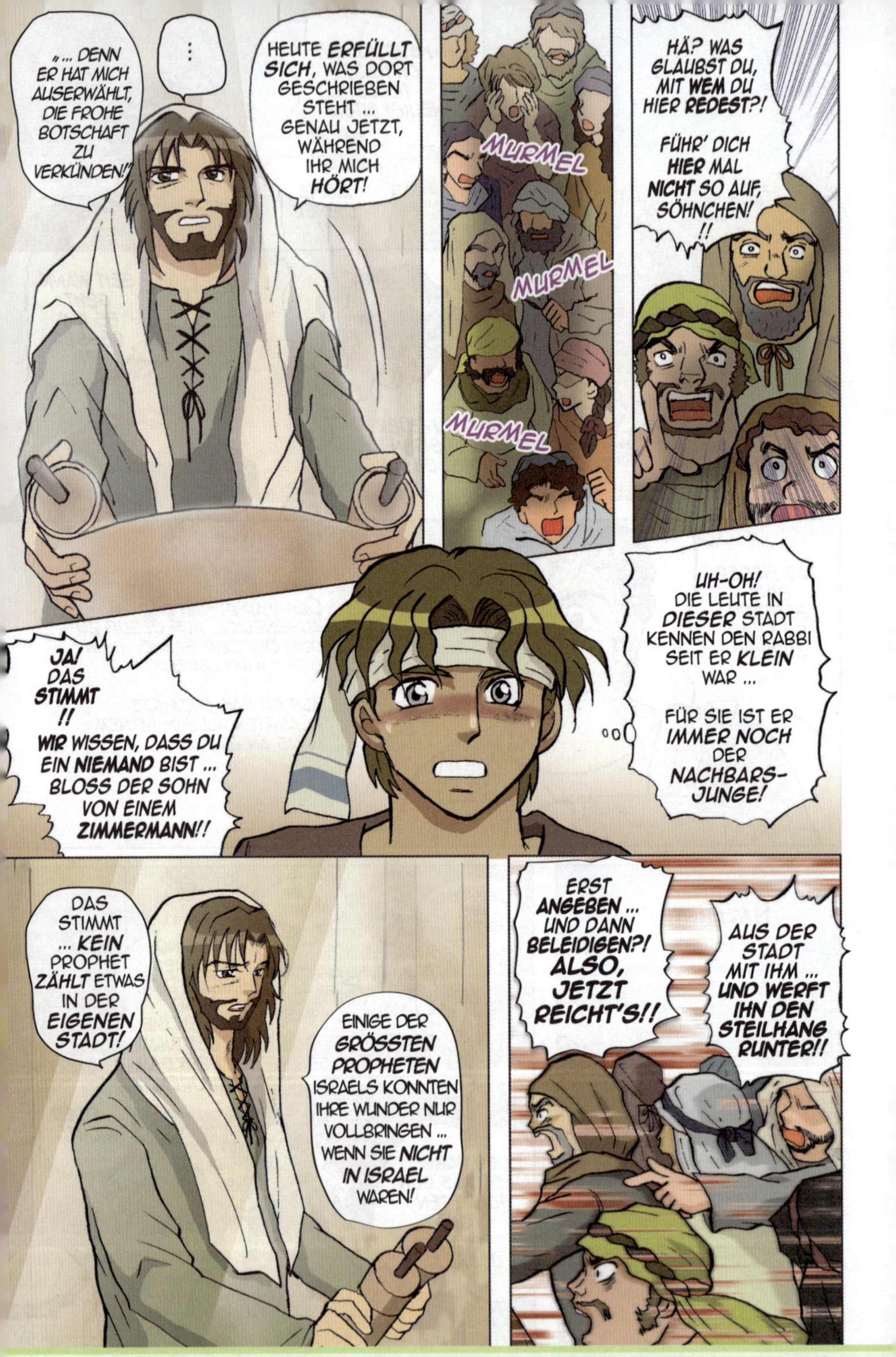
„… DENN ER HAT MICH AUSERWÄHLT, DIE FROHE BOTSCHAFT ZU VERKÜNDEN!"
…
HEUTE ERFÜLLT SICH, WAS DORT GESCHRIEBEN STEHT … GENAU JETZT, WÄHREND IHR MICH HÖRT!
MURMEL
MURMEL
MURMEL
HÄ? WAS GLAUBST DU, MIT WEM DU HIER REDEST?!
FÜHR' DICH HIER MAL NICHT SO AUF, SÖHNCHEN!
!!
UH-OH! DIE LEUTE IN DIESER STADT KENNEN DEN RABBI SEIT ER KLEIN WAR …
FÜR SIE IST ER IMMER NOCH DER NACHBARS-JUNGE!
JA! DAS STIMMT !! WIR WISSEN, DASS DU EIN NIEMAND BIST … BLOSS DER SOHN VON EINEM ZIMMERMANN!!
DAS STIMMT … KEIN PROPHET ZÄHLT ETWAS IN DER EIGENEN STADT!
EINIGE DER GRÖSSTEN PROPHETEN ISRAELS KONNTEN IHRE WUNDER NUR VOLLBRINGEN … WENN SIE NICHT IN ISRAEL WAREN!
ERST ANGEBEN … UND DANN BELEIDIGEN?! ALSO, JETZT REICHT'S!!
AUS DER STADT MIT IHM … UND WERFT IHN DEN STEILHANG RUNTER!!

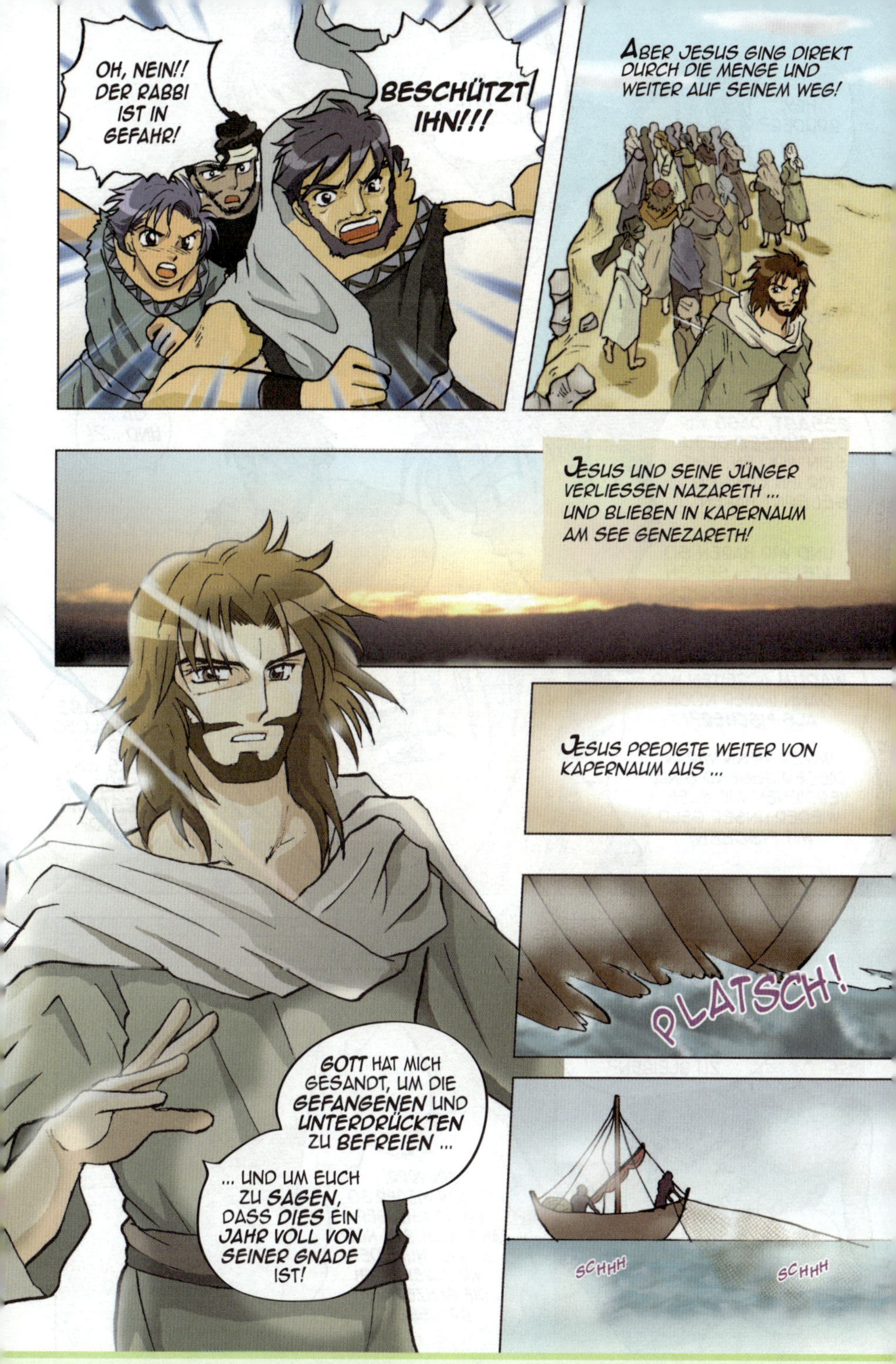

OH, NEIN!! DER RABBI IST IN GEFAHR!
BESCHÜTZT IHN!!!
ABER JESUS GING DIREKT DURCH DIE MENGE UND WEITER AUF SEINEM WEG!
JESUS UND SEINE JÜNGER VERLIESSEN NAZARETH ... UND BLIEBEN IN KAPERNAUM AM SEE GENEZARETH!
JESUS PREDIGTE WEITER VON KAPERNAUM AUS ...
PLATSCH!
GOTT HAT MICH GESANDT, UM DIE GEFANGENEN UND UNTERDRÜCKTEN ZU BEFREIEN ...
... UND UM EUCH ZU SAGEN, DASS DIES EIN JAHR VOLL VON SEINER GNADE IST!
SCHHH
SCHHH

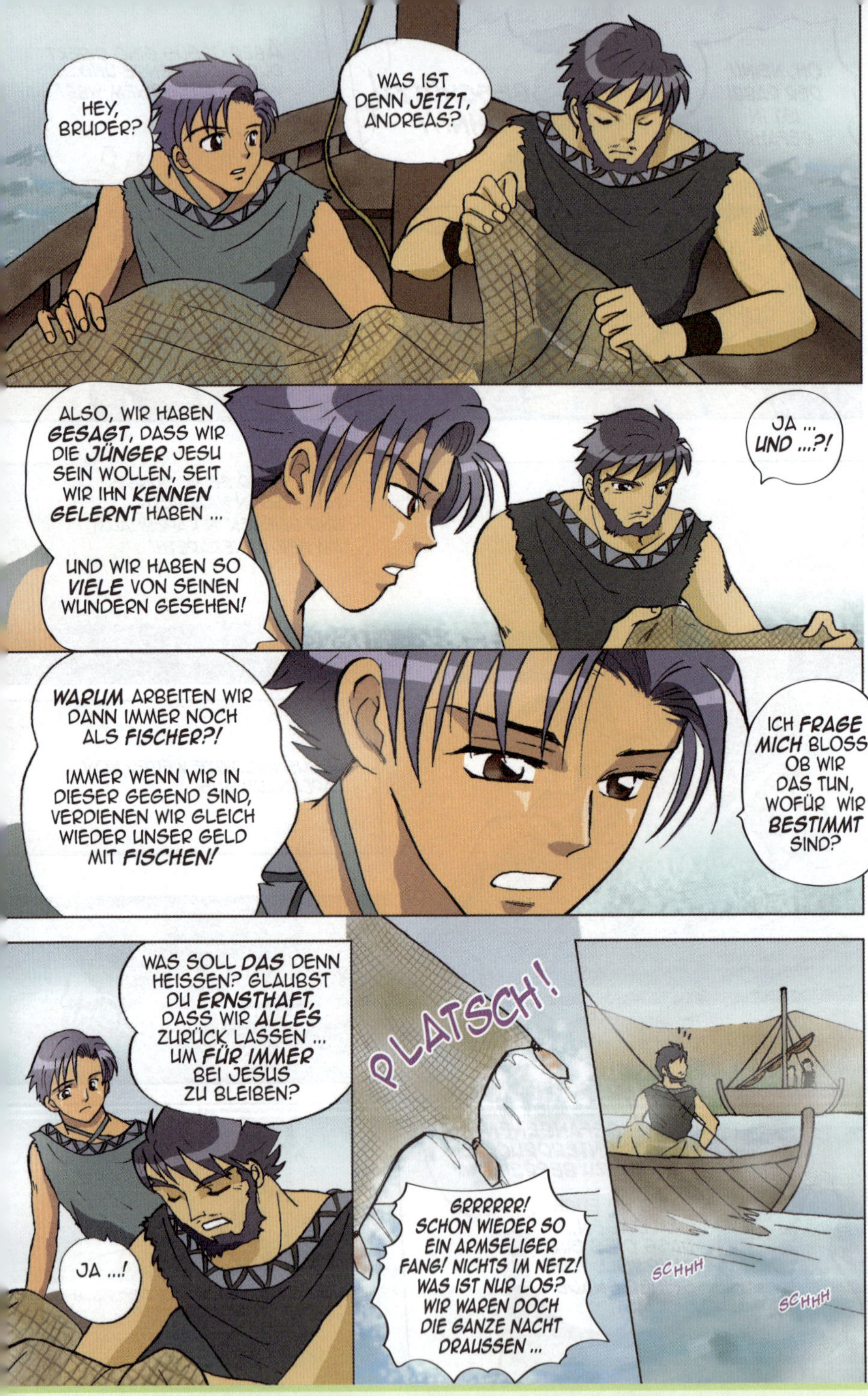

HEY, BRUDER?
WAS IST DENN JETZT, ANDREAS?
ALSO, WIR HABEN GESAGT, DASS WIR DIE JÜNGER JESU SEIN WOLLEN, SEIT WIR IHN KENNEN GELERNT HABEN ...
UND WIR HABEN SO VIELE VON SEINEN WUNDERN GESEHEN!
JA ... UND ...?!
WARUM ARBEITEN WIR DANN IMMER NOCH ALS FISCHER?!
IMMER WENN WIR IN DIESER GEGEND SIND, VERDIENEN WIR GLEICH WIEDER UNSER GELD MIT FISCHEN!
ICH FRAGE MICH BLOSS, OB WIR DAS TUN, WOFÜR WIR BESTIMMT SIND?
WAS SOLL DAS DENN HEISSEN? GLAUBST DU ERNSTHAFT, DASS WIR ALLES ZURÜCK LASSEN ... UM FÜR IMMER BEI JESUS ZU BLEIBEN?
JA ...!
PLATSCH!
GRRRRRR! SCHON WIEDER SO EIN ARMSELIGER FANG! NICHTS IM NETZ! WAS IST NUR LOS? WIR WAREN DOCH DIE GANZE NACHT DRAUSSEN ...
SCHHH
SCHHH

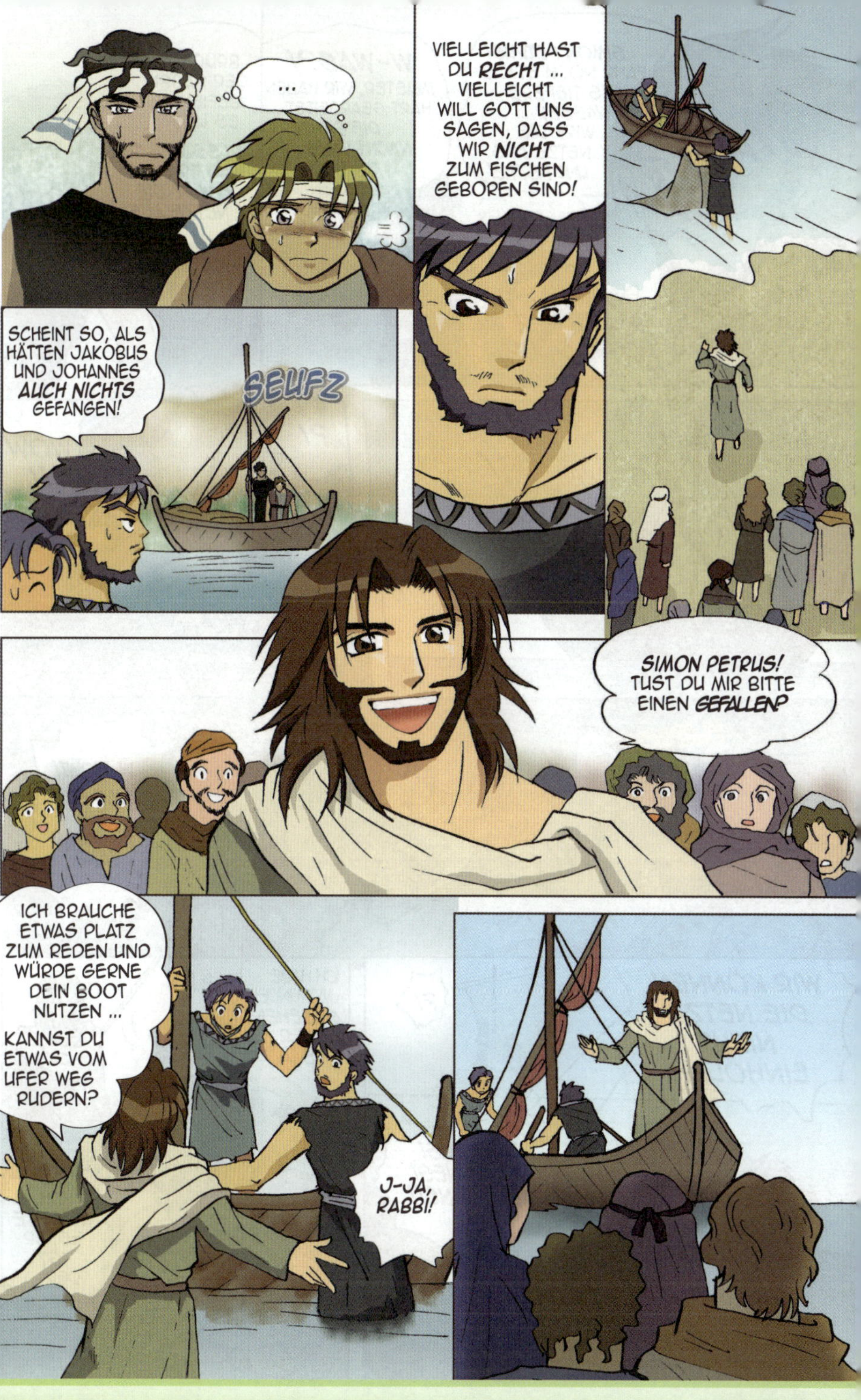
...
VIELLEICHT HAST DU RECHT ... VIELLEICHT WILL GOTT UNS SAGEN, DASS WIR NICHT ZUM FISCHEN GEBOREN SIND!
SCHEINT SO, ALS HÄTTEN JAKOBUS UND JOHANNES AUCH NICHTS GEFANGEN!
SEUFZ
SIMON PETRUS! TUST DU MIR BITTE EINEN GEFALLEN?
ICH BRAUCHE ETWAS PLATZ ZUM REDEN UND WÜRDE GERNE DEIN BOOT NUTZEN ...
KANNST DU ETWAS VOM UFER WEG RUDERN?
J-JA, RABBI!

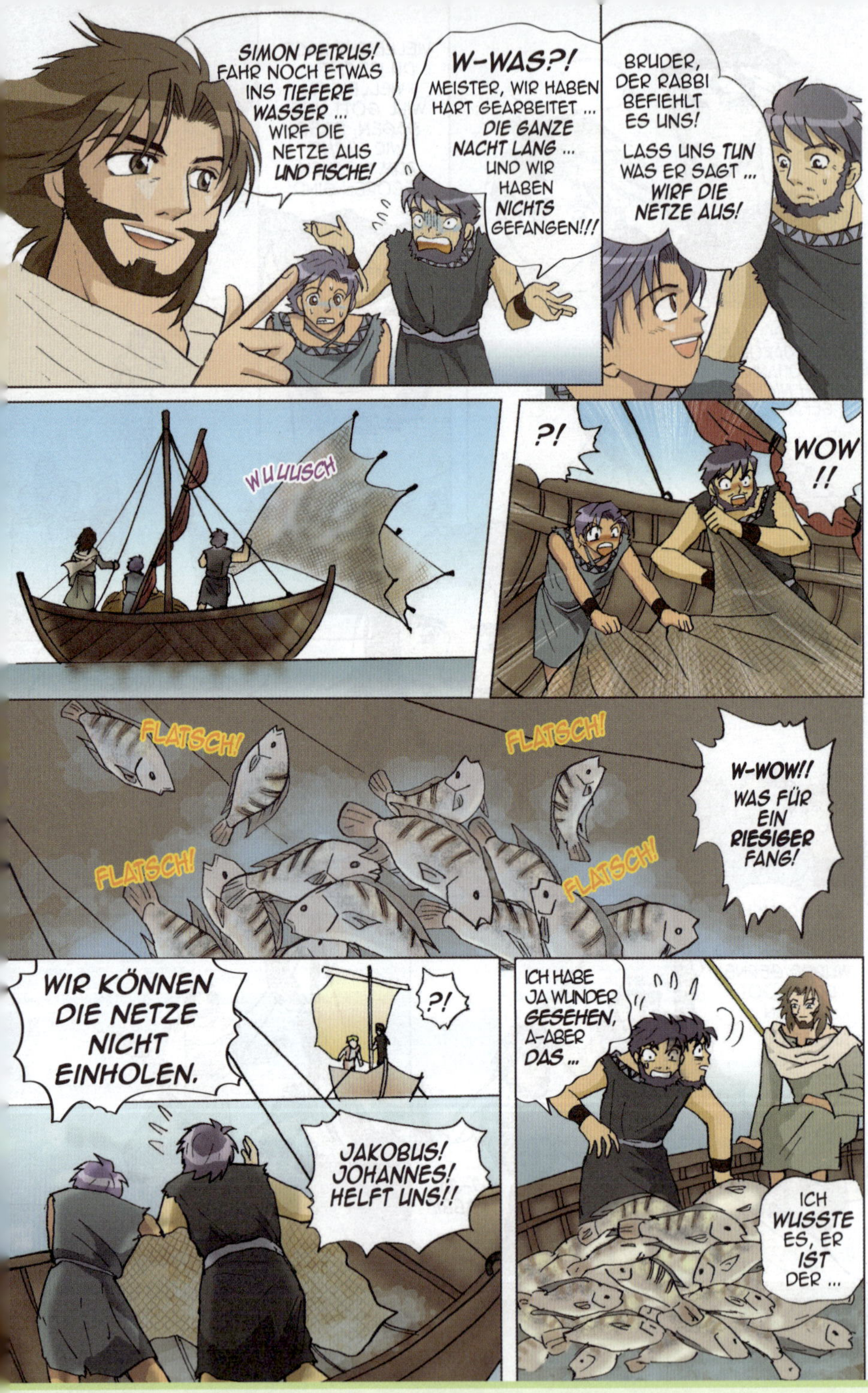
SIMON PETRUS! FAHR NOCH ETWAS INS TIEFERE WASSER ... WIRF DIE NETZE AUS UND FISCHE!
W-WAS?! MEISTER, WIR HABEN HART GEARBEITET ... DIE GANZE NACHT LANG ... UND WIR HABEN NICHTS GEFANGEN!!!
BRUDER, DER RABBI BEFIEHLT ES UNS!
LASS UNS TUN WAS ER SAGT ... WIRF DIE NETZE AUS!
WUUUSCH
?!
WOW !!
FLATSCH!
FLATSCH!
FLATSCH!
FLATSCH!
W-WOW!! WAS FÜR EIN RIESIGER FANG!
WIR KÖNNEN DIE NETZE NICHT EINHOLEN.
?!
JAKOBUS! JOHANNES! HELFT UNS!!
ICH HABE JA WUNDER GESEHEN, A-ABER DAS ...
ICH WUSSTE ES, ER IST DER ...

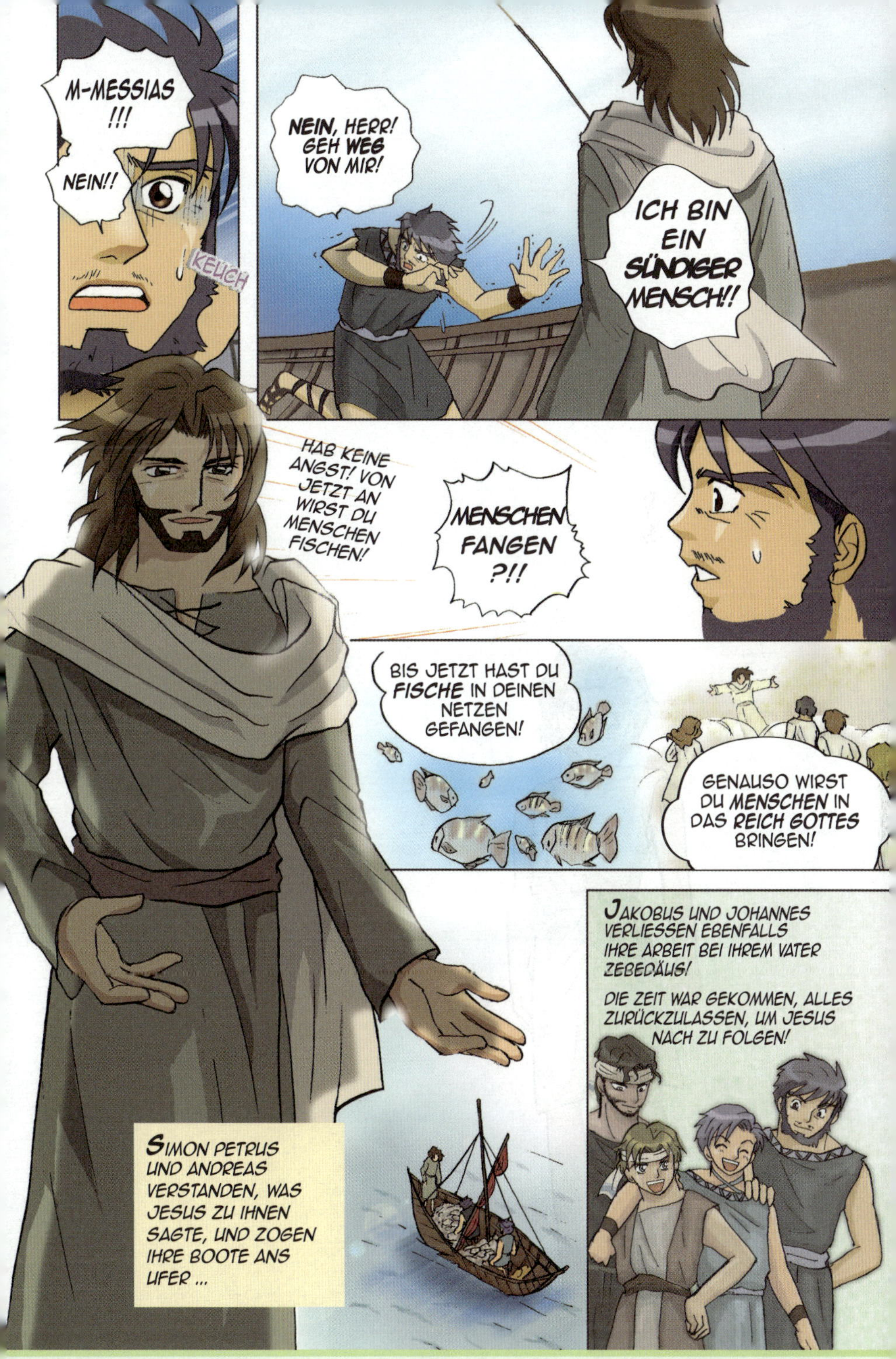
M-MESSIAS !!!
NEIN!!
KEUCH
NEIN, HERR! GEH WEG VON MIR!
ICH BIN EIN SÜNDIGER MENSCH!!
HAB KEINE ANGST! VON JETZT AN WIRST DU MENSCHEN FISCHEN!
MENSCHEN FANGEN ?!!
BIS JETZT HAST DU FISCHE IN DEINEN NETZEN GEFANGEN!
GENAUSO WIRST DU MENSCHEN IN DAS REICH GOTTES BRINGEN!
SIMON PETRUS UND ANDREAS VERSTANDEN, WAS JESUS ZU IHNEN SAGTE, UND ZOGEN IHRE BOOTE ANS UFER ...
JAKOBUS UND JOHANNES VERLIESSEN EBENFALLS IHRE ARBEIT BEI IHREM VATER ZEBEDÄUS!
DIE ZEIT WAR GEKOMMEN, ALLES ZURÜCKZULASSEN, UM JESUS NACH ZU FOLGEN!

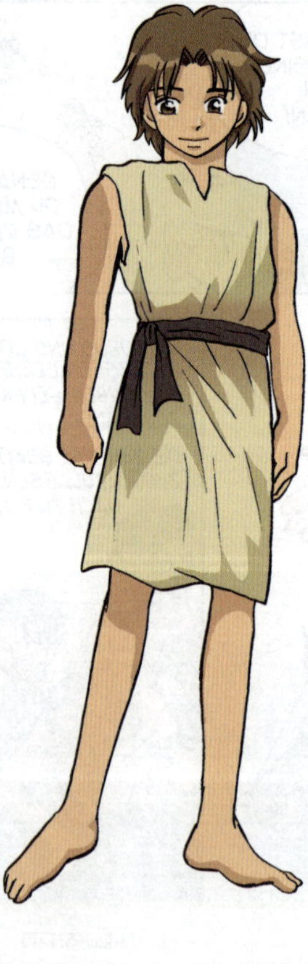

Kapitel II

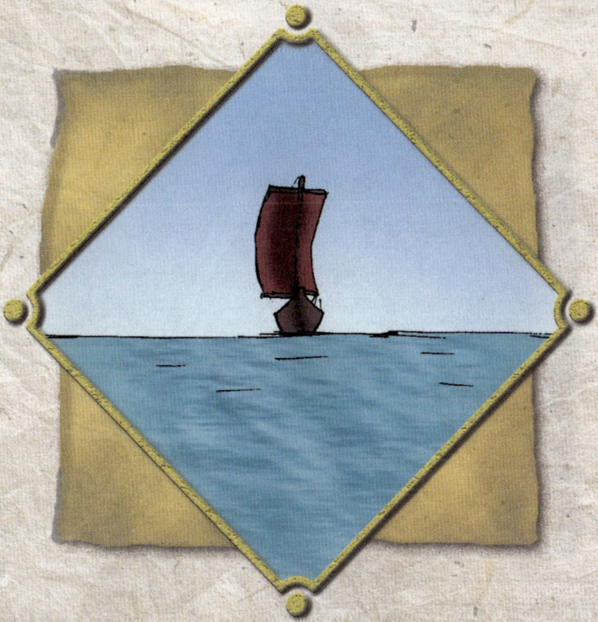

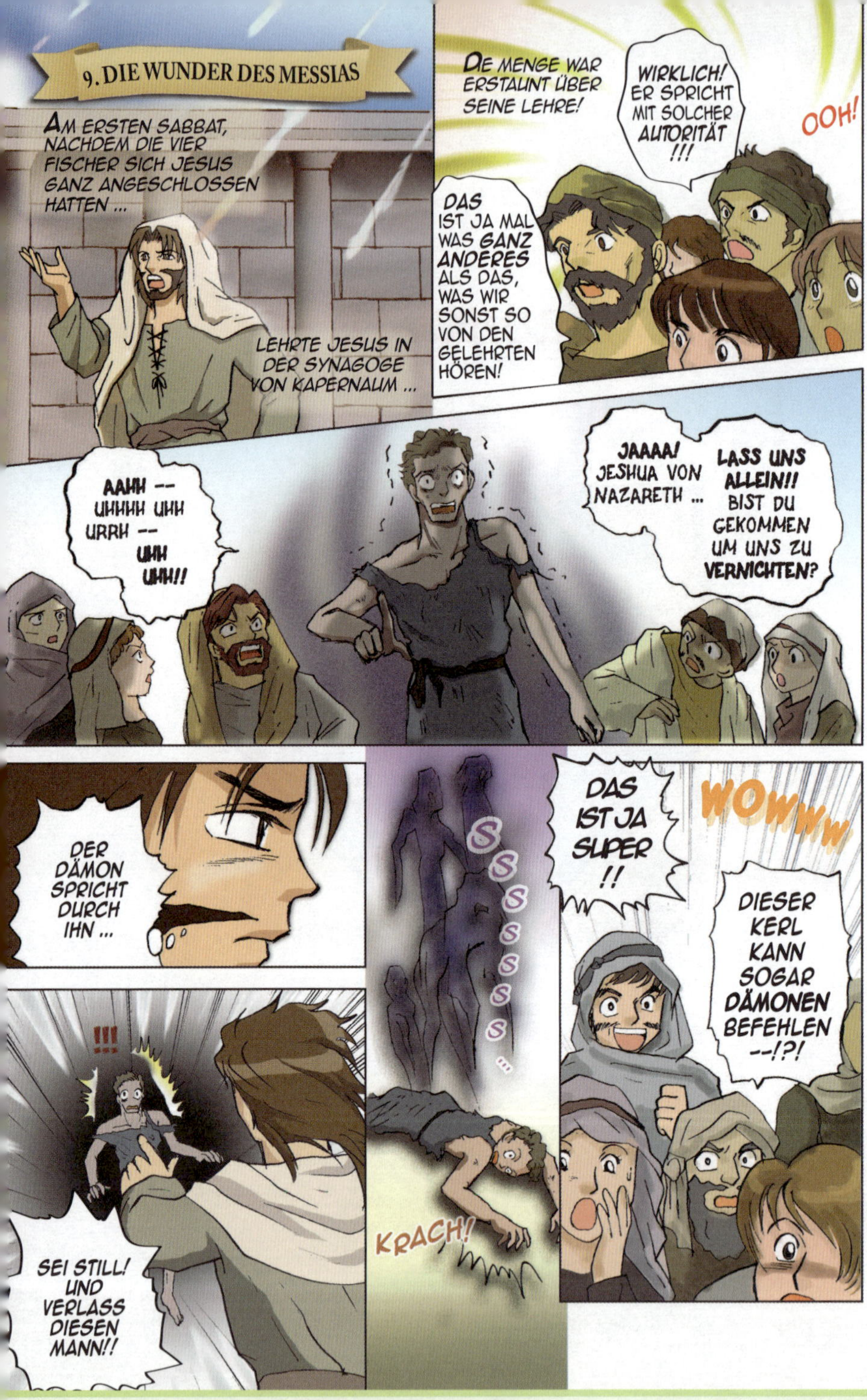
9. DIE WUNDER DES MESSIAS
AM ERSTEN SABBAT, NACHDEM DIE VIER FISCHER SICH JESUS GANZ ANGESCHLOSSEN HATTEN ...
LEHRTE JESUS IN DER SYNAGOGE VON KAPERNAUM ...
DIE MENGE WAR ERSTAUNT ÜBER SEINE LEHRE!
WIRKLICH! ER SPRICHT MIT SOLCHER AUTORITÄT !!!
OOH!
DAS IST JA MAL WAS GANZ ANDERES ALS DAS, WAS WIR SONST SO VON DEN GELEHRTEN HÖREN!
AAHH -- UHHHH UHH URRH -- UHH UHH!!
JAAAA! JESHUA VON NAZARETH ...
LASS UNS ALLEIN!! BIST DU GEKOMMEN UM UNS ZU VERNICHTEN?
DER DÄMON SPRICHT DURCH IHN ...
!!!
SEI STILL! UND VERLASS DIESEN MANN!!
SSSSSSS ...
KRACH!
DAS IST JA SUPER !!
WOWWW
DIESER KERL KANN SOGAR DÄMONEN BEFEHLEN --!?!

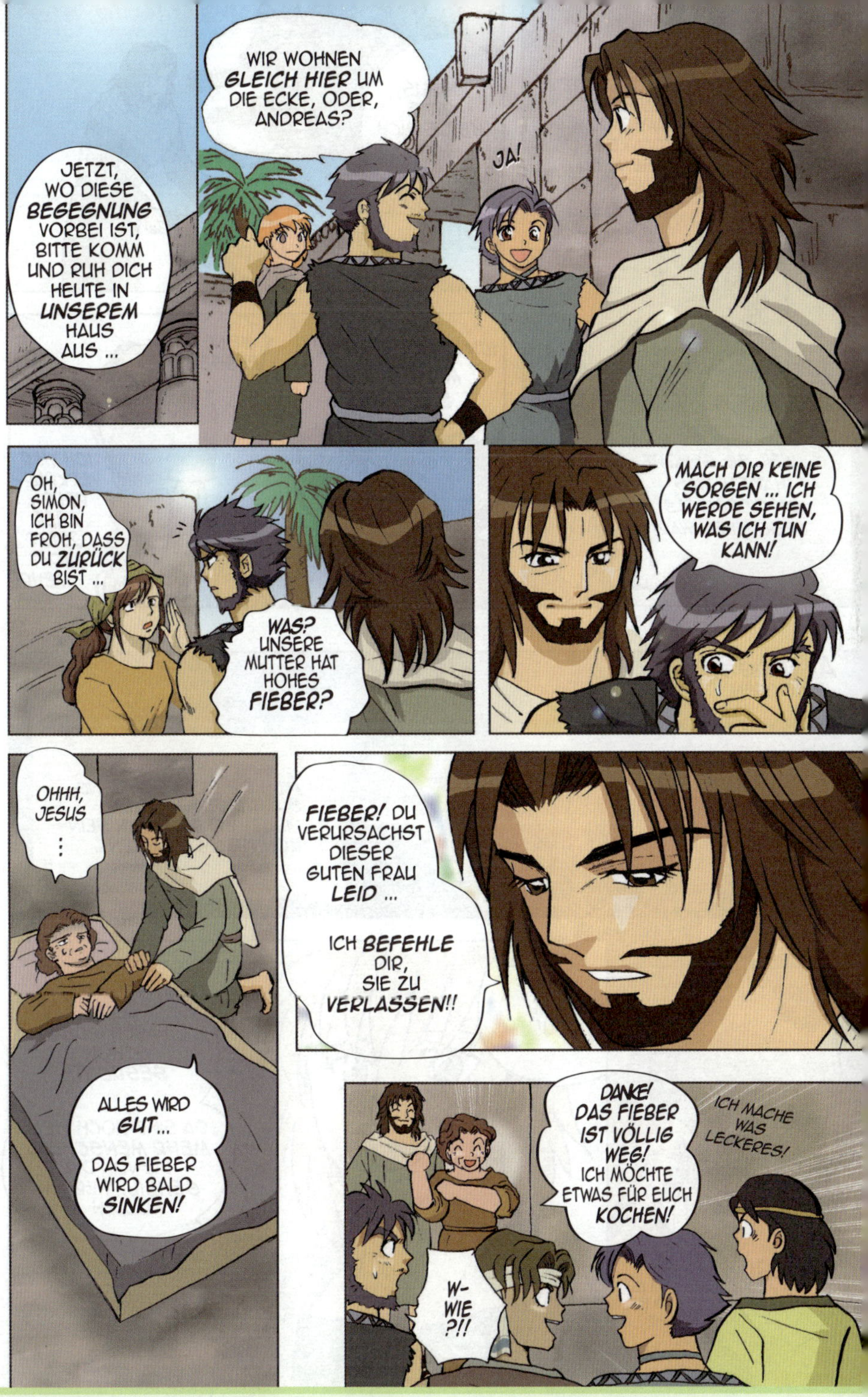
JETZT, WO DIESE BEGEGNUNG VORBEI IST, BITTE KOMM UND RUH DICH HEUTE IN UNSEREM HAUS AUS ...
WIR WOHNEN GLEICH HIER UM DIE ECKE, ODER, ANDREAS?
JA!
OH, SIMON, ICH BIN FROH, DASS DU ZURÜCK BIST ...
WAS? UNSERE MUTTER HAT HOHES FIEBER?
MACH DIR KEINE SORGEN ... ICH WERDE SEHEN, WAS ICH TUN KANN!
OHHH, JESUS ...
FIEBER! DU VERURSACHST DIESER GUTEN FRAU LEID ...
ICH BEFEHLE DIR, SIE ZU VERLASSEN!!
ALLES WIRD GUT... DAS FIEBER WIRD BALD SINKEN!
DANKE! DAS FIEBER IST VÖLLIG WEG! ICH MÖCHTE ETWAS FÜR EUCH KOCHEN!
ICH MACHE WAS LECKERES!
W-WIE ?!!

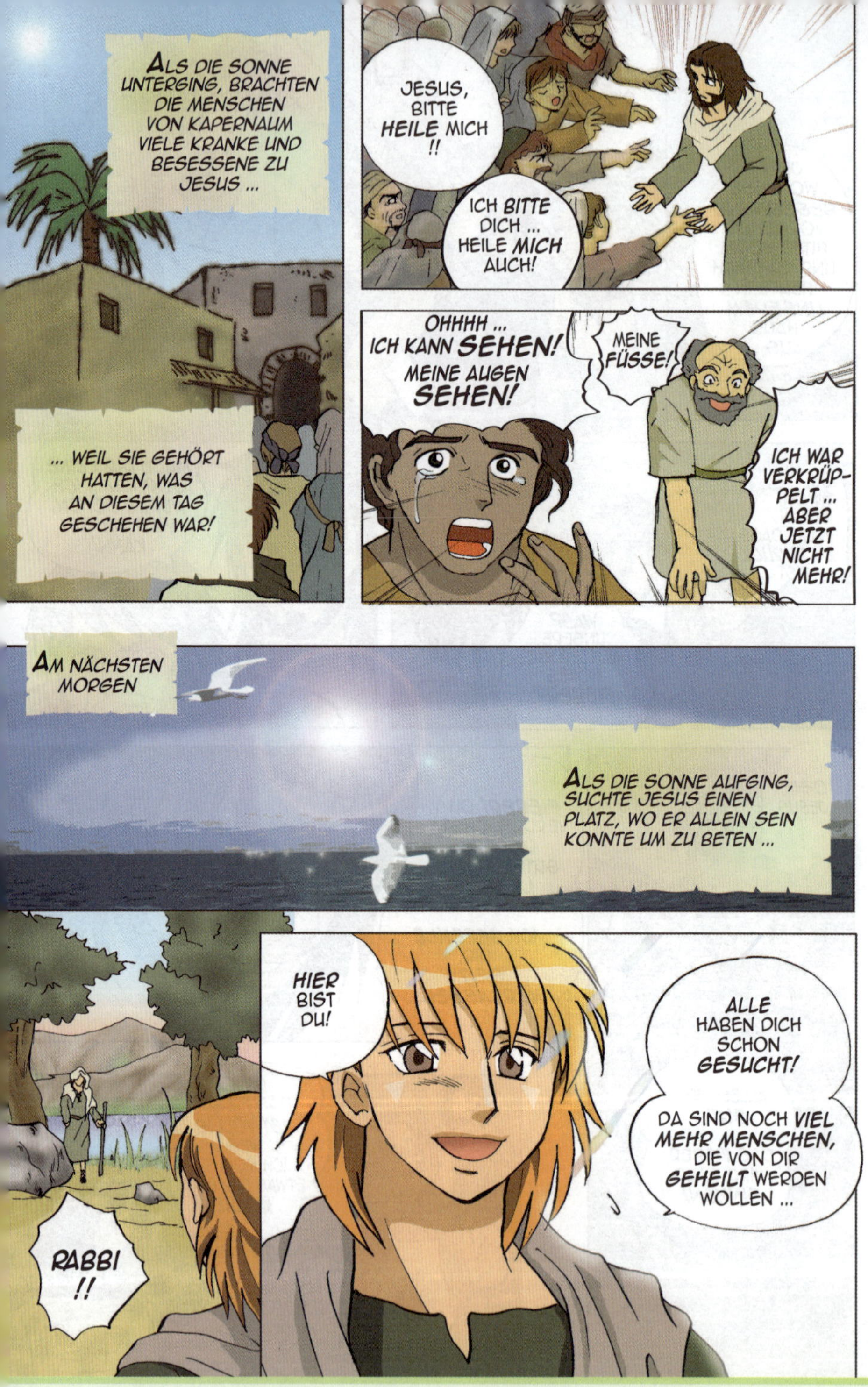

 Markus 1:32-34, 1:35-37 Lukas 4:40-41, 4:42-43

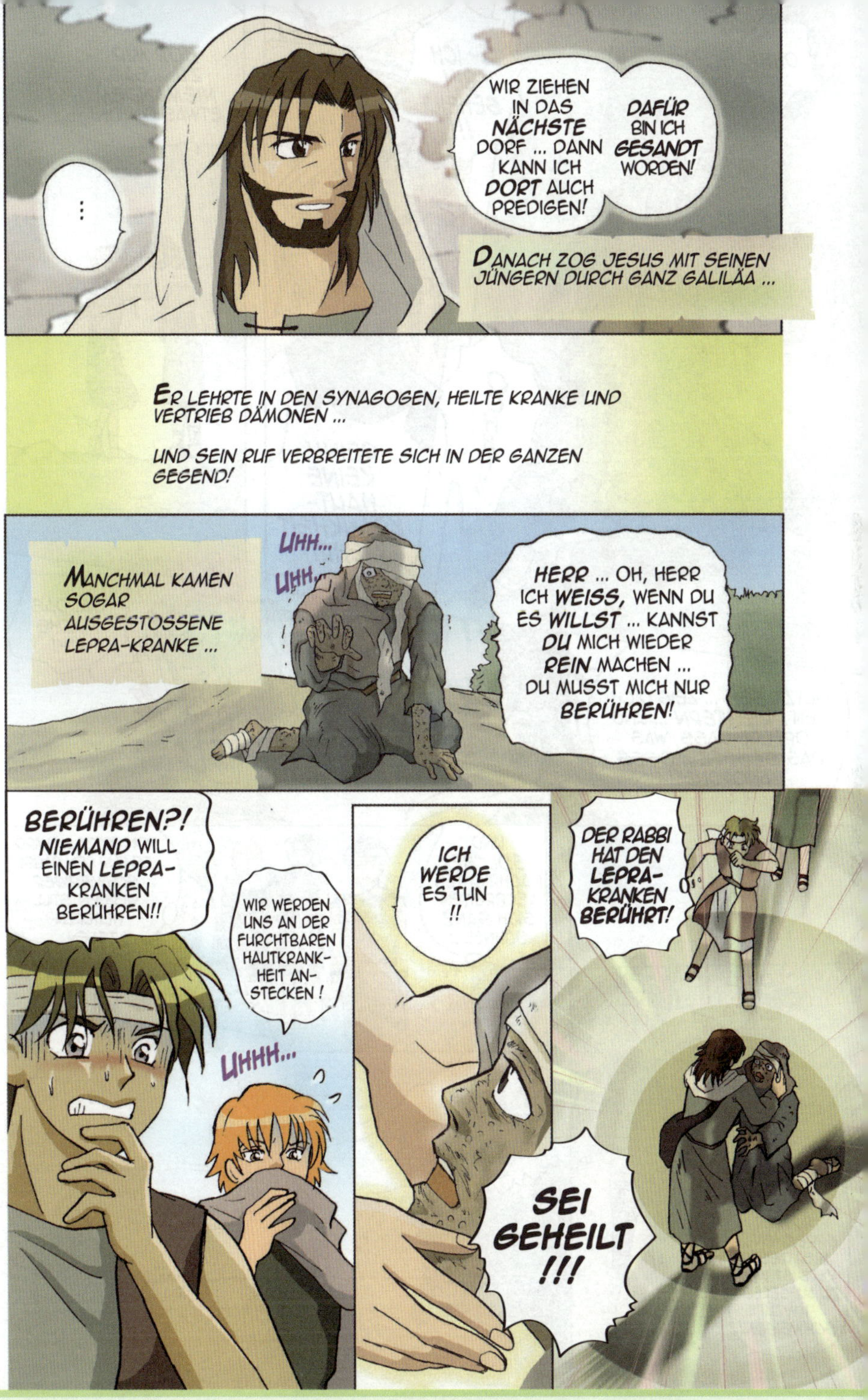

...
WIR ZIEHEN IN DAS NÄCHSTE DORF ... DANN KANN ICH DORT AUCH PREDIGEN!
DAFÜR BIN ICH GESANDT WORDEN!
DANACH ZOG JESUS MIT SEINEN JÜNGERN DURCH GANZ GALILÄA ...
ER LEHRTE IN DEN SYNAGOGEN, HEILTE KRANKE UND VERTRIEB DÄMONEN ...
UND SEIN RUF VERBREITETE SICH IN DER GANZEN GEGEND!
MANCHMAL KAMEN SOGAR AUSGESTOSSENE LEPRA-KRANKE ...
UHH... UHH...
HERR ... OH, HERR ICH WEISS, WENN DU ES WILLST ... KANNST DU MICH WIEDER REIN MACHEN ... DU MUSST MICH NUR BERÜHREN!
BERÜHREN?! NIEMAND WILL EINEN LEPRA-KRANKEN BERÜHREN!!
WIR WERDEN UNS AN DER FURCHTBAREN HAUTKRANKHEIT ANSTECKEN !
UHHH...
ICH WERDE ES TUN !!
SEI GEHEILT !!!
DER RABBI HAT DEN LEPRA-KRANKEN BERÜHRT!

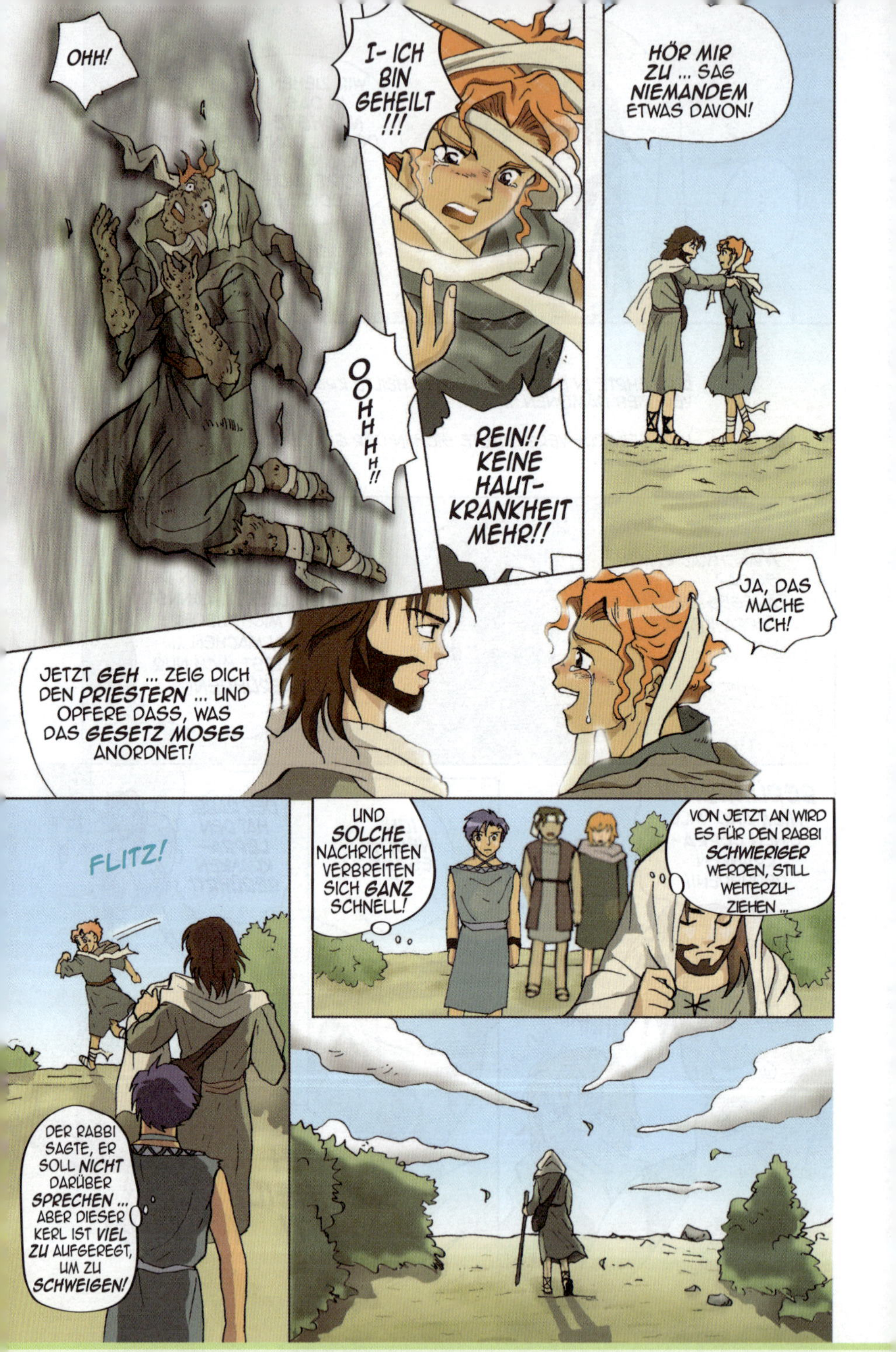
OHH!
I- ICH BIN GEHEILT !!!
OOHHHH!!
REIN!! KEINE HAUT-KRANKHEIT MEHR!!
HÖR MIR ZU ... SAG NIEMANDEM ETWAS DAVON!
JA, DAS MACHE ICH!
JETZT GEH ... ZEIG DICH DEN PRIESTERN ... UND OPFERE DASS, WAS DAS GESETZ MOSES ANORDNET!
FLITZ!
DER RABBI SAGTE, ER SOLL NICHT DARÜBER SPRECHEN ... ABER DIESER KERL IST VIEL ZU AUFGEREGT, UM ZU SCHWEIGEN!
UND SOLCHE NACHRICHTEN VERBREITEN SICH GANZ SCHNELL!
VON JETZT AN WIRD ES FÜR DEN RABBI SCHWIERIGER WERDEN, STILL WEITERZU-ZIEHEN ...

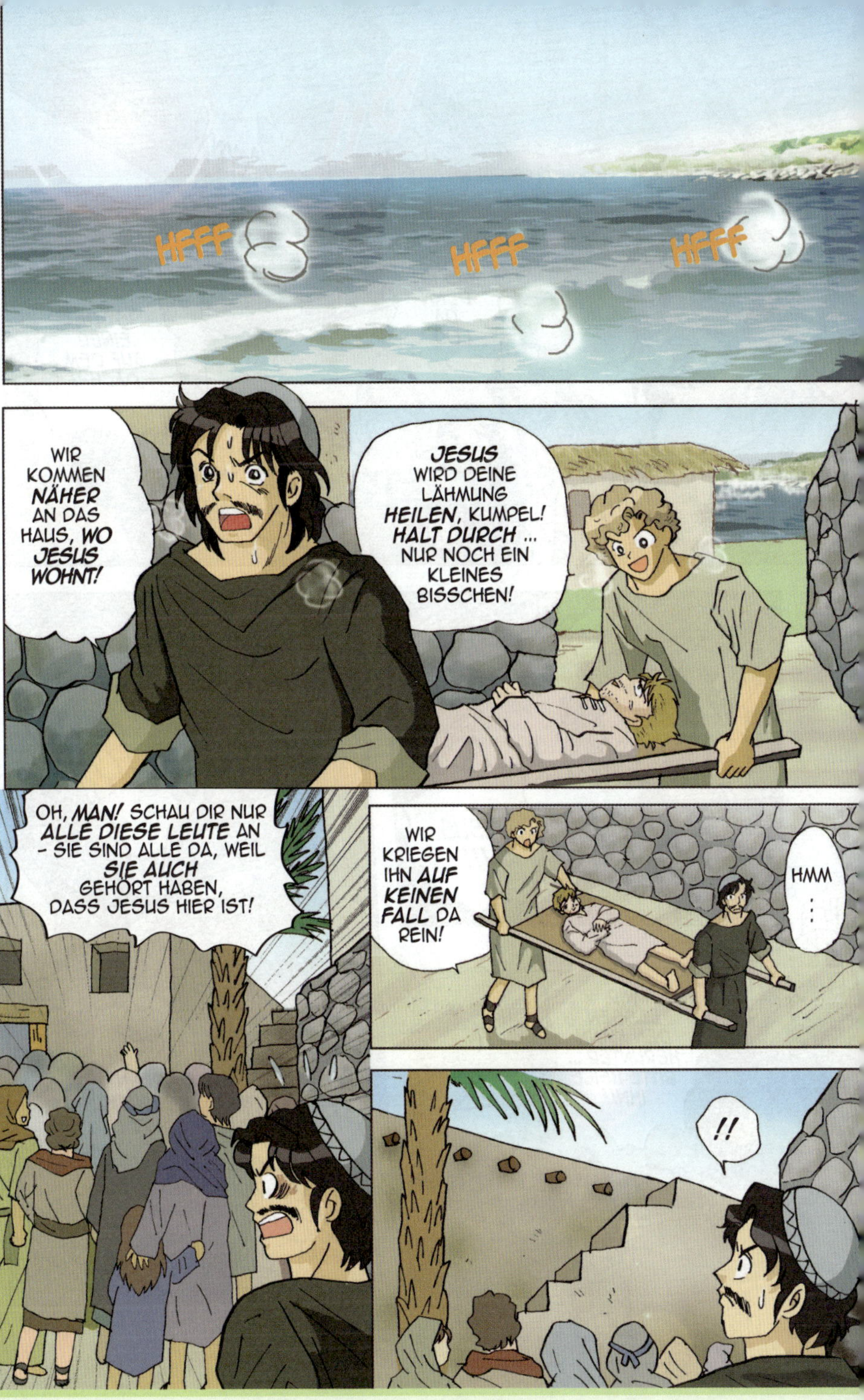
HFFF
HFFF
HFFF
WIR KOMMEN NÄHER AN DAS HAUS, WO JESUS WOHNT!
JESUS WIRD DEINE LÄHMUNG HEILEN, KUMPEL! HALT DURCH ... NUR NOCH EIN KLEINES BISSCHEN!
OH, MAN! SCHAU DIR NUR ALLE DIESE LEUTE AN – SIE SIND ALLE DA, WEIL SIE AUCH GEHÖRT HABEN, DASS JESUS HIER IST!
WIR KRIEGEN IHN AUF KEINEN FALL DA REIN!
HMM
!!

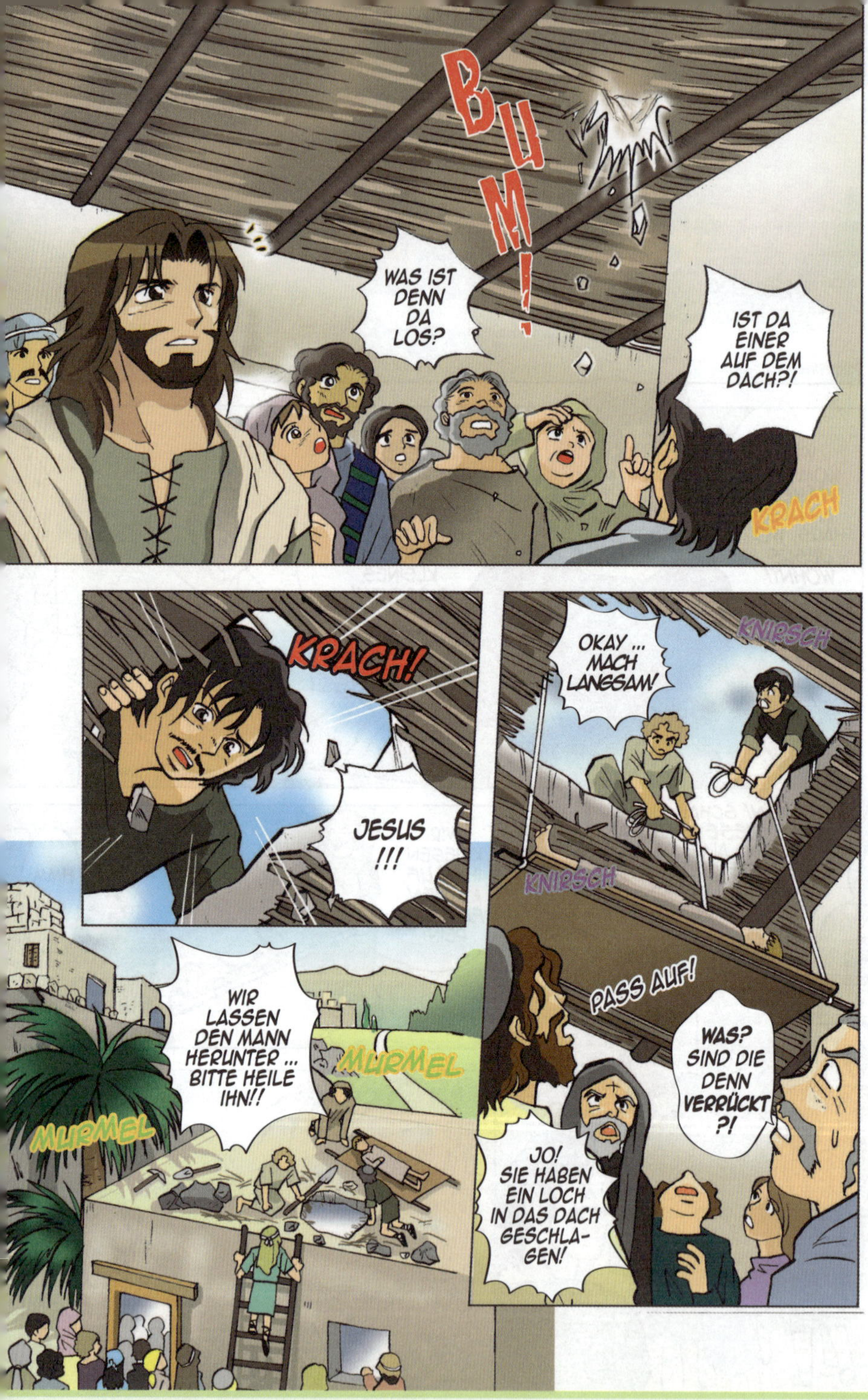

 Matthäus 9:1-8 Markus 2:1-12 Lukas 5:17-26

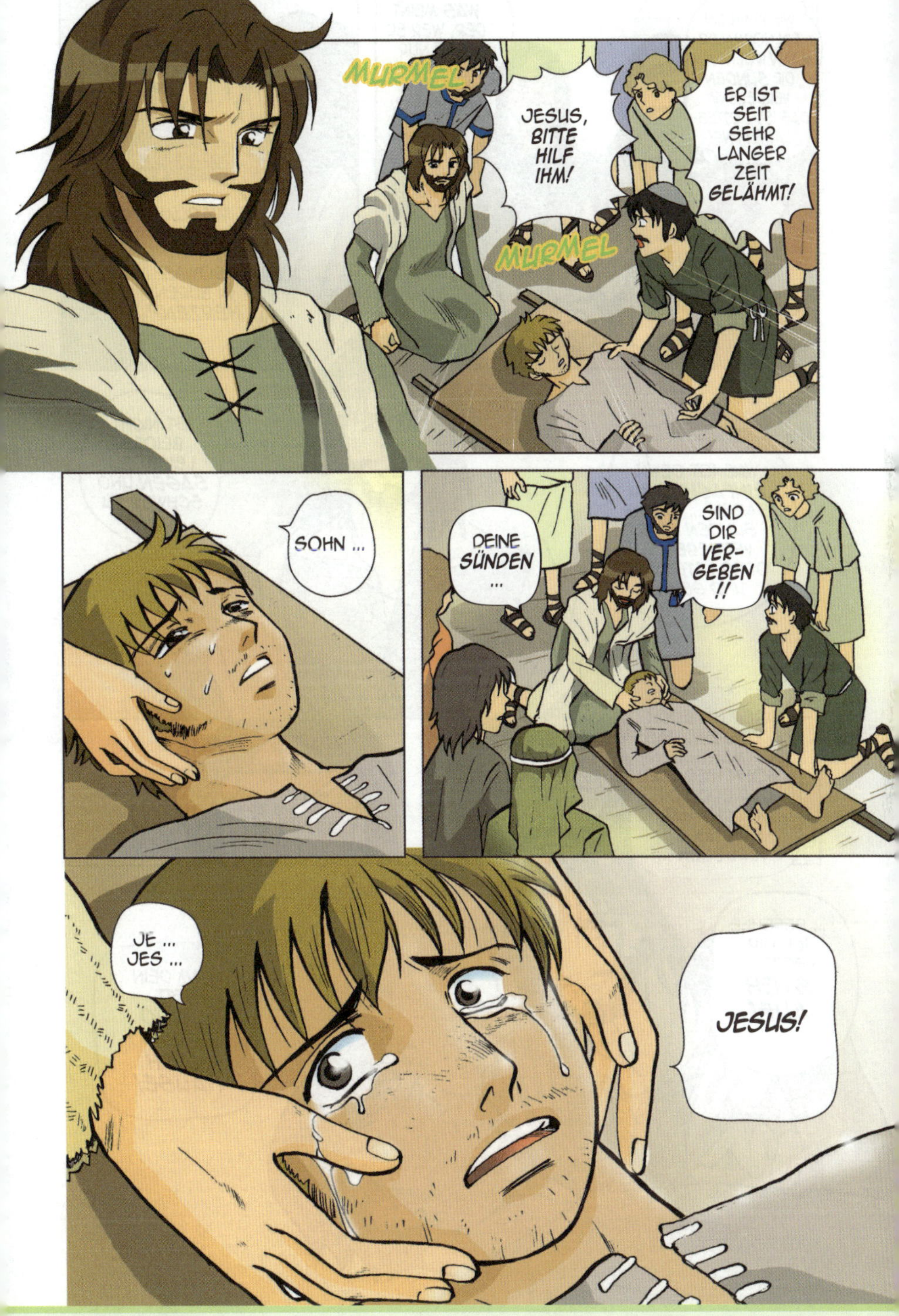
MURMEL
JESUS, BITTE HILF IHM!
ER IST SEIT SEHR LANGER ZEIT GELÄHMT!
MURMEL
SOHN ...
DEINE SÜNDEN ...
SIND DIR VERGEBEN !!
JE ... JES ...
JESUS!

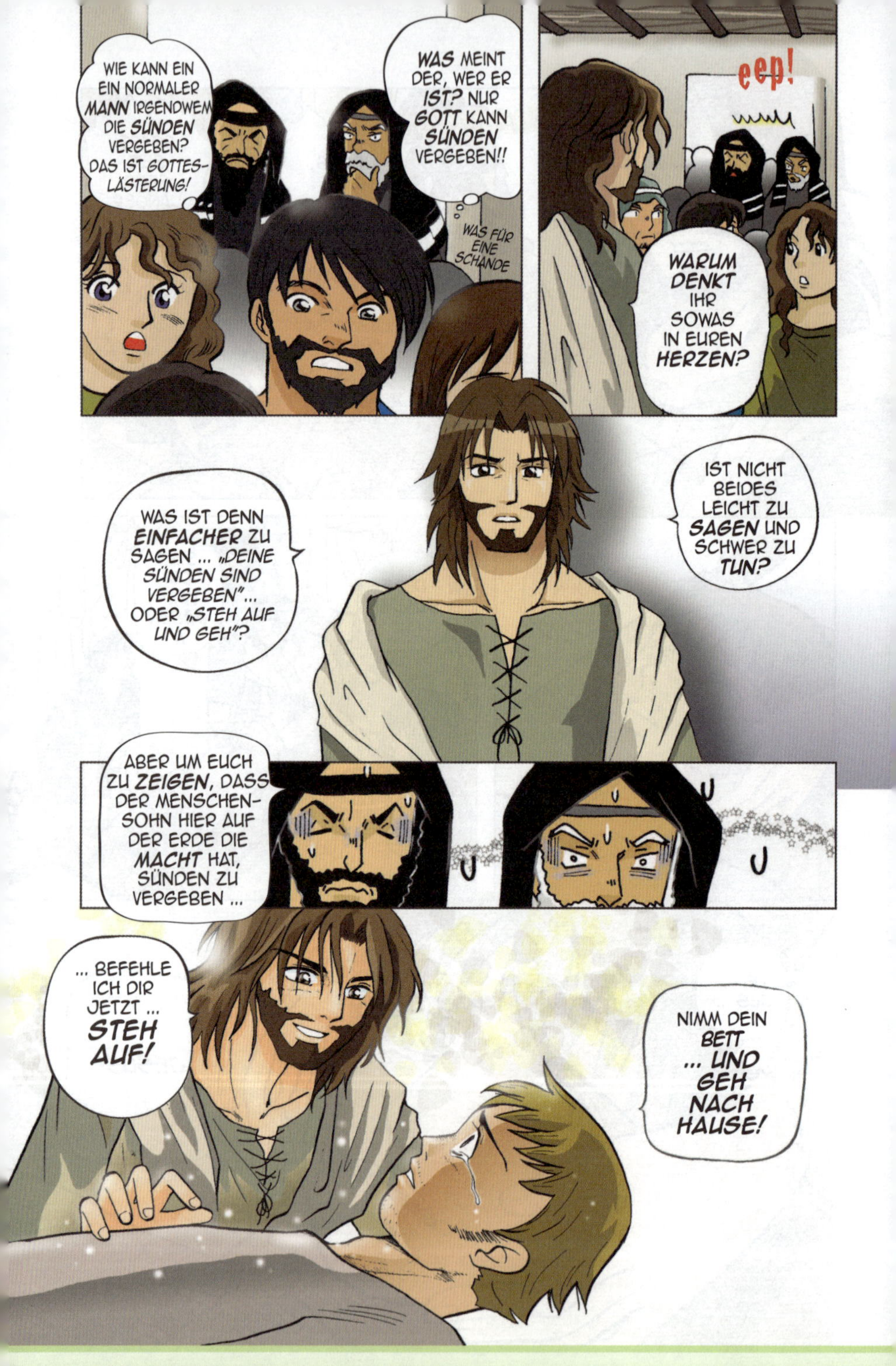

WIE KANN EIN EIN NORMALER MANN IRGENDWEM DIE SÜNDEN VERGEBEN? DAS IST GOTTESLÄSTERUNG!
WAS MEINT DER, WER ER IST? NUR GOTT KANN SÜNDEN VERGEBEN!!
WAS FÜR EINE SCHANDE
eep!
WARUM DENKT IHR SOWAS IN EUREN HERZEN?
WAS IST DENN EINFACHER ZU SAGEN ... „DEINE SÜNDEN SIND VERGEBEN"... ODER „STEH AUF UND GEH"?
IST NICHT BEIDES LEICHT ZU SAGEN UND SCHWER ZU TUN?
ABER UM EUCH ZU ZEIGEN, DASS DER MENSCHENSOHN HIER AUF DER ERDE DIE MACHT HAT, SÜNDEN ZU VERGEBEN ...
... BEFEHLE ICH DIR JETZT ... STEH AUF!
NIMM DEIN BETT ... UND GEH NACH HAUSE!

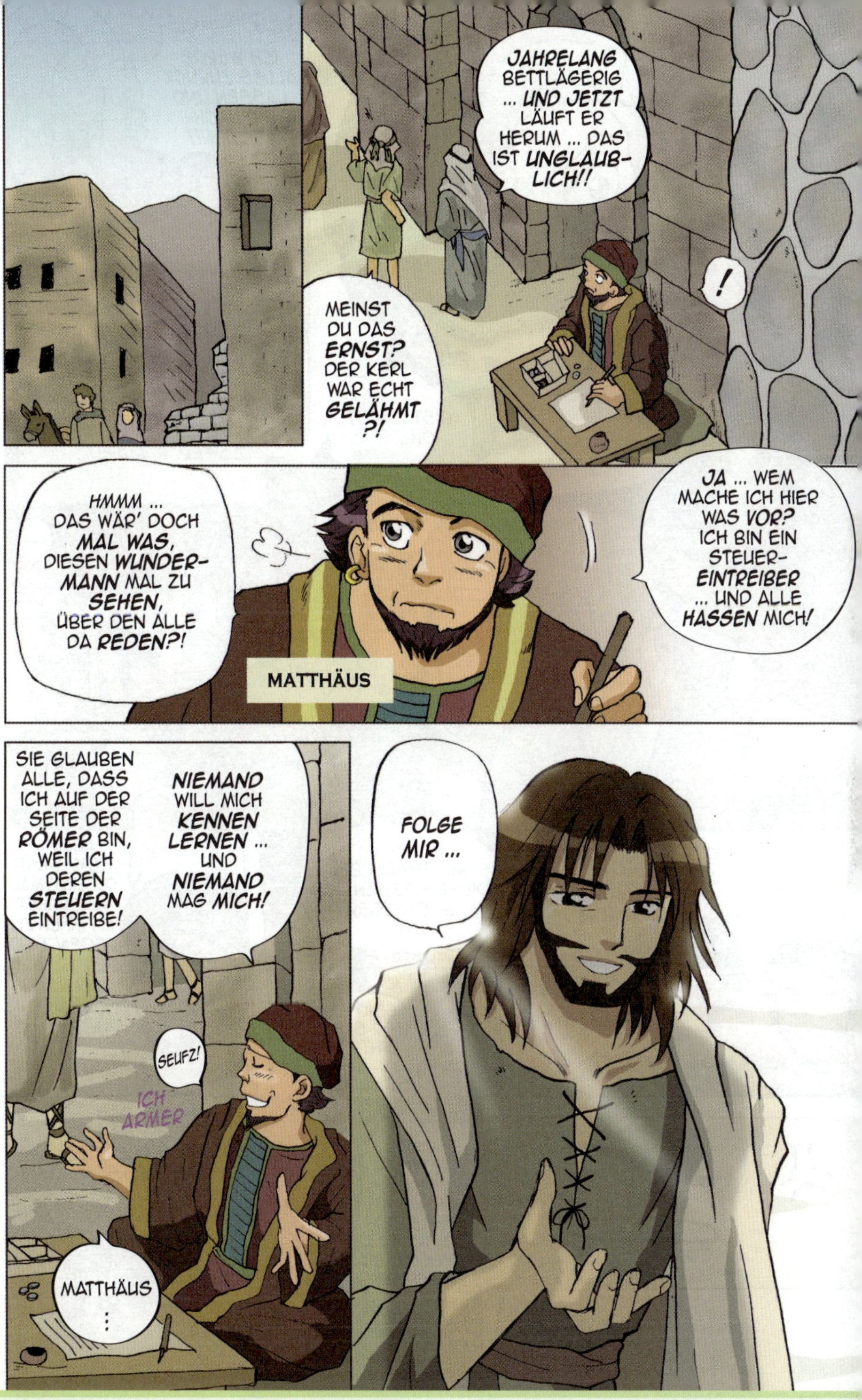
JAHRELANG BETTLÄGERIG ... UND JETZT LÄUFT ER HERUM ... DAS IST UNGLAUBLICH!!
MEINST DU DAS ERNST? DER KERL WAR ECHT GELÄHMT?!
!
HMMM ... DAS WÄR' DOCH MAL WAS, DIESEN WUNDERMANN MAL ZU SEHEN, ÜBER DEN ALLE DA REDEN?!
MATTHÄUS
JA ... WEM MACHE ICH HIER WAS VOR? ICH BIN EIN STEUEREINTREIBER ... UND ALLE HASSEN MICH!
SIE GLAUBEN ALLE, DASS ICH AUF DER SEITE DER RÖMER BIN, WEIL ICH DEREN STEUERN EINTREIBE!
NIEMAND WILL MICH KENNEN LERNEN ... UND NIEMAND MAG MICH!
SEUFZ!
ICH ARMER
MATTHÄUS ...
FOLGE MIR ...

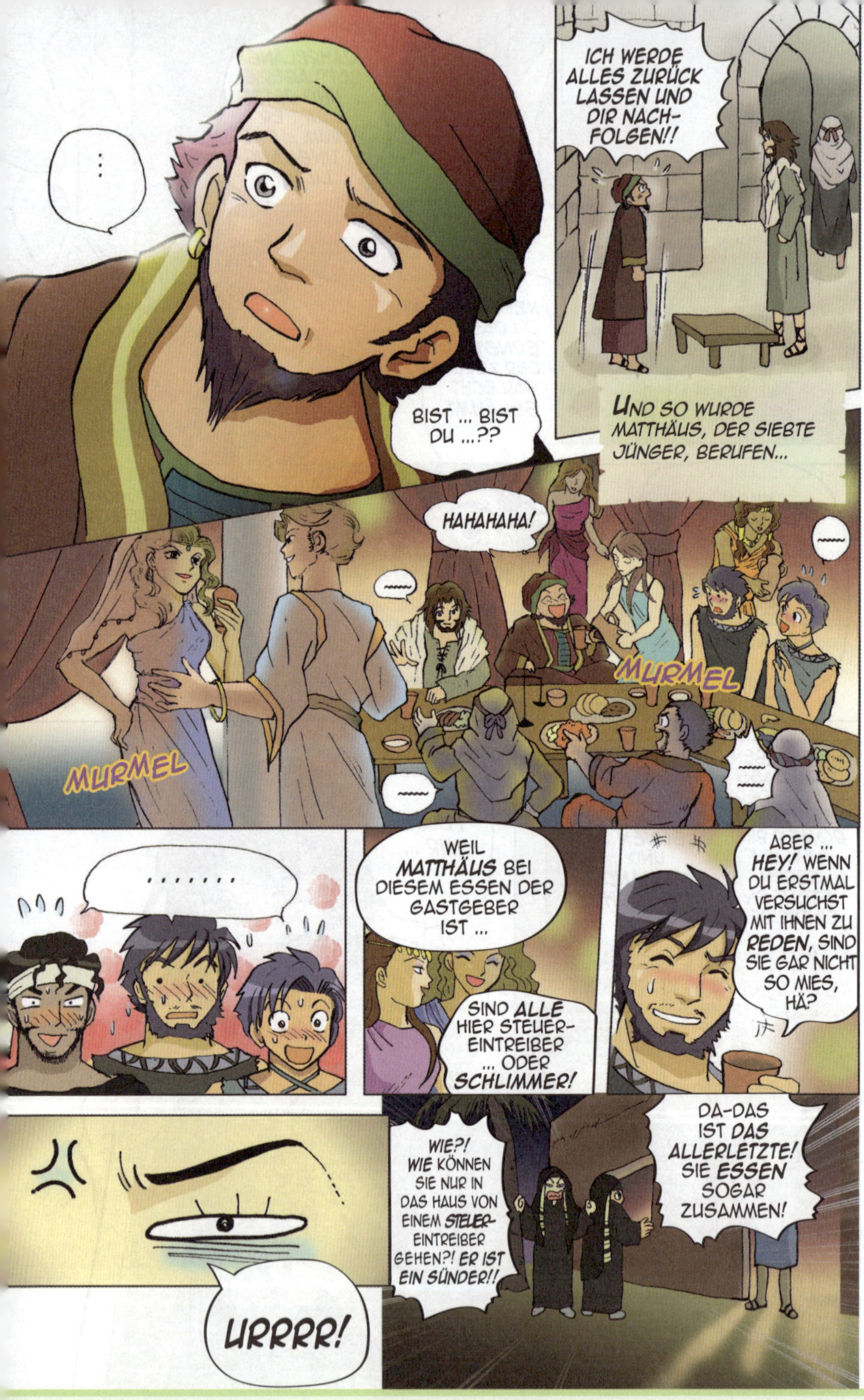
...
BIST ... BIST DU ...??
ICH WERDE ALLES ZURÜCK LASSEN UND DIR NACH-FOLGEN!!
UND SO WURDE MATTHÄUS, DER SIEBTE JÜNGER, BERUFEN...
HAHAHAHA!
MURMEL
MURMEL
....
WEIL MATTHÄUS BEI DIESEM ESSEN DER GASTGEBER IST ...
SIND ALLE HIER STEUER-EINTREIBER ... ODER SCHLIMMER!
ABER ... HEY! WENN DU ERSTMAL VERSUCHST MIT IHNEN ZU REDEN, SIND SIE GAR NICHT SO MIES, HÄ?
URRRR!
WIE?! WIE KÖNNEN SIE NUR IN DAS HAUS VON EINEM STEUER-EINTREIBER GEHEN?! ER IST EIN SÜNDER!!
DA-DAS IST DAS ALLERLETZTE! SIE ESSEN SOGAR ZUSAMMEN!

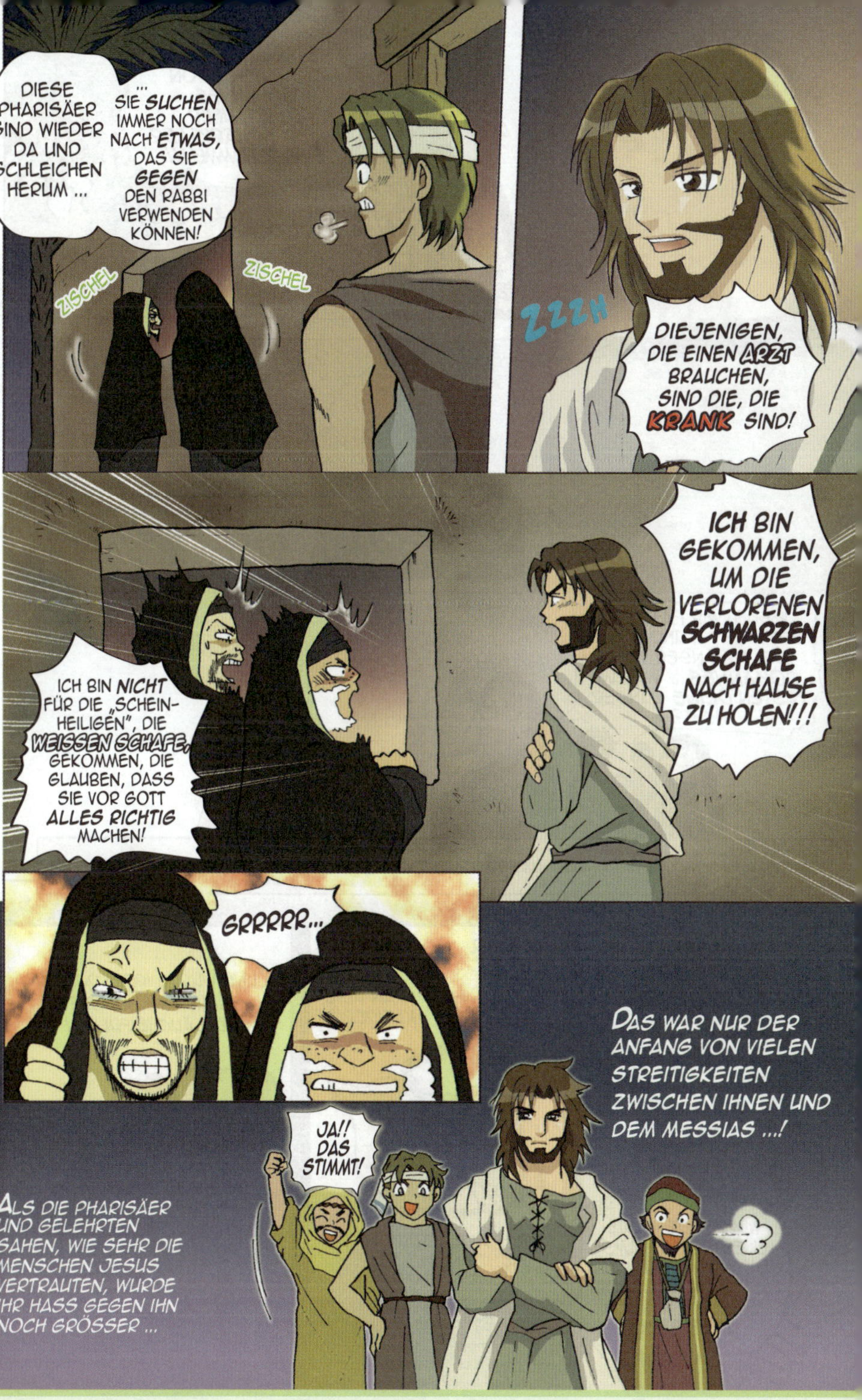
DIESE PHARISÄER SIND WIEDER DA UND SCHLEICHEN HERUM ...
... SIE SUCHEN IMMER NOCH NACH ETWAS, DAS SIE GEGEN DEN RABBI VERWENDEN KÖNNEN!
ZISCHEL
ZISCHEL
ZZZH
DIEJENIGEN, DIE EINEN ARZT BRAUCHEN, SIND DIE, DIE KRANK SIND!
ICH BIN GEKOMMEN, UM DIE VERLORENEN SCHWARZEN SCHAFE NACH HAUSE ZU HOLEN!!!
ICH BIN NICHT FÜR DIE „SCHEIN-HEILIGEN", DIE WEISSEN SCHAFE, GEKOMMEN, DIE GLAUBEN, DASS SIE VOR GOTT ALLES RICHTIG MACHEN!
GRRRRR...
DAS WAR NUR DER ANFANG VON VIELEN STREITIGKEITEN ZWISCHEN IHNEN UND DEM MESSIAS ...!
JA!! DAS STIMMT!
ALS DIE PHARISÄER UND GELEHRTEN SAHEN, WIE SEHR DIE MENSCHEN JESUS VERTRAUTEN, WURDE IHR HASS GEGEN IHN NOCH GRÖSSER ...

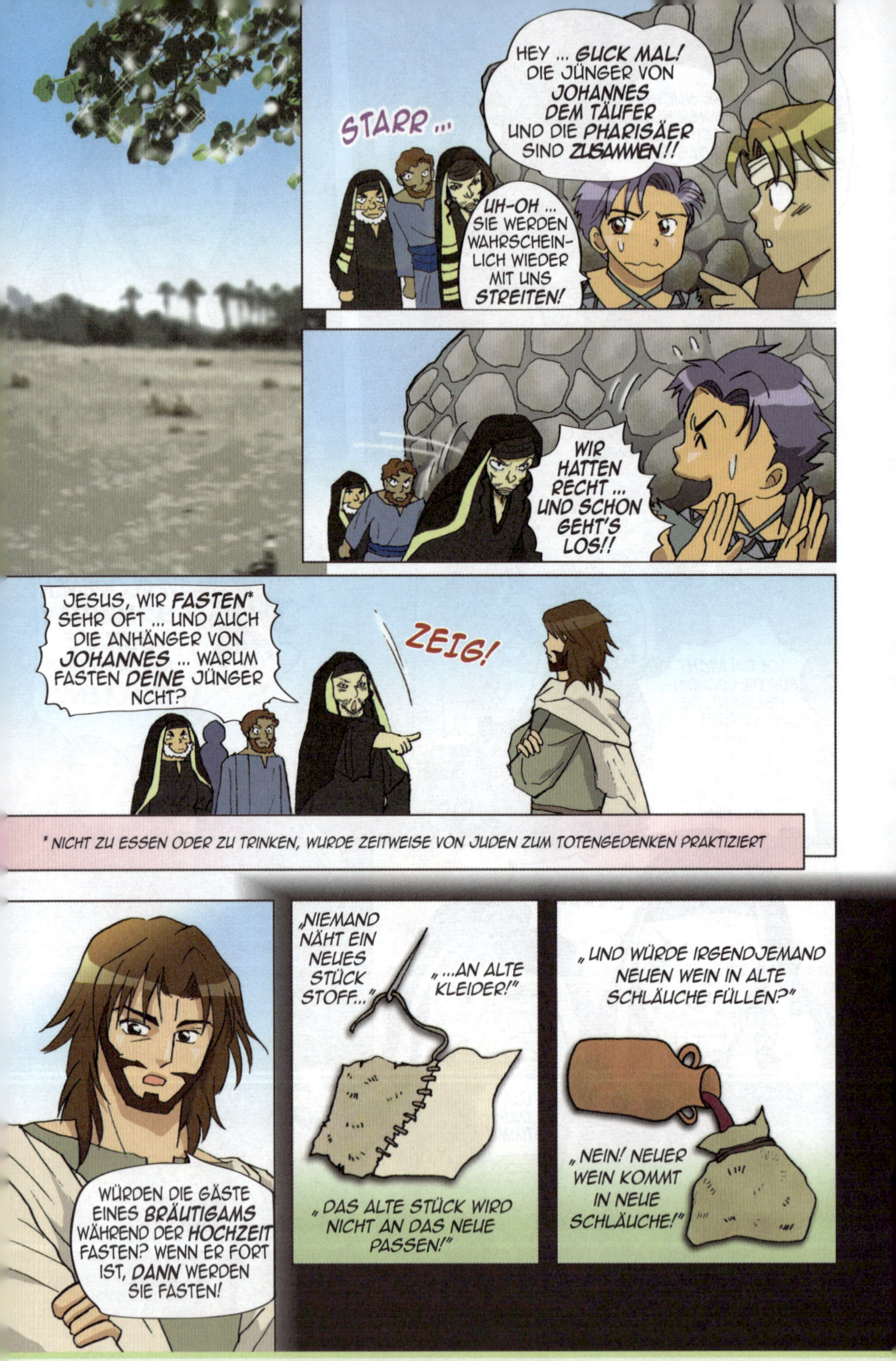
STARR ...
HEY ... GUCK MAL! DIE JÜNGER VON JOHANNES DEM TÄUFER UND DIE PHARISÄER SIND ZUSAMMEN!!
UH-OH ... SIE WERDEN WAHRSCHEIN-LICH WIEDER MIT UNS STREITEN!
WIR HATTEN RECHT ... UND SCHON GEHT'S LOS!!
JESUS, WIR FASTEN* SEHR OFT ... UND AUCH DIE ANHÄNGER VON JOHANNES ... WARUM FASTEN DEINE JÜNGER NCHT?
ZEIG!
* NICHT ZU ESSEN ODER ZU TRINKEN, WURDE ZEITWEISE VON JUDEN ZUM TOTENGEDENKEN PRAKTIZIERT
WÜRDEN DIE GÄSTE EINES BRÄUTIGAMS WÄHREND DER HOCHZEIT FASTEN? WENN ER FORT IST, DANN WERDEN SIE FASTEN!
„NIEMAND NÄHT EIN NEUES STÜCK STOFF..."
„...AN ALTE KLEIDER!"
„DAS ALTE STÜCK WIRD NICHT AN DAS NEUE PASSEN!"
„UND WÜRDE IRGENDJEMAND NEUEN WEIN IN ALTE SCHLÄUCHE FÜLLEN?"
„NEIN! NEUER WEIN KOMMT IN NEUE SCHLÄUCHE!"

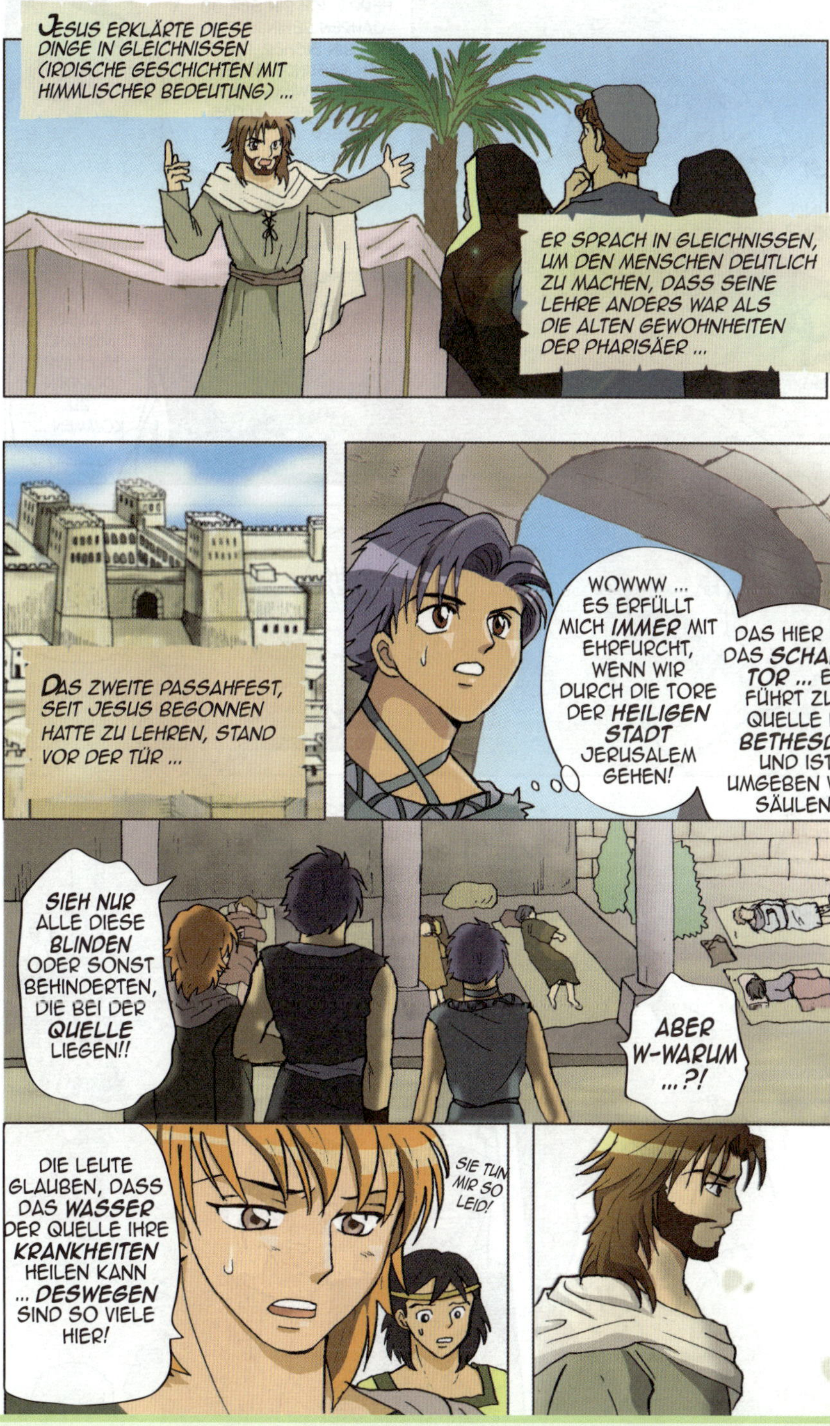
JESUS ERKLÄRTE DIESE DINGE IN GLEICHNISSEN (IRDISCHE GESCHICHTEN MIT HIMMLISCHER BEDEUTUNG) ...
ER SPRACH IN GLEICHNISSEN, UM DEN MENSCHEN DEUTLICH ZU MACHEN, DASS SEINE LEHRE ANDERS WAR ALS DIE ALTEN GEWOHNHEITEN DER PHARISÄER ...
DAS ZWEITE PASSAHFEST, SEIT JESUS BEGONNEN HATTE ZU LEHREN, STAND VOR DER TÜR ...
WOWWW ... ES ERFÜLLT MICH IMMER MIT EHRFURCHT, WENN WIR DURCH DIE TORE DER HEILIGEN STADT JERUSALEM GEHEN!
DAS HIER IST DAS SCHAFSTOR ... ES FÜHRT ZUR QUELLE IN BETHESDA UND IST UMGEBEN VON SÄULEN!
SIEH NUR ALLE DIESE BLINDEN ODER SONST BEHINDERTEN, DIE BEI DER QUELLE LIEGEN!!
ABER W-WARUM ...?!
DIE LEUTE GLAUBEN, DASS DAS WASSER DER QUELLE IHRE KRANKHEITEN HEILEN KANN ... DESWEGEN SIND SO VIELE HIER!
SIE TUN MIR SO LEID!

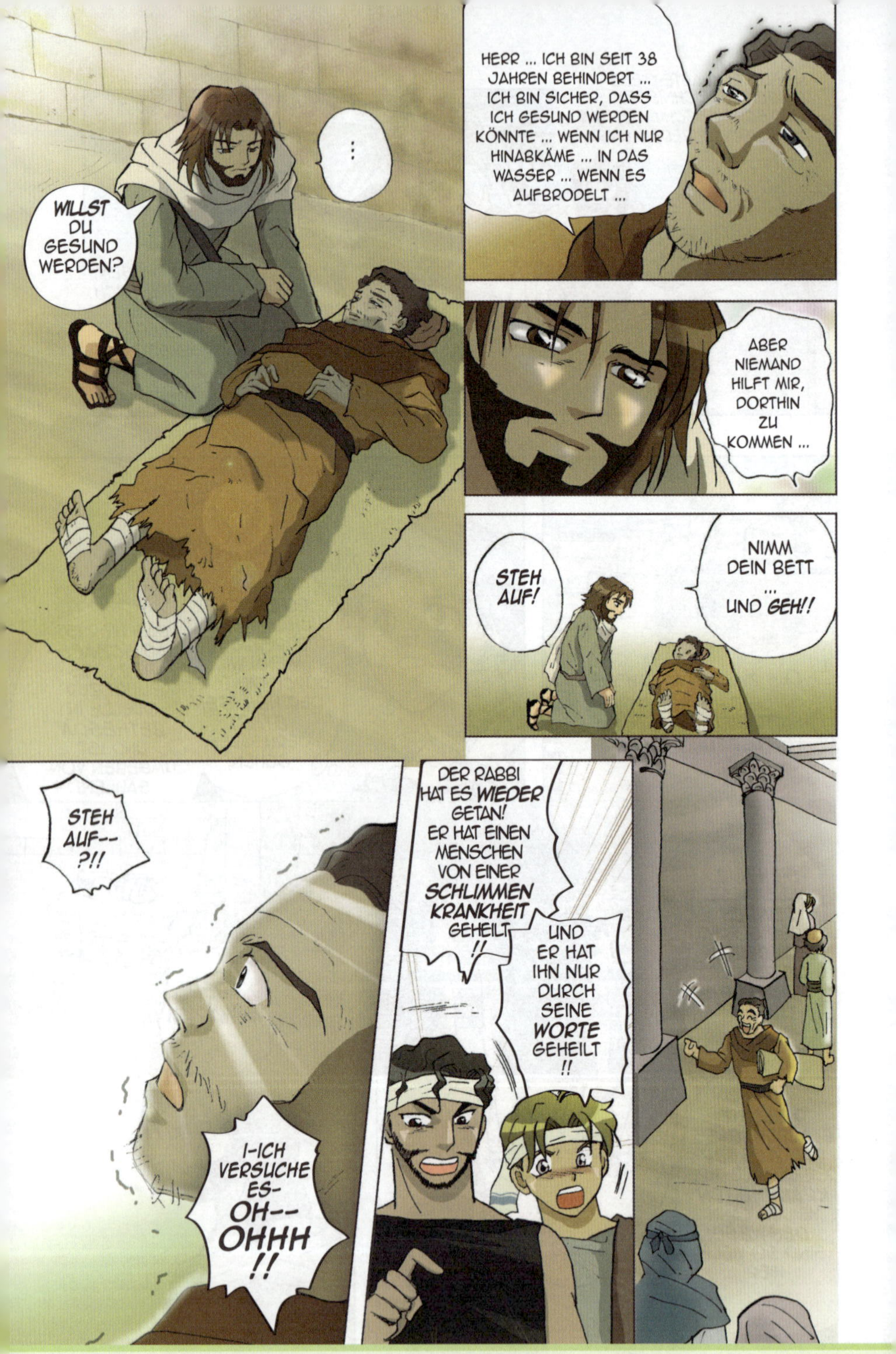
WILLST DU GESUND WERDEN?
...
HERR ... ICH BIN SEIT 38 JAHREN BEHINDERT ... ICH BIN SICHER, DASS ICH GESUND WERDEN KÖNNTE ... WENN ICH NUR HINABKÄME ... IN DAS WASSER ... WENN ES AUFBRODELT ...
ABER NIEMAND HILFT MIR, DORTHIN ZU KOMMEN ...
STEH AUF!
NIMM DEIN BETT ... UND GEH!!
STEH AUF--?!!
I-ICH VERSUCHE ES- OH-- OHHH!!
DER RABBI HAT ES WIEDER GETAN! ER HAT EINEN MENSCHEN VON EINER SCHLIMMEN KRANKHEIT GEHEILT!!
UND ER HAT IHN NUR DURCH SEINE WORTE GEHEILT!!

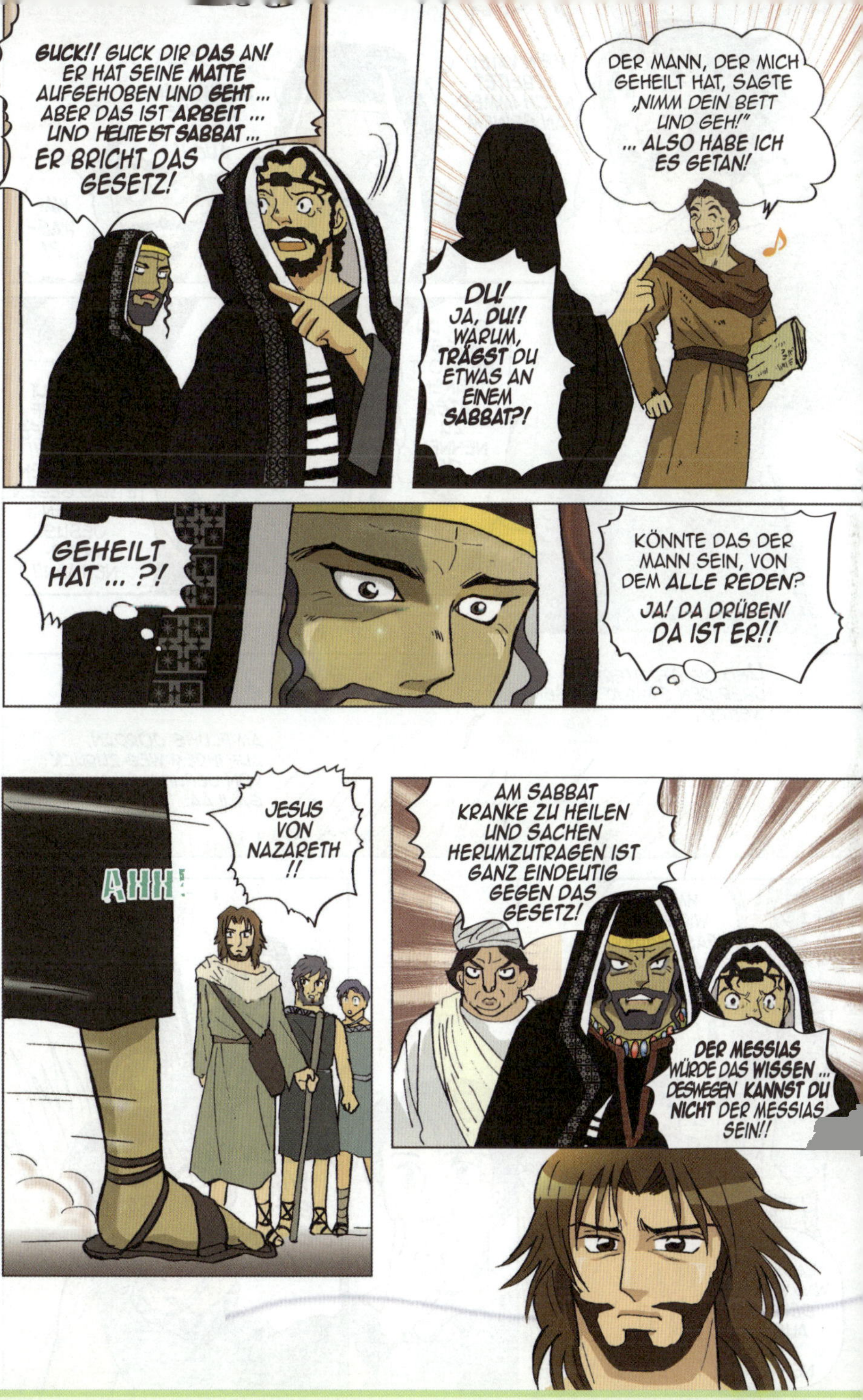
GUCK!! GUCK DIR DAS AN! ER HAT SEINE MATTE AUFGEHOBEN UND GEHT ... ABER DAS IST ARBEIT ... UND HEUTE IST SABBAT ... ER BRICHT DAS GESETZ!
DU! JA, DU!! WARUM, TRÄGST DU ETWAS AN EINEM SABBAT?!
DER MANN, DER MICH GEHEILT HAT, SAGTE „NIMM DEIN BETT UND GEH!" ... ALSO HABE ICH ES GETAN!
GEHEILT HAT ... ?!
KÖNNTE DAS DER MANN SEIN, VON DEM ALLE REDEN?
JA! DA DRÜBEN! DA IST ER!!
AHH!
JESUS VON NAZARETH !!
AM SABBAT KRANKE ZU HEILEN UND SACHEN HERUMZUTRAGEN IST GANZ EINDEUTIG GEGEN DAS GESETZ!
DER MESSIAS WÜRDE DAS WISSEN ... DESWEGEN KANNST DU NICHT DER MESSIAS SEIN!!

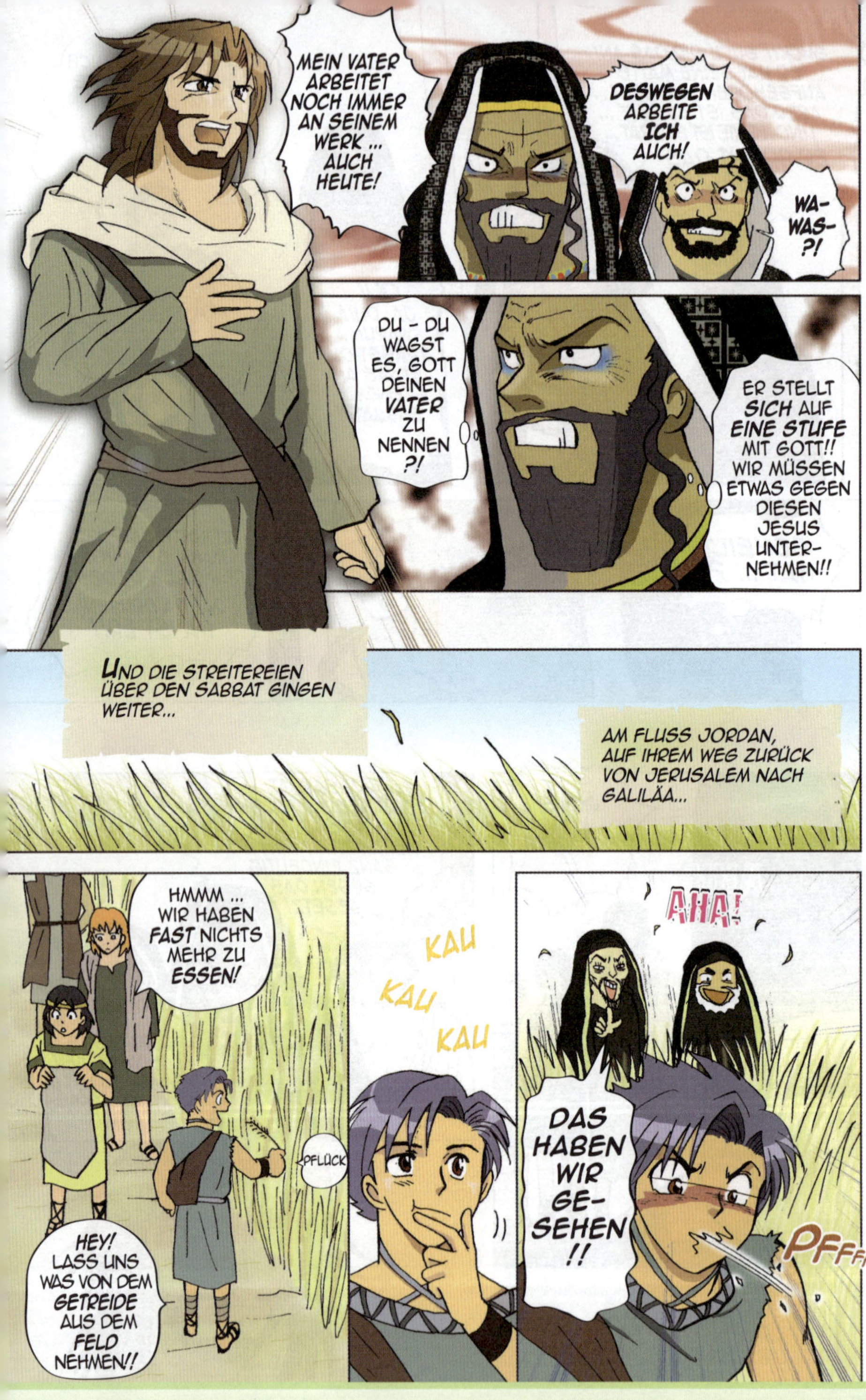
MEIN VATER ARBEITET NOCH IMMER AN SEINEM WERK ... AUCH HEUTE!
DESWEGEN ARBEITE ICH AUCH!
WA-WAS-?!
DU - DU WAGST ES, GOTT DEINEN VATER ZU NENNEN ?!
ER STELLT SICH AUF EINE STUFE MIT GOTT!! WIR MÜSSEN ETWAS GEGEN DIESEN JESUS UNTERNEHMEN!!
UND DIE STREITEREIEN ÜBER DEN SABBAT GINGEN WEITER...
AM FLUSS JORDAN, AUF IHREM WEG ZURÜCK VON JERUSALEM NACH GALILÄA...
HMMM ... WIR HABEN FAST NICHTS MEHR ZU ESSEN!
HEY! LASS UNS WAS VON DEM GETREIDE AUS DEM FELD NEHMEN!!
PFLÜCK
KAU
KAU
KAU
AHA!
DAS HABEN WIR GE-SEHEN !!
PFFFFF

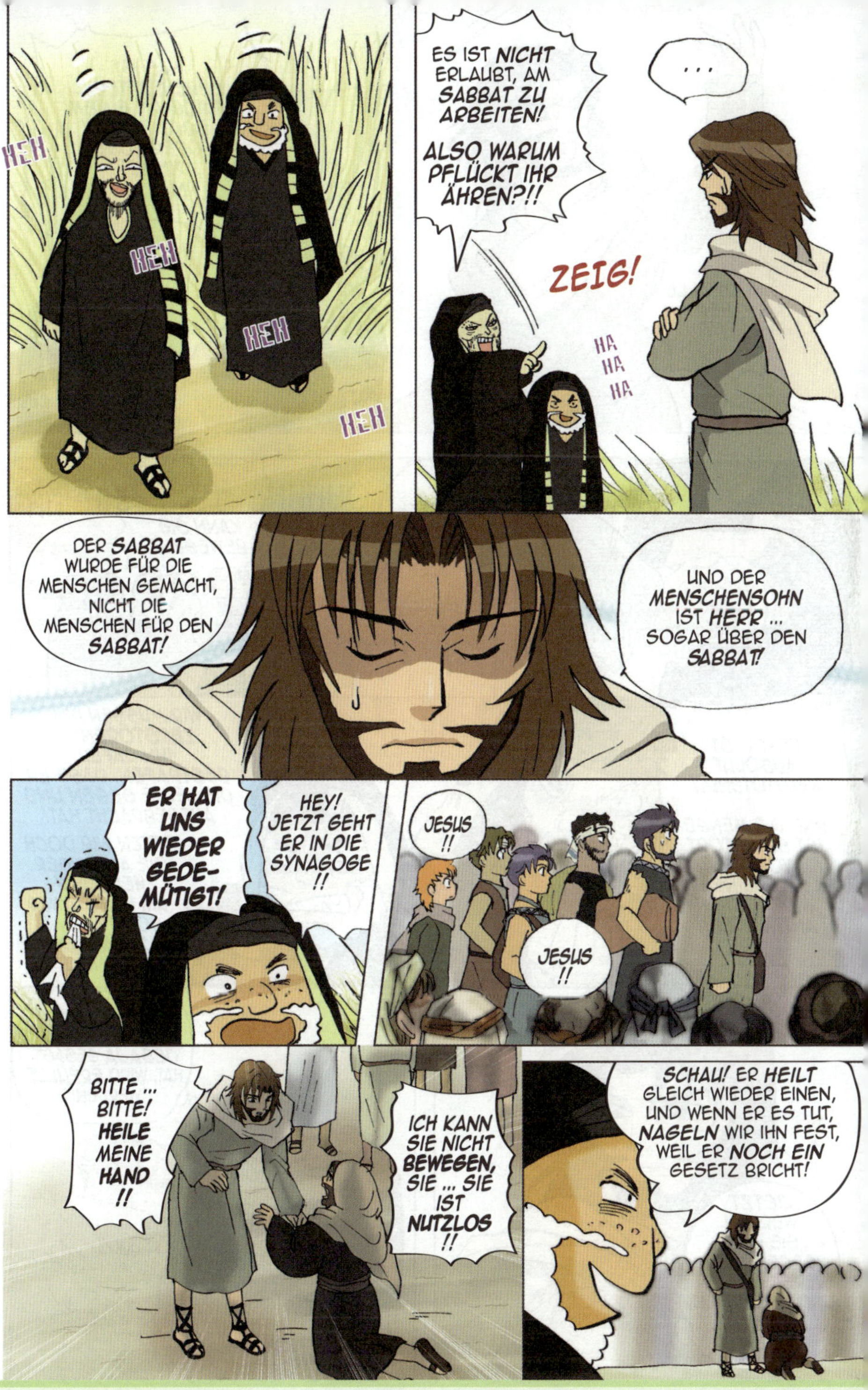
HEH
HEH
HEH
HEH
ES IST NICHT ERLAUBT, AM SABBAT ZU ARBEITEN!
ALSO WARUM PFLÜCKT IHR ÄHREN?!!
...
ZEIG!
HA HA HA
DER SABBAT WURDE FÜR DIE MENSCHEN GEMACHT, NICHT DIE MENSCHEN FÜR DEN SABBAT!
UND DER MENSCHENSOHN IST HERR ... SOGAR ÜBER DEN SABBAT!
ER HAT UNS WIEDER GEDE-MÜTIGT!
HEY! JETZT GEHT ER IN DIE SYNAGOGE !!
JESUS !!
JESUS !!
BITTE ... BITTE! HEILE MEINE HAND !!
ICH KANN SIE NICHT BEWEGEN, SIE ... SIE IST NUTZLOS !!
SCHAU! ER HEILT GLEICH WIEDER EINEN, UND WENN ER ES TUT, NAGELN WIR IHN FEST, WEIL ER NOCH EIN GESETZ BRICHT!

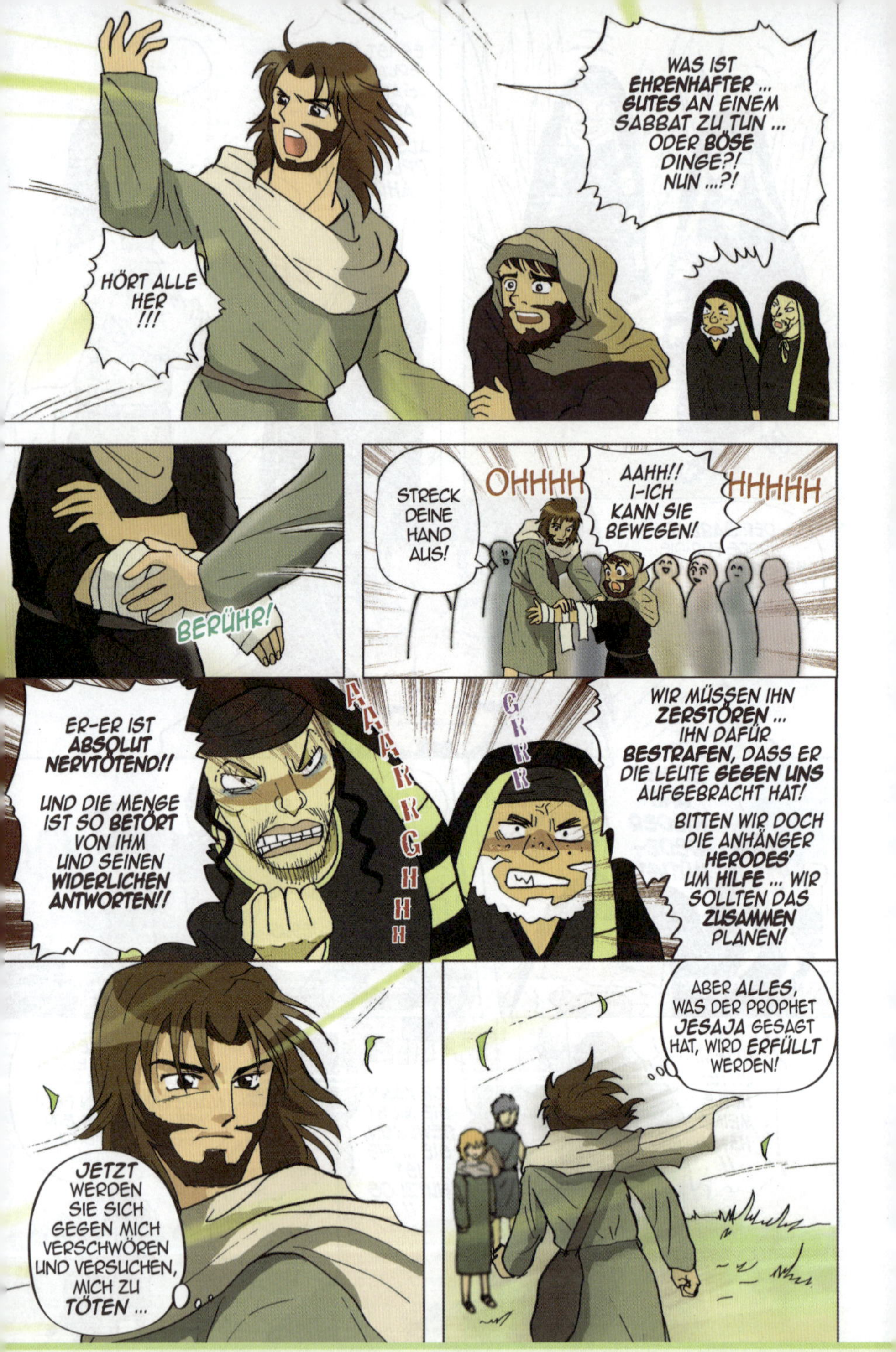
WAS IST EHRENHAFTER ... GUTES AN EINEM SABBAT ZU TUN ... ODER BÖSE DINGE?! NUN ...?!
HÖRT ALLE HER !!!
BERÜHR!
STRECK DEINE HAND AUS!
OHHHH
AAHH!! I-ICH KANN SIE BEWEGEN!
HHHHH
ER-ER IST ABSOLUT NERVTÖTEND!!
UND DIE MENGE IST SO BETÖRT VON IHM UND SEINEN WIDERLICHEN ANTWORTEN!!
AAAARRGHHH
GRRR
WIR MÜSSEN IHN ZERSTÖREN ... IHN DAFÜR BESTRAFEN, DASS ER DIE LEUTE GEGEN UNS AUFGEBRACHT HAT!
BITTEN WIR DOCH DIE ANHÄNGER HERODES' UM HILFE ... WIR SOLLTEN DAS ZUSAMMEN PLANEN!
JETZT WERDEN SIE SICH GEGEN MICH VERSCHWÖREN UND VERSUCHEN, MICH ZU TÖTEN ...
ABER ALLES, WAS DER PROPHET JESAJA GESAGT HAT, WIRD ERFÜLLT WERDEN!

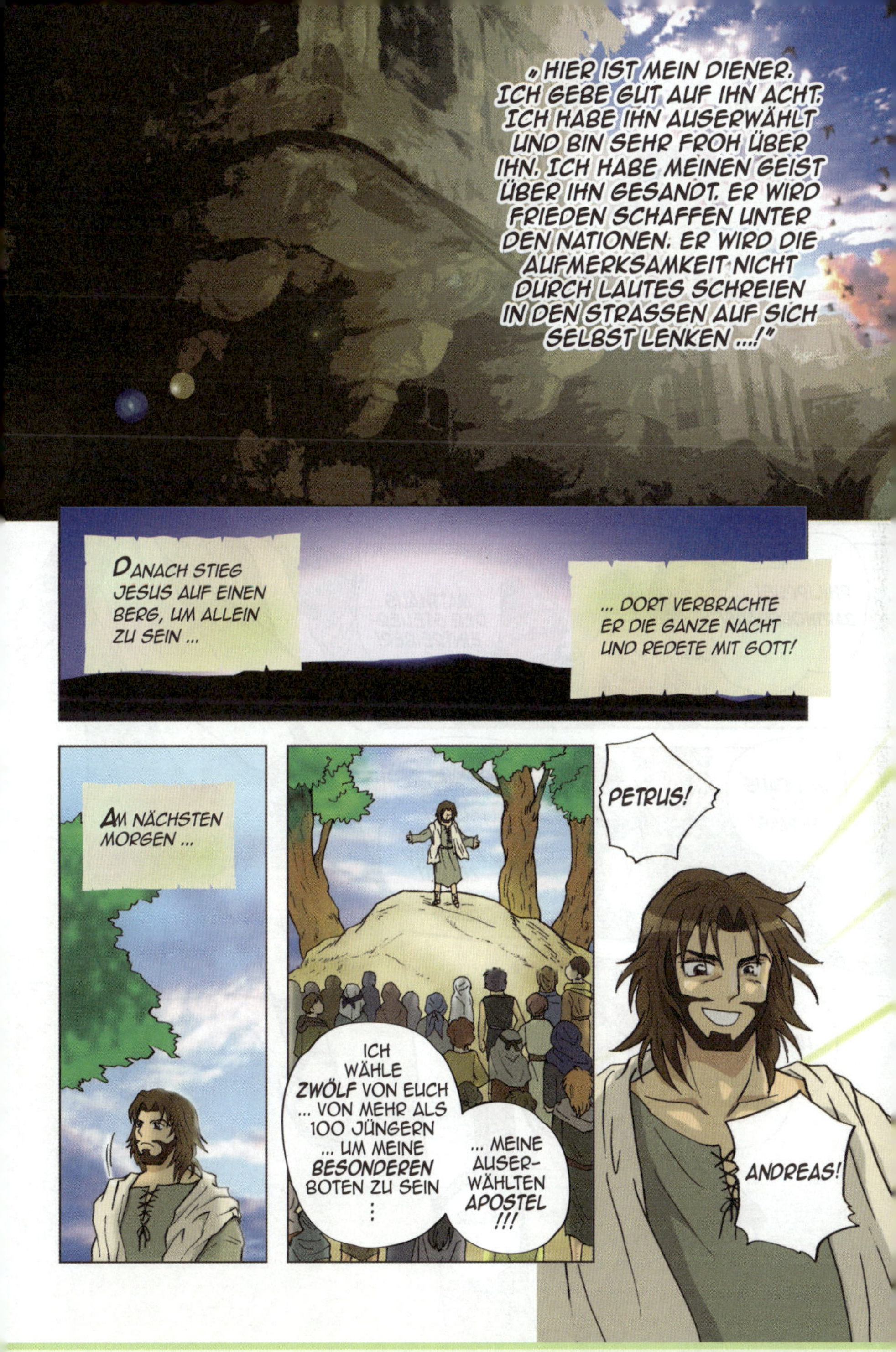
„HIER IST MEIN DIENER. ICH GEBE GUT AUF IHN ACHT. ICH HABE IHN AUSERWÄHLT UND BIN SEHR FROH ÜBER IHN. ICH HABE MEINEN GEIST ÜBER IHN GESANDT. ER WIRD FRIEDEN SCHAFFEN UNTER DEN NATIONEN. ER WIRD DIE AUFMERKSAMKEIT NICHT DURCH LAUTES SCHREIEN IN DEN STRASSEN AUF SICH SELBST LENKEN ...!"
DANACH STIEG JESUS AUF EINEN BERG, UM ALLEIN ZU SEIN ...
... DORT VERBRACHTE ER DIE GANZE NACHT UND REDETE MIT GOTT!
AM NÄCHSTEN MORGEN ...
ICH WÄHLE ZWÖLF VON EUCH ... VON MEHR ALS 100 JÜNGERN ... UM MEINE BESONDEREN BOTEN ZU SEIN ...
... MEINE AUSER-WÄHLTEN APOSTEL !!!
PETRUS!
ANDREAS!

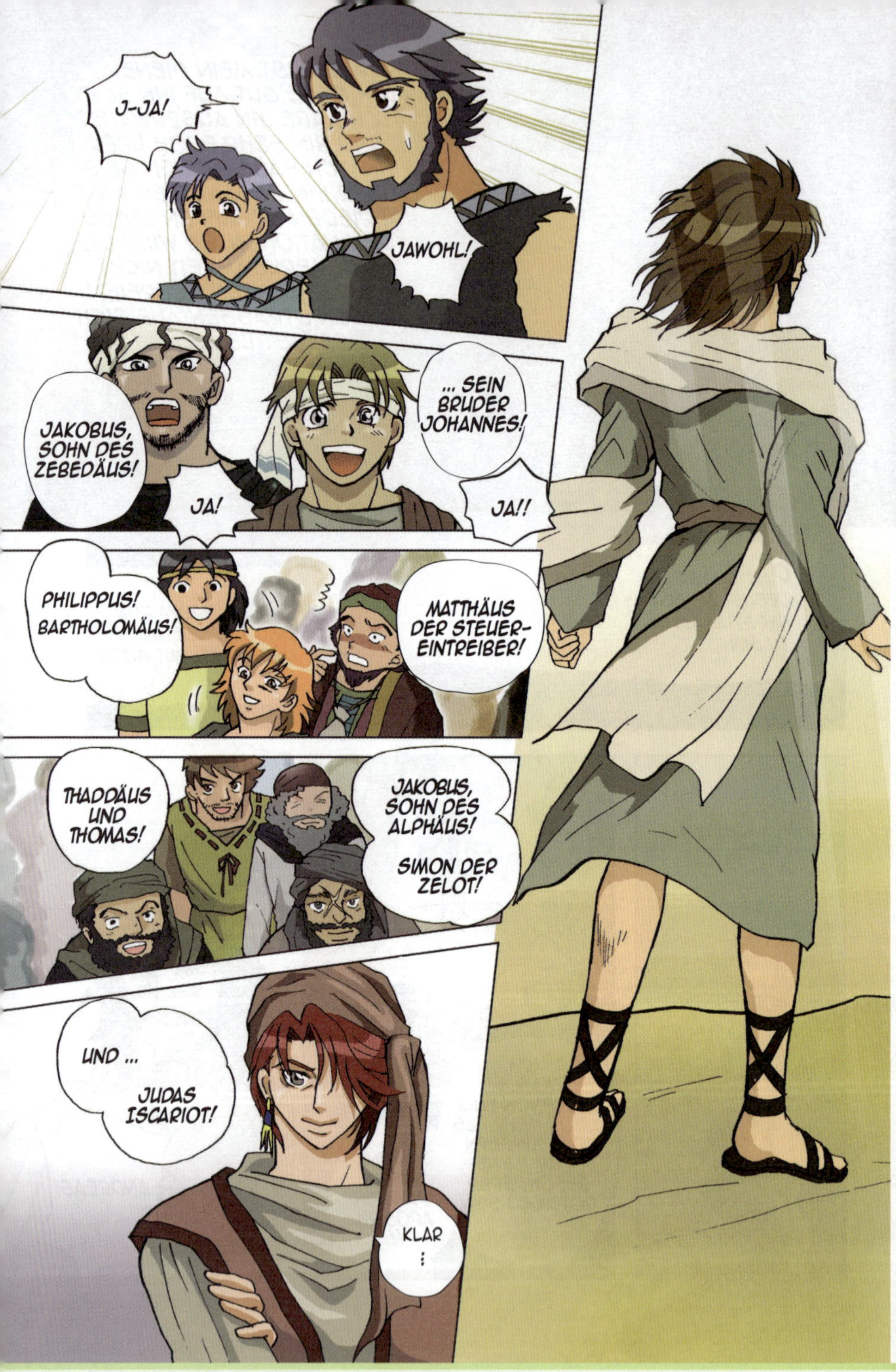
J-JA!
JAWOHL!
JAKOBUS, SOHN DES ZEBEDÄUS!
JA!
... SEIN BRUDER JOHANNES!
JA!!
PHILIPPUS! BARTHOLOMÄUS!
MATTHÄUS DER STEUER-EINTREIBER!
THADDÄUS UND THOMAS!
JAKOBUS, SOHN DES ALPHÄUS!
SIMON DER ZELOT!
UND ...
JUDAS ISCARIOT!
KLAR
!

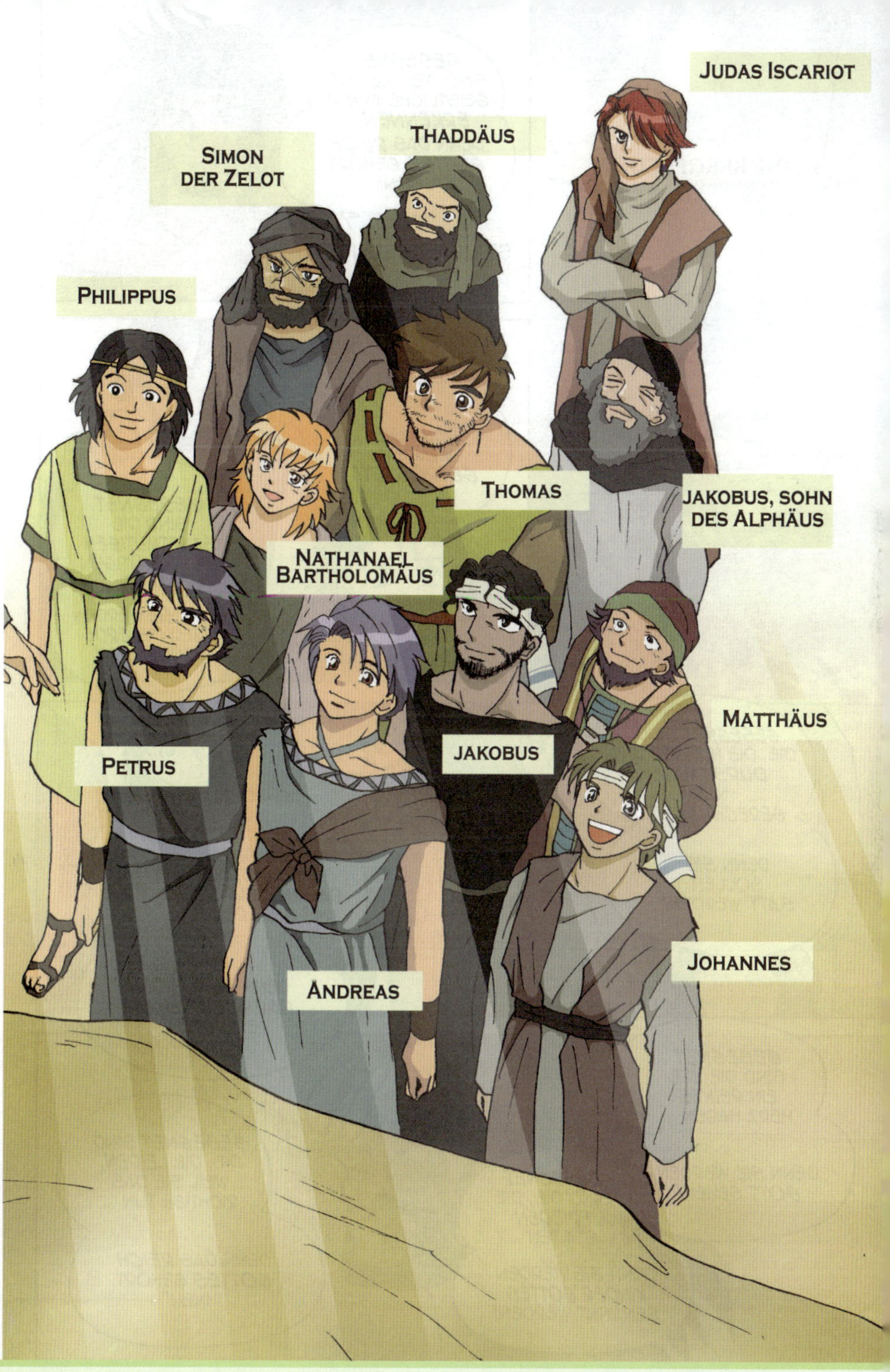
JUDAS ISCARIOT
THADDÄUS
SIMON
DER ZELOT
PHILIPPUS
THOMAS
JAKOBUS, SOHN
DES ALPHÄUS
NATHANAEL
BARTHOLOMÄUS
MATTHÄUS
PETRUS
JAKOBUS
JOHANNES
ANDREAS

10. DIE BERGPREDIGT

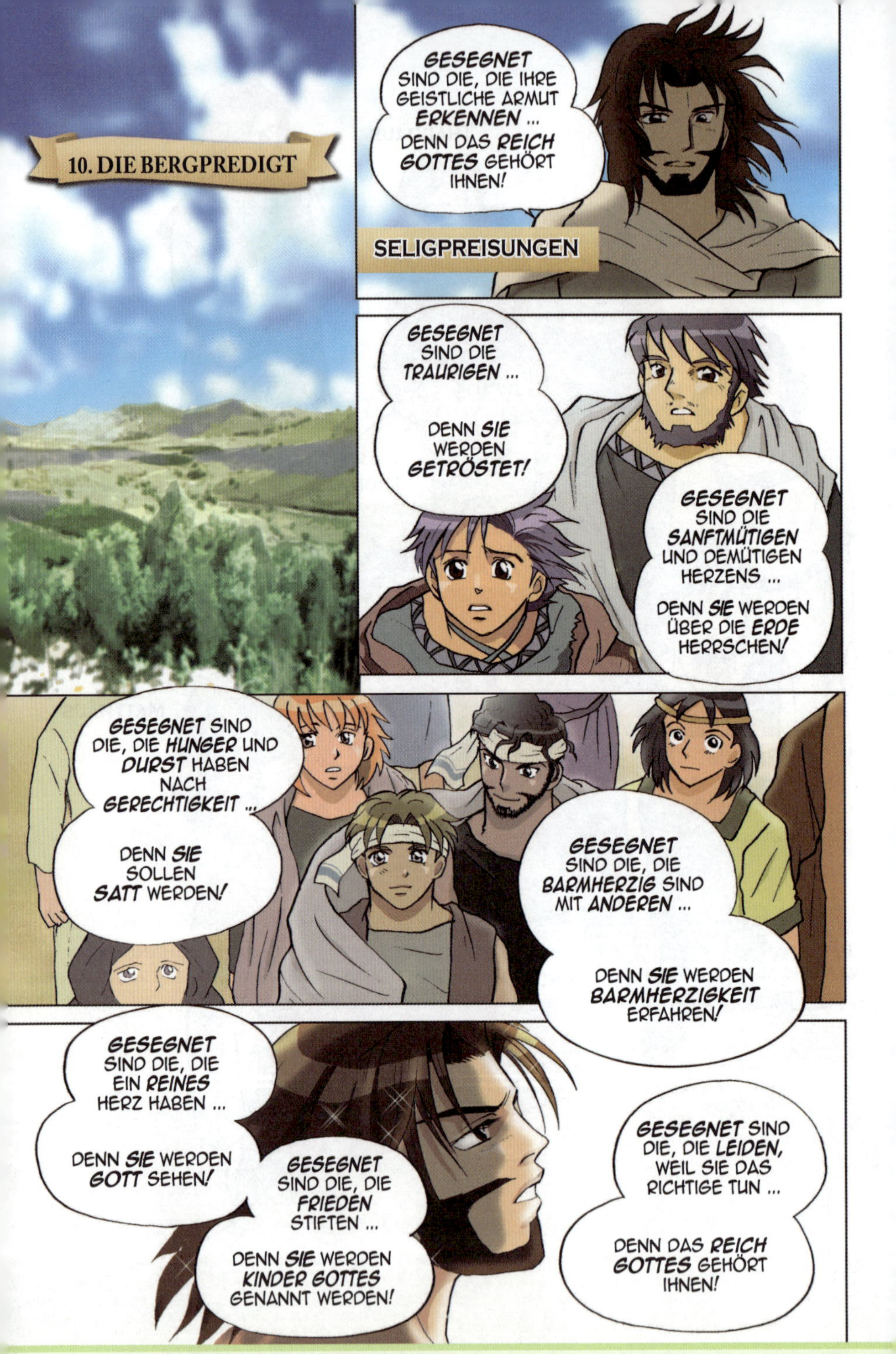

 Matthäus 5:1-10 Lukas 6:20-23

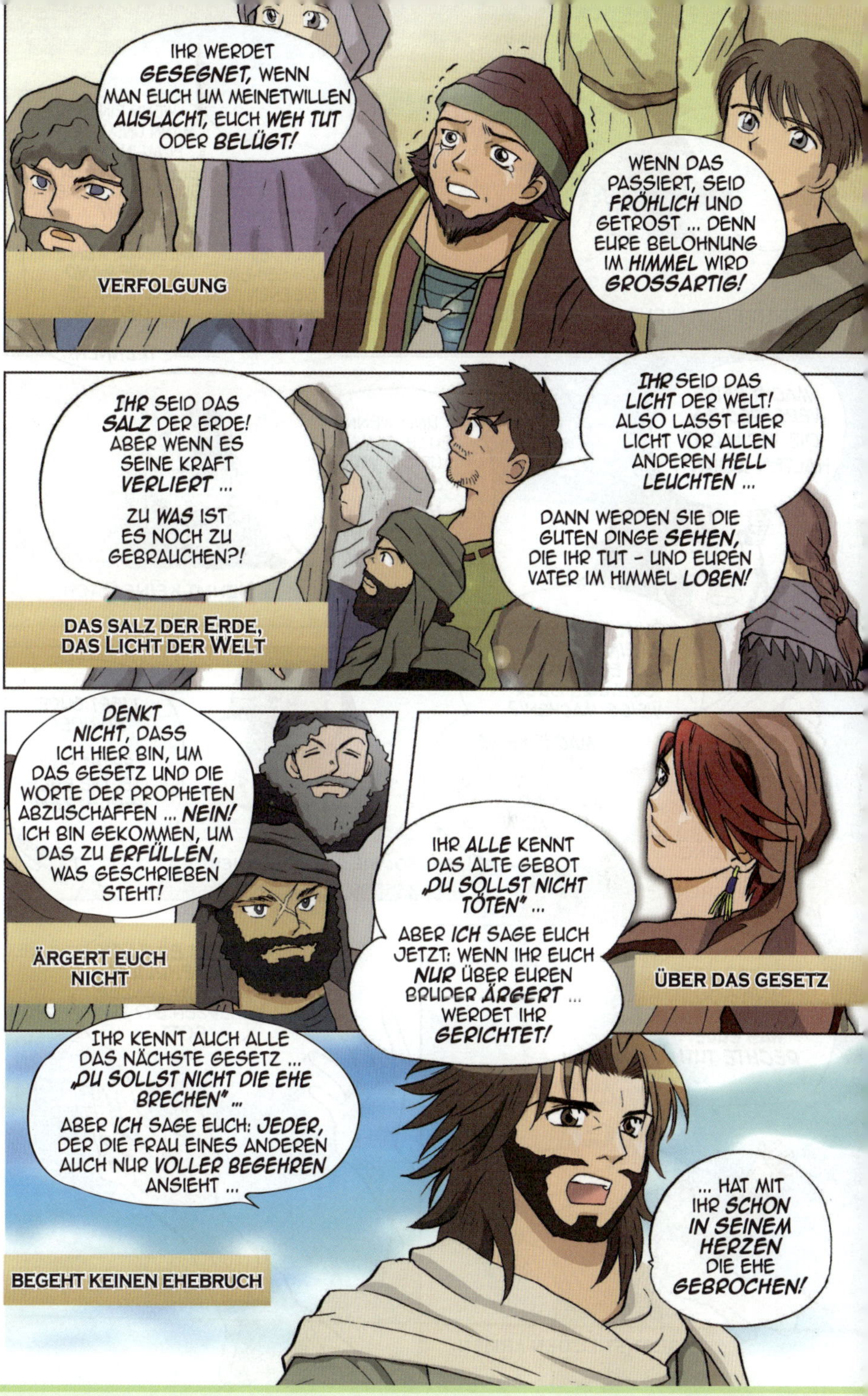
VERFOLGUNG
IHR WERDET GESEGNET, WENN MAN EUCH UM MEINETWILLEN AUSLACHT, EUCH WEH TUT ODER BELÜGT!
WENN DAS PASSIERT, SEID FRÖHLICH UND GETROST ... DENN EURE BELOHNUNG IM HIMMEL WIRD GROSSARTIG!
DAS SALZ DER ERDE, DAS LICHT DER WELT
IHR SEID DAS SALZ DER ERDE! ABER WENN ES SEINE KRAFT VERLIERT ...
ZU WAS IST ES NOCH ZU GEBRAUCHEN?!
IHR SEID DAS LICHT DER WELT! ALSO LASST EUER LICHT VOR ALLEN ANDEREN HELL LEUCHTEN ...
DANN WERDEN SIE DIE GUTEN DINGE SEHEN, DIE IHR TUT - UND EUREN VATER IM HIMMEL LOBEN!
DENKT NICHT, DASS ICH HIER BIN, UM DAS GESETZ UND DIE WORTE DER PROPHETEN ABZUSCHAFFEN ... NEIN! ICH BIN GEKOMMEN, UM DAS ZU ERFÜLLEN, WAS GESCHRIEBEN STEHT!
ÄRGERT EUCH NICHT
IHR ALLE KENNT DAS ALTE GEBOT „DU SOLLST NICHT TÖTEN" ...
ABER ICH SAGE EUCH JETZT: WENN IHR EUCH NUR ÜBER EUREN BRUDER ÄRGERT ... WERDET IHR GERICHTET!
ÜBER DAS GESETZ
IHR KENNT AUCH ALLE DAS NÄCHSTE GESETZ ... „DU SOLLST NICHT DIE EHE BRECHEN" ...
ABER ICH SAGE EUCH: JEDER, DER DIE FRAU EINES ANDEREN AUCH NUR VOLLER BEGEHREN ANSIEHT ...
... HAT MIT IHR SCHON IN SEINEM HERZEN DIE EHE GEBROCHEN!
BEGEHT KEINEN EHEBRUCH

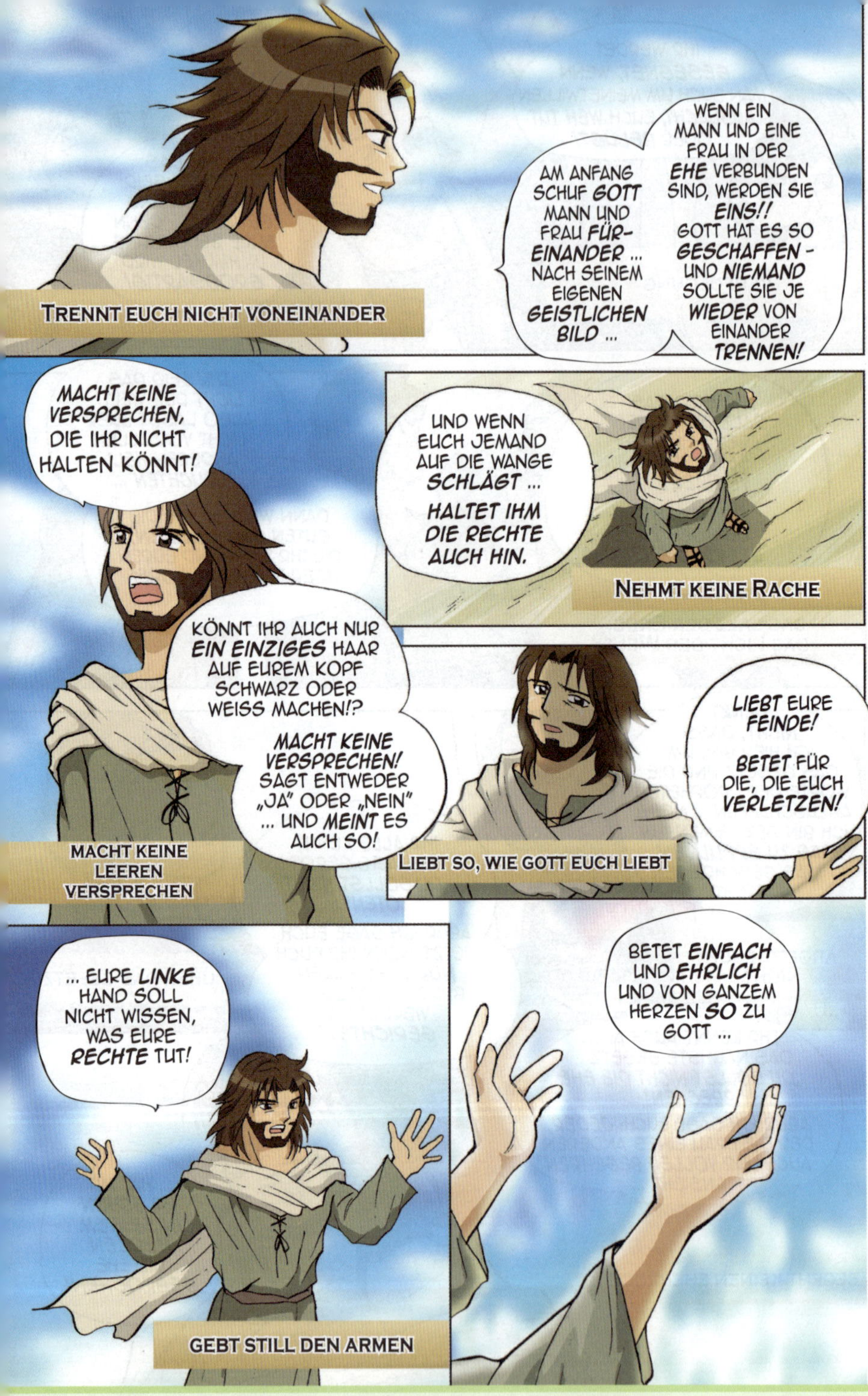
Trennt euch nicht voneinander
Am Anfang schuf Gott Mann und Frau füreinander ... nach seinem eigenen geistlichen Bild ...
Wenn ein Mann und eine Frau in der Ehe verbunden sind, werden sie eins!! Gott hat es so geschaffen – und niemand sollte sie je wieder von einander trennen!
Macht keine Versprechen, die ihr nicht halten könnt!
Könnt ihr auch nur ein einziges Haar auf eurem Kopf schwarz oder weiss machen!?
Macht keine Versprechen! Sagt entweder „Ja" oder „Nein" ... und meint es auch so!
Macht keine leeren Versprechen
Nehmt keine Rache
Und wenn euch jemand auf die Wange schlägt ... haltet ihm die rechte auch hin.
Liebt so, wie Gott euch liebt
Liebt eure Feinde!
Betet für die, die euch verletzen!
Gebt still den Armen
... eure linke Hand soll nicht wissen, was eure rechte tut!
Betet einfach und ehrlich und von ganzem Herzen so zu Gott ...

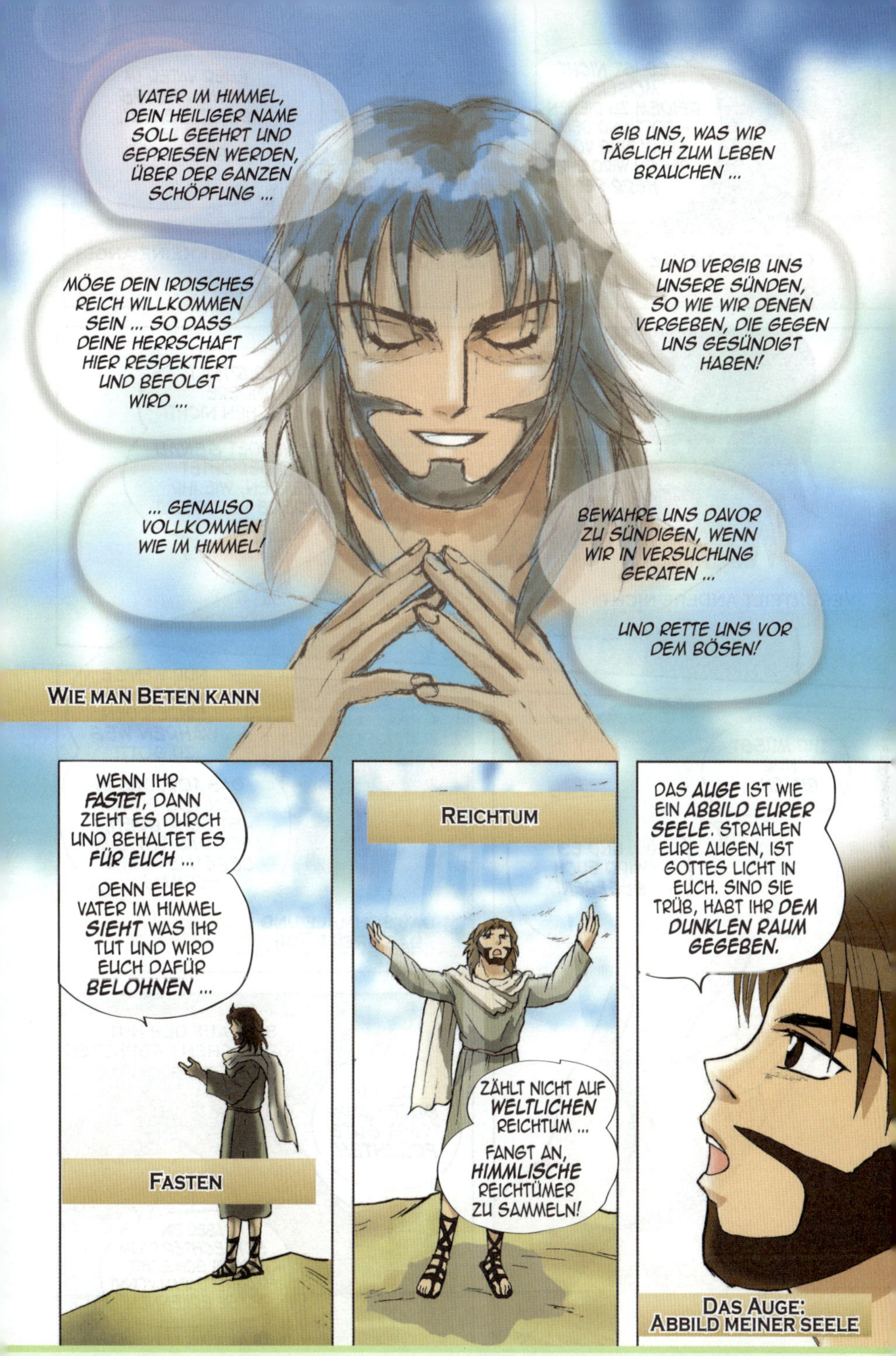

VATER IM HIMMEL, DEIN HEILIGER NAME SOLL GEEHRT UND GEPRIESEN WERDEN, ÜBER DER GANZEN SCHÖPFUNG ...
MÖGE DEIN IRDISCHES REICH WILLKOMMEN SEIN ... SO DASS DEINE HERRSCHAFT HIER RESPEKTIERT UND BEFOLGT WIRD ...
... GENAUSO VOLLKOMMEN WIE IM HIMMEL!
GIB UNS, WAS WIR TÄGLICH ZUM LEBEN BRAUCHEN ...
UND VERGIB UNS UNSERE SÜNDEN, SO WIE WIR DENEN VERGEBEN, DIE GEGEN UNS GESÜNDIGT HABEN!
BEWAHRE UNS DAVOR ZU SÜNDIGEN, WENN WIR IN VERSUCHUNG GERATEN ...
UND RETTE UNS VOR DEM BÖSEN!
WIE MAN BETEN KANN
WENN IHR FASTET, DANN ZIEHT ES DURCH UND BEHALTET ES FÜR EUCH ...
DENN EUER VATER IM HIMMEL SIEHT WAS IHR TUT UND WIRD EUCH DAFÜR BELOHNEN ...
FASTEN
REICHTUM
ZÄHLT NICHT AUF WELTLICHEN REICHTUM ...
FANGT AN, HIMMLISCHE REICHTÜMER ZU SAMMELN!
DAS AUGE IST WIE EIN ABBILD EURER SEELE. STRAHLEN EURE AUGEN, IST GOTTES LICHT IN EUCH. SIND SIE TRÜB, HABT IHR DEM DUNKLEN RAUM GEGEBEN.
DAS AUGE: ABBILD MEINER SEELE

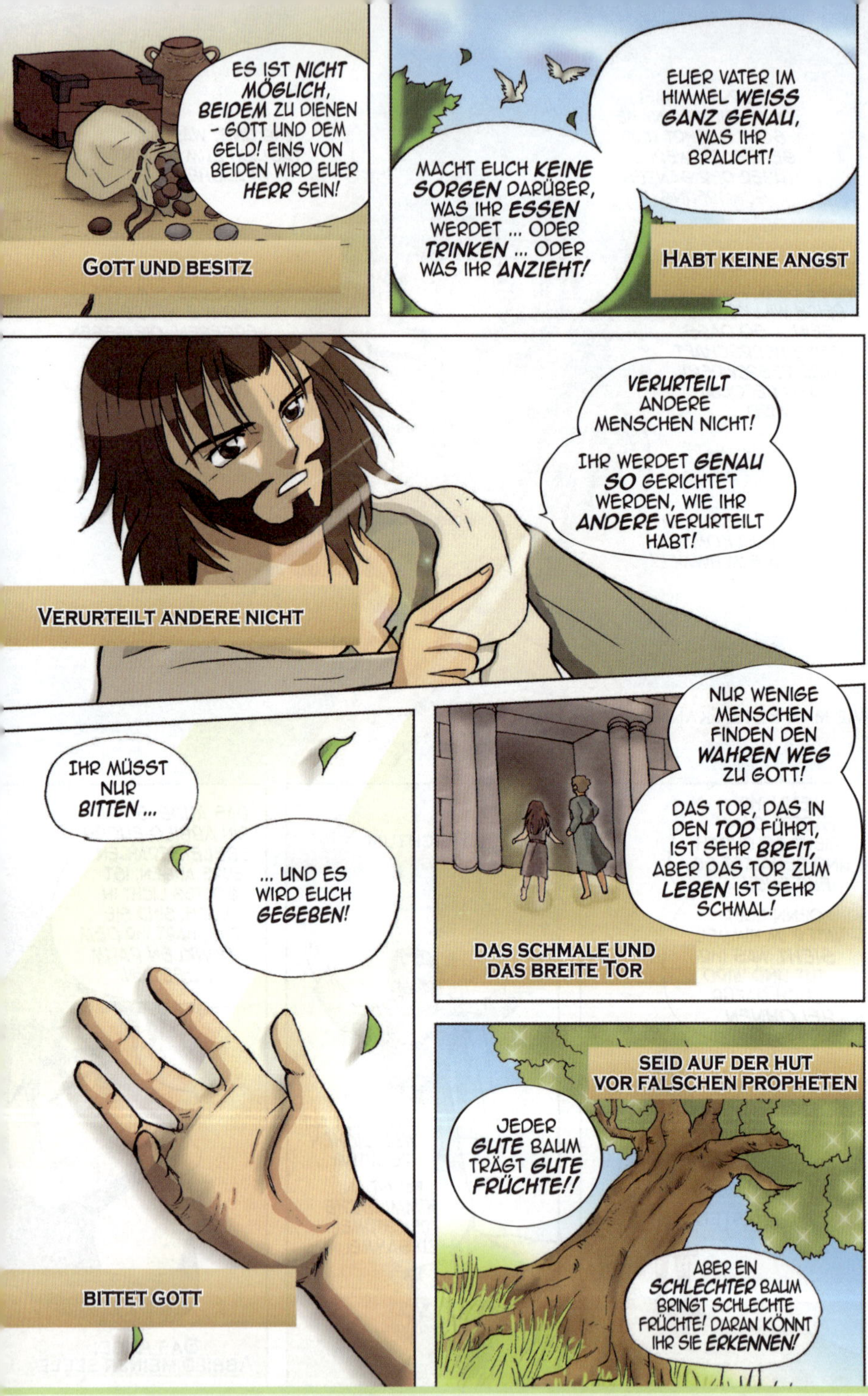
ES IST NICHT MÖGLICH, BEIDEM ZU DIENEN - GOTT UND DEM GELD! EINS VON BEIDEN WIRD EUER HERR SEIN!
GOTT UND BESITZ
MACHT EUCH KEINE SORGEN DARÜBER, WAS IHR ESSEN WERDET ... ODER TRINKEN ... ODER WAS IHR ANZIEHT!
EUER VATER IM HIMMEL WEISS GANZ GENAU, WAS IHR BRAUCHT!
HABT KEINE ANGST
VERURTEILT ANDERE MENSCHEN NICHT!
IHR WERDET GENAU SO GERICHTET WERDEN, WIE IHR ANDERE VERURTEILT HABT!
VERURTEILT ANDERE NICHT
IHR MÜSST NUR BITTEN ...
... UND ES WIRD EUCH GEGEBEN!
BITTET GOTT
NUR WENIGE MENSCHEN FINDEN DEN WAHREN WEG ZU GOTT!
DAS TOR, DAS IN DEN TOD FÜHRT, IST SEHR BREIT, ABER DAS TOR ZUM LEBEN IST SEHR SCHMAL!
DAS SCHMALE UND DAS BREITE TOR
SEID AUF DER HUT VOR FALSCHEN PROPHETEN
JEDER GUTE BAUM TRÄGT GUTE FRÜCHTE!!
ABER EIN SCHLECHTER BAUM BRINGT SCHLECHTE FRÜCHTE! DARAN KÖNNT IHR SIE ERKENNEN!

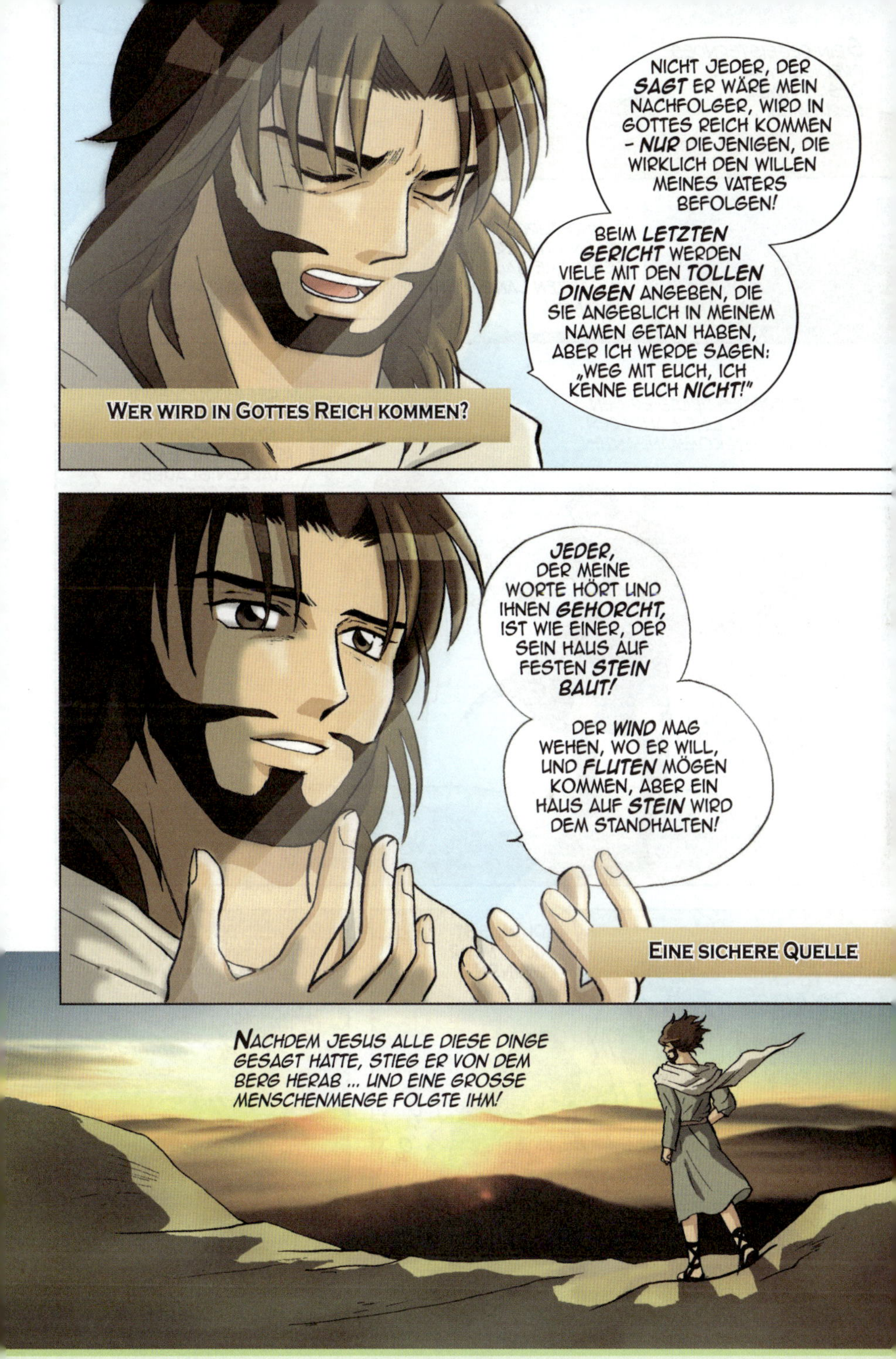
Nicht jeder, der sagt er wäre mein Nachfolger, wird in Gottes Reich kommen - nur diejenigen, die wirklich den Willen meines Vaters befolgen!
Beim letzten Gericht werden viele mit den tollen Dingen angeben, die sie angeblich in meinem Namen getan haben, aber ich werde sagen: „Weg mit euch, ich kenne euch nicht!"
Wer wird in Gottes Reich kommen?
Jeder, der meine Worte hört und ihnen gehorcht, ist wie einer, der sein Haus auf festen Stein baut!
Der Wind mag wehen, wo er will, und Fluten mögen kommen, aber ein Haus auf Stein wird dem standhalten!
Eine sichere Quelle
Nachdem Jesus alle diese Dinge gesagt hatte, stieg er von dem Berg herab ... und eine grosse Menschenmenge folgte ihm!

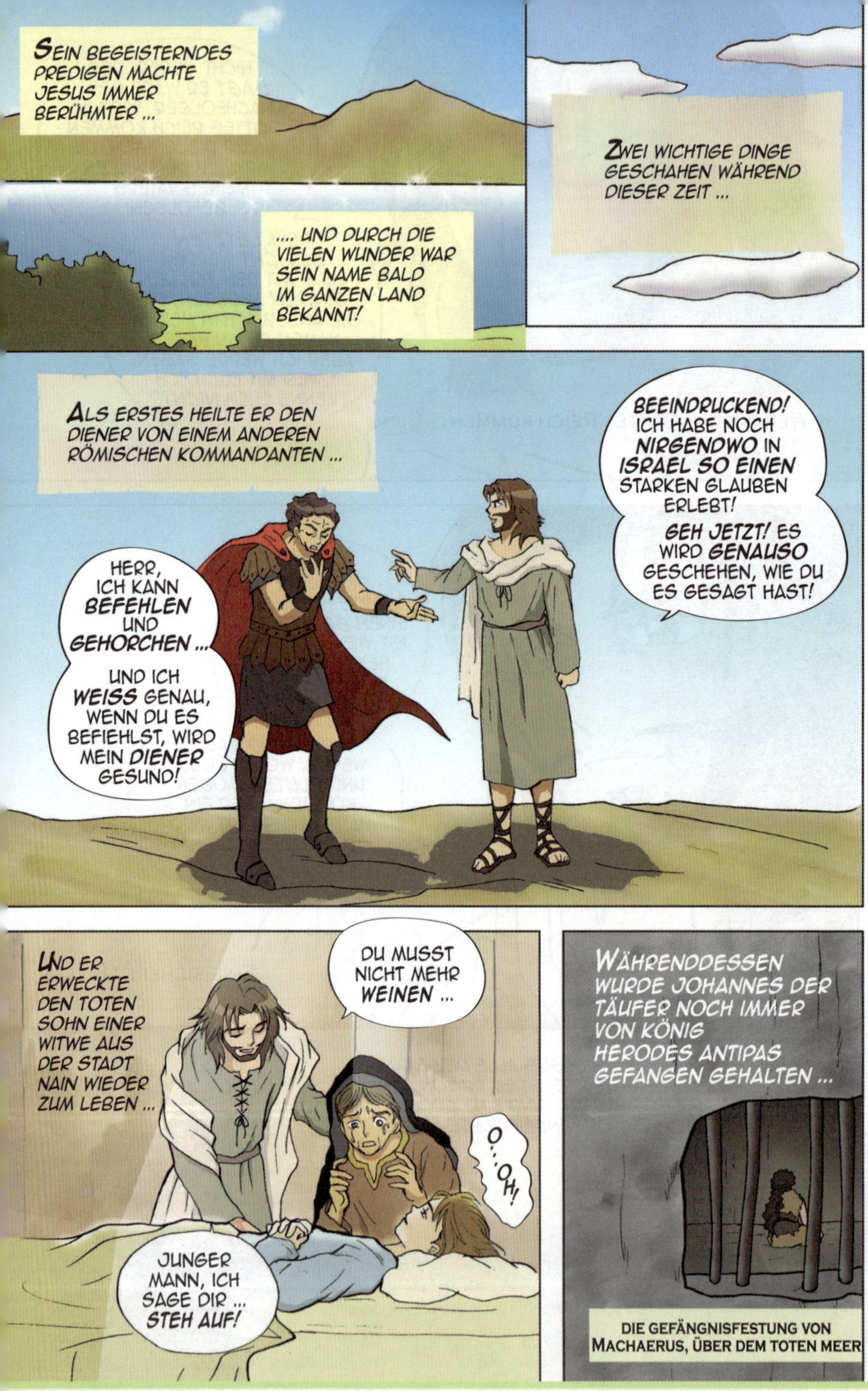
SEIN BEGEISTERNDES PREDIGEN MACHTE JESUS IMMER BERÜHMTER ...
.... UND DURCH DIE VIELEN WUNDER WAR SEIN NAME BALD IM GANZEN LAND BEKANNT!
ZWEI WICHTIGE DINGE GESCHAHEN WÄHREND DIESER ZEIT ...
ALS ERSTES HEILTE ER DEN DIENER VON EINEM ANDEREN RÖMISCHEN KOMMANDANTEN ...
HERR, ICH KANN BEFEHLEN UND GEHORCHEN ...
UND ICH WEISS GENAU, WENN DU ES BEFIEHLST, WIRD MEIN DIENER GESUND!
BEEINDRUCKEND! ICH HABE NOCH NIRGENDWO IN ISRAEL SO EINEN STARKEN GLAUBEN ERLEBT!
GEH JETZT! ES WIRD GENAUSO GESCHEHEN, WIE DU ES GESAGT HAST!
UND ER ERWECKTE DEN TOTEN SOHN EINER WITWE AUS DER STADT NAIN WIEDER ZUM LEBEN ...
DU MUSST NICHT MEHR WEINEN ...
O...OH!
JUNGER MANN, ICH SAGE DIR ... STEH AUF!
WÄHRENDDESSEN WURDE JOHANNES DER TÄUFER NOCH IMMER VON KÖNIG HERODES ANTIPAS GEFANGEN GEHALTEN ...
DIE GEFÄNGNISFESTUNG VON MACHAERUS, ÜBER DEM TOTEN MEER

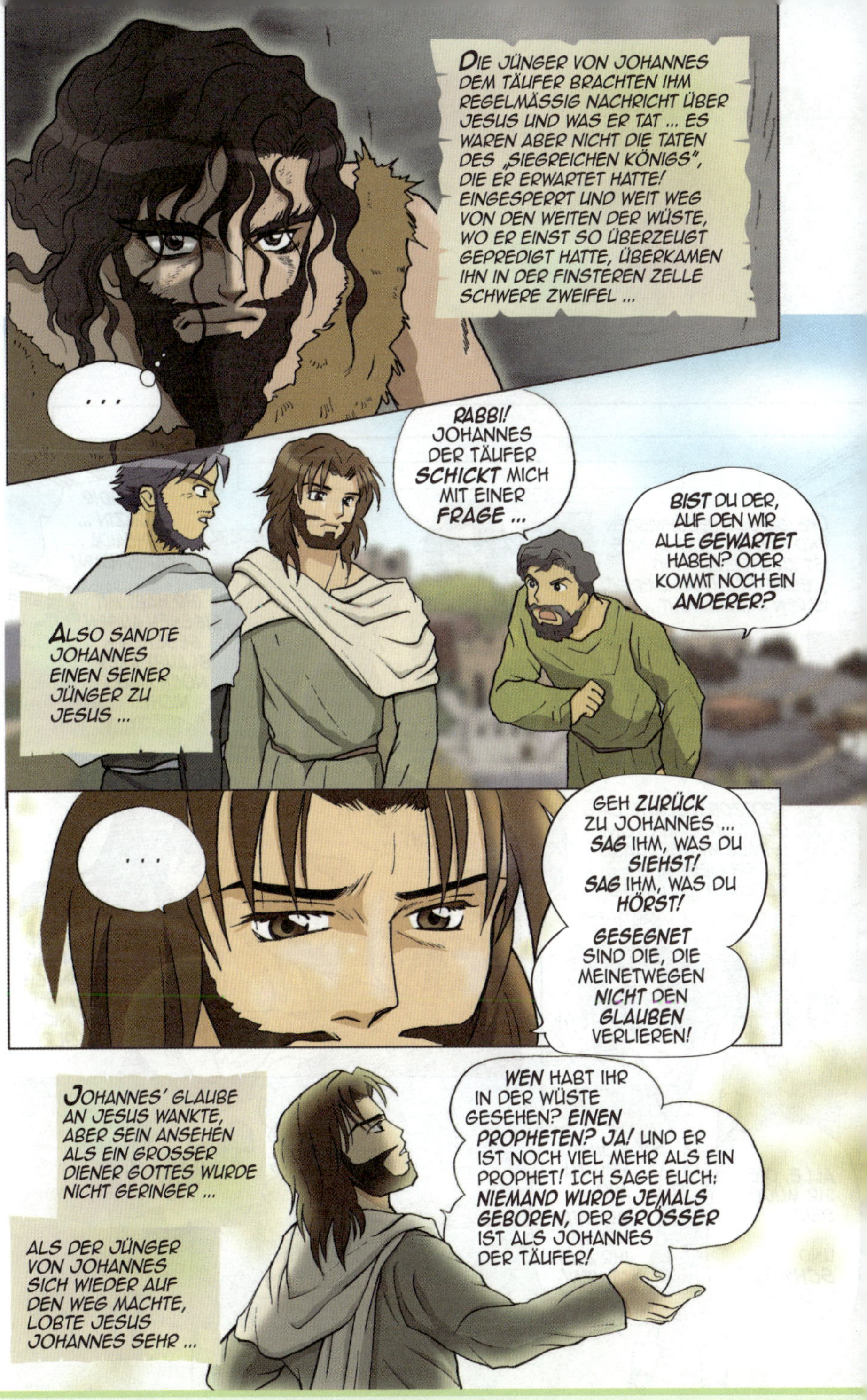
DIE JÜNGER VON JOHANNES DEM TÄUFER BRACHTEN IHM REGELMÄSSIG NACHRICHT ÜBER JESUS UND WAS ER TAT ... ES WAREN ABER NICHT DIE TATEN DES „SIEGREICHEN KÖNIGS", DIE ER ERWARTET HATTE! EINGESPERRT UND WEIT WEG VON DEN WEITEN DER WÜSTE, WO ER EINST SO ÜBERZEUGT GEPREDIGT HATTE, ÜBERKAMEN IHN IN DER FINSTEREN ZELLE SCHWERE ZWEIFEL ...
...
RABBI! JOHANNES DER TÄUFER SCHICKT MICH MIT EINER FRAGE ...
BIST DU DER, AUF DEN WIR ALLE GEWARTET HABEN? ODER KOMMT NOCH EIN ANDERER?
ALSO SANDTE JOHANNES EINEN SEINER JÜNGER ZU JESUS ...
...
GEH ZURÜCK ZU JOHANNES ... SAG IHM, WAS DU SIEHST! SAG IHM, WAS DU HÖRST!
GESEGNET SIND DIE, DIE MEINETWEGEN NICHT DEN GLAUBEN VERLIEREN!
JOHANNES' GLAUBE AN JESUS WANKTE, ABER SEIN ANSEHEN ALS EIN GROSSER DIENER GOTTES WURDE NICHT GERINGER ...
ALS DER JÜNGER VON JOHANNES SICH WIEDER AUF DEN WEG MACHTE, LOBTE JESUS JOHANNES SEHR ...
WEN HABT IHR IN DER WÜSTE GESEHEN? EINEN PROPHETEN? JA! UND ER IST NOCH VIEL MEHR ALS EIN PROPHET! ICH SAGE EUCH: NIEMAND WURDE JEMALS GEBOREN, DER GRÖSSER IST ALS JOHANNES DER TÄUFER!

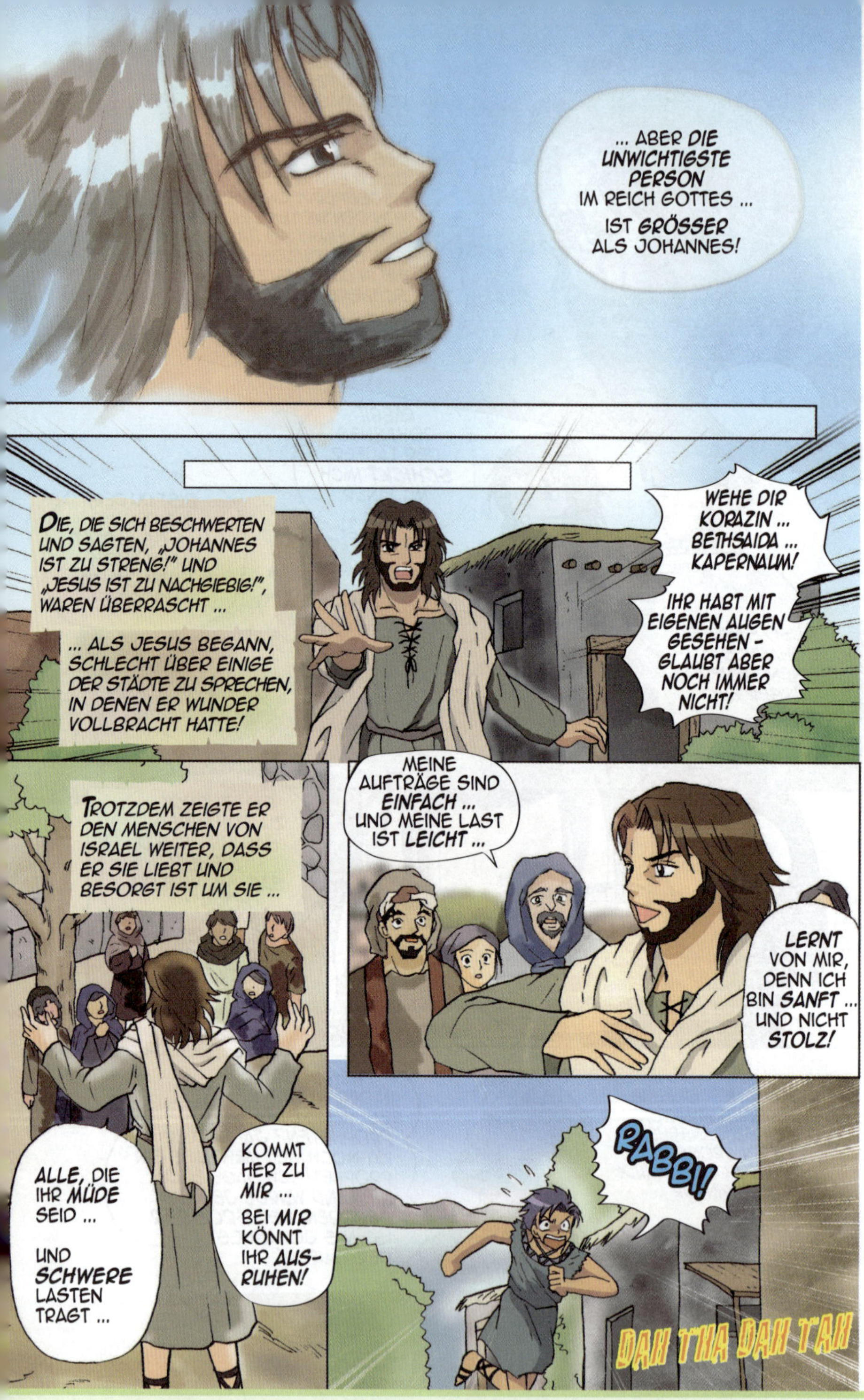
... ABER DIE UNWICHTIGSTE PERSON IM REICH GOTTES ...
IST GRÖSSER ALS JOHANNES!
DIE, DIE SICH BESCHWERTEN UND SAGTEN, „JOHANNES IST ZU STRENG!" UND „JESUS IST ZU NACHGIEBIG!", WAREN ÜBERRASCHT ...
... ALS JESUS BEGANN, SCHLECHT ÜBER EINIGE DER STÄDTE ZU SPRECHEN, IN DENEN ER WUNDER VOLLBRACHT HATTE!
WEHE DIR KORAZIN ... BETHSAIDA ... KAPERNAUM!
IHR HABT MIT EIGENEN AUGEN GESEHEN - GLAUBT ABER NOCH IMMER NICHT!
TROTZDEM ZEIGTE ER DEN MENSCHEN VON ISRAEL WEITER, DASS ER SIE LIEBT UND BESORGT IST UM SIE ...
ALLE, DIE IHR MÜDE SEID ...
UND SCHWERE LASTEN TRAGT ...
KOMMT HER ZU MIR ...
BEI MIR KÖNNT IHR AUSRUHEN!
MEINE AUFTRÄGE SIND EINFACH ... UND MEINE LAST IST LEICHT ...
LERNT VON MIR, DENN ICH BIN SANFT ... UND NICHT STOLZ!
RABBI!
DAH T'HA DAH TAH

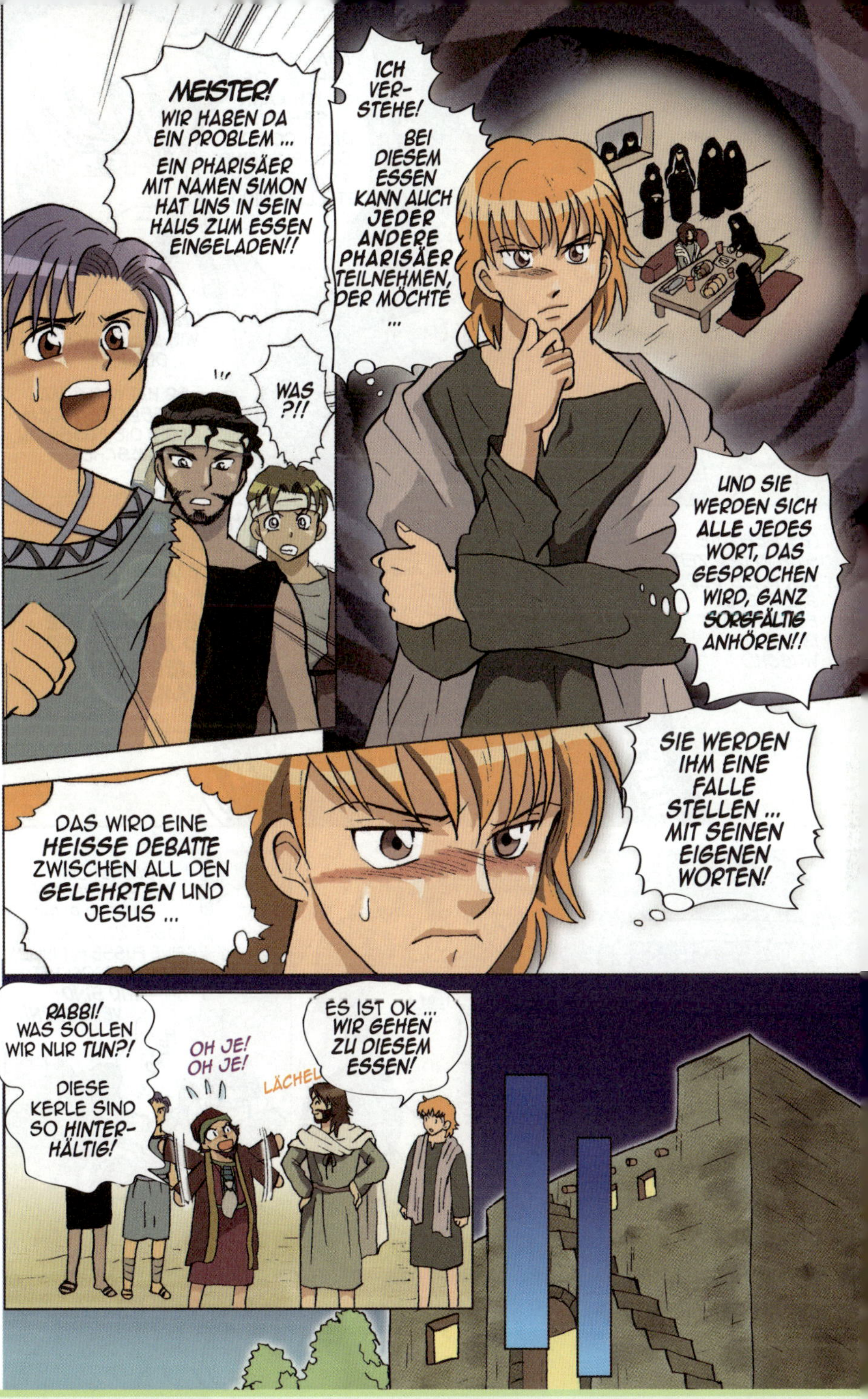
MEISTER! WIR HABEN DA EIN PROBLEM ...
EIN PHARISÄER MIT NAMEN SIMON HAT UNS IN SEIN HAUS ZUM ESSEN EINGELADEN!!
ICH VERSTEHE!
BEI DIESEM ESSEN KANN AUCH JEDER ANDERE PHARISÄER TEILNEHMEN, DER MÖCHTE ...
WAS ?!!
UND SIE WERDEN SICH ALLE JEDES WORT, DAS GESPROCHEN WIRD, GANZ SORGFÄLTIG ANHÖREN!!
SIE WERDEN IHM EINE FALLE STELLEN ... MIT SEINEN EIGENEN WORTEN!
DAS WIRD EINE HEISSE DEBATTE ZWISCHEN ALL DEN GELEHRTEN UND JESUS ...
RABBI! WAS SOLLEN WIR NUR TUN?!
DIESE KERLE SIND SO HINTERHÄLTIG!
OH JE! OH JE!
LÄCHEL
ES IST OK ... WIR GEHEN ZU DIESEM ESSEN!

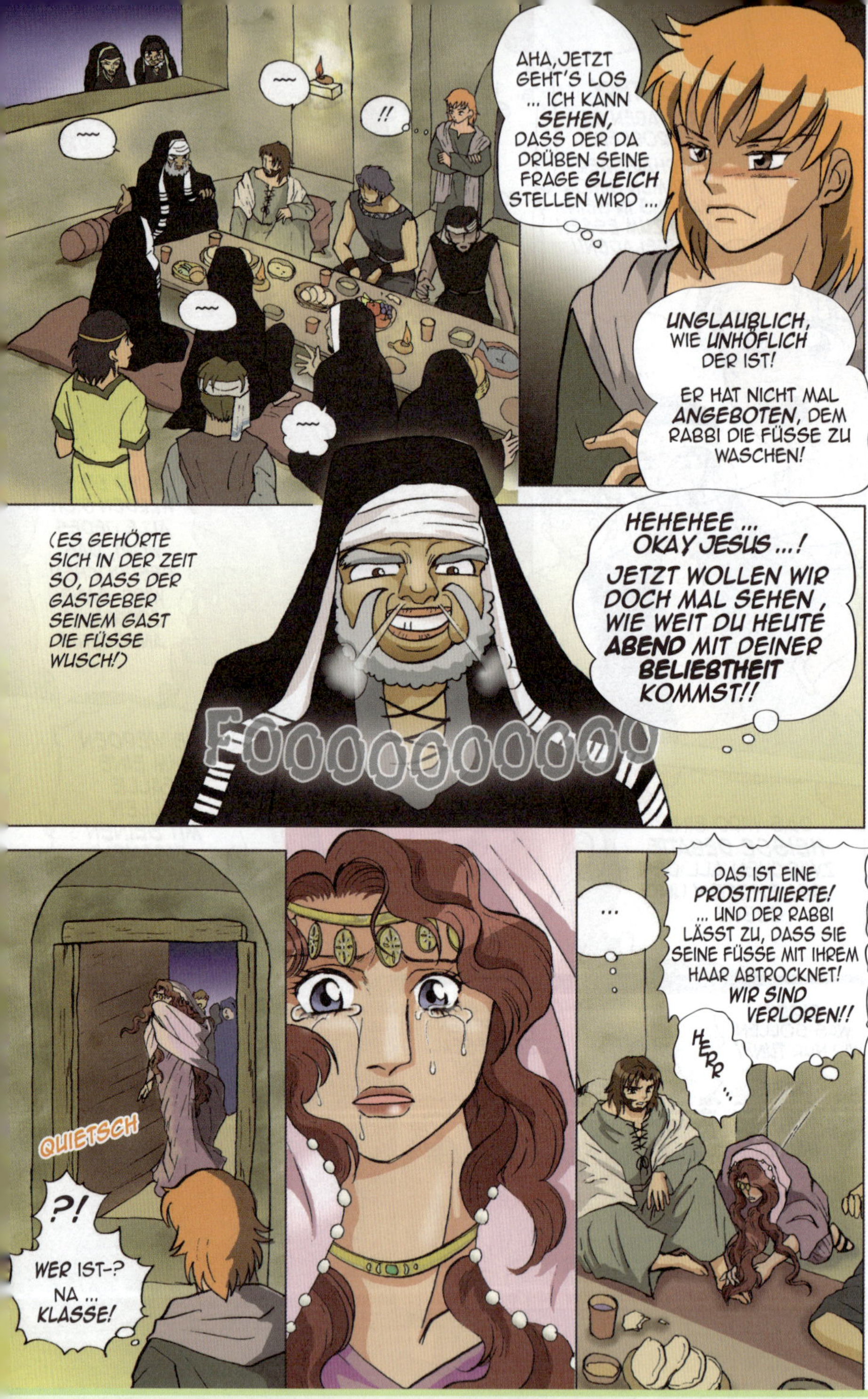
~~~
!!
~~~
~~~
~~~
AHA, JETZT GEHT'S LOS ... ICH KANN SEHEN, DASS DER DA DRÜBEN SEINE FRAGE GLEICH STELLEN WIRD ...
UNGLAUBLICH, WIE UNHÖFLICH DER IST!
ER HAT NICHT MAL ANGEBOTEN, DEM RABBI DIE FÜSSE ZU WASCHEN!
(ES GEHÖRTE SICH IN DER ZEIT SO, DASS DER GASTGEBER SEINEM GAST DIE FÜSSE WUSCH!)
HEHEHEE ... OKAY JESUS ...!
JETZT WOLLEN WIR DOCH MAL SEHEN, WIE WEIT DU HEUTE ABEND MIT DEINER BELIEBTHEIT KOMMST!!
FOOOOOOOOOOO
QUIETSCH
?!
WER IST-? NA ... KLASSE!
...
DAS IST EINE PROSTITUIERTE! ... UND DER RABBI LÄSST ZU, DASS SIE SEINE FÜSSE MIT IHREM HAAR ABTROCKNET! WIR SIND VERLOREN!!
HERR ...

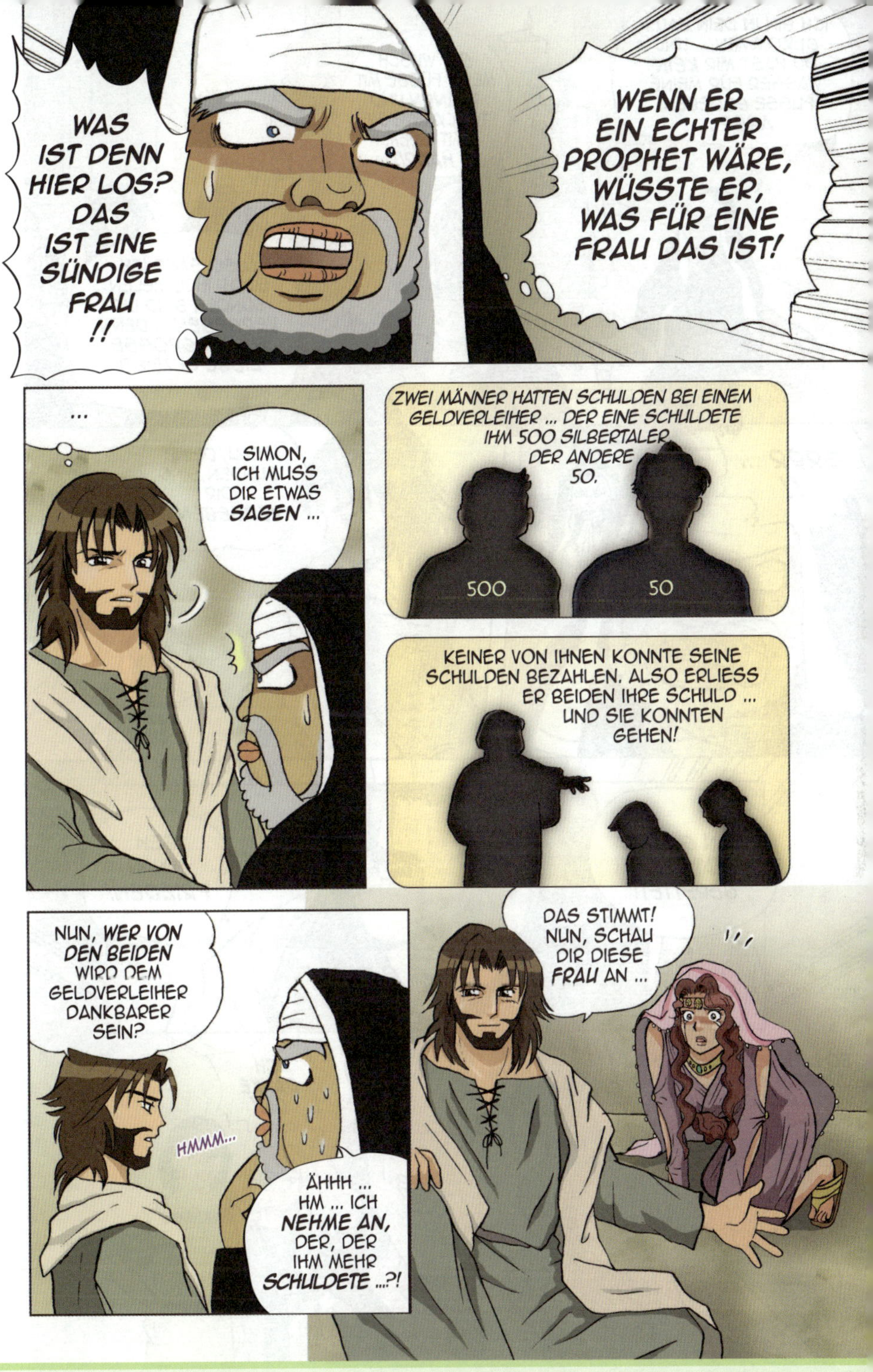

WAS IST DENN HIER LOS? DAS IST EINE SÜNDIGE FRAU !!
WENN ER EIN ECHTER PROPHET WÄRE, WÜSSTE ER, WAS FÜR EINE FRAU DAS IST!
...
SIMON, ICH MUSS DIR ETWAS SAGEN ...
ZWEI MÄNNER HATTEN SCHULDEN BEI EINEM GELDVERLEIHER ... DER EINE SCHULDETE IHM 500 SILBERTALER, DER ANDERE 50.
500
50
KEINER VON IHNEN KONNTE SEINE SCHULDEN BEZAHLEN. ALSO ERLIESS ER BEIDEN IHRE SCHULD ... UND SIE KONNTEN GEHEN!
NUN, WER VON DEN BEIDEN WIRD DEM GELDVERLEIHER DANKBARER SEIN?
HMMM...
ÄHHH ... HM ... ICH NEHME AN, DER, DER IHM MEHR SCHULDETE ...?!
DAS STIMMT! NUN, SCHAU DIR DIESE FRAU AN ...

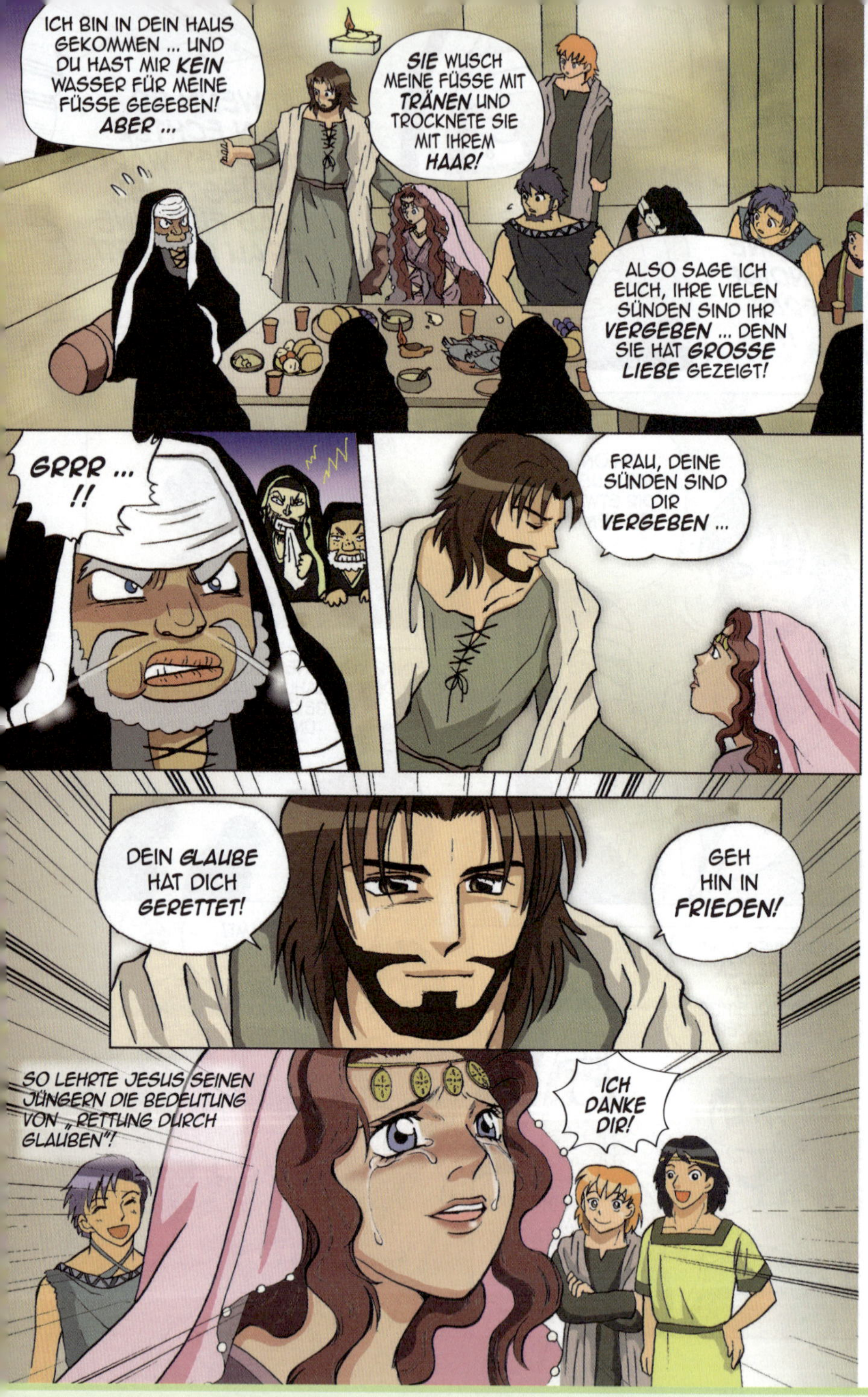
ICH BIN IN DEIN HAUS GEKOMMEN ... UND DU HAST MIR KEIN WASSER FÜR MEINE FÜSSE GEGEBEN! ABER ...
SIE WUSCH MEINE FÜSSE MIT TRÄNEN UND TROCKNETE SIE MIT IHREM HAAR!
ALSO SAGE ICH EUCH, IHRE VIELEN SÜNDEN SIND IHR VERGEBEN ... DENN SIE HAT GROSSE LIEBE GEZEIGT!
GRRR ... !!
FRAU, DEINE SÜNDEN SIND DIR VERGEBEN ...
DEIN GLAUBE HAT DICH GERETTET!
GEH HIN IN FRIEDEN!
SO LEHRTE JESUS SEINEN JÜNGERN DIE BEDEUTUNG VON „RETTUNG DURCH GLAUBEN"!
ICH DANKE DIR!

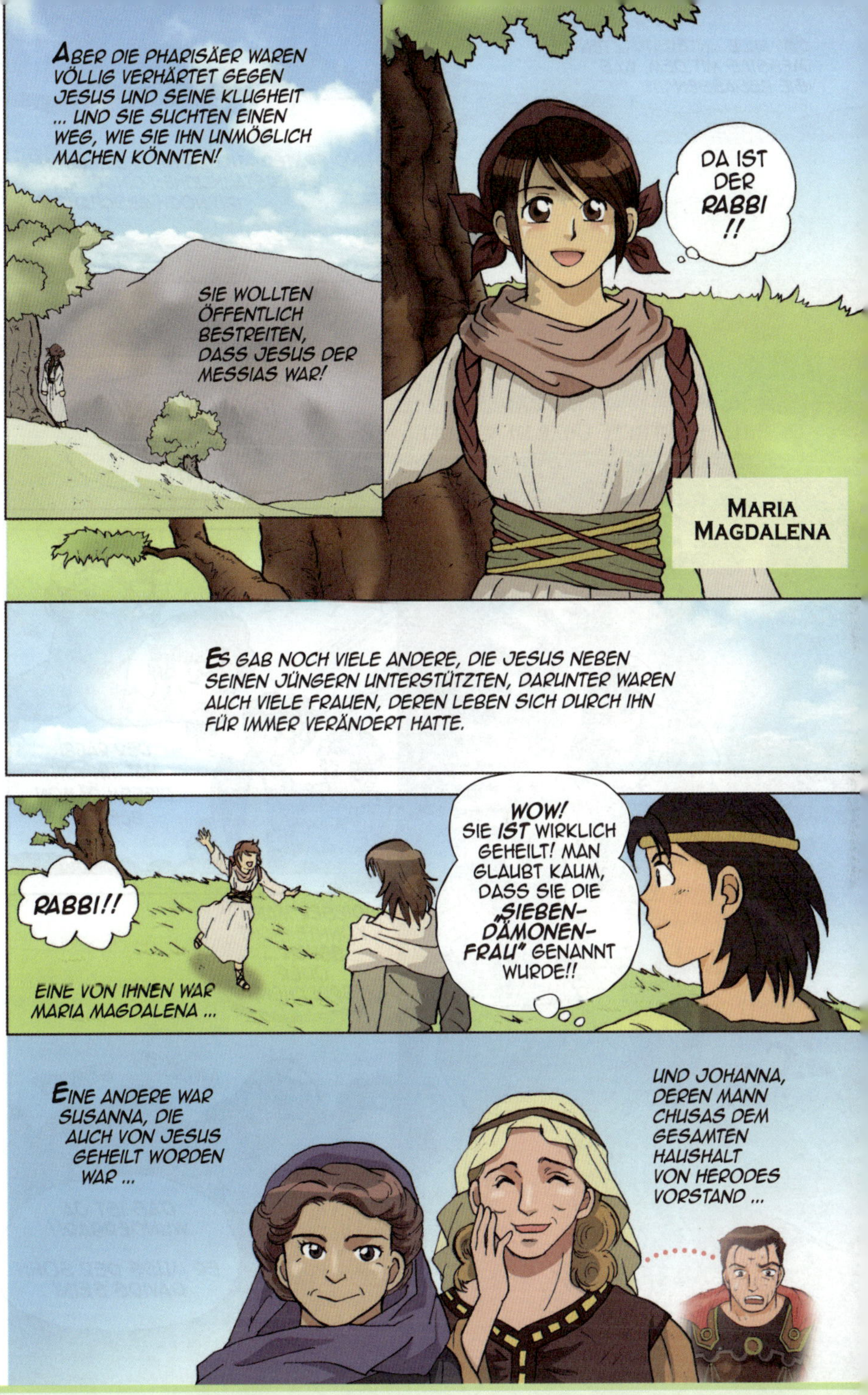
ABER DIE PHARISÄER WAREN VÖLLIG VERHÄRTET GEGEN JESUS UND SEINE KLUGHEIT ... UND SIE SUCHTEN EINEN WEG, WIE SIE IHN UNMÖGLICH MACHEN KÖNNTEN!
SIE WOLLTEN ÖFFENTLICH BESTREITEN, DASS JESUS DER MESSIAS WAR!
DA IST DER RABBI !!
MARIA MAGDALENA
ES GAB NOCH VIELE ANDERE, DIE JESUS NEBEN SEINEN JÜNGERN UNTERSTÜTZTEN, DARUNTER WAREN AUCH VIELE FRAUEN, DEREN LEBEN SICH DURCH IHN FÜR IMMER VERÄNDERT HATTE.
RABBI!!
EINE VON IHNEN WAR MARIA MAGDALENA ...
WOW! SIE IST WIRKLICH GEHEILT! MAN GLAUBT KAUM, DASS SIE DIE „SIEBEN-DÄMONEN-FRAU" GENANNT WURDE!!
EINE ANDERE WAR SUSANNA, DIE AUCH VON JESUS GEHEILT WORDEN WAR ...
UND JOHANNA, DEREN MANN CHUSAS DEM GESAMTEN HAUSHALT VON HERODES VORSTAND ...

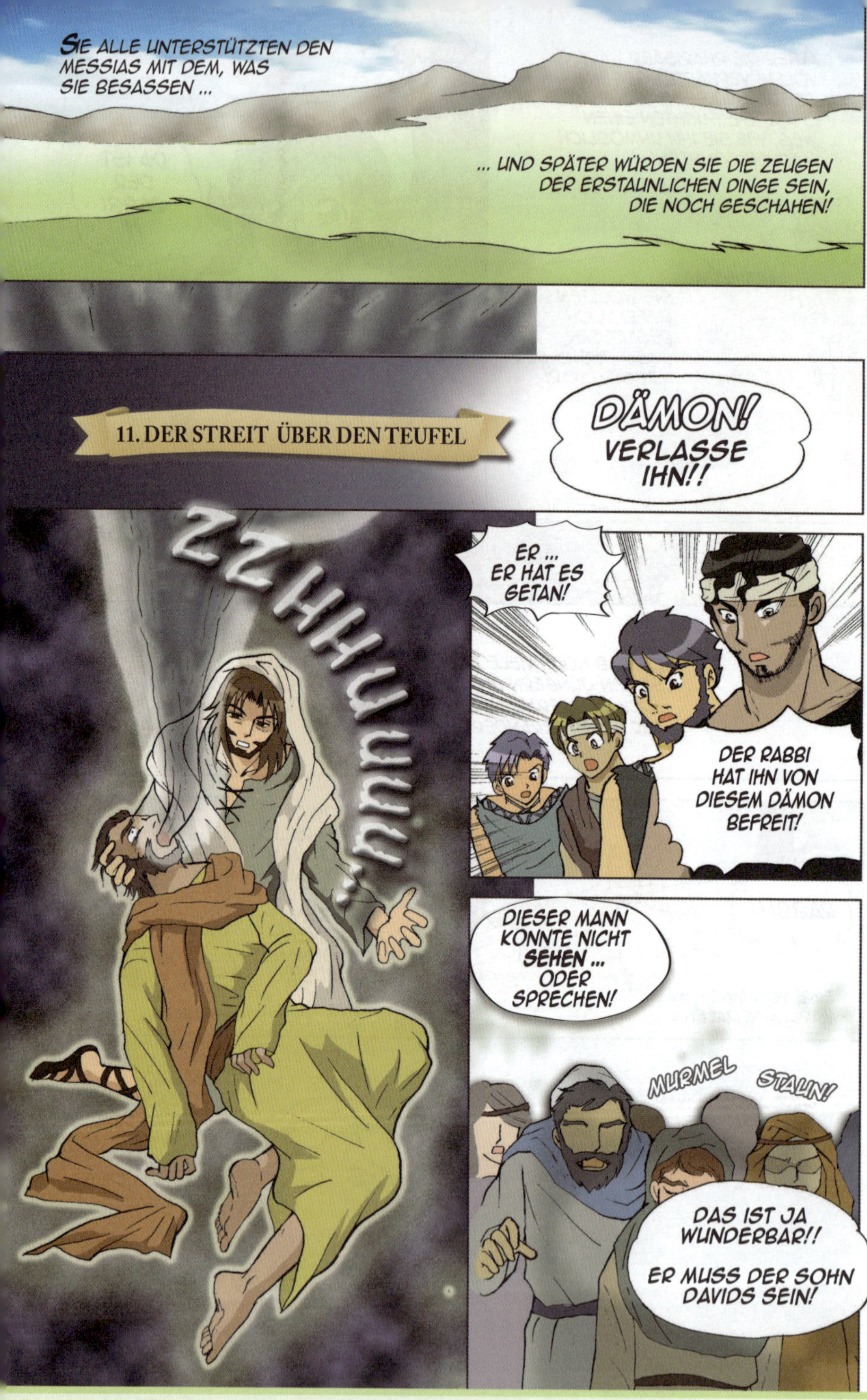
SIE ALLE UNTERSTÜTZTEN DEN MESSIAS MIT DEM, WAS SIE BESASSEN ...
... UND SPÄTER WÜRDEN SIE DIE ZEUGEN DER ERSTAUNLICHEN DINGE SEIN, DIE NOCH GESCHAHEN!
11. DER STREIT ÜBER DEN TEUFEL
DÄMON! VERLASSE IHN!!
ER ... ER HAT ES GETAN!
DER RABBI HAT IHN VON DIESEM DÄMON BEFREIT!
DIESER MANN KONNTE NICHT SEHEN ... ODER SPRECHEN!
MURMEL
STAUN!
DAS IST JA WUNDERBAR!!
ER MUSS DER SOHN DAVIDS SEIN!

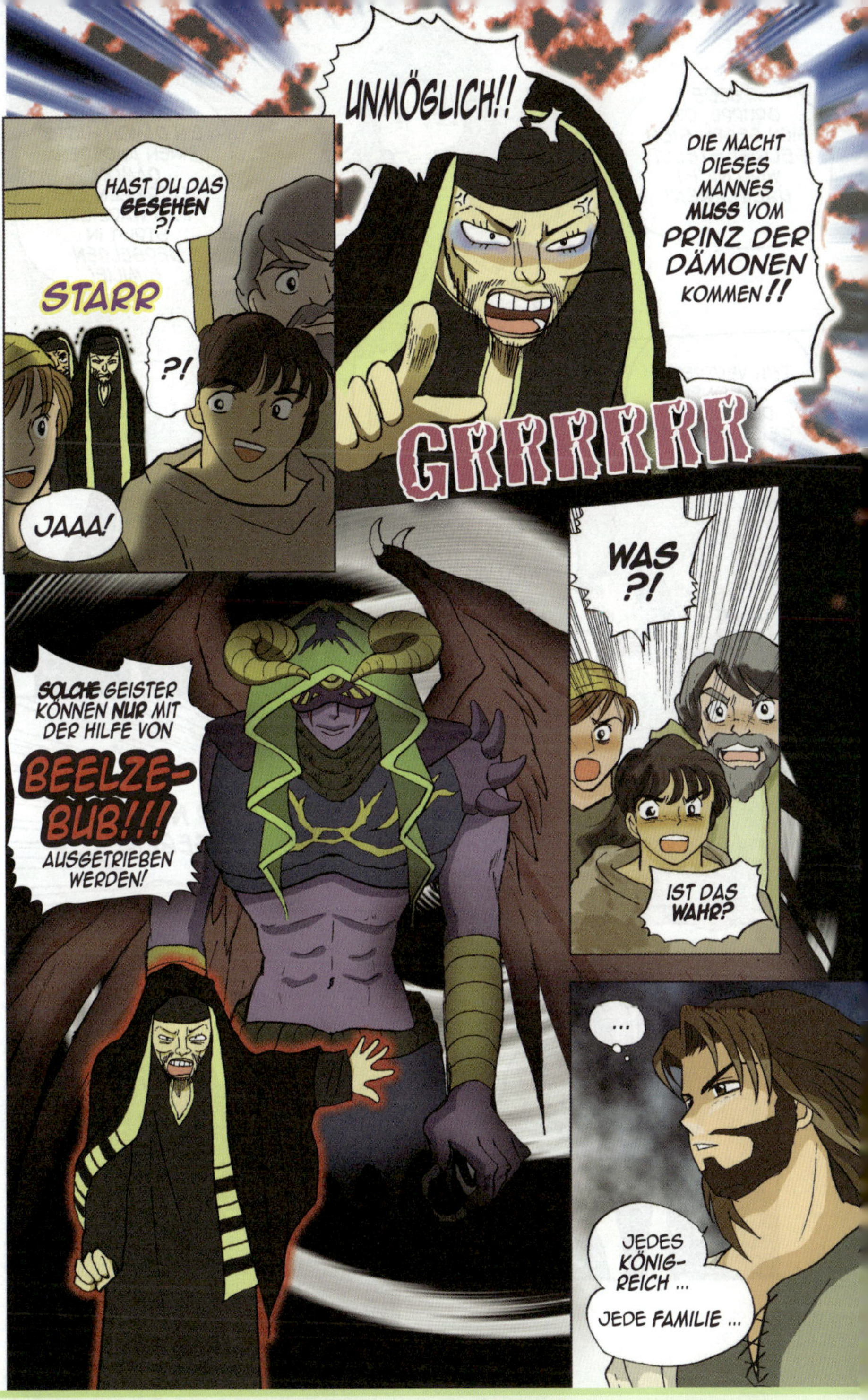
UNMÖGLICH!!
DIE MACHT DIESES MANNES MUSS VOM PRINZ DER DÄMONEN KOMMEN!!
HAST DU DAS GESEHEN ?!
STARR
?!
JAAA!
GRRRRRRR
WAS ?!
IST DAS WAHR?
SOLCHE GEISTER KÖNNEN NUR MIT DER HILFE VON BEELZE-BUB!!! AUSGETRIEBEN WERDEN!
...
JEDES KÖNIG-REICH ...
JEDE FAMILIE ...

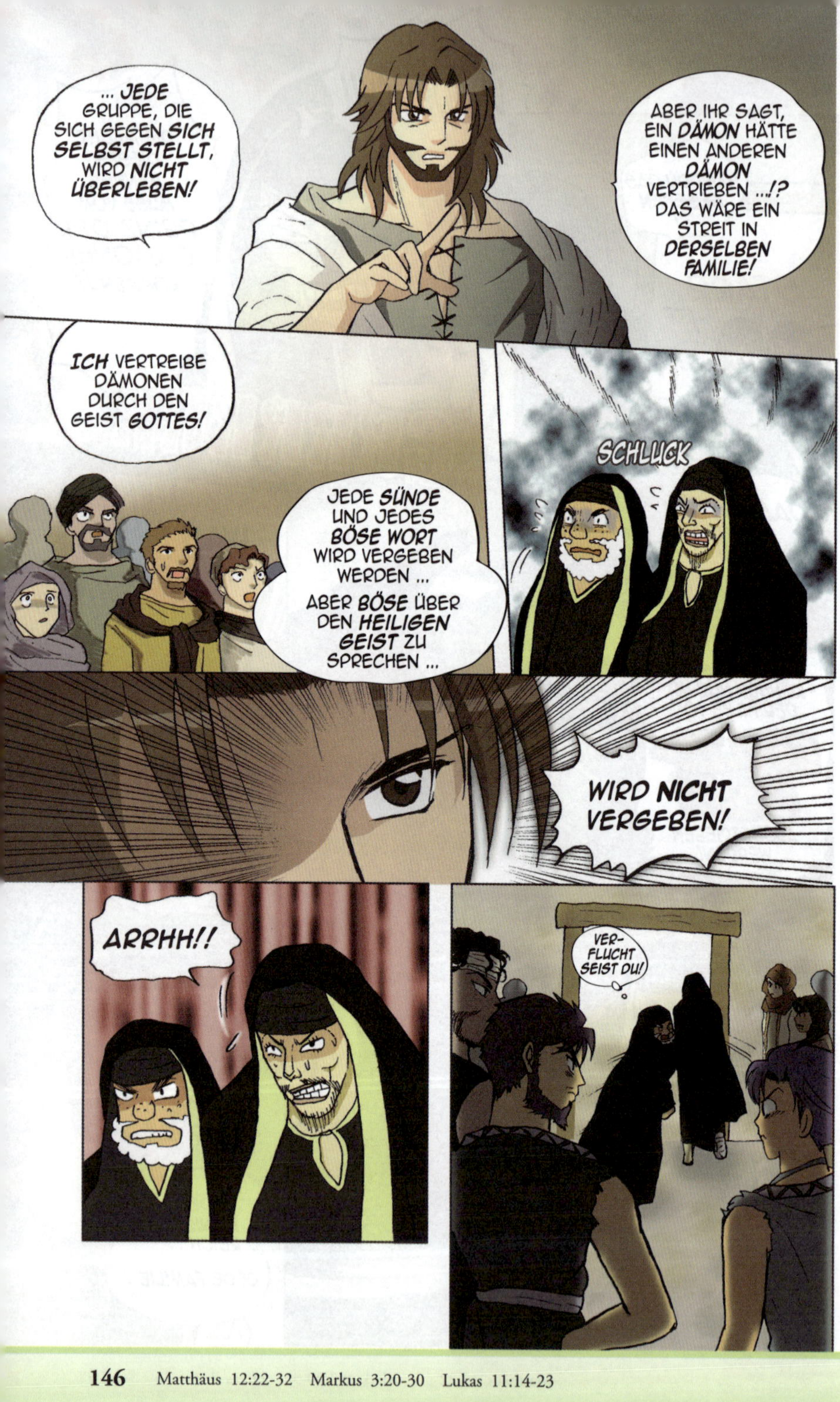
... JEDE GRUPPE, DIE SICH GEGEN SICH SELBST STELLT, WIRD NICHT ÜBERLEBEN!
ABER IHR SAGT, EIN DÄMON HÄTTE EINEN ANDEREN DÄMON VERTRIEBEN ...!? DAS WÄRE EIN STREIT IN DERSELBEN FAMILIE!
ICH VERTREIBE DÄMONEN DURCH DEN GEIST GOTTES!
JEDE SÜNDE UND JEDES BÖSE WORT WIRD VERGEBEN WERDEN ... ABER BÖSE ÜBER DEN HEILIGEN GEIST ZU SPRECHEN ...
SCHLUCK
WIRD NICHT VERGEBEN!
ARRHH!!
VERFLUCHT SEIST DU!

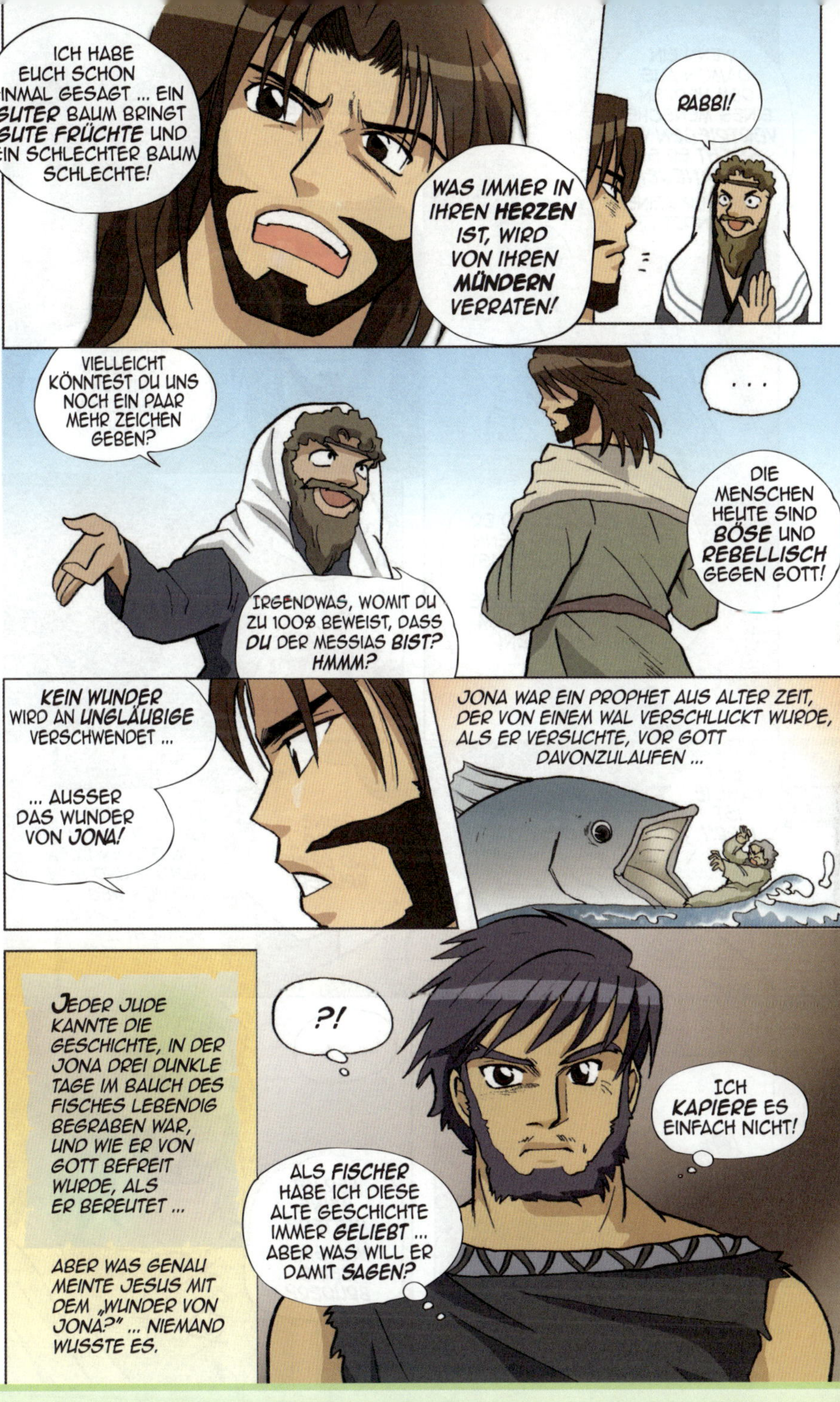

ICH HABE EUCH SCHON EINMAL GESAGT ... EIN GUTER BAUM BRINGT GUTE FRÜCHTE UND EIN SCHLECHTER BAUM SCHLECHTE!
WAS IMMER IN IHREN HERZEN IST, WIRD VON IHREN MÜNDERN VERRATEN!
RABBI!
VIELLEICHT KÖNNTEST DU UNS NOCH EIN PAAR MEHR ZEICHEN GEBEN?
IRGENDWAS, WOMIT DU ZU 100% BEWEIST, DASS DU DER MESSIAS BIST? HMMM?
...
DIE MENSCHEN HEUTE SIND BÖSE UND REBELLISCH GEGEN GOTT!
KEIN WUNDER WIRD AN UNGLÄUBIGE VERSCHWENDET ...
... AUSSER DAS WUNDER VON JONA!
JONA WAR EIN PROPHET AUS ALTER ZEIT, DER VON EINEM WAL VERSCHLUCKT WURDE, ALS ER VERSUCHTE, VOR GOTT DAVONZULAUFEN ...
JEDER JUDE KANNTE DIE GESCHICHTE, IN DER JONA DREI DUNKLE TAGE IM BAUCH DES FISCHES LEBENDIG BEGRABEN WAR, UND WIE ER VON GOTT BEFREIT WURDE, ALS ER BEREUTET ...
ABER WAS GENAU MEINTE JESUS MIT DEM „WUNDER VON JONA?" ... NIEMAND WUSSTE ES.
?!
ICH KAPIERE ES EINFACH NICHT!
ALS FISCHER HABE ICH DIESE ALTE GESCHICHTE IMMER GELIEBT ... ABER WAS WILL ER DAMIT SAGEN?

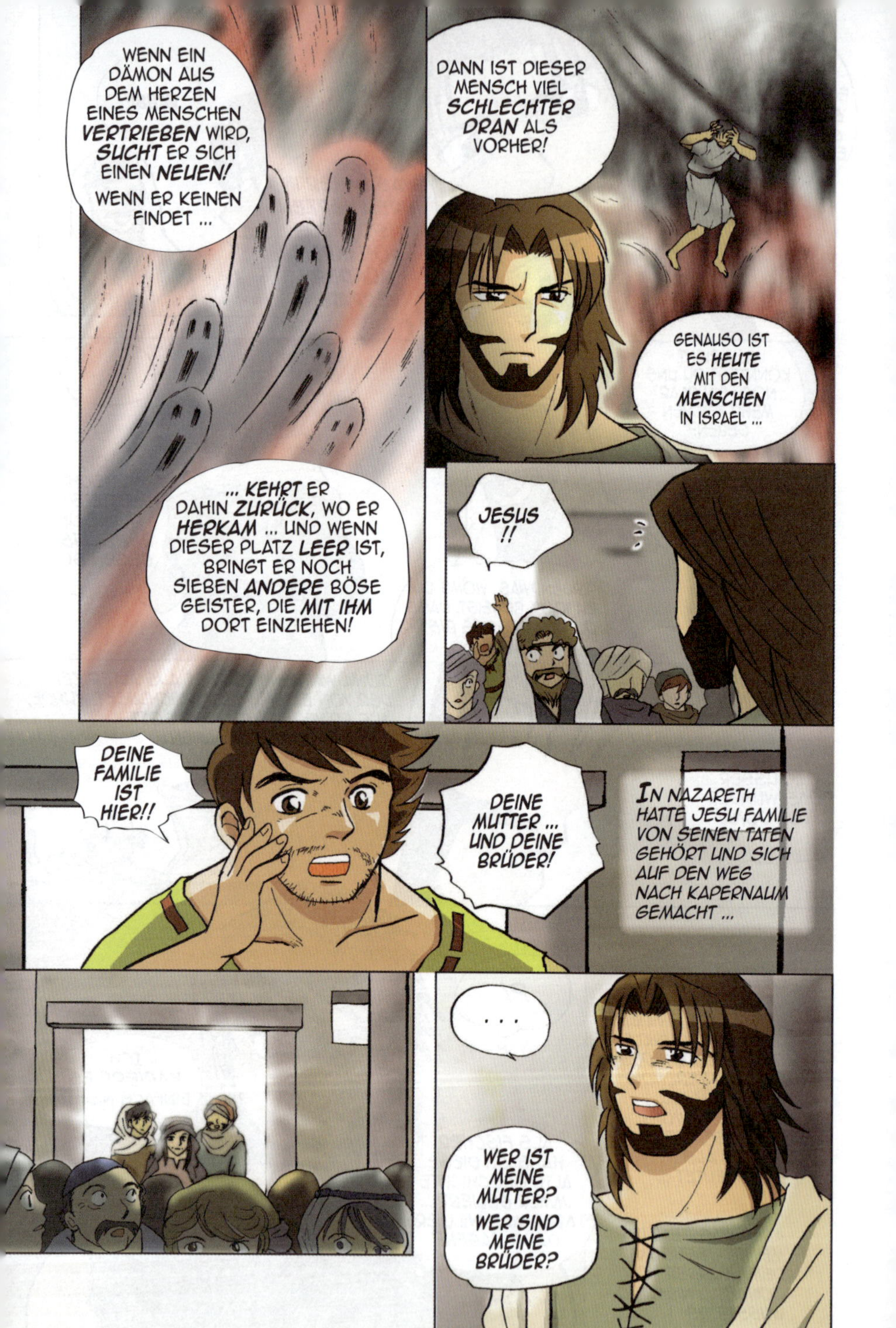

 Matthäus 12:43-45 Lukas 11:24-26

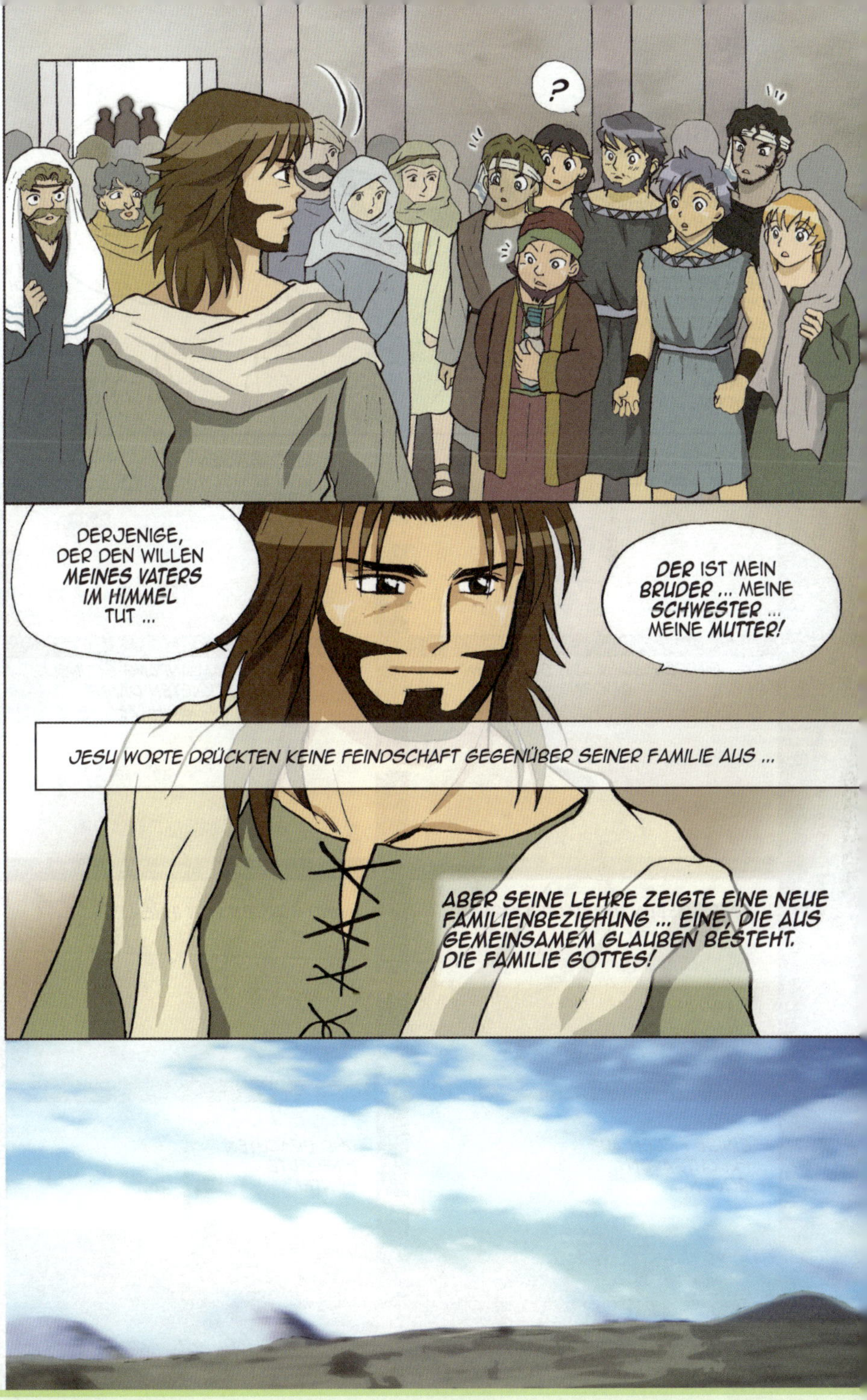

Matthäus 12:46-50 Markus 3:31-35 Lukas 8:19-21

12. GLEICHNISSE

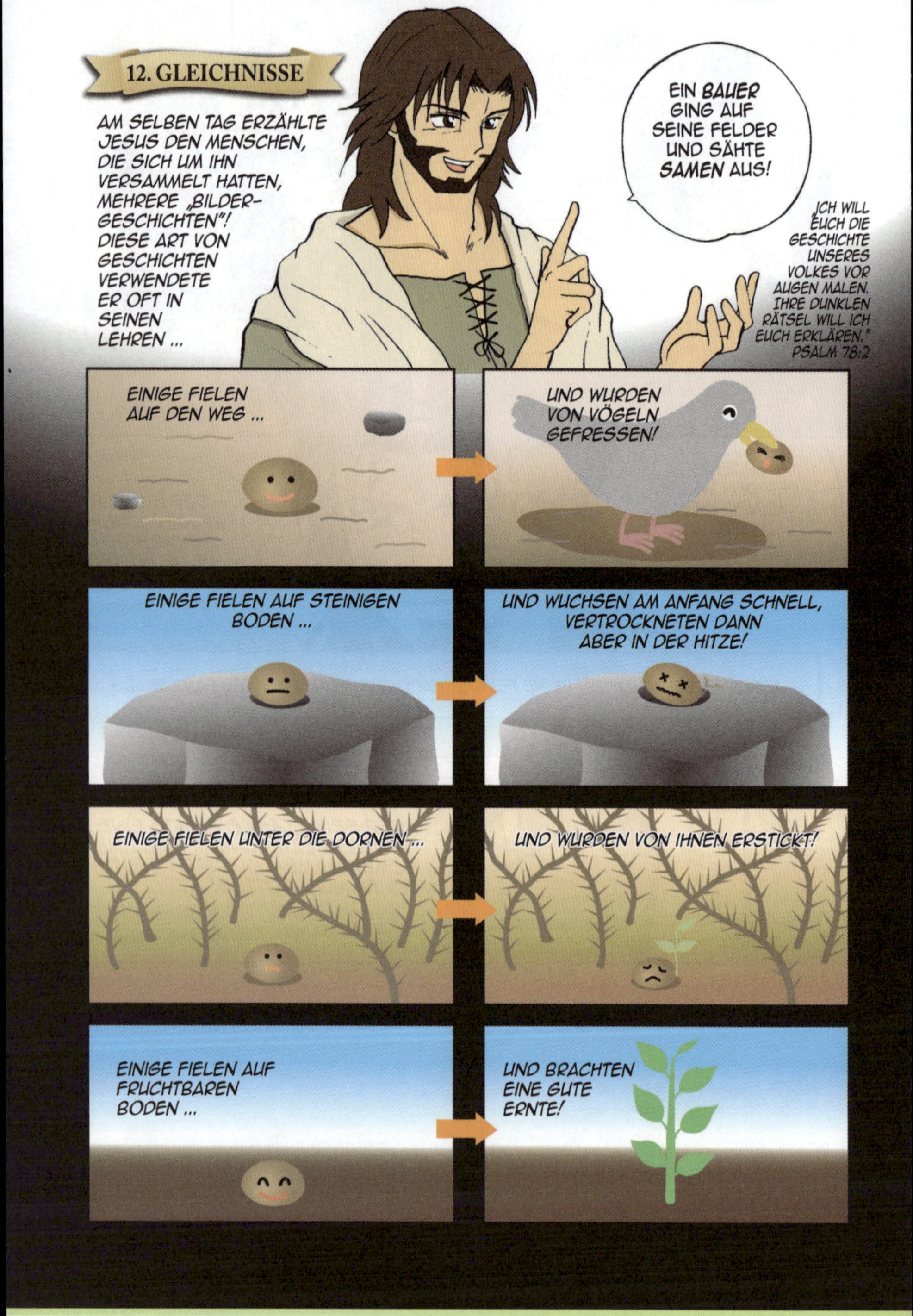

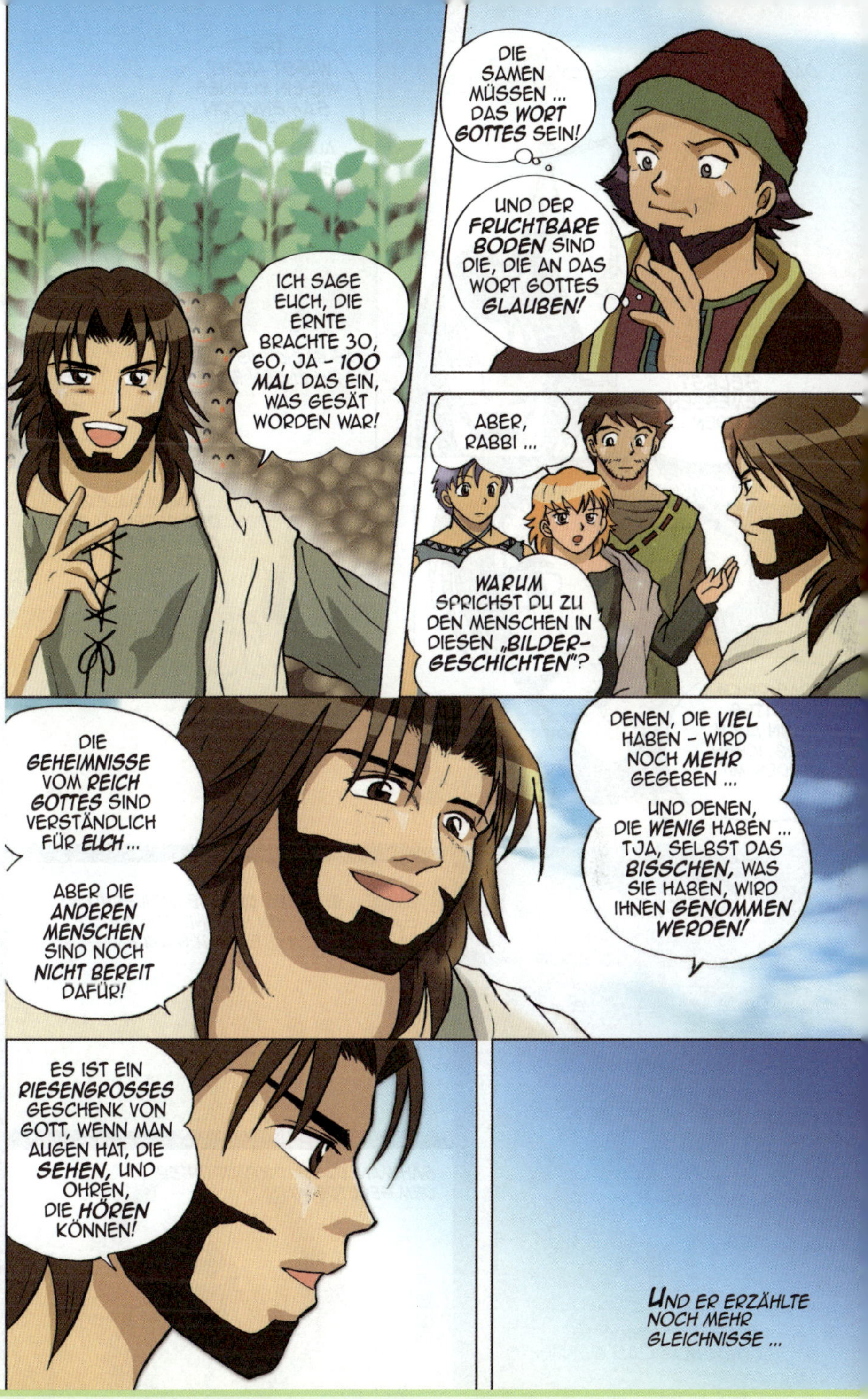
ICH SAGE EUCH, DIE ERNTE BRACHTE 30, 60, JA - 100 MAL DAS EIN, WAS GESÄT WORDEN WAR!
DIE SAMEN MÜSSEN ... DAS WORT GOTTES SEIN!
UND DER FRUCHTBARE BODEN SIND DIE, DIE AN DAS WORT GOTTES GLAUBEN!
ABER, RABBI ...
WARUM SPRICHST DU ZU DEN MENSCHEN IN DIESEN „BILDER-GESCHICHTEN"?
DIE GEHEIMNISSE VOM REICH GOTTES SIND VERSTÄNDLICH FÜR EUCH ...
ABER DIE ANDEREN MENSCHEN SIND NOCH NICHT BEREIT DAFÜR!
DENEN, DIE VIEL HABEN - WIRD NOCH MEHR GEGEBEN ...
UND DENEN, DIE WENIG HABEN ... TJA, SELBST DAS BISSCHEN, WAS SIE HABEN, WIRD IHNEN GENOMMEN WERDEN!
ES IST EIN RIESENGROSSES GESCHENK VON GOTT, WENN MAN AUGEN HAT, DIE SEHEN, UND OHREN, DIE HÖREN KÖNNEN!
UND ER ERZÄHLTE NOCH MEHR GLEICHNISSE ...

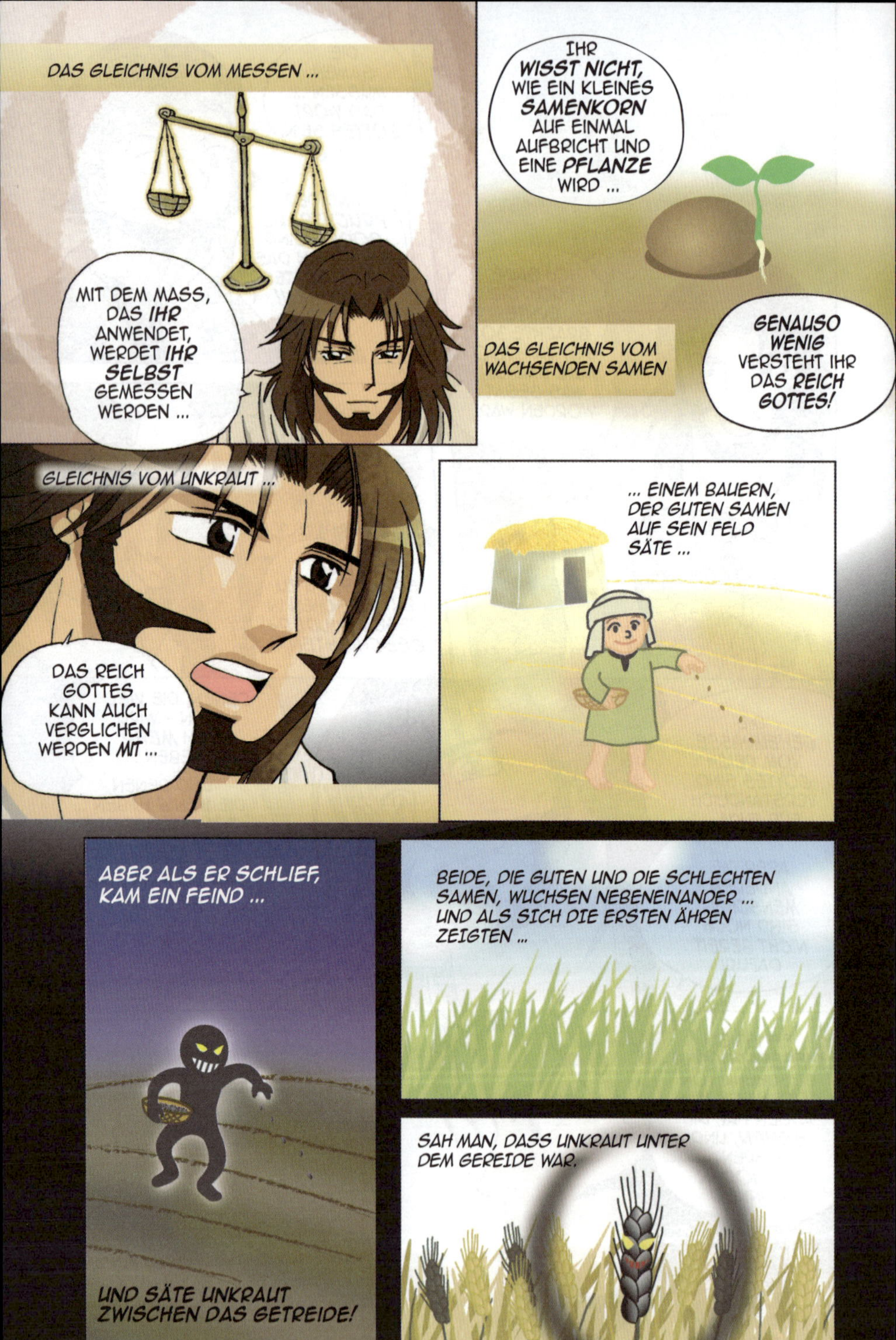
DAS GLEICHNIS VOM MESSEN ...
MIT DEM MASS, DAS IHR ANWENDET, WERDET IHR SELBST GEMESSEN WERDEN ...
IHR WISST NICHT, WIE EIN KLEINES SAMENKORN AUF EINMAL AUFBRICHT UND EINE PFLANZE WIRD ...
DAS GLEICHNIS VOM WACHSENDEN SAMEN
GENAUSO WENIG VERSTEHT IHR DAS REICH GOTTES!
GLEICHNIS VOM UNKRAUT ...
DAS REICH GOTTES KANN AUCH VERGLICHEN WERDEN MIT ...
... EINEM BAUERN, DER GUTEN SAMEN AUF SEIN FELD SÄTE ...
ABER ALS ER SCHLIEF, KAM EIN FEIND ...
UND SÄTE UNKRAUT ZWISCHEN DAS GETREIDE!
BEIDE, DIE GUTEN UND DIE SCHLECHTEN SAMEN, WUCHSEN NEBENEINANDER ... UND ALS SICH DIE ERSTEN ÄHREN ZEIGTEN ...
SAH MAN, DASS UNKRAUT UNTER DEM GEREIDE WAR.

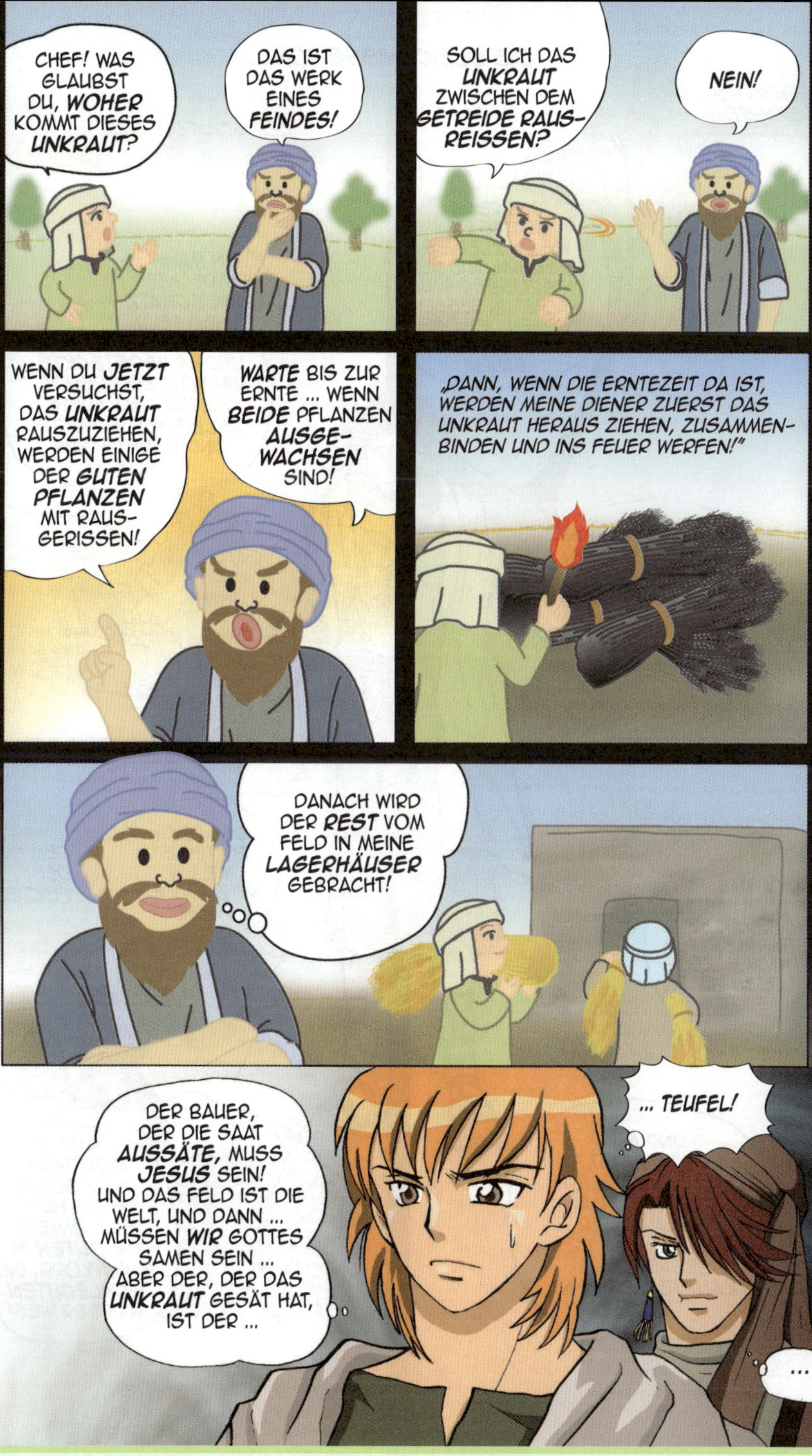
CHEF! WAS GLAUBST DU, WOHER KOMMT DIESES UNKRAUT?
DAS IST DAS WERK EINES FEINDES!
SOLL ICH DAS UNKRAUT ZWISCHEN DEM GETREIDE RAUS-REISSEN?
NEIN!
WENN DU JETZT VERSUCHST, DAS UNKRAUT RAUSZUZIEHEN, WERDEN EINIGE DER GUTEN PFLANZEN MIT RAUS-GERISSEN!
WARTE BIS ZUR ERNTE ... WENN BEIDE PFLANZEN AUSGE-WACHSEN SIND!
„DANN, WENN DIE ERNTEZEIT DA IST, WERDEN MEINE DIENER ZUERST DAS UNKRAUT HERAUS ZIEHEN, ZUSAMMEN-BINDEN UND INS FEUER WERFEN!"
DANACH WIRD DER REST VOM FELD IN MEINE LAGERHÄUSER GEBRACHT!
DER BAUER, DER DIE SAAT AUSSÄTE, MUSS JESUS SEIN! UND DAS FELD IST DIE WELT, UND DANN ... MÜSSEN WIR GOTTES SAMEN SEIN ... ABER DER, DER DAS UNKRAUT GESÄT HAT, IST DER ...
... TEUFEL!
...

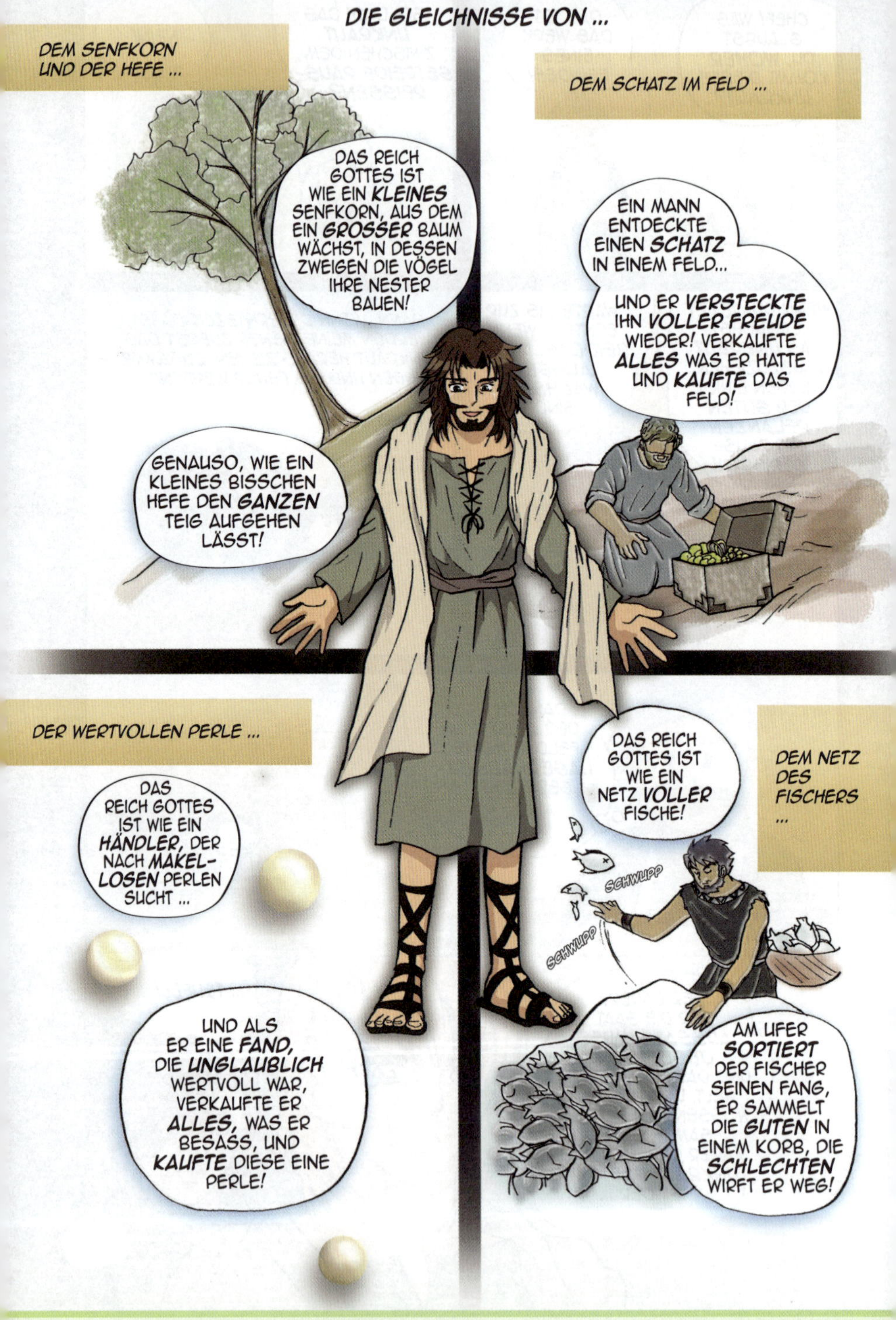
DIE GLEICHNISSE VON ...
DEM SENFKORN UND DER HEFE ...
DAS REICH GOTTES IST WIE EIN KLEINES SENFKORN, AUS DEM EIN GROSSER BAUM WÄCHST, IN DESSEN ZWEIGEN DIE VÖGEL IHRE NESTER BAUEN!
GENAUSO, WIE EIN KLEINES BISSCHEN HEFE DEN GANZEN TEIG AUFGEHEN LÄSST!
DEM SCHATZ IM FELD ...
EIN MANN ENTDECKTE EINEN SCHATZ IN EINEM FELD...
UND ER VERSTECKTE IHN VOLLER FREUDE WIEDER! VERKAUFTE ALLES WAS ER HATTE UND KAUFTE DAS FELD!
DER WERTVOLLEN PERLE ...
DAS REICH GOTTES IST WIE EIN HÄNDLER, DER NACH MAKELLOSEN PERLEN SUCHT ...
UND ALS ER EINE FAND, DIE UNGLAUBLICH WERTVOLL WAR, VERKAUFTE ER ALLES, WAS ER BESASS, UND KAUFTE DIESE EINE PERLE!
DEM NETZ DES FISCHERS ...
DAS REICH GOTTES IST WIE EIN NETZ VOLLER FISCHE!
SCHWUPP
SCHWUPP
AM UFER SORTIERT DER FISCHER SEINEN FANG, ER SAMMELT DIE GUTEN IN EINEM KORB, DIE SCHLECHTEN WIRFT ER WEG!

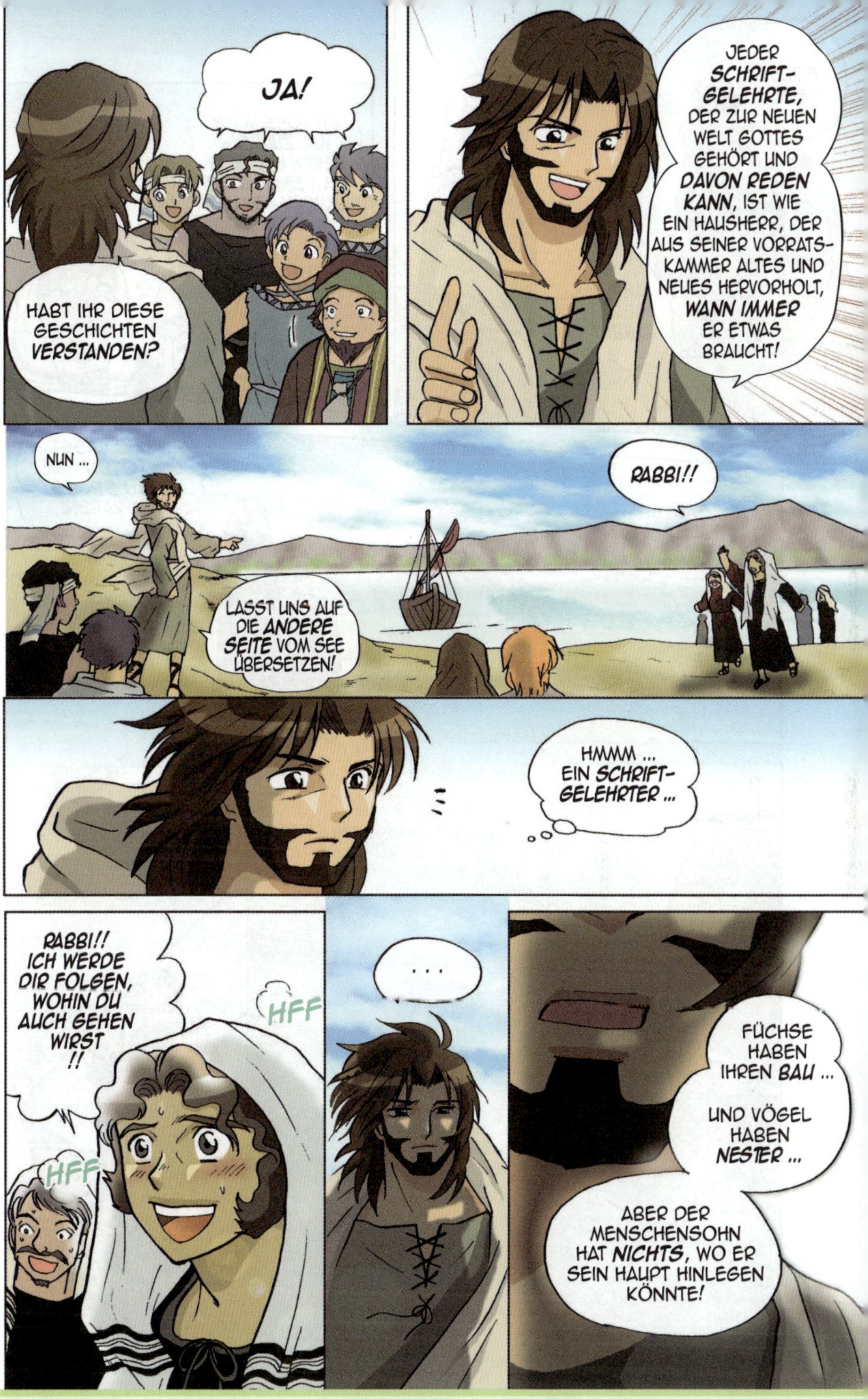

Matthäus 13:51-53, 8:18-20 Lukas 9:57-58

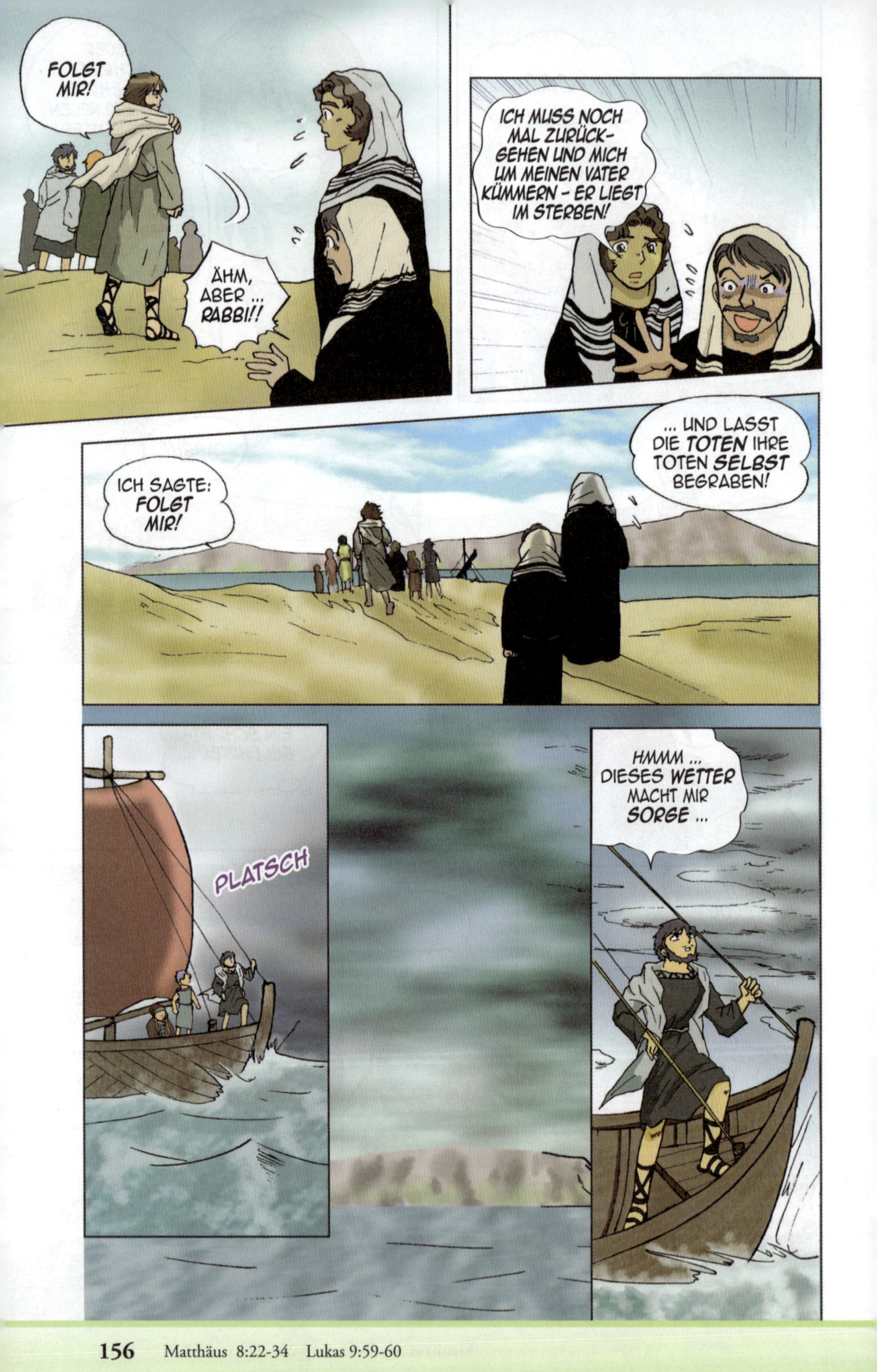
FOLGT MIR!
ÄHM, ABER ... RABBI!!
ICH MUSS NOCH MAL ZURÜCK-GEHEN UND MICH UM MEINEN VATER KÜMMERN – ER LIEGT IM STERBEN!
ICH SAGTE: FOLGT MIR!
... UND LASST DIE TOTEN IHRE TOTEN SELBST BEGRABEN!
PLATSCH
HMMM ... DIESES WETTER MACHT MIR SORGE ...

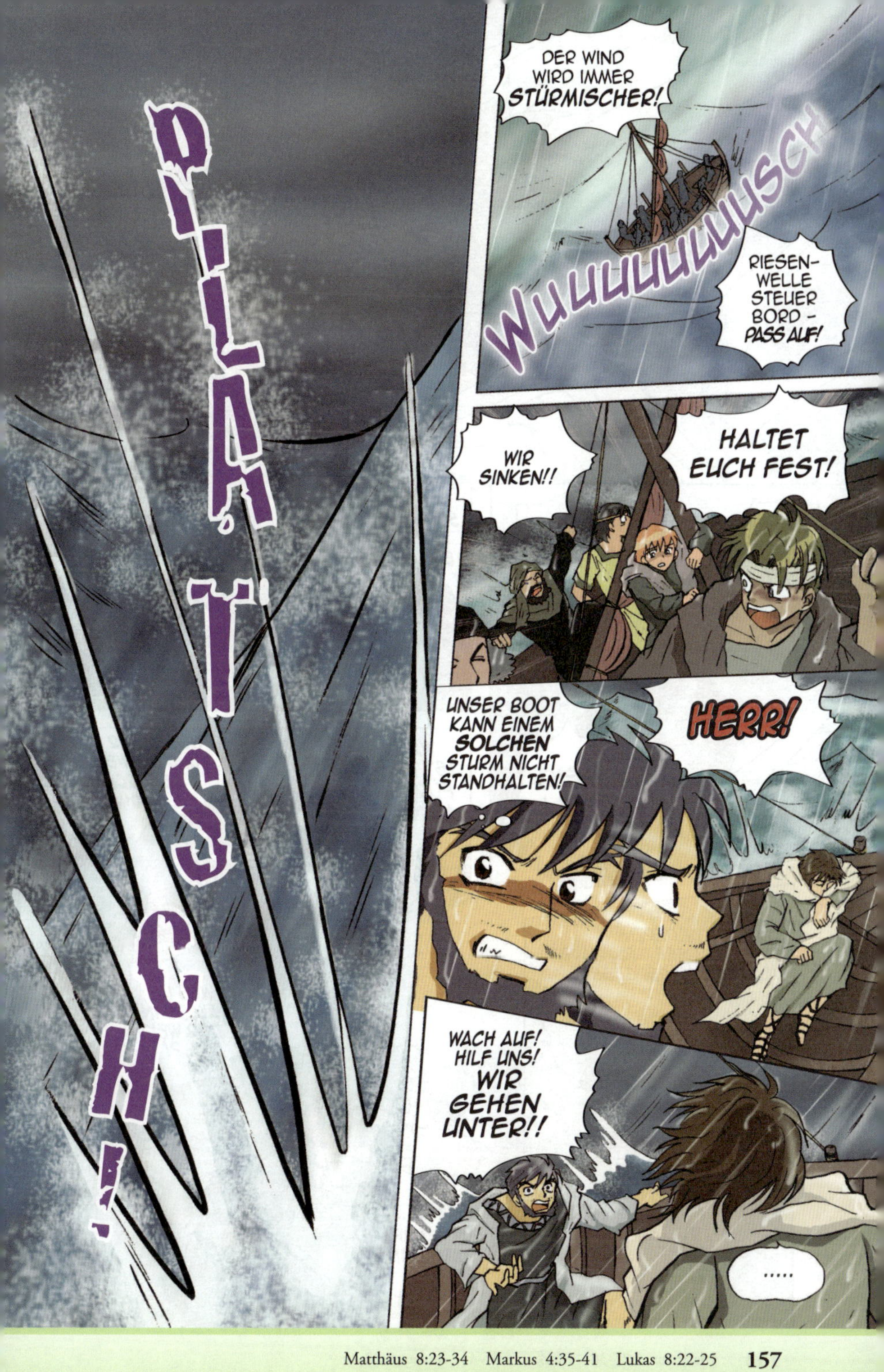
DER WIND WIRD IMMER STÜRMISCHER!
WUUUUUUUUSCH
RIESEN-WELLE STEUERBORD – PASS AUF!
WIR SINKEN!!
HALTET EUCH FEST!
UNSER BOOT KANN EINEM SOLCHEN STURM NICHT STANDHALTEN!
HERR!
WACH AUF! HILF UNS! WIR GEHEN UNTER!!
.....
PLATSCH!

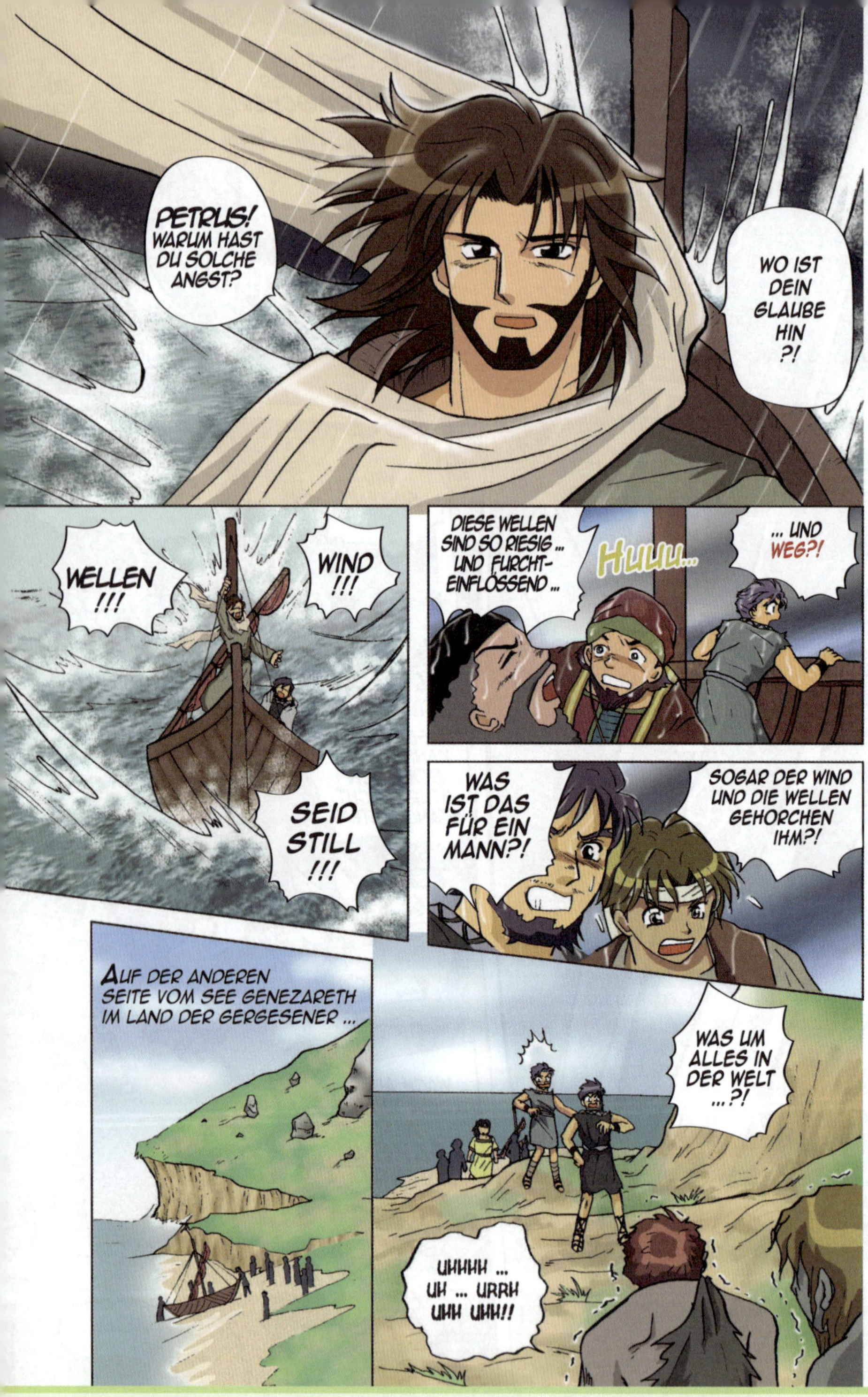

 Matthäus 8:23-34 Markus 4:35-41 Lukas 8:22-25

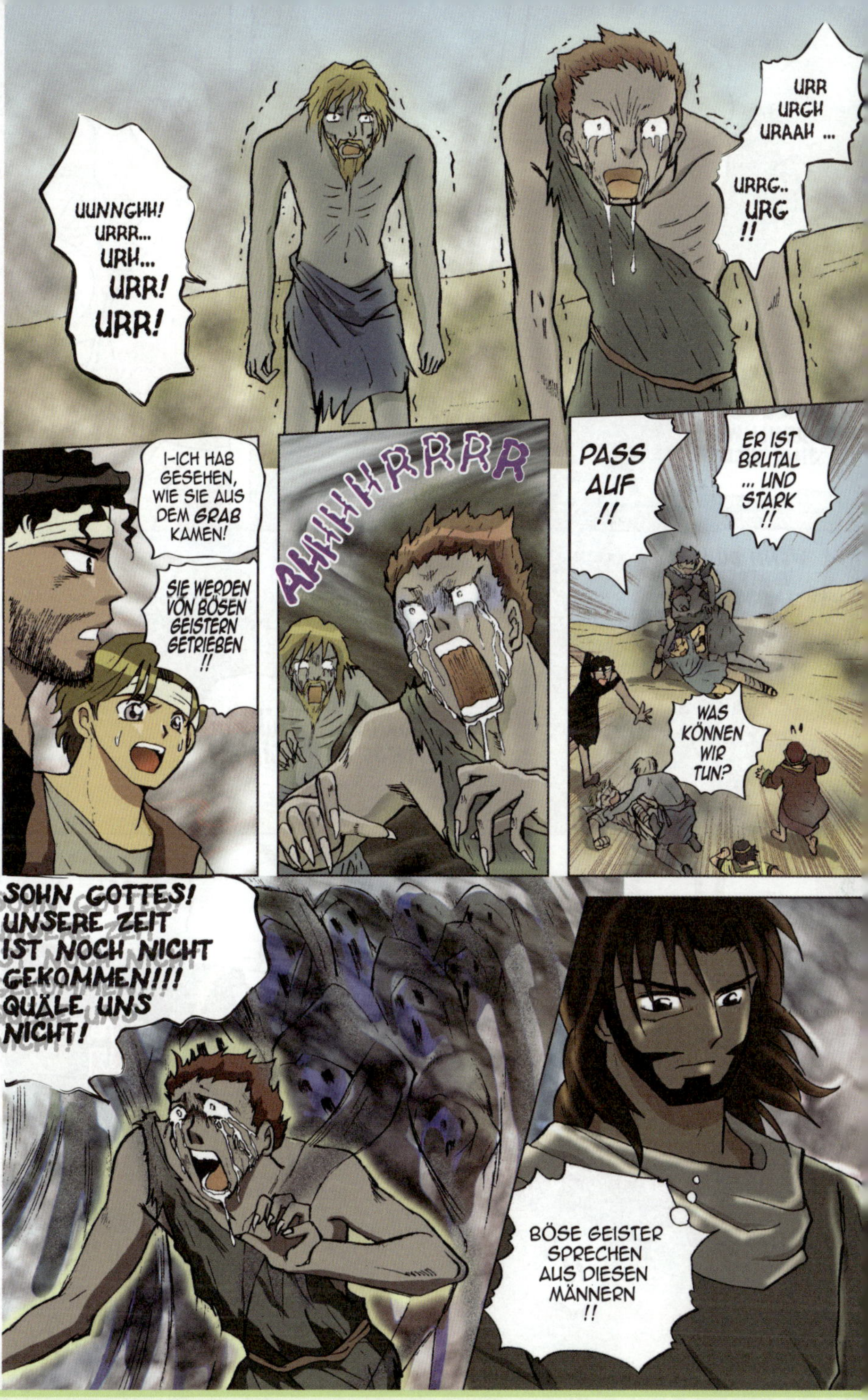
URR
URGH
URAAH ...
URRG..
URG
!!
UUNNGHH!
URRR...
URH...
URR!
URR!
I-ICH HAB GESEHEN, WIE SIE AUS DEM GRAB KAMEN!
SIE WERDEN VON BÖSEN GEISTERN GETRIEBEN !!
AHHHHRRRRR
PASS AUF !!
ER IST BRUTAL ... UND STARK !!
WAS KÖNNEN WIR TUN?
SOHN GOTTES! UNSERE ZEIT IST NOCH NICHT GEKOMMEN!!! QUÄLE UNS NICHT!
BÖSE GEISTER SPRECHEN AUS DIESEN MÄNNERN !!

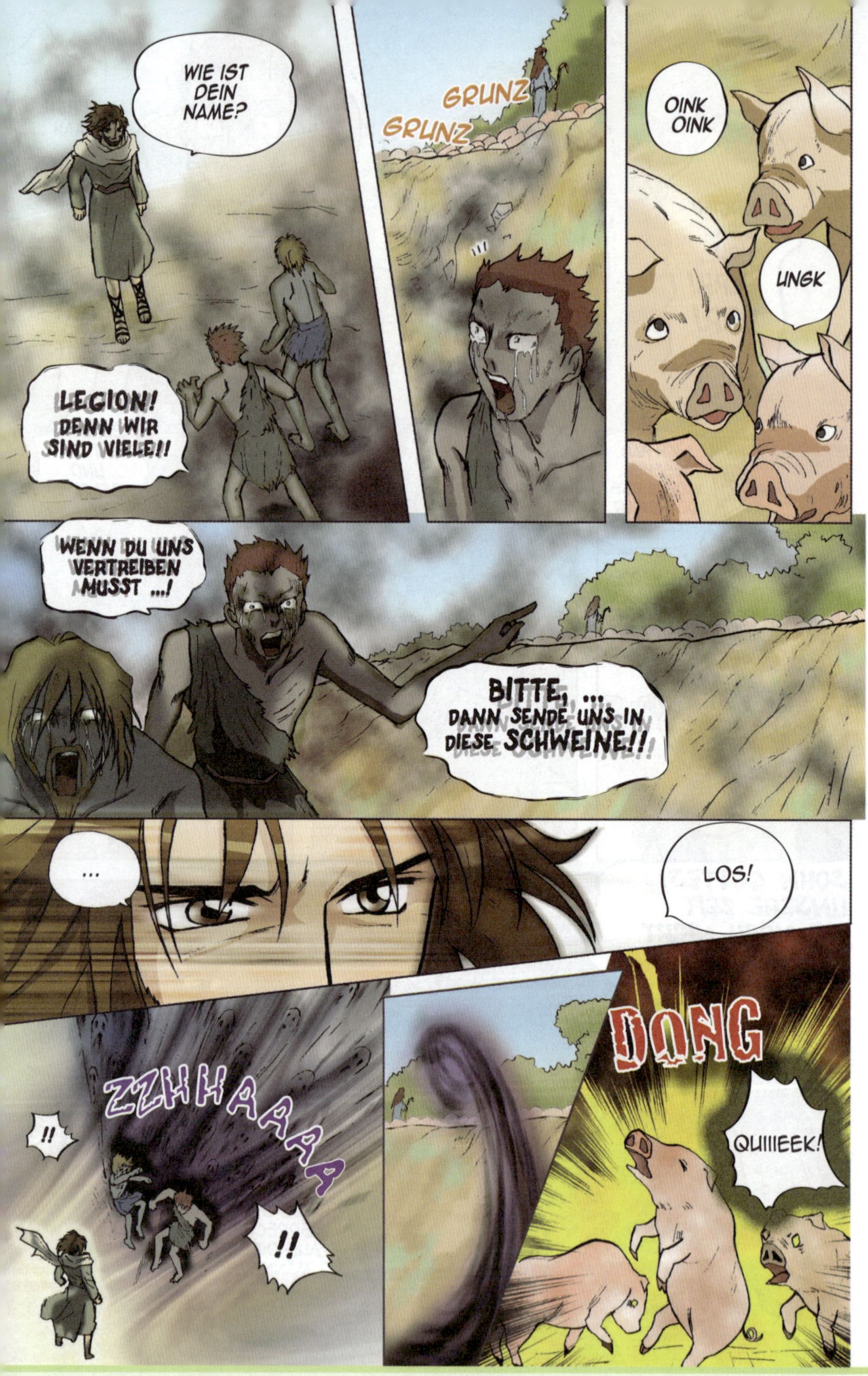
WIE IST DEIN NAME?
LEGION! DENN WIR SIND VIELE!!
GRUNZ
GRUNZ
!!!
OINK OINK
UNGK
WENN DU UNS VERTREIBEN MUSST ...!
BITTE, ... DANN SENDE UNS IN DIESE SCHWEINE!!
...
LOS!
ZZHHAAAAA
!!
!!
DONG
QUIIIEEK!

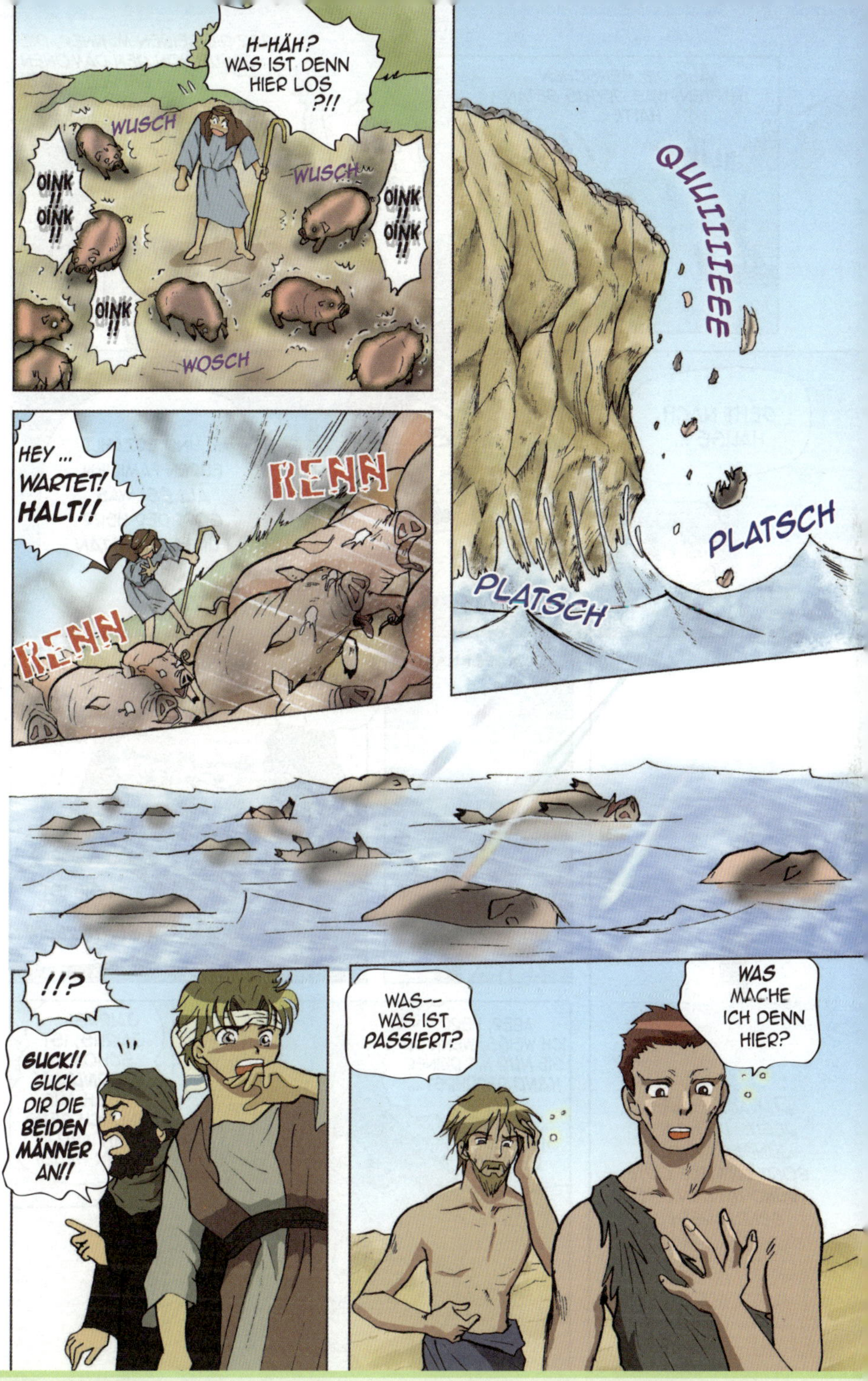
H-HÄH? WAS IST DENN HIER LOS ?!!
WUSCH
OINK!! OINK!!
WUSCH
OINK!! OINK!!
OINK!!
WOSCH
QUUIIIIEEE
HEY ... WARTET! HALT!!
RENN
RENN
PLATSCH
PLATSCH
!!?
GUCK!! GUCK DIR DIE BEIDEN MÄNNER AN!!
WAS-- WAS IST PASSIERT?
WAS MACHE ICH DENN HIER?

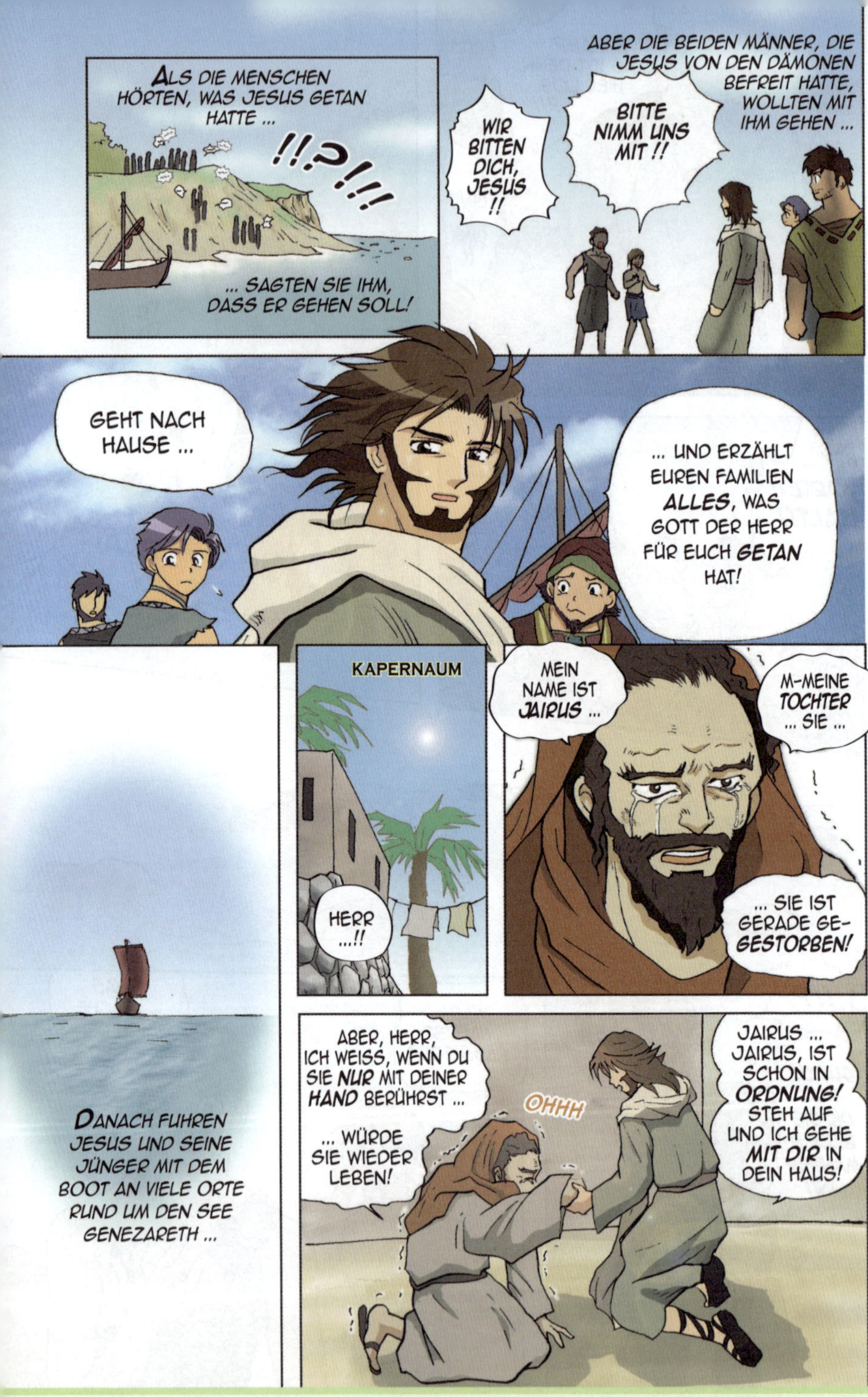

 Matthäus 9:18-19 Markus 5:18-19; 5:21-24 Lukas 8:38-39; 8:40-42

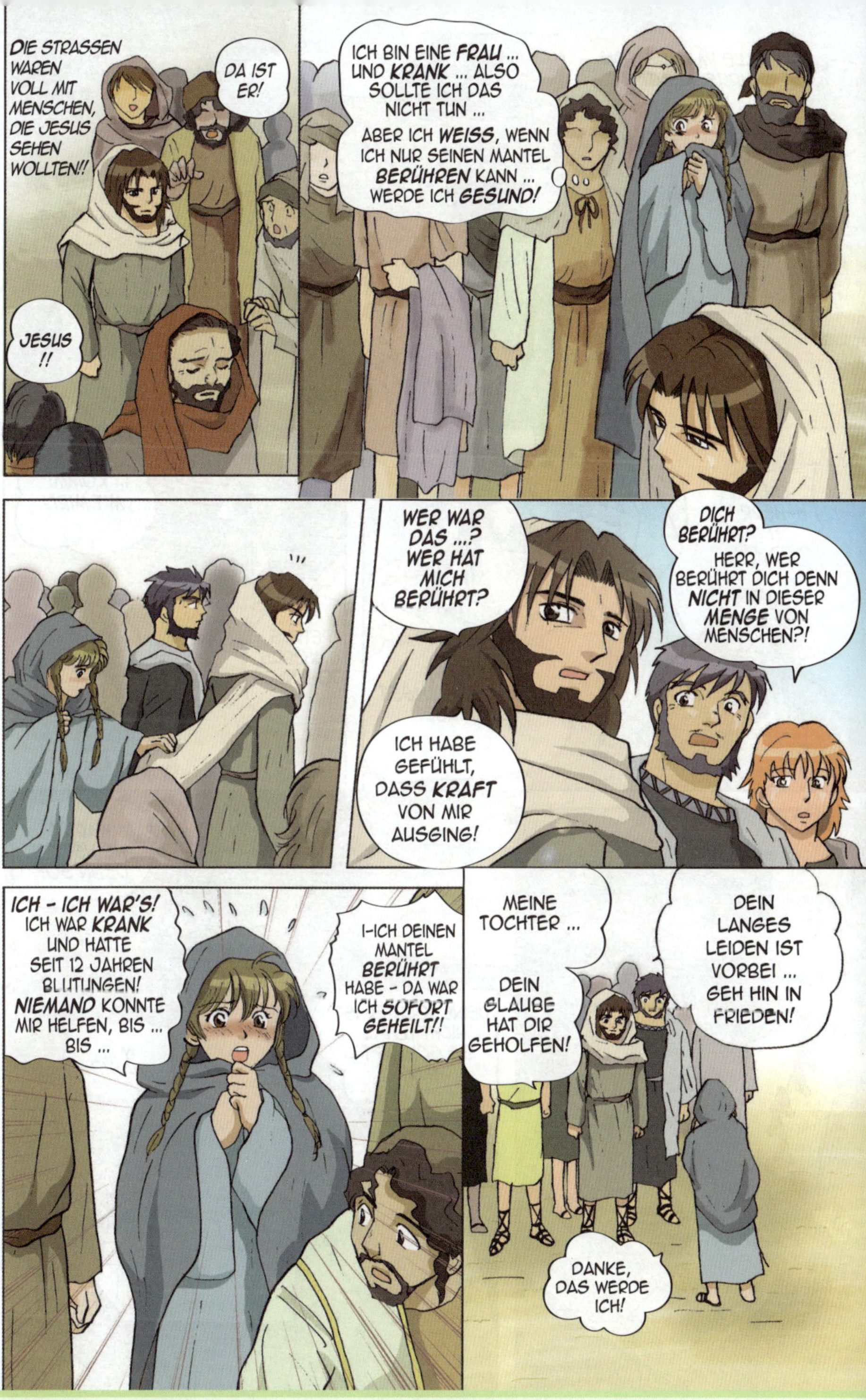

Matthäus 9:20-22 Markus 5:21-34 Lukas 8:43-48

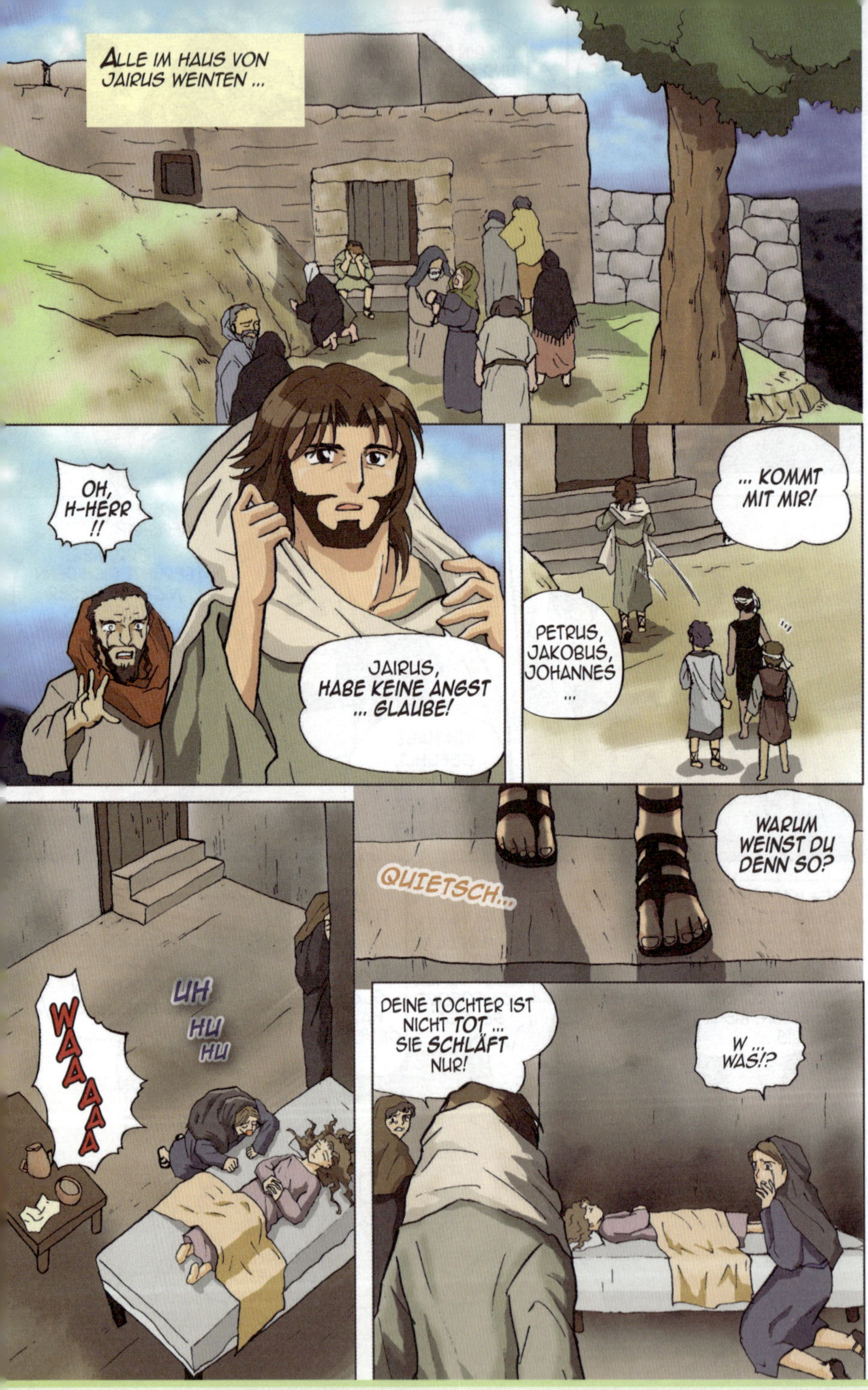

ALLE IM HAUS VON JAIRUS WEINTEN ...
OH, H-HERR !!
JAIRUS, HABE KEINE ANGST ... GLAUBE!
PETRUS, JAKOBUS, JOHANNES ...
... KOMMT MIT MIR!
QUIETSCH...
WARUM WEINST DU DENN SO?
WAAAAA
UH HU HU
DEINE TOCHTER IST NICHT TOT ... SIE SCHLÄFT NUR!
W ... WAS!?

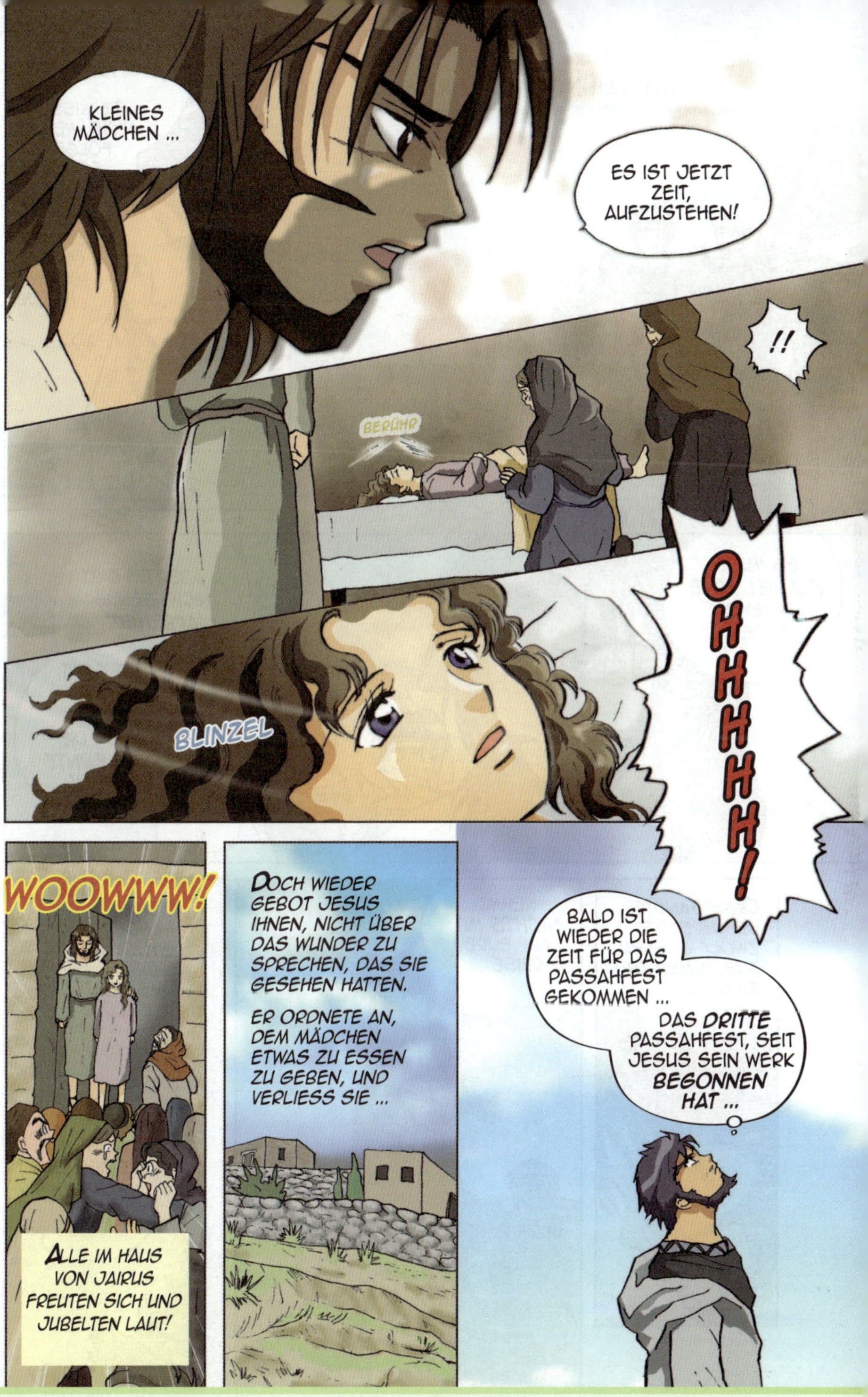

Matthäus 9:23-26 Markus 5:35-43 Lukas 8:49-56

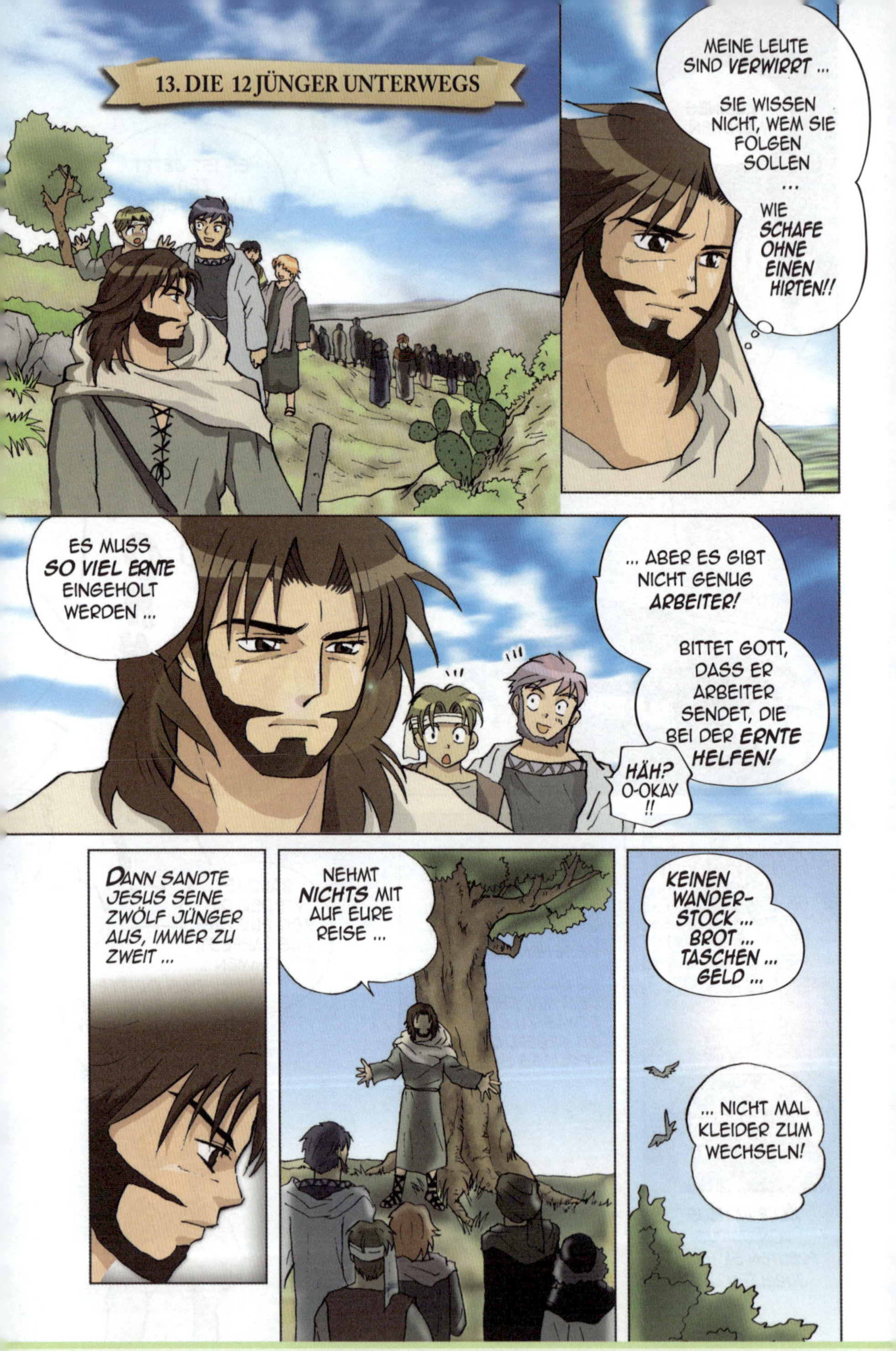

 Matthäus 9:36-38; 10:5-15 Markus 6:7-13 Lukas 9:1-6

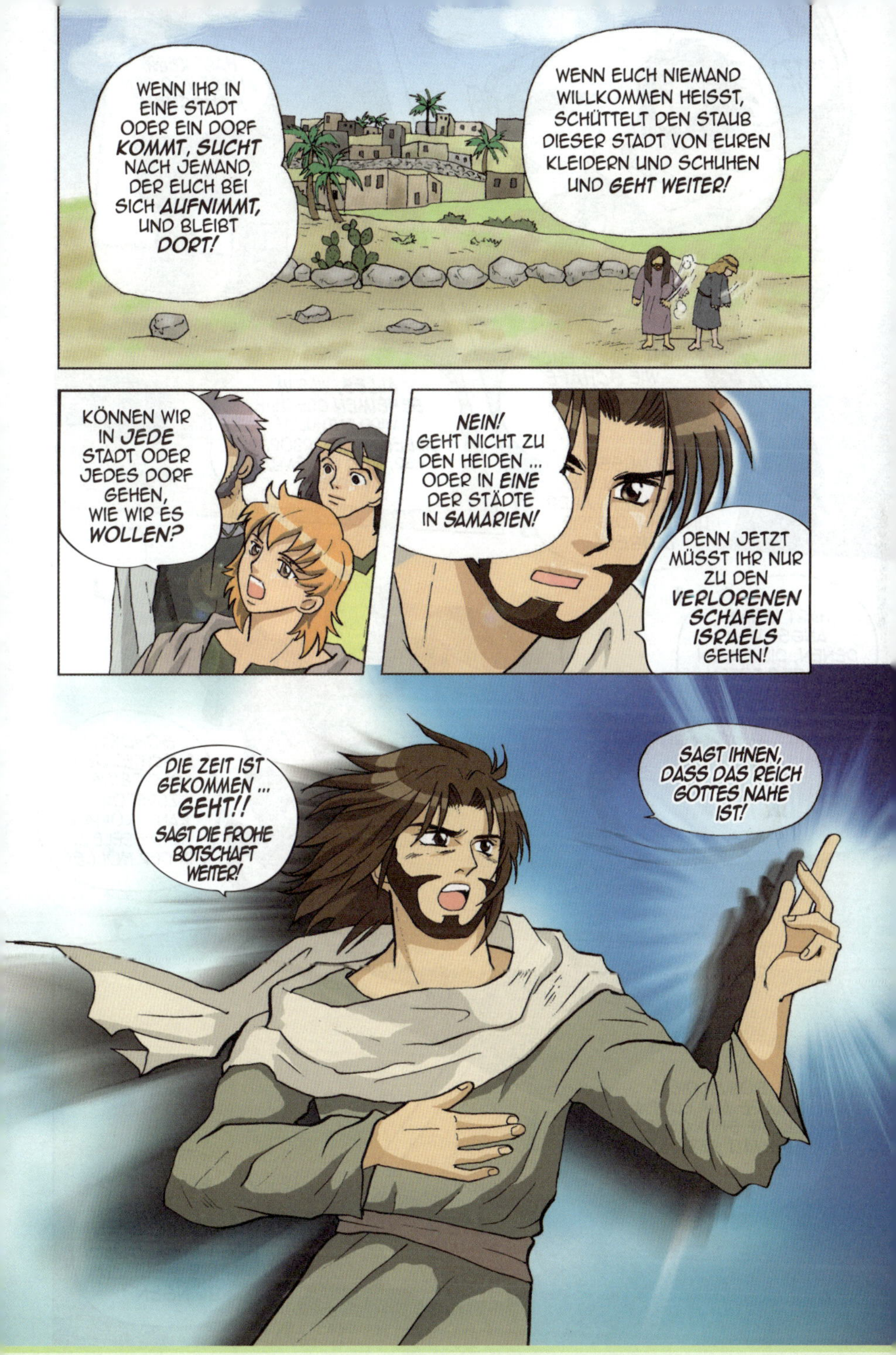
WENN IHR IN EINE STADT ODER EIN DORF KOMMT, SUCHT NACH JEMAND, DER EUCH BEI SICH AUFNIMMT, UND BLEIBT DORT!
WENN EUCH NIEMAND WILLKOMMEN HEISST, SCHÜTTELT DEN STAUB DIESER STADT VON EUREN KLEIDERN UND SCHUHEN UND GEHT WEITER!
KÖNNEN WIR IN JEDE STADT ODER JEDES DORF GEHEN, WIE WIR ES WOLLEN?
NEIN! GEHT NICHT ZU DEN HEIDEN ... ODER IN EINE DER STÄDTE IN SAMARIEN!
DENN JETZT MÜSST IHR NUR ZU DEN VERLORENEN SCHAFEN ISRAELS GEHEN!
DIE ZEIT IST GEKOMMEN ... GEHT!! SAGT DIE FROHE BOTSCHAFT WEITER!
SAGT IHNEN, DASS DAS REICH GOTTES NAHE IST!

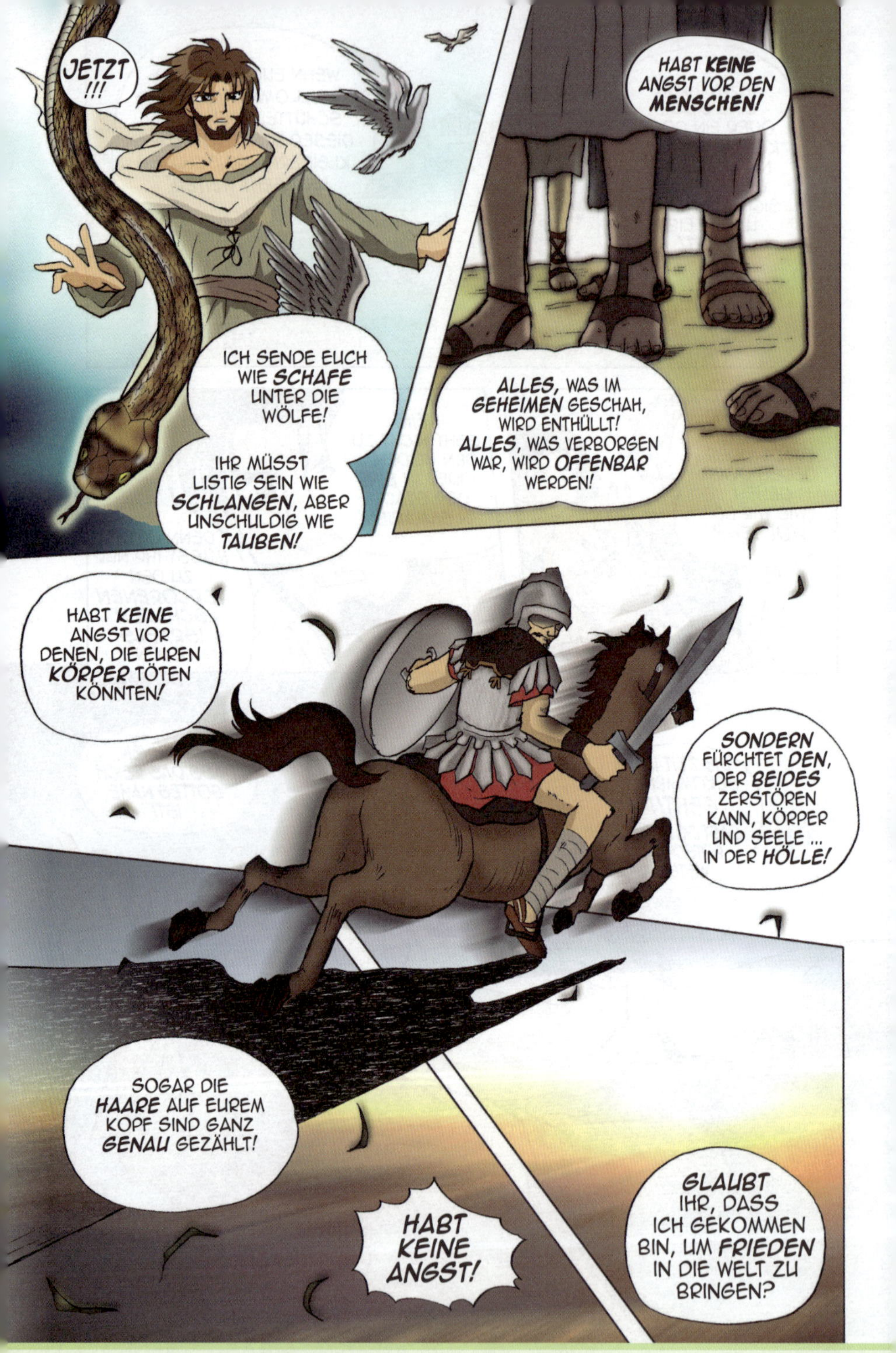
JETZT !!!
ICH SENDE EUCH WIE SCHAFE UNTER DIE WÖLFE!
IHR MÜSST LISTIG SEIN WIE SCHLANGEN, ABER UNSCHULDIG WIE TAUBEN!
HABT KEINE ANGST VOR DEN MENSCHEN!
ALLES, WAS IM GEHEIMEN GESCHAH, WIRD ENTHÜLLT! ALLES, WAS VERBORGEN WAR, WIRD OFFENBAR WERDEN!
HABT KEINE ANGST VOR DENEN, DIE EUREN KÖRPER TÖTEN KÖNNTEN!
SONDERN FÜRCHTET DEN, DER BEIDES ZERSTÖREN KANN, KÖRPER UND SEELE ... IN DER HÖLLE!
SOGAR DIE HAARE AUF EUREM KOPF SIND GANZ GENAU GEZÄHLT!
HABT KEINE ANGST!
GLAUBT IHR, DASS ICH GEKOMMEN BIN, UM FRIEDEN IN DIE WELT ZU BRINGEN?

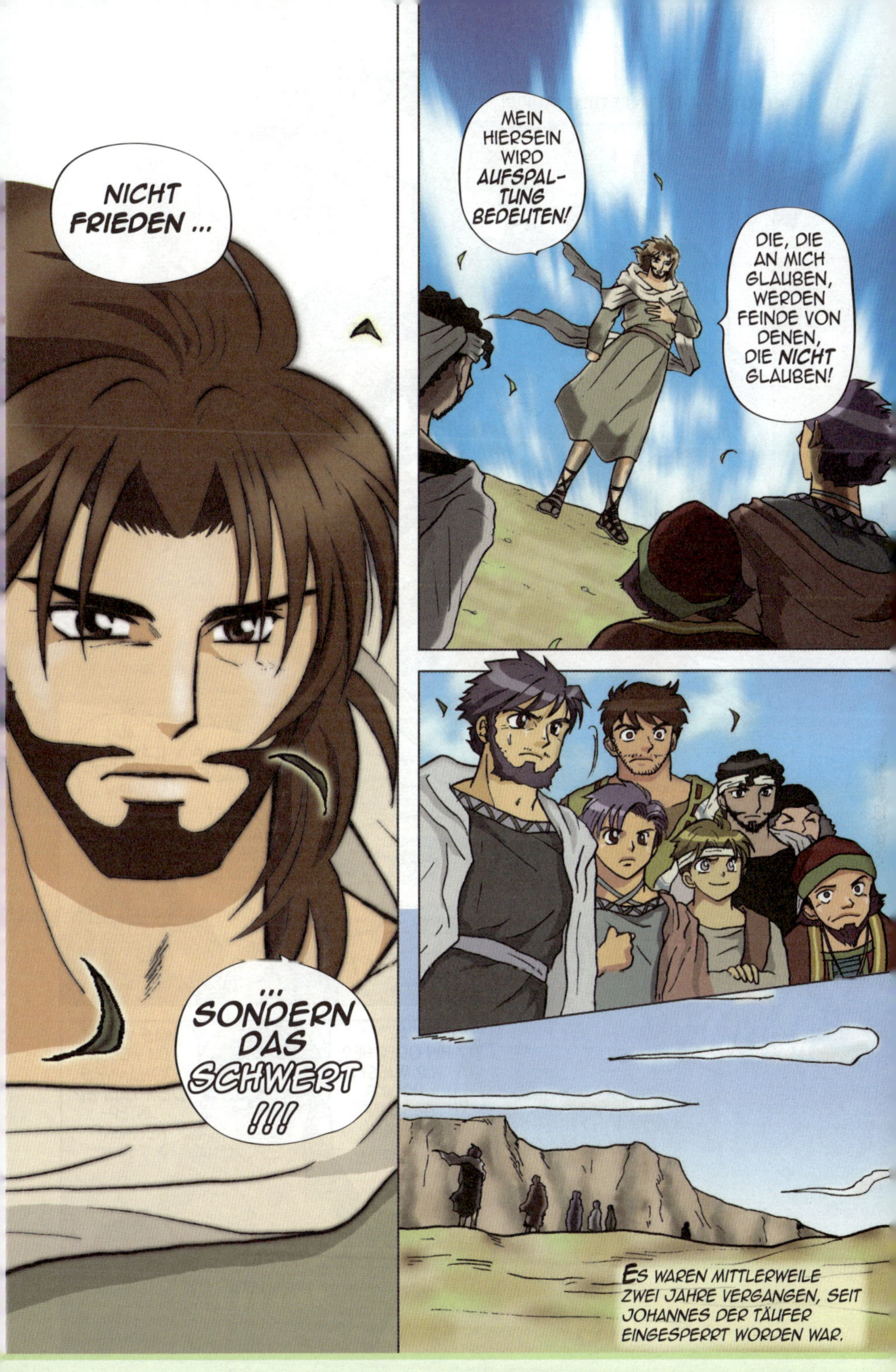
NICHT FRIEDEN ...
... SONDERN DAS SCHWERT !!!
MEIN HIERSEIN WIRD AUFSPALTUNG BEDEUTEN!
DIE, DIE AN MICH GLAUBEN, WERDEN FEINDE VON DENEN, DIE NICHT GLAUBEN!
ES WAREN MITTLERWEILE ZWEI JAHRE VERGANGEN, SEIT JOHANNES DER TÄUFER EINGESPERRT WORDEN WAR.

14. MORD AN JOHANNES DEM TÄUFER

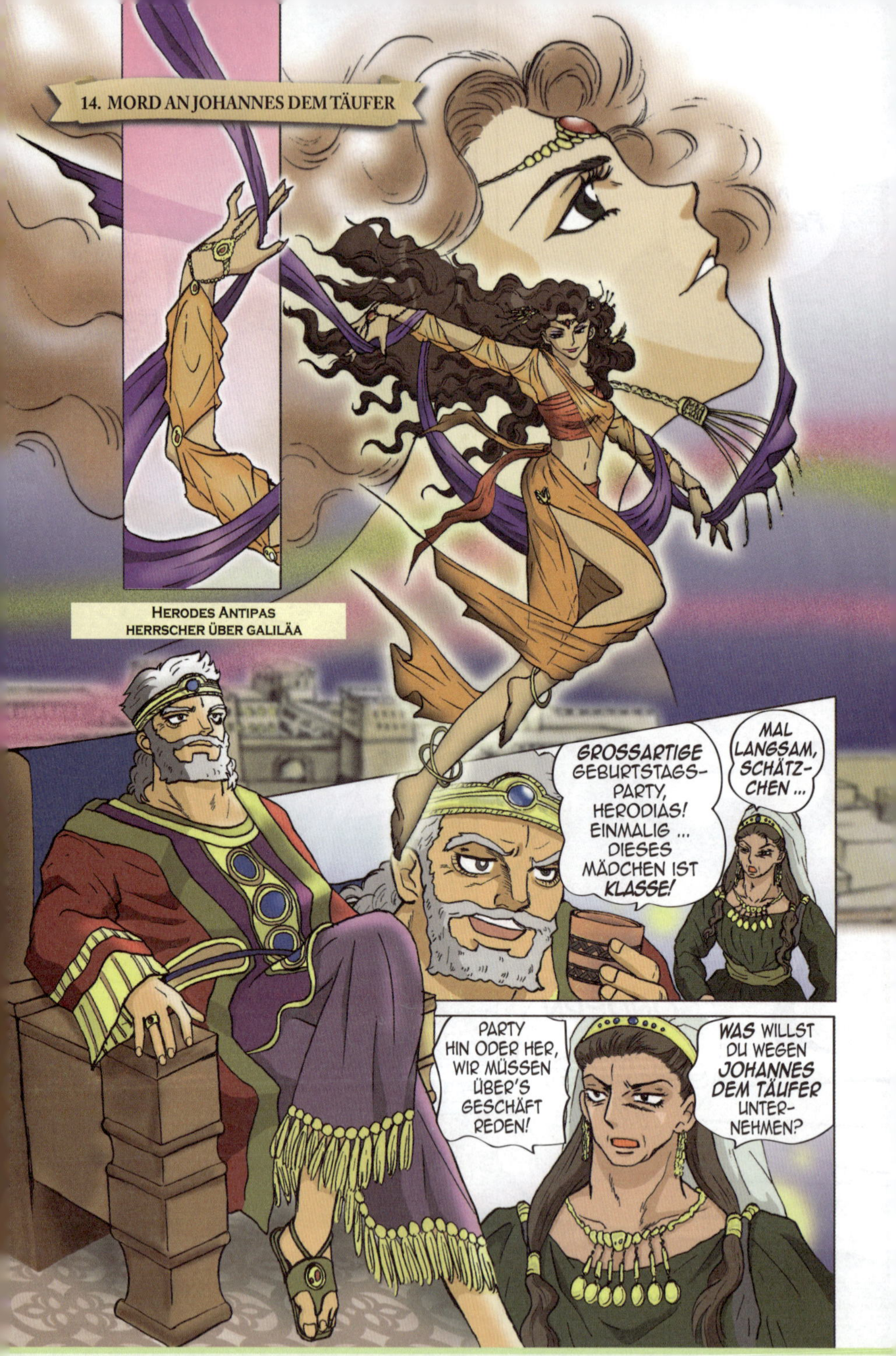

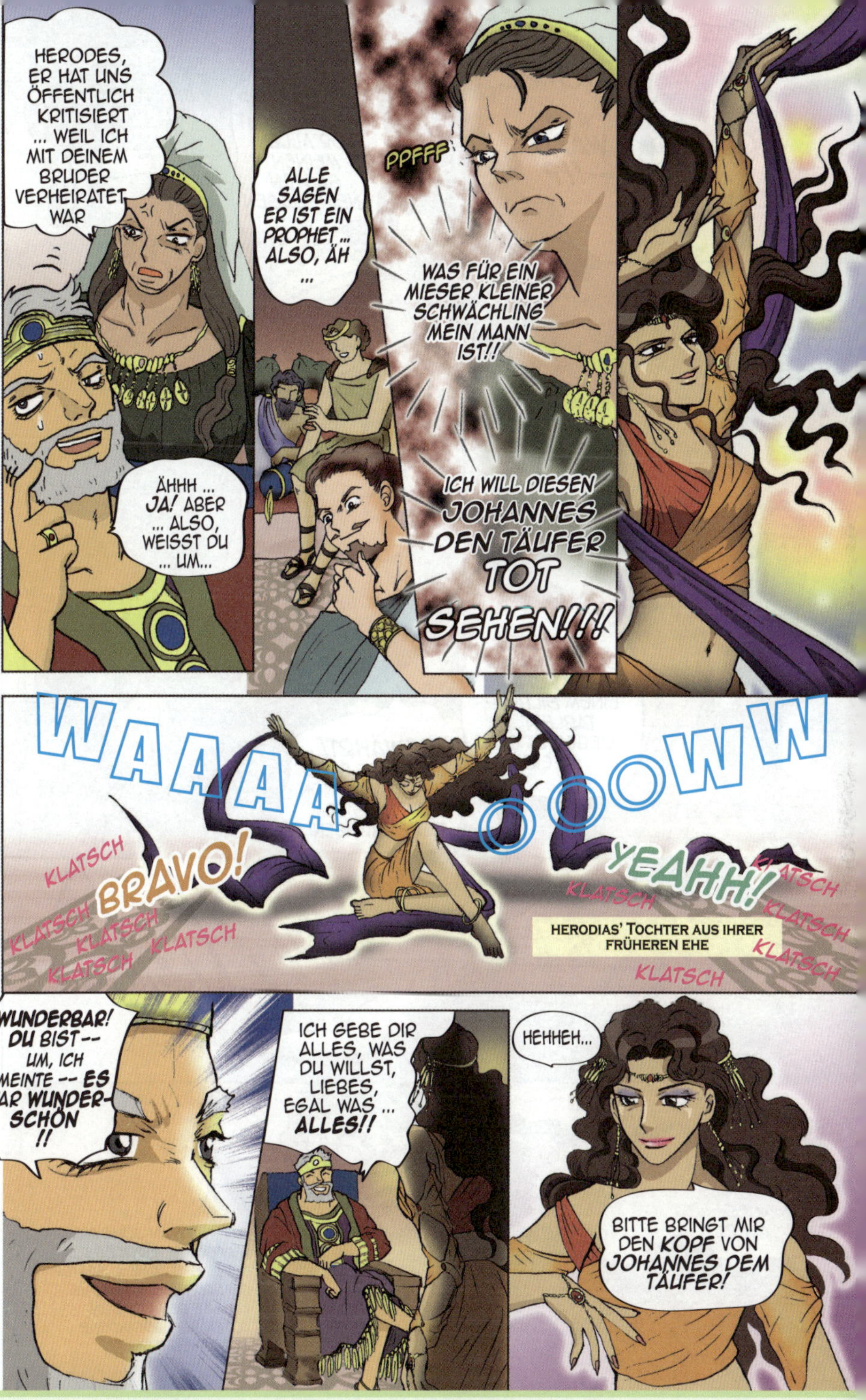
HERODES, ER HAT UNS ÖFFENTLICH KRITISIERT ... WEIL ICH MIT DEINEM BRUDER VERHEIRATET WAR
ÄHHH ... JA! ABER ... ALSO, WEISST DU ... UM...
ALLE SAGEN ER IST EIN PROPHET... ALSO, ÄH ...
PPFFF
WAS FÜR EIN MIESER KLEINER SCHWÄCHLING MEIN MANN IST!!
ICH WILL DIESEN JOHANNES DEN TÄUFER TOT SEHEN!!!
WAAAAAOOOOWW
KLATSCH
BRAVO!
KLATSCH KLATSCH KLATSCH KLATSCH
YEAHH!
KLATSCH KLATSCH KLATSCH KLATSCH KLATSCH
HERODIAS' TOCHTER AUS IHRER FRÜHEREN EHE
WUNDERBAR! DU BIST-- UM, ICH MEINTE -- ES WAR WUNDERSCHÖN!!
ICH GEBE DIR ALLES, WAS DU WILLST, LIEBES, EGAL WAS ... ALLES!!
HEHHEH...
BITTE BRINGT MIR DEN KOPF VON JOHANNES DEM TÄUFER!

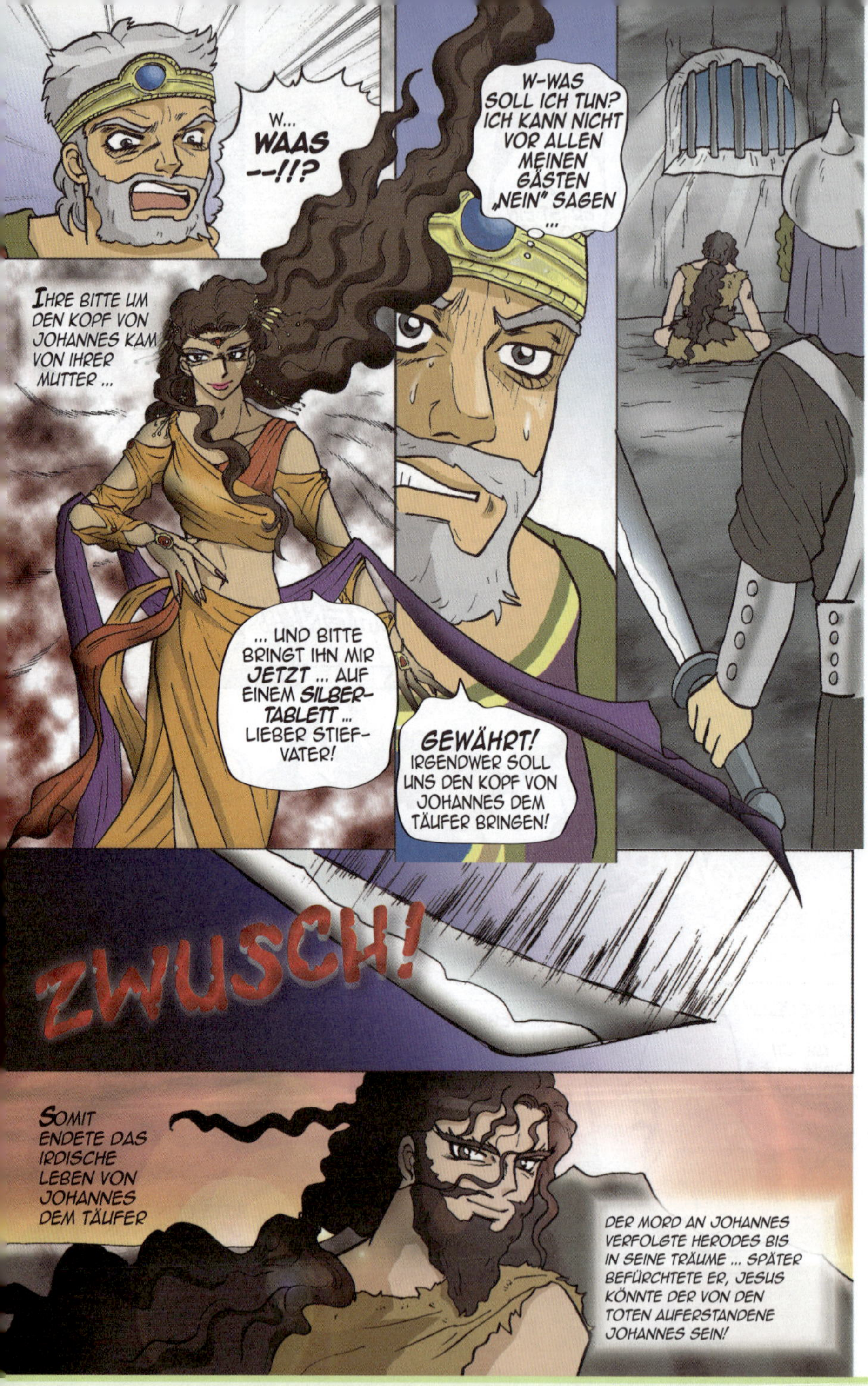
W... WAAS --!!?
W-WAS SOLL ICH TUN? ICH KANN NICHT VOR ALLEN MEINEN GÄSTEN „NEIN" SAGEN ...
IHRE BITTE UM DEN KOPF VON JOHANNES KAM VON IHRER MUTTER ...
... UND BITTE BRINGT IHN MIR JETZT ... AUF EINEM SILBER-TABLETT ... LIEBER STIEF-VATER!
GEWÄHRT! IRGENDWER SOLL UNS DEN KOPF VON JOHANNES DEM TÄUFER BRINGEN!
ZWUSCH!
SOMIT ENDETE DAS IRDISCHE LEBEN VON JOHANNES DEM TÄUFER
DER MORD AN JOHANNES VERFOLGTE HERODES BIS IN SEINE TRÄUME ... SPÄTER BEFÜRCHTETE ER, JESUS KÖNNTE DER VON DEN TOTEN AUFERSTANDENE JOHANNES SEIN!

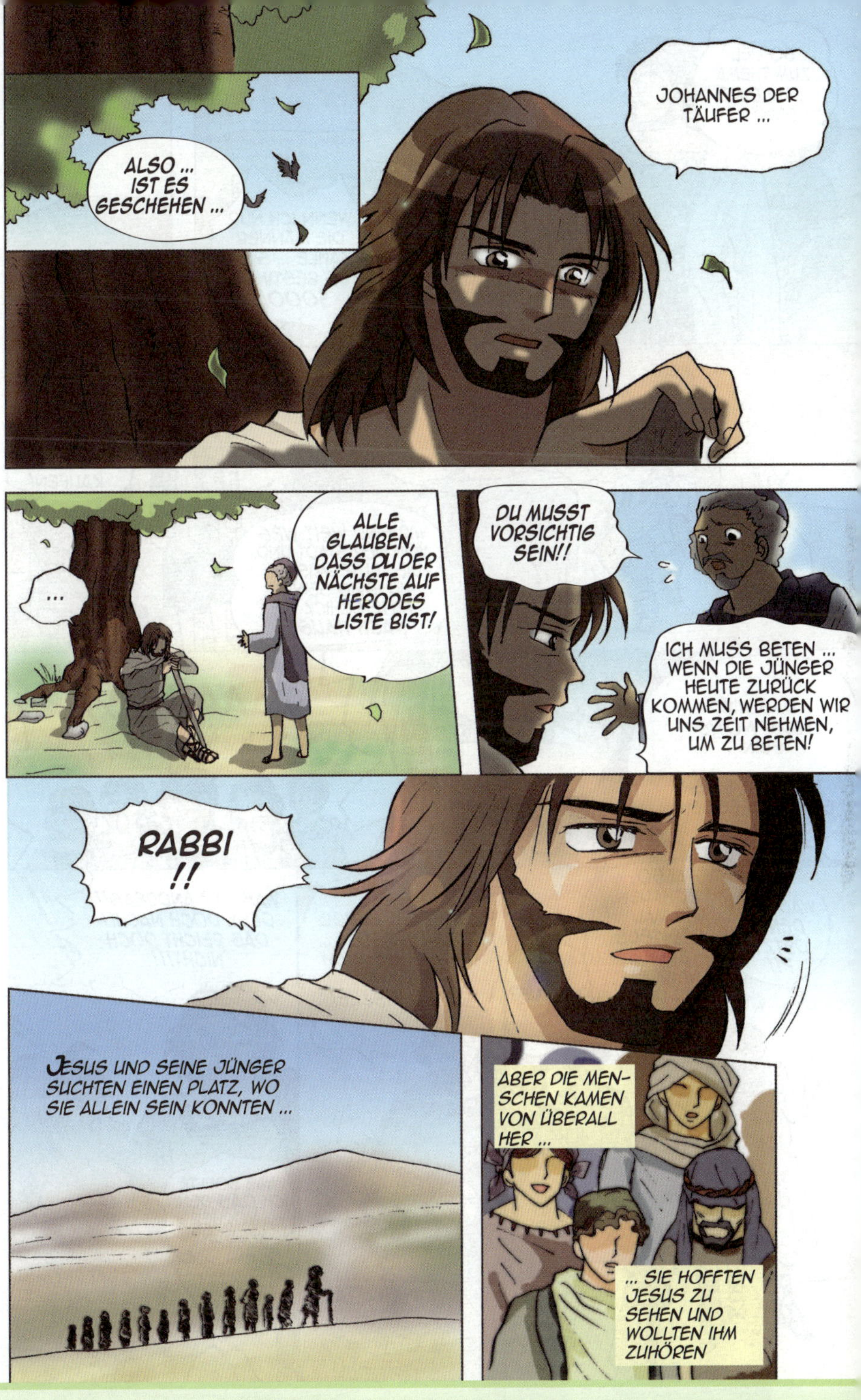
JOHANNES DER TÄUFER ...
ALSO ... IST ES GESCHEHEN ...
...
ALLE GLAUBEN, DASS DU DER NÄCHSTE AUF HERODES LISTE BIST!
DU MUSST VORSICHTIG SEIN!!
ICH MUSS BETEN ... WENN DIE JÜNGER HEUTE ZURÜCK KOMMEN, WERDEN WIR UNS ZEIT NEHMEN, UM ZU BETEN!
RABBI !!
JESUS UND SEINE JÜNGER SUCHTEN EINEN PLATZ, WO SIE ALLEIN SEIN KONNTEN ...
ABER DIE MENSCHEN KAMEN VON ÜBERALL HER ...
... SIE HOFFTEN JESUS ZU SEHEN UND WOLLTEN IHM ZUHÖREN

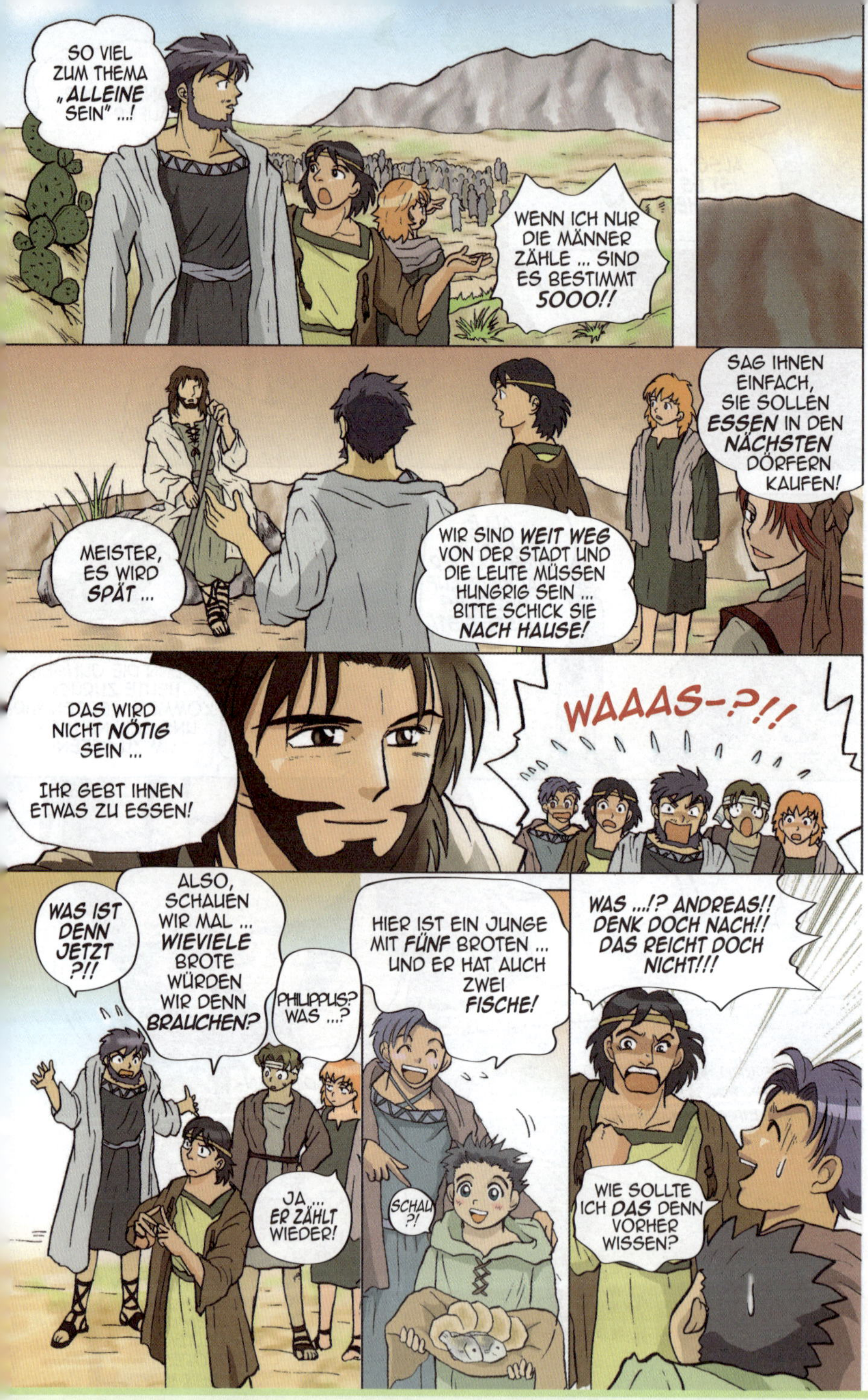

SO VIEL ZUM THEMA „ALLEINE SEIN" ...!
WENN ICH NUR DIE MÄNNER ZÄHLE ... SIND ES BESTIMMT 5000!!
SAG IHNEN EINFACH, SIE SOLLEN ESSEN IN DEN NÄCHSTEN DÖRFERN KAUFEN!
WIR SIND WEIT WEG VON DER STADT UND DIE LEUTE MÜSSEN HUNGRIG SEIN ... BITTE SCHICK SIE NACH HAUSE!
MEISTER, ES WIRD SPÄT ...
WAAAS-?!!
DAS WIRD NICHT NÖTIG SEIN ...
IHR GEBT IHNEN ETWAS ZU ESSEN!
WAS IST DENN JETZT ?!!
ALSO, SCHAUEN WIR MAL ... WIEVIELE BROTE WÜRDEN WIR DENN BRAUCHEN?
PHILIPPUS? WAS ...?
JA ... ER ZÄHLT WIEDER!
HIER IST EIN JUNGE MIT FÜNF BROTEN ... UND ER HAT AUCH ZWEI FISCHE!
SCHAU ?!
WAS ...!? ANDREAS!! DENK DOCH NACH!! DAS REICHT DOCH NICHT!!!
WIE SOLLTE ICH DAS DENN VORHER WISSEN?

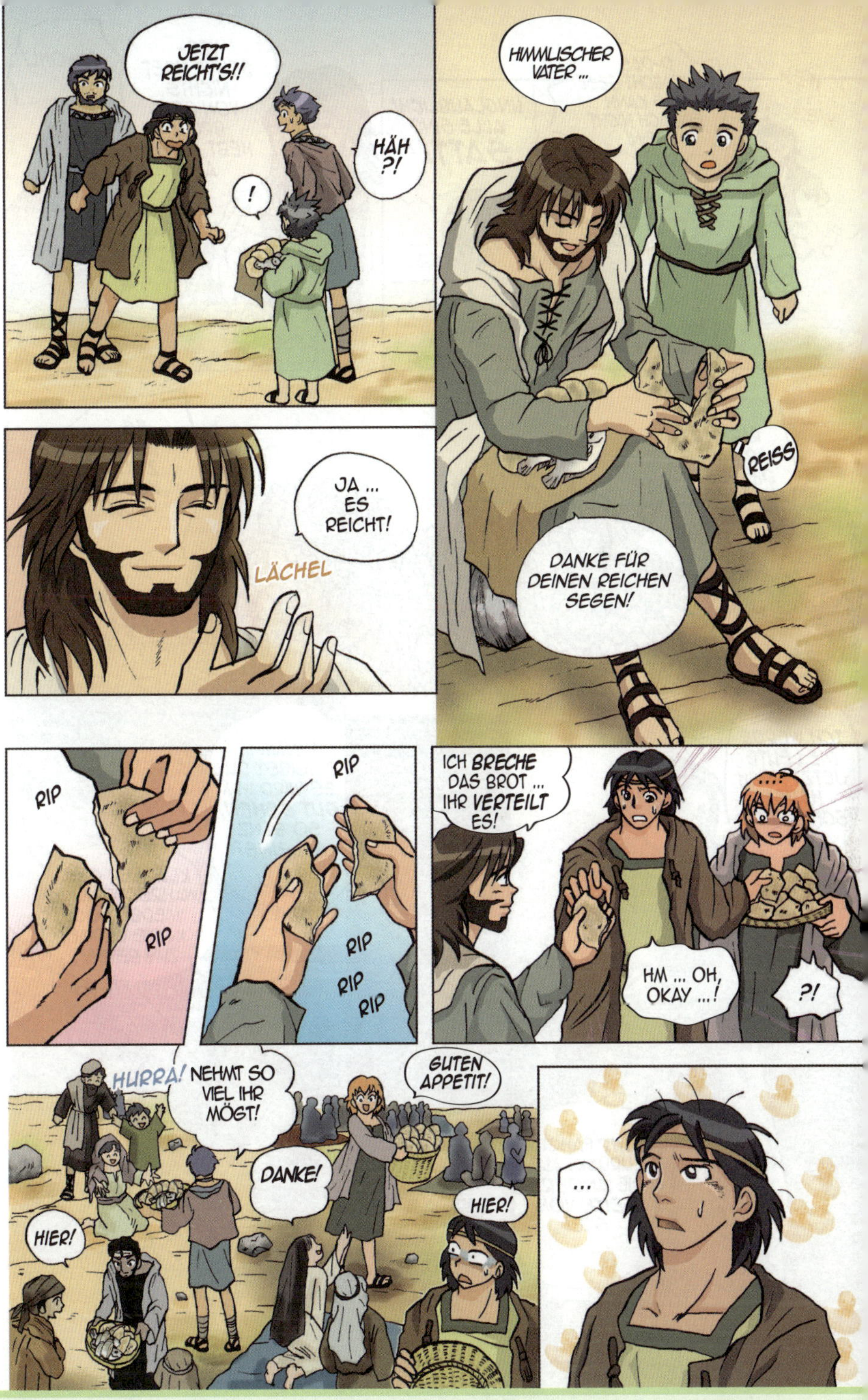
JETZT REICHT'S!!
HÄH ?!
!
HIMMLISCHER VATER ...
JA ... ES REICHT!
LÄCHEL
REISS
DANKE FÜR DEINEN REICHEN SEGEN!
RIP
RIP
RIP
RIP
RIP
RIP
ICH BRECHE DAS BROT ... IHR VERTEILT ES!
HM ... OH, OKAY ...!
?!
HURRA!
NEHMT SO VIEL IHR MÖGT!
GUTEN APPETIT!
DANKE!
HIER!
HIER!
...

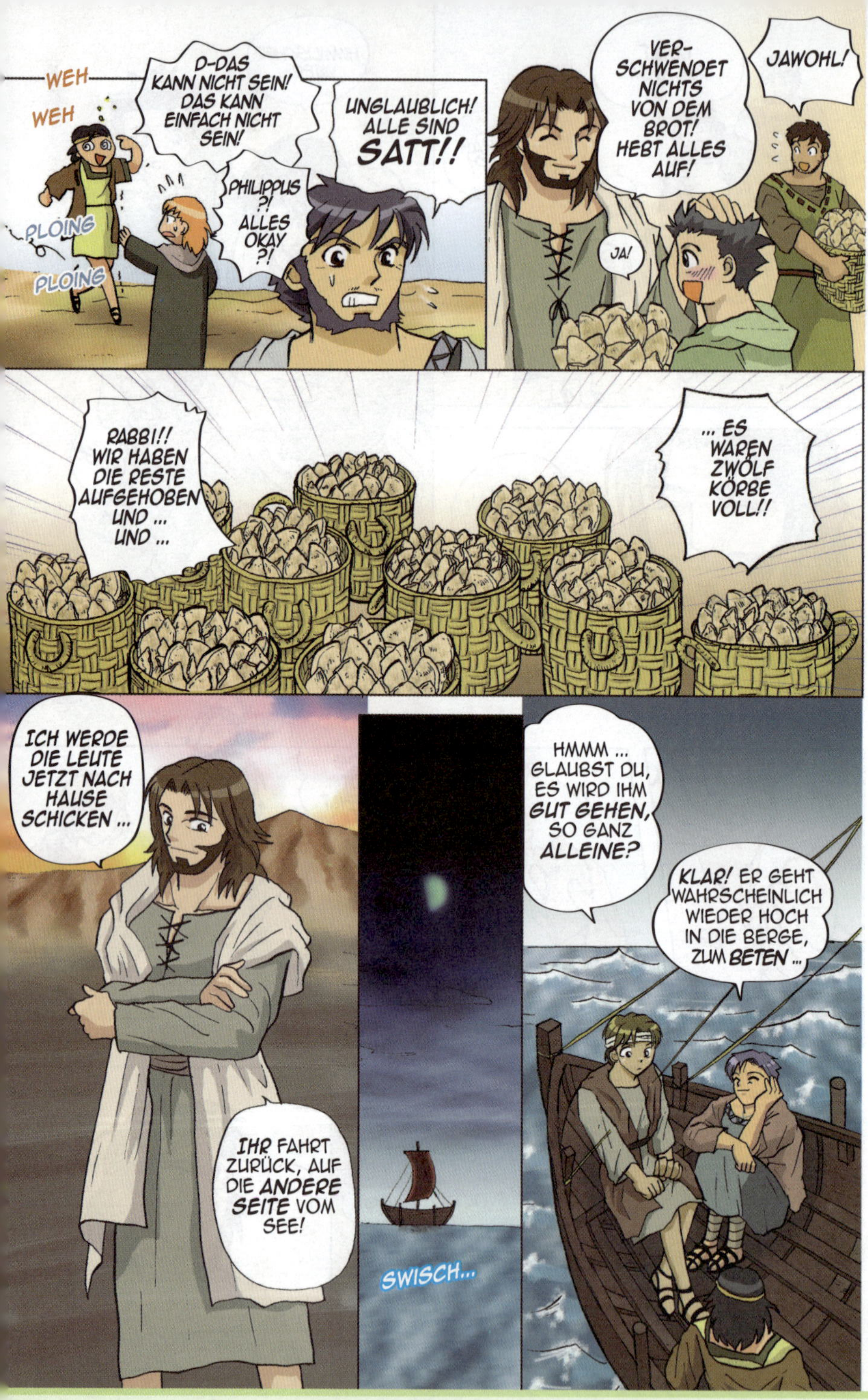
WEH
WEH
D-DAS KANN NICHT SEIN! DAS KANN EINFACH NICHT SEIN!
PLOING
PLOING
PHILIPPUS ?! ALLES OKAY ?!
UNGLAUBLICH! ALLE SIND SATT!!
VER-SCHWENDET NICHTS VON DEM BROT! HEBT ALLES AUF!
JAWOHL!
JA!
RABBI!! WIR HABEN DIE RESTE AUFGEHOBEN UND ... UND ...
... ES WAREN ZWÖLF KÖRBE VOLL!!
ICH WERDE DIE LEUTE JETZT NACH HAUSE SCHICKEN ...
IHR FAHRT ZURÜCK, AUF DIE ANDERE SEITE VOM SEE!
SWISCH...
HMMM ... GLAUBST DU, ES WIRD IHM GUT GEHEN, SO GANZ ALLEINE?
KLAR! ER GEHT WAHRSCHEINLICH WIEDER HOCH IN DIE BERGE, ZUM BETEN ...

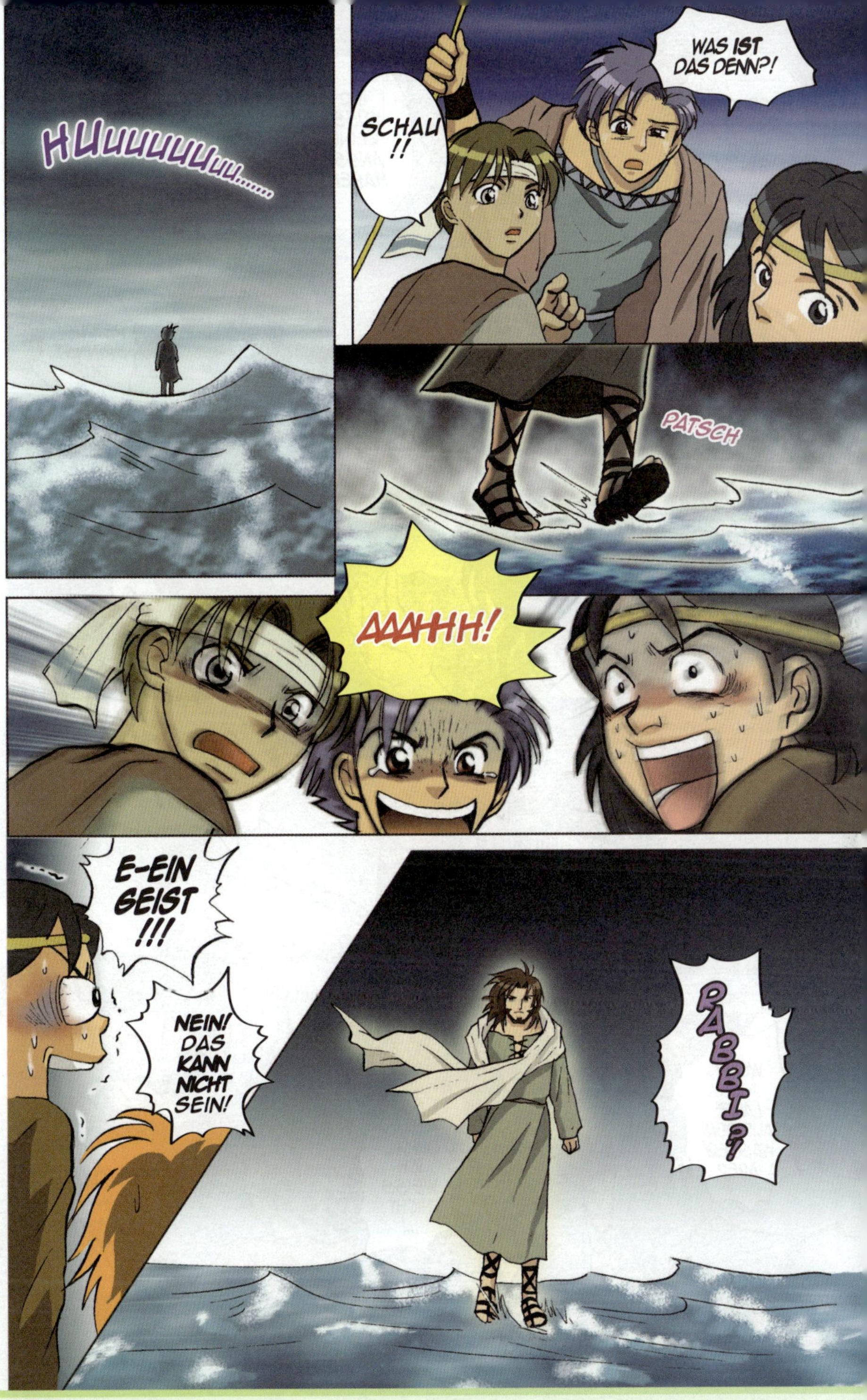
HUuuuuuuuu......
SCHAU !!
WAS IST DAS DENN?!
PATSCH
AAAHHH!
E-EIN GEIST !!!
NEIN! DAS KANN NICHT SEIN!
RABBI?!

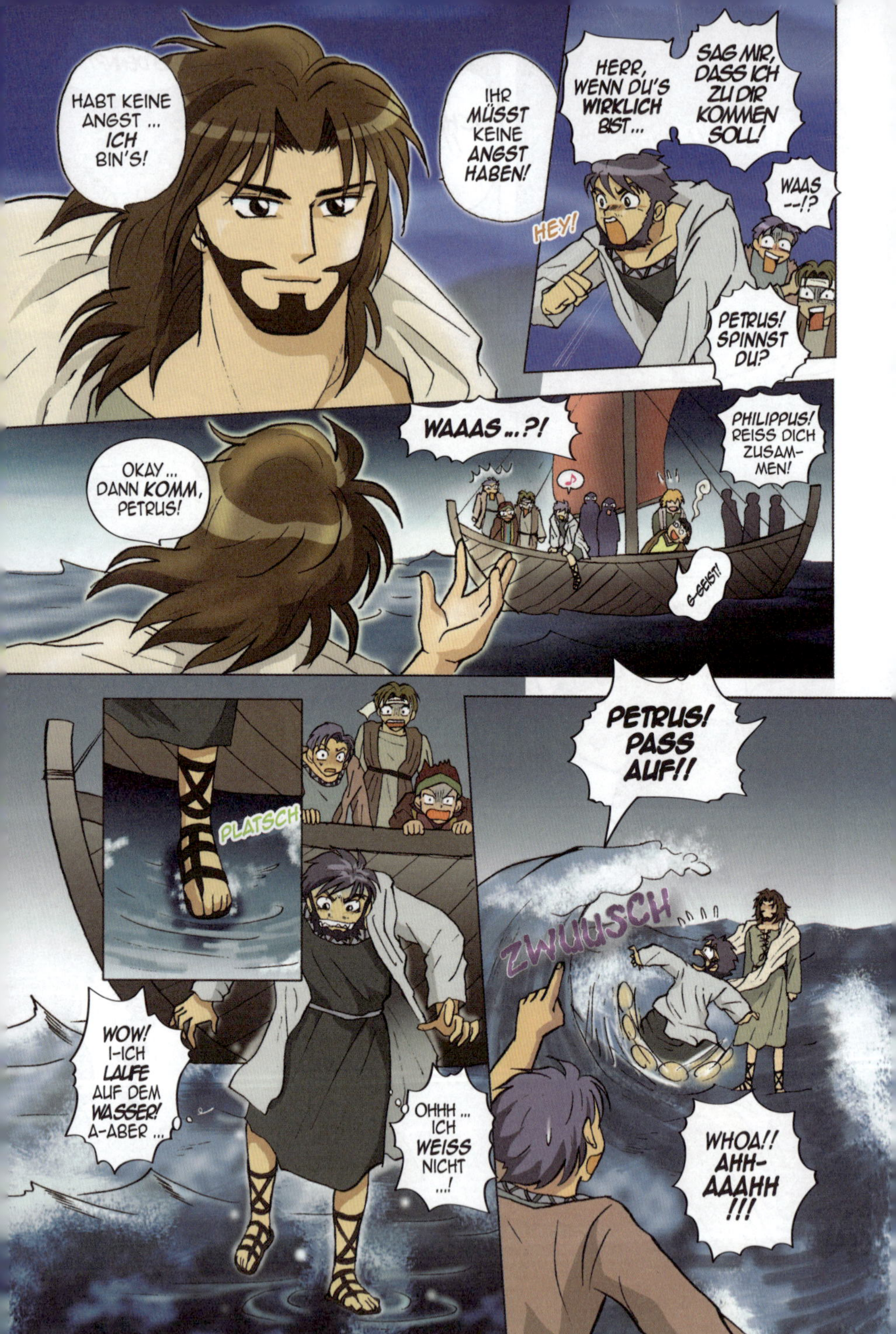
HABT KEINE ANGST ... ICH BIN'S!
IHR MÜSST KEINE ANGST HABEN!
HERR, WENN DU'S WIRKLICH BIST ...
SAG MIR, DASS ICH ZU DIR KOMMEN SOLL!
HEY!
WAAS --!?
PETRUS! SPINNST DU?
OKAY ... DANN KOMM, PETRUS!
WAAAS ..?!
PHILIPPUS! REISS DICH ZUSAMMEN!
G-GEIST!
PLATSCH
WOW! I-ICH LAUFE AUF DEM WASSER! A-ABER ...
OHHH ... ICH WEISS NICHT ...!
PETRUS! PASS AUF!!
ZWUUSCH
WHOA!! AHH-AAAHH !!!

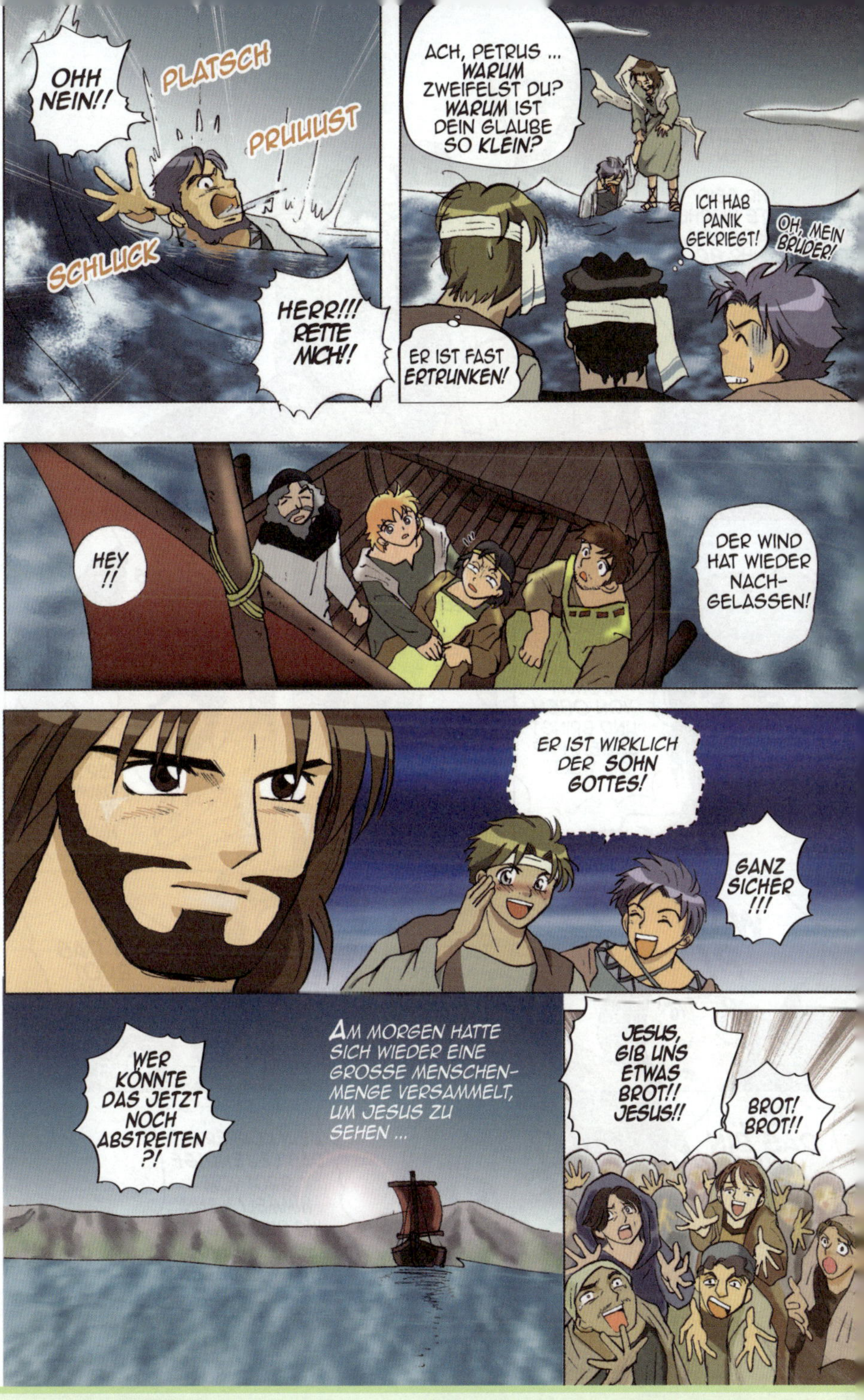
OHH NEIN!!
PLATSCH
PRUUUST
SCHLUCK
HERR!!! RETTE MICH!!
ACH, PETRUS ... WARUM ZWEIFELST DU? WARUM IST DEIN GLAUBE SO KLEIN?
ICH HAB PANIK GEKRIEGT!
OH, MEIN BRUDER!
ER IST FAST ERTRUNKEN!
HEY !!
DER WIND HAT WIEDER NACH-GELASSEN!
ER IST WIRKLICH DER SOHN GOTTES!
GANZ SICHER !!!
WER KÖNNTE DAS JETZT NOCH ABSTREITEN ?!
AM MORGEN HATTE SICH WIEDER EINE GROSSE MENSCHEN-MENGE VERSAMMELT, UM JESUS ZU SEHEN ...
JESUS, GIB UNS ETWAS BROT!! JESUS!!
BROT! BROT!!

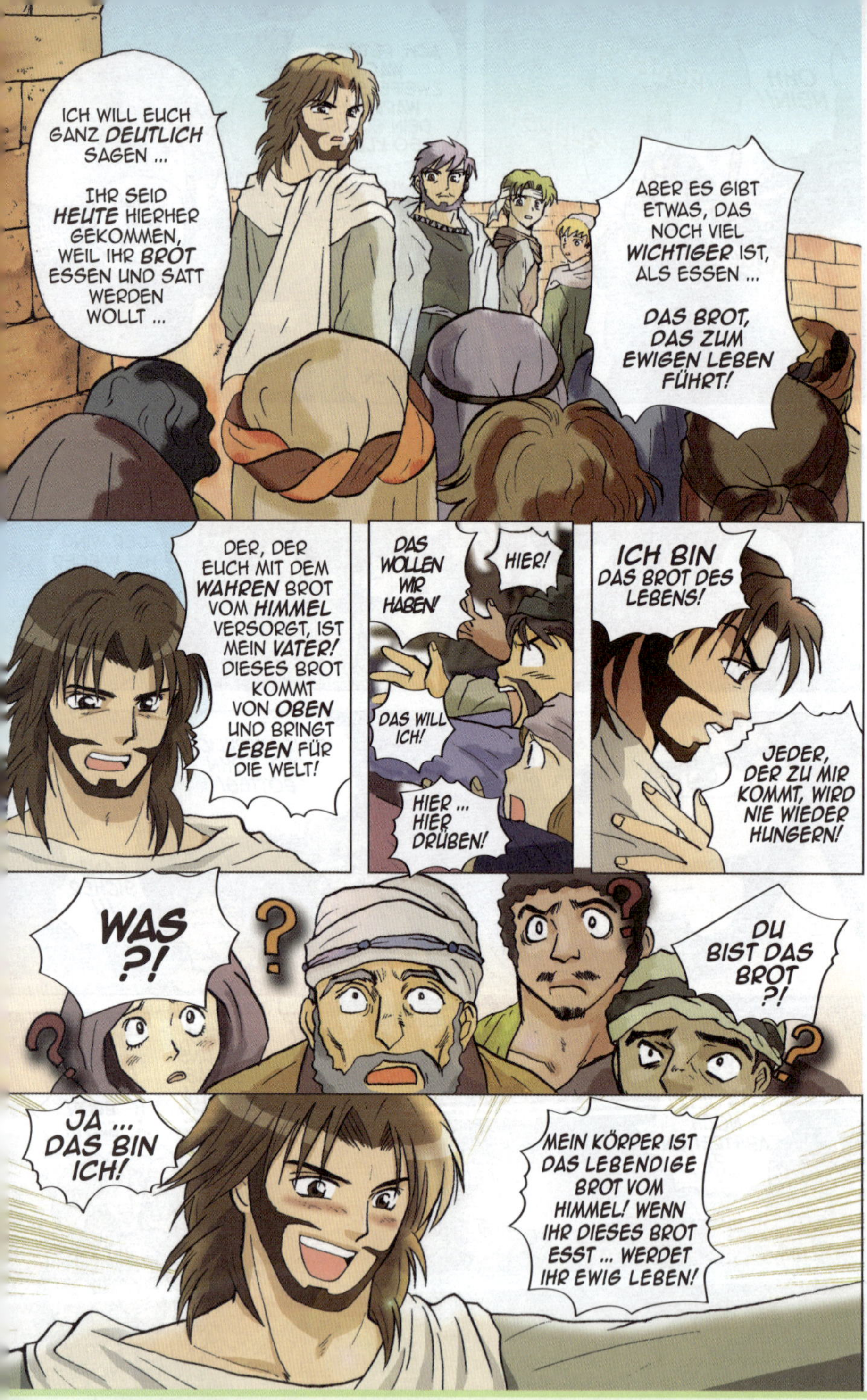
ICH WILL EUCH GANZ DEUTLICH SAGEN ...
IHR SEID HEUTE HIERHER GEKOMMEN, WEIL IHR BROT ESSEN UND SATT WERDEN WOLLT ...
ABER ES GIBT ETWAS, DAS NOCH VIEL WICHTIGER IST, ALS ESSEN ...
DAS BROT, DAS ZUM EWIGEN LEBEN FÜHRT!
DER, DER EUCH MIT DEM WAHREN BROT VOM HIMMEL VERSORGT, IST MEIN VATER! DIESES BROT KOMMT VON OBEN UND BRINGT LEBEN FÜR DIE WELT!
DAS WOLLEN WIR HABEN!
HIER!
DAS WILL ICH!
HIER ... HIER DRÜBEN!
ICH BIN DAS BROT DES LEBENS!
JEDER, DER ZU MIR KOMMT, WIRD NIE WIEDER HUNGERN!
WAS ?!
DU BIST DAS BROT ?!
JA ... DAS BIN ICH!
MEIN KÖRPER IST DAS LEBENDIGE BROT VOM HIMMEL! WENN IHR DIESES BROT ESST ... WERDET IHR EWIG LEBEN!

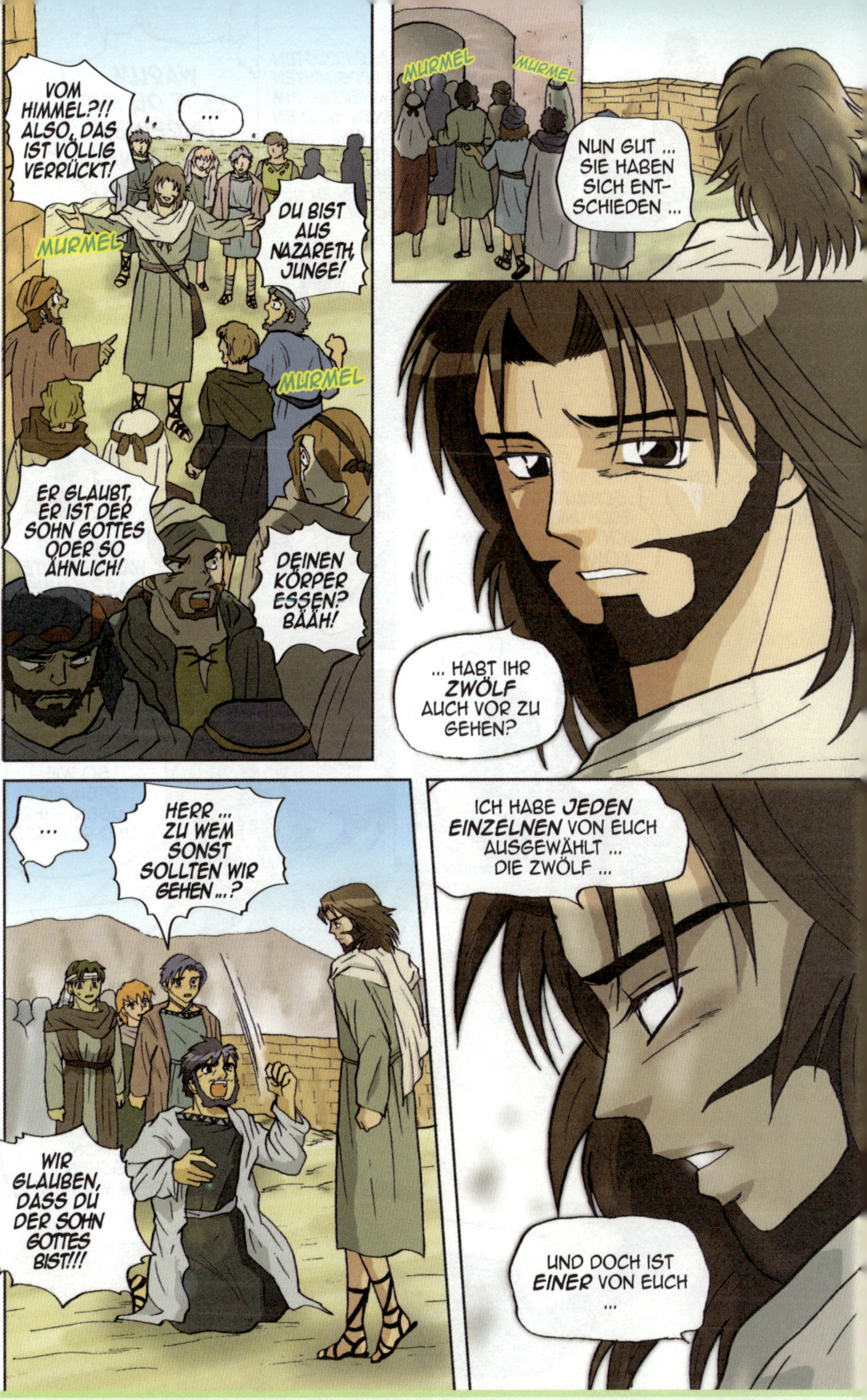
VOM HIMMEL?!! ALSO, DAS IST VÖLLIG VERRÜCKT!
...
DU BIST AUS NAZARETH, JUNGE!
MURMEL
MURMEL
ER GLAUBT, ER IST DER SOHN GOTTES ODER SO ÄHNLICH!
DEINEN KÖRPER ESSEN? BÄÄH!
MURMEL
MURMEL
NUN GUT ... SIE HABEN SICH ENT-SCHIEDEN ...
... HABT IHR ZWÖLF AUCH VOR ZU GEHEN?
...
HERR ... ZU WEM SONST SOLLTEN WIR GEHEN ...?
WIR GLAUBEN, DASS DU DER SOHN GOTTES BIST!!!
ICH HABE JEDEN EINZELNEN VON EUCH AUSGEWÄHLT ... DIE ZWÖLF ...
UND DOCH IST EINER VON EUCH ...

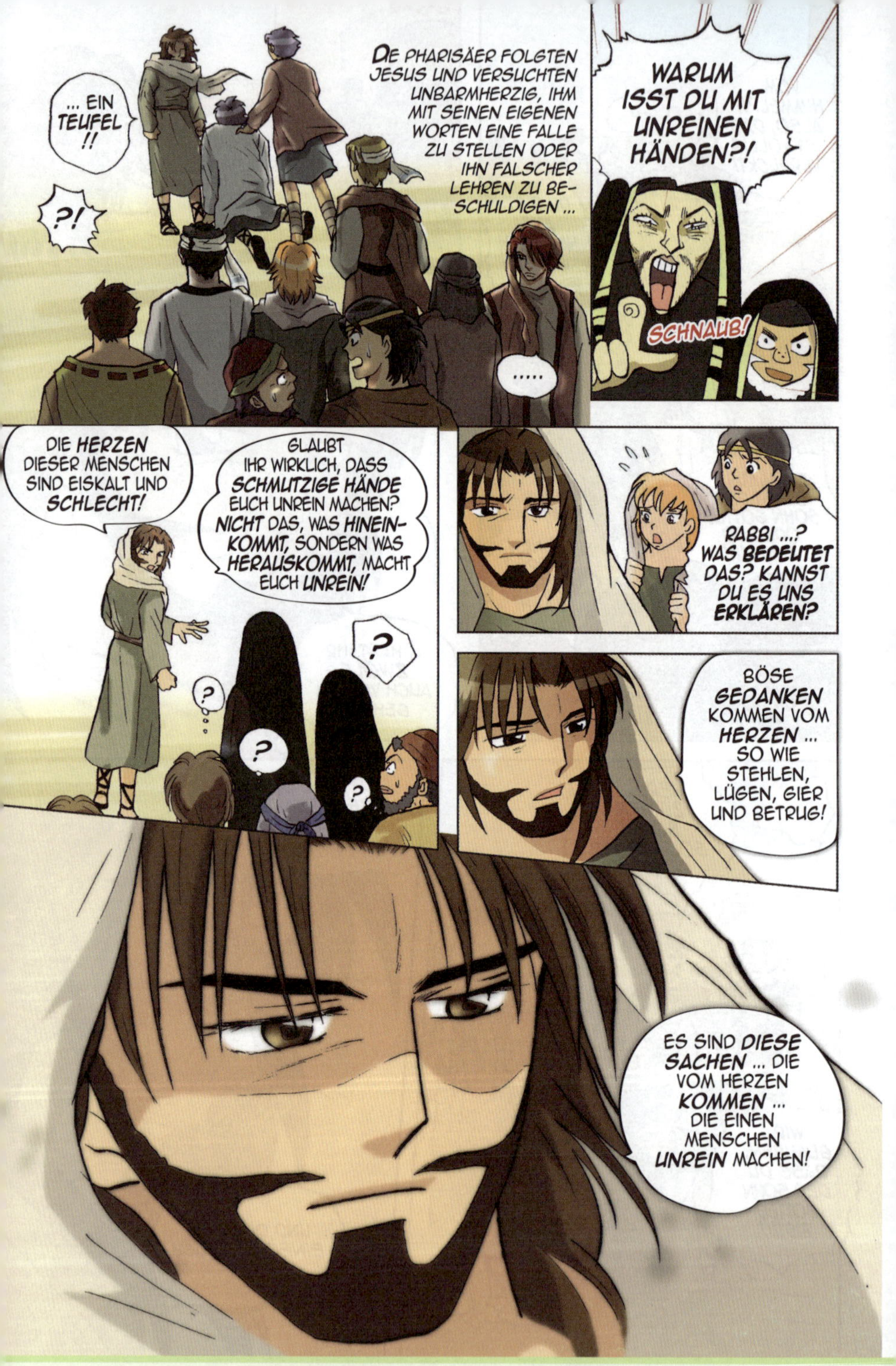
DIE PHARISÄER FOLGTEN JESUS UND VERSUCHTEN UNBARMHERZIG, IHM MIT SEINEN EIGENEN WORTEN EINE FALLE ZU STELLEN ODER IHN FALSCHER LEHREN ZU BESCHULDIGEN ...
... EIN TEUFEL !!
?!
......
WARUM ISST DU MIT UNREINEN HÄNDEN?!
SCHNAUB!
DIE HERZEN DIESER MENSCHEN SIND EISKALT UND SCHLECHT!
GLAUBT IHR WIRKLICH, DASS SCHMUTZIGE HÄNDE EUCH UNREIN MACHEN? NICHT DAS, WAS HINEINKOMMT, SONDERN WAS HERAUSKOMMT, MACHT EUCH UNREIN!
?
?
?
?
RABBI ...? WAS BEDEUTET DAS? KANNST DU ES UNS ERKLÄREN?
BÖSE GEDANKEN KOMMEN VOM HERZEN ... SO WIE STEHLEN, LÜGEN, GIER UND BETRUG!
ES SIND DIESE SACHEN ... DIE VOM HERZEN KOMMEN ... DIE EINEN MENSCHEN UNREIN MACHEN!

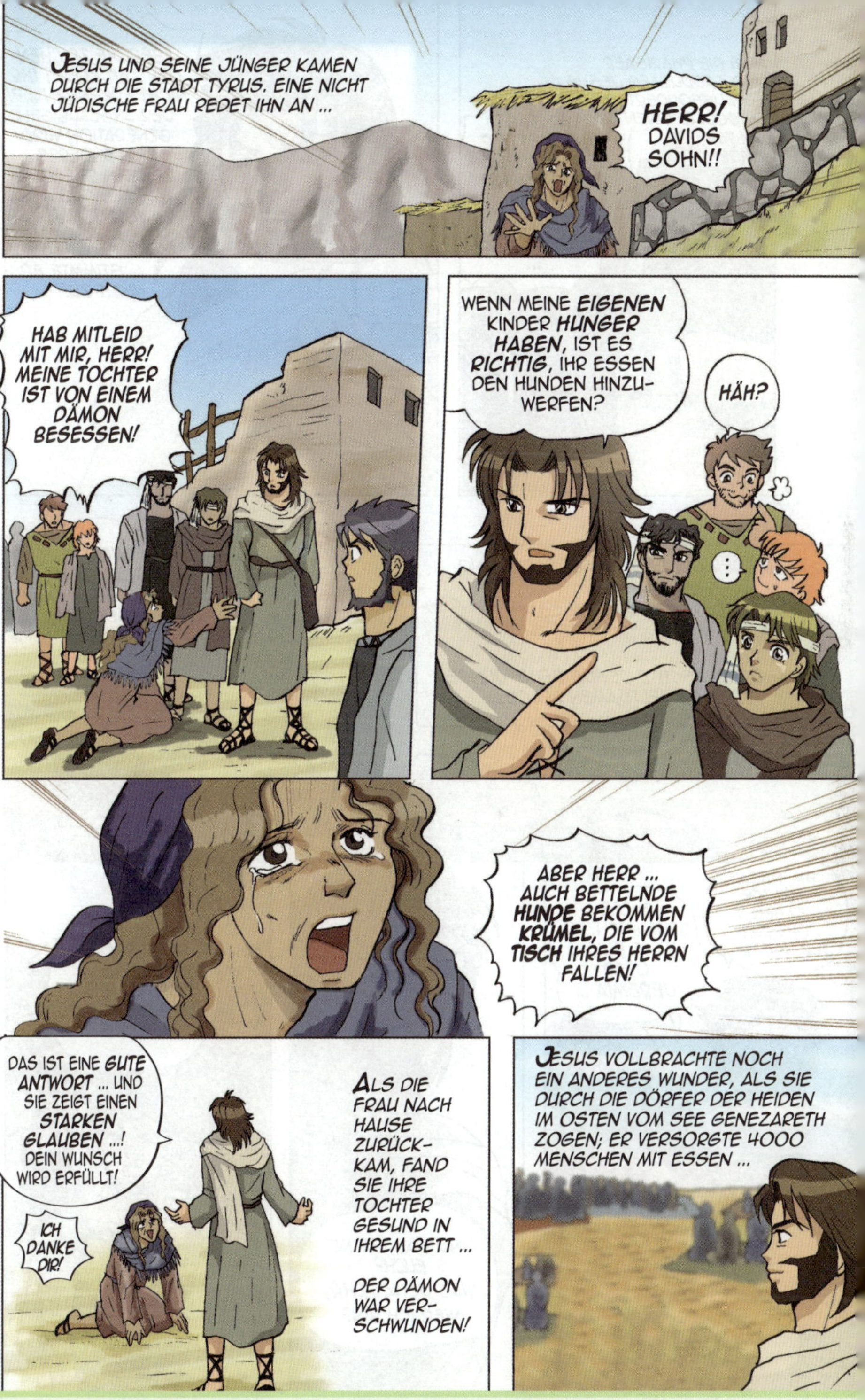

Matthäus 15:21-28, 32-39 Markus 7:24-30, 8:1-10

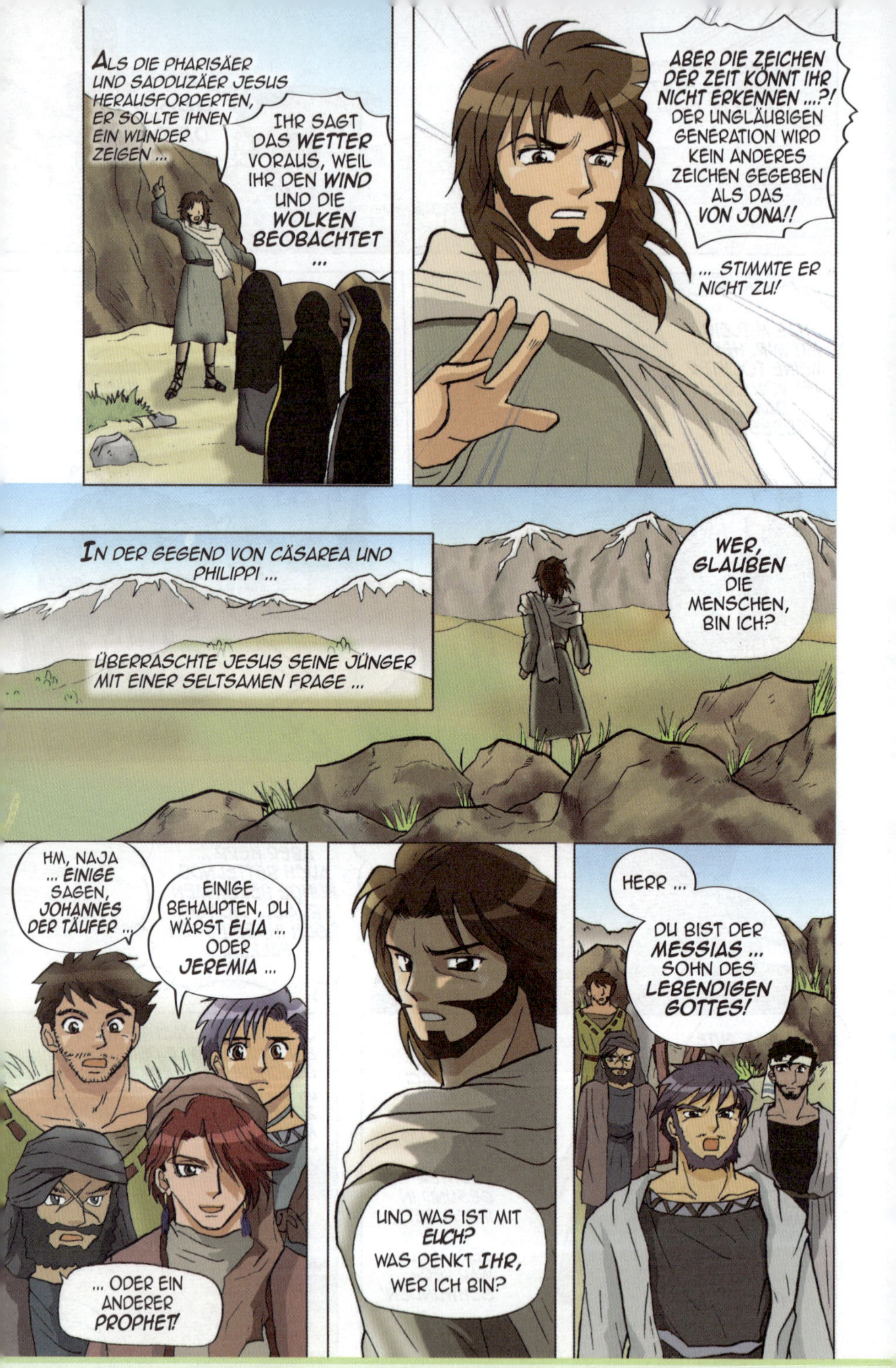
ALS DIE PHARISÄER UND SADDUZÄER JESUS HERAUSFORDERTEN, ER SOLLTE IHNEN EIN WUNDER ZEIGEN ...
IHR SAGT DAS WETTER VORAUS, WEIL IHR DEN WIND UND DIE WOLKEN BEOBACHTET ...
ABER DIE ZEICHEN DER ZEIT KÖNNT IHR NICHT ERKENNEN ...?! DER UNGLÄUBIGEN GENERATION WIRD KEIN ANDERES ZEICHEN GEGEBEN ALS DAS VON JONA!!
... STIMMTE ER NICHT ZU!
IN DER GEGEND VON CÄSAREA UND PHILIPPI ...
ÜBERRASCHTE JESUS SEINE JÜNGER MIT EINER SELTSAMEN FRAGE ...
WER, GLAUBEN DIE MENSCHEN, BIN ICH?
HM, NAJA ... EINIGE SAGEN, JOHANNES DER TÄUFER ...
EINIGE BEHAUPTEN, DU WÄRST ELIA ... ODER JEREMIA ...
... ODER EIN ANDERER PROPHET!
UND WAS IST MIT EUCH? WAS DENKT IHR, WER ICH BIN?
HERR ...
DU BIST DER MESSIAS ... SOHN DES LEBENDIGEN GOTTES!

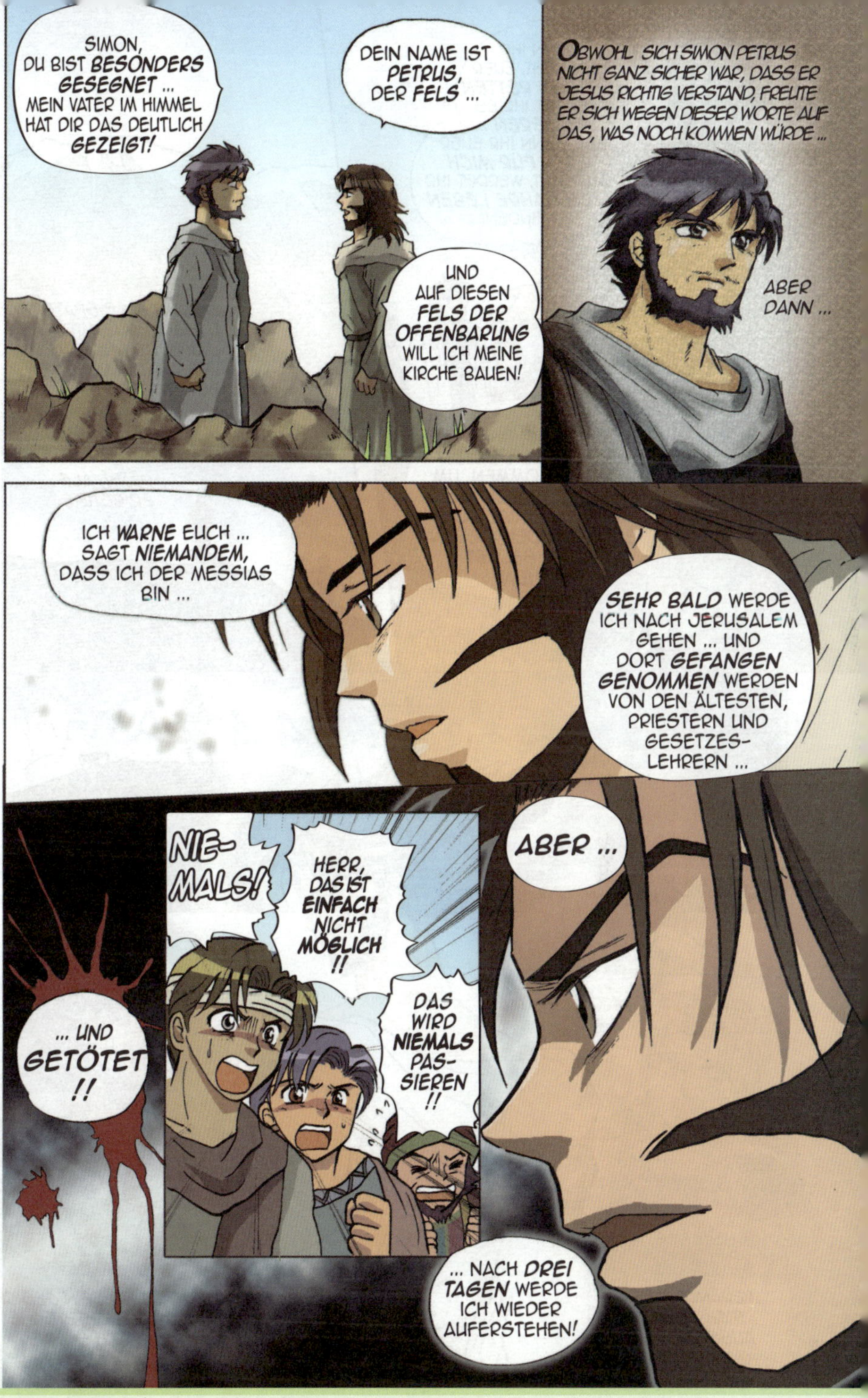
SIMON, DU BIST BESONDERS GESEGNET ... MEIN VATER IM HIMMEL HAT DIR DAS DEUTLICH GEZEIGT!
DEIN NAME IST PETRUS, DER FELS ...
UND AUF DIESEN FELS DER OFFENBARUNG WILL ICH MEINE KIRCHE BAUEN!
OBWOHL SICH SIMON PETRUS NICHT GANZ SICHER WAR, DASS ER JESUS RICHTIG VERSTAND, FREUTE ER SICH WEGEN DIESER WORTE AUF DAS, WAS NOCH KOMMEN WÜRDE ...
ABER DANN ...
ICH WARNE EUCH ... SAGT NIEMANDEM, DASS ICH DER MESSIAS BIN ...
SEHR BALD WERDE ICH NACH JERUSALEM GEHEN ... UND DORT GEFANGEN GENOMMEN WERDEN VON DEN ÄLTESTEN, PRIESTERN UND GESETZES-LEHRERN ...
ABER ...
... UND GETÖTET !!
NIE-MALS!
HERR, DAS IST EINFACH NICHT MÖGLICH !!
DAS WIRD NIEMALS PAS-SIEREN !!
... NACH DREI TAGEN WERDE ICH WIEDER AUFERSTEHEN!

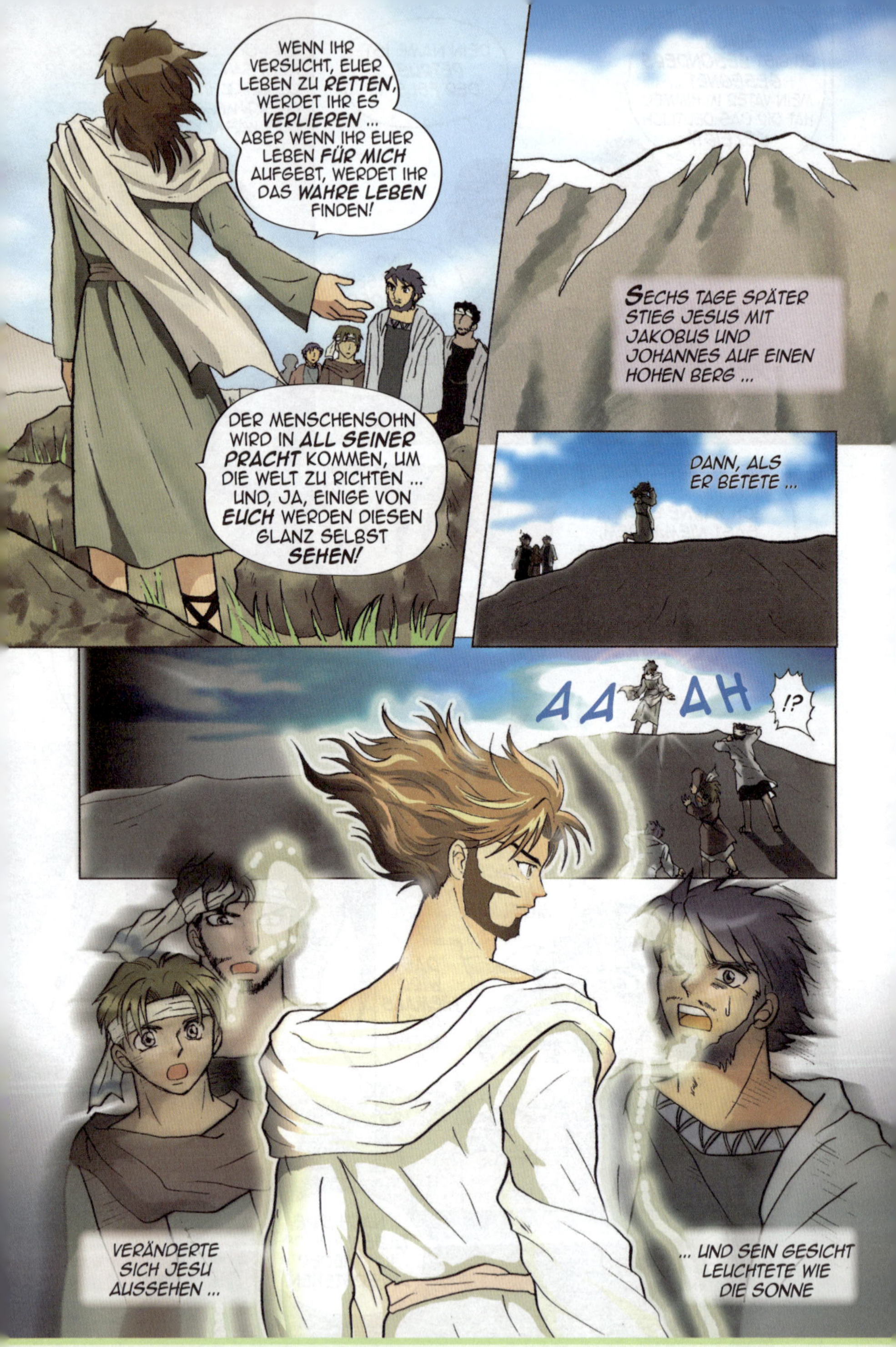
WENN IHR VERSUCHT, EUER LEBEN ZU RETTEN, WERDET IHR ES VERLIEREN ... ABER WENN IHR EUER LEBEN FÜR MICH AUFGEBT, WERDET IHR DAS WAHRE LEBEN FINDEN!
DER MENSCHENSOHN WIRD IN ALL SEINER PRACHT KOMMEN, UM DIE WELT ZU RICHTEN ... UND, JA, EINIGE VON EUCH WERDEN DIESEN GLANZ SELBST SEHEN!
SECHS TAGE SPÄTER STIEG JESUS MIT JAKOBUS UND JOHANNES AUF EINEN HOHEN BERG ...
DANN, ALS ER BETETE ...
AAAH
!?
VERÄNDERTE SICH JESU AUSSEHEN ...
... UND SEIN GESICHT LEUCHTETE WIE DIE SONNE

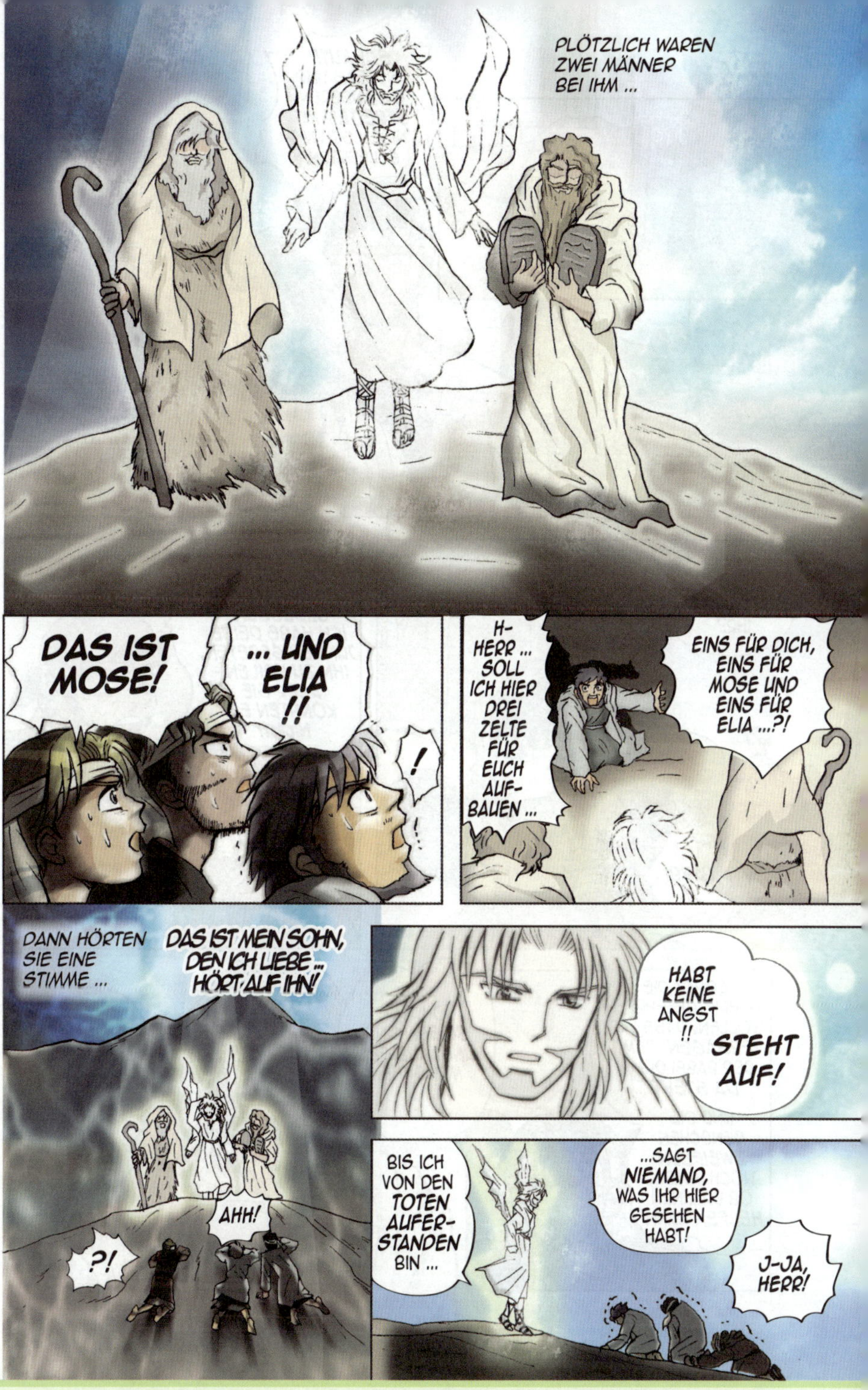
PLÖTZLICH WAREN ZWEI MÄNNER BEI IHM ...
DAS IST MOSE!
... UND ELIA !!
!
H-HERR ... SOLL ICH HIER DREI ZELTE FÜR EUCH AUFBAUEN ...
EINS FÜR DICH, EINS FÜR MOSE UND EINS FÜR ELIA ...?!
DANN HÖRTEN SIE EINE STIMME ...
DAS IST MEIN SOHN, DEN ICH LIEBE ... HÖRT AUF IHN!
AHH!
?!
HABT KEINE ANGST !!
STEHT AUF!
BIS ICH VON DEN TOTEN AUFERSTANDEN BIN ...
...SAGT NIEMAND, WAS IHR HIER GESEHEN HABT!
J-JA, HERR!

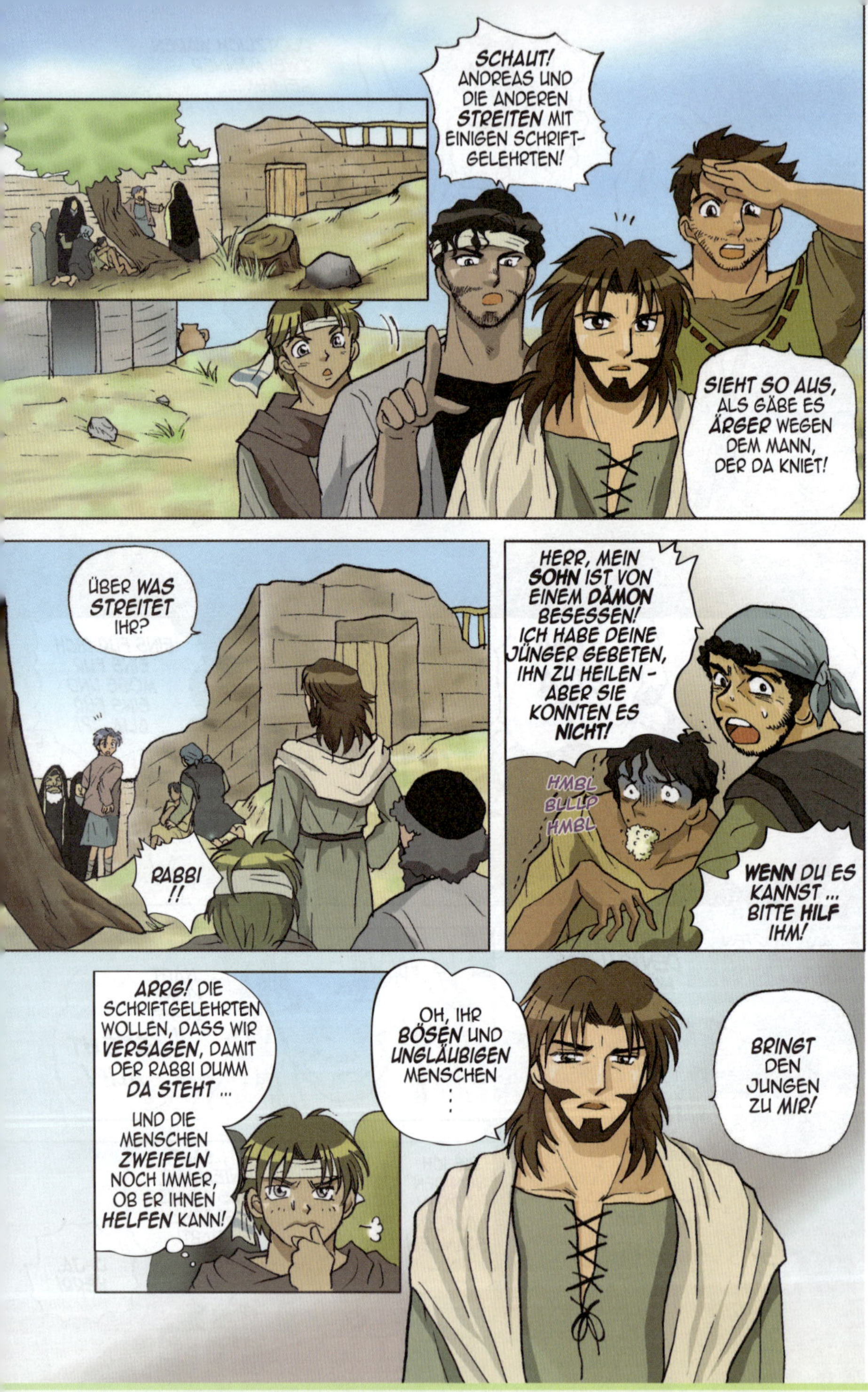
SCHAUT! ANDREAS UND DIE ANDEREN STREITEN MIT EINIGEN SCHRIFT-GELEHRTEN!
SIEHT SO AUS, ALS GÄBE ES ÄRGER WEGEN DEM MANN, DER DA KNIET!
ÜBER WAS STREITET IHR?
RABBI !!
HERR, MEIN SOHN IST VON EINEM DÄMON BESESSEN! ICH HABE DEINE JÜNGER GEBETEN, IHN ZU HEILEN - ABER SIE KONNTEN ES NICHT!
HMBL BLLLP HMBL
WENN DU ES KANNST ... BITTE HILF IHM!
ARRG! DIE SCHRIFTGELEHRTEN WOLLEN, DASS WIR VERSAGEN, DAMIT DER RABBI DUMM DA STEHT ...
UND DIE MENSCHEN ZWEIFELN NOCH IMMER, OB ER IHNEN HELFEN KANN!
OH, IHR BÖSEN UND UNGLÄUBIGEN MENSCHEN ...
BRINGT DEN JUNGEN ZU MIR!

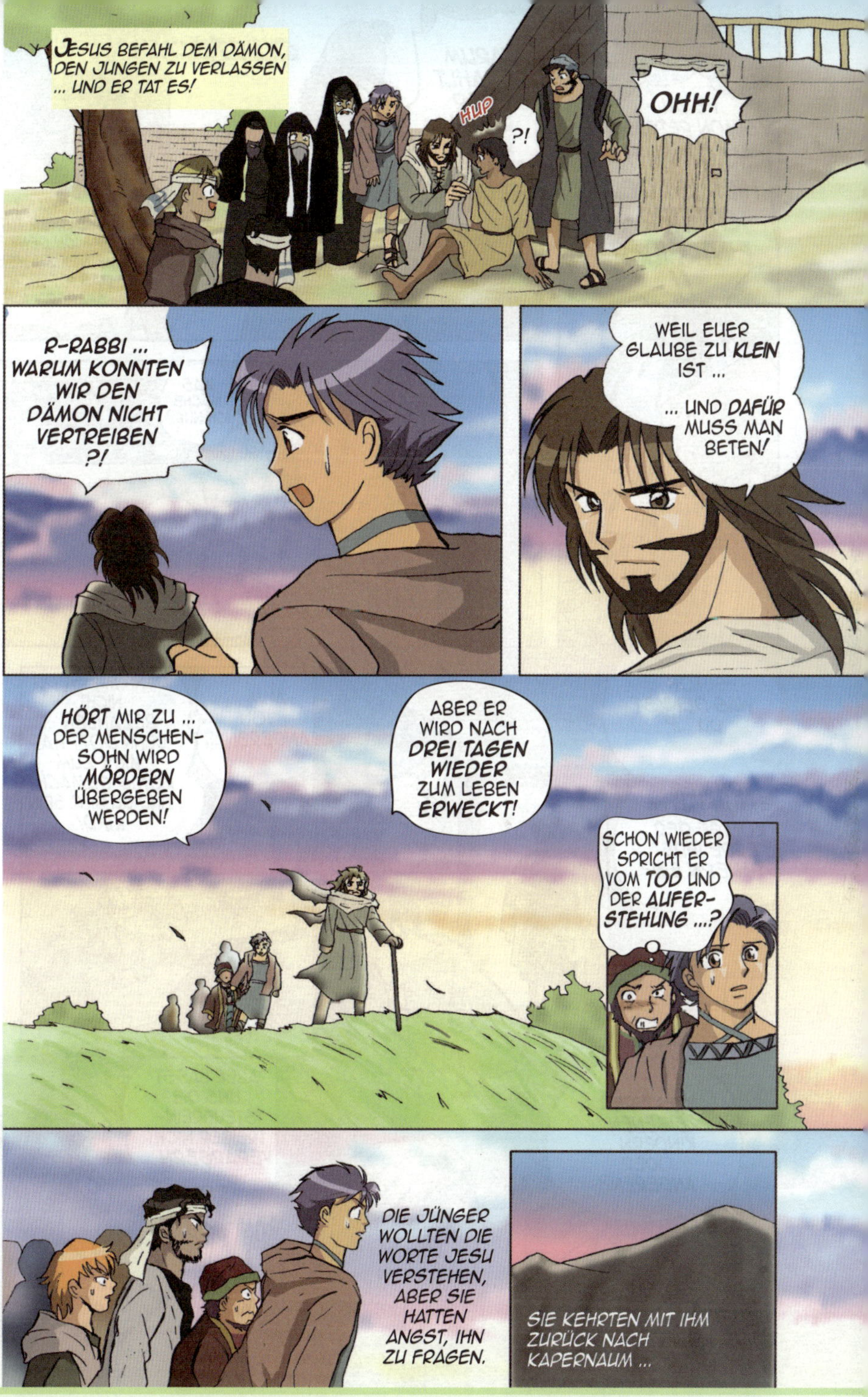
JESUS BEFAHL DEM DÄMON, DEN JUNGEN ZU VERLASSEN ... UND ER TAT ES!
HUP
?!
OHH!
R-RABBI ... WARUM KONNTEN WIR DEN DÄMON NICHT VERTREIBEN ?!
WEIL EUER GLAUBE ZU KLEIN IST ...
... UND DAFÜR MUSS MAN BETEN!
HÖRT MIR ZU ... DER MENSCHEN-SOHN WIRD MÖRDERN ÜBERGEBEN WERDEN!
ABER ER WIRD NACH DREI TAGEN WIEDER ZUM LEBEN ERWECKT!
SCHON WIEDER SPRICHT ER VOM TOD UND DER AUFER-STEHUNG ...?
DIE JÜNGER WOLLTEN DIE WORTE JESU VERSTEHEN, ABER SIE HATTEN ANGST, IHN ZU FRAGEN.
SIE KEHRTEN MIT IHM ZURÜCK NACH KAPERNAUM ...

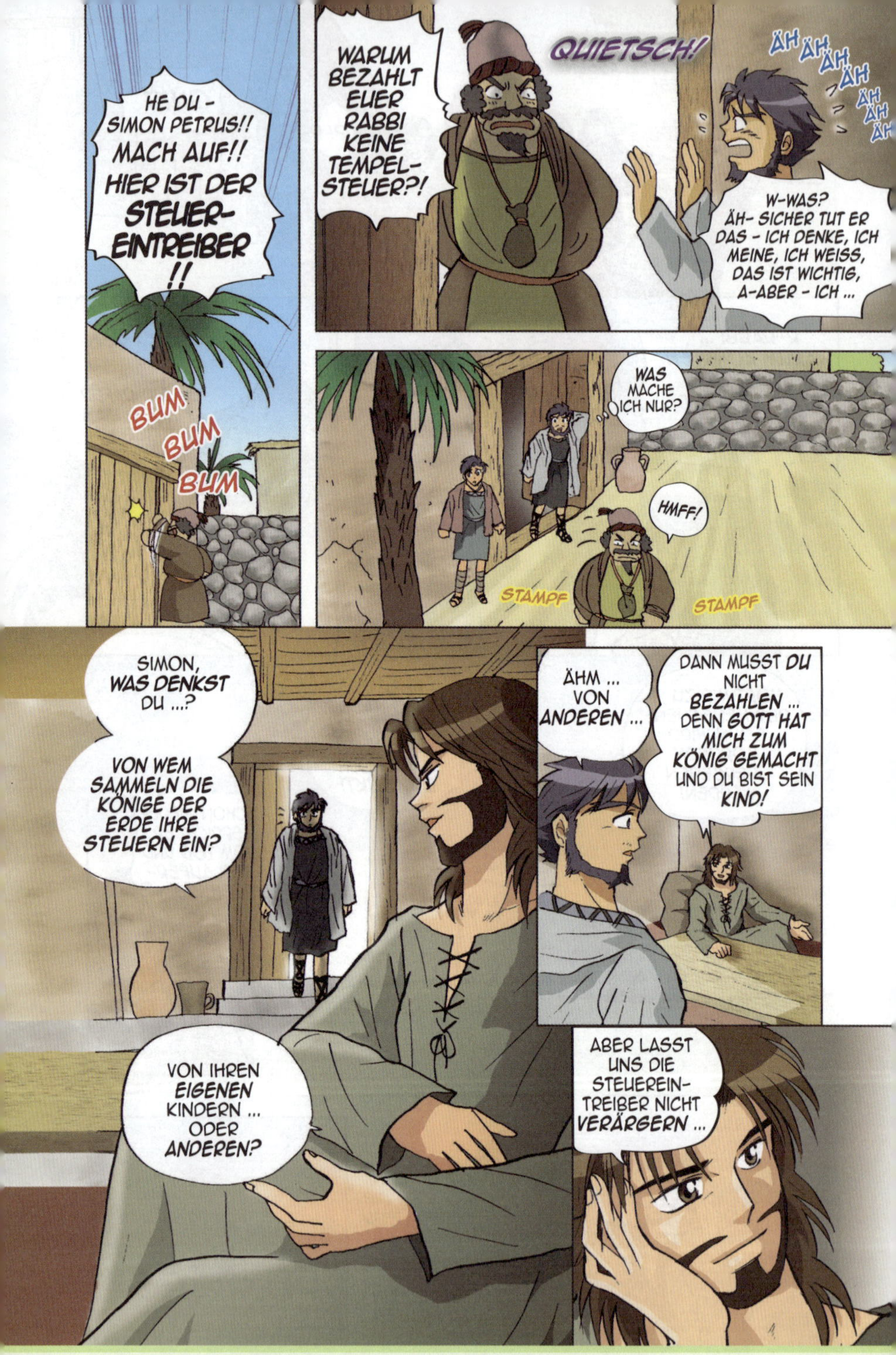
HE DU - SIMON PETRUS!! MACH AUF!! HIER IST DER STEUER-EINTREIBER!!
BUM BUM BUM
WARUM BEZAHLT EUER RABBI KEINE TEMPEL-STEUER?!
QUIETSCH!
ÄH ÄH ÄH ÄH ÄH ÄH ÄH
W-WAS? ÄH- SICHER TUT ER DAS - ICH DENKE, ICH MEINE, ICH WEISS, DAS IST WICHTIG, A-ABER - ICH ...
WAS MACHE ICH NUR?
HMFF!
STAMPF
STAMPF
SIMON, WAS DENKST DU ...?
VON WEM SAMMELN DIE KÖNIGE DER ERDE IHRE STEUERN EIN?
VON IHREN EIGENEN KINDERN ... ODER ANDEREN?
ÄHM ... VON ANDEREN ...
DANN MUSST DU NICHT BEZAHLEN ... DENN GOTT HAT MICH ZUM KÖNIG GEMACHT UND DU BIST SEIN KIND!
ABER LASST UNS DIE STEUEREIN-TREIBER NICHT VERÄRGERN ...

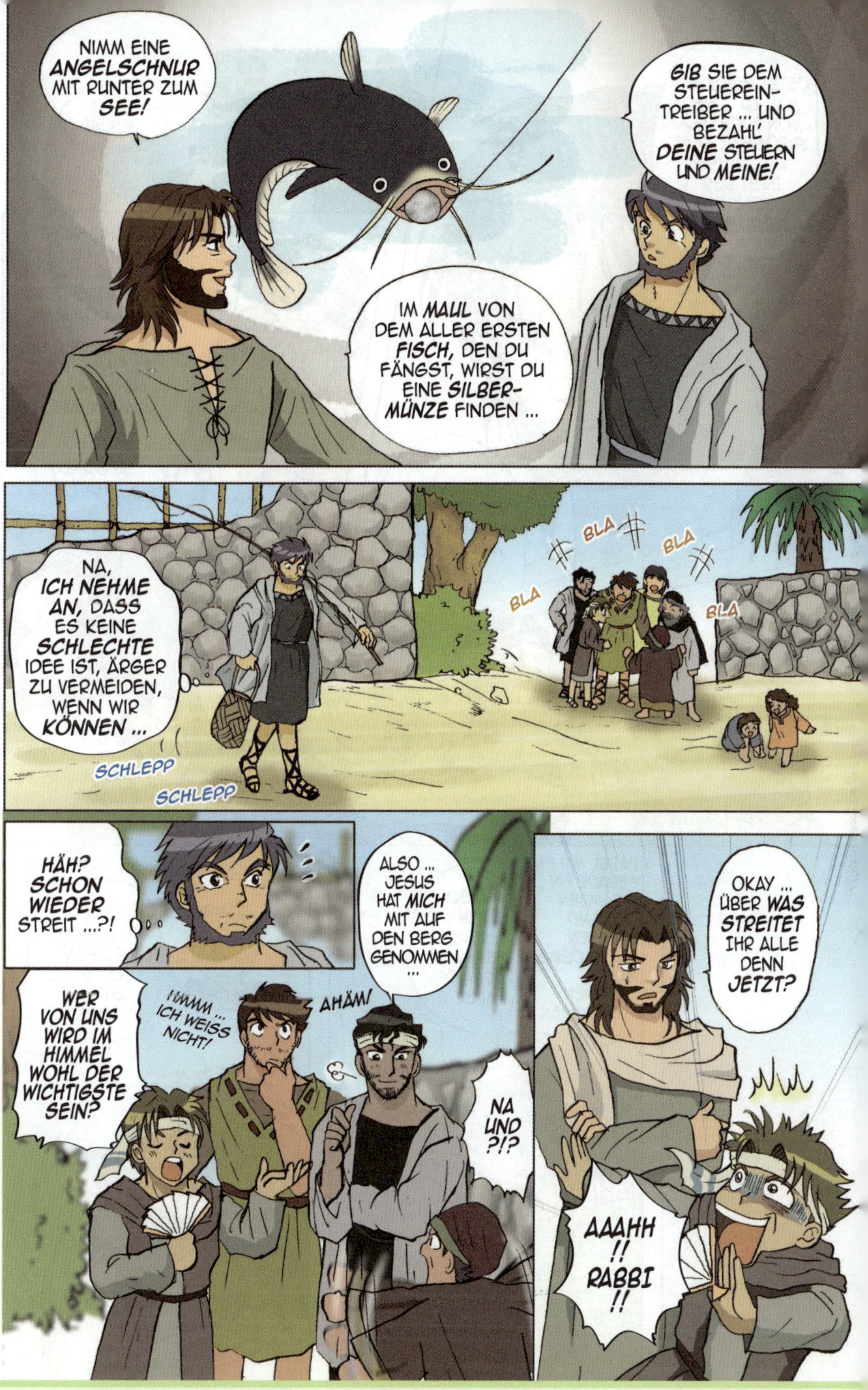

NIMM EINE ANGELSCHNUR MIT RUNTER ZUM SEE!
GIB SIE DEM STEUEREIN-TREIBER ... UND BEZAHL' DEINE STEUERN UND MEINE!
IM MAUL VON DEM ALLER ERSTEN FISCH, DEN DU FÄNGST, WIRST DU EINE SILBER-MÜNZE FINDEN ...
NA, ICH NEHME AN, DASS ES KEINE SCHLECHTE IDEE IST, ÄRGER ZU VERMEIDEN, WENN WIR KÖNNEN ...
SCHLEPP
SCHLEPP
BLA
BLA
BLA
BLA
HÄH? SCHON WIEDER STREIT ...?!
ALSO ... JESUS HAT MICH MIT AUF DEN BERG GENOMMEN ...
WER VON UNS WIRD IM HIMMEL WOHL DER WICHTIGSTE SEIN?
HMMM ... ICH WEISS NICHT!
AHÄM!
NA UND ?!?
OKAY ... ÜBER WAS STREITET IHR ALLE DENN JETZT?
AAAHH !! RABBI !!

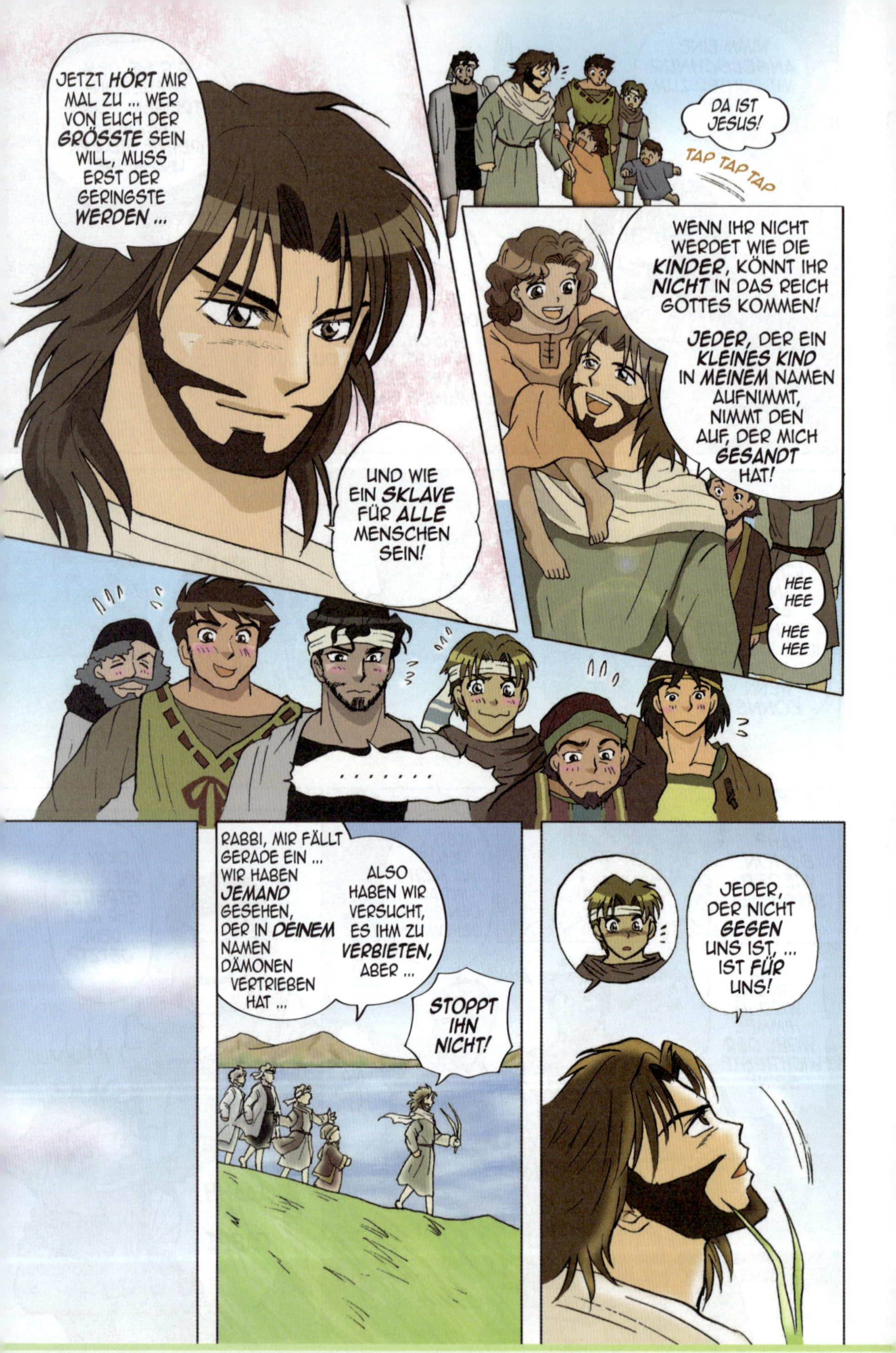

 Matthäus 18:1-11 Markus 9:33-41 Lukas 9:46-50

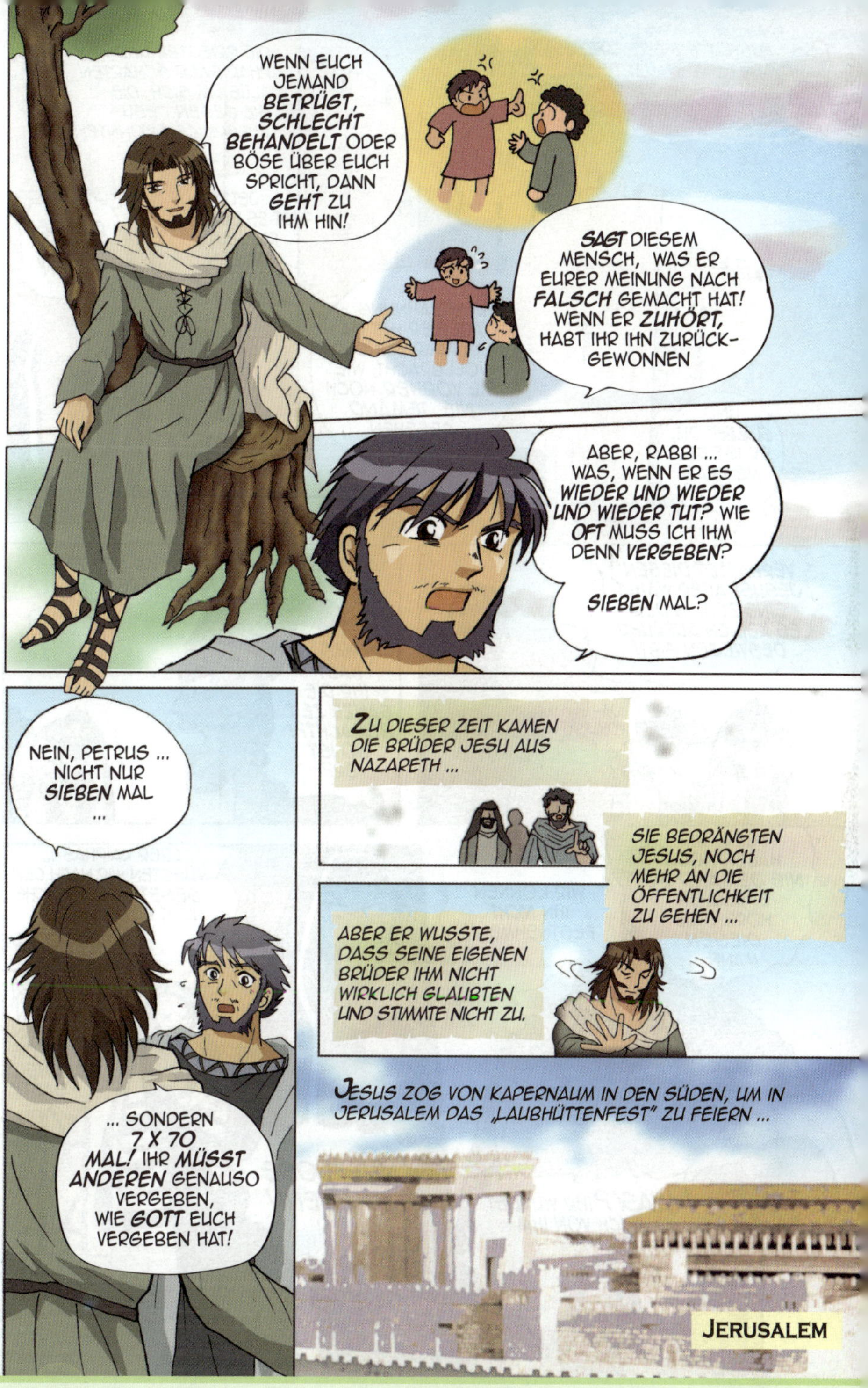
WENN EUCH JEMAND BETRÜGT, SCHLECHT BEHANDELT ODER BÖSE ÜBER EUCH SPRICHT, DANN GEHT ZU IHM HIN!
SAGT DIESEM MENSCH, WAS ER EURER MEINUNG NACH FALSCH GEMACHT HAT! WENN ER ZUHÖRT, HABT IHR IHN ZURÜCK-GEWONNEN
ABER, RABBI ... WAS, WENN ER ES WIEDER UND WIEDER UND WIEDER TUT? WIE OFT MUSS ICH IHM DENN VERGEBEN?
SIEBEN MAL?
NEIN, PETRUS ... NICHT NUR SIEBEN MAL ...
... SONDERN 7 X 70 MAL! IHR MÜSST ANDEREN GENAUSO VERGEBEN, WIE GOTT EUCH VERGEBEN HAT!
ZU DIESER ZEIT KAMEN DIE BRÜDER JESU AUS NAZARETH ...
SIE BEDRÄNGTEN JESUS, NOCH MEHR AN DIE ÖFFENTLICHKEIT ZU GEHEN ...
ABER ER WUSSTE, DASS SEINE EIGENEN BRÜDER IHM NICHT WIRKLICH GLAUBTEN UND STIMMTE NICHT ZU.
JESUS ZOG VON KAPERNAUM IN DEN SÜDEN, UM IN JERUSALEM DAS „LAUBHÜTTENFEST" ZU FEIERN ...
JERUSALEM

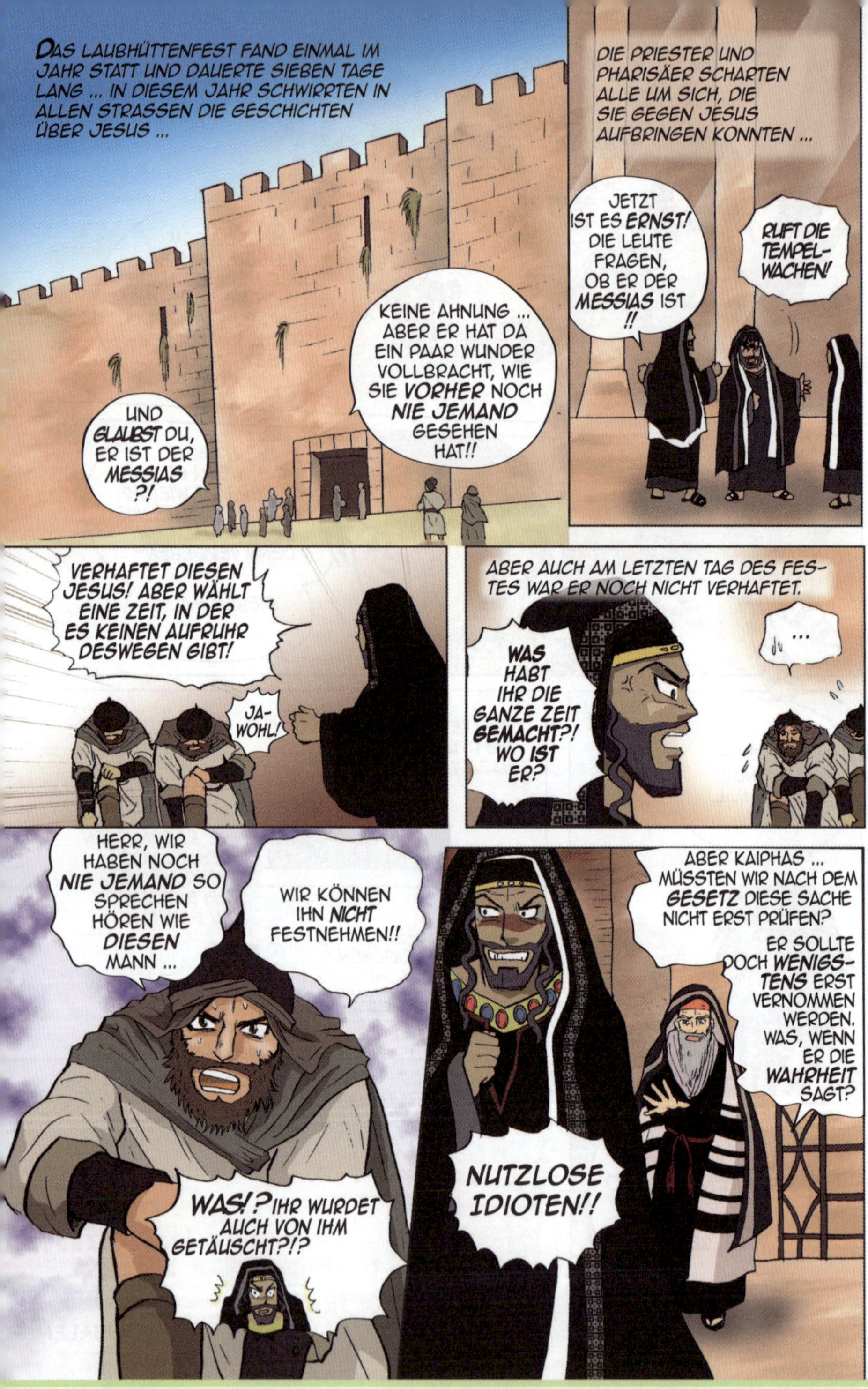

DAS LAUBHÜTTENFEST FAND EINMAL IM JAHR STATT UND DAUERTE SIEBEN TAGE LANG ... IN DIESEM JAHR SCHWIRRTEN IN ALLEN STRASSEN DIE GESCHICHTEN ÜBER JESUS ...
UND GLAUBST DU, ER IST DER MESSIAS ?!
KEINE AHNUNG ... ABER ER HAT DA EIN PAAR WUNDER VOLLBRACHT, WIE SIE VORHER NOCH NIE JEMAND GESEHEN HAT!!
DIE PRIESTER UND PHARISÄER SCHARTEN ALLE UM SICH, DIE SIE GEGEN JESUS AUFBRINGEN KONNTEN ...
JETZT IST ES ERNST! DIE LEUTE FRAGEN, OB ER DER MESSIAS IST !!
RUFT DIE TEMPEL-WACHEN!
VERHAFTET DIESEN JESUS! ABER WÄHLT EINE ZEIT, IN DER ES KEINEN AUFRUHR DESWEGEN GIBT!
JA-WOHL!
ABER AUCH AM LETZTEN TAG DES FES-TES WAR ER NOCH NICHT VERHAFTET.
WAS HABT IHR DIE GANZE ZEIT GEMACHT?! WO IST ER?
...
HERR, WIR HABEN NOCH NIE JEMAND SO SPRECHEN HÖREN WIE DIESEN MANN ...
WIR KÖNNEN IHN NICHT FESTNEHMEN!!
WAS!? IHR WURDET AUCH VON IHM GETÄUSCHT?!?
NUTZLOSE IDIOTEN!!
ABER KAIPHAS ... MÜSSTEN WIR NACH DEM GESETZ DIESE SACHE NICHT ERST PRÜFEN?
ER SOLLTE DOCH WENIGS-TENS ERST VERNOMMEN WERDEN. WAS, WENN ER DIE WAHRHEIT SAGT?

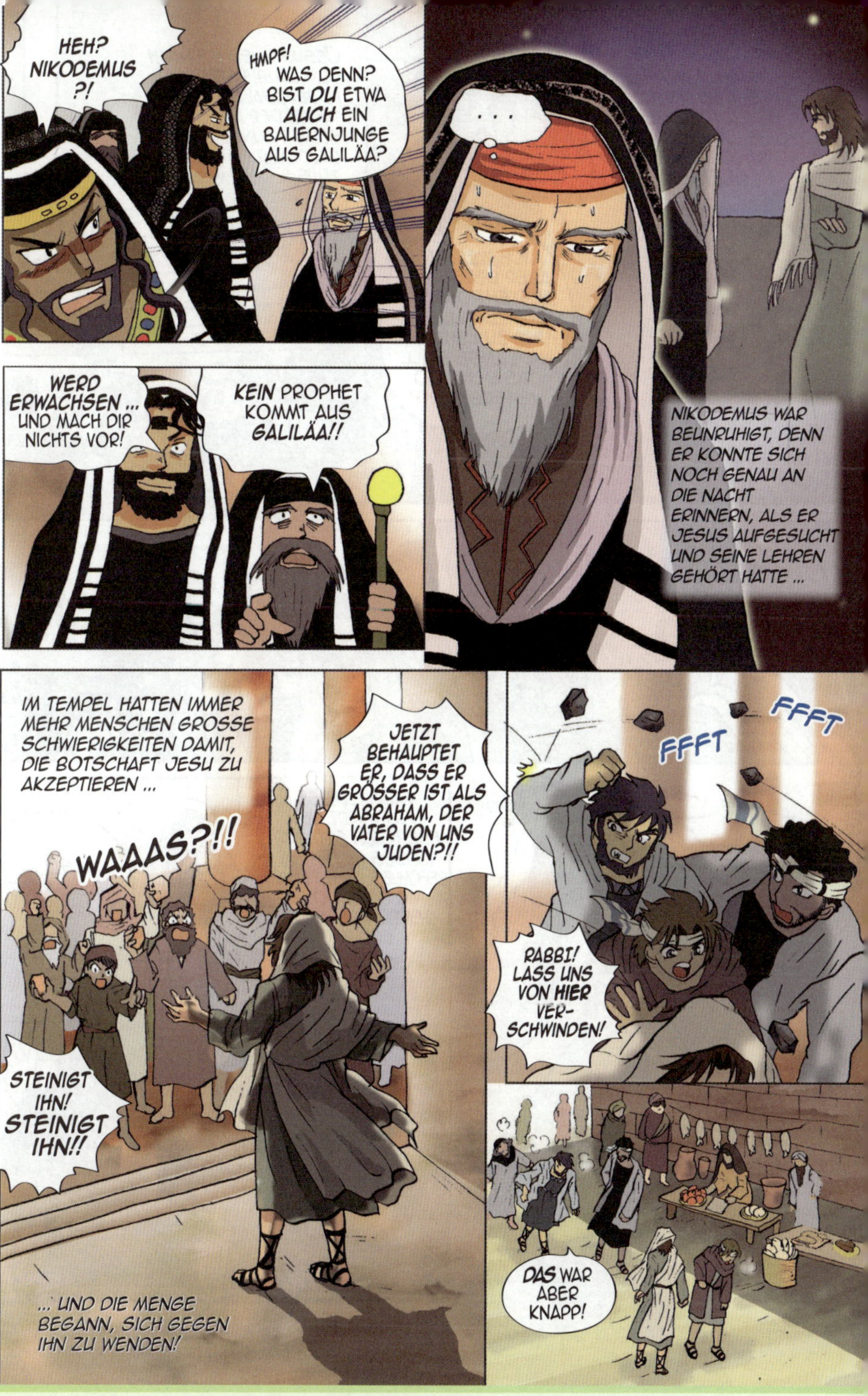
HEH? NIKODEMUS ?!
HMPF! WAS DENN? BIST DU ETWA AUCH EIN BAUERNJUNGE AUS GALILÄA?
...
WERD ERWACHSEN ... UND MACH DIR NICHTS VOR!
KEIN PROPHET KOMMT AUS GALILÄA!!
NIKODEMUS WAR BEUNRUHIGT, DENN ER KONNTE SICH NOCH GENAU AN DIE NACHT ERINNERN, ALS ER JESUS AUFGESUCHT UND SEINE LEHREN GEHÖRT HATTE ...
IM TEMPEL HATTEN IMMER MEHR MENSCHEN GROSSE SCHWIERIGKEITEN DAMIT, DIE BOTSCHAFT JESU ZU AKZEPTIEREN ...
JETZT BEHAUPTET ER, DASS ER GRÖSSER IST ALS ABRAHAM, DER VATER VON UNS JUDEN?!!
WAAAS?!!
STEINIGT IHN! STEINIGT IHN!!
... UND DIE MENGE BEGANN, SICH GEGEN IHN ZU WENDEN!
FFFT
FFFT
RABBI! LASS UNS VON HIER VER-SCHWINDEN!
DAS WAR ABER KNAPP!

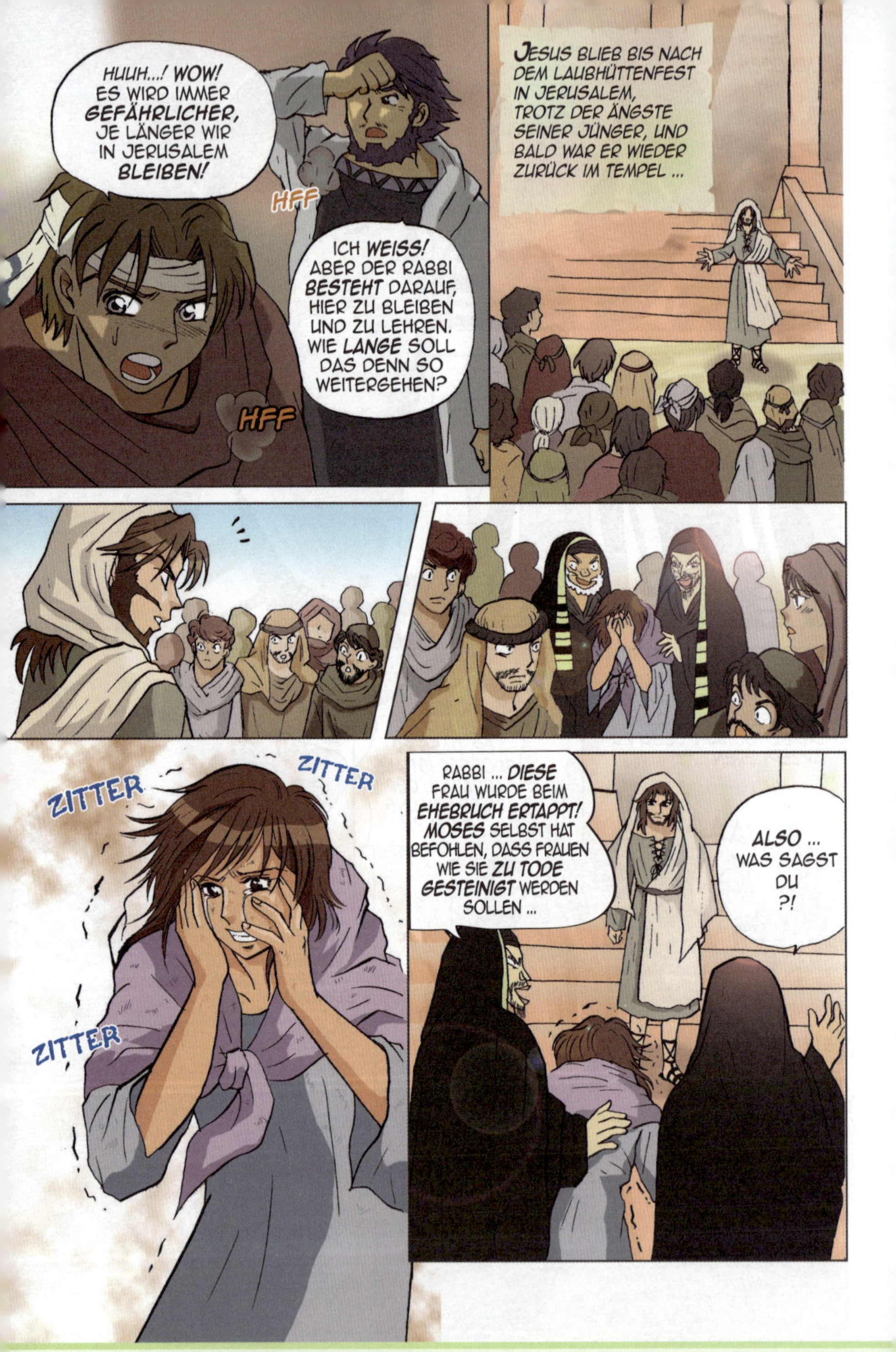
HUUH...! WOW! ES WIRD IMMER GEFÄHRLICHER, JE LÄNGER WIR IN JERUSALEM BLEIBEN!
HFF
ICH WEISS! ABER DER RABBI BESTEHT DARAUF, HIER ZU BLEIBEN UND ZU LEHREN. WIE LANGE SOLL DAS DENN SO WEITERGEHEN?
HFF
JESUS BLIEB BIS NACH DEM LAUBHÜTTENFEST IN JERUSALEM, TROTZ DER ÄNGSTE SEINER JÜNGER, UND BALD WAR ER WIEDER ZURÜCK IM TEMPEL ...
ZITTER
ZITTER
ZITTER
RABBI ... DIESE FRAU WURDE BEIM EHEBRUCH ERTAPPT! MOSES SELBST HAT BEFOHLEN, DASS FRAUEN WIE SIE ZU TODE GESTEINIGT WERDEN SOLLEN ...
ALSO ... WAS SAGST DU ?!

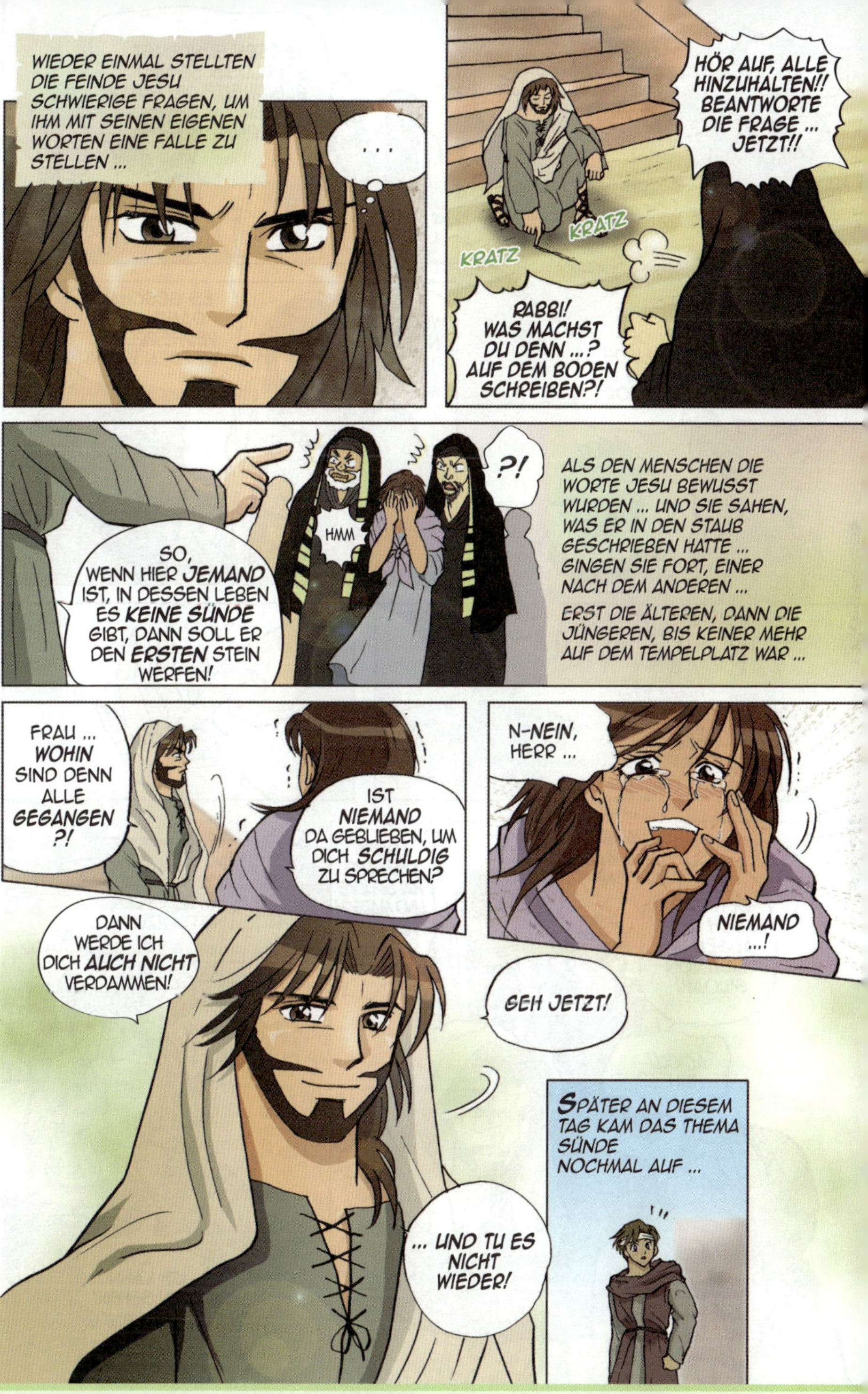
WIEDER EINMAL STELLTEN DIE FEINDE JESU SCHWIERIGE FRAGEN, UM IHM MIT SEINEN EIGENEN WORTEN EINE FALLE ZU STELLEN ...
...
HÖR AUF, ALLE HINZUHALTEN!! BEANTWORTE DIE FRAGE ... JETZT!!
KRATZ
KRATZ
RABBI! WAS MACHST DU DENN ...? AUF DEM BODEN SCHREIBEN?!
SO, WENN HIER JEMAND IST, IN DESSEN LEBEN ES KEINE SÜNDE GIBT, DANN SOLL ER DEN ERSTEN STEIN WERFEN!
HMM
?!
ALS DEN MENSCHEN DIE WORTE JESU BEWUSST WURDEN ... UND SIE SAHEN, WAS ER IN DEN STAUB GESCHRIEBEN HATTE ... GINGEN SIE FORT, EINER NACH DEM ANDEREN ...
ERST DIE ÄLTEREN, DANN DIE JÜNGEREN, BIS KEINER MEHR AUF DEM TEMPELPLATZ WAR ...
FRAU ... WOHIN SIND DENN ALLE GEGANGEN ?!
IST NIEMAND DA GEBLIEBEN, UM DICH SCHULDIG ZU SPRECHEN?
N-NEIN, HERR ...
NIEMAND ...!
DANN WERDE ICH DICH AUCH NICHT VERDAMMEN!
GEH JETZT!
... UND TU ES NICHT WIEDER!
SPÄTER AN DIESEM TAG KAM DAS THEMA SÜNDE NOCHMAL AUF ...

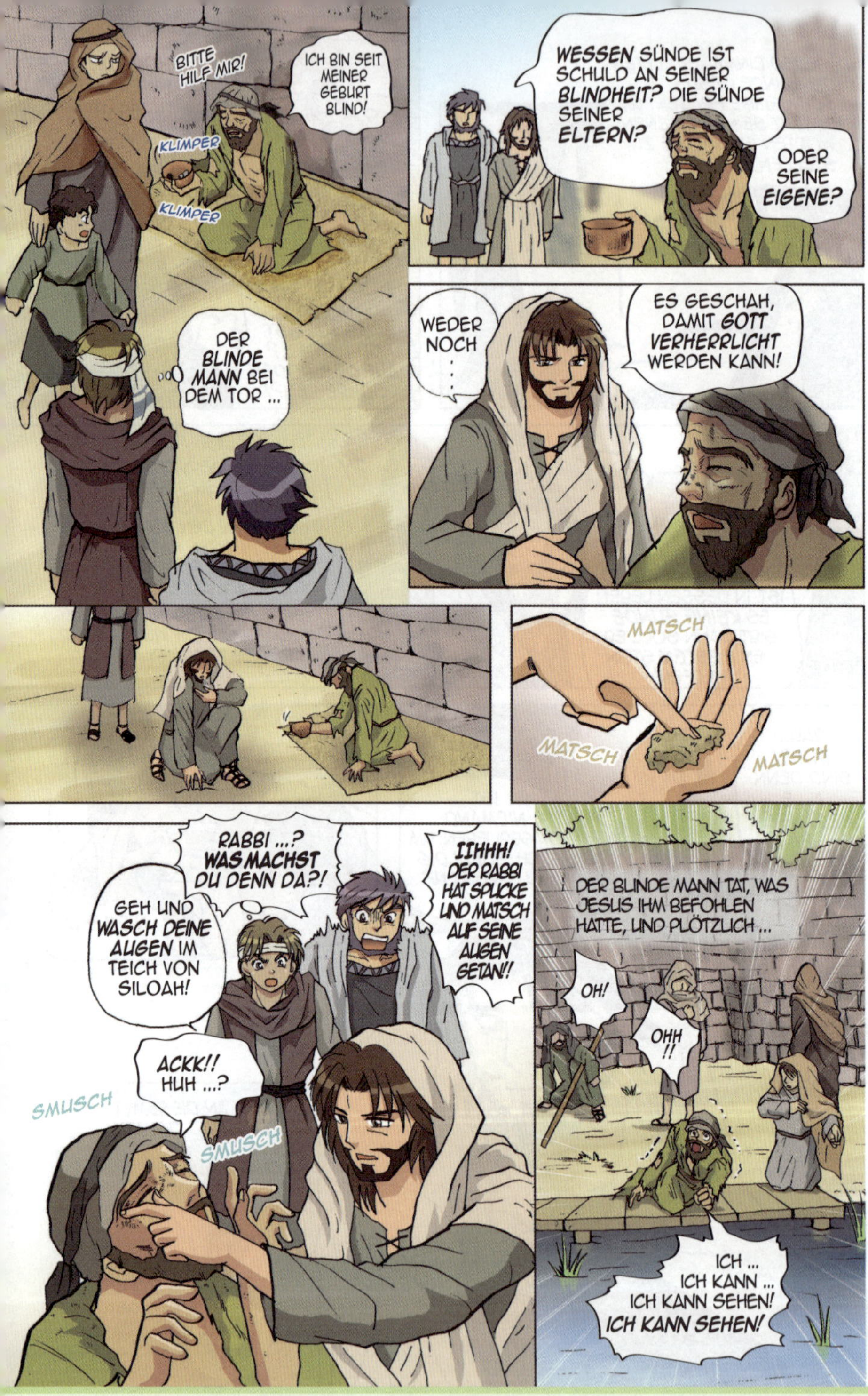
BITTE HILF MIR!
ICH BIN SEIT MEINER GEBURT BLIND!
KLIMPER
KLIMPER
WESSEN SÜNDE IST SCHULD AN SEINER BLINDHEIT? DIE SÜNDE SEINER ELTERN?
ODER SEINE EIGENE?
DER BLINDE MANN BEI DEM TOR ...
WEDER NOCH ...
ES GESCHAH, DAMIT GOTT VERHERRLICHT WERDEN KANN!
MATSCH
MATSCH
MATSCH
RABBI ...? WAS MACHST DU DENN DA?!
IIHHH! DER RABBI HAT SPUCKE UND MATSCH AUF SEINE AUGEN GETAN!!
GEH UND WASCH DEINE AUGEN IM TEICH VON SILOAH!
ACKK!! HUH ...?
SMUSCH
SMUSCH
DER BLINDE MANN TAT, WAS JESUS IHM BEFOHLEN HATTE, UND PLÖTZLICH ...
OH!
OHH !!
ICH ... ICH KANN ... ICH KANN SEHEN! ICH KANN SEHEN!

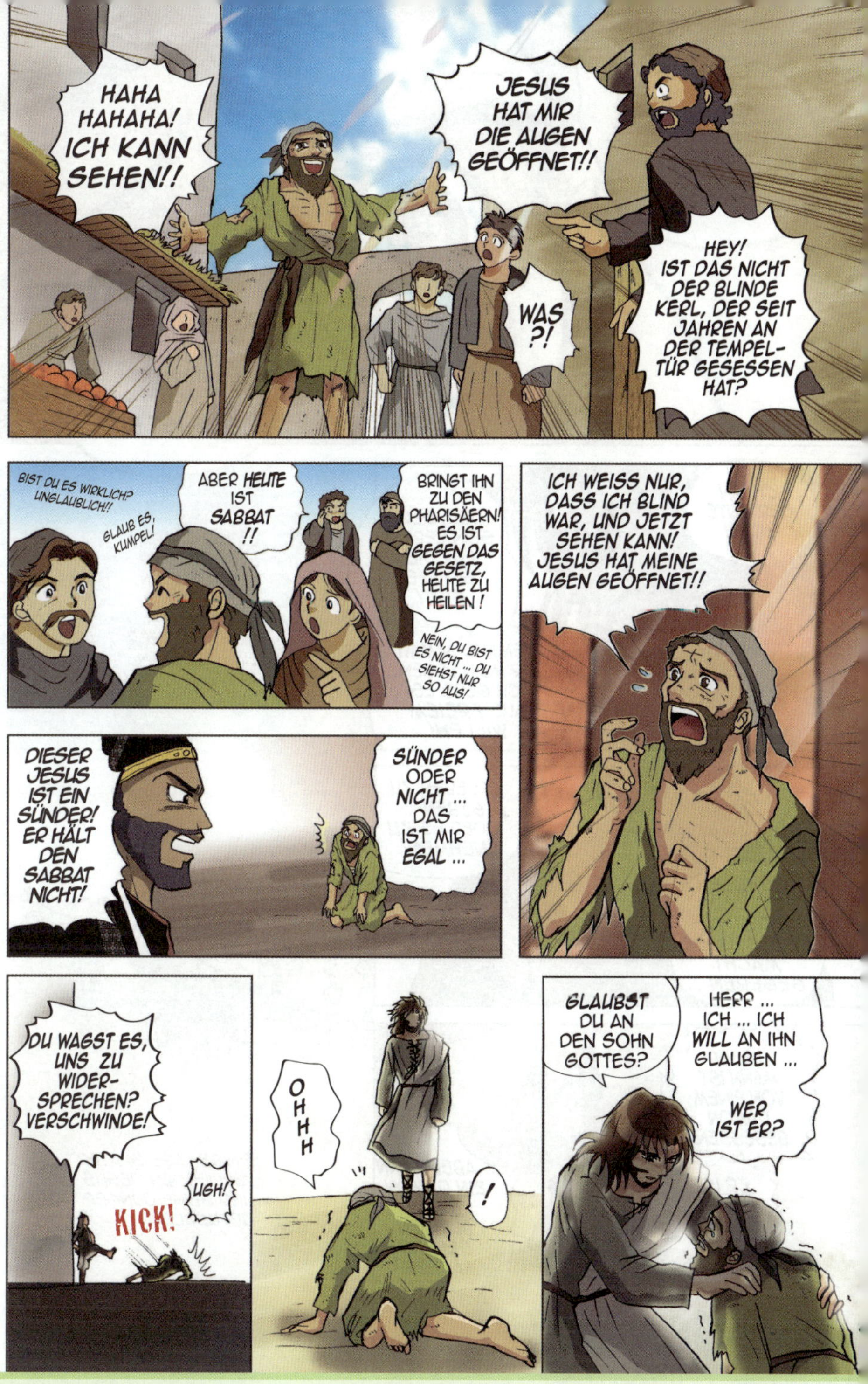
HAHA HAHAHA! ICH KANN SEHEN!!
JESUS HAT MIR DIE AUGEN GEÖFFNET!!
HEY! IST DAS NICHT DER BLINDE KERL, DER SEIT JAHREN AN DER TEMPELTÜR GESESSEN HAT?
WAS ?!
BIST DU ES WIRKLICH? UNGLAUBLICH!!
GLAUB ES, KUMPEL!
ABER HEUTE IST SABBAT !!
BRINGT IHN ZU DEN PHARISÄERN! ES IST GEGEN DAS GESETZ, HEUTE ZU HEILEN!
NEIN, DU BIST ES NICHT ... DU SIEHST NUR SO AUS!
ICH WEISS NUR, DASS ICH BLIND WAR, UND JETZT SEHEN KANN! JESUS HAT MEINE AUGEN GEÖFFNET!!
DIESER JESUS IST EIN SÜNDER! ER HÄLT DEN SABBAT NICHT!
SÜNDER ODER NICHT ... DAS IST MIR EGAL ...
DU WAGST ES, UNS ZU WIDERSPRECHEN? VERSCHWINDE!
KICK!
UGH!
OHHH
!
GLAUBST DU AN DEN SOHN GOTTES?
HERR ... ICH ... ICH WILL AN IHN GLAUBEN ...
WER IST ER?

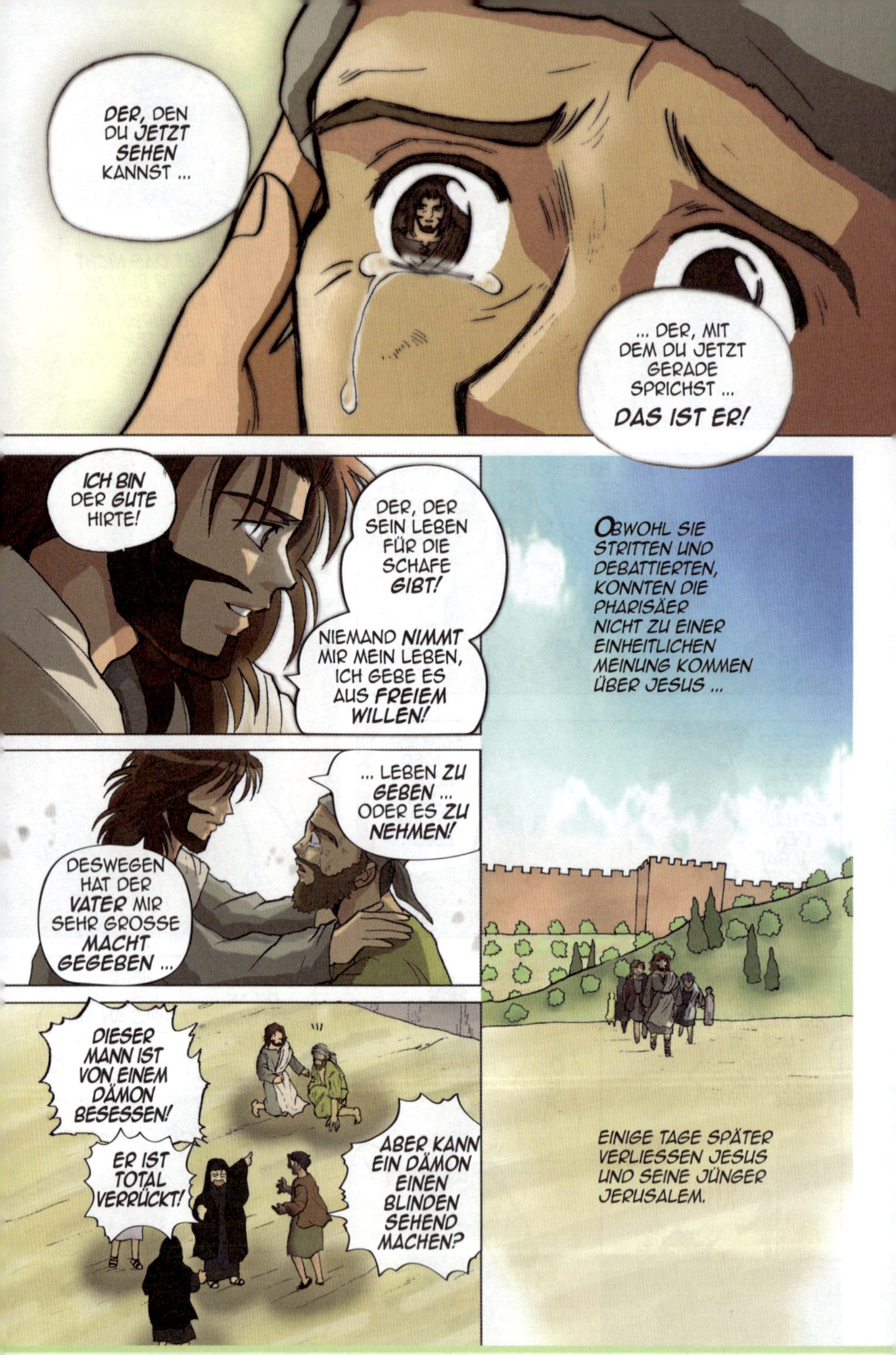
DER, DEN DU JETZT SEHEN KANNST ...
... DER, MIT DEM DU JETZT GERADE SPRICHST ... DAS IST ER!
ICH BIN DER GUTE HIRTE!
DER, DER SEIN LEBEN FÜR DIE SCHAFE GIBT!
NIEMAND NIMMT MIR MEIN LEBEN, ICH GEBE ES AUS FREIEM WILLEN!
... LEBEN ZU GEBEN ... ODER ES ZU NEHMEN!
DESWEGEN HAT DER VATER MIR SEHR GROSSE MACHT GEGEBEN ...
DIESER MANN IST VON EINEM DÄMON BESESSEN!
ER IST TOTAL VERRÜCKT!
ABER KANN EIN DÄMON EINEN BLINDEN SEHEND MACHEN?
OBWOHL SIE STRITTEN UND DEBATTIERTEN, KONNTEN DIE PHARISÄER NICHT ZU EINER EINHEITLICHEN MEINUNG KOMMEN ÜBER JESUS ...
EINIGE TAGE SPÄTER VERLIESSEN JESUS UND SEINE JÜNGER JERUSALEM.

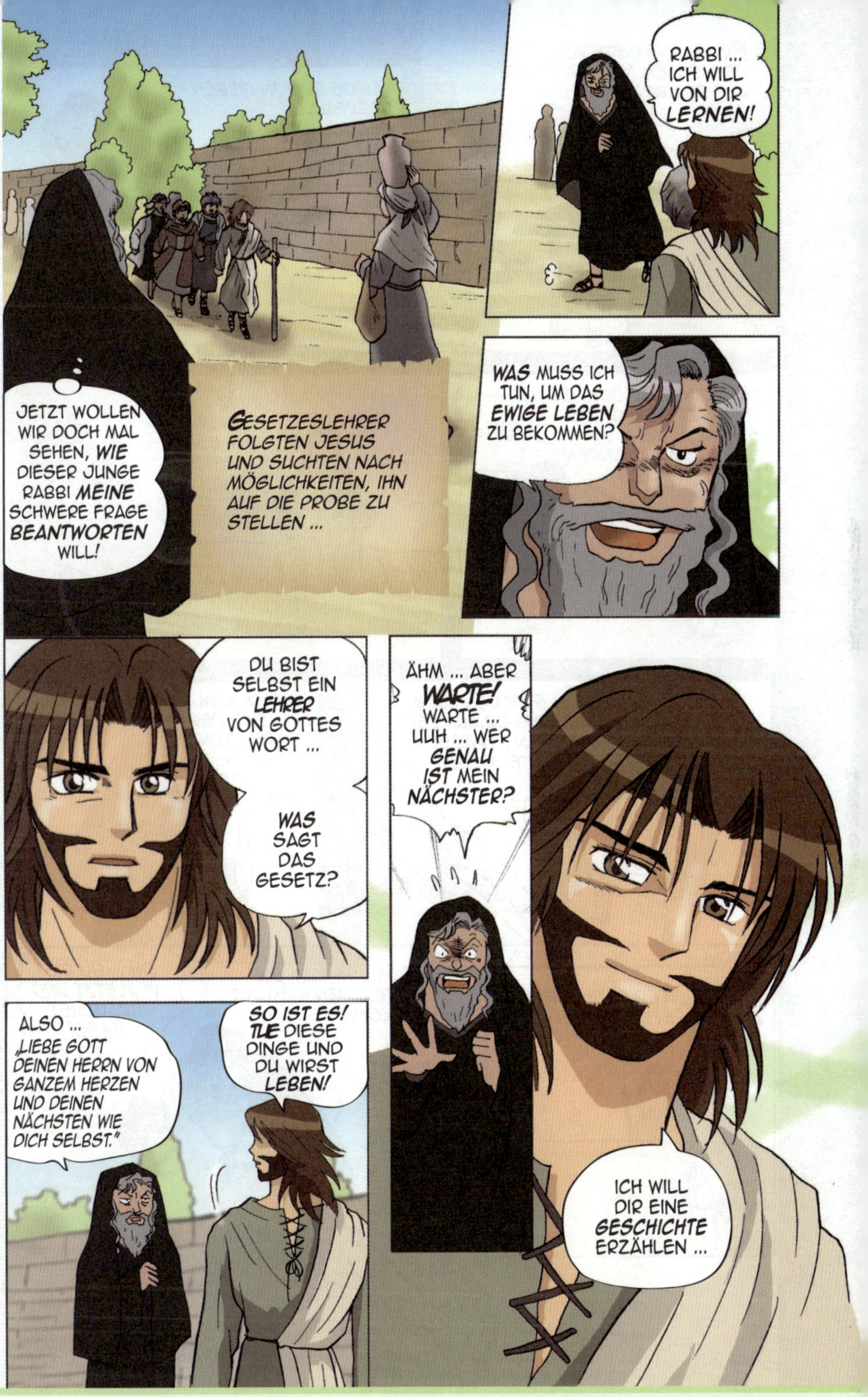
Gesetzeslehrer folgten Jesus und suchten nach Möglichkeiten, ihn auf die Probe zu stellen ...
Jetzt wollen wir doch mal sehen, wie dieser junge Rabbi meine schwere Frage beantworten will!
Rabbi ... ich will von dir lernen!
Was muss ich tun, um das ewige Leben zu bekommen?
Du bist selbst ein Lehrer von Gottes Wort ...
Was sagt das Gesetz?
Also ... „Liebe Gott deinen Herrn von ganzem Herzen und deinen Nächsten wie dich selbst."
So ist es! Tue diese Dinge und du wirst leben!
Ähm ... aber warte! Warte ... uuh ... wer genau ist mein Nächster?
Ich will dir eine Geschichte erzählen ...

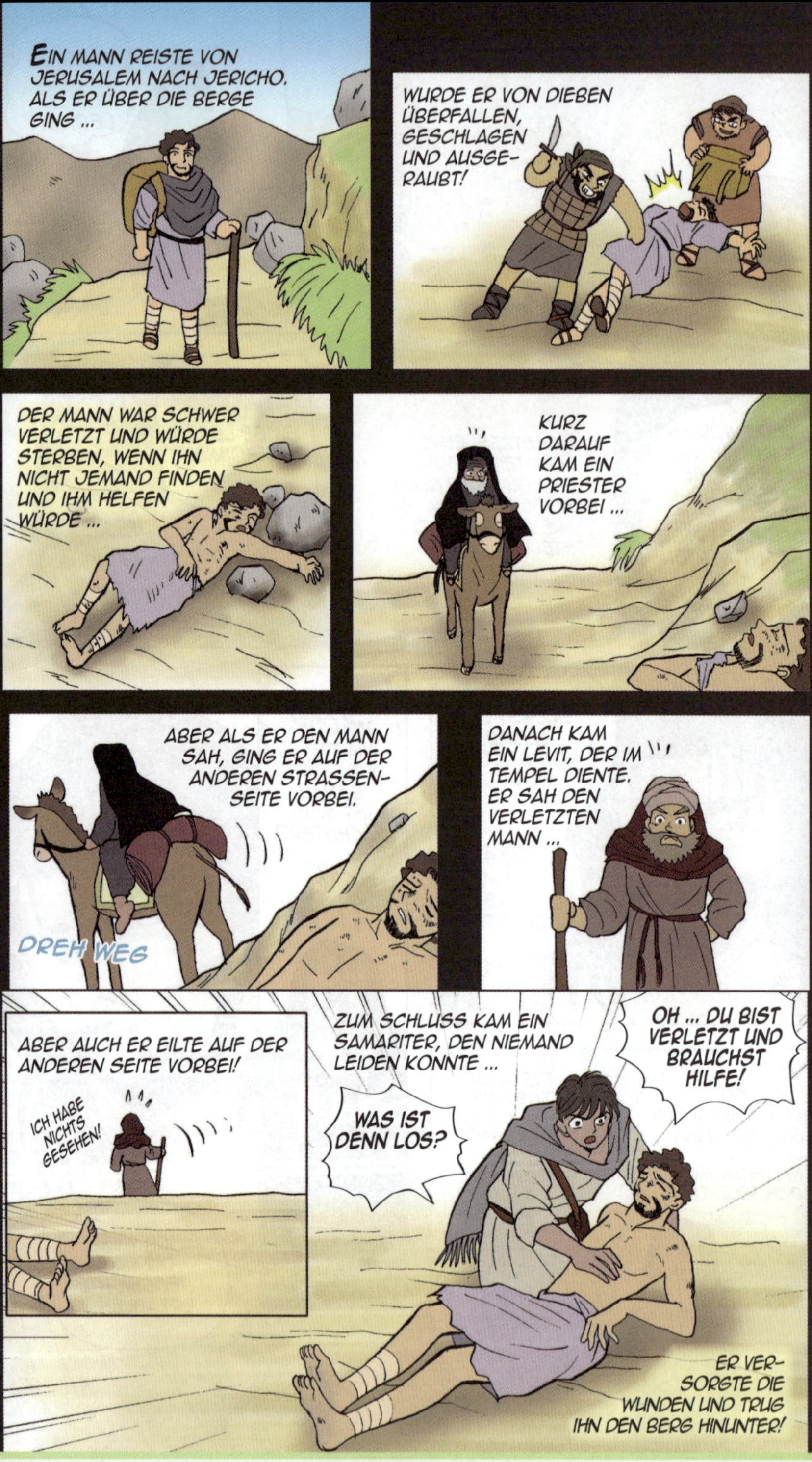
EIN MANN REISTE VON JERUSALEM NACH JERICHO. ALS ER ÜBER DIE BERGE GING ...
WURDE ER VON DIEBEN ÜBERFALLEN, GESCHLAGEN UND AUSGERAUBT!
DER MANN WAR SCHWER VERLETZT UND WÜRDE STERBEN, WENN IHN NICHT JEMAND FINDEN UND IHM HELFEN WÜRDE ...
KURZ DARAUF KAM EIN PRIESTER VORBEI ...
ABER ALS ER DEN MANN SAH, GING ER AUF DER ANDEREN STRASSENSEITE VORBEI.
DREH WEG
DANACH KAM EIN LEVIT, DER IM TEMPEL DIENTE. ER SAH DEN VERLETZTEN MANN ...
ABER AUCH ER EILTE AUF DER ANDEREN SEITE VORBEI!
ICH HABE NICHTS GESEHEN!
ZUM SCHLUSS KAM EIN SAMARITER, DEN NIEMAND LEIDEN KONNTE ...
OH ... DU BIST VERLETZT UND BRAUCHST HILFE!
WAS IST DENN LOS?
ER VERSORGTE DIE WUNDEN UND TRUG IHN DEN BERG HINUNTER!

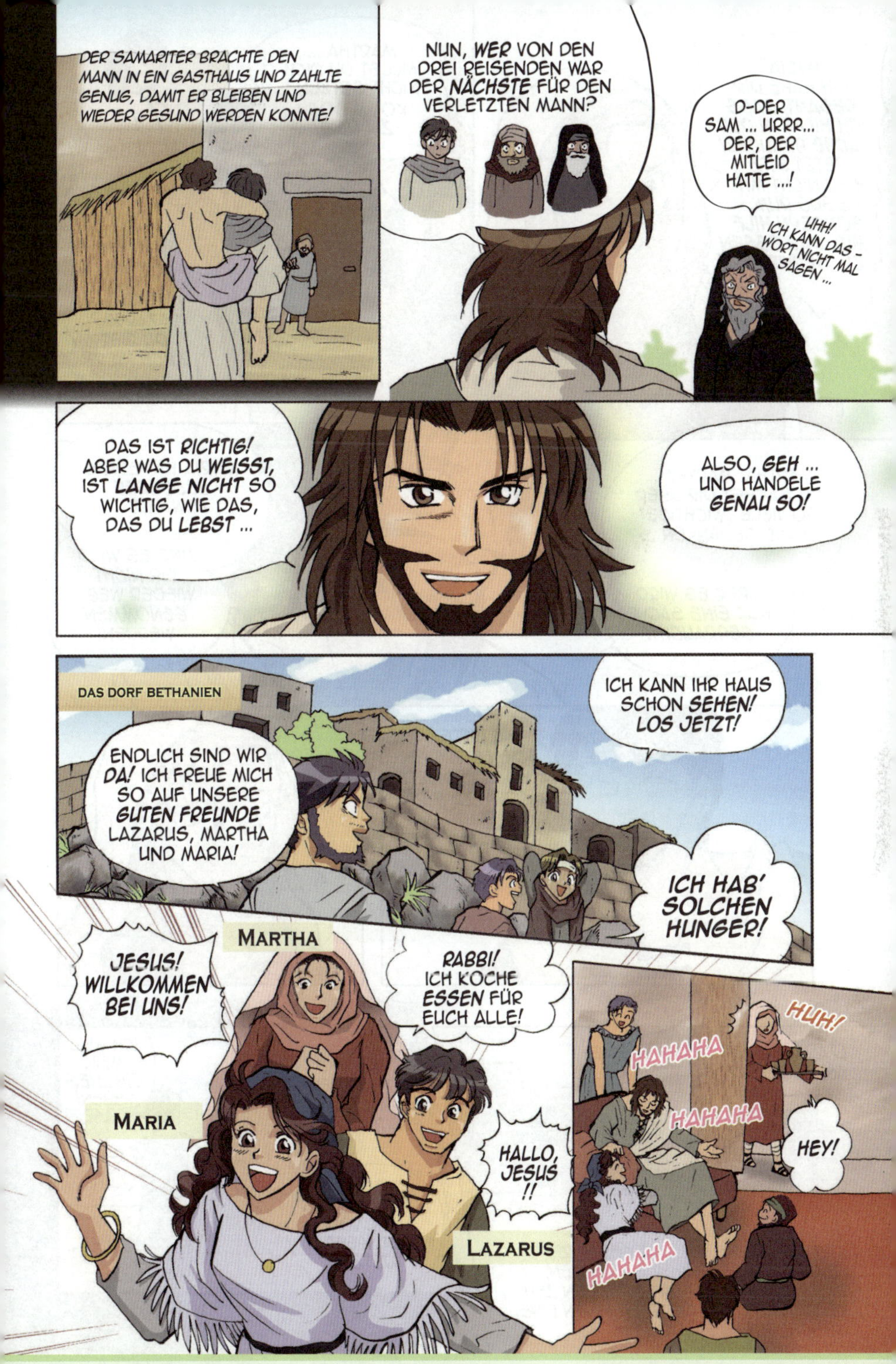
DER SAMARITER BRACHTE DEN MANN IN EIN GASTHAUS UND ZAHLTE GENUG, DAMIT ER BLEIBEN UND WIEDER GESUND WERDEN KONNTE!
NUN, WER VON DEN DREI REISENDEN WAR DER NÄCHSTE FÜR DEN VERLETZTEN MANN?
D-DER SAM ... URRR... DER, DER MITLEID HATTE ...!
UHH! ICH KANN DAS - WORT NICHT MAL SAGEN ...
DAS IST RICHTIG! ABER WAS DU WEISST, IST LANGE NICHT SO WICHTIG, WIE DAS, DAS DU LEBST ...
ALSO, GEH ... UND HANDELE GENAU SO!
DAS DORF BETHANIEN
ENDLICH SIND WIR DA! ICH FREUE MICH SO AUF UNSERE GUTEN FREUNDE LAZARUS, MARTHA UND MARIA!
ICH KANN IHR HAUS SCHON SEHEN! LOS JETZT!
ICH HAB' SOLCHEN HUNGER!
JESUS! WILLKOMMEN BEI UNS!
MARTHA
RABBI! ICH KOCHE ESSEN FÜR EUCH ALLE!
MARIA
HALLO, JESUS !!
LAZARUS
HAHAHA
HUH!
HAHAHA
HEY!
HAHAHA

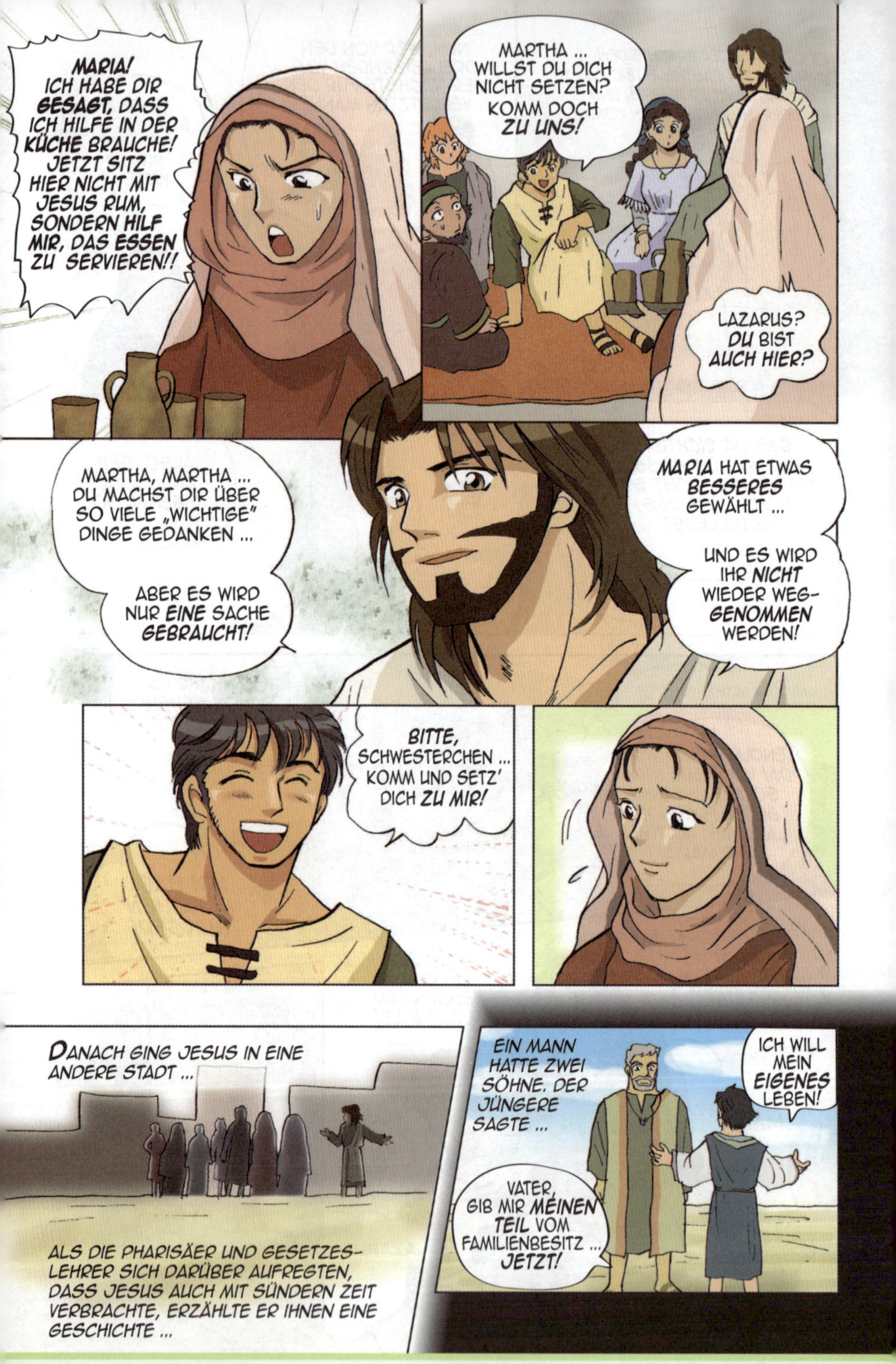
MARIA!
ICH HABE DIR GESAGT, DASS ICH HILFE IN DER KÜCHE BRAUCHE! JETZT SITZ HIER NICHT MIT JESUS RUM, SONDERN HILF MIR, DAS ESSEN ZU SERVIEREN!!
MARTHA ... WILLST DU DICH NICHT SETZEN?
KOMM DOCH ZU UNS!
LAZARUS? DU BIST AUCH HIER?
MARTHA, MARTHA ... DU MACHST DIR ÜBER SO VIELE „WICHTIGE" DINGE GEDANKEN ...
ABER ES WIRD NUR EINE SACHE GEBRAUCHT!
MARIA HAT ETWAS BESSERES GEWÄHLT ...
UND ES WIRD IHR NICHT WIEDER WEG-GENOMMEN WERDEN!
BITTE, SCHWESTERCHEN ... KOMM UND SETZ' DICH ZU MIR!
DANACH GING JESUS IN EINE ANDERE STADT ...
ALS DIE PHARISÄER UND GESETZES-LEHRER SICH DARÜBER AUFREGTEN, DASS JESUS AUCH MIT SÜNDERN ZEIT VERBRACHTE, ERZÄHLTE ER IHNEN EINE GESCHICHTE ...
EIN MANN HATTE ZWEI SÖHNE. DER JÜNGERE SAGTE ...
ICH WILL MEIN EIGENES LEBEN!
VATER, GIB MIR MEINEN TEIL VOM FAMILIENBESITZ ... JETZT!

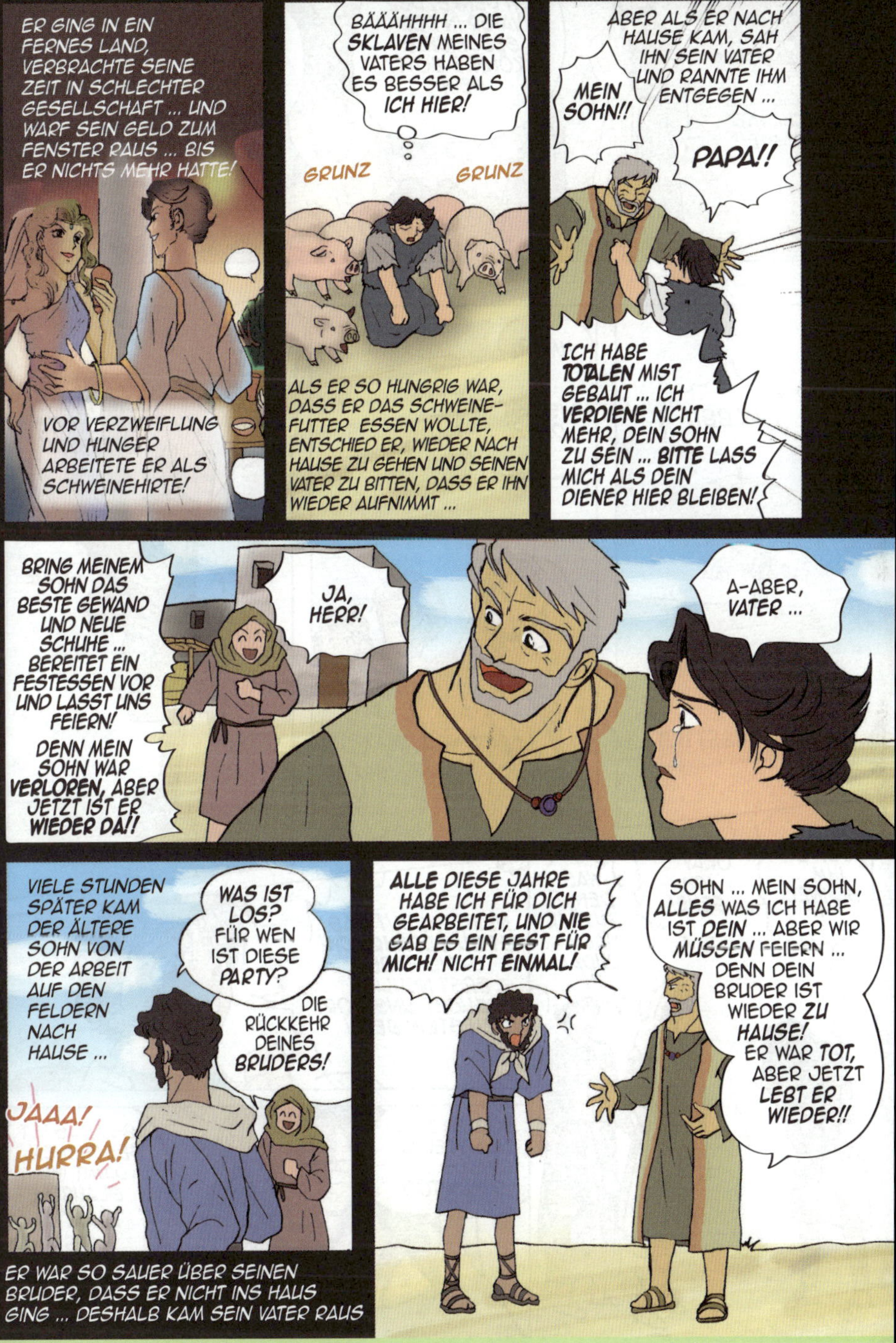
ER GING IN EIN FERNES LAND, VERBRACHTE SEINE ZEIT IN SCHLECHTER GESELLSCHAFT ... UND WARF SEIN GELD ZUM FENSTER RAUS ... BIS ER NICHTS MEHR HATTE!
VOR VERZWEIFLUNG UND HUNGER ARBEITETE ER ALS SCHWEINEHIRTE!
BÄÄÄHHHH ... DIE SKLAVEN MEINES VATERS HABEN ES BESSER ALS ICH HIER!
GRUNZ
GRUNZ
ALS ER SO HUNGRIG WAR, DASS ER DAS SCHWEINEFUTTER ESSEN WOLLTE, ENTSCHIED ER, WIEDER NACH HAUSE ZU GEHEN UND SEINEN VATER ZU BITTEN, DASS ER IHN WIEDER AUFNIMMT ...
ABER ALS ER NACH HAUSE KAM, SAH IHN SEIN VATER UND RANNTE IHM ENTGEGEN ...
MEIN SOHN!!
PAPA!!
ICH HABE TOTALEN MIST GEBAUT ... ICH VERDIENE NICHT MEHR, DEIN SOHN ZU SEIN ... BITTE LASS MICH ALS DEIN DIENER HIER BLEIBEN!
BRING MEINEM SOHN DAS BESTE GEWAND UND NEUE SCHUHE ... BEREITET EIN FESTESSEN VOR UND LASST UNS FEIERN!
DENN MEIN SOHN WAR VERLOREN, ABER JETZT IST ER WIEDER DA!!
JA, HERR!
A-ABER, VATER ...
VIELE STUNDEN SPÄTER KAM DER ÄLTERE SOHN VON DER ARBEIT AUF DEN FELDERN NACH HAUSE ...
WAS IST LOS? FÜR WEN IST DIESE PARTY?
DIE RÜCKKEHR DEINES BRUDERS!
JAAA!
HURRA!
ER WAR SO SAUER ÜBER SEINEN BRUDER, DASS ER NICHT INS HAUS GING ... DESHALB KAM SEIN VATER RAUS
ALLE DIESE JAHRE HABE ICH FÜR DICH GEARBEITET, UND NIE GAB ES EIN FEST FÜR MICH! NICHT EINMAL!
SOHN ... MEIN SOHN, ALLES WAS ICH HABE IST DEIN ... ABER WIR MÜSSEN FEIERN ... DENN DEIN BRUDER IST WIEDER ZU HAUSE! ER WAR TOT, ABER JETZT LEBT ER WIEDER!!

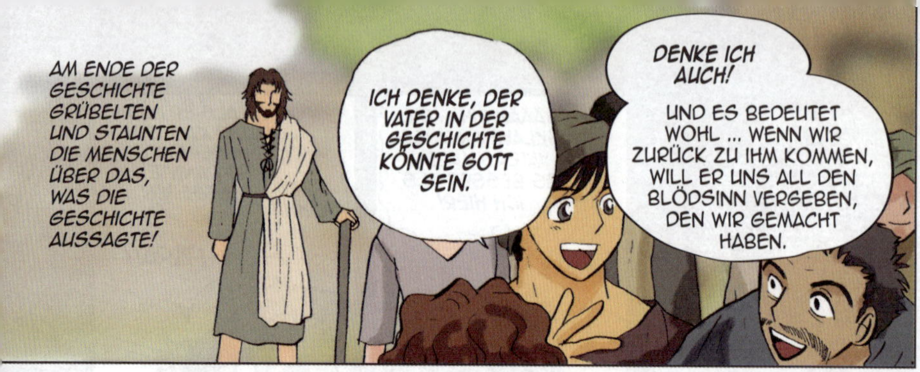

15. LAZARUS STIRBT

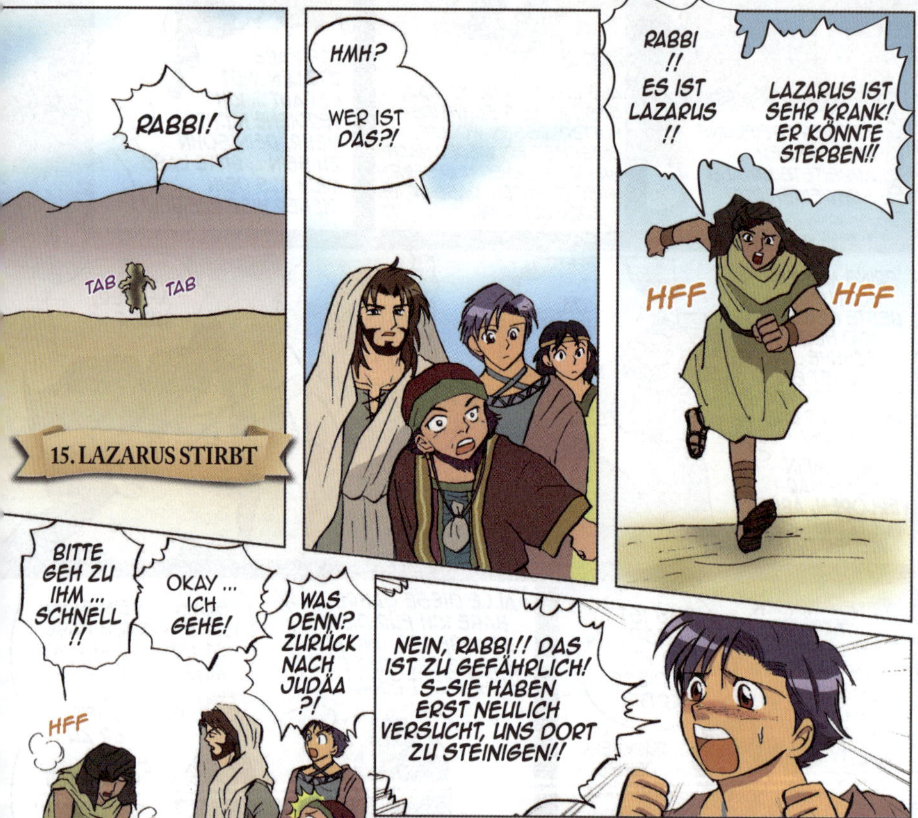

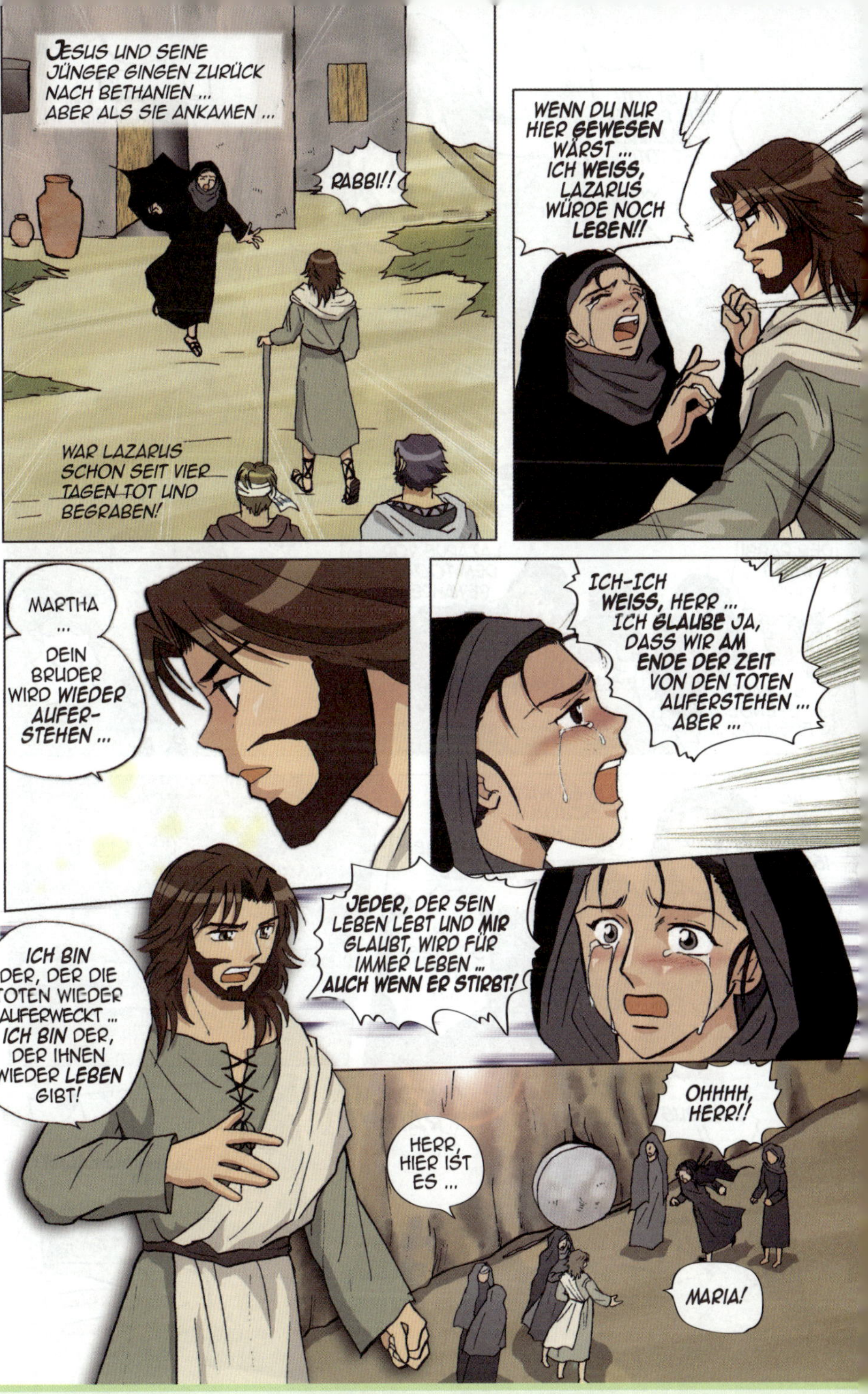

JESUS UND SEINE JÜNGER GINGEN ZURÜCK NACH BETHANIEN ... ABER ALS SIE ANKAMEN ...
RABBI!!
WAR LAZARUS SCHON SEIT VIER TAGEN TOT UND BEGRABEN!
WENN DU NUR HIER GEWESEN WÄRST ... ICH WEISS, LAZARUS WÜRDE NOCH LEBEN!!
MARTHA ... DEIN BRUDER WIRD WIEDER AUFER-STEHEN ...
ICH-ICH WEISS, HERR ... ICH GLAUBE JA, DASS WIR AM ENDE DER ZEIT VON DEN TOTEN AUFERSTEHEN ... ABER ...
ICH BIN DER, DER DIE TOTEN WIEDER AUFERWECKT ... ICH BIN DER, DER IHNEN WIEDER LEBEN GIBT!
JEDER, DER SEIN LEBEN LEBT UND MIR GLAUBT, WIRD FÜR IMMER LEBEN ... AUCH WENN ER STIRBT!
OHHHH, HERR!!
HERR, HIER IST ES ...
MARIA!

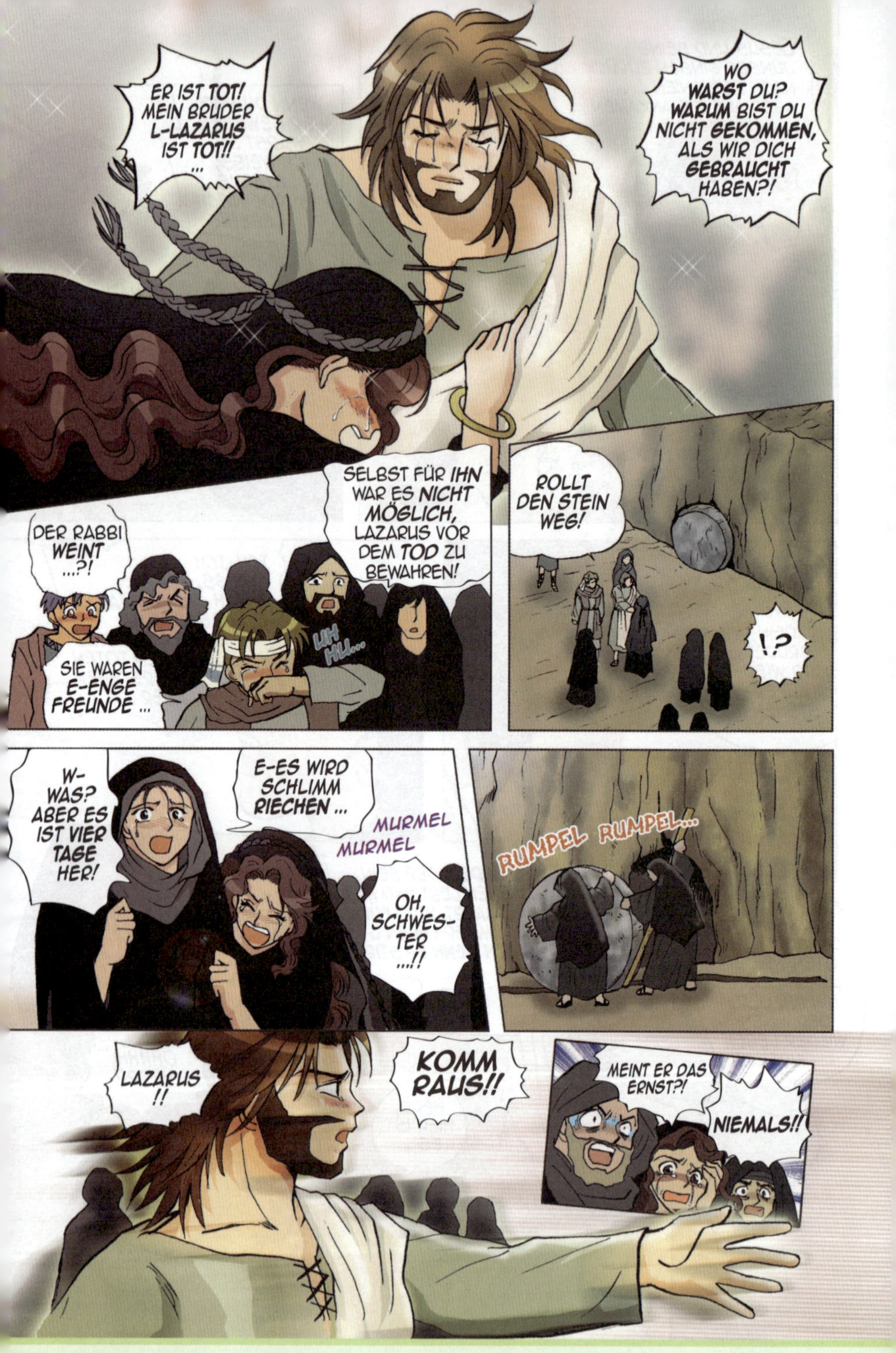

ER IST TOT! MEIN BRUDER L-LAZARUS IST TOT!! ...
WO WARST DU? WARUM BIST DU NICHT GEKOMMEN, ALS WIR DICH GEBRAUCHT HABEN?!
DER RABBI WEINT ...?!
SELBST FÜR IHN WAR ES NICHT MÖGLICH, LAZARUS VOR DEM TOD ZU BEWAHREN!
UH HU...
SIE WAREN E-ENGE FREUNDE ...
ROLLT DEN STEIN WEG!
!?
W-WAS? ABER ES IST VIER TAGE HER!
E-ES WIRD SCHLIMM RIECHEN ...
MURMEL MURMEL
OH, SCHWES-TER ...!!
RUMPEL RUMPEL...
LAZARUS !!
KOMM RAUS!!
MEINT ER DAS ERNST?!
NIEMALS!!

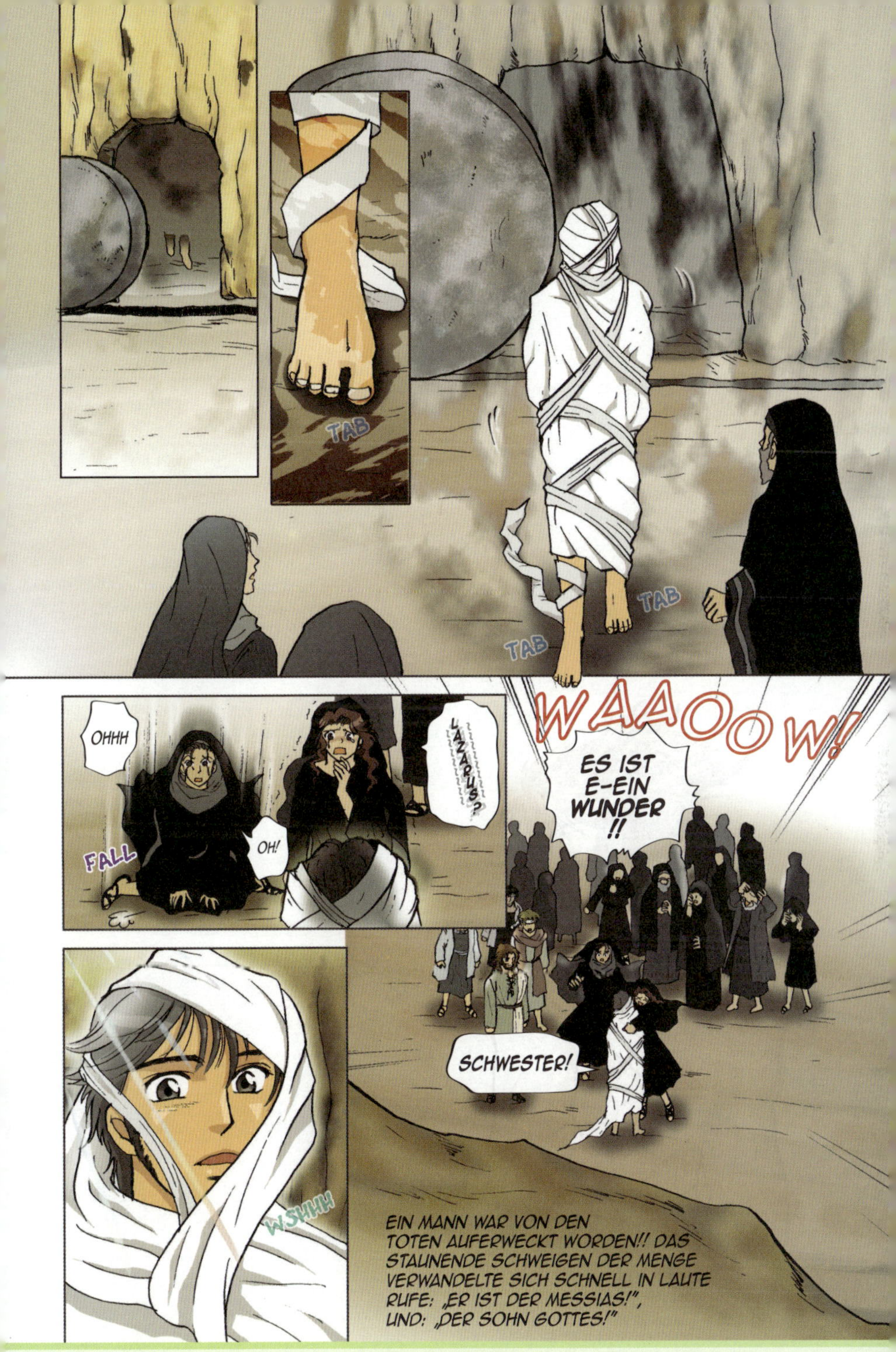
TAB
TAB
TAB
OHHH
LAZARUS?
OH!
FALL
WAAOOW!
ES IST E-EIN WUNDER !!
SCHWESTER!
WSHHH
EIN MANN WAR VON DEN TOTEN AUFERWECKT WORDEN!! DAS STAUNENDE SCHWEIGEN DER MENGE VERWANDELTE SICH SCHNELL IN LAUTE RUFE: „ER IST DER MESSIAS!", UND: „DER SOHN GOTTES!"

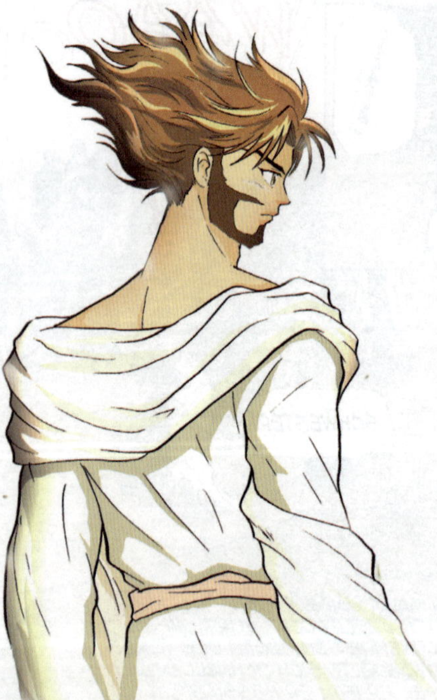

Kapitel III

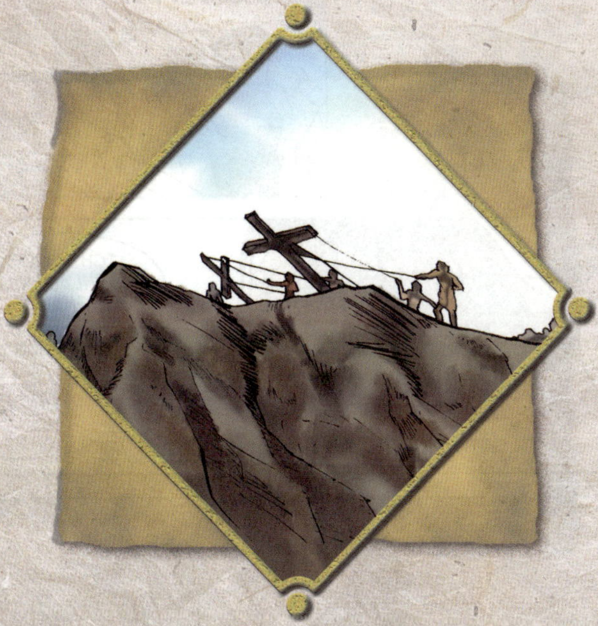

16. DER EINZUG NACH JERUSALEM

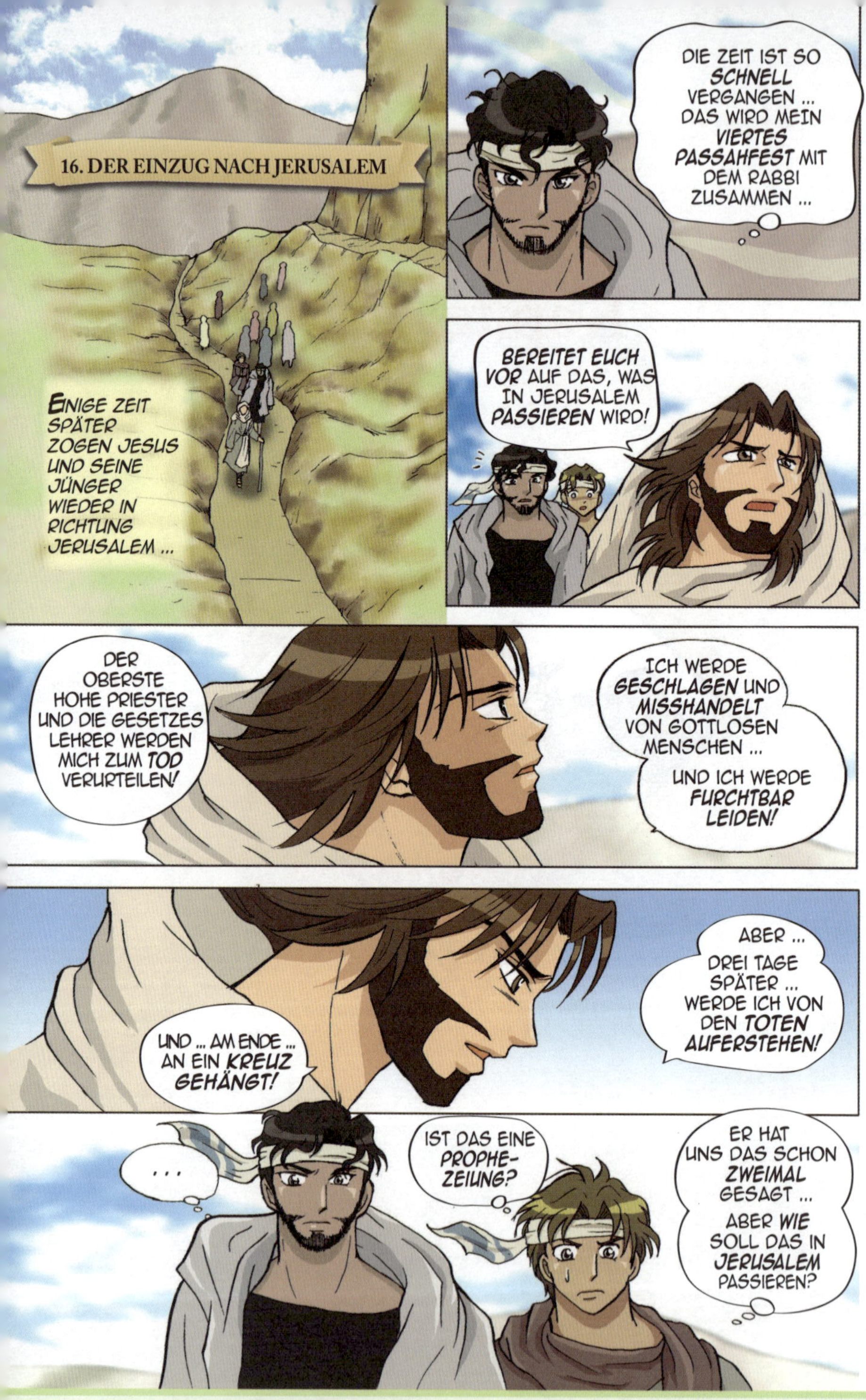

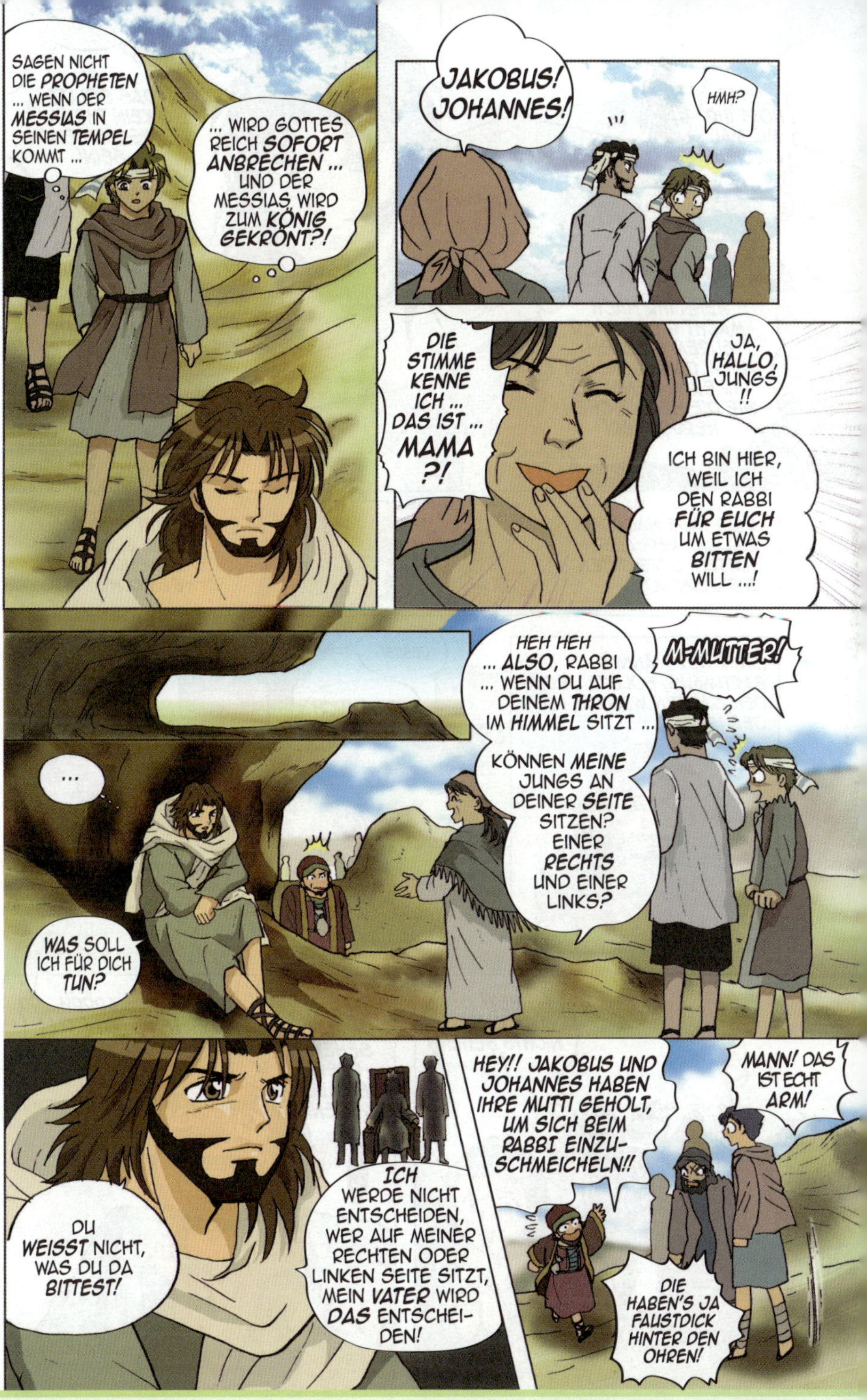
SAGEN NICHT DIE PROPHETEN ... WENN DER MESSIAS IN SEINEN TEMPEL KOMMT ...
... WIRD GOTTES REICH SOFORT ANBRECHEN ... UND DER MESSIAS WIRD ZUM KÖNIG GEKRÖNT?!
JAKOBUS! JOHANNES!
HMH?
DIE STIMME KENNE ICH ... DAS IST ... MAMA ?!
JA, HALLO, JUNGS !!
ICH BIN HIER, WEIL ICH DEN RABBI FÜR EUCH UM ETWAS BITTEN WILL ...!
M-MUTTER!
HEH HEH ... ALSO, RABBI ... WENN DU AUF DEINEM THRON IM HIMMEL SITZT ...
KÖNNEN MEINE JUNGS AN DEINER SEITE SITZEN? EINER RECHTS UND EINER LINKS?
...
WAS SOLL ICH FÜR DICH TUN?
DU WEISST NICHT, WAS DU DA BITTEST!
ICH WERDE NICHT ENTSCHEIDEN, WER AUF MEINER RECHTEN ODER LINKEN SEITE SITZT, MEIN VATER WIRD DAS ENTSCHEIDEN!
HEY!! JAKOBUS UND JOHANNES HABEN IHRE MUTTI GEHOLT, UM SICH BEIM RABBI EINZUSCHMEICHELN!!
MANN! DAS IST ECHT ARM!
DIE HABEN'S JA FAUSTDICK HINTER DEN OHREN!

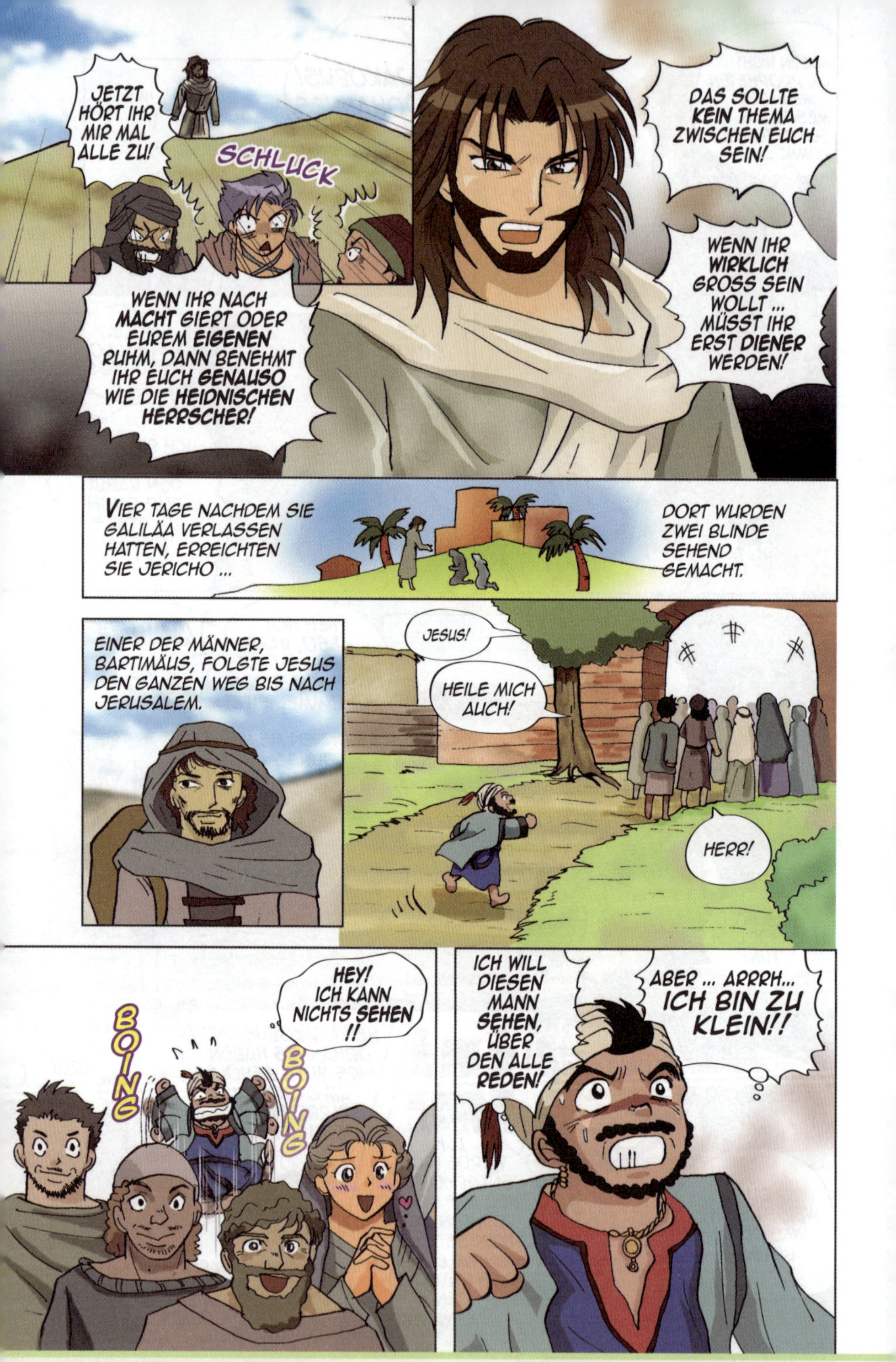
JETZT HÖRT IHR MIR MAL ALLE ZU!
SCHLUCK
DAS SOLLTE KEIN THEMA ZWISCHEN EUCH SEIN!
WENN IHR NACH MACHT GIERT ODER EUREM EIGENEN RUHM, DANN BENEHMT IHR EUCH GENAUSO WIE DIE HEIDNISCHEN HERRSCHER!
WENN IHR WIRKLICH GROSS SEIN WOLLT ... MÜSST IHR ERST DIENER WERDEN!
VIER TAGE NACHDEM SIE GALILÄA VERLASSEN HATTEN, ERREICHTEN SIE JERICHO ...
DORT WURDEN ZWEI BLINDE SEHEND GEMACHT.
EINER DER MÄNNER, BARTIMÄUS, FOLGTE JESUS DEN GANZEN WEG BIS NACH JERUSALEM.
JESUS!
HEILE MICH AUCH!
HERR!
HEY! ICH KANN NICHTS SEHEN !!
BOING
BOING
ICH WILL DIESEN MANN SEHEN, ÜBER DEN ALLE REDEN!
ABER ... ARRRH... ICH BIN ZU KLEIN!!

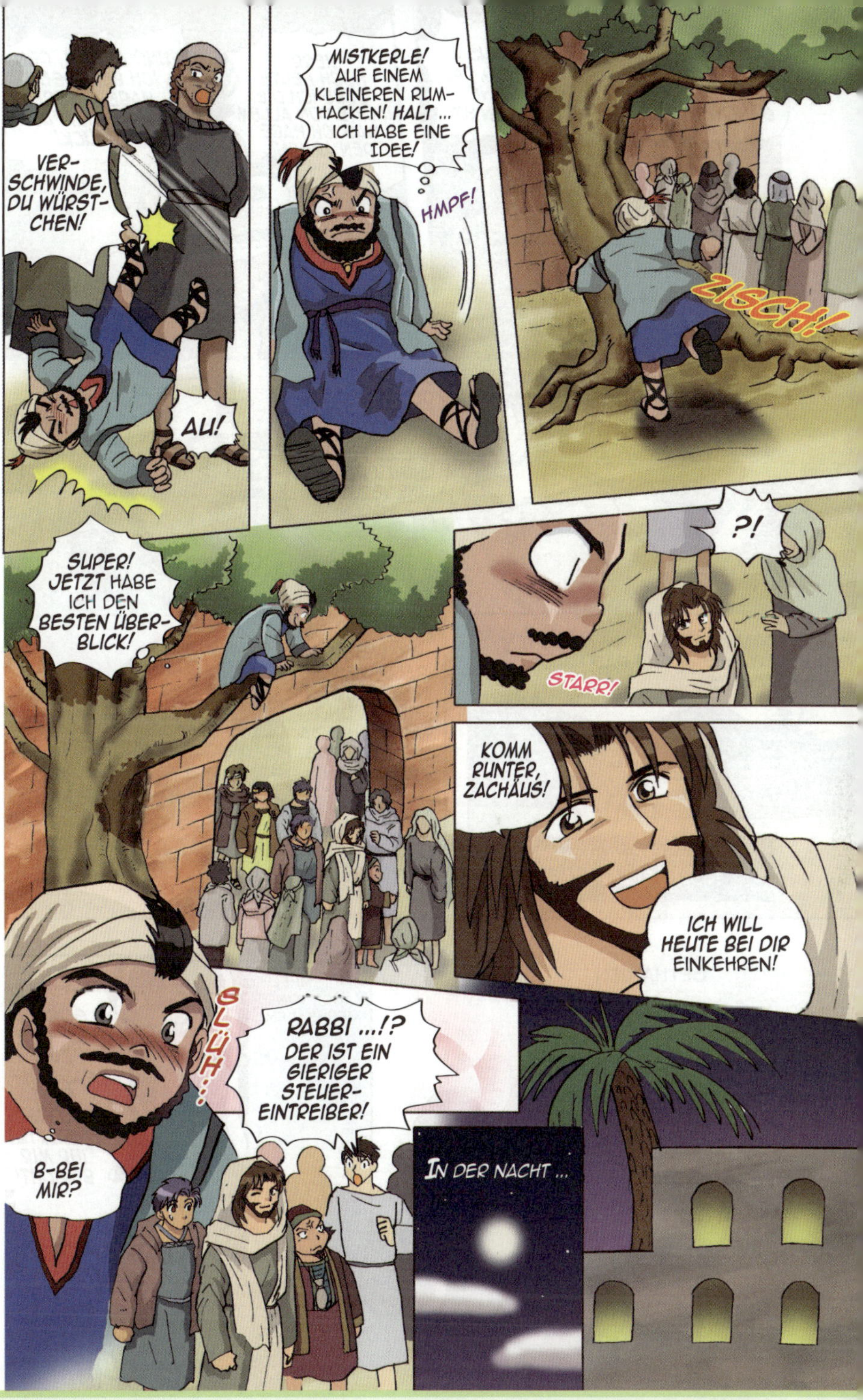
VER-
SCHWINDE,
DU WÜRST-
CHEN!
AU!
MISTKERLE!
AUF EINEM
KLEINEREN RUM-
HACKEN! HALT ...
ICH HABE EINE
IDEE!
HMPF!
ZISCH!
SUPER!
JETZT HABE
ICH DEN
BESTEN ÜBER-
BLICK!
?!
STARR!
KOMM
RUNTER,
ZACHÄUS!
ICH WILL
HEUTE BEI DIR
EINKEHREN!
GLÜH!
B-BEI
MIR?
RABBI ...!?
DER IST EIN
GIERIGER
STEUER-
EINTREIBER!
IN DER NACHT ...

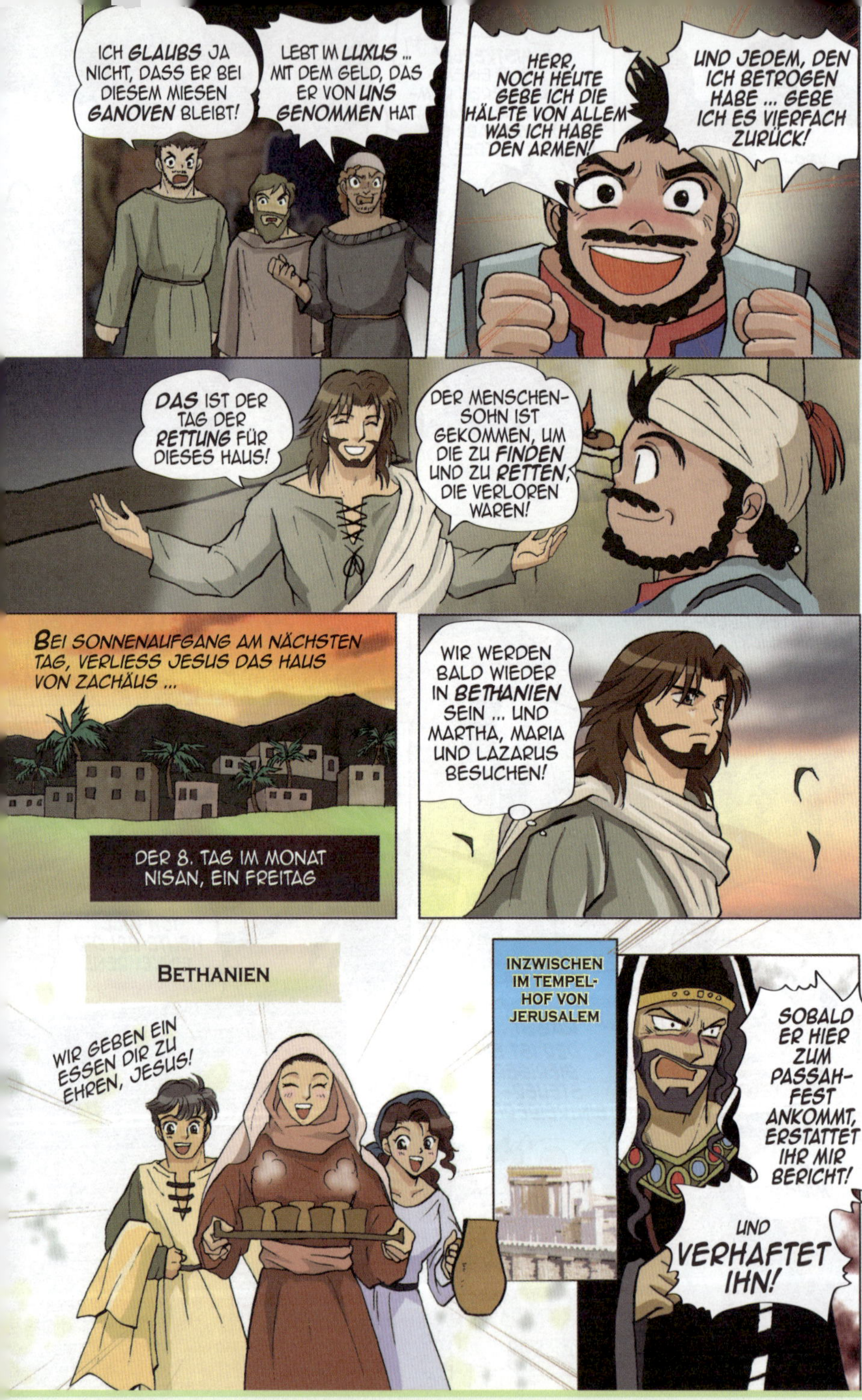
ICH GLAUBS JA NICHT, DASS ER BEI DIESEM MIESEN GANOVEN BLEIBT!
LEBT IM LUXUS ... MIT DEM GELD, DAS ER VON UNS GENOMMEN HAT
HERR, NOCH HEUTE GEBE ICH DIE HÄLFTE VON ALLEM WAS ICH HABE DEN ARMEN!
UND JEDEM, DEN ICH BETROGEN HABE ... GEBE ICH ES VIERFACH ZURÜCK!
DAS IST DER TAG DER RETTUNG FÜR DIESES HAUS!
DER MENSCHENSOHN IST GEKOMMEN, UM DIE ZU FINDEN UND ZU RETTEN, DIE VERLOREN WAREN!
BEI SONNENAUFGANG AM NÄCHSTEN TAG, VERLIESS JESUS DAS HAUS VON ZACHÄUS ...
DER 8. TAG IM MONAT NISAN, EIN FREITAG
WIR WERDEN BALD WIEDER IN BETHANIEN SEIN ... UND MARTHA, MARIA UND LAZARUS BESUCHEN!
BETHANIEN
WIR GEBEN EIN ESSEN DIR ZU EHREN, JESUS!
INZWISCHEN IM TEMPELHOF VON JERUSALEM
SOBALD ER HIER ZUM PASSAHFEST ANKOMMT, ERSTATTET IHR MIR BERICHT!
UND VERHAFTET IHN!

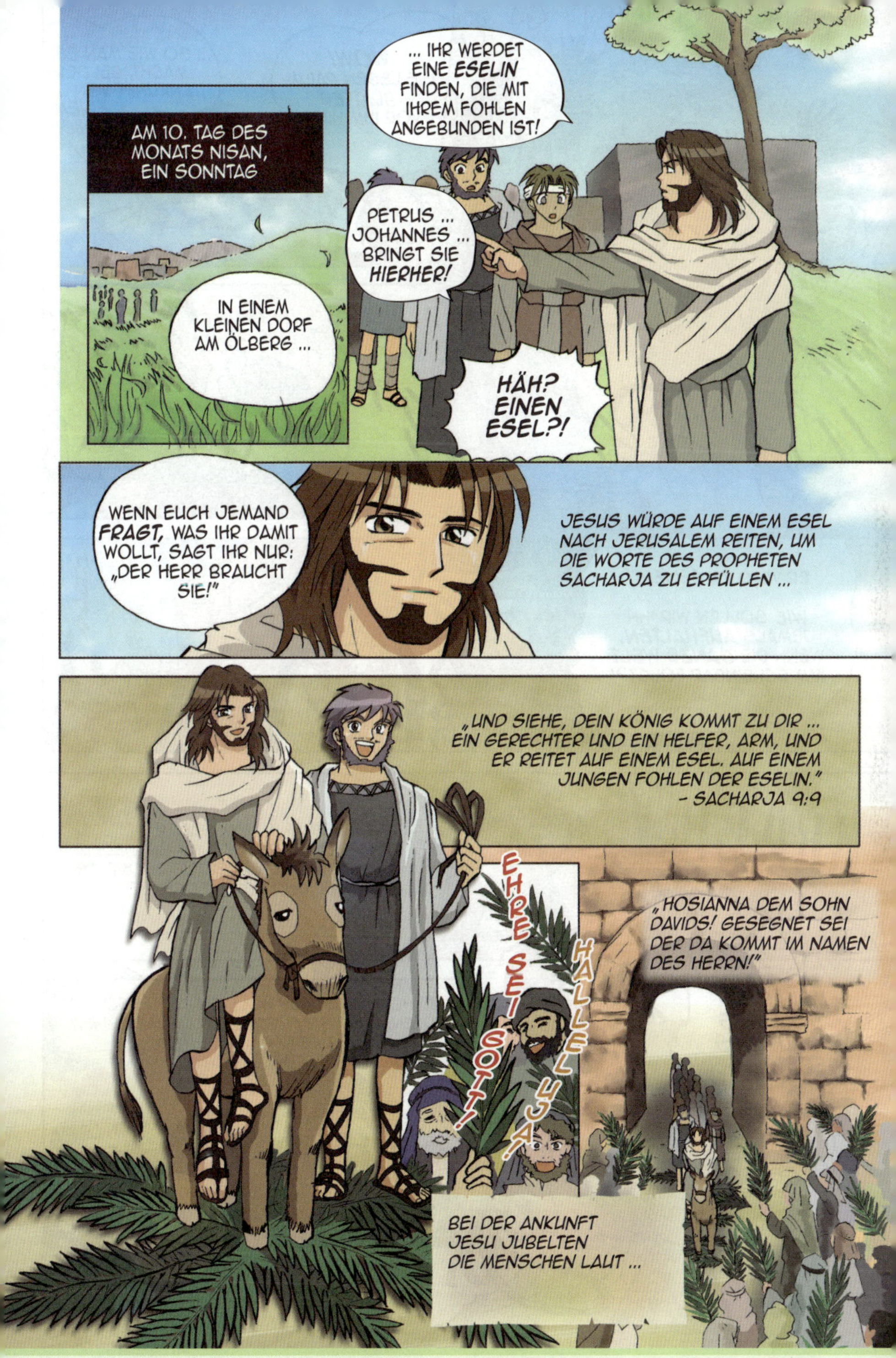

Matthäus 21:1-11 Markus 11:1-10 Lukas 19:28-44 Johannes 12:12-19

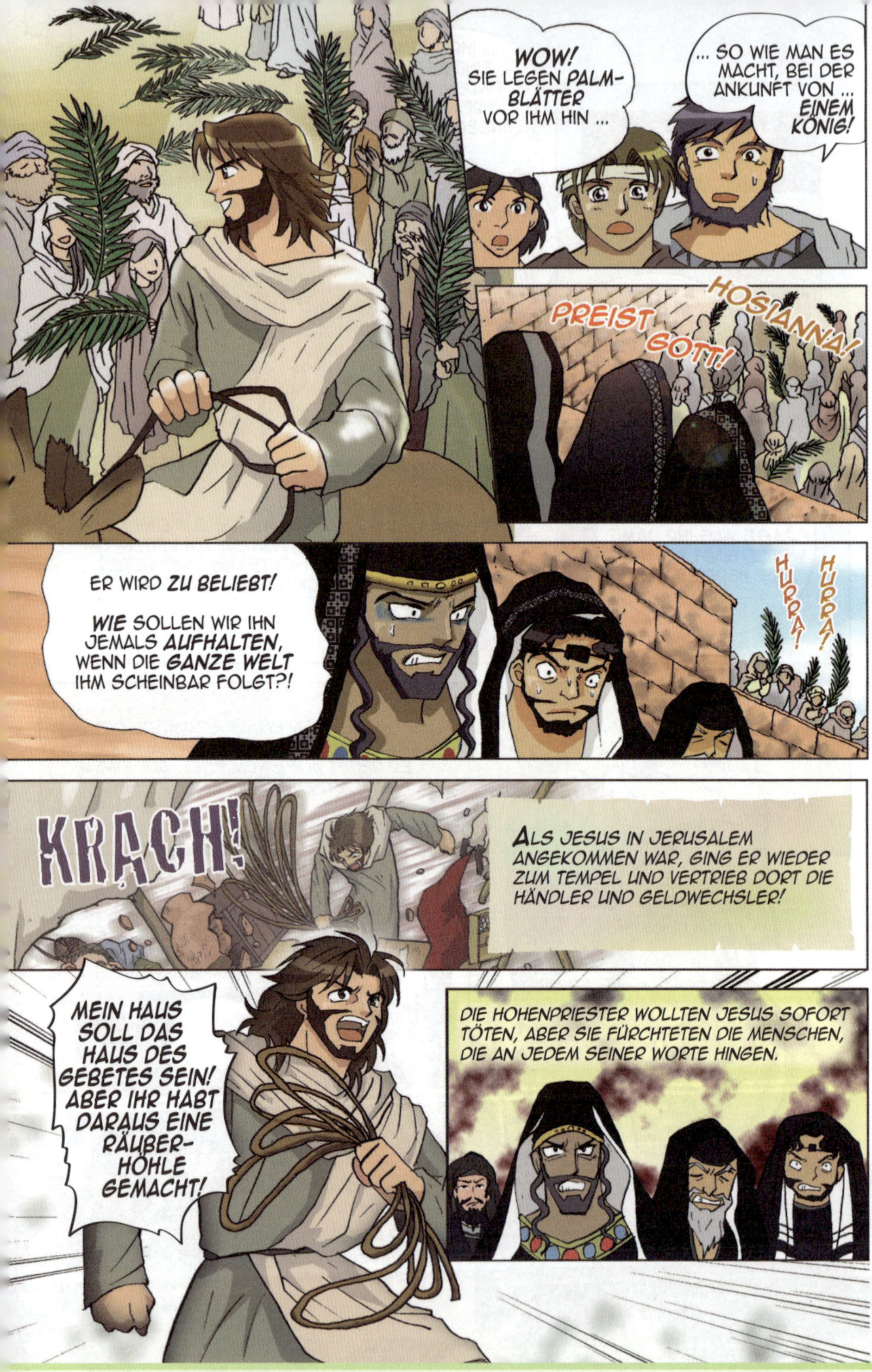
WOW! SIE LEGEN PALM-BLÄTTER VOR IHM HIN ...
... SO WIE MAN ES MACHT, BEI DER ANKUNFT VON ... EINEM KÖNIG!
PREIST GOTT!
HOSIANNA!
ER WIRD ZU BELIEBT!
WIE SOLLEN WIR IHN JEMALS AUFHALTEN, WENN DIE GANZE WELT IHM SCHEINBAR FOLGT?!
HURRA!
HURRA!
KRACH!
ALS JESUS IN JERUSALEM ANGEKOMMEN WAR, GING ER WIEDER ZUM TEMPEL UND VERTRIEB DORT DIE HÄNDLER UND GELDWECHSLER!
MEIN HAUS SOLL DAS HAUS DES GEBETES SEIN! ABER IHR HABT DARAUS EINE RÄUBER-HÖHLE GEMACHT!
DIE HOHENPRIESTER WOLLTEN JESUS SOFORT TÖTEN, ABER SIE FÜRCHTETEN DIE MENSCHEN, DIE AN JEDEM SEINER WORTE HINGEN.

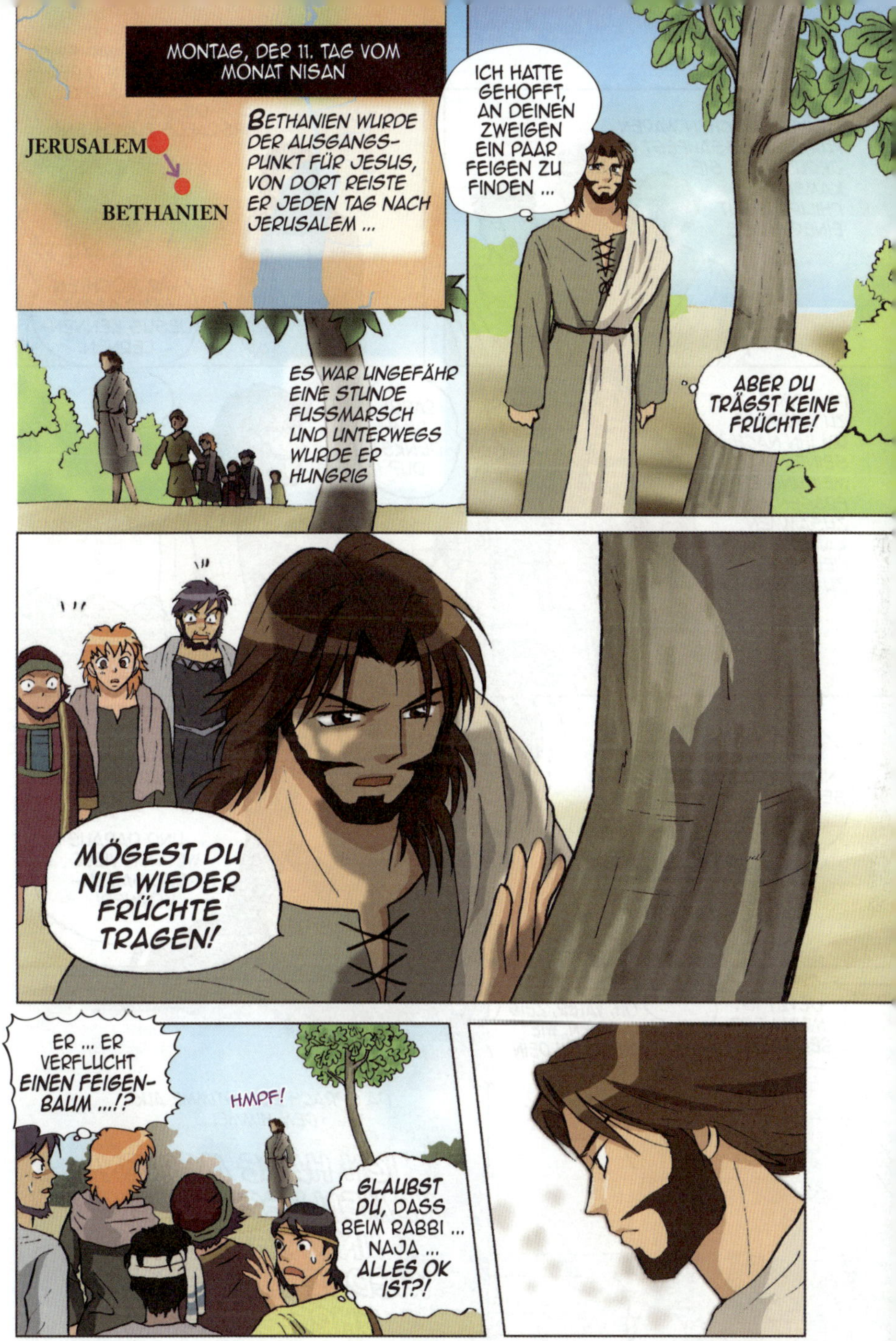
MONTAG, DER 11. TAG VOM MONAT NISAN
JERUSALEM
BETHANIEN
BETHANIEN WURDE DER AUSGANGSPUNKT FÜR JESUS, VON DORT REISTE ER JEDEN TAG NACH JERUSALEM ...
ES WAR UNGEFÄHR EINE STUNDE FUSSMARSCH UND UNTERWEGS WURDE ER HUNGRIG
ICH HATTE GEHOFFT, AN DEINEN ZWEIGEN EIN PAAR FEIGEN ZU FINDEN ...
ABER DU TRÄGST KEINE FRÜCHTE!
MÖGEST DU NIE WIEDER FRÜCHTE TRAGEN!
ER ... ER VERFLUCHT EINEN FEIGENBAUM ...!?
HMPF!
GLAUBST DU, DASS BEIM RABBI ... NAJA ... ALLES OK IST?!

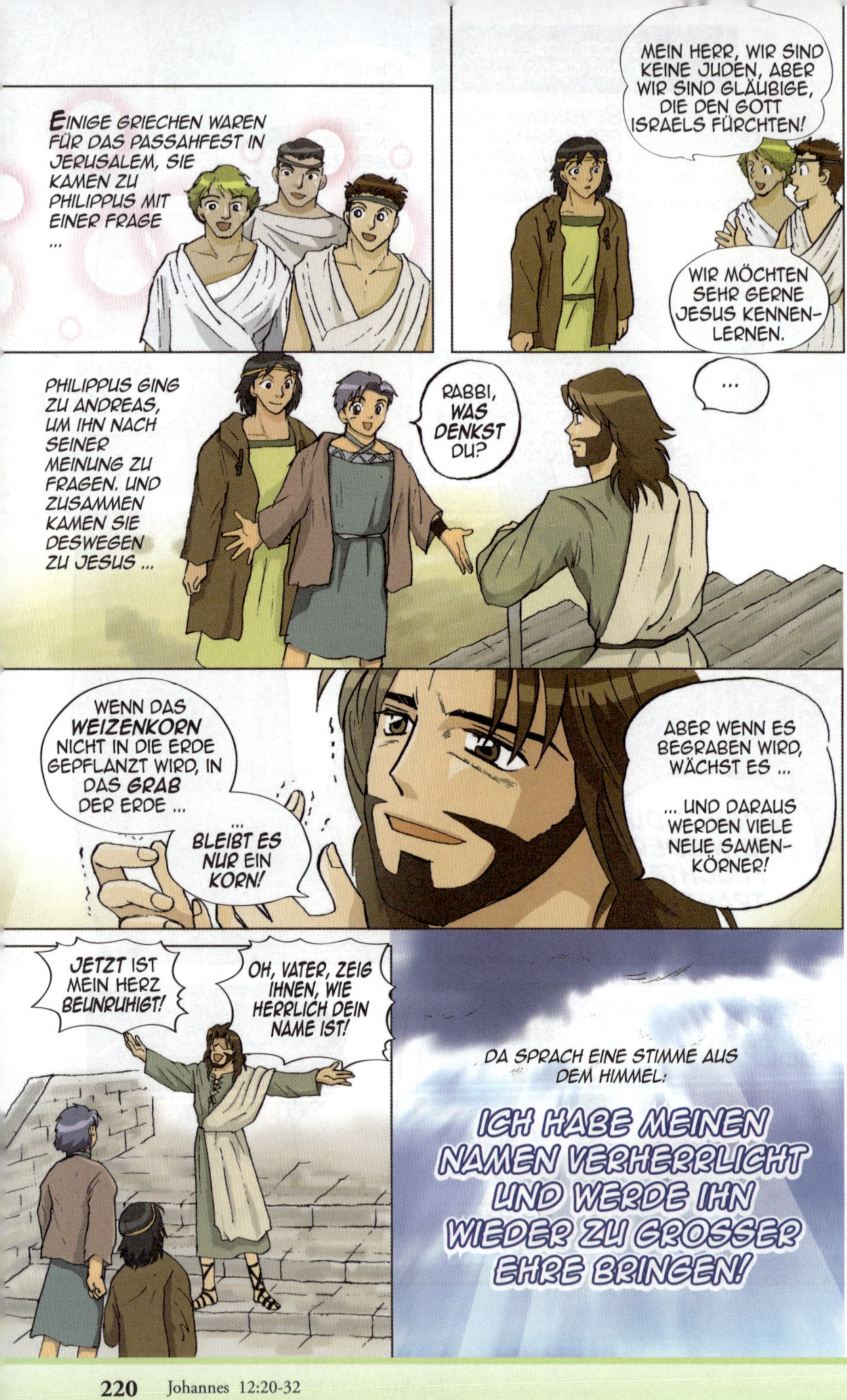
Einige Griechen waren für das Passahfest in Jerusalem, sie kamen zu Philippus mit einer Frage ...
Mein Herr, wir sind keine Juden, aber wir sind Gläubige, die den Gott Israels fürchten!
Wir möchten sehr gerne Jesus kennenlernen.
Philippus ging zu Andreas, um ihn nach seiner Meinung zu fragen. Und zusammen kamen sie deswegen zu Jesus ...
Rabbi, was denkst du?
...
Wenn das Weizenkorn nicht in die Erde gepflanzt wird, in das Grab der Erde ...
... bleibt es nur ein Korn!
Aber wenn es begraben wird, wächst es ...
... und daraus werden viele neue Samenkörner!
Jetzt ist mein Herz beunruhigt!
Oh, Vater, zeig ihnen, wie herrlich dein Name ist!
Da sprach eine Stimme aus dem Himmel:
Ich habe meinen Namen verherrlicht und werde ihn wieder zu grosser Ehre bringen!

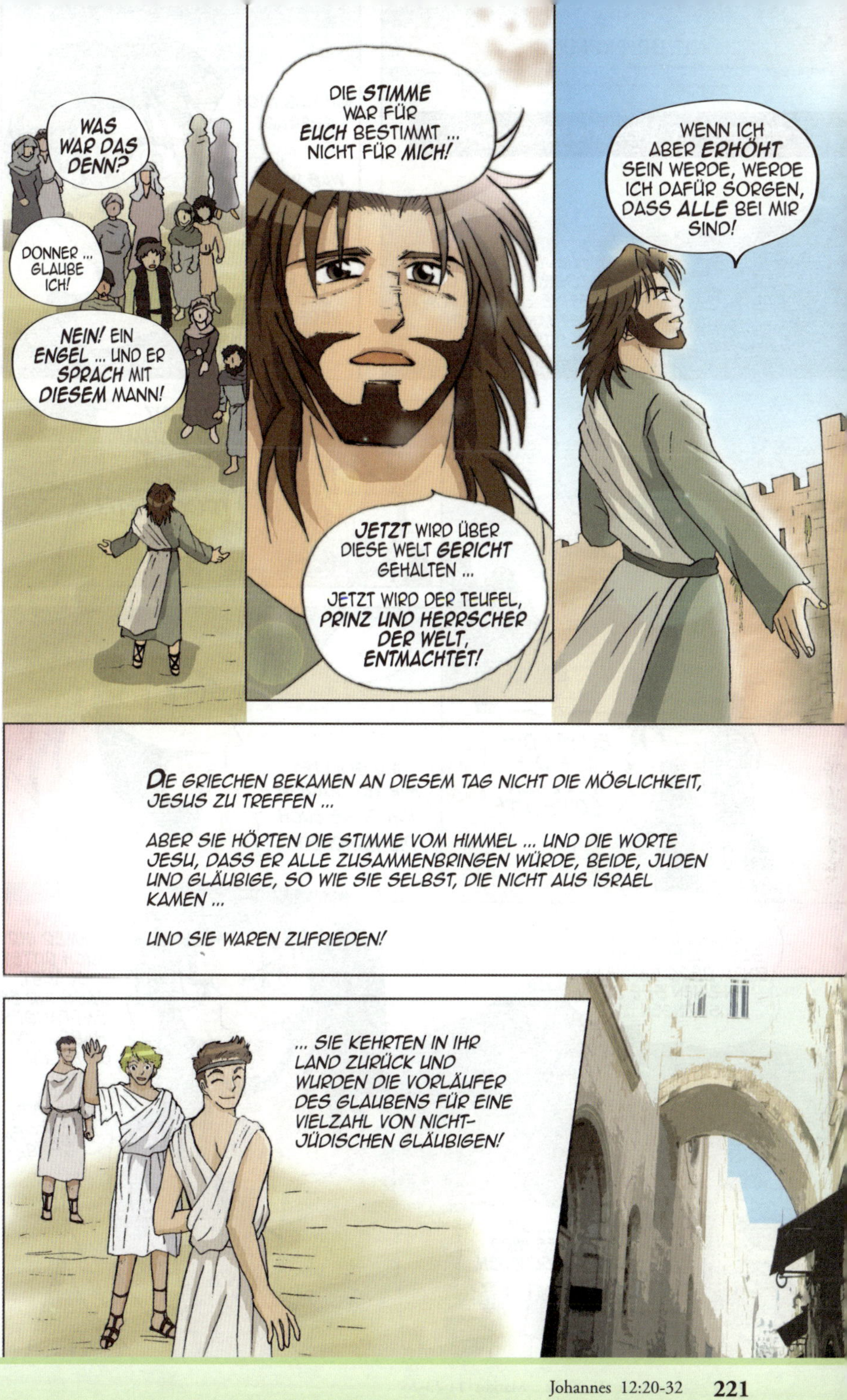
WAS WAR DAS DENN?
DONNER ... GLAUBE ICH!
NEIN! EIN ENGEL ... UND ER SPRACH MIT DIESEM MANN!
DIE STIMME WAR FÜR EUCH BESTIMMT ... NICHT FÜR MICH!
JETZT WIRD ÜBER DIESE WELT GERICHT GEHALTEN ...
JETZT WIRD DER TEUFEL, PRINZ UND HERRSCHER DER WELT, ENTMACHTET!
WENN ICH ABER ERHÖHT SEIN WERDE, WERDE ICH DAFÜR SORGEN, DASS ALLE BEI MIR SIND!
DIE GRIECHEN BEKAMEN AN DIESEM TAG NICHT DIE MÖGLICHKEIT, JESUS ZU TREFFEN ...
ABER SIE HÖRTEN DIE STIMME VOM HIMMEL ... UND DIE WORTE JESU, DASS ER ALLE ZUSAMMENBRINGEN WÜRDE, BEIDE, JUDEN UND GLÄUBIGE, SO WIE SIE SELBST, DIE NICHT AUS ISRAEL KAMEN ...
UND SIE WAREN ZUFRIEDEN!
... SIE KEHRTEN IN IHR LAND ZURÜCK UND WURDEN DIE VORLÄUFER DES GLAUBENS FÜR EINE VIELZAHL VON NICHT-JÜDISCHEN GLÄUBIGEN!

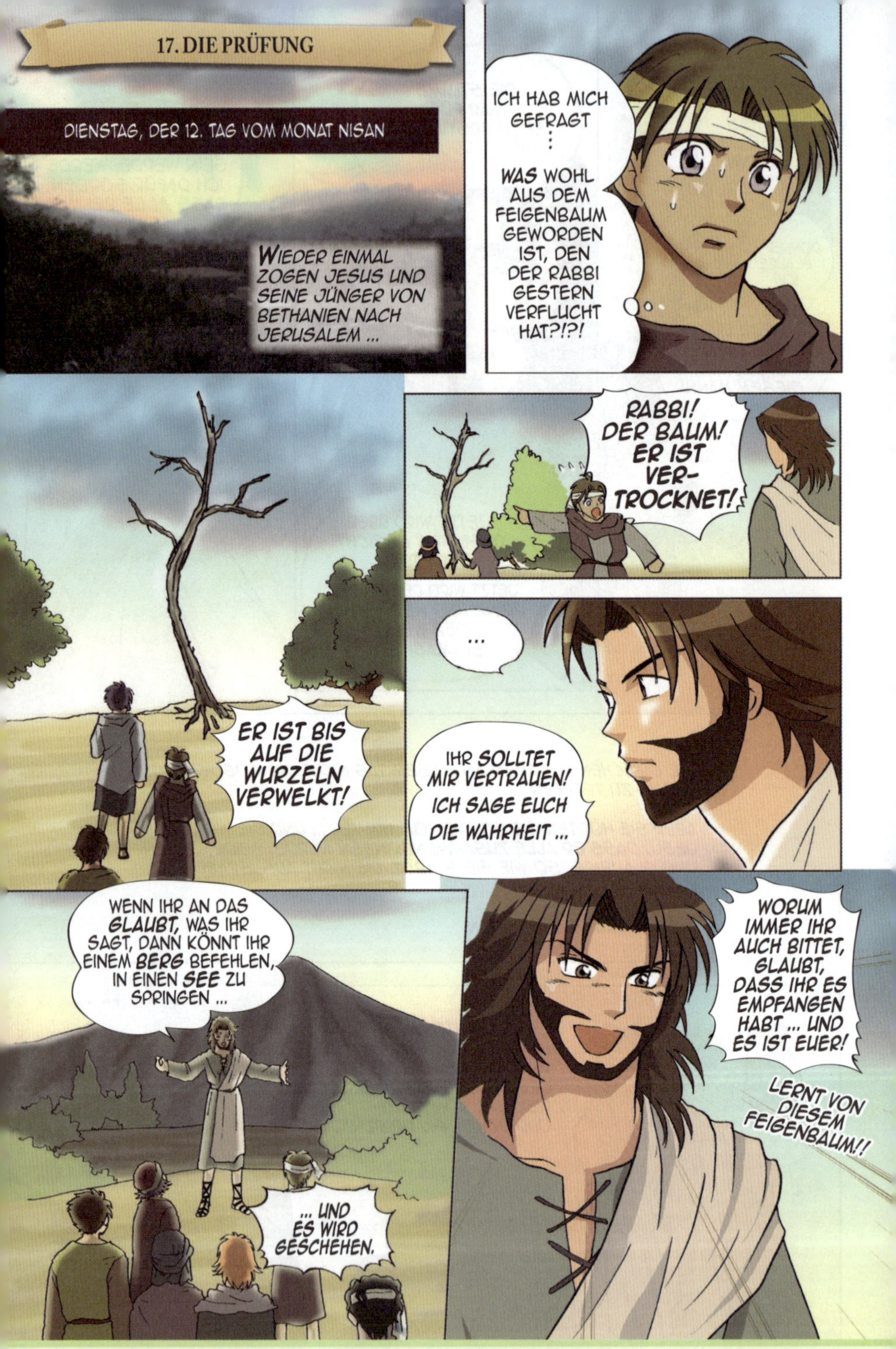

 Matthäus 21:20-22 Markus 11:20-26

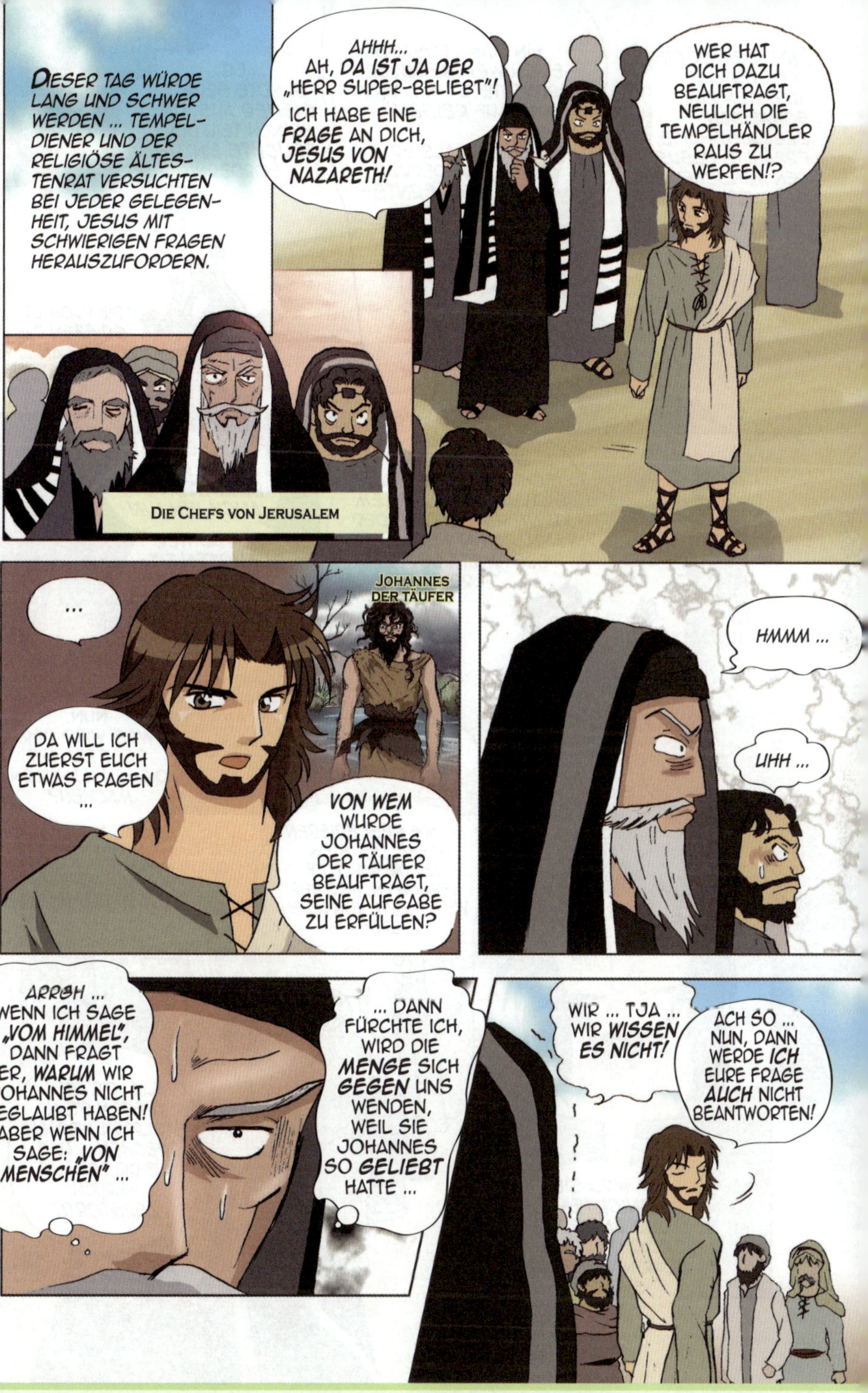
DIESER TAG WÜRDE LANG UND SCHWER WERDEN ... TEMPELDIENER UND DER RELIGIÖSE ÄLTESTENRAT VERSUCHTEN BEI JEDER GELEGENHEIT, JESUS MIT SCHWIERIGEN FRAGEN HERAUSZUFORDERN.
AHHH... AH, DA IST JA DER „HERR SUPER-BELIEBT"! ICH HABE EINE FRAGE AN DICH, JESUS VON NAZARETH!
WER HAT DICH DAZU BEAUFTRAGT, NEULICH DIE TEMPELHÄNDLER RAUS ZU WERFEN!?
DIE CHEFS VON JERUSALEM
...
JOHANNES DER TÄUFER
DA WILL ICH ZUERST EUCH ETWAS FRAGEN ...
VON WEM WURDE JOHANNES DER TÄUFER BEAUFTRAGT, SEINE AUFGABE ZU ERFÜLLEN?
HMMM ...
UHH ...
ARRGH ... WENN ICH SAGE „VOM HIMMEL", DANN FRAGT ER, WARUM WIR JOHANNES NICHT GEGLAUBT HABEN! ABER WENN ICH SAGE: „VON MENSCHEN" ...
... DANN FÜRCHTE ICH, WIRD DIE MENGE SICH GEGEN UNS WENDEN, WEIL SIE JOHANNES SO GELIEBT HATTE ...
WIR ... TJA ... WIR WISSEN ES NICHT!
ACH SO ... NUN, DANN WERDE ICH EURE FRAGE AUCH NICHT BEANTWORTEN!

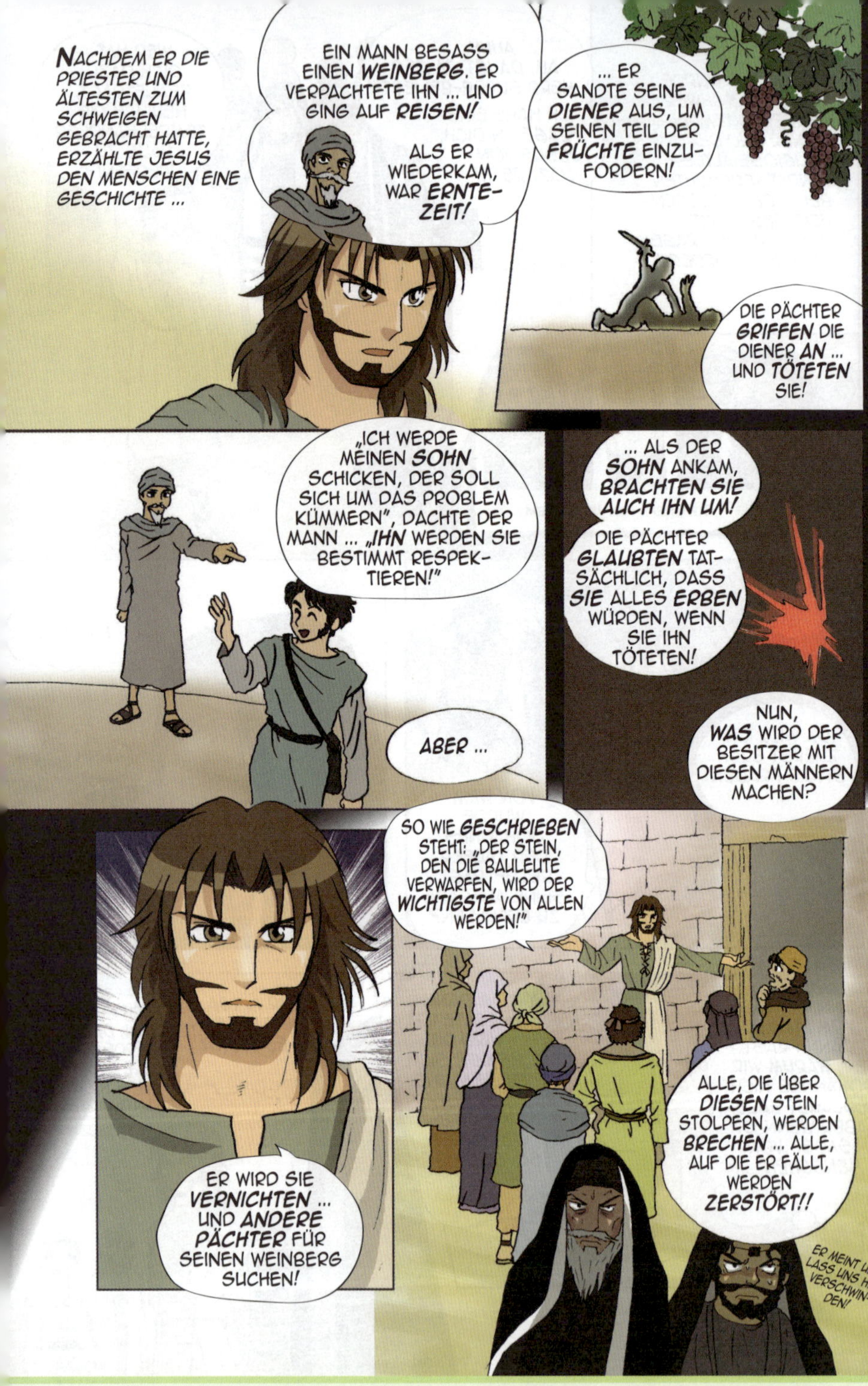
NACHDEM ER DIE PRIESTER UND ÄLTESTEN ZUM SCHWEIGEN GEBRACHT HATTE, ERZÄHLTE JESUS DEN MENSCHEN EINE GESCHICHTE ...
EIN MANN BESASS EINEN WEINBERG. ER VERPACHTETE IHN ... UND GING AUF REISEN!
ALS ER WIEDERKAM, WAR ERNTEZEIT!
... ER SANDTE SEINE DIENER AUS, UM SEINEN TEIL DER FRÜCHTE EINZUFORDERN!
DIE PÄCHTER GRIFFEN DIE DIENER AN ... UND TÖTETEN SIE!
„ICH WERDE MEINEN SOHN SCHICKEN, DER SOLL SICH UM DAS PROBLEM KÜMMERN", DACHTE DER MANN ... „IHN WERDEN SIE BESTIMMT RESPEKTIEREN!"
ABER ...
... ALS DER SOHN ANKAM, BRACHTEN SIE AUCH IHN UM!
DIE PÄCHTER GLAUBTEN TATSÄCHLICH, DASS SIE ALLES ERBEN WÜRDEN, WENN SIE IHN TÖTETEN!
NUN, WAS WIRD DER BESITZER MIT DIESEN MÄNNERN MACHEN?
ER WIRD SIE VERNICHTEN ... UND ANDERE PÄCHTER FÜR SEINEN WEINBERG SUCHEN!
SO WIE GESCHRIEBEN STEHT: „DER STEIN, DEN DIE BAULEUTE VERWARFEN, WIRD DER WICHTIGSTE VON ALLEN WERDEN!"
ALLE, DIE ÜBER DIESEN STEIN STOLPERN, WERDEN BRECHEN ... ALLE, AUF DIE ER FÄLLT, WERDEN ZERSTÖRT!!
ER MEINT UNS! LASS UNS HIER VERSCHWINDEN!

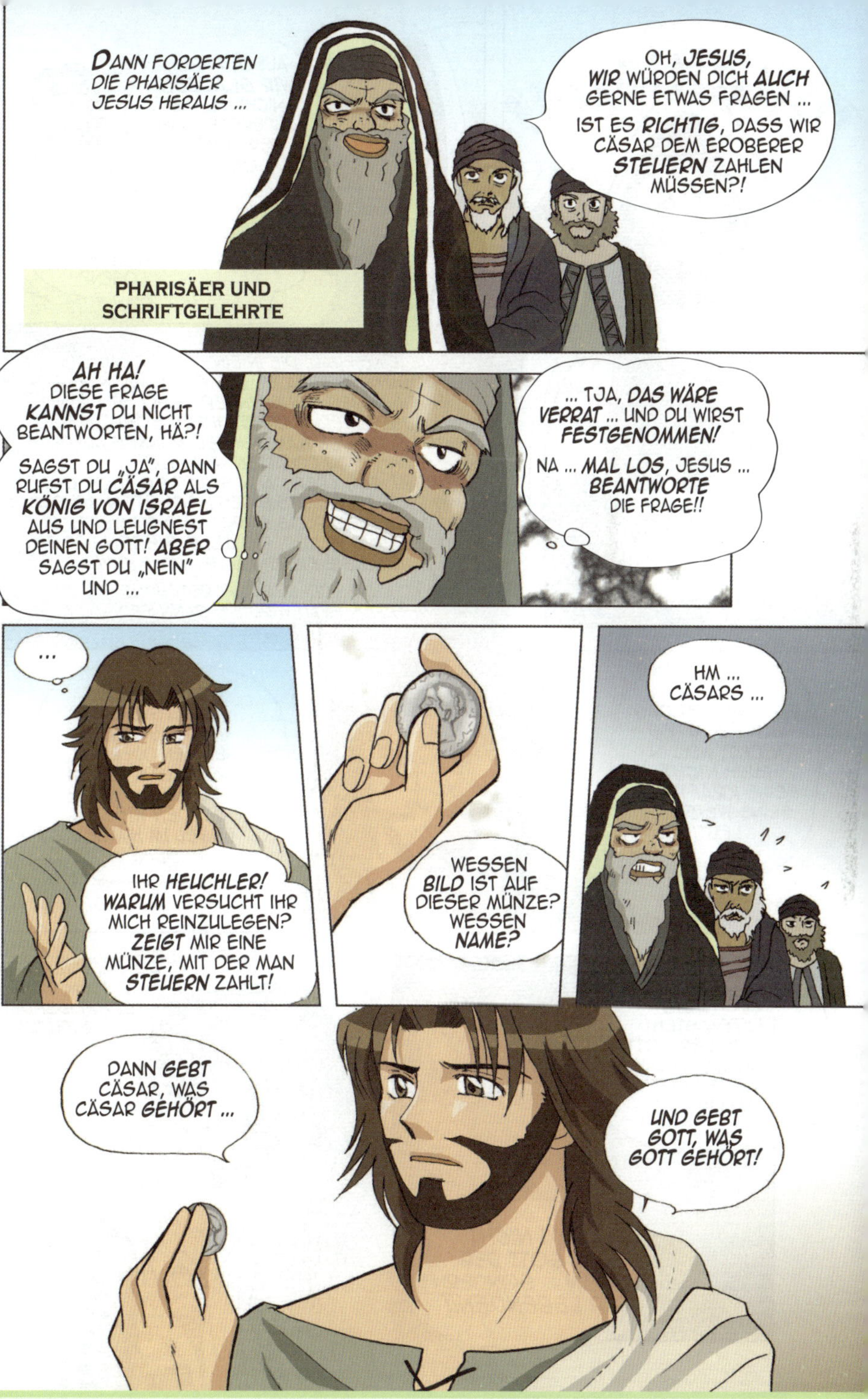

DANN FORDERTEN DIE PHARISÄER JESUS HERAUS ...
OH, JESUS, WIR WÜRDEN DICH AUCH GERNE ETWAS FRAGEN ...
IST ES RICHTIG, DASS WIR CÄSAR DEM EROBERER STEUERN ZAHLEN MÜSSEN?!
PHARISÄER UND SCHRIFTGELEHRTE
AH HA! DIESE FRAGE KANNST DU NICHT BEANTWORTEN, HÄ?!
SAGST DU „JA", DANN RUFST DU CÄSAR ALS KÖNIG VON ISRAEL AUS UND LEUGNEST DEINEN GOTT! ABER SAGST DU „NEIN" UND ...
... TJA, DAS WÄRE VERRAT ... UND DU WIRST FESTGENOMMEN!
NA ... MAL LOS, JESUS ... BEANTWORTE DIE FRAGE!!
...
IHR HEUCHLER! WARUM VERSUCHT IHR MICH REINZULEGEN? ZEIGT MIR EINE MÜNZE, MIT DER MAN STEUERN ZAHLT!
WESSEN BILD IST AUF DIESER MÜNZE? WESSEN NAME?
HM ... CÄSARS ...
DANN GEBT CÄSAR, WAS CÄSAR GEHÖRT ...
UND GEBT GOTT, WAS GOTT GEHÖRT!

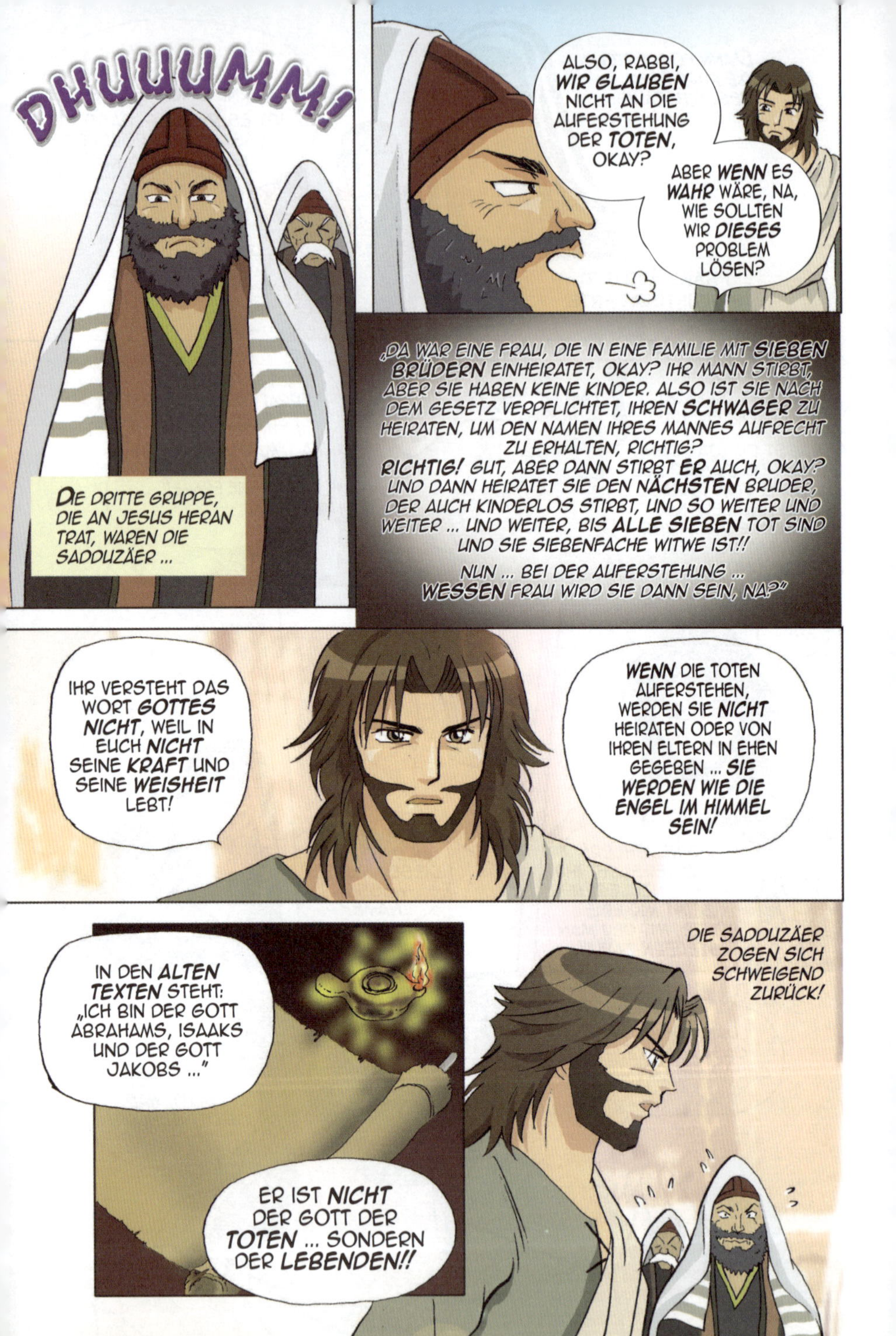
DHUUUMM!
DIE DRITTE GRUPPE, DIE AN JESUS HERAN TRAT, WAREN DIE SADDUZÄER ...
ALSO, RABBI, WIR GLAUBEN NICHT AN DIE AUFERSTEHUNG DER TOTEN, OKAY?
ABER WENN ES WAHR WÄRE, NA, WIE SOLLTEN WIR DIESES PROBLEM LÖSEN?
„DA WAR EINE FRAU, DIE IN EINE FAMILIE MIT SIEBEN BRÜDERN EINHEIRATET, OKAY? IHR MANN STIRBT, ABER SIE HABEN KEINE KINDER. ALSO IST SIE NACH DEM GESETZ VERPFLICHTET, IHREN SCHWAGER ZU HEIRATEN, UM DEN NAMEN IHRES MANNES AUFRECHT ZU ERHALTEN, RICHTIG?
RICHTIG! GUT, ABER DANN STIRBT ER AUCH, OKAY? UND DANN HEIRATET SIE DEN NÄCHSTEN BRUDER, DER AUCH KINDERLOS STIRBT, UND SO WEITER UND WEITER ... UND WEITER, BIS ALLE SIEBEN TOT SIND UND SIE SIEBENFACHE WITWE IST!!
NUN ... BEI DER AUFERSTEHUNG ... WESSEN FRAU WIRD SIE DANN SEIN, NA?“
IHR VERSTEHT DAS WORT GOTTES NICHT, WEIL IN EUCH NICHT SEINE KRAFT UND SEINE WEISHEIT LEBT!
WENN DIE TOTEN AUFERSTEHEN, WERDEN SIE NICHT HEIRATEN ODER VON IHREN ELTERN IN EHEN GEGEBEN ... SIE WERDEN WIE DIE ENGEL IM HIMMEL SEIN!
IN DEN ALTEN TEXTEN STEHT: „ICH BIN DER GOTT ABRAHAMS, ISAAKS UND DER GOTT JAKOBS ...“
ER IST NICHT DER GOTT DER TOTEN ... SONDERN DER LEBENDEN!!
DIE SADDUZÄER ZOGEN SICH SCHWEIGEND ZURÜCK!

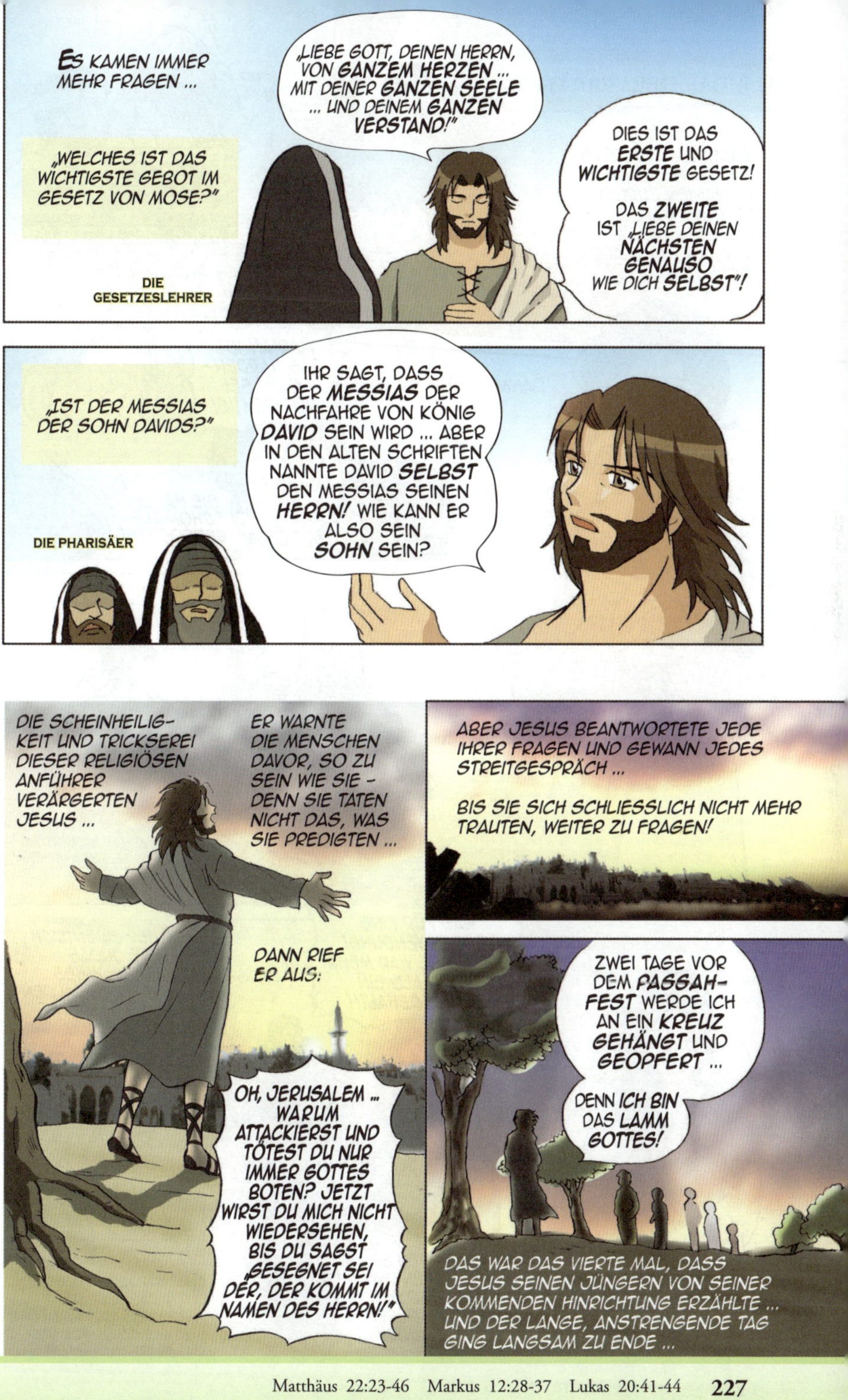

ES KAMEN IMMER MEHR FRAGEN ...
„WELCHES IST DAS WICHTIGSTE GEBOT IM GESETZ VON MOSE?"
DIE GESETZESLEHRER
„LIEBE GOTT, DEINEN HERRN, VON GANZEM HERZEN ... MIT DEINER GANZEN SEELE ... UND DEINEM GANZEN VERSTAND!"
DIES IST DAS ERSTE UND WICHTIGSTE GESETZ!
DAS ZWEITE IST „LIEBE DEINEN NÄCHSTEN GENAUSO WIE DICH SELBST"!
„IST DER MESSIAS DER SOHN DAVIDS?"
DIE PHARISÄER
IHR SAGT, DASS DER MESSIAS DER NACHFAHRE VON KÖNIG DAVID SEIN WIRD ... ABER IN DEN ALTEN SCHRIFTEN NANNTE DAVID SELBST DEN MESSIAS SEINEN HERRN! WIE KANN ER ALSO SEIN SOHN SEIN?
DIE SCHEINHEILIGKEIT UND TRICKSEREI DIESER RELIGIÖSEN ANFÜHRER VERÄRGERTEN JESUS ...
ER WARNTE DIE MENSCHEN DAVOR, SO ZU SEIN WIE SIE – DENN SIE TATEN NICHT DAS, WAS SIE PREDIGTEN ...
DANN RIEF ER AUS:
OH, JERUSALEM ... WARUM ATTACKIERST UND TÖTEST DU NUR IMMER GOTTES BOTEN? JETZT WIRST DU MICH NICHT WIEDERSEHEN, BIS DU SAGST „GESEGNET SEI DER, DER KOMMT IM NAMEN DES HERRN!"
ABER JESUS BEANTWORTETE JEDE IHRER FRAGEN UND GEWANN JEDES STREITGESPRÄCH ...
BIS SIE SICH SCHLIESSLICH NICHT MEHR TRAUTEN, WEITER ZU FRAGEN!
ZWEI TAGE VOR DEM PASSAHFEST WERDE ICH AN EIN KREUZ GEHÄNGT UND GEOPFERT ...
DENN ICH BIN DAS LAMM GOTTES!
DAS WAR DAS VIERTE MAL, DASS JESUS SEINEN JÜNGERN VON SEINER KOMMENDEN HINRICHTUNG ERZÄHLTE ... UND DER LANGE, ANSTRENGENDE TAG GING LANGSAM ZU ENDE ...

18. JUDAS, DER VERRÄTER

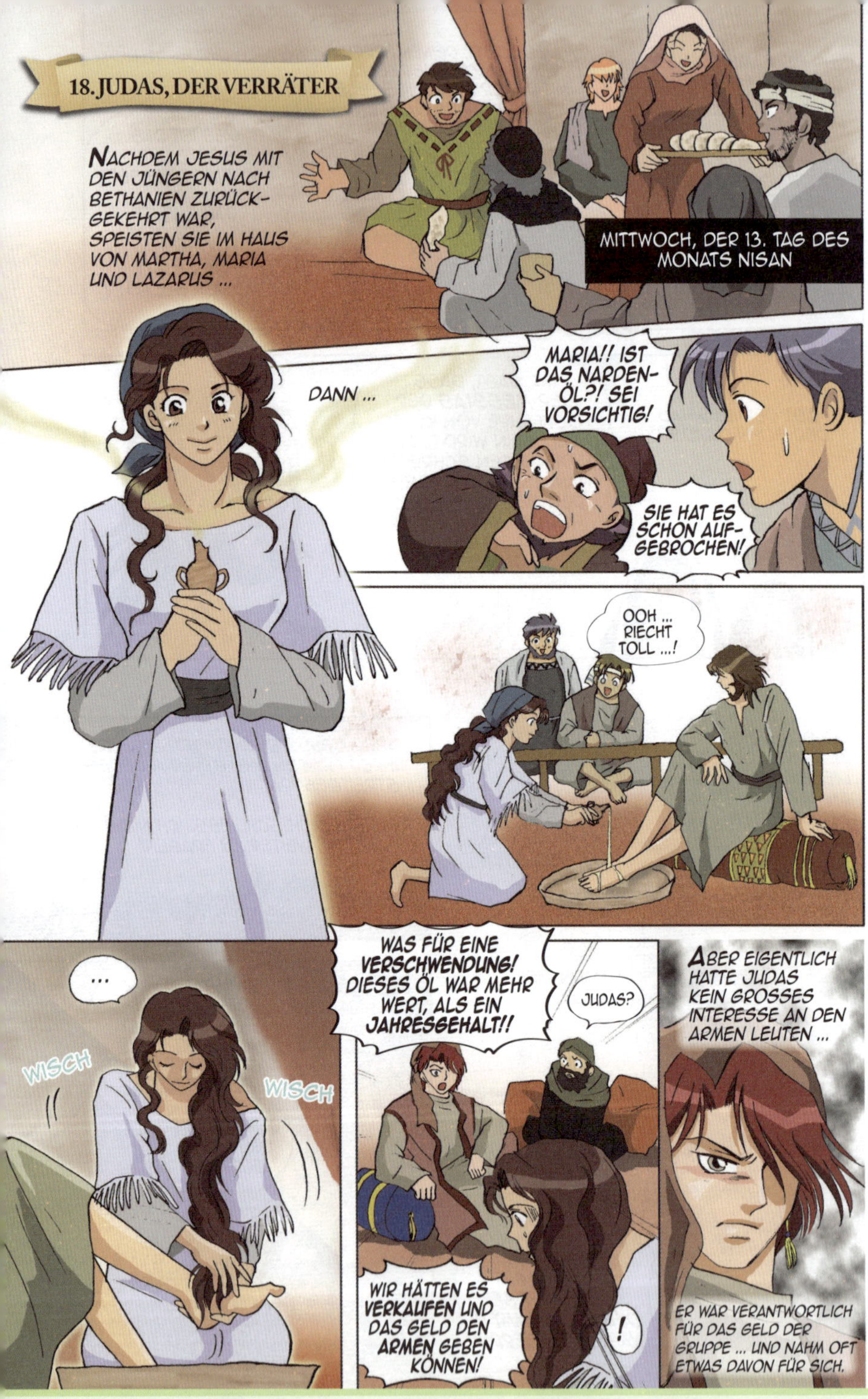

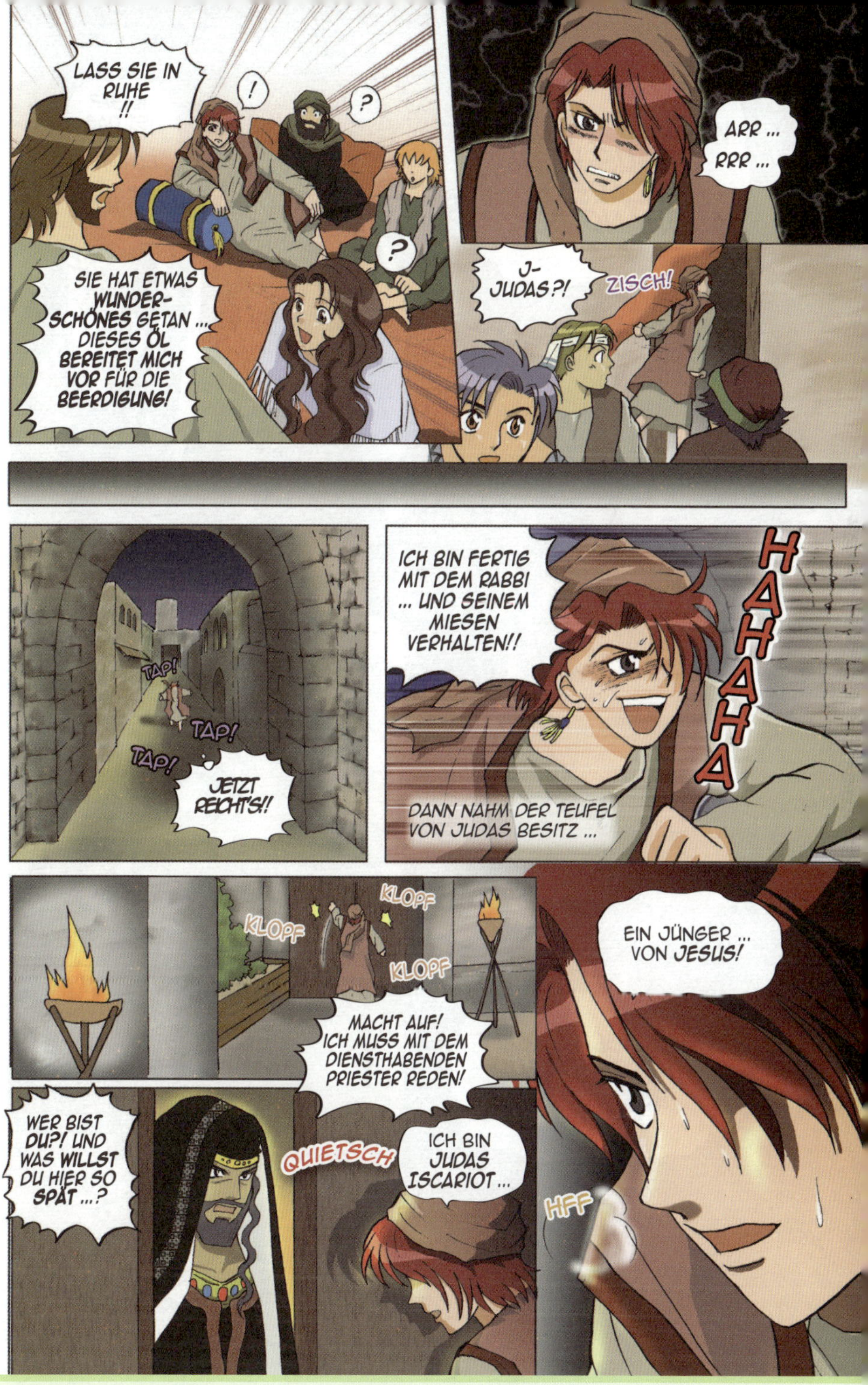
LASS SIE IN RUHE !!
!
?
?
SIE HAT ETWAS WUNDERSCHÖNES GETAN ... DIESES ÖL BEREITET MICH VOR FÜR DIE BEERDIGUNG!
ARR ... RRR ...
J- JUDAS?!
ZISCH!
TAP!
TAP!
TAP!
JETZT REICHT'S!!
ICH BIN FERTIG MIT DEM RABBI ... UND SEINEM MIESEN VERHALTEN!!
HAHAHAHA
DANN NAHM DER TEUFEL VON JUDAS BESITZ ...
KLOPF
KLOPF
KLOPF
MACHT AUF! ICH MUSS MIT DEM DIENSTHABENDEN PRIESTER REDEN!
EIN JÜNGER ... VON JESUS!
WER BIST DU?! UND WAS WILLST DU HIER SO SPÄT ...?
QUIETSCH
ICH BIN JUDAS ISCARIOT ...
HFF

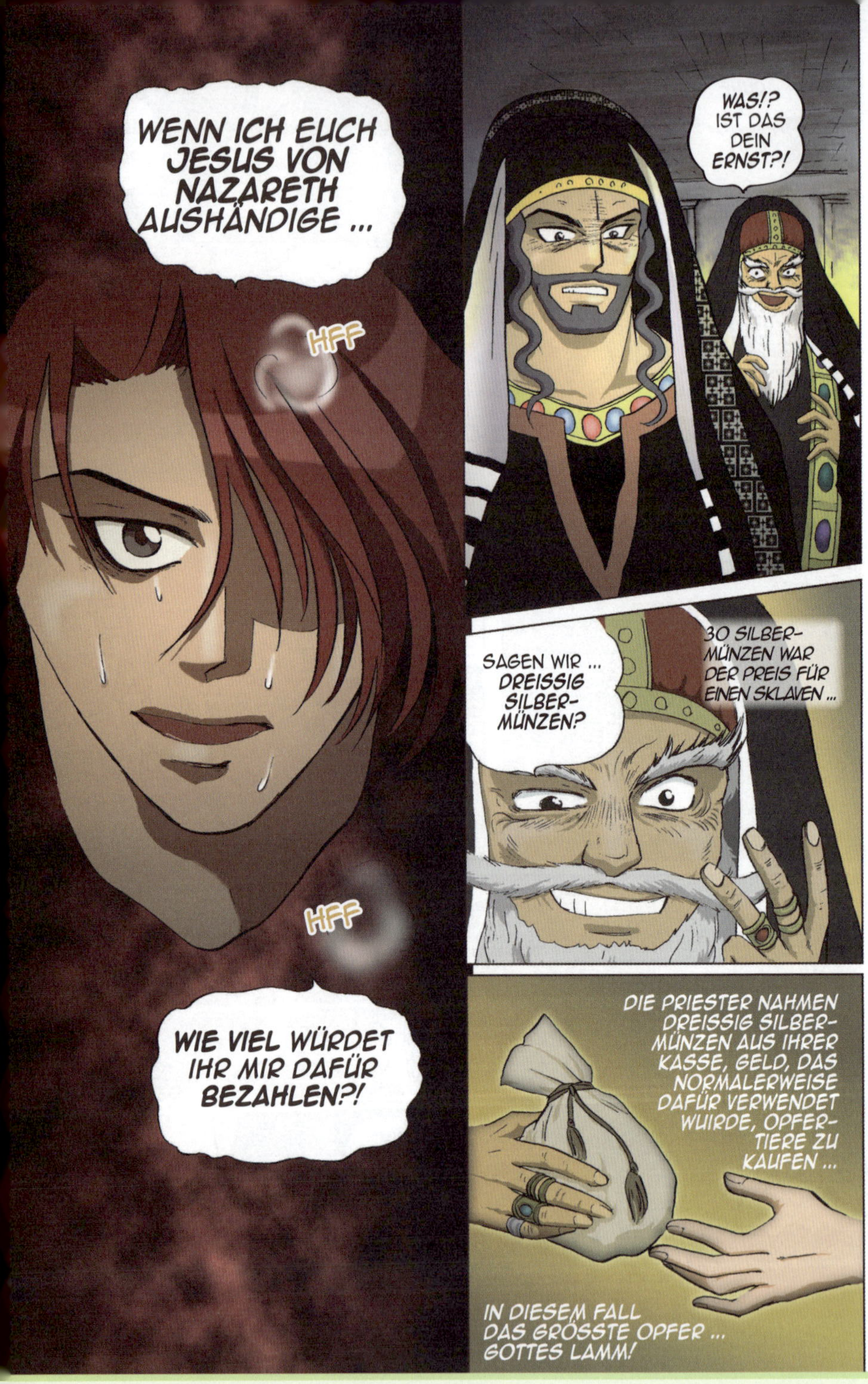
WENN ICH EUCH JESUS VON NAZARETH AUSHÄNDIGE ...
HFF
HFF
WIE VIEL WÜRDET IHR MIR DAFÜR BEZAHLEN?!
WAS!? IST DAS DEIN ERNST?!
SAGEN WIR ... DREISSIG SILBERMÜNZEN?
30 SILBERMÜNZEN WAR DER PREIS FÜR EINEN SKLAVEN ...
DIE PRIESTER NAHMEN DREISSIG SILBERMÜNZEN AUS IHRER KASSE, GELD, DAS NORMALERWEISE DAFÜR VERWENDET WURDE, OPFERTIERE ZU KAUFEN ...
IN DIESEM FALL DAS GRÖSSTE OPFER ... GOTTES LAMM!

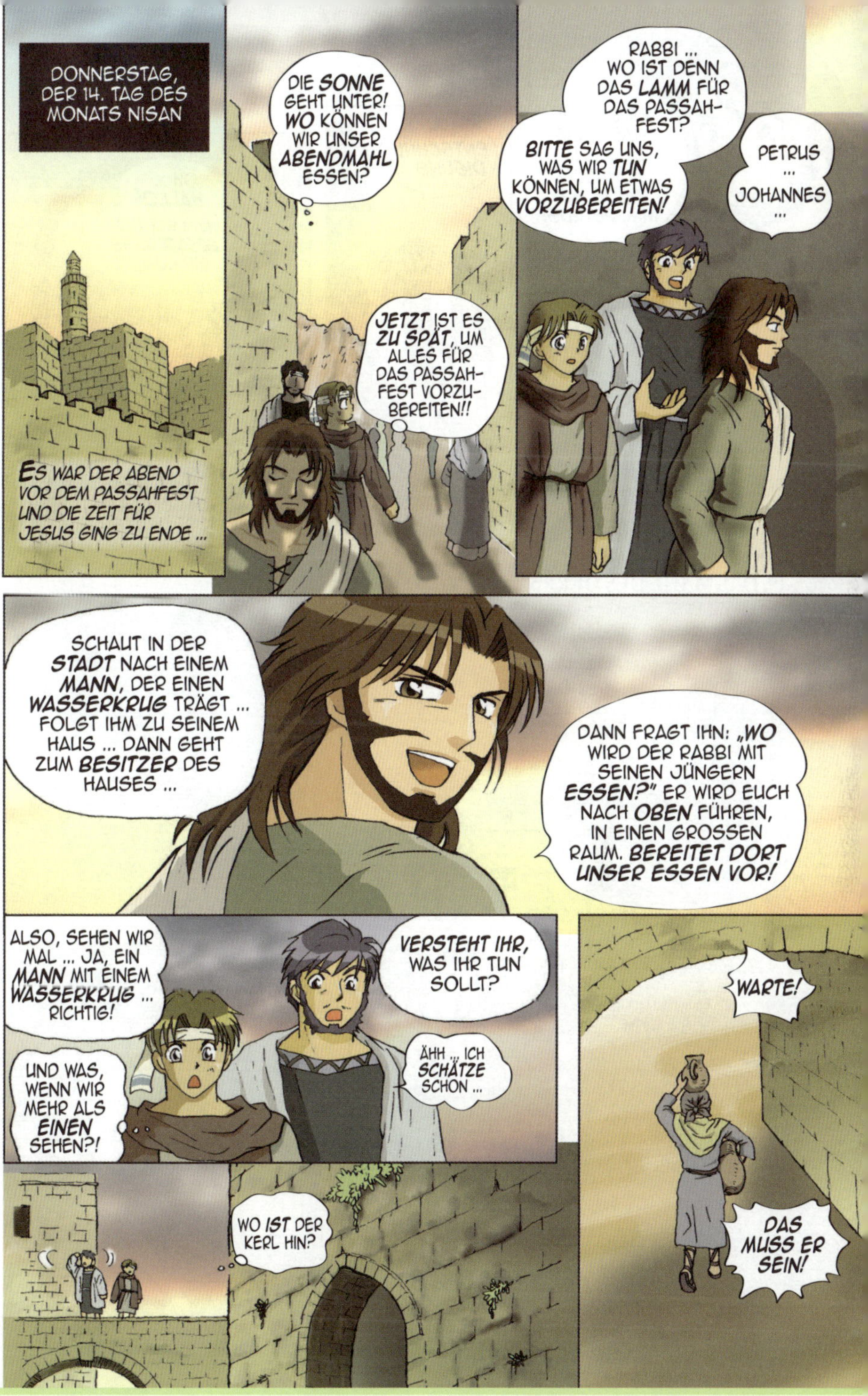
DONNERSTAG, DER 14. TAG DES MONATS NISAN
ES WAR DER ABEND VOR DEM PASSAHFEST UND DIE ZEIT FÜR JESUS GING ZU ENDE ...
DIE SONNE GEHT UNTER! WO KÖNNEN WIR UNSER ABENDMAHL ESSEN?
JETZT IST ES ZU SPÄT, UM ALLES FÜR DAS PASSAHFEST VORZUBEREITEN!!
RABBI ... WO IST DENN DAS LAMM FÜR DAS PASSAHFEST?
BITTE SAG UNS, WAS WIR TUN KÖNNEN, UM ETWAS VORZUBEREITEN!
PETRUS ... JOHANNES ...
SCHAUT IN DER STADT NACH EINEM MANN, DER EINEN WASSERKRUG TRÄGT ... FOLGT IHM ZU SEINEM HAUS ... DANN GEHT ZUM BESITZER DES HAUSES ...
DANN FRAGT IHN: „WO WIRD DER RABBI MIT SEINEN JÜNGERN ESSEN?" ER WIRD EUCH NACH OBEN FÜHREN, IN EINEN GROSSEN RAUM. BEREITET DORT UNSER ESSEN VOR!
VERSTEHT IHR, WAS IHR TUN SOLLT?
ALSO, SEHEN WIR MAL ... JA, EIN MANN MIT EINEM WASSERKRUG ... RICHTIG!
UND WAS, WENN WIR MEHR ALS EINEN SEHEN?!
ÄHH ... ICH SCHÄTZE SCHON ...
WARTE!
DAS MUSS ER SEIN!
WO IST DER KERL HIN?

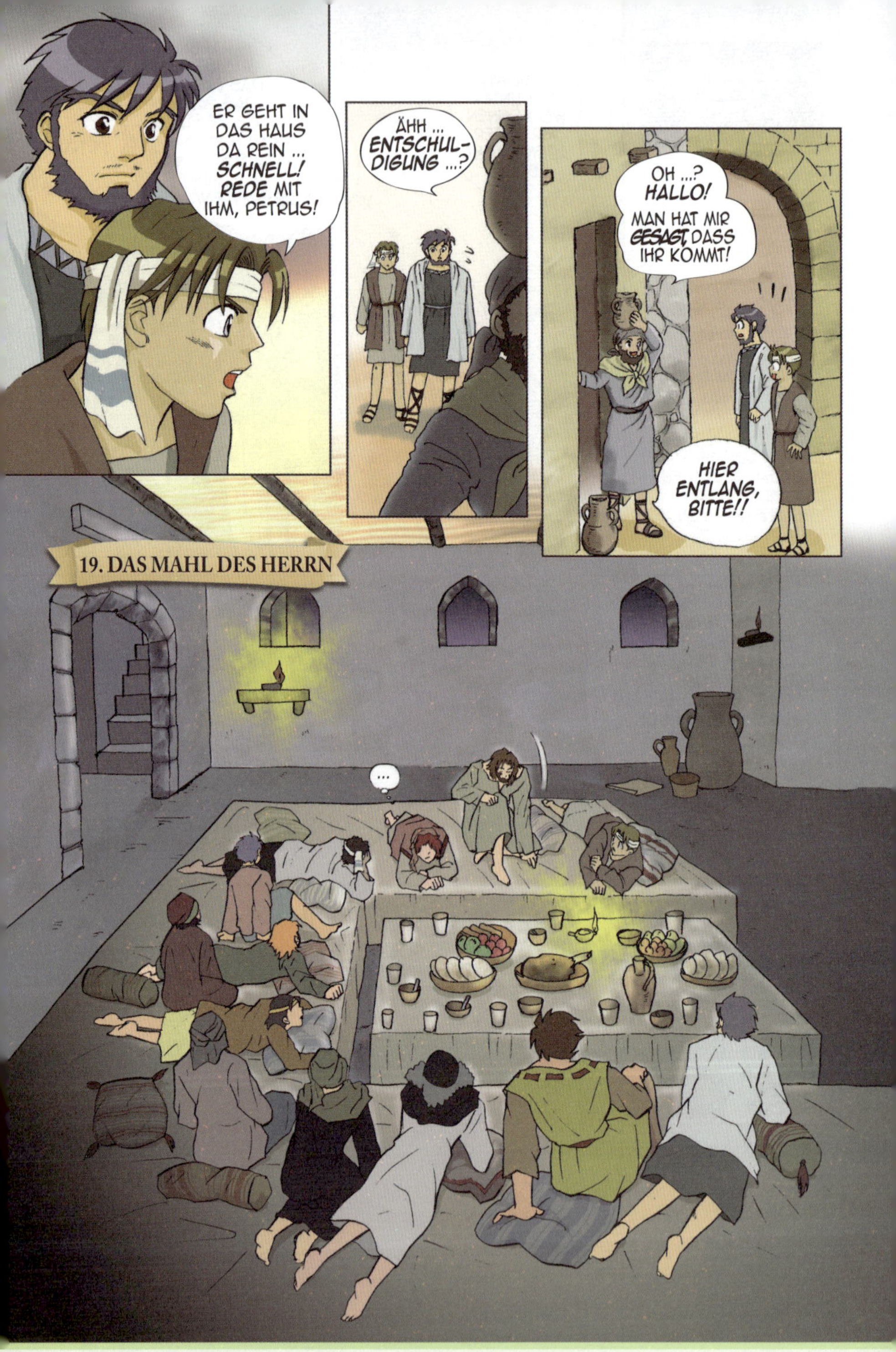

19. DAS MAHL DES HERRN

 Matthäus 26:17-20 Markus 14:12-17 Lukas 22:7-14

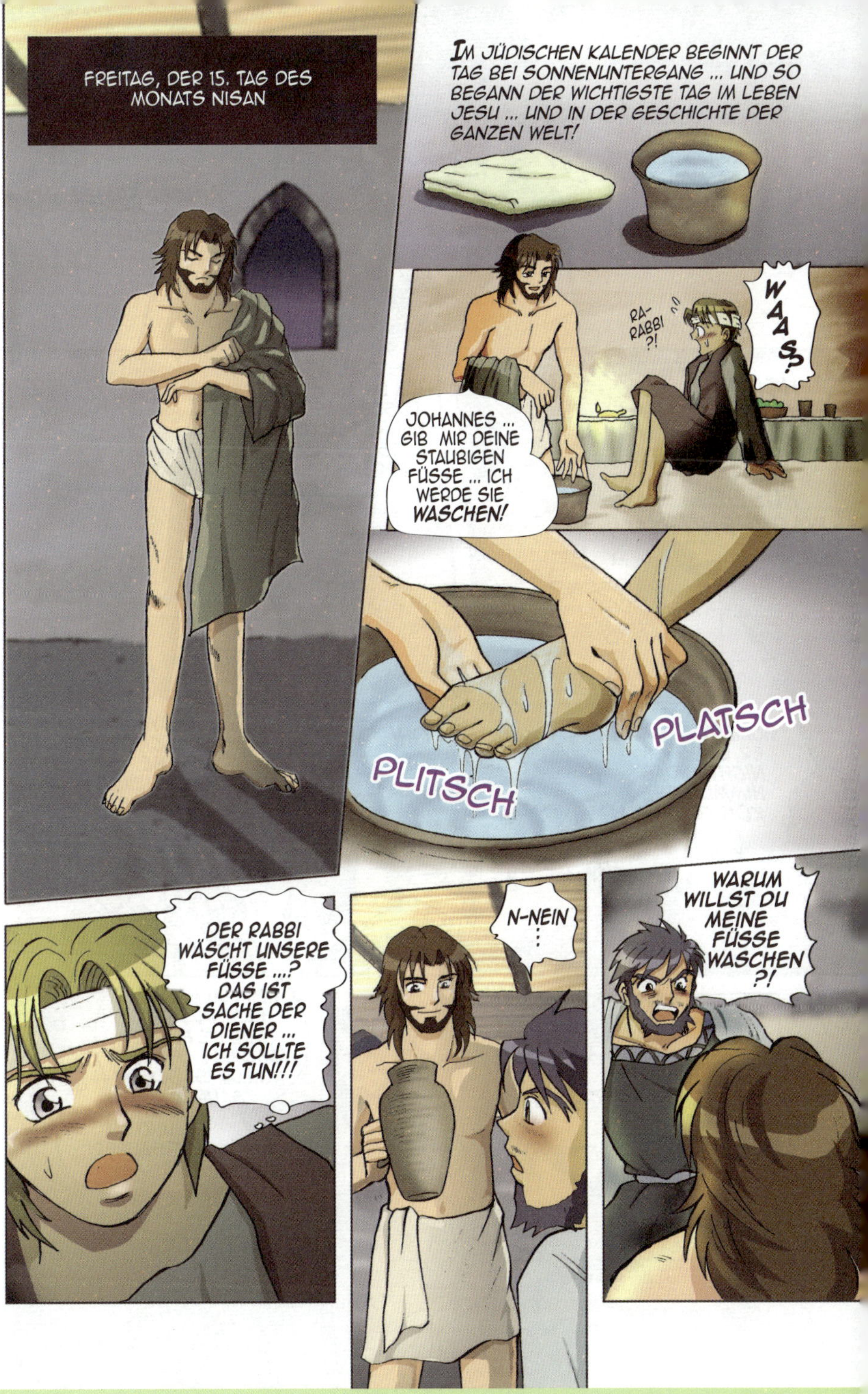
FREITAG, DER 15. TAG DES MONATS NISAN
IM JÜDISCHEN KALENDER BEGINNT DER TAG BEI SONNENUNTERGANG ... UND SO BEGANN DER WICHTIGSTE TAG IM LEBEN JESU ... UND IN DER GESCHICHTE DER GANZEN WELT!
WAAS?
RA-RABBI ?!
JOHANNES ... GIB MIR DEINE STAUBIGEN FÜSSE ... ICH WERDE SIE WASCHEN!
PLATSCH
PLITSCH
DER RABBI WÄSCHT UNSERE FÜSSE ...? DAS IST SACHE DER DIENER ... ICH SOLLTE ES TUN!!!
N-NEIN ...
WARUM WILLST DU MEINE FÜSSE WASCHEN ?!

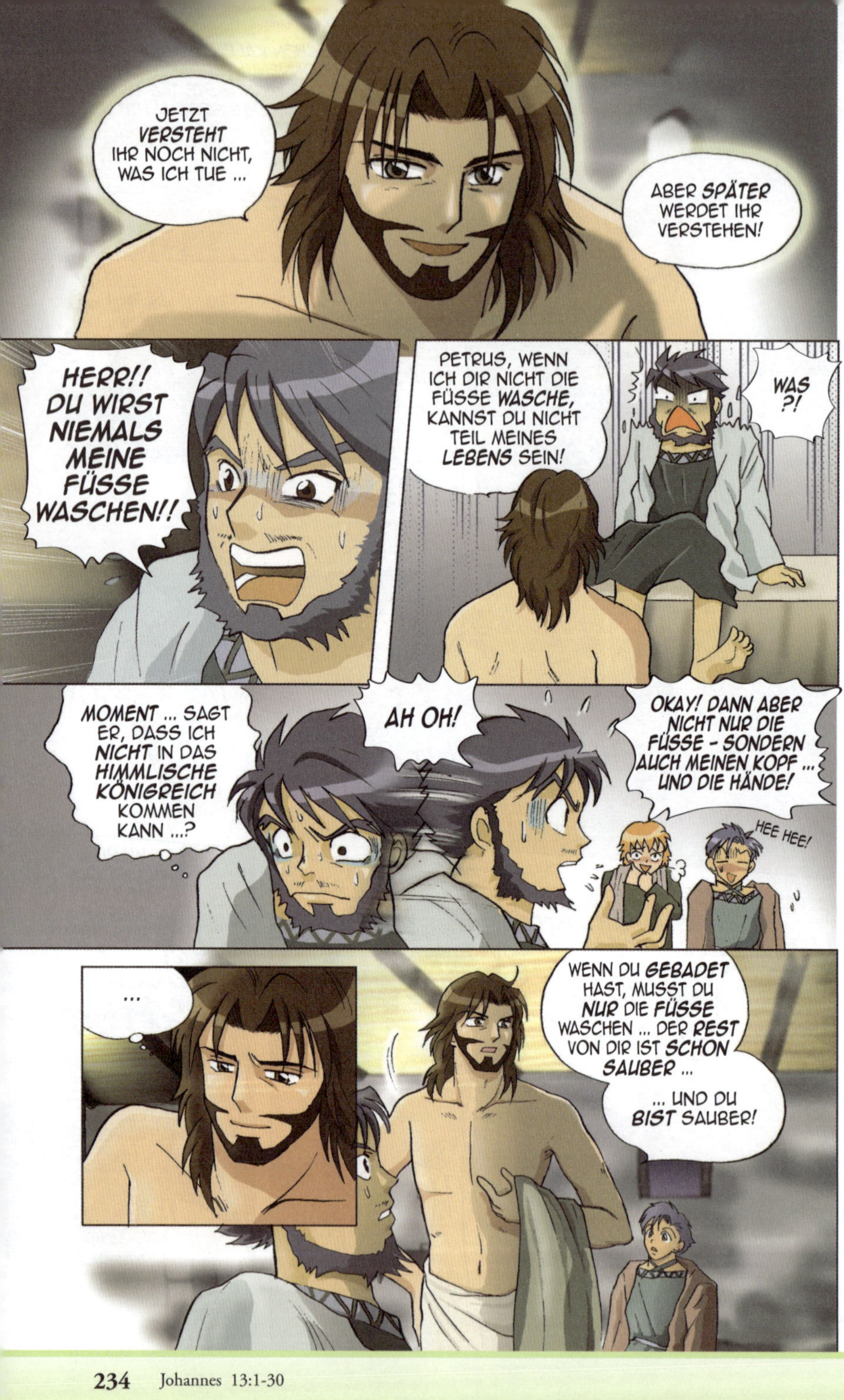
JETZT VERSTEHT IHR NOCH NICHT, WAS ICH TUE ...
ABER SPÄTER WERDET IHR VERSTEHEN!
HERR!! DU WIRST NIEMALS MEINE FÜSSE WASCHEN!!
PETRUS, WENN ICH DIR NICHT DIE FÜSSE WASCHE, KANNST DU NICHT TEIL MEINES LEBENS SEIN!
WAS ?!
MOMENT ... SAGT ER, DASS ICH NICHT IN DAS HIMMLISCHE KÖNIGREICH KOMMEN KANN ...?
AH OH!
OKAY! DANN ABER NICHT NUR DIE FÜSSE - SONDERN AUCH MEINEN KOPF ... UND DIE HÄNDE!
HEE HEE!
...
WENN DU GEBADET HAST, MUSST DU NUR DIE FÜSSE WASCHEN ... DER REST VON DIR IST SCHON SAUBER ...
... UND DU BIST SAUBER!

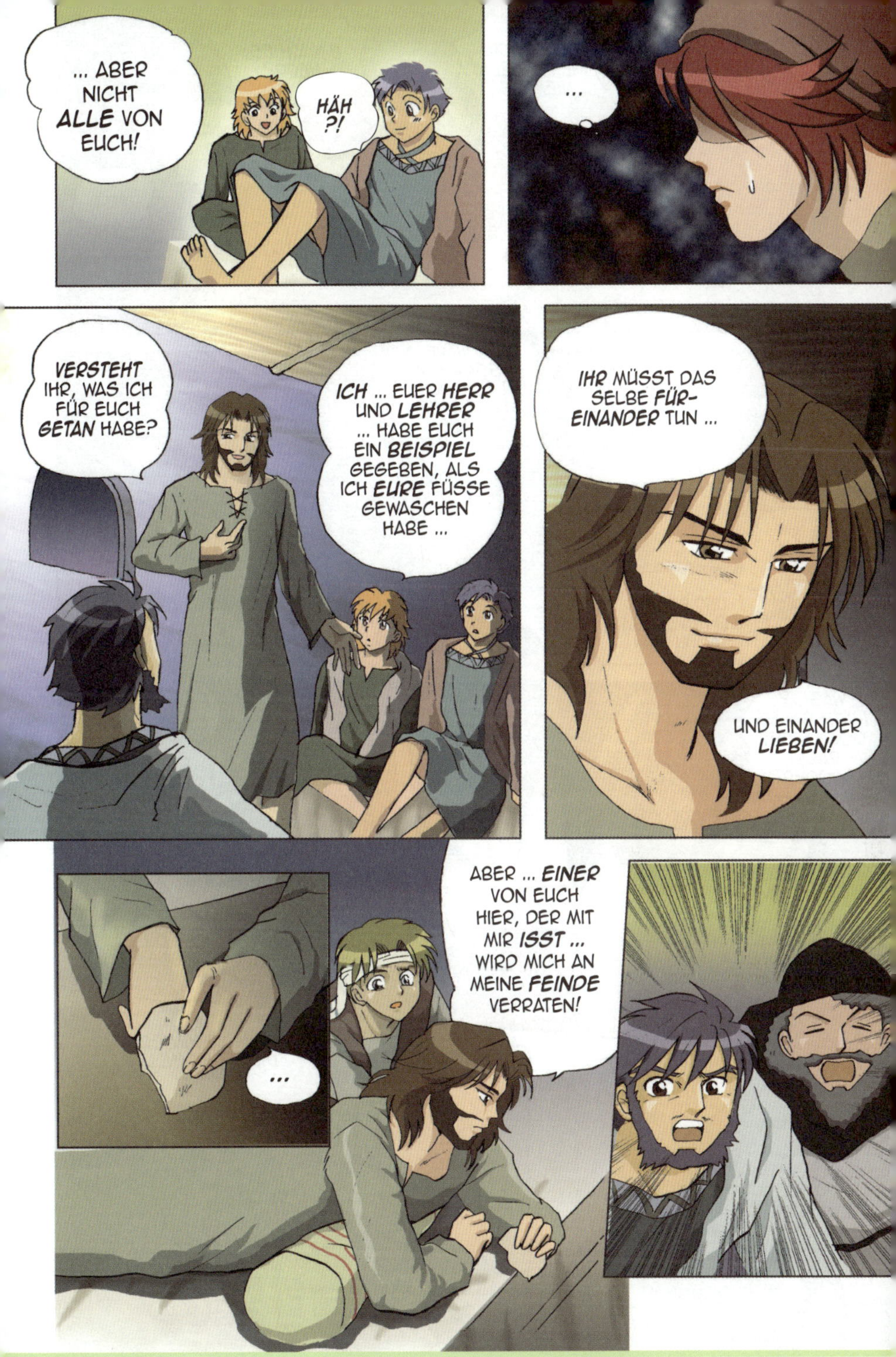
... ABER NICHT ALLE VON EUCH!
HÄH ?!
...
VERSTEHT IHR, WAS ICH FÜR EUCH GETAN HABE?
ICH ... EUER HERR UND LEHRER ... HABE EUCH EIN BEISPIEL GEGEBEN, ALS ICH EURE FÜSSE GEWASCHEN HABE ...
IHR MÜSST DAS SELBE FÜR-EINANDER TUN ...
UND EINANDER LIEBEN!
...
ABER ... EINER VON EUCH HIER, DER MIT MIR ISST ... WIRD MICH AN MEINE FEINDE VERRATEN!

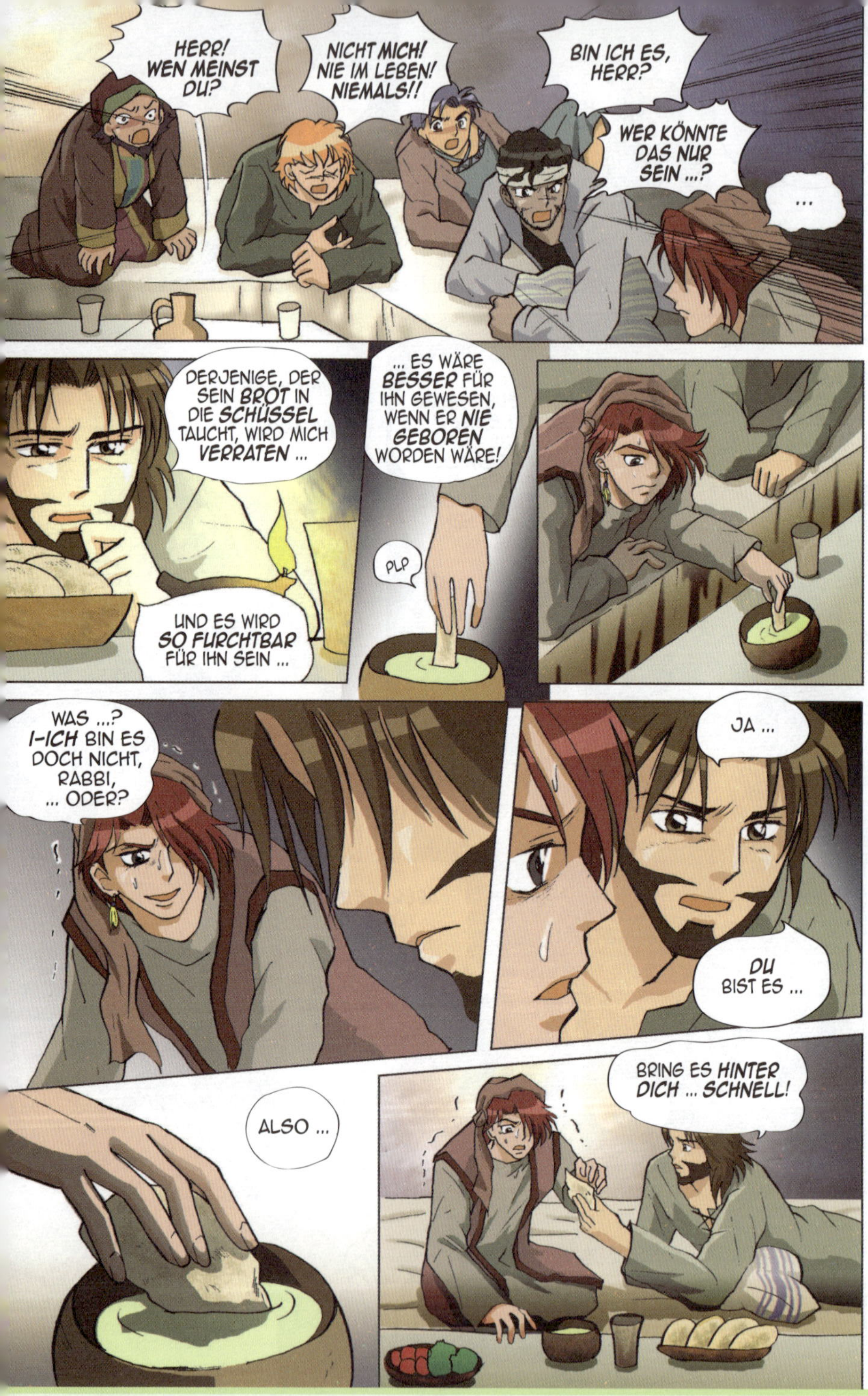
HERR! WEN MEINST DU?
NICHT MICH! NIE IM LEBEN! NIEMALS!!
BIN ICH ES, HERR?
WER KÖNNTE DAS NUR SEIN ...?
...
DERJENIGE, DER SEIN BROT IN DIE SCHÜSSEL TAUCHT, WIRD MICH VERRATEN ...
UND ES WIRD SO FURCHTBAR FÜR IHN SEIN ...
... ES WÄRE BESSER FÜR IHN GEWESEN, WENN ER NIE GEBOREN WORDEN WÄRE!
PLP
WAS ...? I-ICH BIN ES DOCH NICHT, RABBI, ... ODER?
JA ...
DU BIST ES ...
ALSO ...
BRING ES HINTER DICH ... SCHNELL!

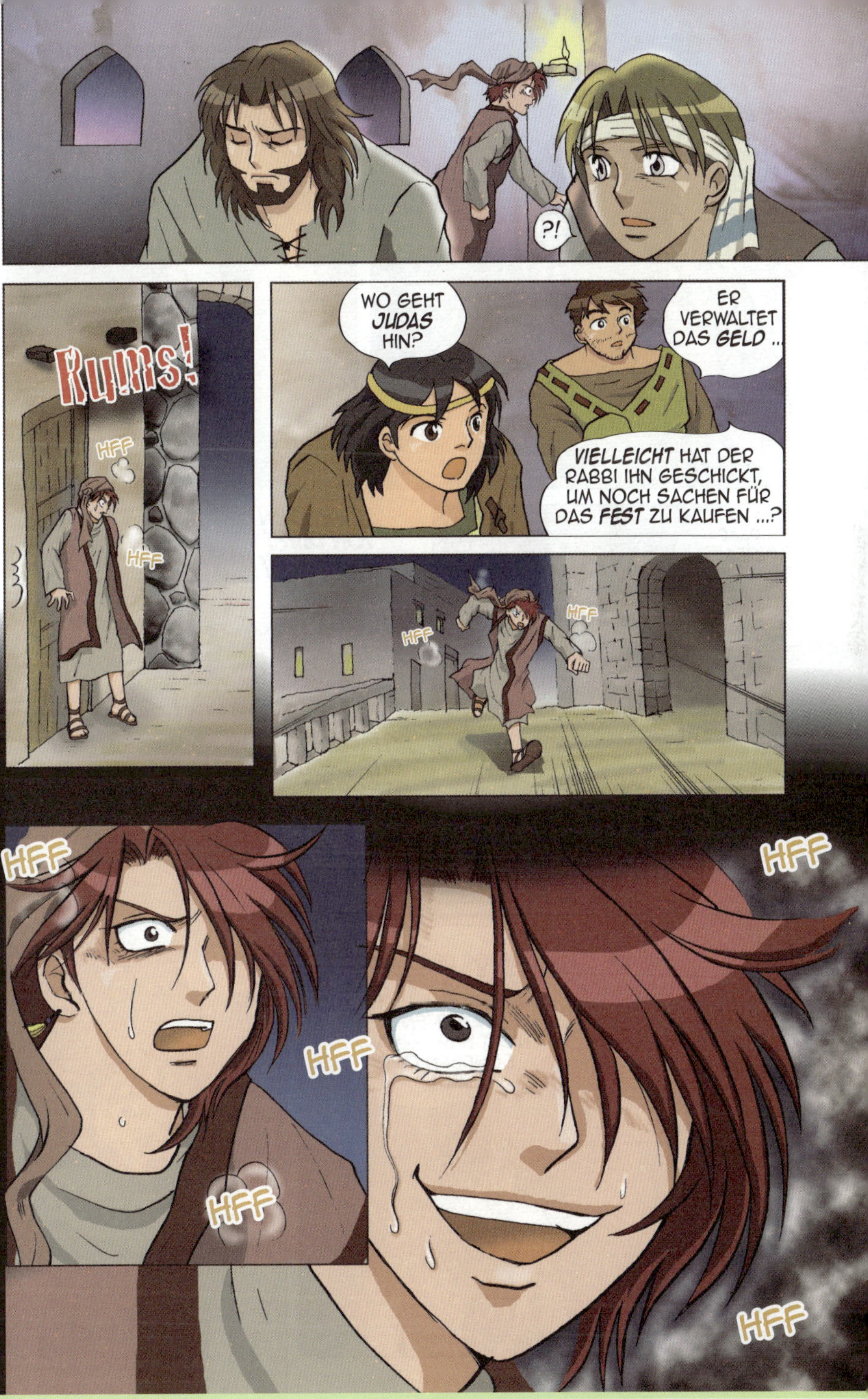
?!
RUMS!
HFF
HFF
WO GEHT JUDAS HIN?
ER VERWALTET DAS GELD ...
VIELLEICHT HAT DER RABBI IHN GESCHICKT, UM NOCH SACHEN FÜR DAS FEST ZU KAUFEN ...?
HFF
HFF
HFF
HFF
HFF
HFF
HFF

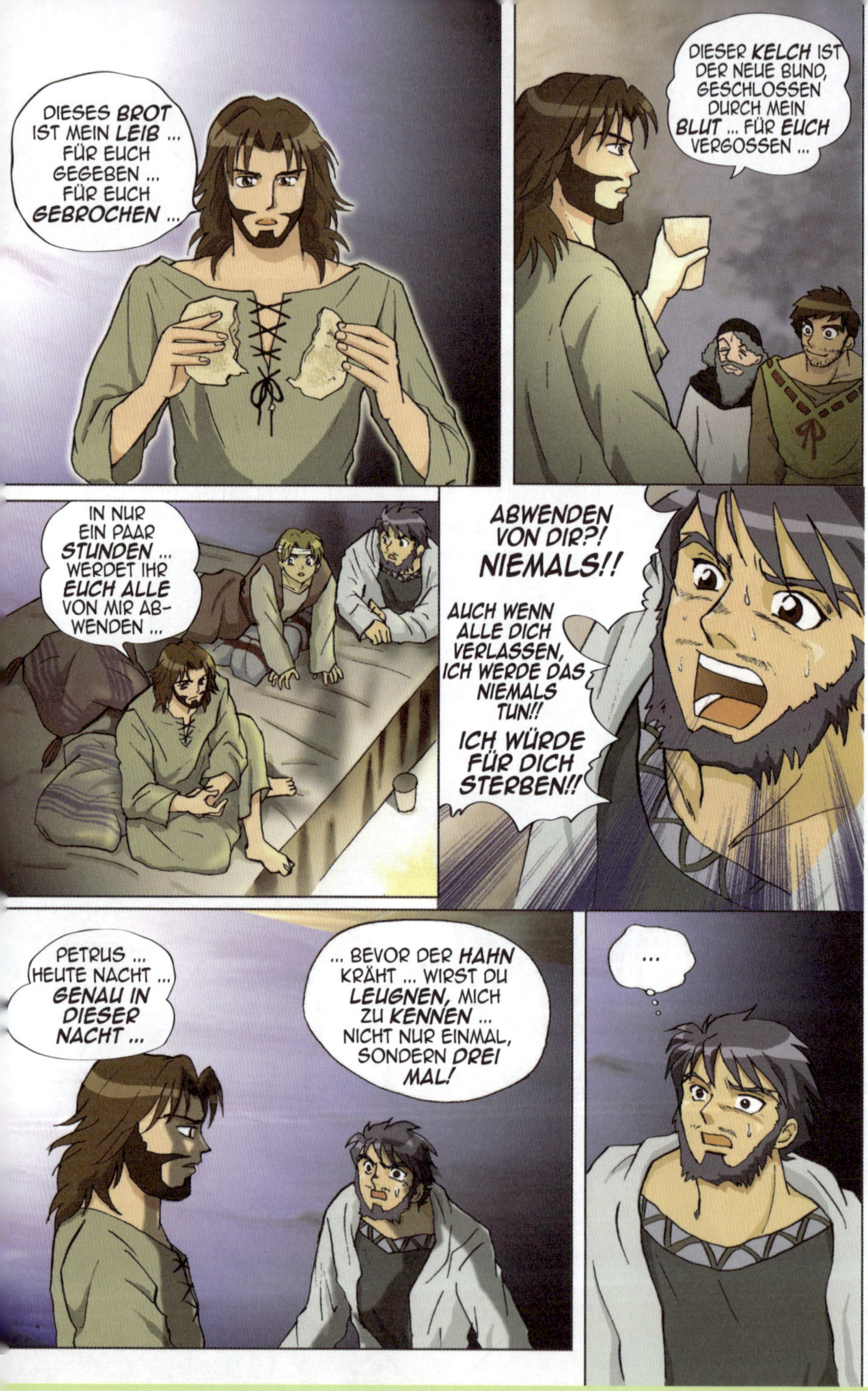

 Matthäus 26:26-35 Markus 14:22-31 Lukas 22:15-20, 22:31-34 Johannes 13:36-38

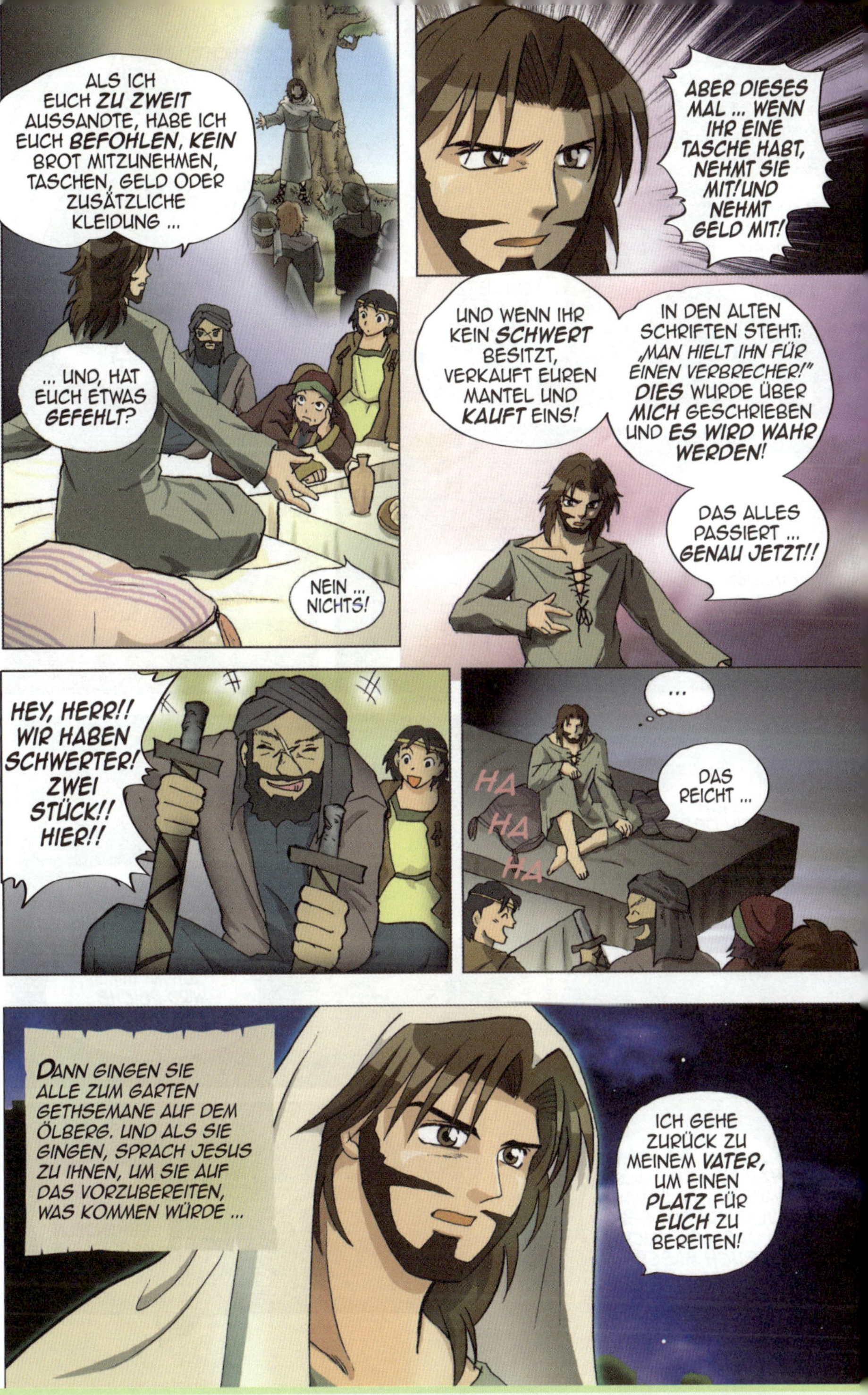
ALS ICH EUCH ZU ZWEIT AUSSANDTE, HABE ICH EUCH BEFOHLEN, KEIN BROT MITZUNEHMEN, TASCHEN, GELD ODER ZUSÄTZLICHE KLEIDUNG ...
... UND, HAT EUCH ETWAS GEFEHLT?
NEIN ... NICHTS!
ABER DIESES MAL ... WENN IHR EINE TASCHE HABT, NEHMT SIE MIT! UND NEHMT GELD MIT!
UND WENN IHR KEIN SCHWERT BESITZT, VERKAUFT EUREN MANTEL UND KAUFT EINS!
IN DEN ALTEN SCHRIFTEN STEHT: „MAN HIELT IHN FÜR EINEN VERBRECHER!" DIES WURDE ÜBER MICH GESCHRIEBEN UND ES WIRD WAHR WERDEN!
DAS ALLES PASSIERT ... GENAU JETZT!!
HEY, HERR!! WIR HABEN SCHWERTER! ZWEI STÜCK!! HIER!!
...
DAS REICHT ...
HA HA HA
DANN GINGEN SIE ALLE ZUM GARTEN GETHSEMANE AUF DEM ÖLBERG. UND ALS SIE GINGEN, SPRACH JESUS ZU IHNEN, UM SIE AUF DAS VORZUBEREITEN, WAS KOMMEN WÜRDE ...
ICH GEHE ZURÜCK ZU MEINEM VATER, UM EINEN PLATZ FÜR EUCH ZU BEREITEN!

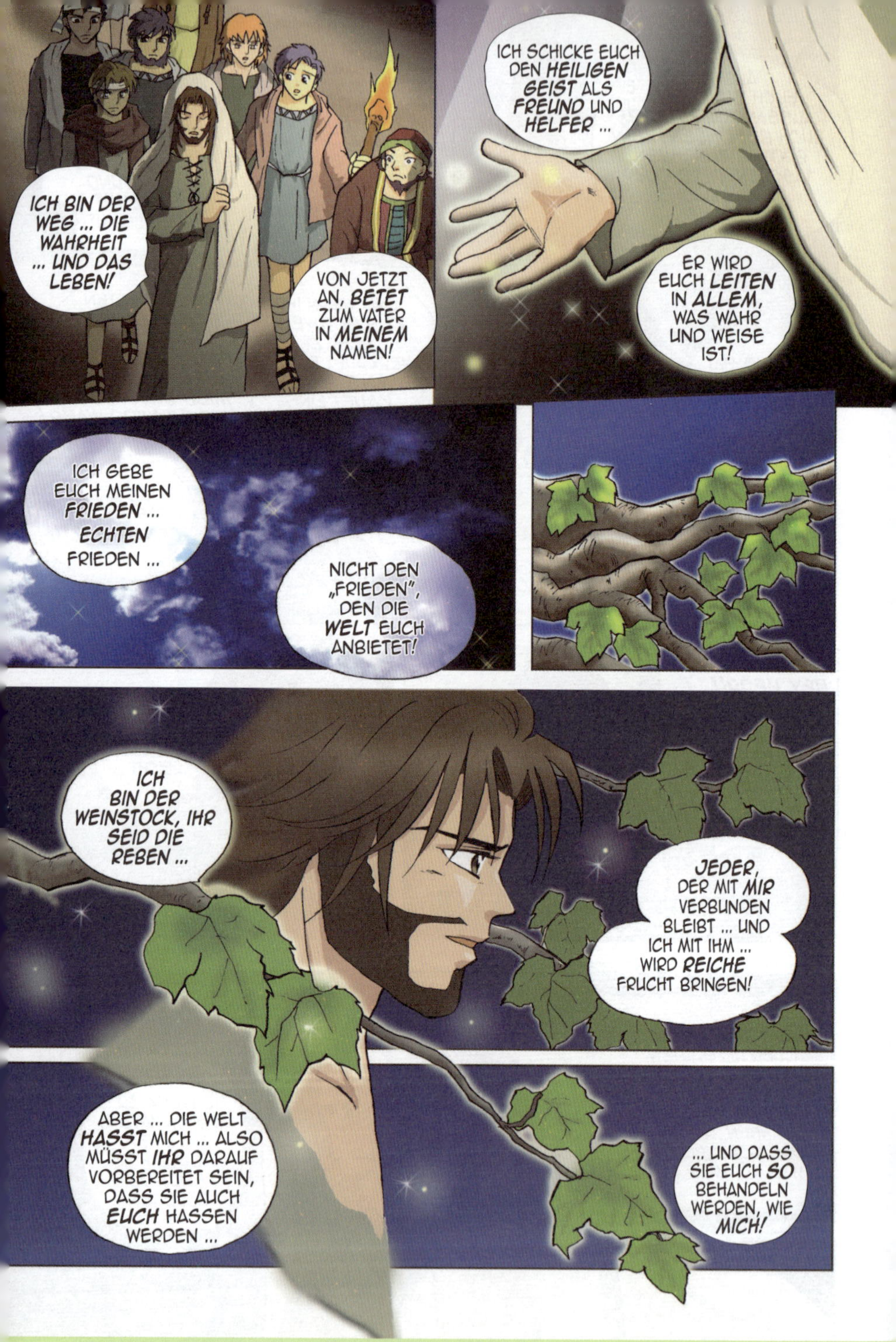
ICH BIN DER WEG ... DIE WAHRHEIT ... UND DAS LEBEN!
VON JETZT AN, BETET ZUM VATER IN MEINEM NAMEN!
ICH SCHICKE EUCH DEN HEILIGEN GEIST ALS FREUND UND HELFER ...
ER WIRD EUCH LEITEN IN ALLEM, WAS WAHR UND WEISE IST!
ICH GEBE EUCH MEINEN FRIEDEN ... ECHTEN FRIEDEN ...
NICHT DEN „FRIEDEN", DEN DIE WELT EUCH ANBIETET!
ICH BIN DER WEINSTOCK, IHR SEID DIE REBEN ...
JEDER, DER MIT MIR VERBUNDEN BLEIBT ... UND ICH MIT IHM ... WIRD REICHE FRUCHT BRINGEN!
ABER ... DIE WELT HASST MICH ... ALSO MÜSST IHR DARAUF VORBEREITET SEIN, DASS SIE AUCH EUCH HASSEN WERDEN ...
... UND DASS SIE EUCH SO BEHANDELN WERDEN, WIE MICH!

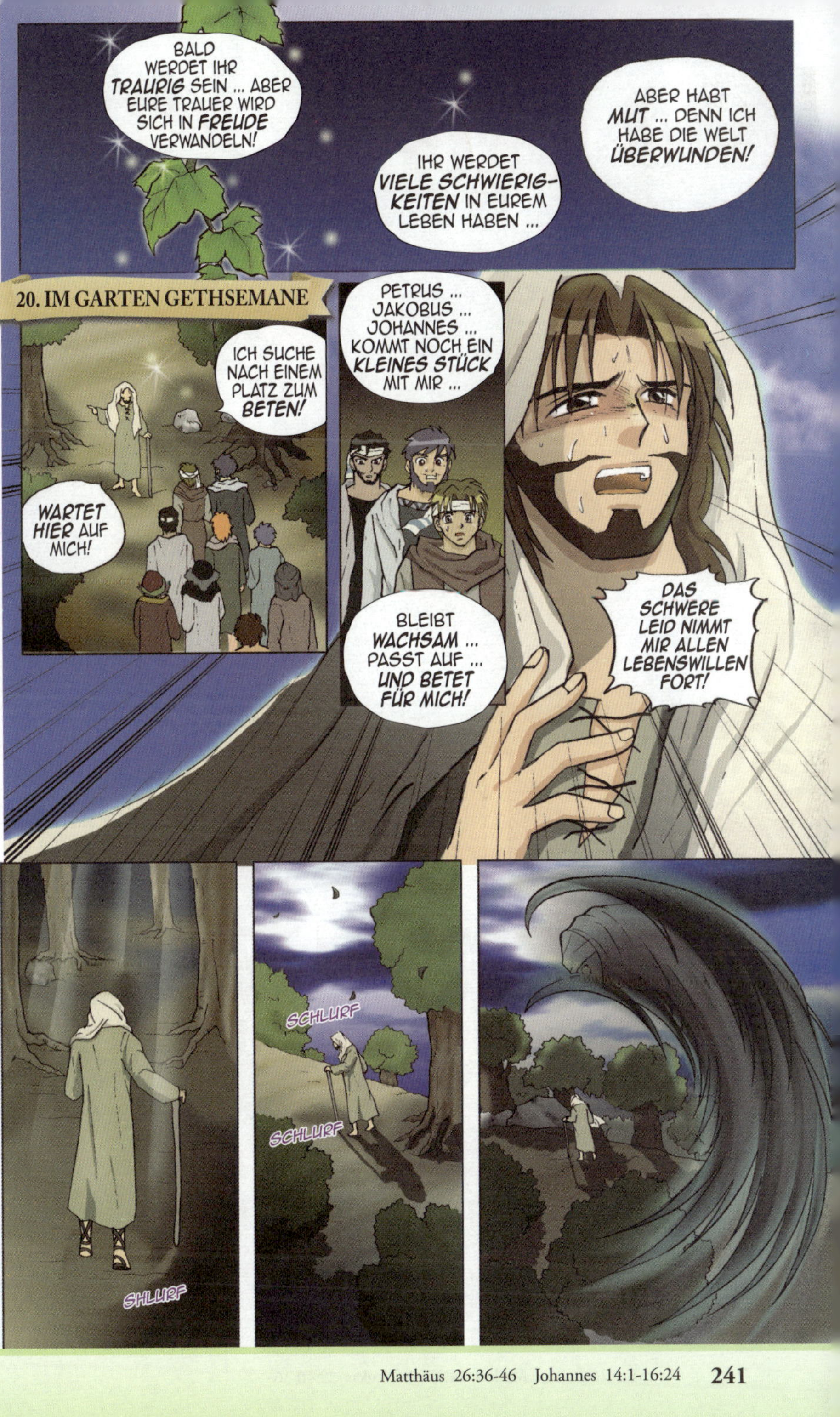
BALD WERDET IHR TRAURIG SEIN ... ABER EURE TRAUER WIRD SICH IN FREUDE VERWANDELN!
IHR WERDET VIELE SCHWIERIGKEITEN IN EUREM LEBEN HABEN ...
ABER HABT MUT ... DENN ICH HABE DIE WELT ÜBERWUNDEN!
20. IM GARTEN GETHSEMANE
ICH SUCHE NACH EINEM PLATZ ZUM BETEN!
WARTET HIER AUF MICH!
PETRUS ... JAKOBUS ... JOHANNES ... KOMMT NOCH EIN KLEINES STÜCK MIT MIR ...
BLEIBT WACHSAM ... PASST AUF ... UND BETET FÜR MICH!
DAS SCHWERE LEID NIMMT MIR ALLEN LEBENSWILLEN FORT!
SHLURF
SCHLURF
SCHLURF

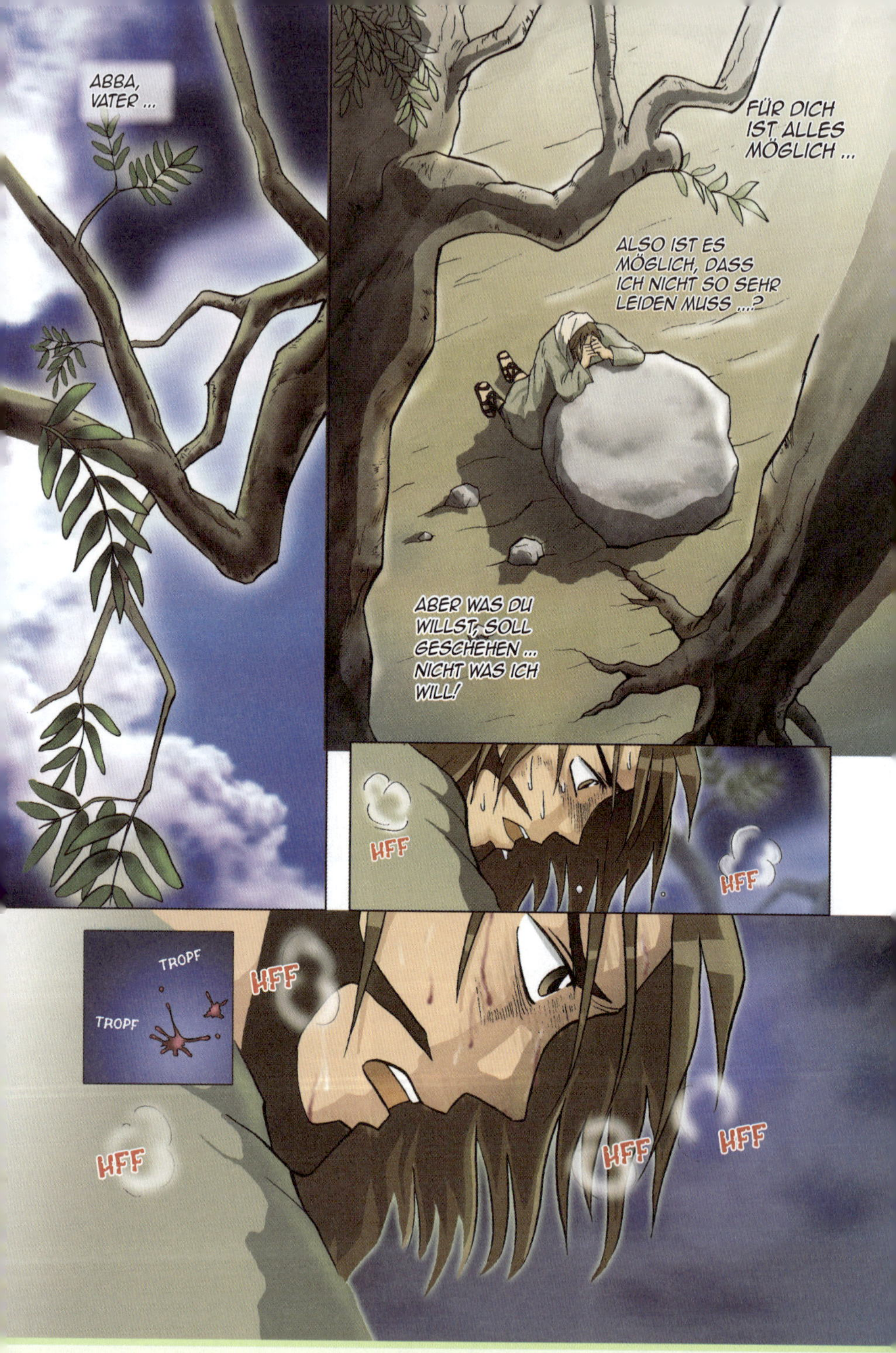
ABBA, VATER ...
FÜR DICH IST ALLES MÖGLICH ...
ALSO IST ES MÖGLICH, DASS ICH NICHT SO SEHR LEIDEN MUSS ...?
ABER WAS DU WILLST, SOLL GESCHEHEN ... NICHT WAS ICH WILL!
HFF
HFF
TROPF
TROPF
HFF
HFF
HFF
HFF

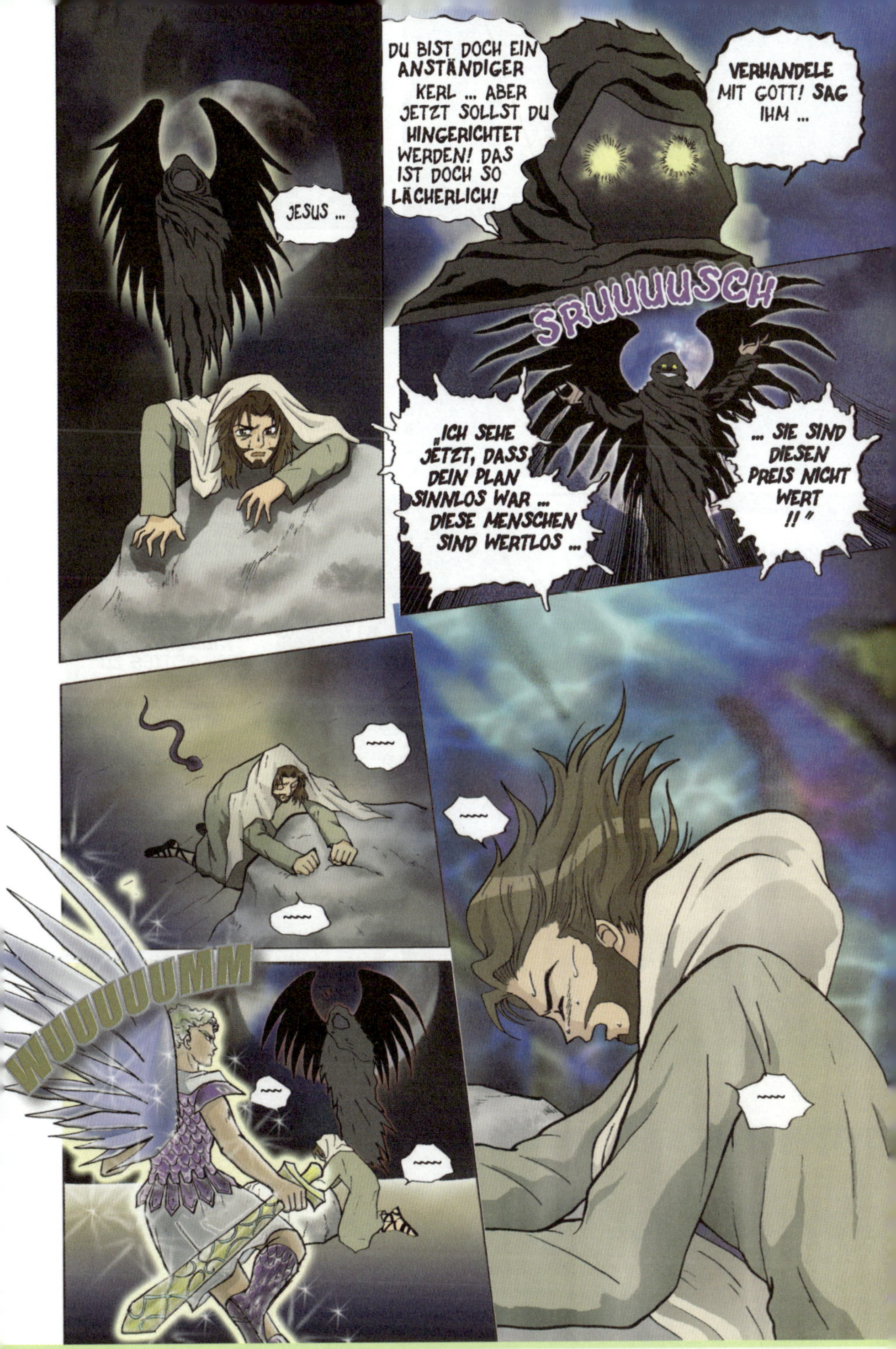
JESUS ...
DU BIST DOCH EIN ANSTÄNDIGER KERL ... ABER JETZT SOLLST DU HINGERICHTET WERDEN! DAS IST DOCH SO LÄCHERLICH!
VERHANDELE MIT GOTT! SAG IHM ...
SRUUUUUSCH
„ICH SEHE JETZT, DASS DEIN PLAN SINNLOS WAR ... DIESE MENSCHEN SIND WERTLOS ...
... SIE SIND DIESEN PREIS NICHT WERT !!"
WUUUUUUMM

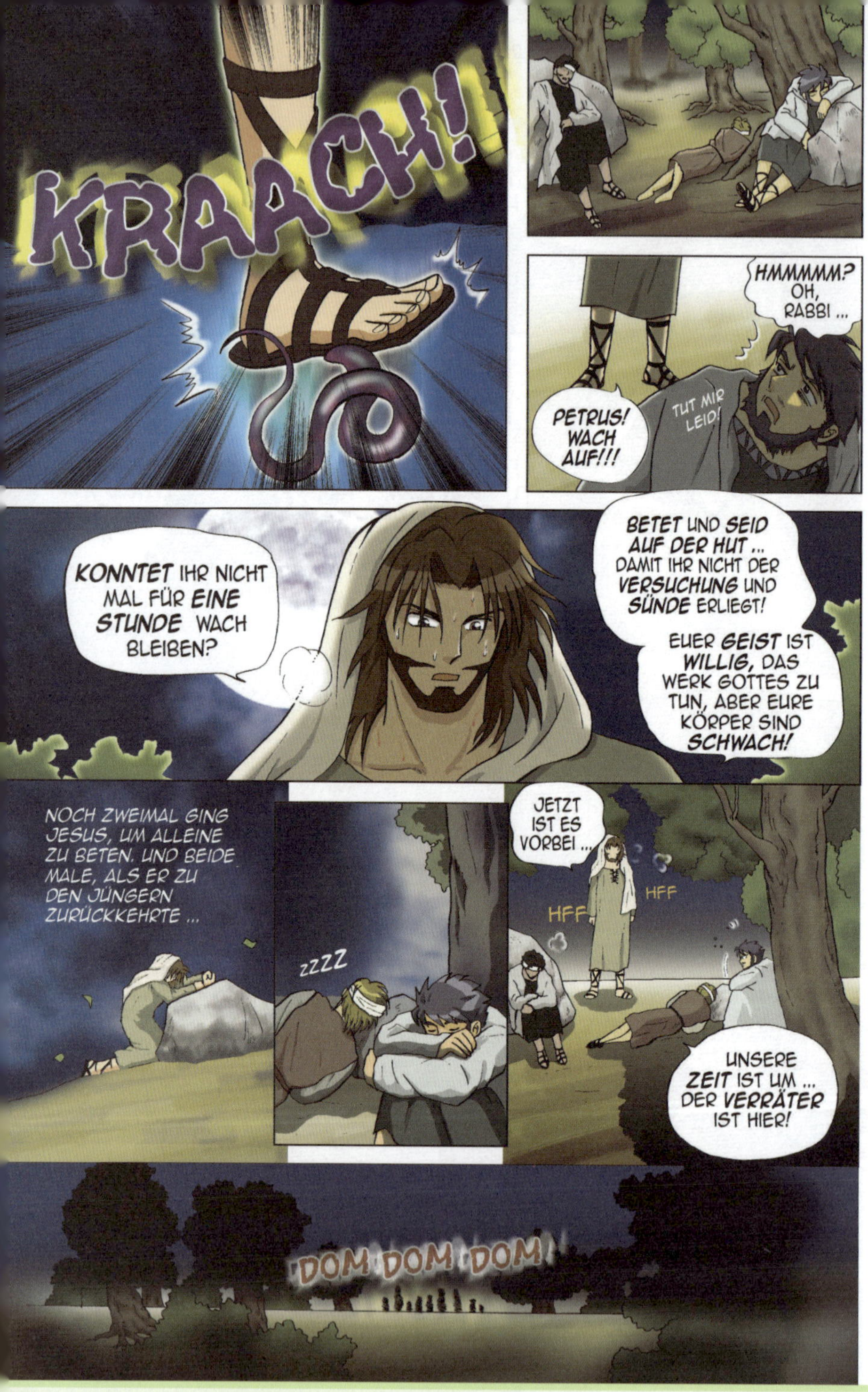

 Matthäus 26:36-46 Markus 14:32-42 Lukas 22:40-46

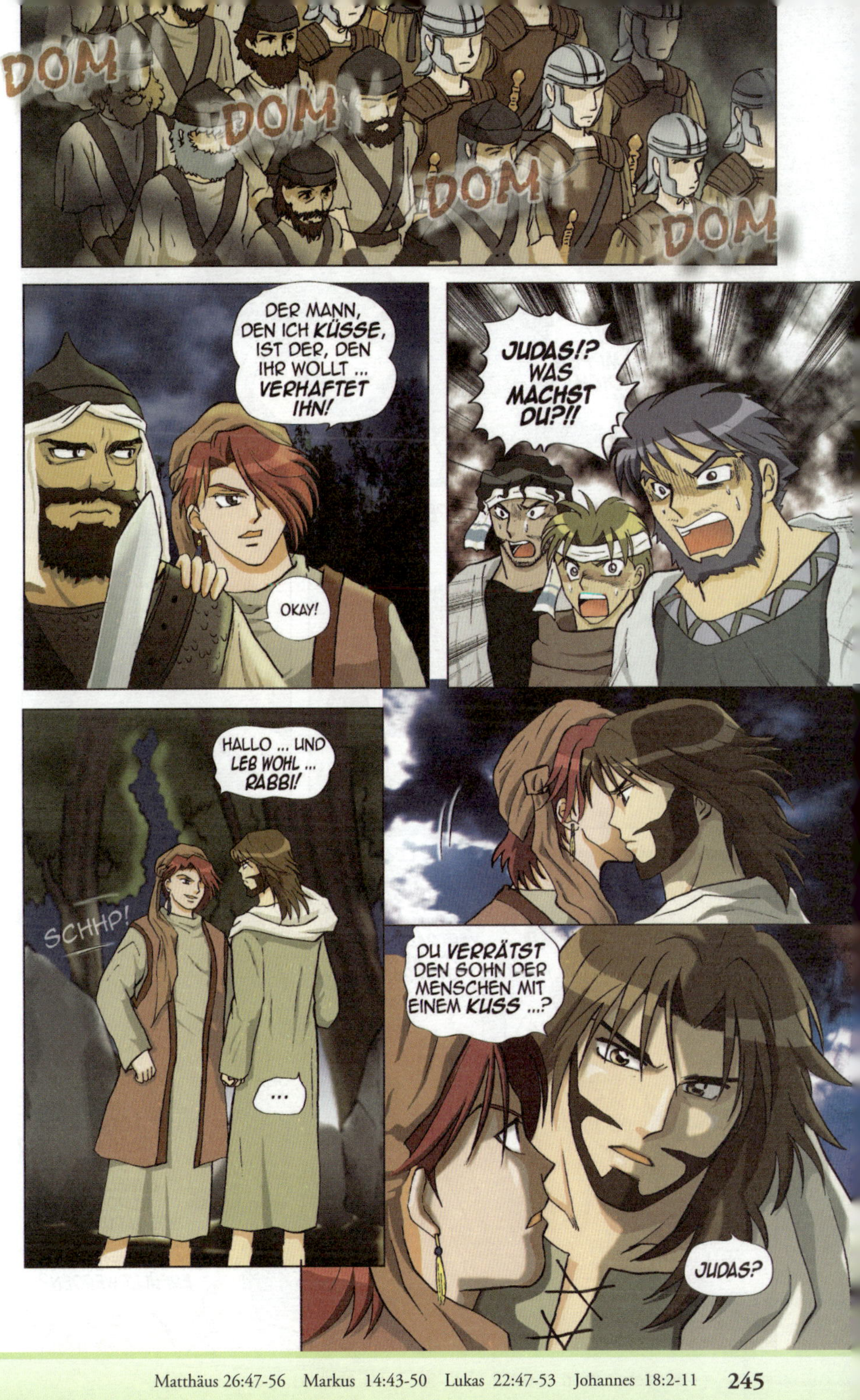
DOM
DOM
DOM
DOM
DER MANN, DEN ICH KÜSSE, IST DER, DEN IHR WOLLT ... VERHAFTET IHN!
OKAY!
JUDAS!? WAS MACHST DU?!!
HALLO ... UND LEB WOHL ... RABBI!
SCHHP!
...
DU VERRÄTST DEN SOHN DER MENSCHEN MIT EINEM KUSS ...?
JUDAS?

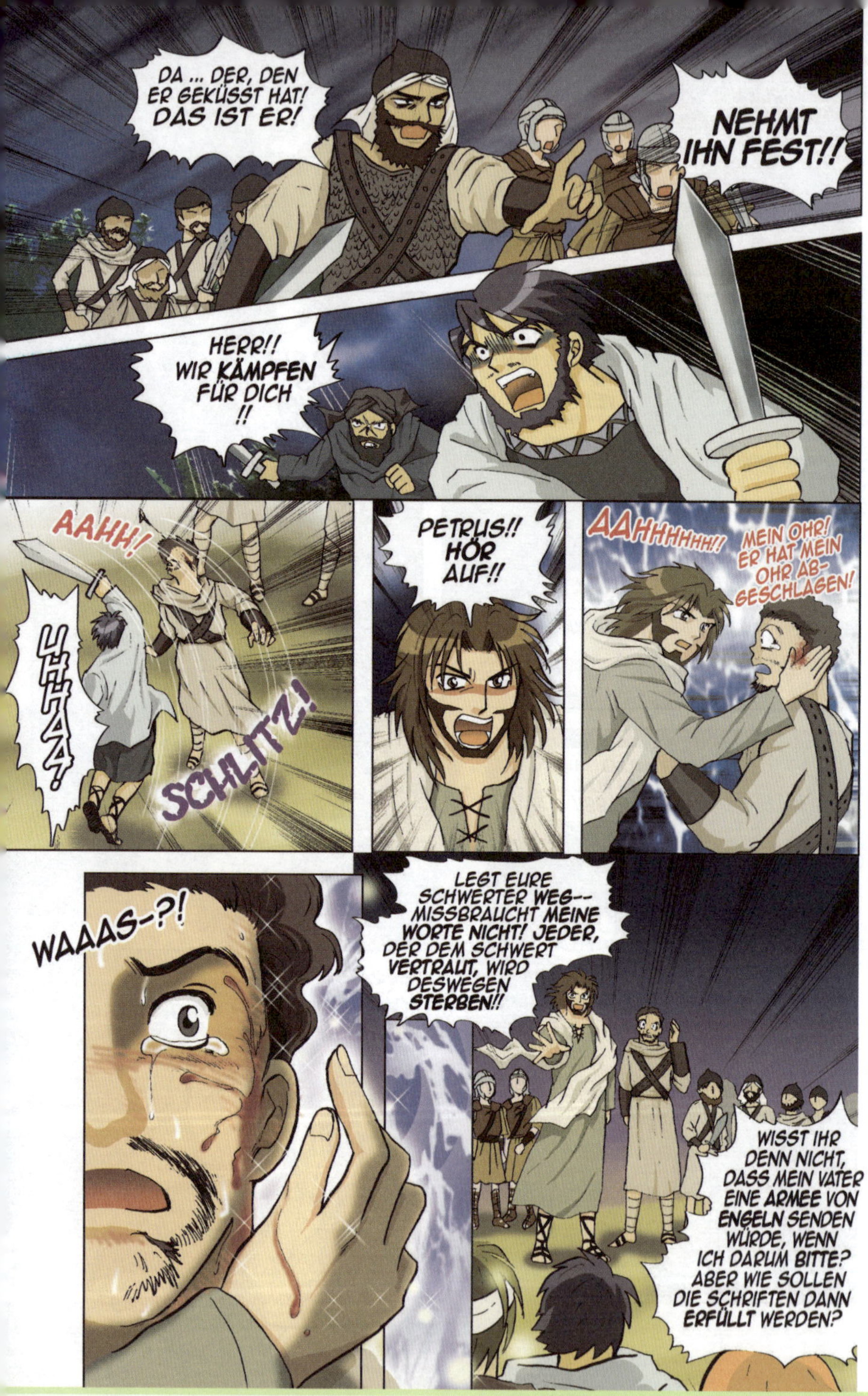
DA ... DER, DEN ER GEKÜSST HAT! DAS IST ER!
NEHMT IHN FEST!!
HERR!! WIR KÄMPFEN FÜR DICH !!
AAHH!
UHHAA!
SCHLITZ!
PETRUS!! HÖR AUF!!
AAHHHHHH!!
MEIN OHR! ER HAT MEIN OHR AB-GESCHLAGEN!
WAAAS-?!
LEGT EURE SCHWERTER WEG-- MISSBRAUCHT MEINE WORTE NICHT! JEDER, DER DEM SCHWERT VERTRAUT, WIRD DESWEGEN STERBEN!!
WISST IHR DENN NICHT, DASS MEIN VATER EINE ARMEE VON ENGELN SENDEN WÜRDE, WENN ICH DARUM BITTE? ABER WIE SOLLEN DIE SCHRIFTEN DANN ERFÜLLT WERDEN?

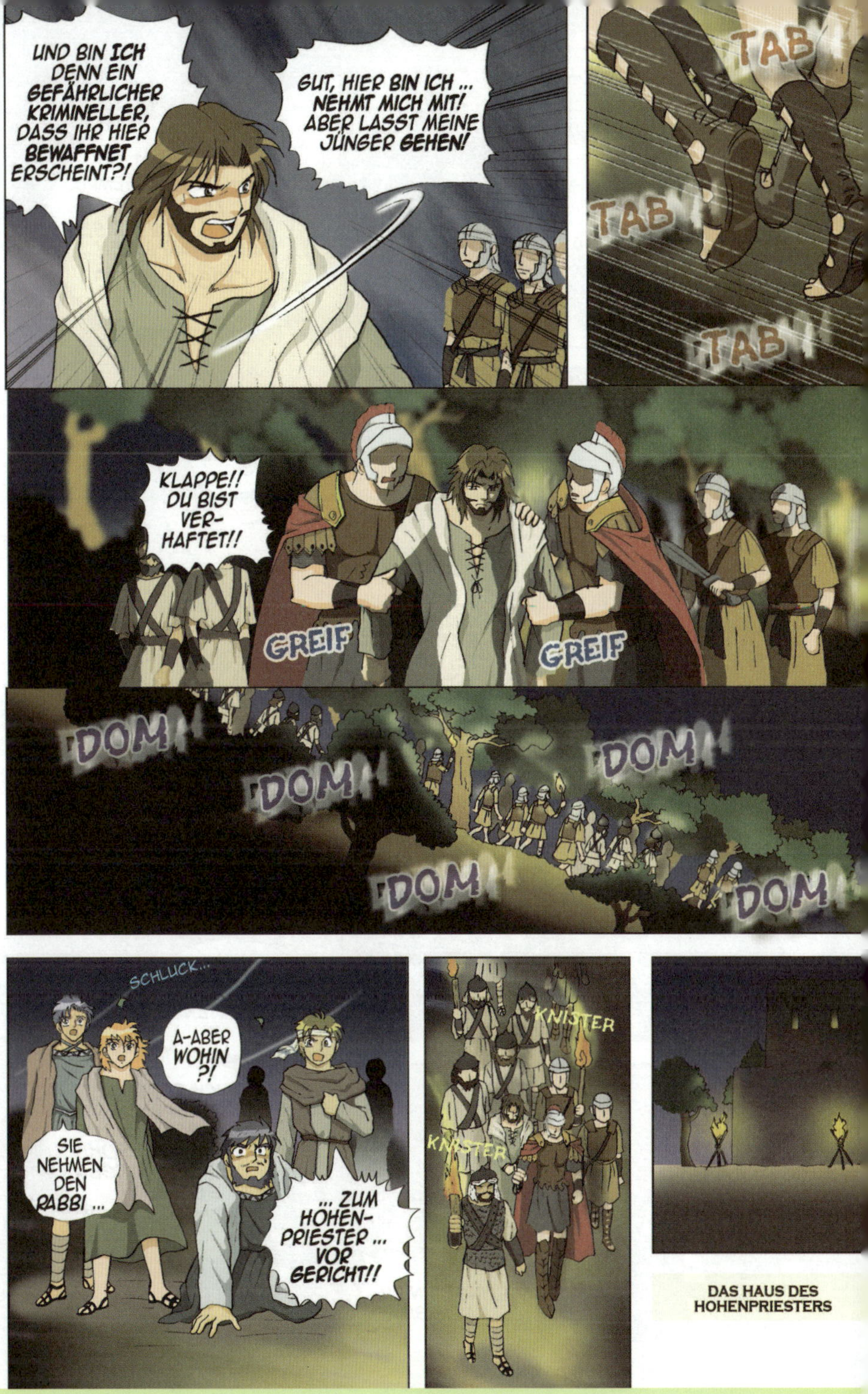
UND BIN ICH DENN EIN GEFÄHRLICHER KRIMINELLER, DASS IHR HIER BEWAFFNET ERSCHEINT?!
GUT, HIER BIN ICH ... NEHMT MICH MIT! ABER LASST MEINE JÜNGER GEHEN!
TAB
TAB
TAB
KLAPPE!! DU BIST VER-HAFTET!!
GREIF
GREIF
DOM
DOM
DOM
DOM
DOM
SCHLUCK ...
A-ABER WOHIN ?!
SIE NEHMEN DEN RABBI ...
... ZUM HOHEN-PRIESTER ... VOR GERICHT!!
KNISTER
KNISTER
DAS HAUS DES HOHENPRIESTERS

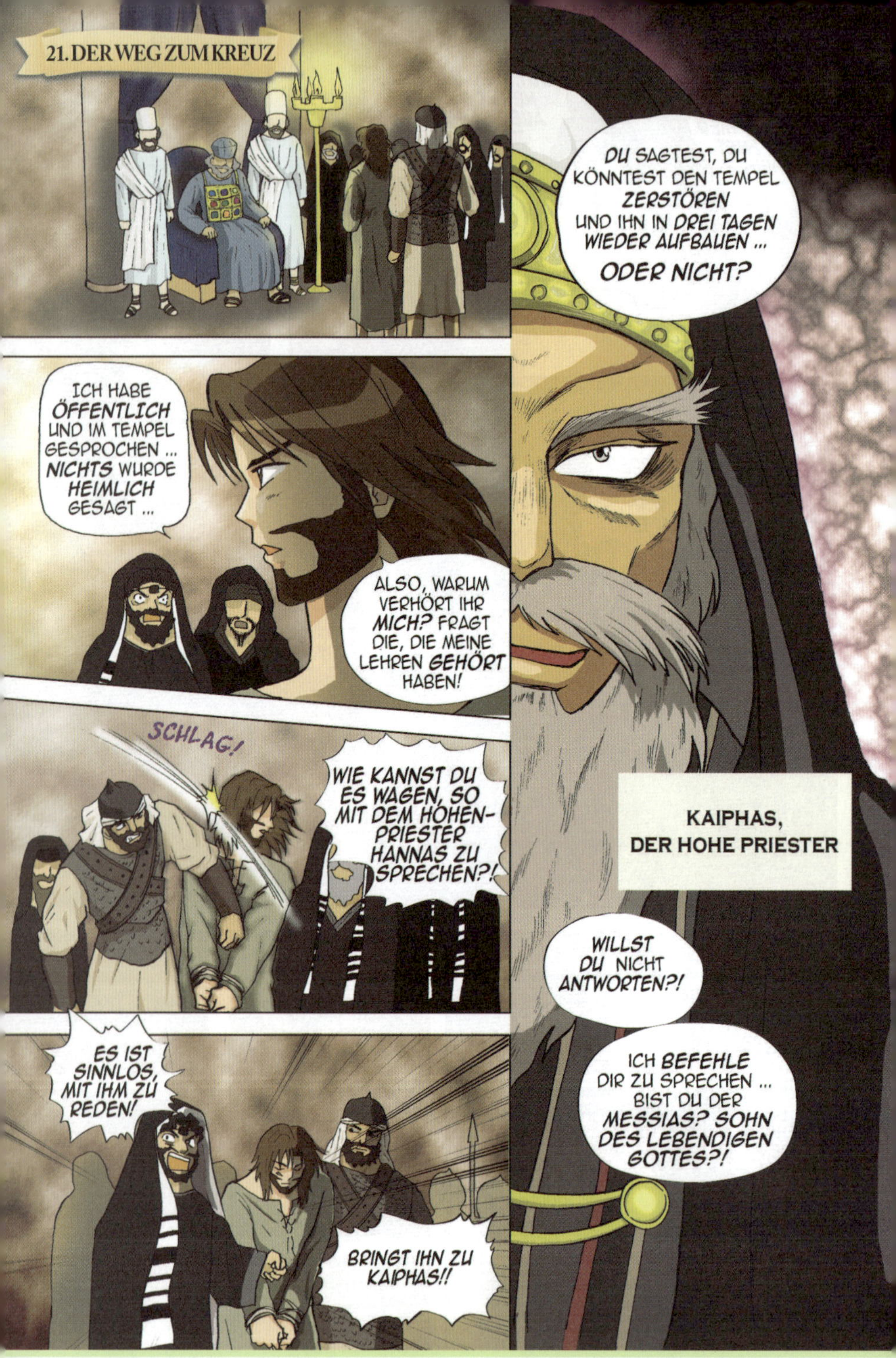
21. DER WEG ZUM KREUZ
ICH HABE ÖFFENTLICH UND IM TEMPEL GESPROCHEN ... NICHTS WURDE HEIMLICH GESAGT ...
ALSO, WARUM VERHÖRT IHR MICH? FRAGT DIE, DIE MEINE LEHREN GEHÖRT HABEN!
SCHLAG!
WIE KANNST DU ES WAGEN, SO MIT DEM HOHEN-PRIESTER HANNAS ZU SPRECHEN?!
ES IST SINNLOS, MIT IHM ZU REDEN!
BRINGT IHN ZU KAIPHAS!!
DU SAGTEST, DU KÖNNTEST DEN TEMPEL ZERSTÖREN UND IHN IN DREI TAGEN WIEDER AUFBAUEN ... ODER NICHT?
KAIPHAS, DER HOHE PRIESTER
WILLST DU NICHT ANTWORTEN?!
ICH BEFEHLE DIR ZU SPRECHEN ... BIST DU DER MESSIAS? SOHN DES LEBENDIGEN GOTTES?!

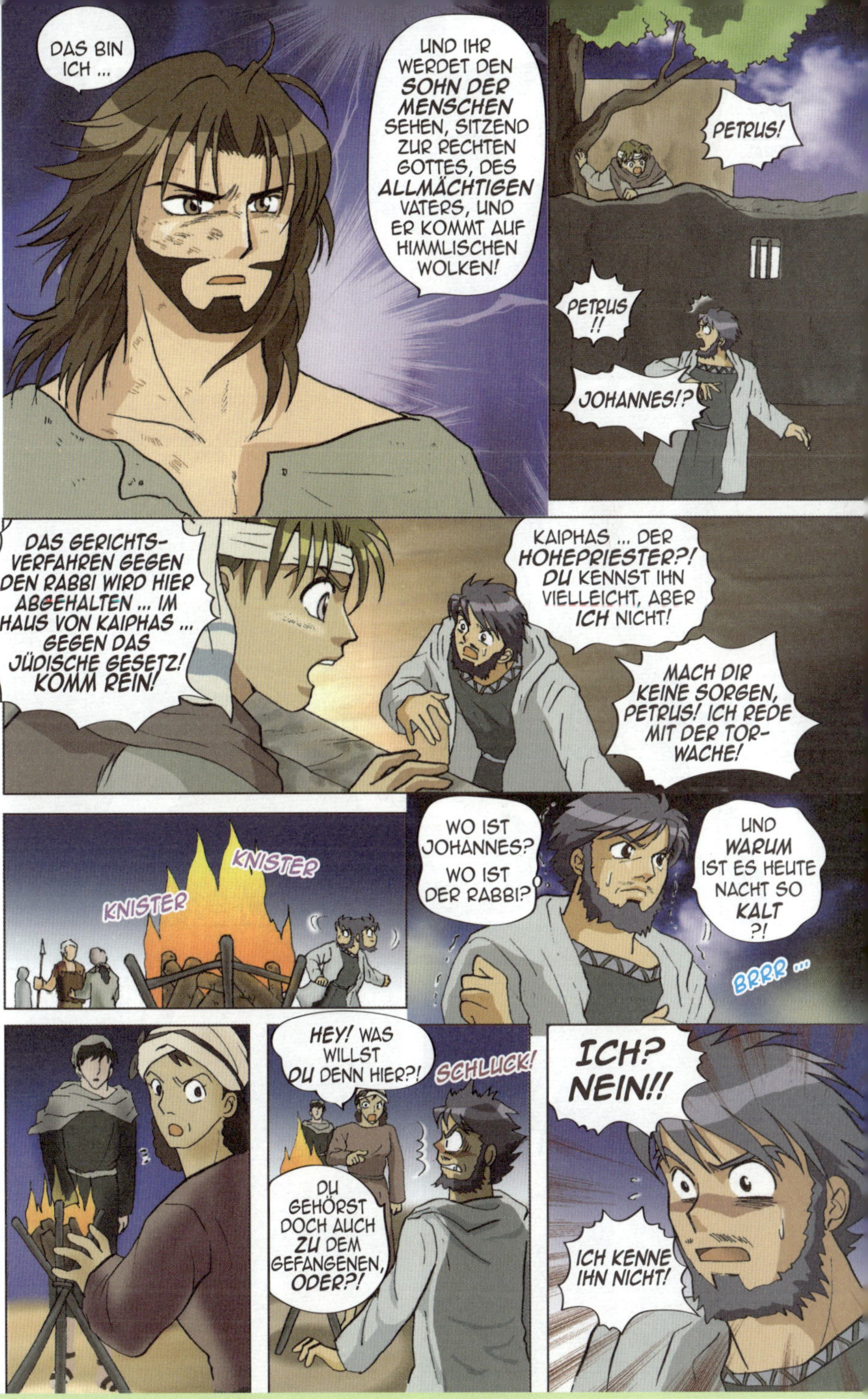
DAS BIN ICH ...
UND IHR WERDET DEN SOHN DER MENSCHEN SEHEN, SITZEND ZUR RECHTEN GOTTES, DES ALLMÄCHTIGEN VATERS, UND ER KOMMT AUF HIMMLISCHEN WOLKEN!
PETRUS!
PETRUS !!
JOHANNES!?
DAS GERICHTSVERFAHREN GEGEN DEN RABBI WIRD HIER ABGEHALTEN ... IM HAUS VON KAIPHAS ... GEGEN DAS JÜDISCHE GESETZ! KOMM REIN!
KAIPHAS ... DER HOHEPRIESTER?! DU KENNST IHN VIELLEICHT, ABER ICH NICHT!
MACH DIR KEINE SORGEN, PETRUS! ICH REDE MIT DER TORWACHE!
KNISTER
KNISTER
WO IST JOHANNES? WO IST DER RABBI?
UND WARUM IST ES HEUTE NACHT SO KALT ?!
BRRR ...
HEY! WAS WILLST DU DENN HIER?!
SCHLUCK!
DU GEHÖRST DOCH AUCH ZU DEM GEFANGENEN, ODER?!
ICH? NEIN!!
ICH KENNE IHN NICHT!

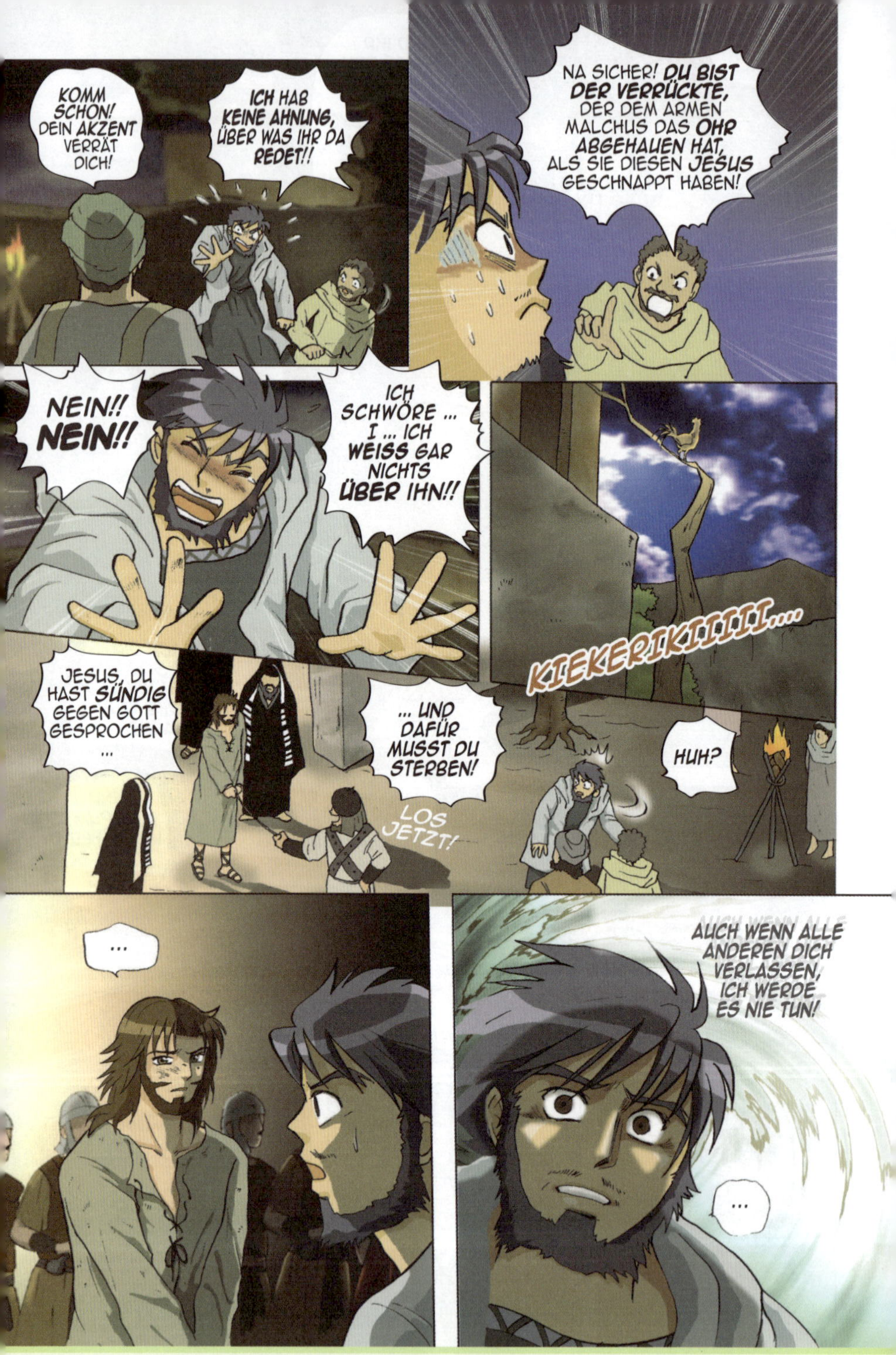

 Matthäus 26:57-75 Markus 14:53-72 Lukas 22:54-62 Johannes 18:12-27

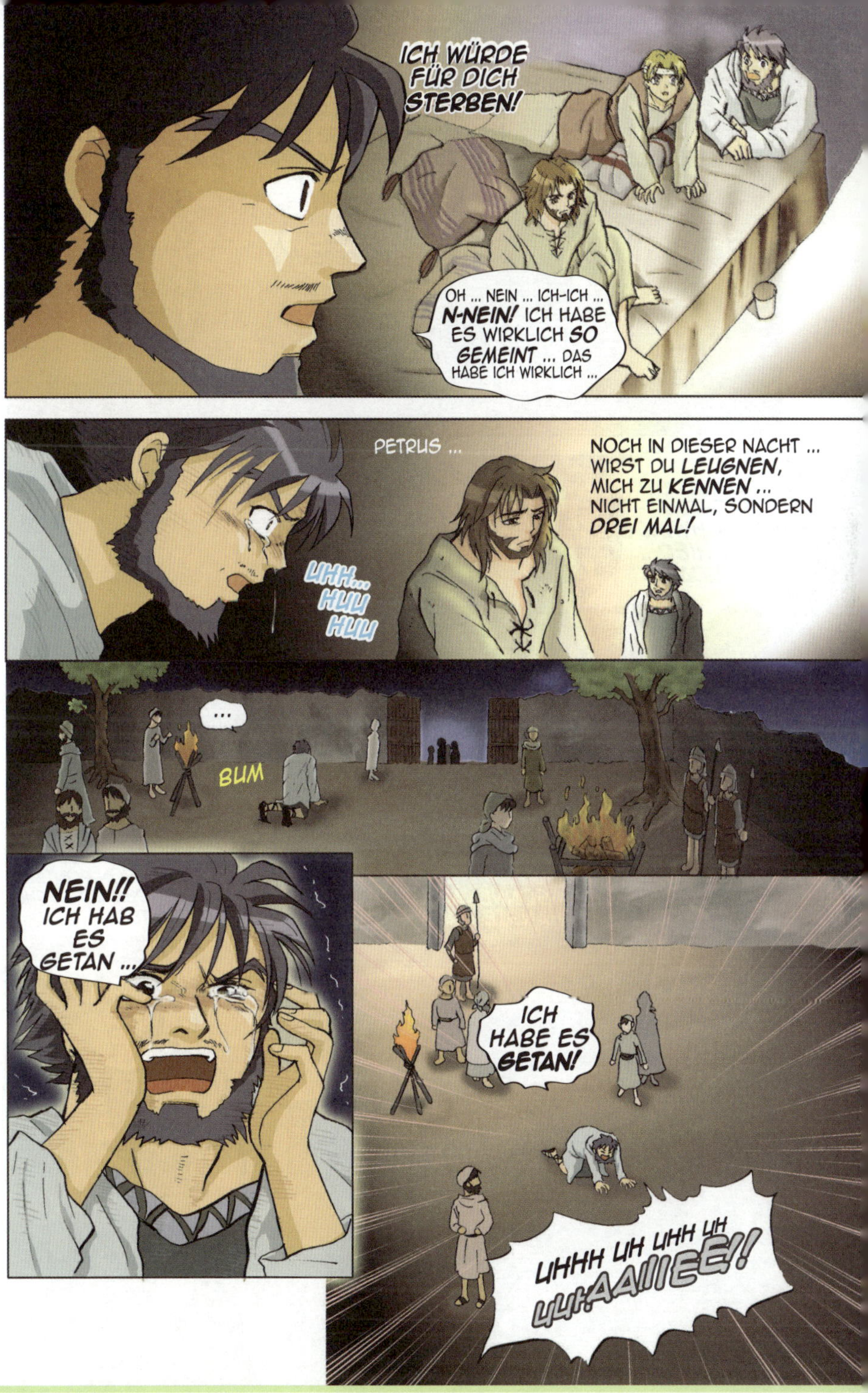
ICH WÜRDE FÜR DICH STERBEN!
OH ... NEIN ... ICH-ICH ... N-NEIN! ICH HABE ES WIRKLICH SO GEMEINT ... DAS HABE ICH WIRKLICH ...
PETRUS ...
NOCH IN DIESER NACHT ... WIRST DU LEUGNEN, MICH ZU KENNEN ... NICHT EINMAL, SONDERN DREI MAL!
UHH... HUU HUU
...
BUM
NEIN!! ICH HAB ES GETAN ...
ICH HABE ES GETAN!
UHHH UH UHH UH UU!AAIIIEE!!

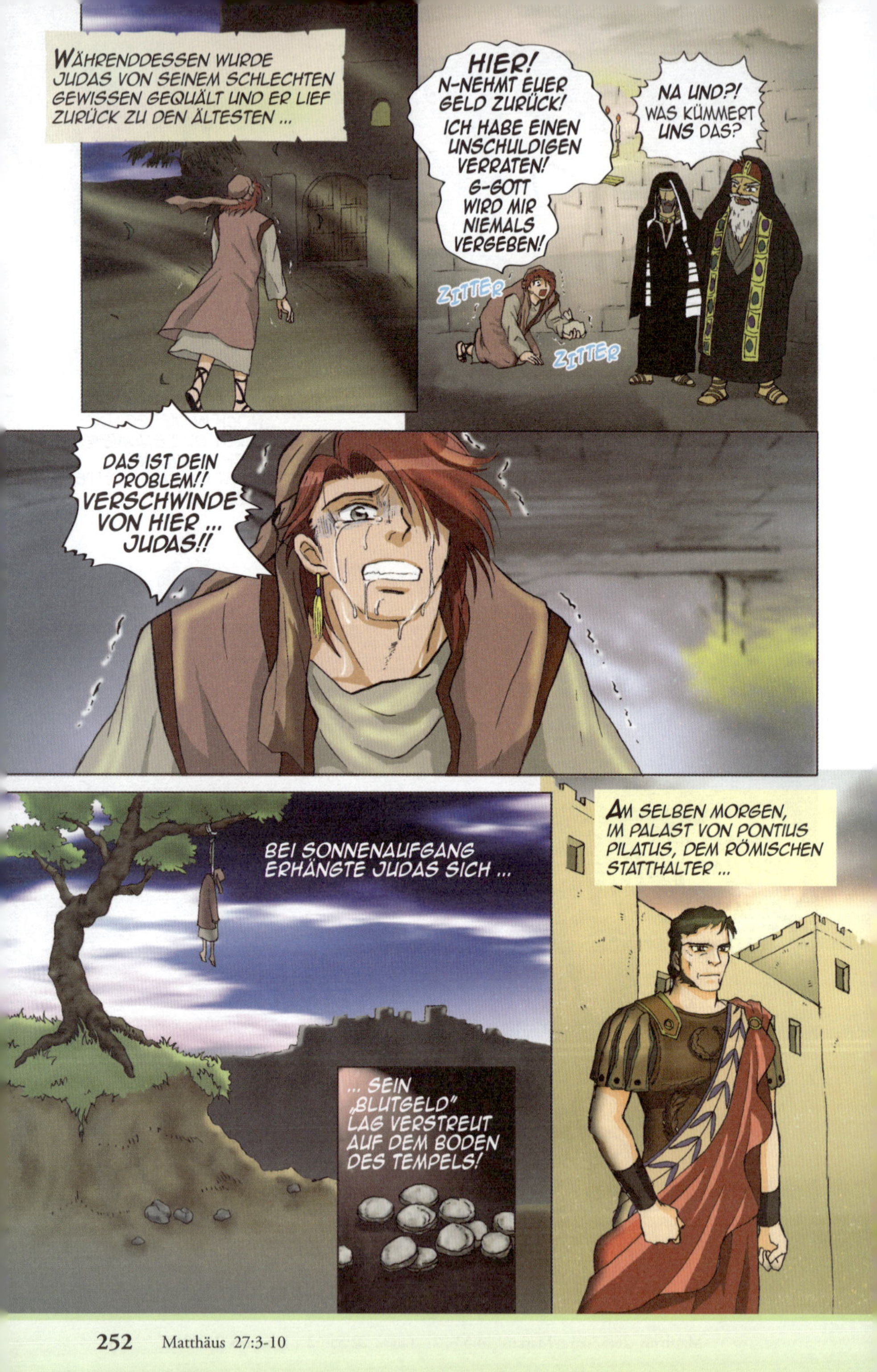
Während dessen wurde Judas von seinem schlechten Gewissen gequält und er lief zurück zu den Ältesten ...
Hier! N-nehmt euer Geld zurück! Ich habe einen Unschuldigen verraten! G-Gott wird mir niemals vergeben!
Zitter
Zitter
Na und?! Was kümmert uns das?
Das ist dein Problem!! Verschwinde von hier ... Judas!!
Bei Sonnenaufgang erhängte Judas sich ...
... sein „Blutgeld" lag verstreut auf dem Boden des Tempels!
Am selben Morgen, im Palast von Pontius Pilatus, dem römischen Statthalter ...

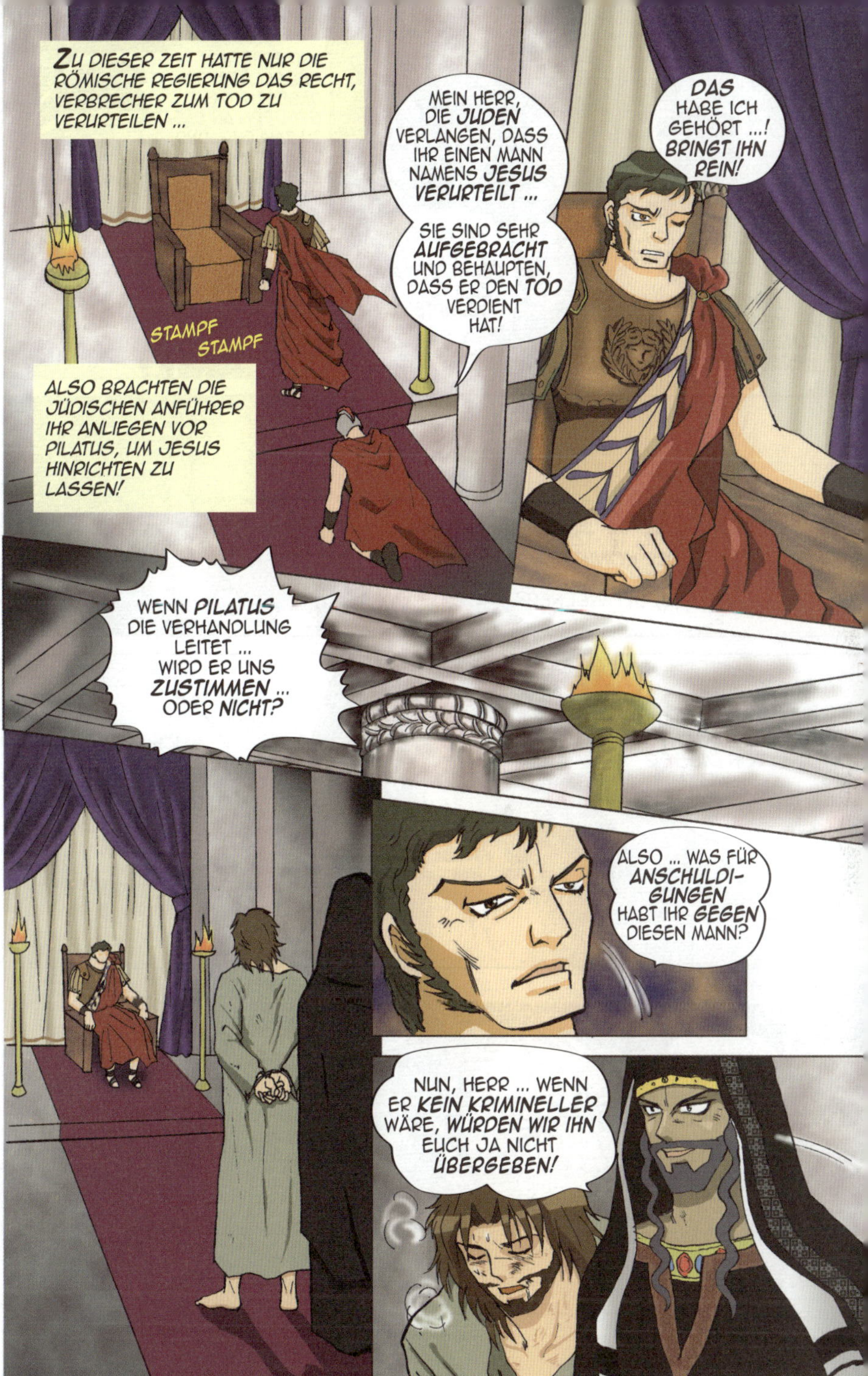
ZU DIESER ZEIT HATTE NUR DIE RÖMISCHE REGIERUNG DAS RECHT, VERBRECHER ZUM TOD ZU VERURTEILEN ...
MEIN HERR, DIE JUDEN VERLANGEN, DASS IHR EINEN MANN NAMENS JESUS VERURTEILT ...
SIE SIND SEHR AUFGEBRACHT UND BEHAUPTEN, DASS ER DEN TOD VERDIENT HAT!
DAS HABE ICH GEHÖRT ...! BRINGT IHN REIN!
STAMPF STAMPF
ALSO BRACHTEN DIE JÜDISCHEN ANFÜHRER IHR ANLIEGEN VOR PILATUS, UM JESUS HINRICHTEN ZU LASSEN!
WENN PILATUS DIE VERHANDLUNG LEITET ... WIRD ER UNS ZUSTIMMEN ... ODER NICHT?
ALSO ... WAS FÜR ANSCHULDI-GUNGEN HABT IHR GEGEN DIESEN MANN?
NUN, HERR ... WENN ER KEIN KRIMINELLER WÄRE, WÜRDEN WIR IHN EUCH JA NICHT ÜBERGEBEN!

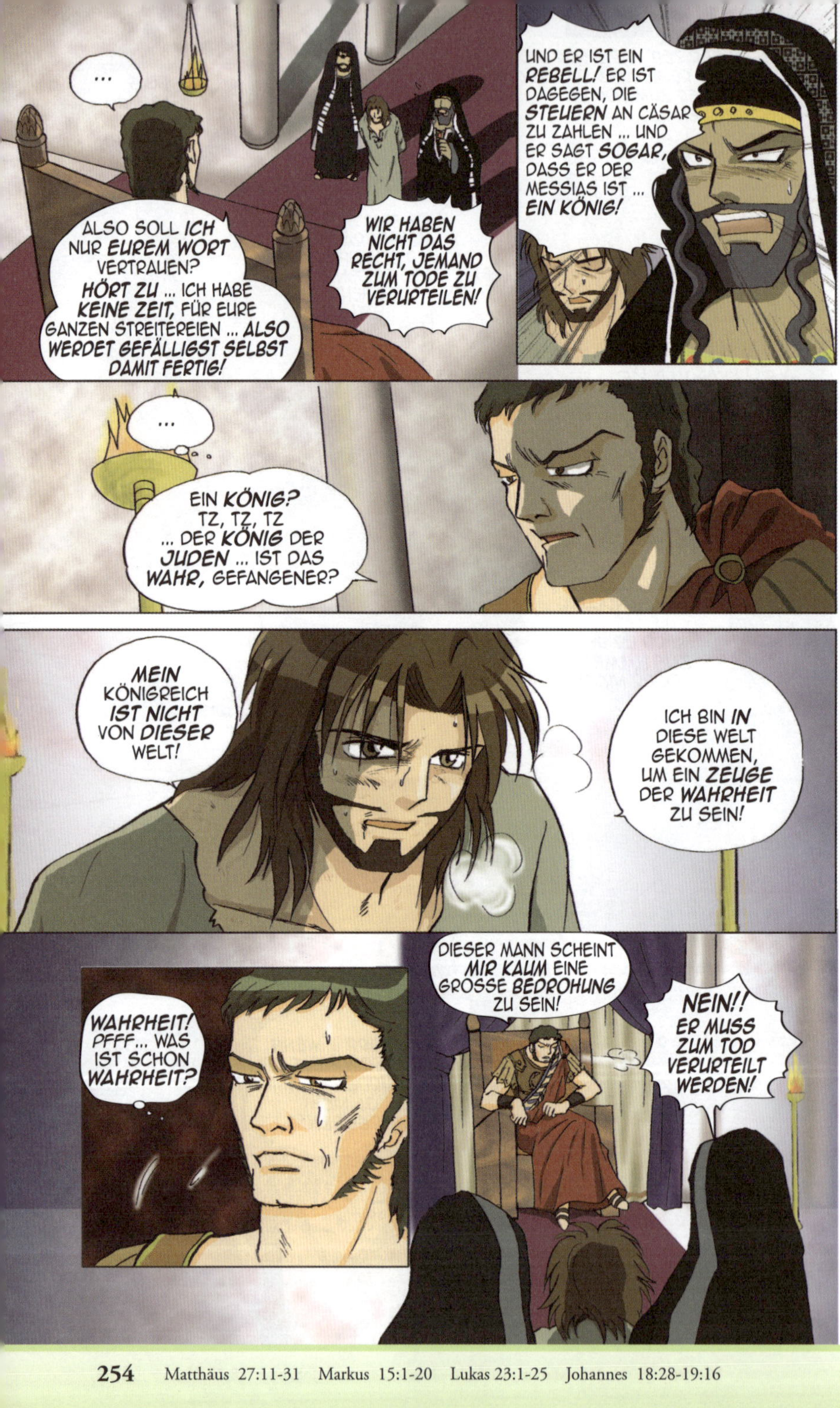
...
ALSO SOLL ICH NUR EUREM WORT VERTRAUEN?
HÖRT ZU ... ICH HABE KEINE ZEIT, FÜR EURE GANZEN STREITEREIEN ... ALSO WERDET GEFÄLLIGST SELBST DAMIT FERTIG!
WIR HABEN NICHT DAS RECHT, JEMAND ZUM TODE ZU VERURTEILEN!
UND ER IST EIN REBELL! ER IST DAGEGEN, DIE STEUERN AN CÄSAR ZU ZAHLEN ... UND ER SAGT SOGAR, DASS ER DER MESSIAS IST ... EIN KÖNIG!
...
EIN KÖNIG? TZ, TZ, TZ ... DER KÖNIG DER JUDEN ... IST DAS WAHR, GEFANGENER?
MEIN KÖNIGREICH IST NICHT VON DIESER WELT!
ICH BIN IN DIESE WELT GEKOMMEN, UM EIN ZEUGE DER WAHRHEIT ZU SEIN!
WAHRHEIT! PFFF... WAS IST SCHON WAHRHEIT?
DIESER MANN SCHEINT MIR KAUM EINE GROSSE BEDROHUNG ZU SEIN!
NEIN!! ER MUSS ZUM TOD VERURTEILT WERDEN!

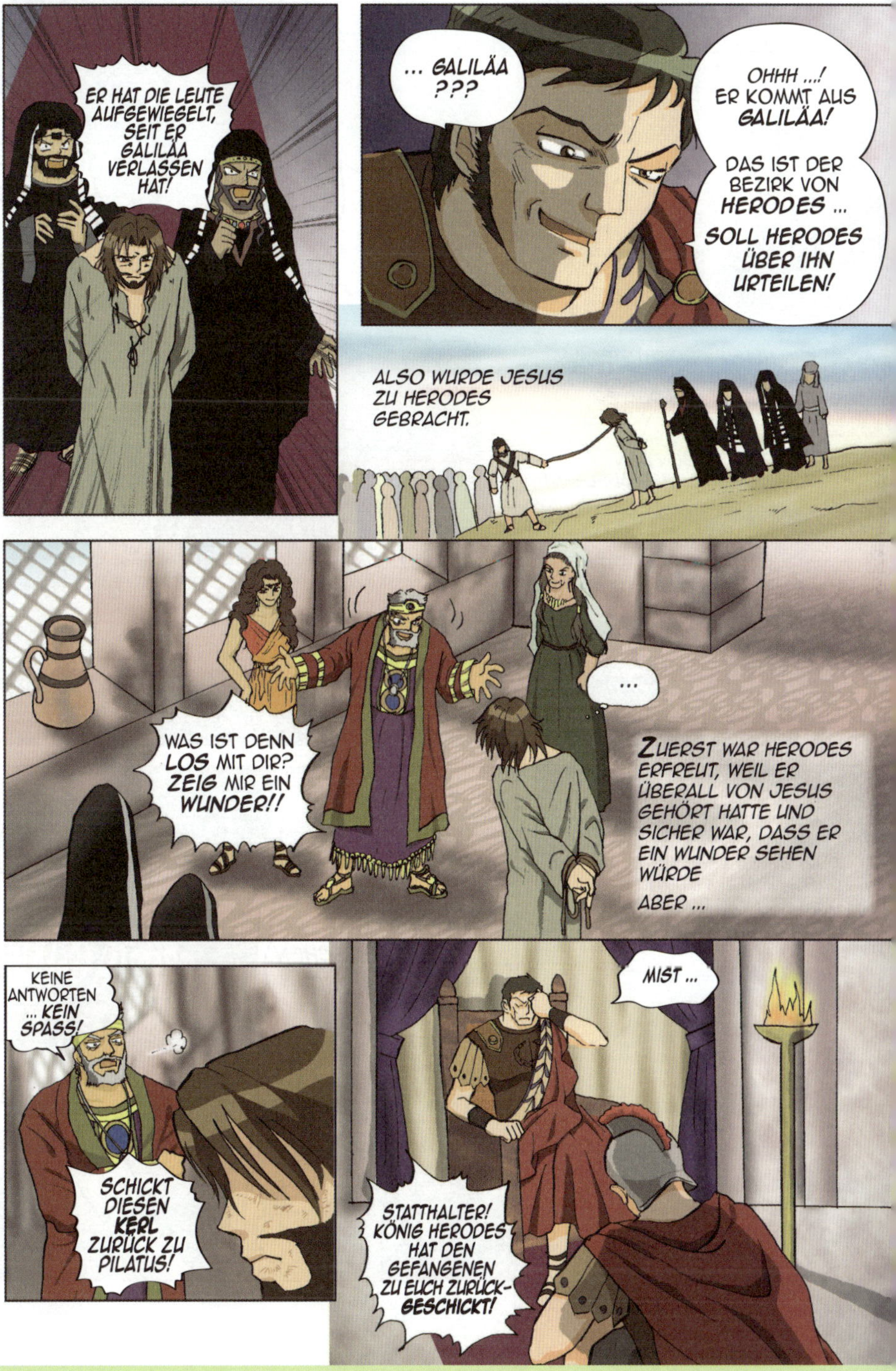
ER HAT DIE LEUTE AUFGEWIEGELT, SEIT ER GALILÄA VERLASSEN HAT!
... GALILÄA ???
OHHH ...! ER KOMMT AUS GALILÄA!
DAS IST DER BEZIRK VON HERODES ...
SOLL HERODES ÜBER IHN URTEILEN!
ALSO WURDE JESUS ZU HERODES GEBRACHT.
WAS IST DENN LOS MIT DIR? ZEIG MIR EIN WUNDER!!
...
ZUERST WAR HERODES ERFREUT, WEIL ER ÜBERALL VON JESUS GEHÖRT HATTE UND SICHER WAR, DASS ER EIN WUNDER SEHEN WÜRDE
ABER ...
KEINE ANTWORTEN ... KEIN SPASS!
SCHICKT DIESEN KERL ZURÜCK ZU PILATUS!
MIST ...
STATTHALTER! KÖNIG HERODES HAT DEN GEFANGENEN ZU EUCH ZURÜCK-GESCHICKT!

22. KREUZIGUNG

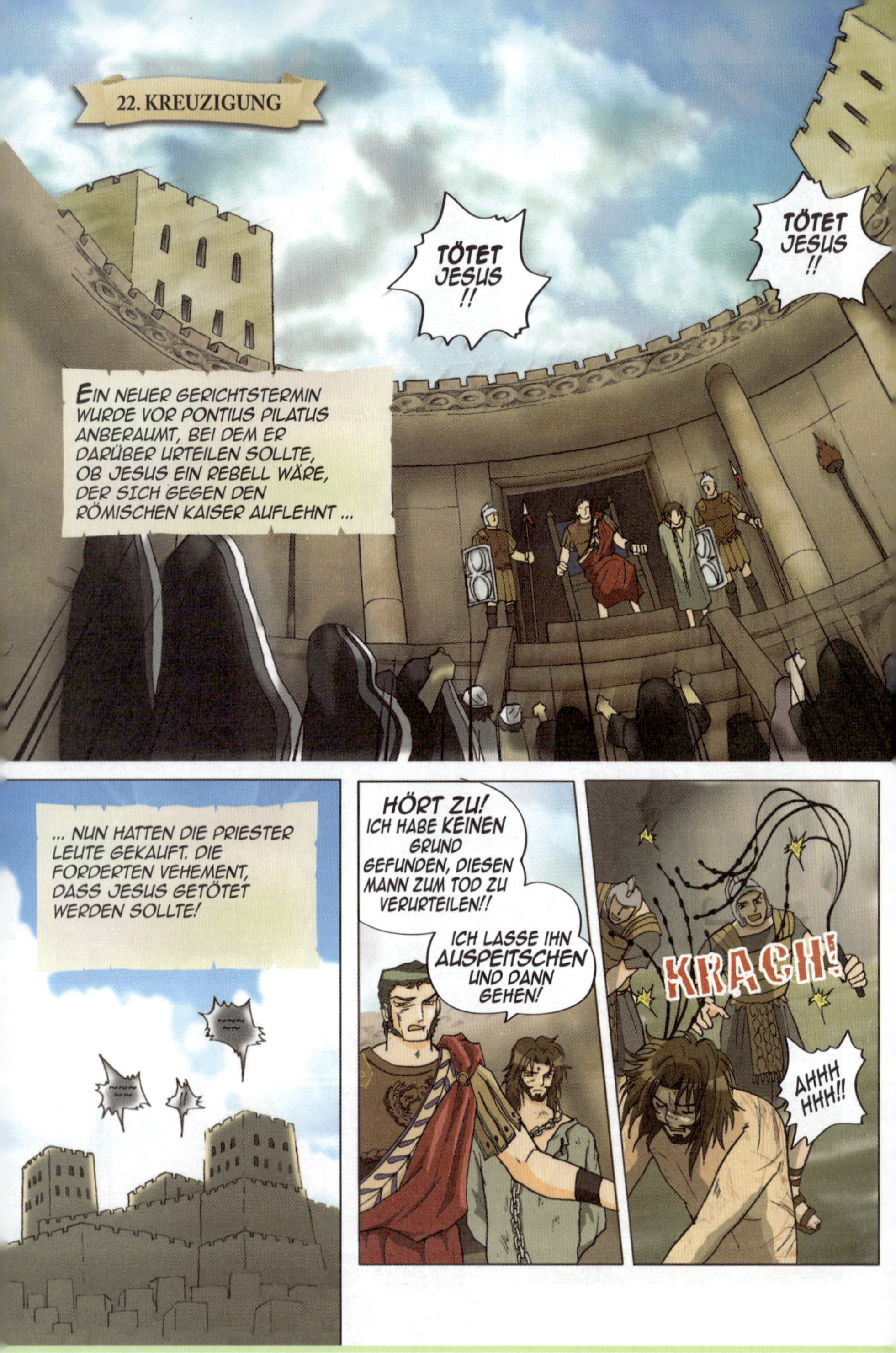

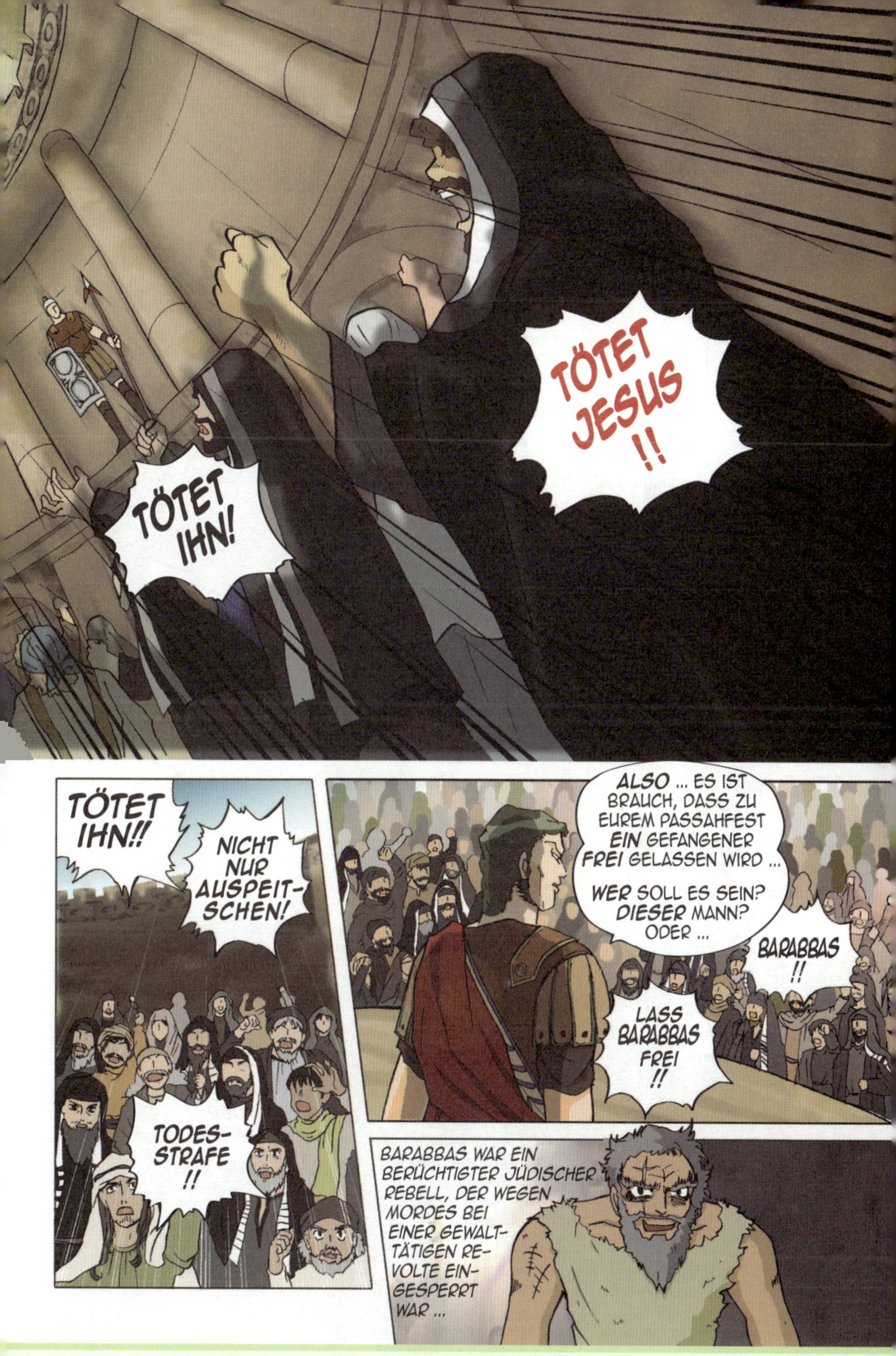
TÖTET JESUS !!
TÖTET IHN!
TÖTET IHN!!
NICHT NUR AUSPEIT-SCHEN!
TODES-STRAFE !!
ALSO ... ES IST BRAUCH, DASS ZU EUREM PASSAHFEST EIN GEFANGENER FREI GELASSEN WIRD ...
WER SOLL ES SEIN? DIESER MANN? ODER ...
BARABBAS !!
LASS BARABBAS FREI !!
BARABBAS WAR EIN BERÜCHTIGTER JÜDISCHER REBELL, DER WEGEN MORDES BEI EINER GEWALT-TÄTIGEN RE-VOLTE EIN-GESPERRT WAR ...

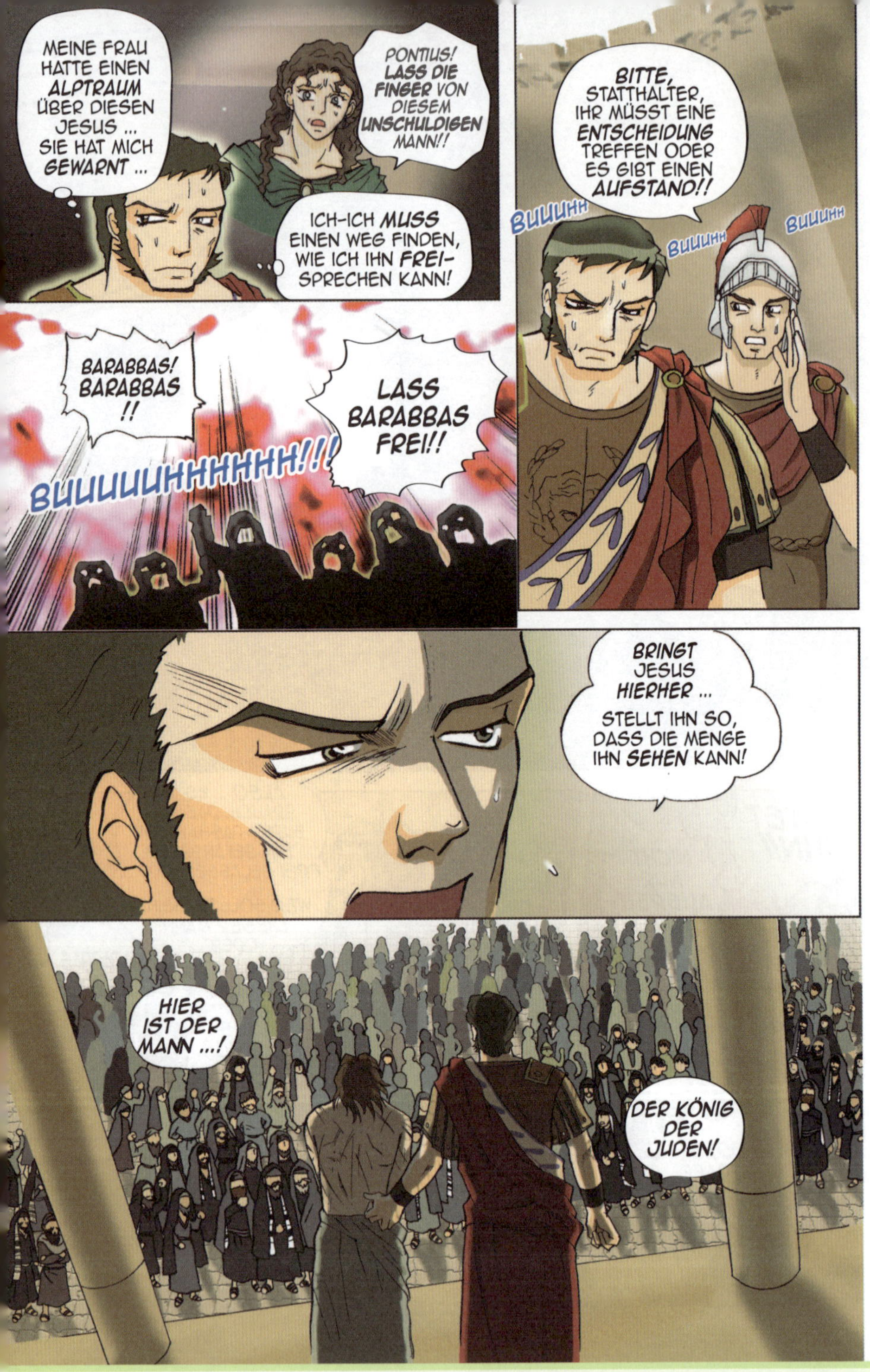
MEINE FRAU HATTE EINEN ALPTRAUM ÜBER DIESEN JESUS ... SIE HAT MICH GEWARNT ...
PONTIUS! LASS DIE FINGER VON DIESEM UNSCHULDIGEN MANN!!
ICH-ICH MUSS EINEN WEG FINDEN, WIE ICH IHN FREI-SPRECHEN KANN!
BITTE, STATTHALTER, IHR MÜSST EINE ENTSCHEIDUNG TREFFEN ODER ES GIBT EINEN AUFSTAND!!
BUUUHH
BUUUHH
BUUUHH
BARABBAS! BARABBAS !!
LASS BARABBAS FREI!!
BUUUUUHHHHHH!!!
BRINGT JESUS HIERHER ...
STELLT IHN SO, DASS DIE MENGE IHN SEHEN KANN!
HIER IST DER MANN ...!
DER KÖNIG DER JUDEN!

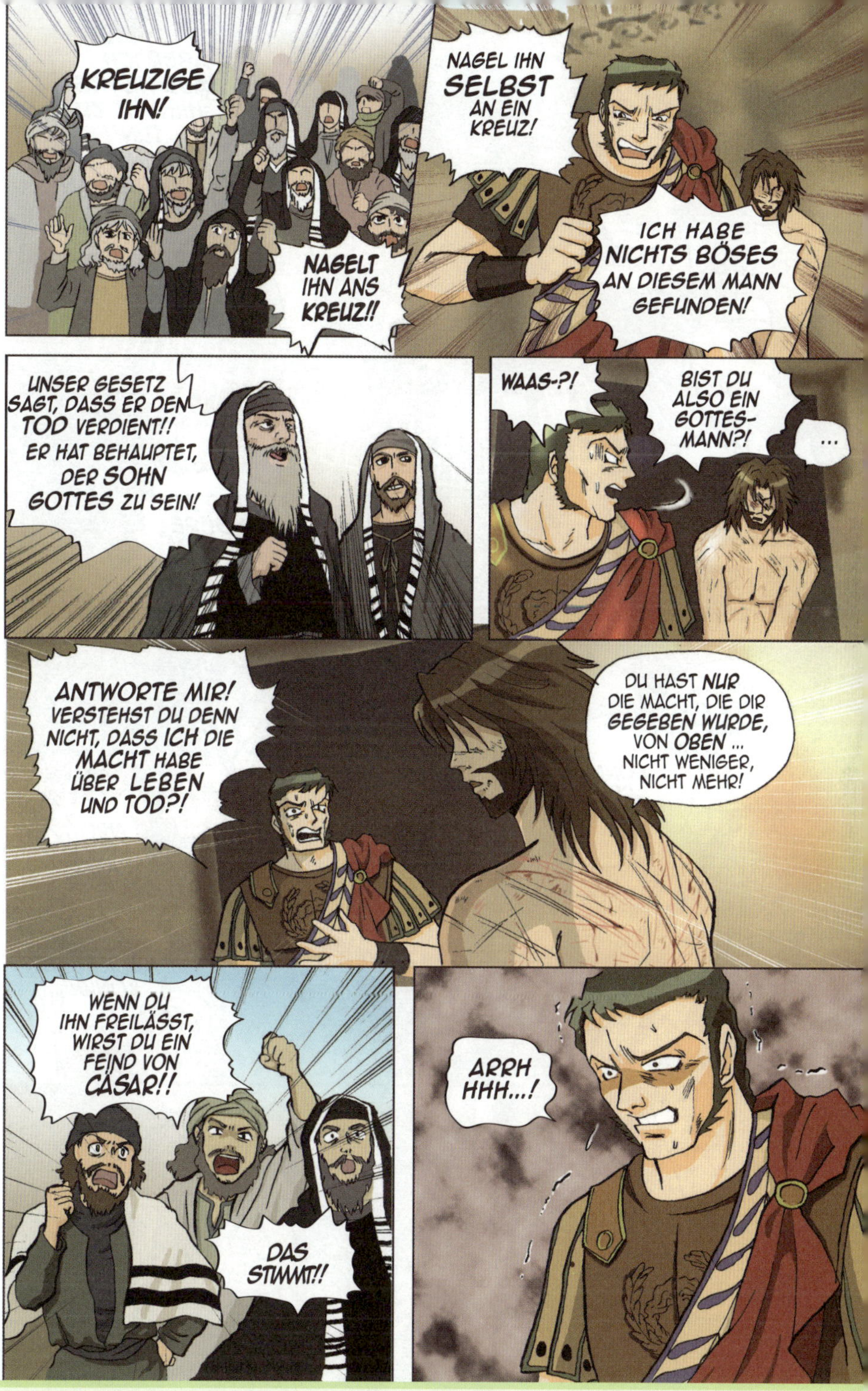
KREUZIGE IHN!
NAGELT IHN ANS KREUZ!!
NAGEL IHN SELBST AN EIN KREUZ!
ICH HABE NICHTS BÖSES AN DIESEM MANN GEFUNDEN!
UNSER GESETZ SAGT, DASS ER DEN TOD VERDIENT!! ER HAT BEHAUPTET, DER SOHN GOTTES ZU SEIN!
WAAS-?!
BIST DU ALSO EIN GOTTES-MANN?!
...
ANTWORTE MIR! VERSTEHST DU DENN NICHT, DASS ICH DIE MACHT HABE ÜBER LEBEN UND TOD?!
DU HAST NUR DIE MACHT, DIE DIR GEGEBEN WURDE, VON OBEN ... NICHT WENIGER, NICHT MEHR!
WENN DU IHN FREILÄSST, WIRST DU EIN FEIND VON CÄSAR!!
DAS STIMMT!!
ARRH HHH...!

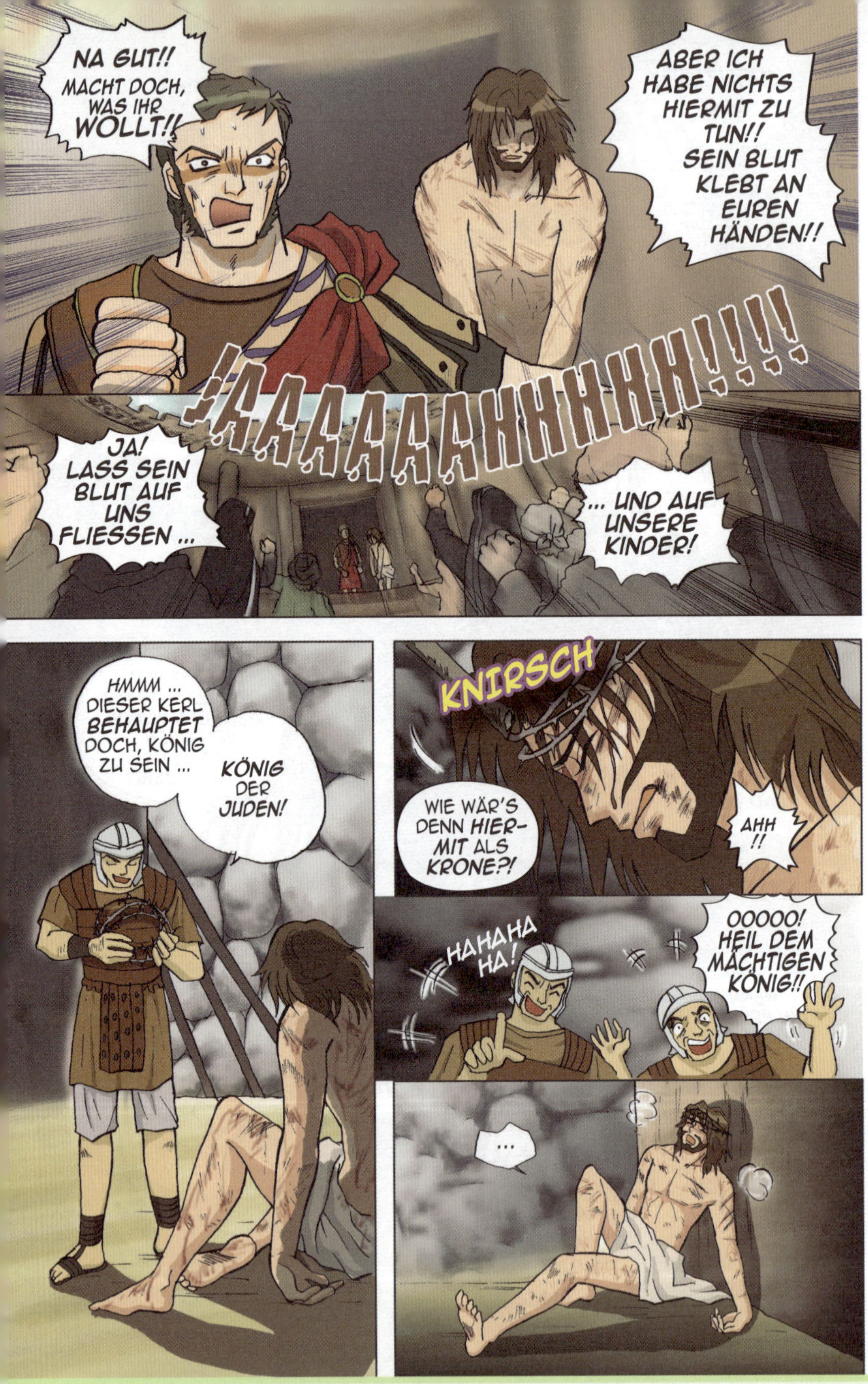
NA GUT!! MACHT DOCH, WAS IHR WOLLT!!
ABER ICH HABE NICHTS HIERMIT ZU TUN!! SEIN BLUT KLEBT AN EUREN HÄNDEN!!
AAAAAAAHHHHHH!!!!
JA! LASS SEIN BLUT AUF UNS FLIESSEN ...
... UND AUF UNSERE KINDER!
HMMM ... DIESER KERL BEHAUPTET DOCH, KÖNIG ZU SEIN ...
KÖNIG DER JUDEN!
KNIRSCH
WIE WÄR'S DENN HIERMIT ALS KRONE?!
AHH !!
HAHAHA HA!
OOOOO! HEIL DEM MÄCHTIGEN KÖNIG!!
...

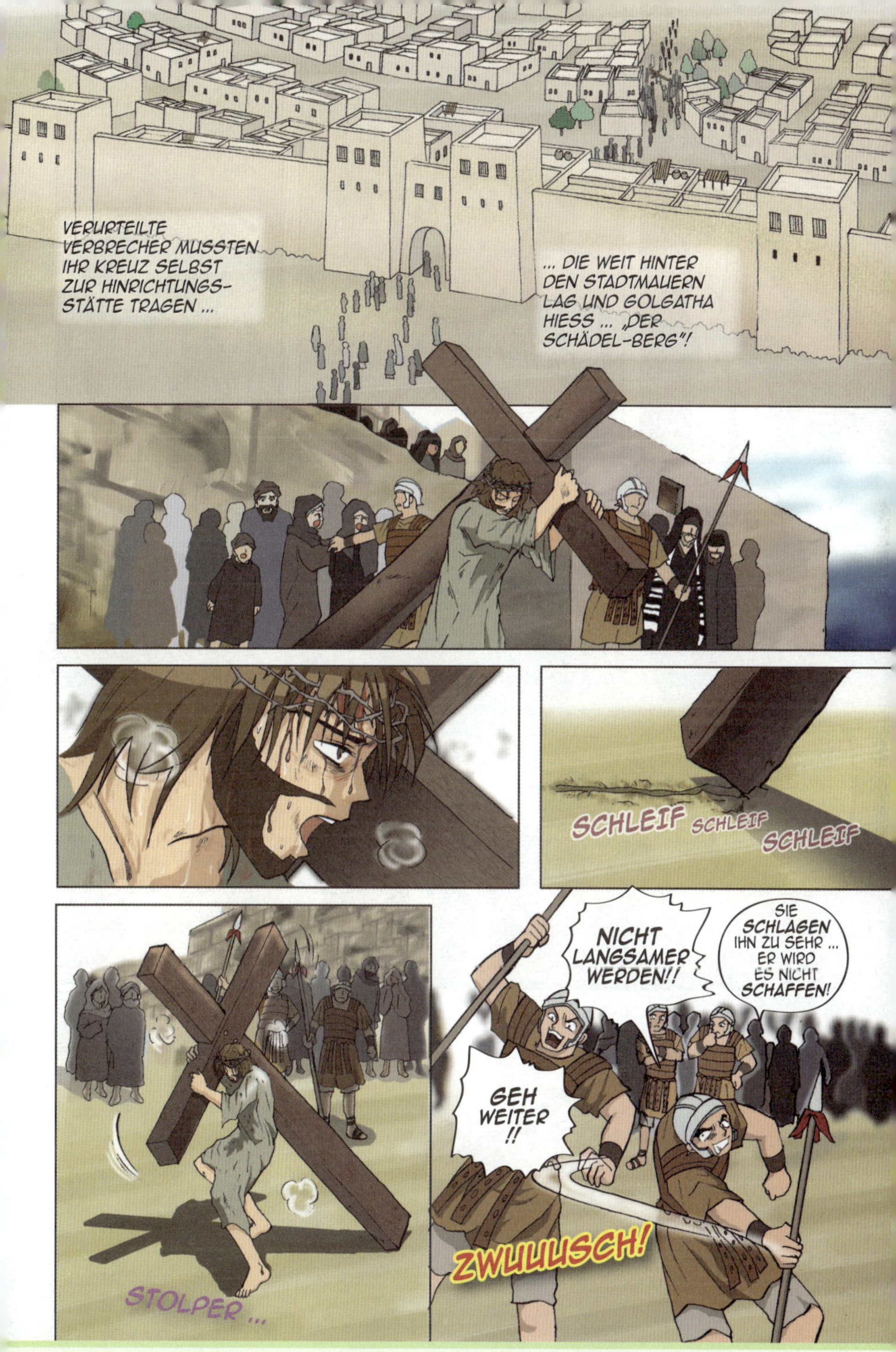
VERURTEILTE VERBRECHER MUSSTEN IHR KREUZ SELBST ZUR HINRICHTUNGS-STÄTTE TRAGEN ...
... DIE WEIT HINTER DEN STADTMAUERN LAG UND GOLGATHA HIESS ... „DER SCHÄDEL-BERG"!
SCHLEIF SCHLEIF SCHLEIF
STOLPER ...
NICHT LANGSAMER WERDEN!!
SIE SCHLAGEN IHN ZU SEHR ... ER WIRD ES NICHT SCHAFFEN!
GEH WEITER !!
ZWUUUSCH!

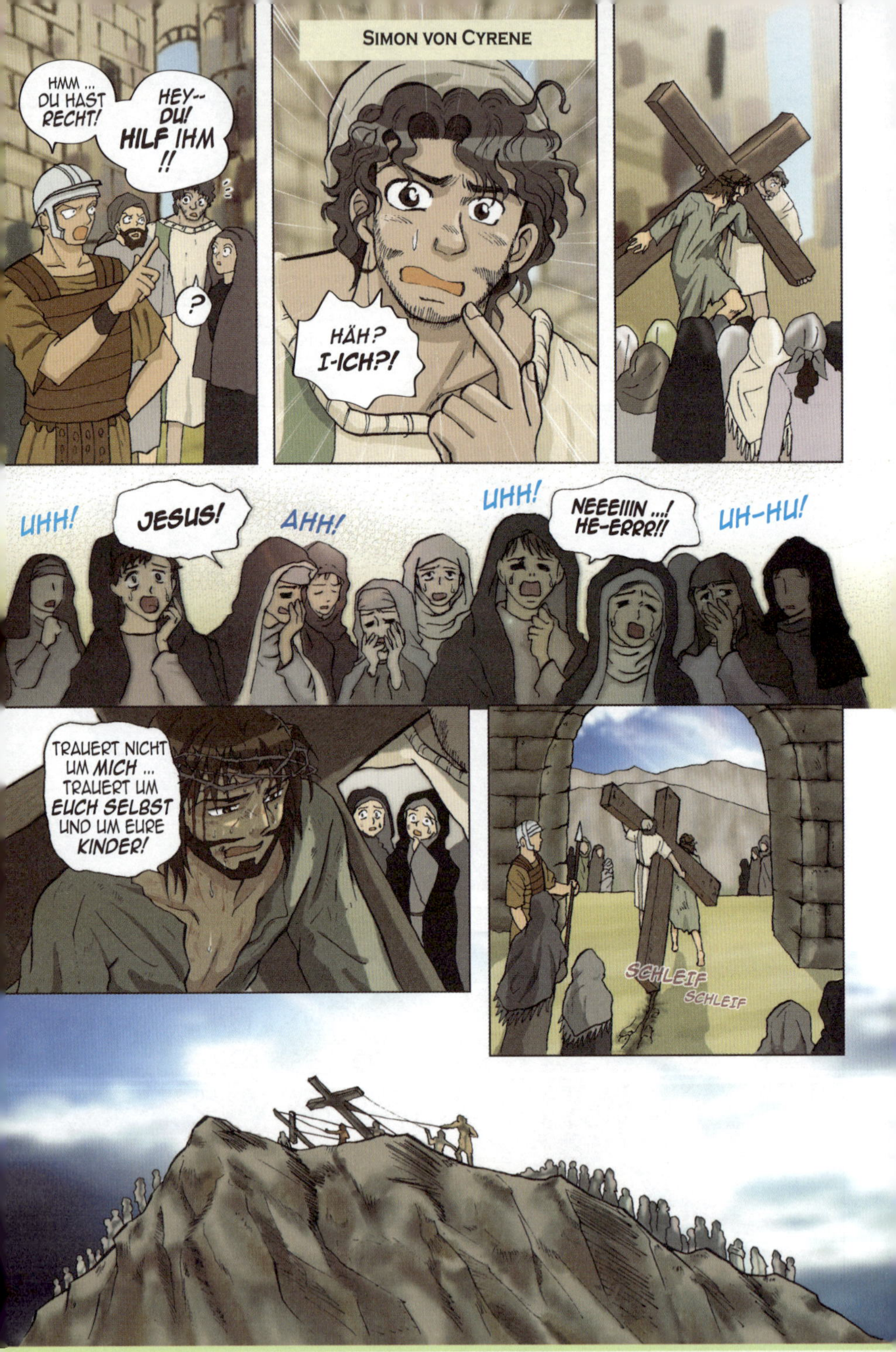

 Matthäus 27:32-54 Markus 15:21-41 Lukas 23:26-49 Johannes 19:17-37

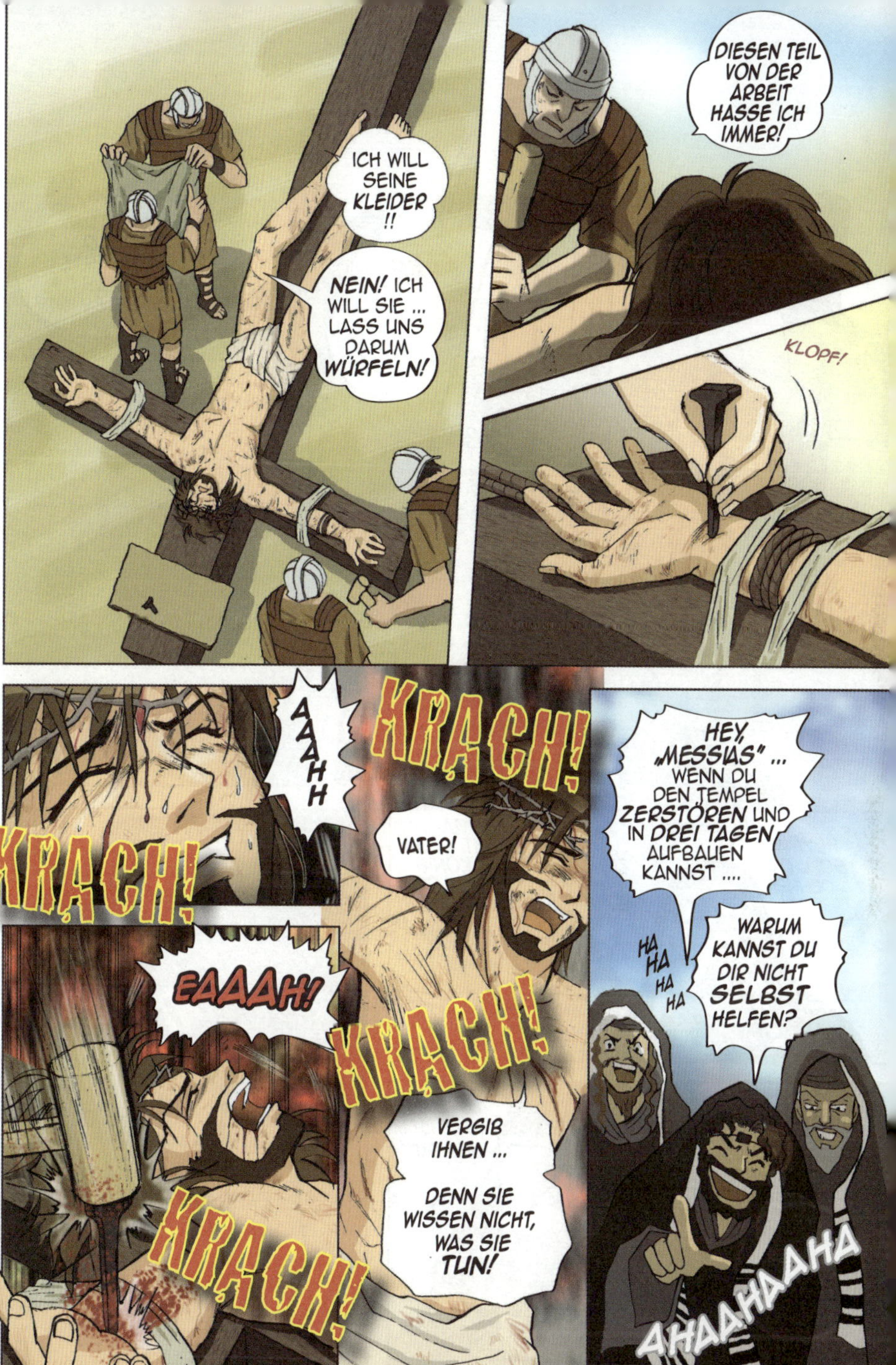
ICH WILL SEINE KLEIDER !!
NEIN! ICH WILL SIE ... LASS UNS DARUM WÜRFELN!
DIESEN TEIL VON DER ARBEIT HASSE ICH IMMER!
KLOPF!
AAAHH
KRACH!
KRACH!
VATER!
EAAAH!
KRACH!
KRACH!
VERGIB IHNEN ...
DENN SIE WISSEN NICHT, WAS SIE TUN!
HEY, „MESSIAS" ... WENN DU DEN TEMPEL ZERSTÖREN UND IN DREI TAGEN AUFBAUEN KANNST ....
HA HA HA HA
WARUM KANNST DU DIR NICHT SELBST HELFEN?
AHAAHAAHA

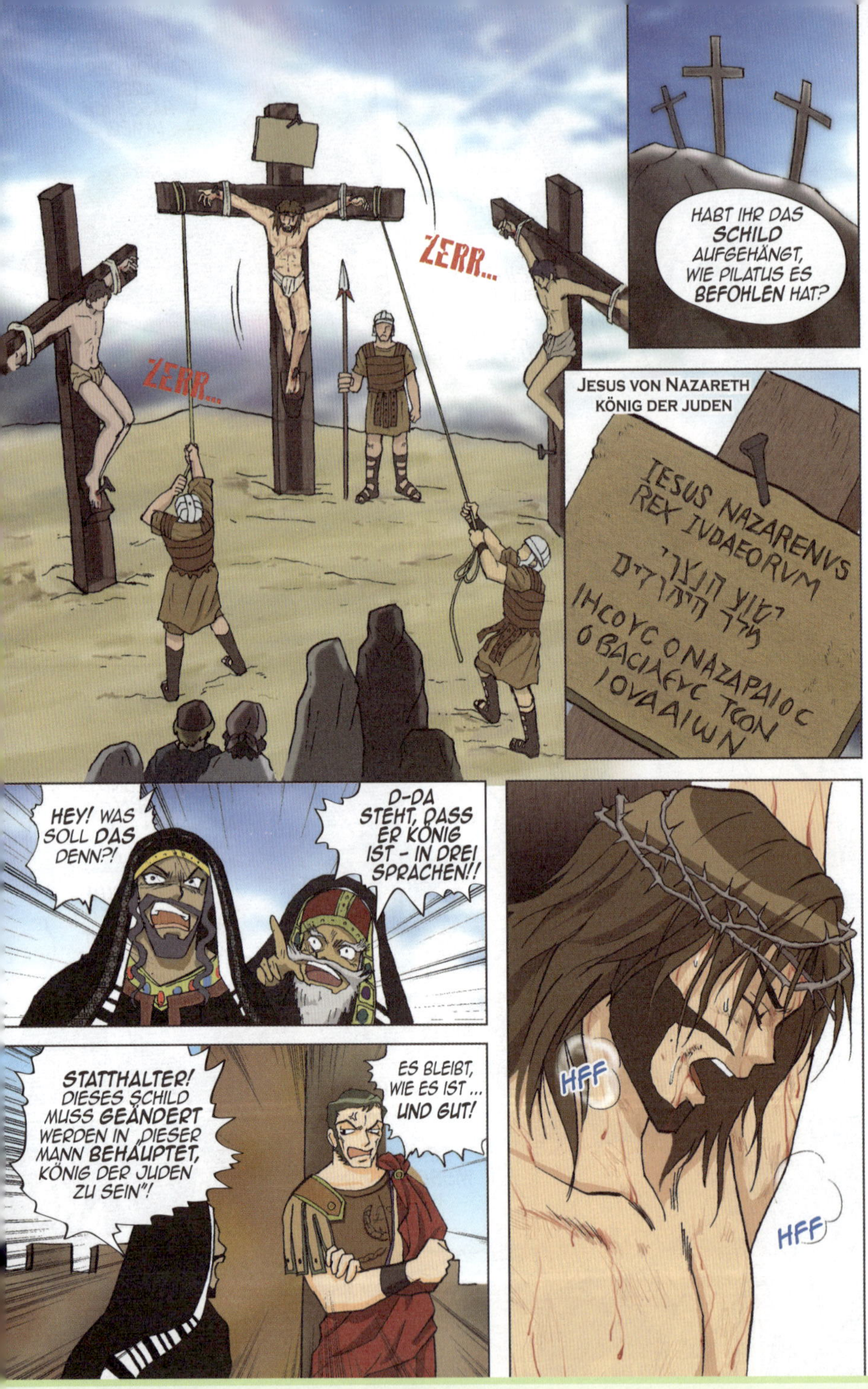
ZERR...
ZERR...
HABT IHR DAS SCHILD AUFGEHÄNGT, WIE PILATUS ES BEFOHLEN HAT?
JESUS VON NAZARETH KÖNIG DER JUDEN
IESUS NAZARENVS REX IVDAEORVM
HEY! WAS SOLL DAS DENN?!
D-DA STEHT, DASS ER KÖNIG IST – IN DREI SPRACHEN!!
STATTHALTER! DIESES SCHILD MUSS GEÄNDERT WERDEN IN „DIESER MANN BEHAUPTET, KÖNIG DER JUDEN ZU SEIN“!
ES BLEIBT, WIE ES IST ... UND GUT!
HFF
HFF

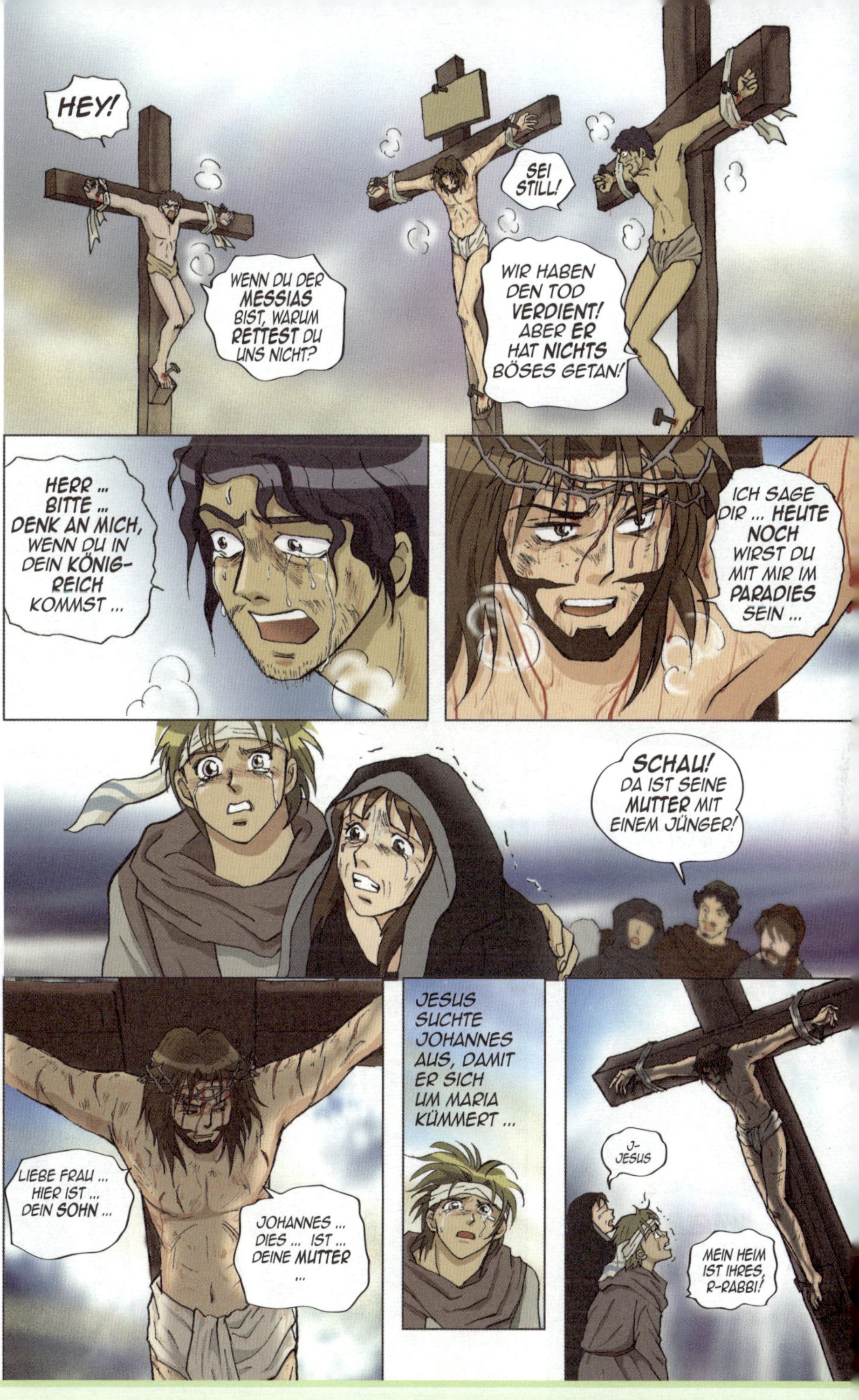
HEY!
WENN DU DER MESSIAS BIST, WARUM RETTEST DU UNS NICHT?
SEI STILL!
WIR HABEN DEN TOD VERDIENT! ABER ER HAT NICHTS BÖSES GETAN!
HERR ... BITTE ... DENK AN MICH, WENN DU IN DEIN KÖNIG-REICH KOMMST ...
ICH SAGE DIR ... HEUTE NOCH WIRST DU MIT MIR IM PARADIES SEIN ...
SCHAU! DA IST SEINE MUTTER MIT EINEM JÜNGER!
LIEBE FRAU ... HIER IST ... DEIN SOHN ...
JOHANNES ... DIES ... IST ... DEINE MUTTER ...
JESUS SUCHTE JOHANNES AUS, DAMIT ER SICH UM MARIA KÜMMERT ...
J-JESUS
MEIN HEIM IST IHRES, R-RABBI!

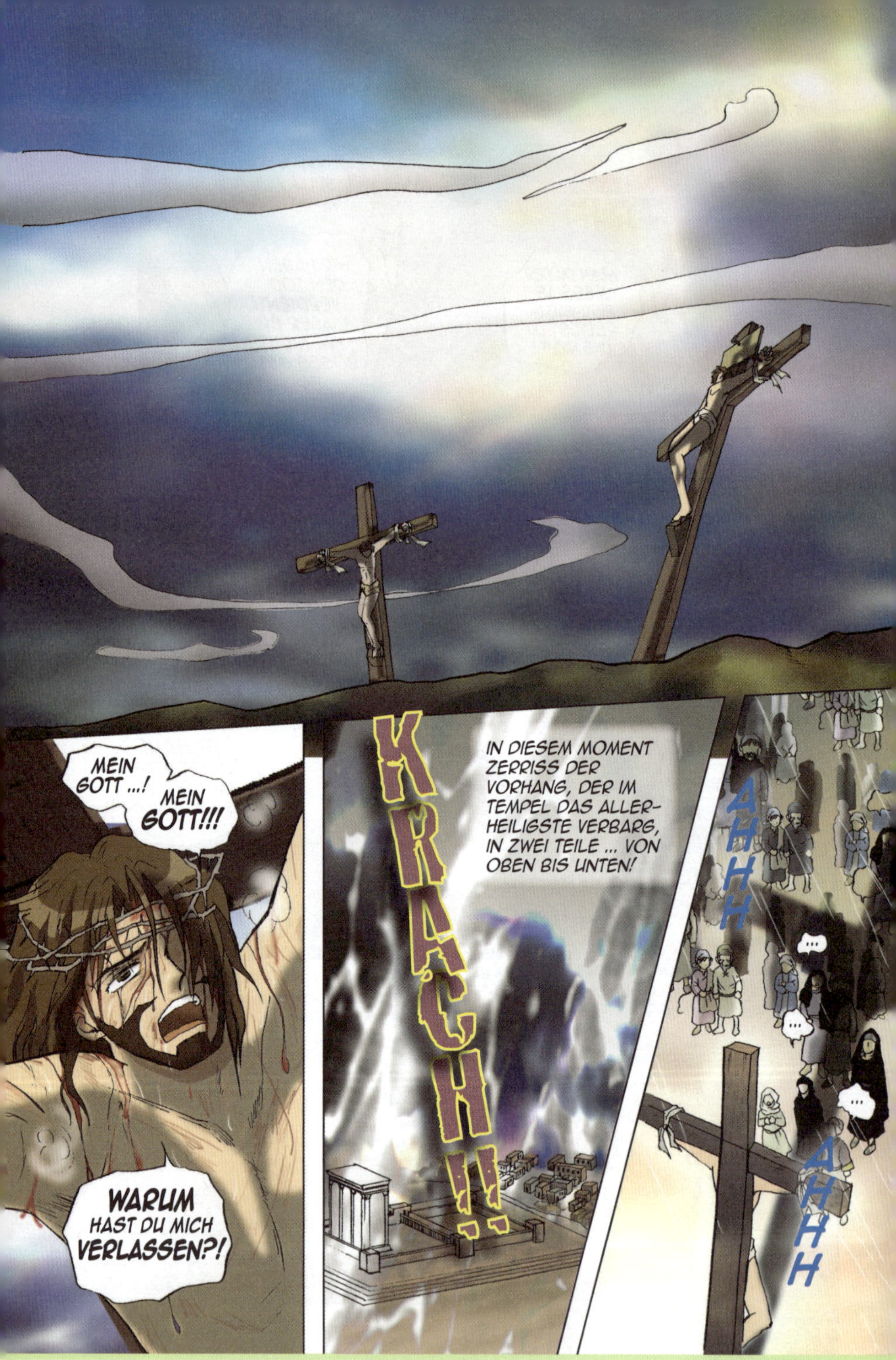
MEIN GOTT ...! MEIN GOTT!!!
WARUM HAST DU MICH VERLASSEN?!
KRACH!!
IN DIESEM MOMENT ZERRISS DER VORHANG, DER IM TEMPEL DAS ALLERHEILIGSTE VERBARG, IN ZWEI TEILE ... VON OBEN BIS UNTEN!
AHHH
...
...
...
AHHH

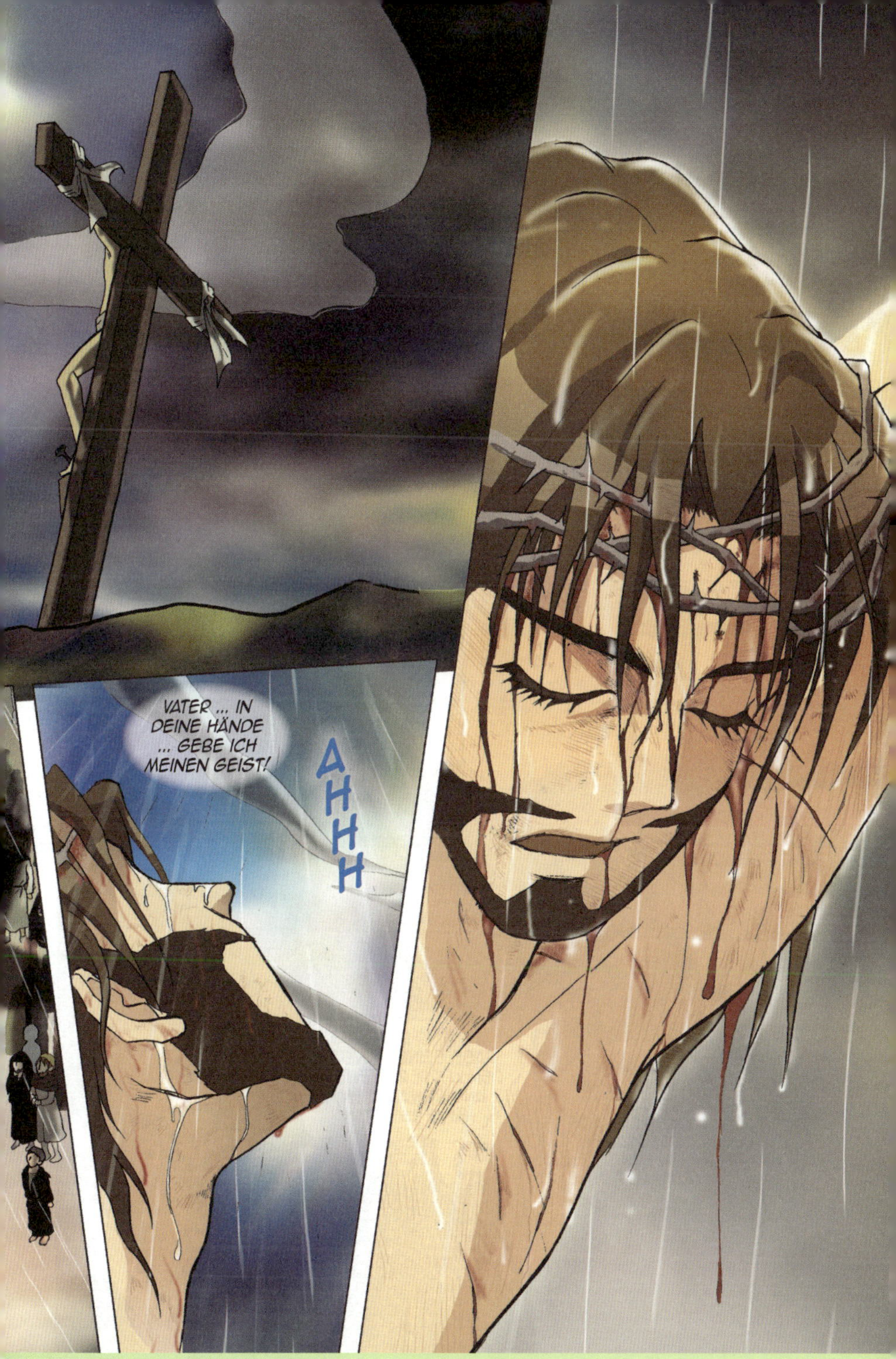
VATER ... IN DEINE HÄNDE ... GEBE ICH MEINEN GEIST!
AHHH

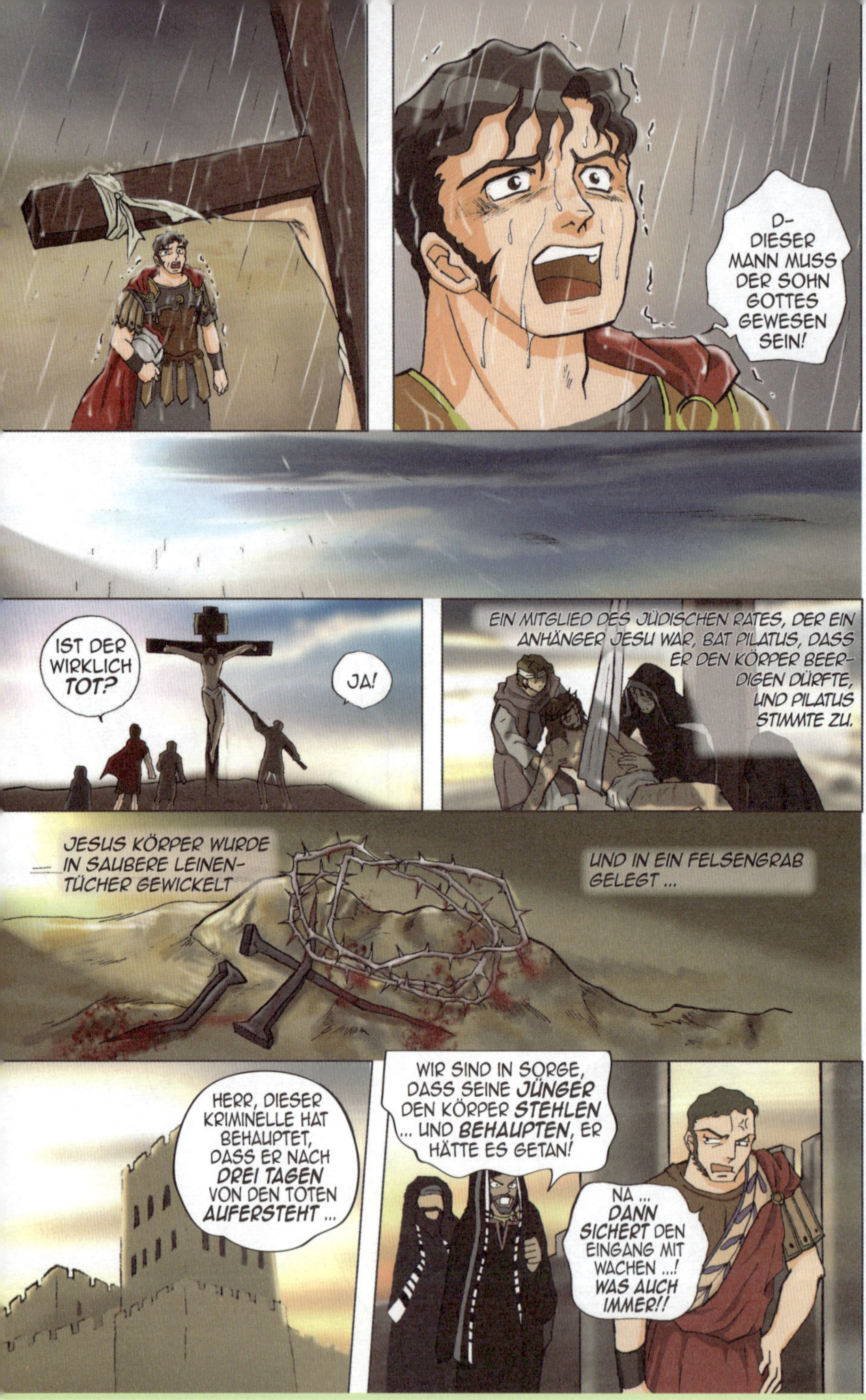

Matthäus 27:32-54; 27:62-28:10 Markus 15:21-41; 16:1-11
Lukas 23:26-49; 24:1-12 Johannes 19:17-37; 20:1-18

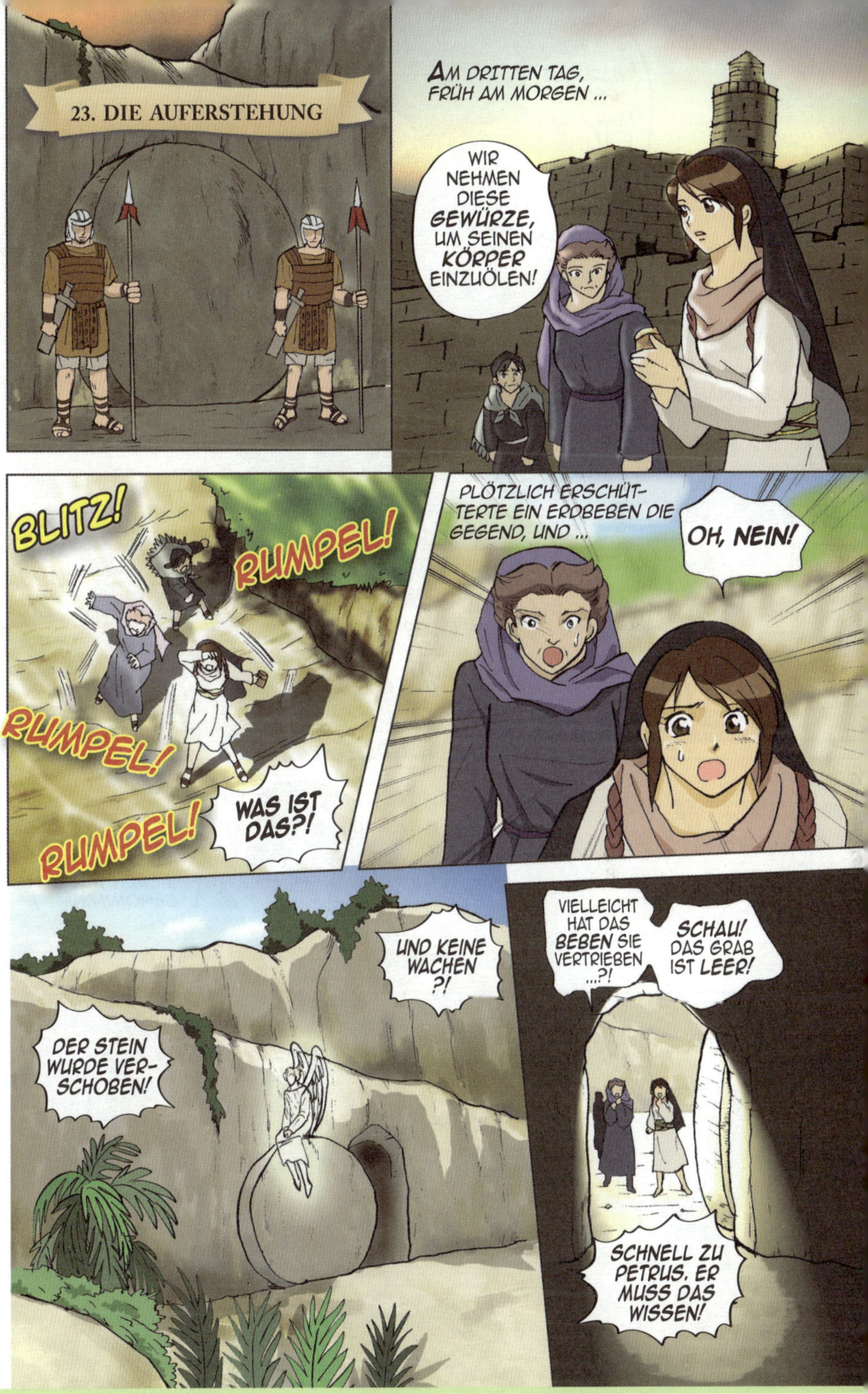

Matthäus 27:62-28:10 Markus 16:1-11 Lukas 24:1-12 Johannes 20:1-18

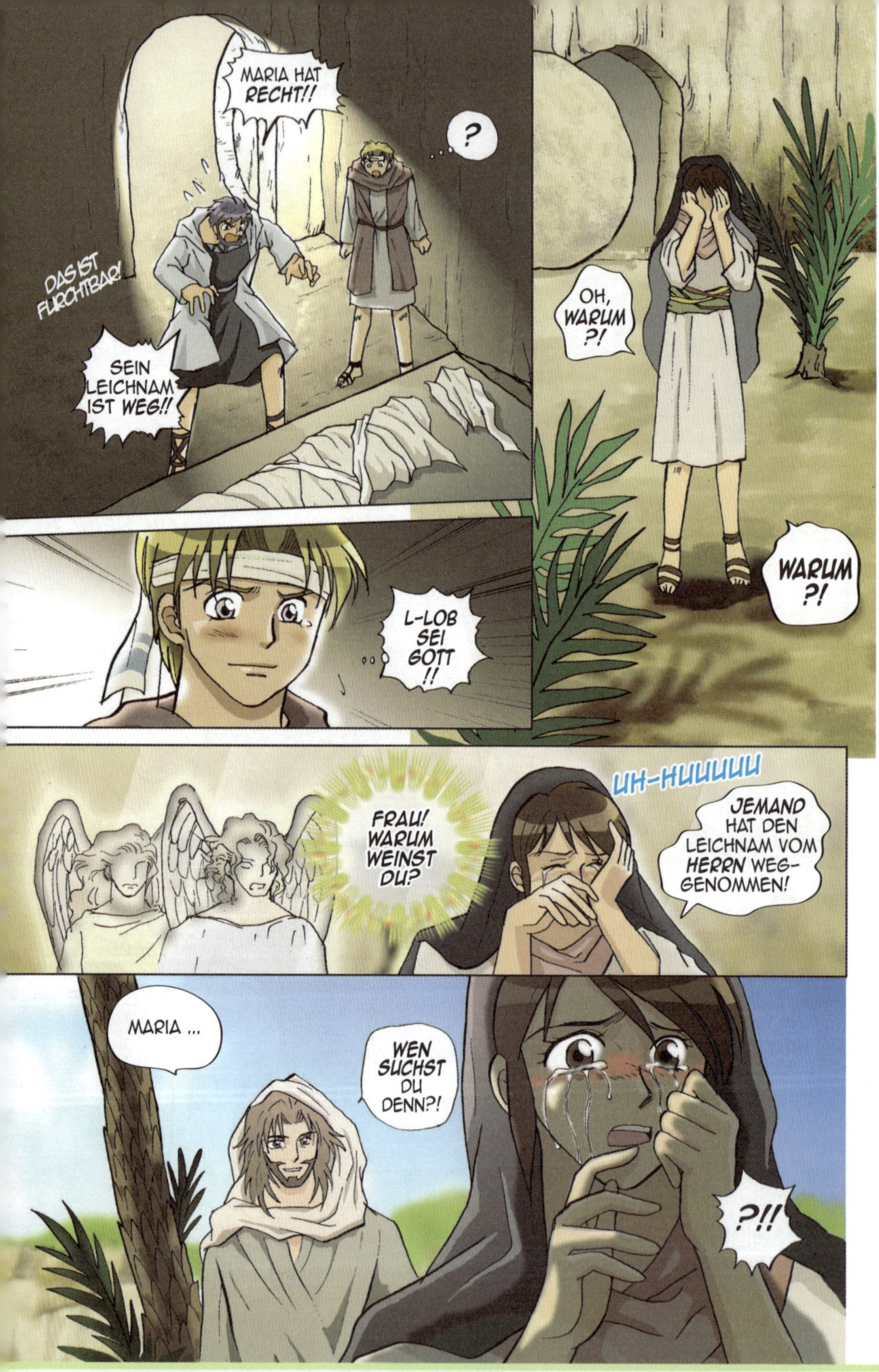
MARIA HAT RECHT!!
?
DAS IST FURCHTBAR!
SEIN LEICHNAM IST WEG!!
OH, WARUM ?!
WARUM ?!
L-LOB SEI GOTT !!
UH-HUUUUU
JEMAND HAT DEN LEICHNAM VOM HERRN WEG-GENOMMEN!
FRAU! WARUM WEINST DU?
MARIA ...
WEN SUCHST DU DENN?!
?!!

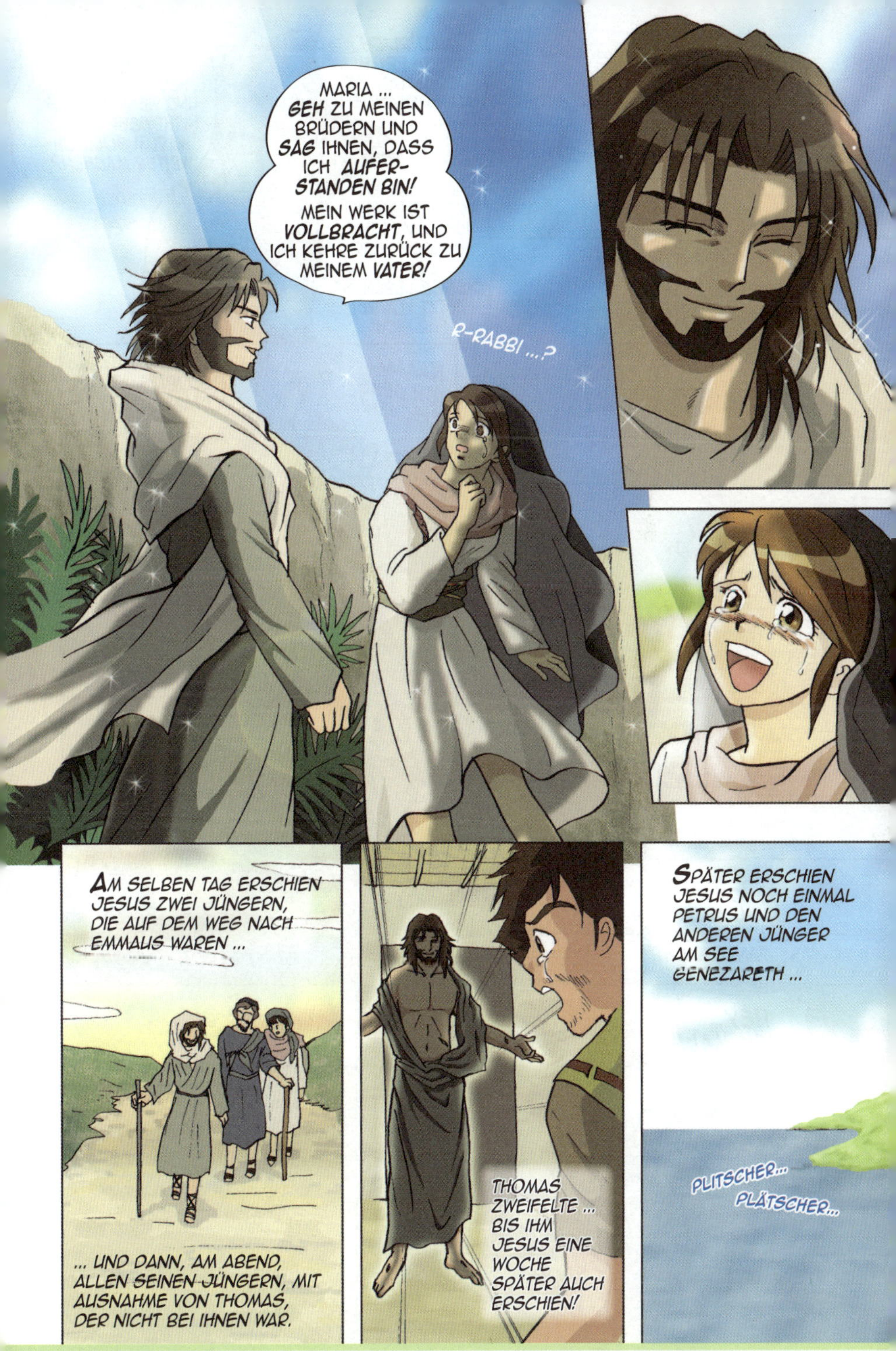

Matthäus 27:62-28:10 Markus 16:1-13
Lukas 24:1-35 Johannes 20:1-18; 20:24-29

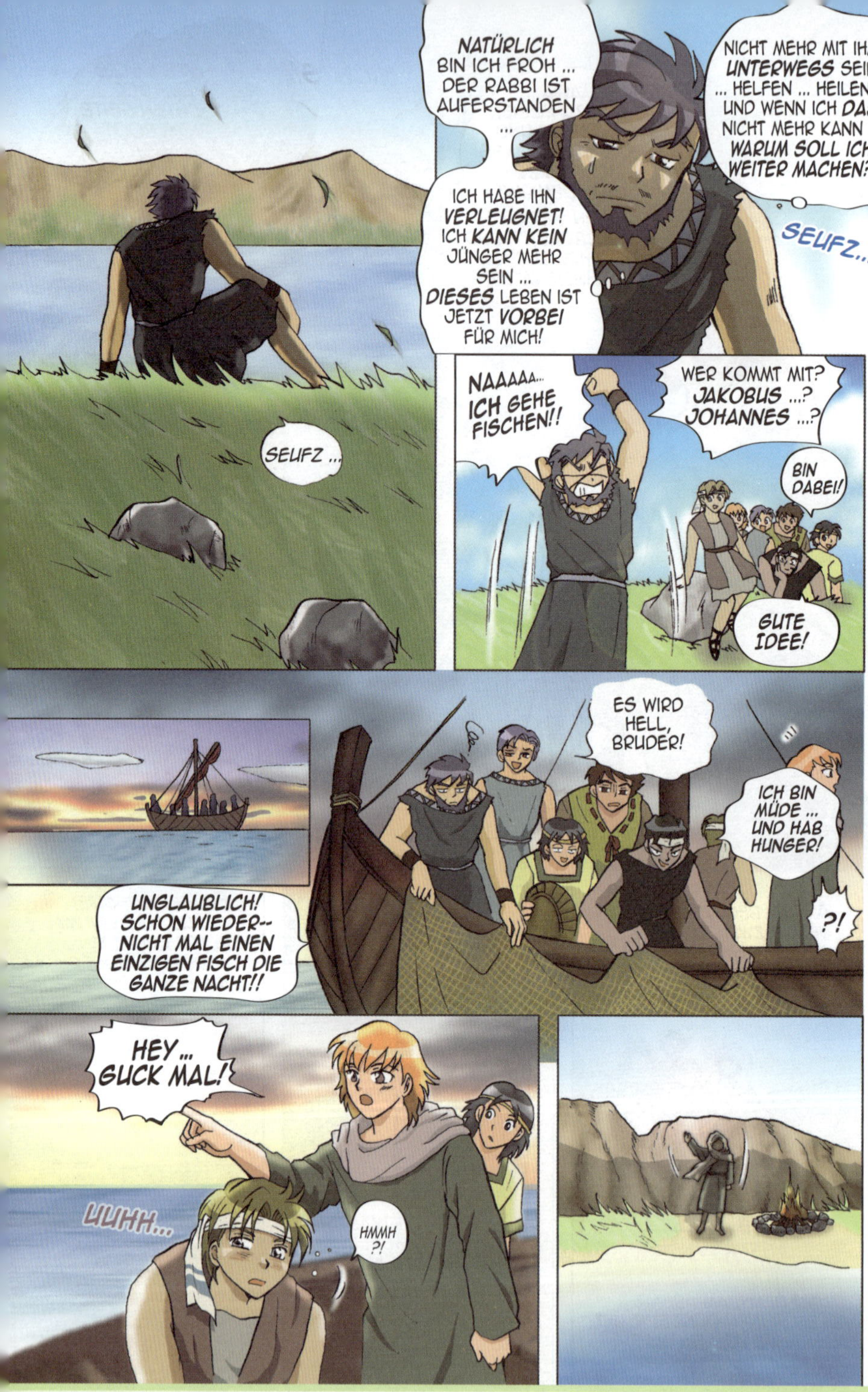
NATÜRLICH BIN ICH FROH ... DER RABBI IST AUFERSTANDEN ...
ICH HABE IHN VERLEUGNET! ICH KANN KEIN JÜNGER MEHR SEIN ... DIESES LEBEN IST JETZT VORBEI FÜR MICH!
NICHT MEHR MIT IHM UNTERWEGS SEIN ... HELFEN ... HEILEN ... UND WENN ICH DAS NICHT MEHR KANN ... WARUM SOLL ICH WEITER MACHEN?
SEUFZ...
SEUFZ ...
NAAAAA... ICH GEHE FISCHEN!!
WER KOMMT MIT? JAKOBUS ...? JOHANNES ...?
BIN DABEI!
GUTE IDEE!
ES WIRD HELL, BRUDER!
ICH BIN MÜDE ... UND HAB HUNGER!
UNGLAUBLICH! SCHON WIEDER-- NICHT MAL EINEN EINZIGEN FISCH DIE GANZE NACHT!!
?!
HEY ... GUCK MAL!
HMMH ?!
UUHH...

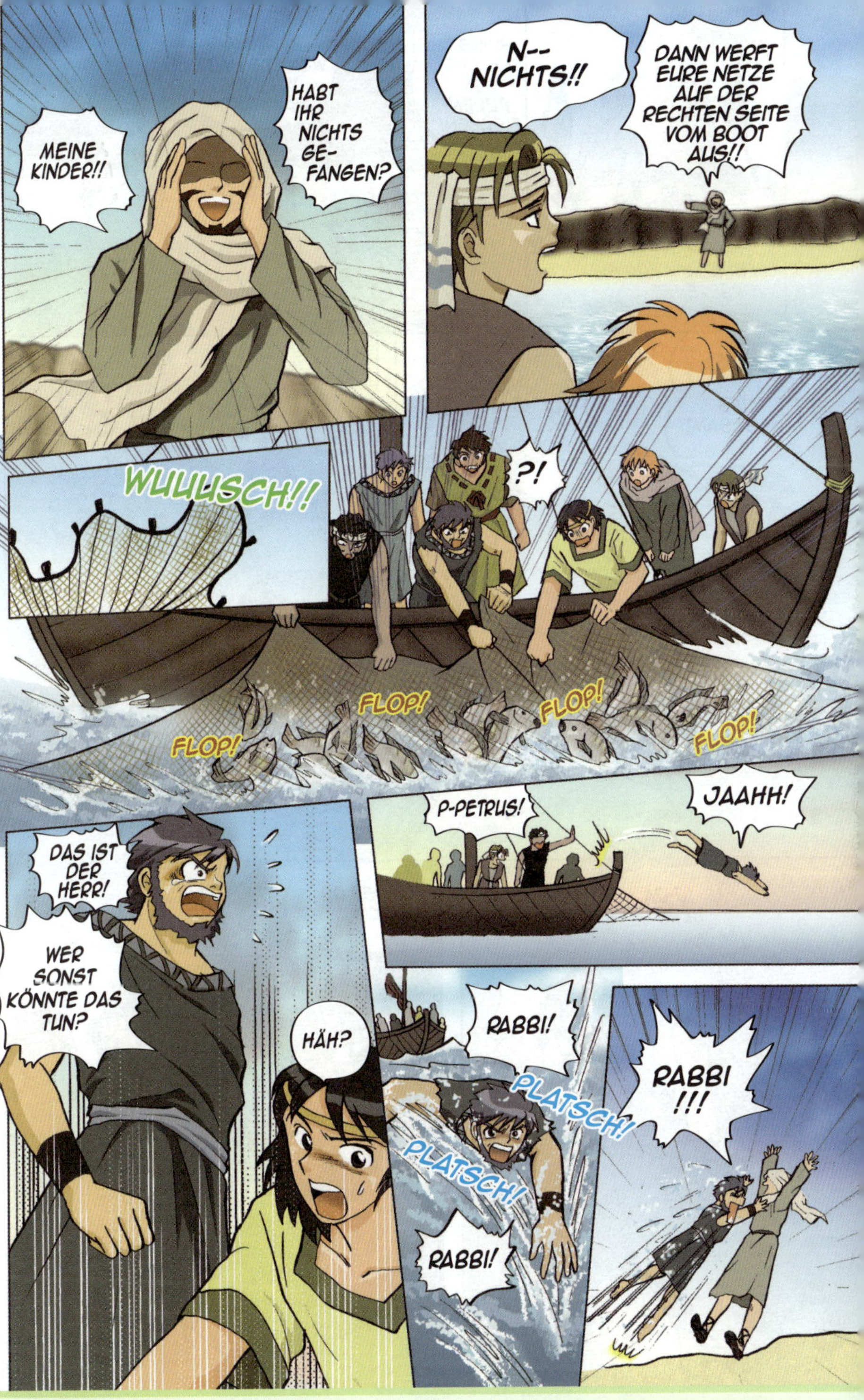
HABT IHR NICHTS GE- FANGEN?
MEINE KINDER!!
N-- NICHTS!!
DANN WERFT EURE NETZE AUF DER RECHTEN SEITE VOM BOOT AUS!!
WUUUSCH!!
?!
FLOP!
FLOP!
FLOP!
FLOP!
DAS IST DER HERR!
WER SONST KÖNNTE DAS TUN?
P-PETRUS!
JAAHH!
HÄH?
RABBI!
PLATSCH!
PLATSCH!
RABBI!
RABBI !!!

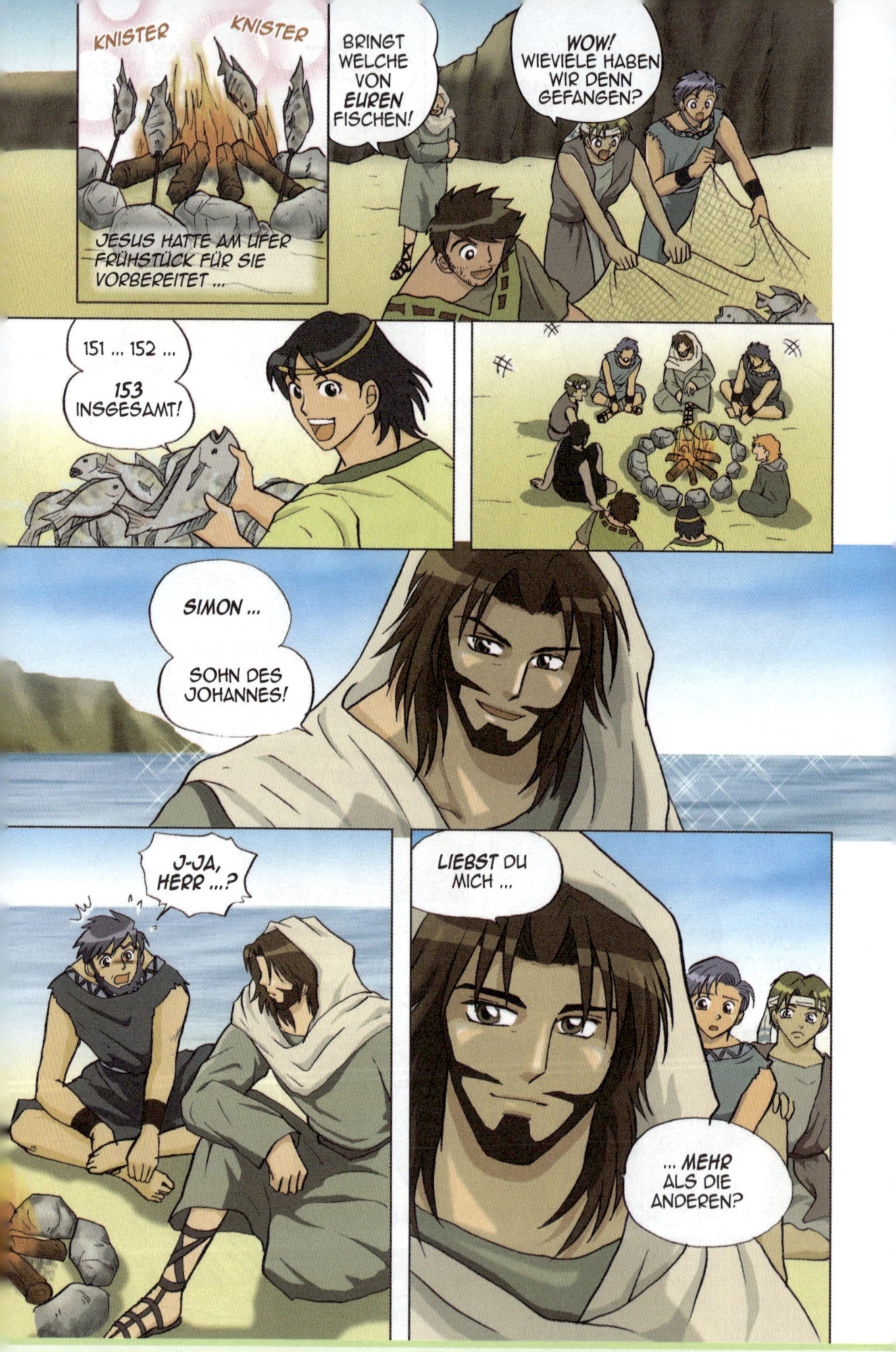
KNISTER
KNISTER
JESUS HATTE AM UFER FRÜHSTÜCK FÜR SIE VORBEREITET ...
BRINGT WELCHE VON EUREN FISCHEN!
WOW! WIEVIELE HABEN WIR DENN GEFANGEN?
151 ... 152 ...
153 INSGESAMT!
SIMON ...
SOHN DES JOHANNES!
J-JA, HERR ...?
LIEBST DU MICH ...
... MEHR ALS DIE ANDEREN?

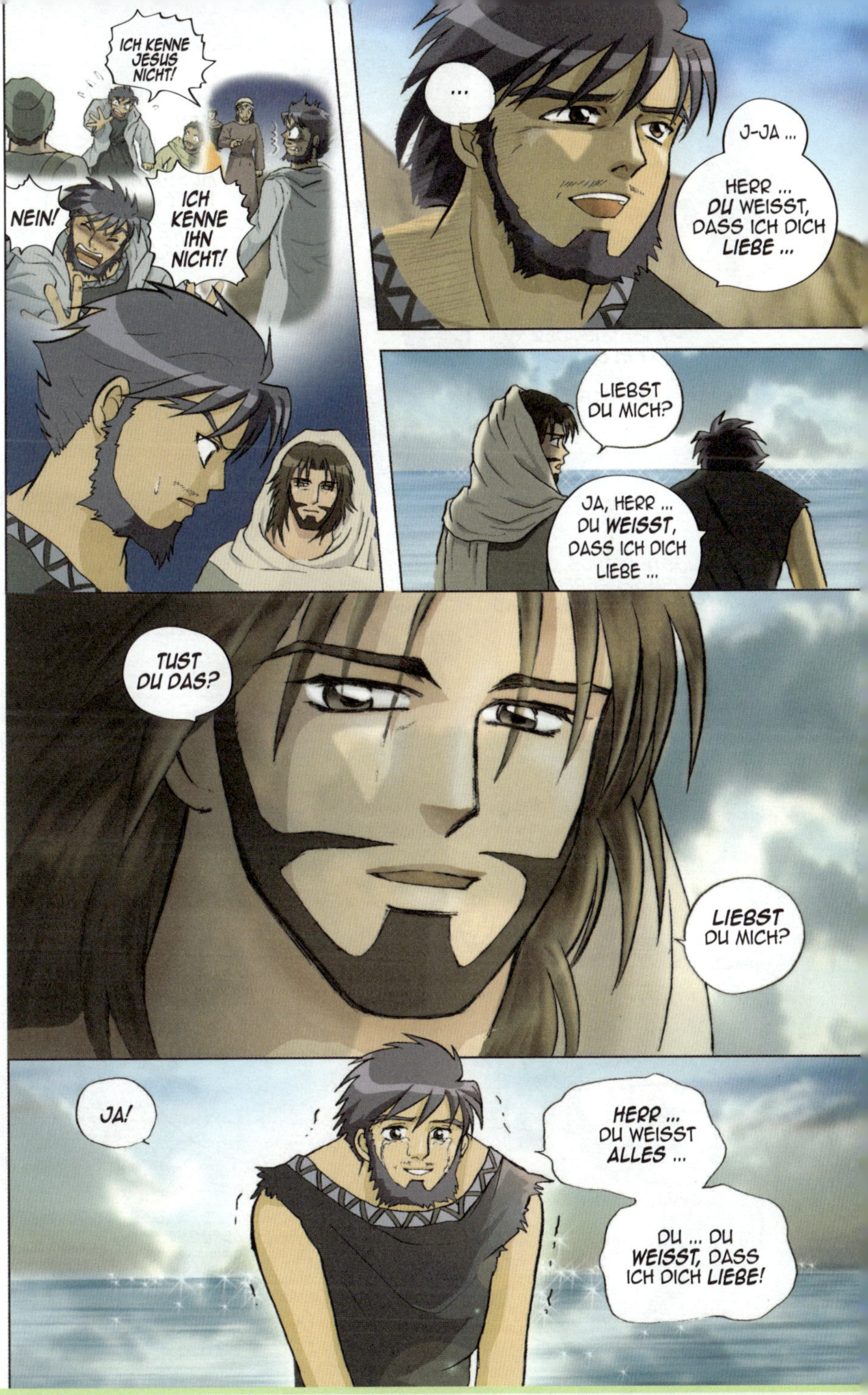
ICH KENNE JESUS NICHT!
NEIN!
ICH KENNE IHN NICHT!
...
J-JA ...
HERR ... DU WEISST, DASS ICH DICH LIEBE ...
LIEBST DU MICH?
JA, HERR ... DU WEISST, DASS ICH DICH LIEBE ...
TUST DU DAS?
LIEBST DU MICH?
JA!
HERR ... DU WEISST ALLES ...
DU ... DU WEISST, DASS ICH DICH LIEBE!

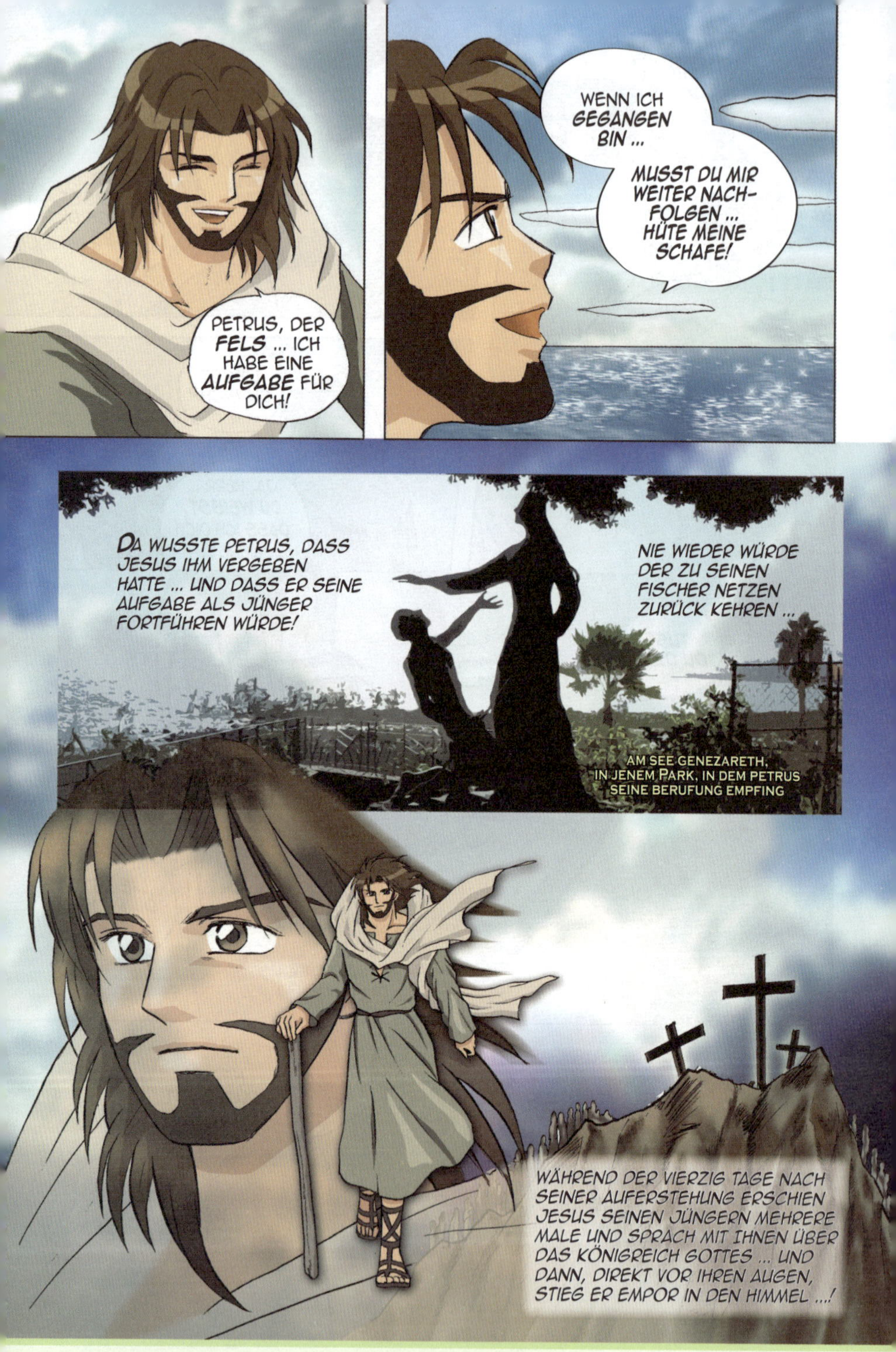
PETRUS, DER FELS ... ICH HABE EINE AUFGABE FÜR DICH!
WENN ICH GEGANGEN BIN ...
MUSST DU MIR WEITER NACHFOLGEN ... HÜTE MEINE SCHAFE!
DA WUSSTE PETRUS, DASS JESUS IHM VERGEBEN HATTE ... UND DASS ER SEINE AUFGABE ALS JÜNGER FORTFÜHREN WÜRDE!
NIE WIEDER WÜRDE DER ZU SEINEN FISCHER NETZEN ZURÜCK KEHREN ...
AM SEE GENEZARETH, IN JENEM PARK, IN DEM PETRUS SEINE BERUFUNG EMPFING
WÄHREND DER VIERZIG TAGE NACH SEINER AUFERSTEHUNG ERSCHIEN JESUS SEINEN JÜNGERN MEHRERE MALE UND SPRACH MIT IHNEN ÜBER DAS KÖNIGREICH GOTTES ... UND DANN, DIREKT VOR IHREN AUGEN, STIEG ER EMPOR IN DEN HIMMEL ...!

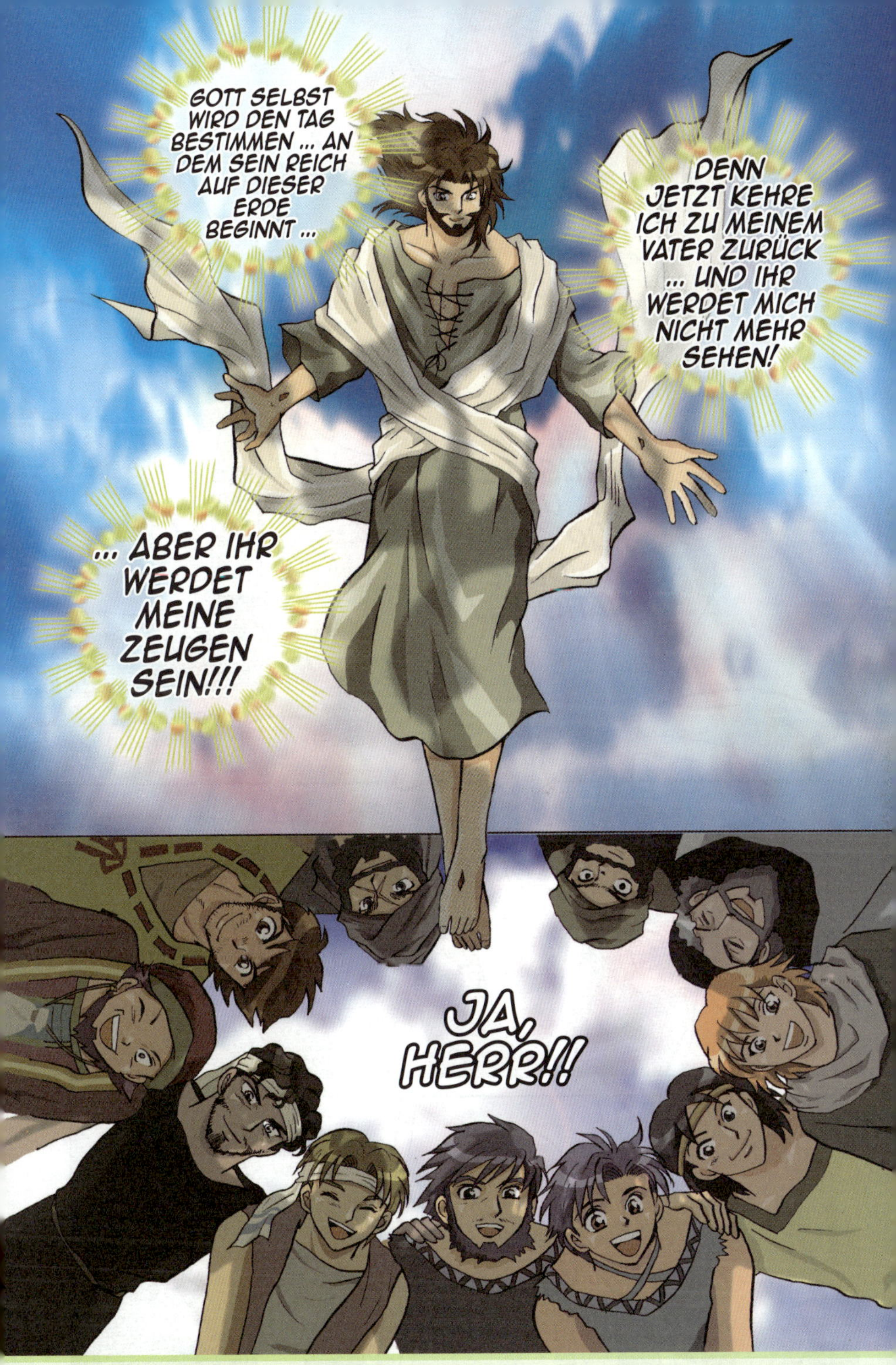
GOTT SELBST WIRD DEN TAG BESTIMMEN ... AN DEM SEIN REICH AUF DIESER ERDE BEGINNT ...
DENN JETZT KEHRE ICH ZU MEINEM VATER ZURÜCK ... UND IHR WERDET MICH NICHT MEHR SEHEN!
... ABER IHR WERDET MEINE ZEUGEN SEIN!!!
JA, HERR!!

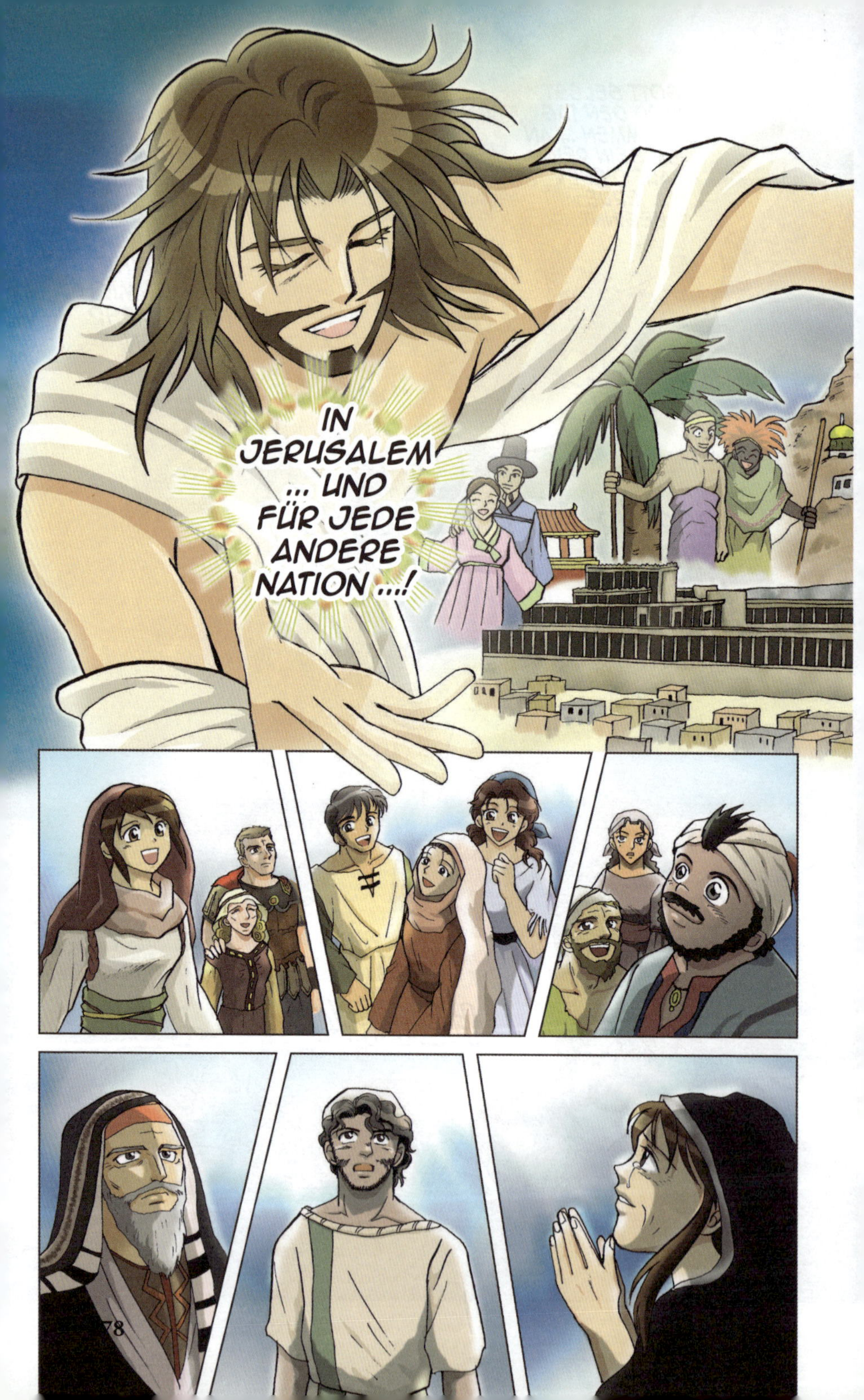
IN JERUSALEM ... UND FÜR JEDE ANDERE NATION ...!

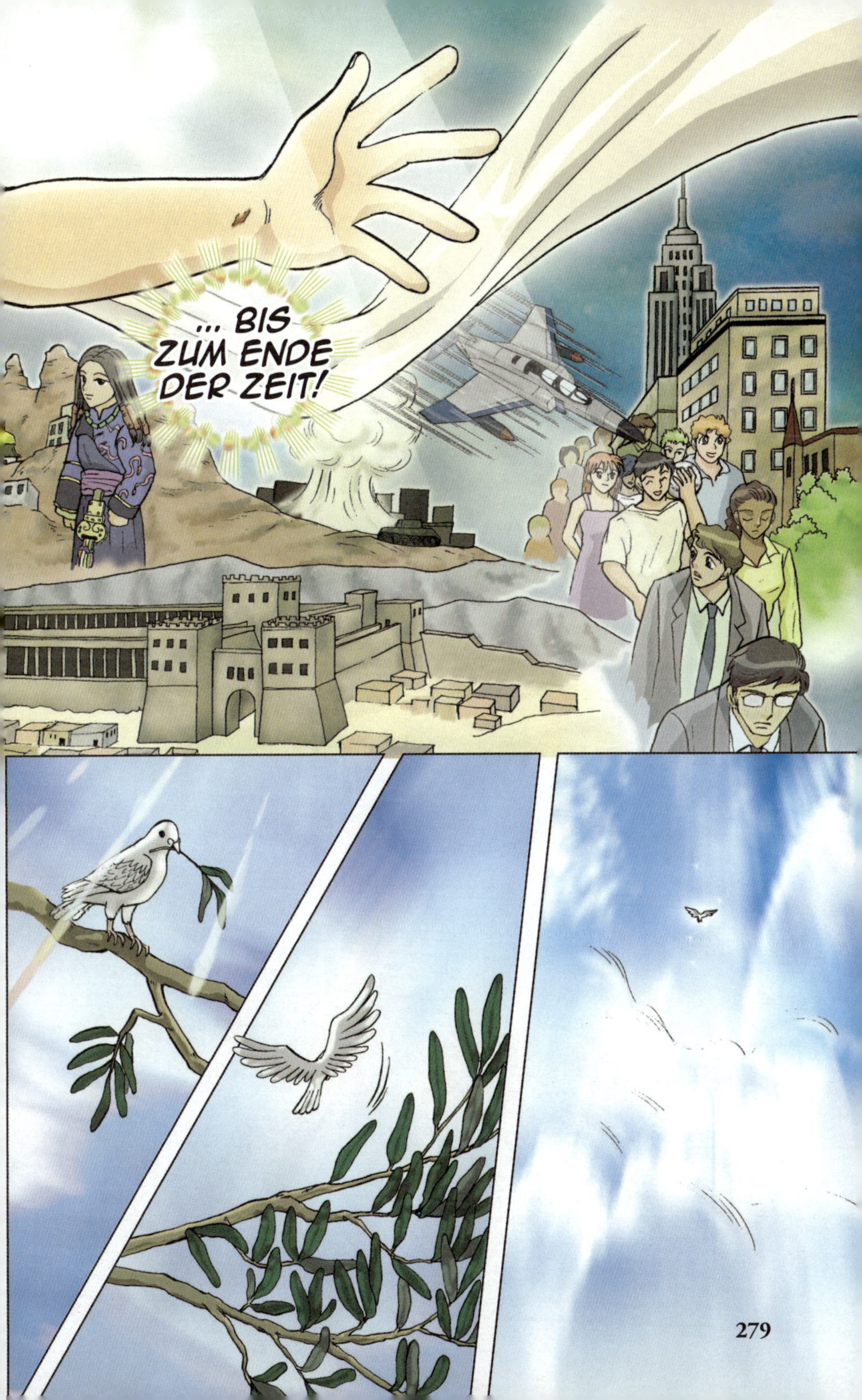
... BIS ZUM ENDE DER ZEIT!

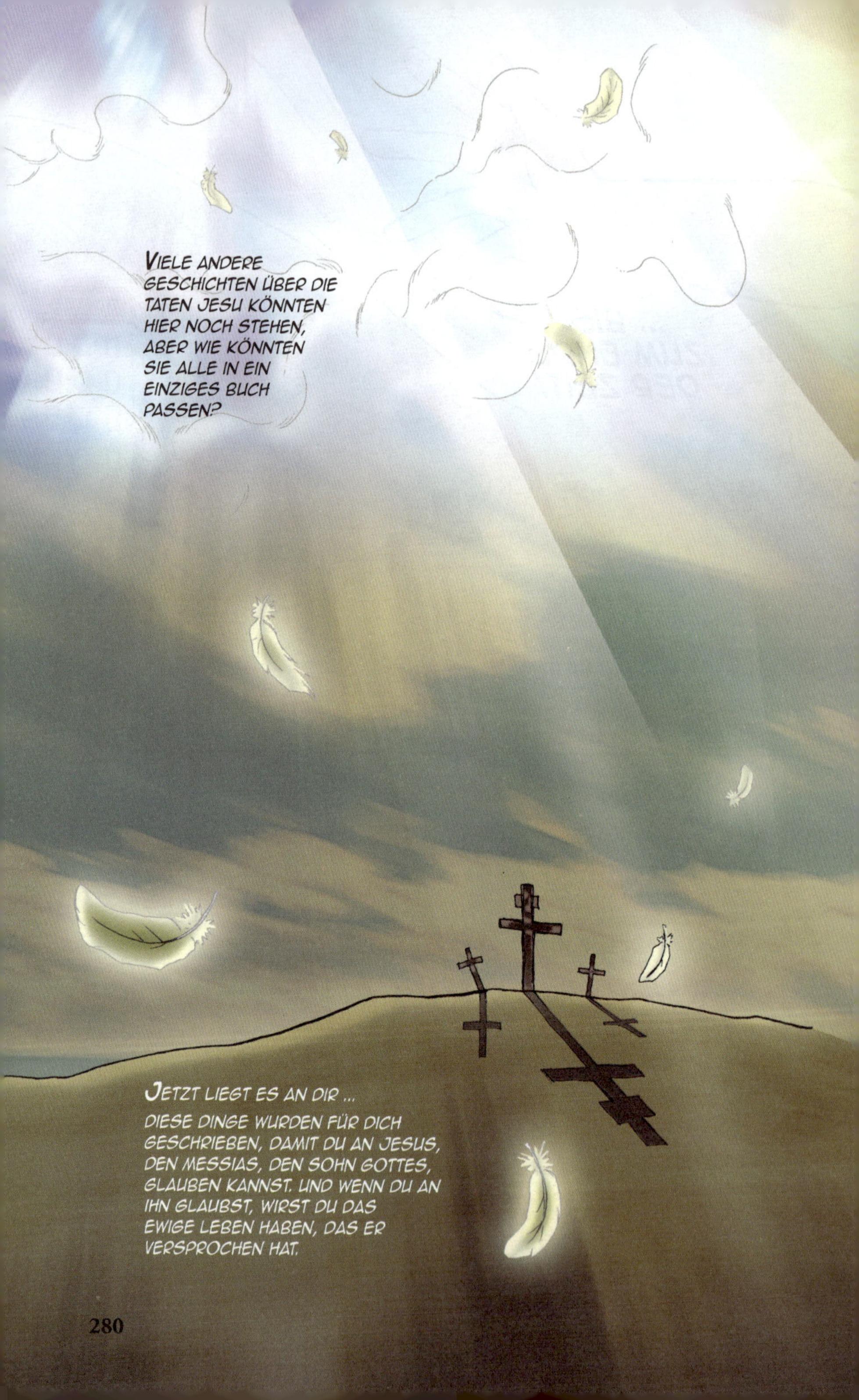
VIELE ANDERE GESCHICHTEN ÜBER DIE TATEN JESU KÖNNTEN HIER NOCH STEHEN, ABER WIE KÖNNTEN SIE ALLE IN EIN EINZIGES BUCH PASSEN?
JETZT LIEGT ES AN DIR ...
DIESE DINGE WURDEN FÜR DICH GESCHRIEBEN, DAMIT DU AN JESUS, DEN MESSIAS, DEN SOHN GOTTES, GLAUBEN KANNST. UND WENN DU AN IHN GLAUBST, WIRST DU DAS EWIGE LEBEN HABEN, DAS ER VERSPROCHEN HAT.

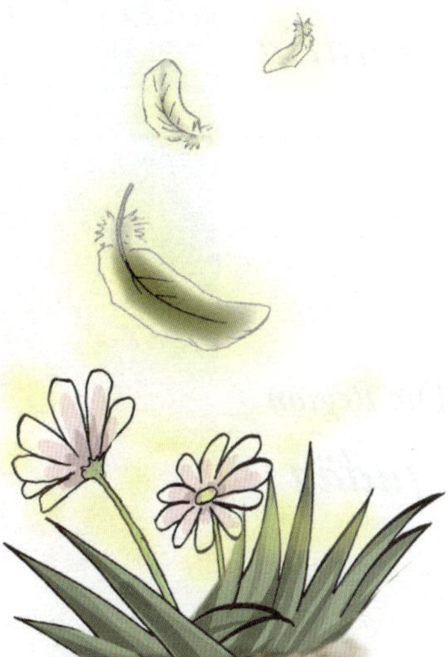

Landkarte

Die Region
Galiläa

Die Region
Samaria

Die Region
Judäa

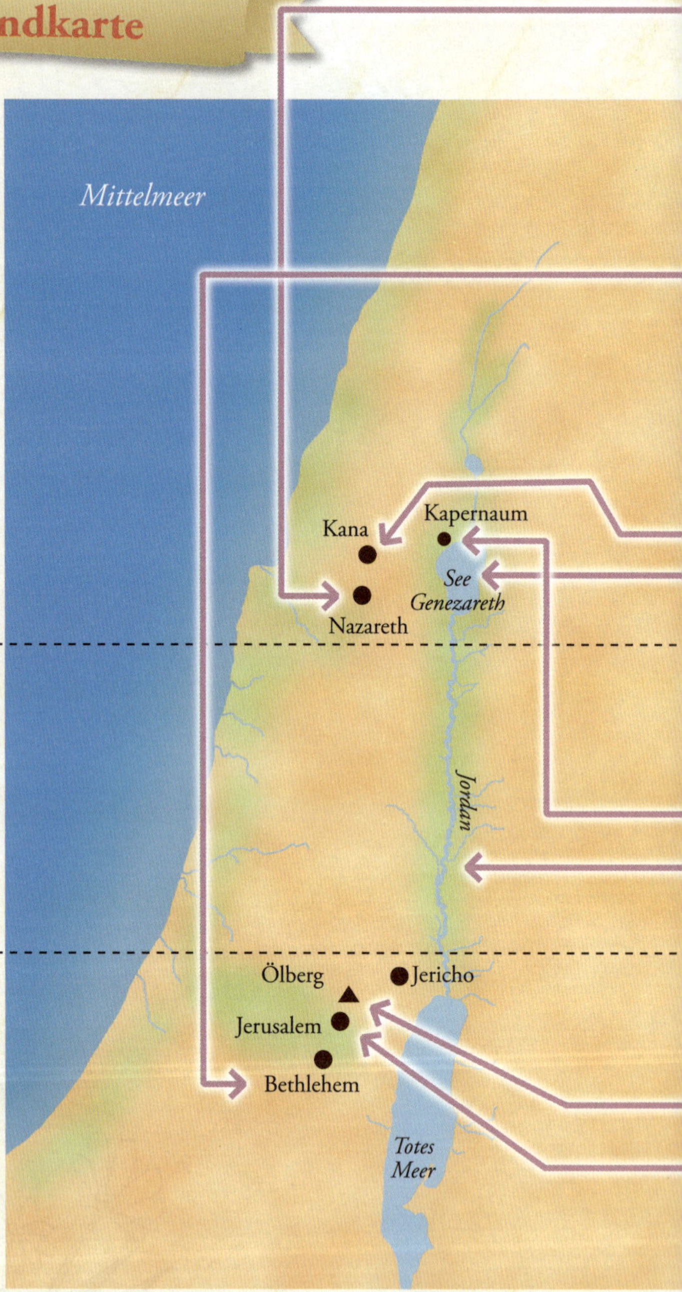

Nazareth

*Ein Dorf in Galiläa, wo Maria und Josef leben.
Hier hat Maria den Engel gesehen, der ihr verkündete, dass sie die Mutter Jesu werden würde.*

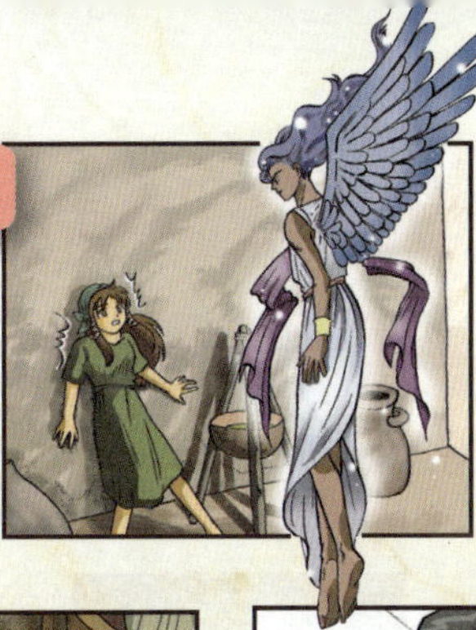

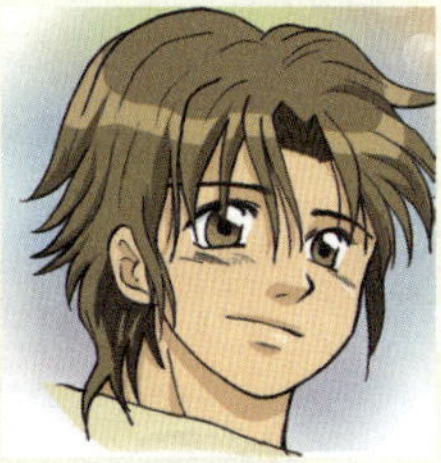

Bethlehem

Eine Stadt in Judäa, bekannt als „die Stadt des großen Königs". Jesus wird dort geboren, als Maria und Josef sich wegen einer Volkszählung registrieren lassen.

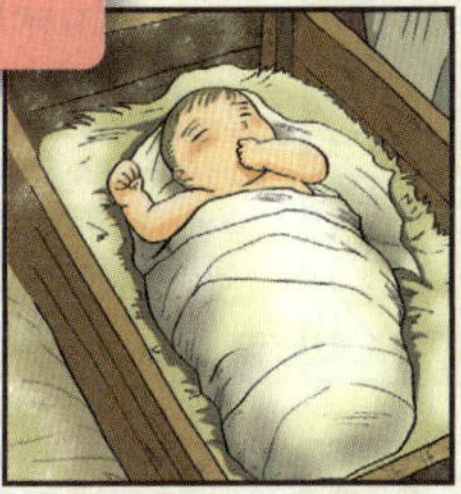

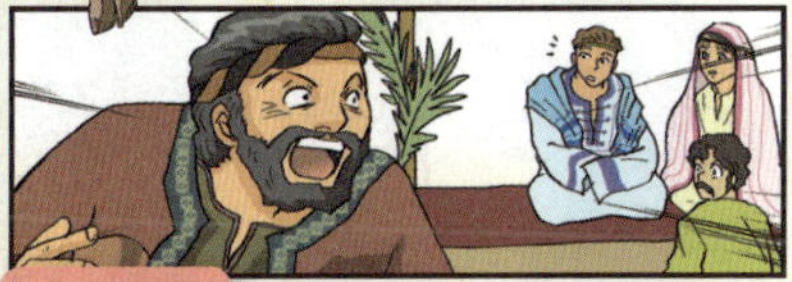

Kana

Eine Stadt in Galiläa, nördlich von Nazareth. Jesus überrascht dort ein Brautpaar mit einem unglaublichen Geschenk.

See Genezareth

Ein großer Süßwassersee, durch den der Fluss Jordan von Norden nach Süden verläuft ... und der Ort vieler Wunder, die die menschliche Logik übersteigen!

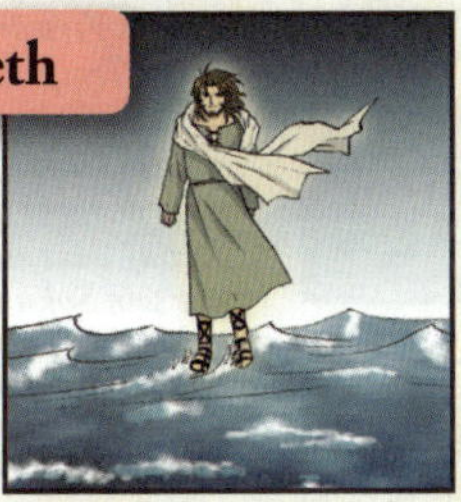

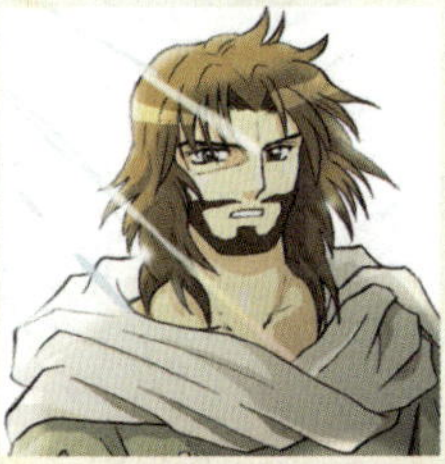

Die Heimatstadt von Petrus und Andreas, von wo aus Jesus viele Reisen beginnt.

Kapernaum

Jordan

Der Fluss, in dem Johannes der Täufer die Menschen tauft, als geistliches „Reinigungs-Ritual". Sogar Jesus bittet Johannes, ihn auch zu taufen.

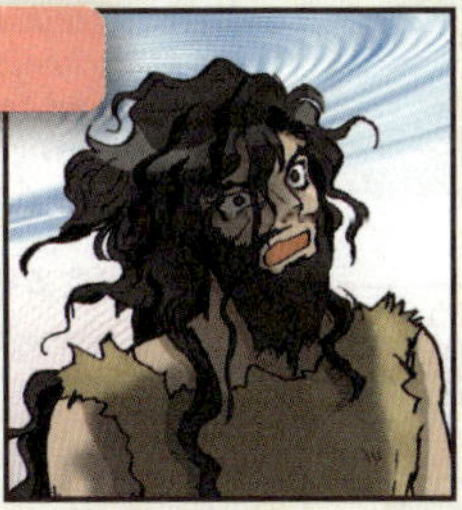

Ölberg

Jesus verbringt viel Zeit am Fuß dieses Berges, im Garten Gethsemane.

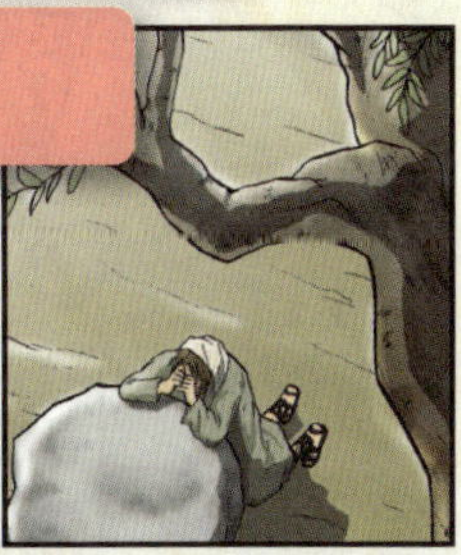

Jerusalem

*„Die Stadt des Friedens", eine heilige Stadt in Judäa, in der das Passahfest jeden Frühling gefeiert wird.
Hier wird der Messias schreckliche Leiden erdulden ... und den größten Triumph in der Geschichte der Welt erleben!*

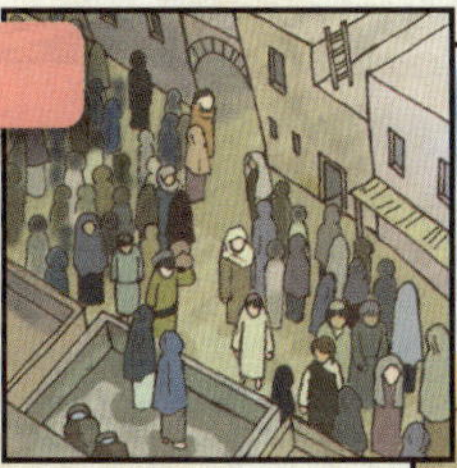

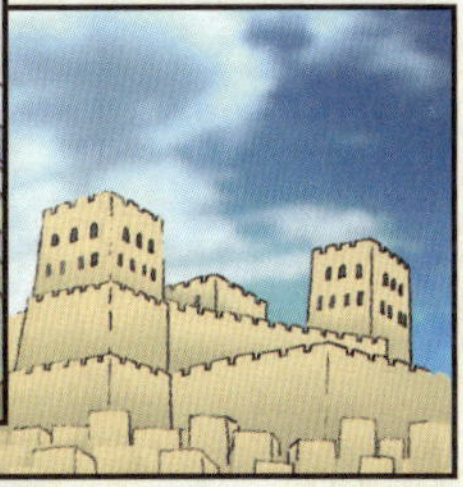

Charaktere

Jesus, der Messias

Jeder, der ihn kennenlernt, kann innerhalb von Sekunden feststellen, dass Jesus wie niemand sonst auf der Welt ist ... Aber ist er wirklich der Messias, der befreiende Gott-König, auf den alle gewartet haben? Wie könnte der Messias ein Arbeiter aus dem rückständigen Nazareth sein?

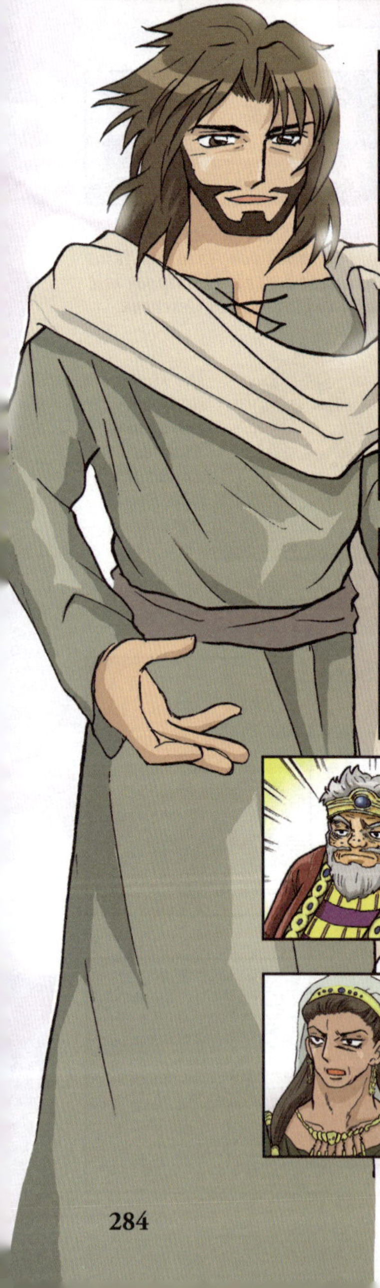

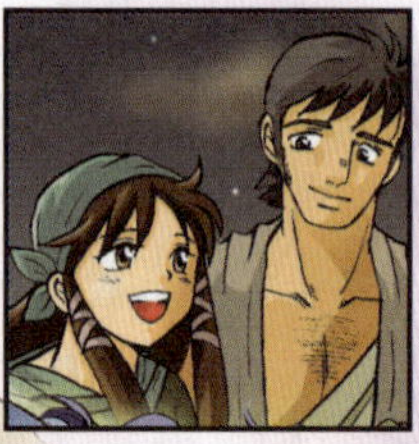

Josef & Maria

Dieses anständige, junge Paar stammt vom größten König Israels ab. Sie sind die Eltern von Jesus ... zumindest Maria, seine Mutter. Seit Jahren wird darüber spekuliert, wer wirklich sein Vater ist.

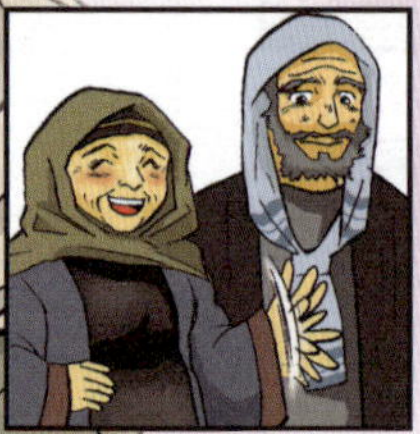

Zacharias & Elisabeth

Marias Verwandte, Elisabeth, ist mit einem Tempeldiener verheiratet. In ihrem hohen Alter bekommen sie ein Kind und, obwohl Zacharias zuerst nicht darüber spricht, besteht er nun darauf, dass ein Engel ihm gesagt hat, wer sein Sohn sein würde ...

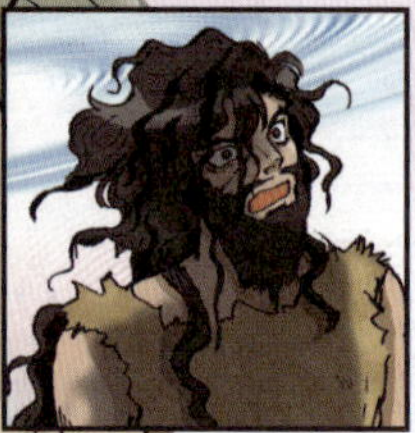

Johannes der Täufer

Johannes ist ein „Nazarener" – jemand, der einen heiligen Eid leistet, sich niemals die Haare zu schneiden oder Wein zu trinken. Seine Warnungen an die Menschen, ihr Leben in Ordnung zu bringen und den Weg für den Messias zu bereiten, bringen ihn in Schwierigkeiten mit Herodes Antipas.

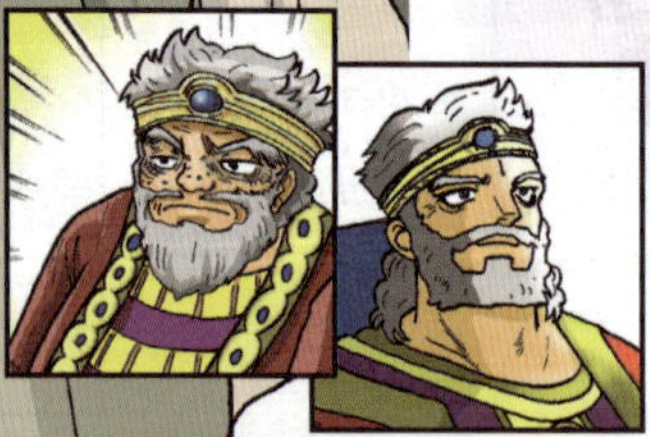

Die zwei Herodes

König Herodes der Große regiert über Judäa zur Zeit der Geburt Jesu. Seine Panik darüber, vom Messias ersetzt zu werden, verleitet ihn dazu, ein entsetzliches Massaker anzurichten. Sein Sohn, Herodes Antipas, ist ebenfalls für viele schreckliche Verbrechen verantwortlich.

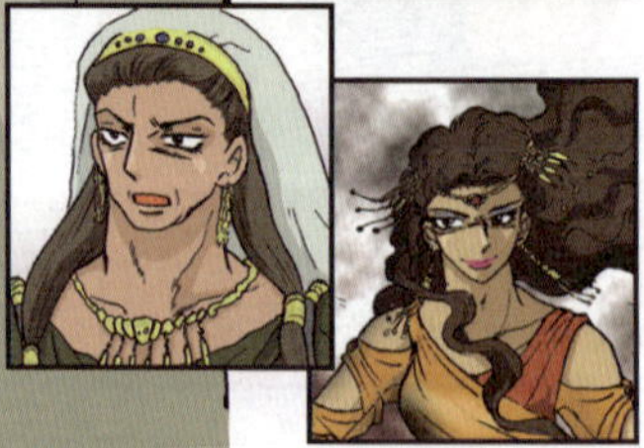

Herodias

Herodias ist die Frau von Herodes Antipas. Sie hasst Johannes den Täufer, weil er ihre ehebrecherische Heirat angeprangert hat. Sie benutzt ihre schöne Tochter, um sich zu rächen!

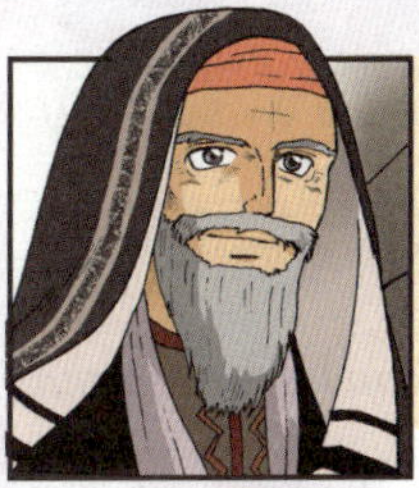

Nikodemus

Ein Mitglied des Hohen Rates, der glaubt, dass Jesus wirklich der Messias ist ... sich aber davor fürchtet, seine Meinung offen auszusprechen, besonders, nachdem Jesus ihm sagt, was er tun muss, um in das Reich Gottes zu gelangen!

Pharisäer & Schriftgelehrte

Diese Männer interpretieren und lehren alte religiöse Texte und sind bekannt für ihr striktes Festhalten an Traditionen. Sie widersetzen sich Jesus fortwährend, weil sie glauben, dass er genau diese Gesetze und Gewohnheiten brechen will. Und sie sind sehr verärgert, weil sie jede Debatte mit ihm verlieren!

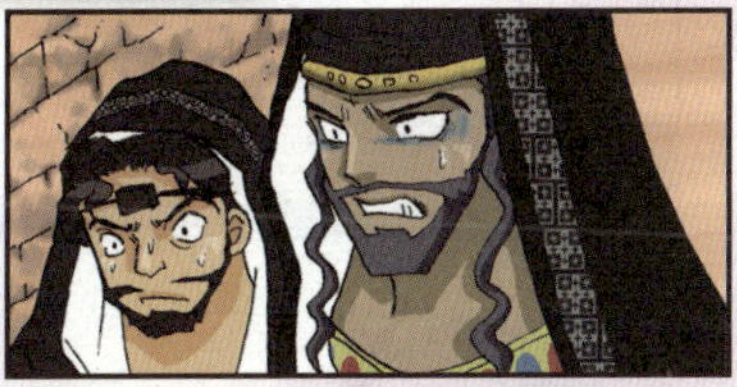

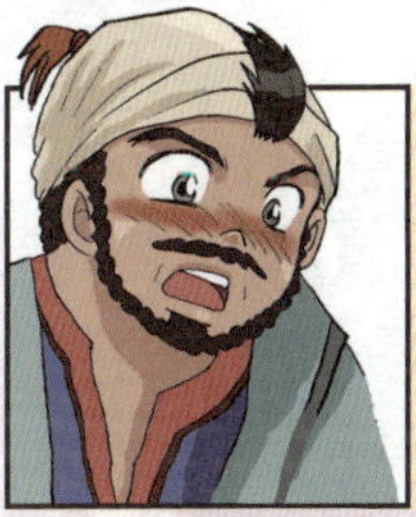

Zachäus

Zachäus ist ein Steuereintreiber in Jericho. Sein Recht, Steuern für das Römische Reich und eine Menge für sich selbst zu kassieren, haben ihn sehr reich gemacht. Er wird für seinen Beruf verachtet – und verspottet, weil er sehr, sehr klein ist.

Die Frauen

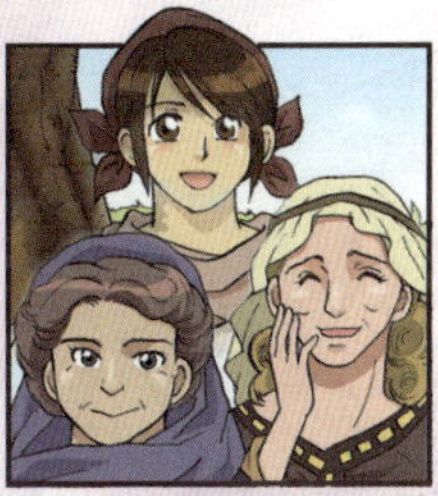

Diese Freiwilligen und Helferinnen aus Galiläa unterstützen Jesus und seine Anhänger finanziell und praktisch. Maria Magdalena ist eine dieser Frauen. Andere in dieser Gruppe sind Johanna, die Frau von Chuza, der dem Haushalt von Herodes vorsteht, und Susanna.

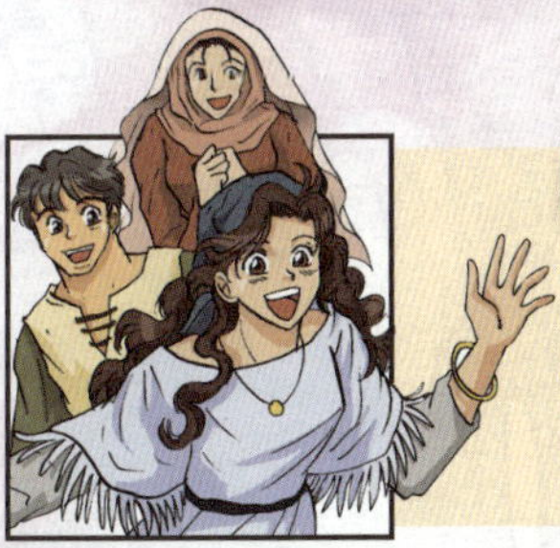

Martha, Maria und Lazarus

Lazarus ist einer der besten Freunde Jesu, sowie Martha und Maria, seine Schwestern. Sie leben in Bethanien, und wenn Jesus nach Jerusalem reist, bleibt er für gewöhnlich in ihrem Haus. Als eine schwere Krankheit die Familie heimsucht, bitten sie Jesus um Hilfe und sind am Boden zerstört, als er nicht rechtzeitig eintrifft!

Pontius Pilatus

Pontius Pilatus ist Präfekt des Römischen Reiches oder ein militärischer Statthalter in der Gegend von Judäa, Samarien und Idumäa. Er ist vielen bekannt für seine Arroganz und sein fehlendes Einfühlungsvermögen für andere Kulturen und ihre Unterschiede, aber er respektiert den Rat seiner Frau.

Die Zwölf

Dies sind die auserwählten Anhänger Jesu, denen die Macht gegeben wird, Kranke zu heilen, Tote zum Leben zu erwecken und Dämonen zu vertreiben.

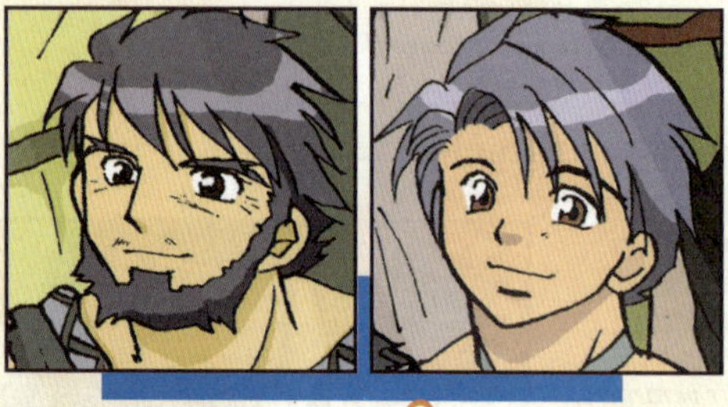

Petrus (Simon) & Andreas

Die Brüder leben als Fischer am See Genezareth und werden die ersten Anhänger Jesu. Andreas, der jüngere Bruder, war auch Johannes dem Täufer gefolgt. Als Andreas seinen Bruder Simon Jesus vorstellt, bekommt Simon einen neuen Namen ... Petrus (der Fels). Aber wird dieser Fels hart bleiben, wenn es wirklich drauf ankommt?

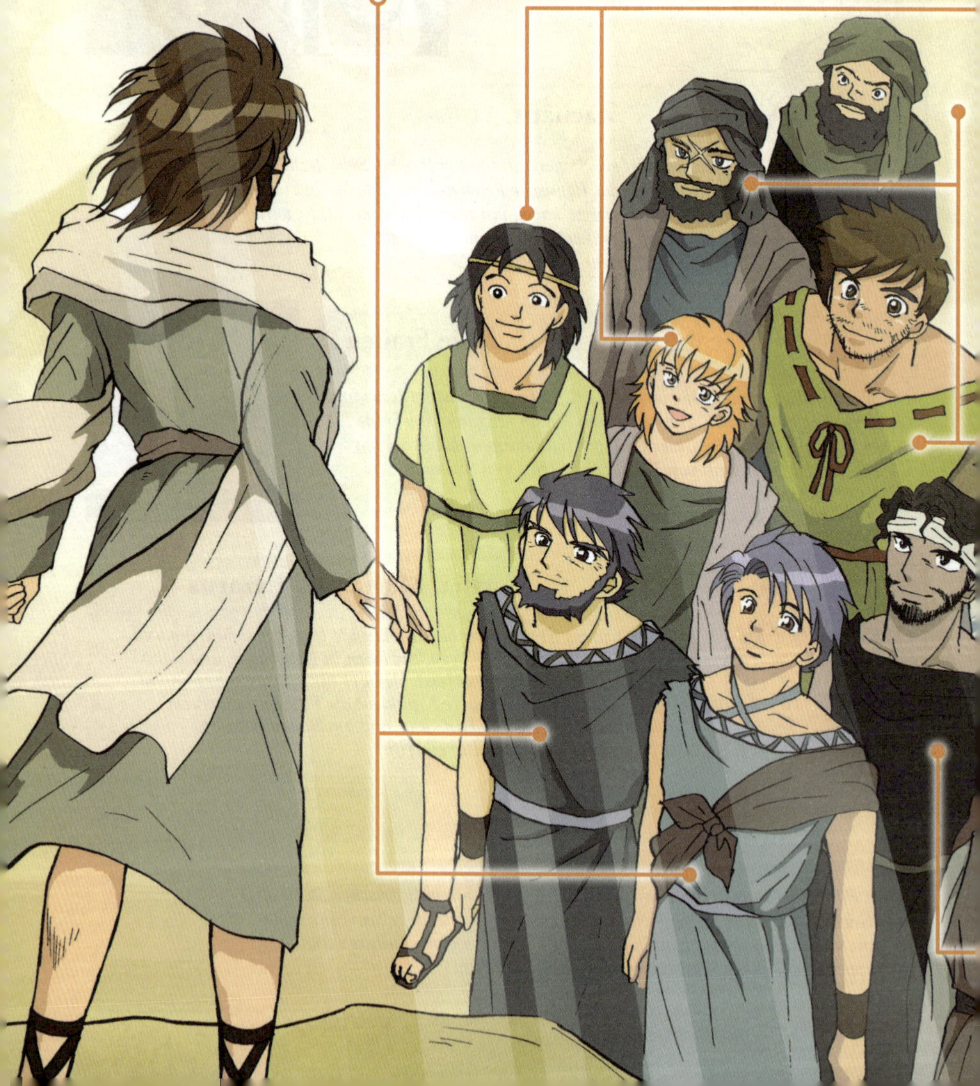

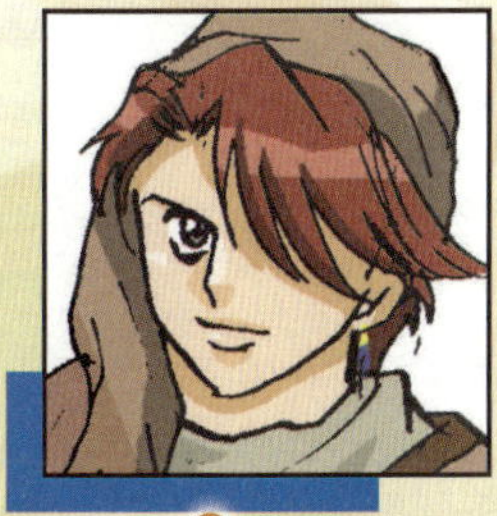

Judas Iscariot

Judas ist für die Finanzen der Gruppe verantwortlich. Darüber hinaus ist wenig über ihn bekannt. Weist sein zweiter Name darauf hin, dass er zu den Sicarii gehört, den „Messermännern" aus der Sekte der Zeloten, die die römische Herrschaft stürzen wollen ... oder lediglich darauf, dass er aus einer kleinen judäischen Stadt namens Kerioth stammt? Niemand scheint es genau zu wissen, und die Gedanken dieses stillen und ernsthaften Jüngers kennt nur er selbst ... und Jesus!

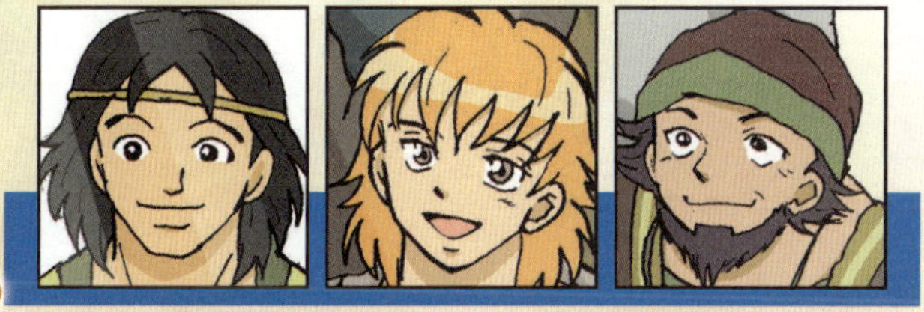

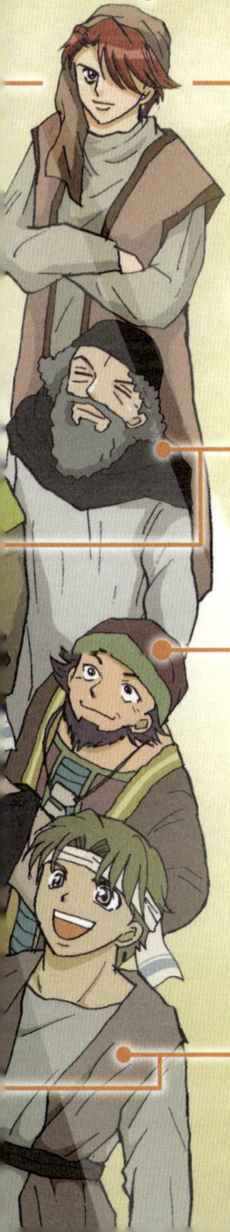

Philippus

Dieser Jünger hat eine Schwäche für Zahlen ... aber hat er die Folgen gut bedacht, einem widersprüchlichen Messias zu folgen?

Nathanael Bartholomäus

Philippus' guter Freund Nathanael ist ein begieriger Leser ... einer, dessen Wissen ihm dabei im Weg sein könnte, das große Ganze zu sehen!

Matthäus

Nur Jesus würde sich trauen, einen Steuereintreiber in sein Team zu holen ... und er weiß auch, dass Matthäus eines Tages ein Buch über ihn schreiben wird!

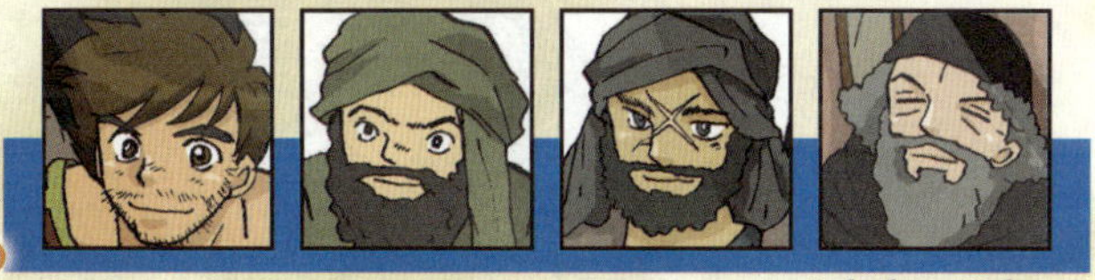

Thomas der Zwilling · *Thaddäus (Judas)* · *Simon der Zelot* · *Jakobus, Sohn des Alphäus*

Diese vier gehören ebenfalls zu Jesus-Zwölf. Thomas ist ein aufrichtiger „Wenn-ich-es-sehe-glaube-ich-es"-Realist. Thaddäus (auch Judas genannt), Simon (bekannt als „der Zelot" wegen seiner extremen politischen Einstellung) und Jakobus (bezeichnet als „Sohn des Alphäus" oder „Jakobus der Gerechte") genießen nicht das große Ansehen der anderen, aber niemand sollte ihre Loyalität Jesus gegenüber in Frage stellen ... oder?

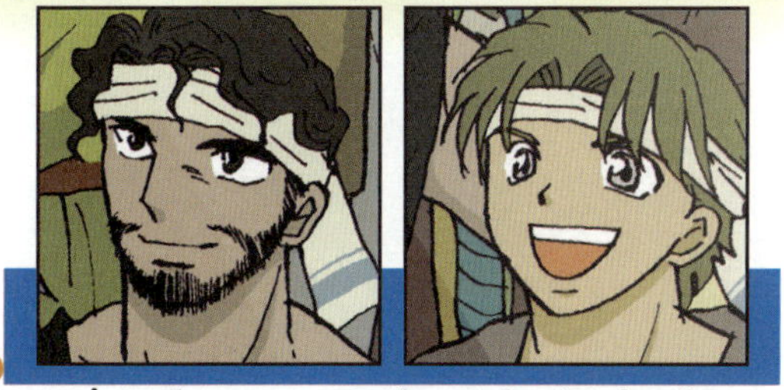

Jakobus & Johannes, Söhne des Zebedäus

Jakobus und sein jüngerer Bruder Johannes waren ebenfalls Fischer. Zusammen mit Petrus haben sie die engste Beziehung zu Jesus, der sie auch „Söhne des Donners" nennt, wegen ihrer Hingabe und Begeisterung. Es gibt jedoch einige Spannungen in der Gruppe, weil Johannes angeblicher Liebling von Jesus ist. Wird kleinlicher Konkurrenzkampf und Eifersucht die Zwölf auseinanderbringen?

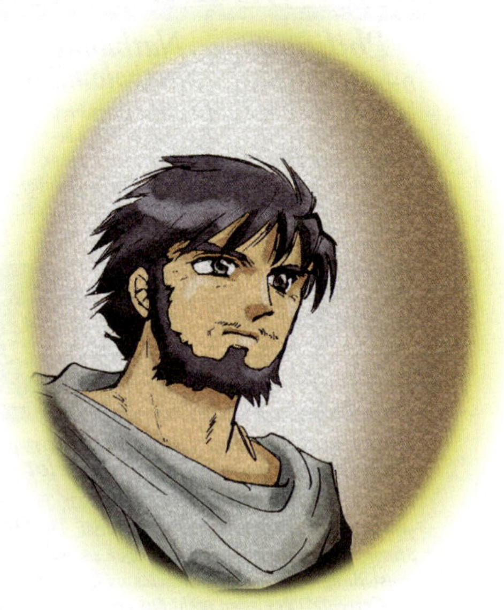